中国民政统计年鉴

（中国社会服务统计资料）

CHINA CIVIL AFFAIRS' STATISTICAL YEARBOOK

(Statistics of China Social Services)

2013

中华人民共和国民政部　编

Compiled By Ministry of Civil Affairs of the People's Republic of China

中国统计出版社
China Statistics Press

图书在版编目（CIP）数据

中国民政统计年鉴：中国社会服务统计资料．2013：汉英对照/中华人民共和国民政部编．
-- 北京 ：中国统计出版社, 2013.8
ISBN 978-7-5037-6846-0

I.①中… II.①中… III.①民政事务－统计资料－中国－2013－年鉴－汉、英 IV.①D632-66

中国版本图书馆CIP数据核字（2013）第149418号

中国民政统计年鉴–2013（中国社会服务统计资料）

作　　者/ 中华人民共和国民政部
责任编辑/ 郭　栋　　李　冲
封面设计/ 郭　威
出版发行/ 中国统计出版社
通信地址/ 北京市丰台区西三环南路甲6号　　邮政编码/100073
电　　话/ 邮购 (010)63376909　　书店 (010)68783171
网　　址/ http://csp.stats.gov.cn
印　　刷/ 河北天普润印刷厂
经　　销/ 新华书店
开　　本/ 880×1230mm　　1/16
字　　数/ 1512千字
印　　张/ 47.25
版　　别/ 2013年8月第1版
版　　次/ 2013年8月第1次印刷
定　　价/ 280.00元

本书附同版本CD-ROM一张，光盘内容以书面文字为准。
如有印装错误，本社发行部负责调换。

《中国民政统计年鉴-2013》

（中国社会服务统计资料）

编委会和编辑出版人员

编者说明

《中国民政统计年鉴－2013》(中国社会服务统计资料)是一部全面反映2012年中国社会服务发展的资料性年刊。2012年度社会服务统计资料是根据各省、自治区、直辖市以及计划单列市民政厅（局）报送的社会服务业统计年报及有关部门的报表编制而成。本书内容由六个部分组成：第一部分是专文，主要包括社会服务统计公报和有关统计工作情况的通报等文件；第二部分是主要数据图表；第三部分是综合统计资料；第四部分是历年统计资料；第五部分是地区统计资料；第六部分是附录，《中国民政统计年鉴－2012》勘误。本书对各级政府有关部门、从事社会服务研究和教学的人员，以及社会各界了解和研究社会服务发展状况、提高政府管理和决策水平，具有重要的参考价值。

书中涉及到的全国性统计数据均不包括香港特别行政区、澳门特别行政区和台湾省；表格中“　　”符号表示数据不足本表最小计量单位；“空格”符号表示该项统计数据为零；“#”表示其中主要项。

本书凝聚了全国民政系统广大规划财务部门统计工作者和有关部门统计人员的辛勤汗水和工作成果。本书的编辑出版得到了各级领导和统计战线同仁们的热情支持和帮助。在此，向所有关心和支持该书出版发行的领导和同志表示衷心的谢意。

目　录

第一部分：专文

第二部分：主要数据图表

一、综合

二、社会服务

三、成员组织和其他社会服务

第三部分：综合统计资料

一、综合

二、社会服务

三、成员组织和其他社会服务

第四部分：历年统计资料

一、综合

二、社会服务

三、成员组织和其他社会服务

成员组织

社会组织

自治组织

其他社会服务

婚姻服务

殡葬服务

第六部分：附录

CONTENTS

Part One: Feature Articles

Part Two: Key Data Figures

I. Synthesis

II. Social Services

III. Member Organizations and Other Social Services

Part Three: Comprehensive Statistics

I. Synthesis

II. Social Services

III. Member Organizations and Other social services

Part Four: Historical Statistics

I. Synthesis

II. Social Services

III. Member Organizations and Other Social Services

Part Five: Region Based Statistics

I. Synthesis

II. Social Services

Social Services Activities with Accommodation

Service institutions with accommodation for the aged and disabled

Service institutions for mental retardation and psychopath

Service institutions with accommodation for children

Other service institutions with accommodation

Part six: Appendix

专文

01

民政部关于印发
《2012年社会服务发展统计公报》的通知

民发〔2013〕107号

各省、自治区、直辖市民政厅（局），各计划单列市民政局，新疆生产建设兵团民政局：

现将《2012年社会服务发展统计公报》印发给你们。

二〇一三年六月十七日

2012年社会服务发展统计公报

2012年，全国民政系统认真贯彻落实党的十八大和第十三次全国民政会议精神，积极履行保障基本民生、创新社会管理、促进国防建设、强化社会服务等方面的职能，有力推进了重点工作，民政事业整体发展迈上了新台阶，充分发挥了民政在社会建设中的骨干作用。

一、综合

截至2012年底，全国共有省级行政区划单位34个（其中直辖市4个、省23个、自治区5个、特别行政区2个），地级行政区划单位333个（其中地级市285个、地区15个、自治州30个、盟3个），县级行政区划单位2852个（其中市辖区860个、县级市368个、县1453个、自治县117个、旗49个、自治旗3个、特区1个、林区1个），乡级行政区划单位40446个（其中区公所2个、镇19881个、乡12066个、苏木151个、民族乡1063个、民族苏木1个、街道7282个）。

2012年，共联合检查省界13条，完成了总长度约为14450公里的省界联检任务。完成了全国68条省界详图编制收尾工作和省界信息管理系统升级改造工作。

图1 乡镇、街道变化情况

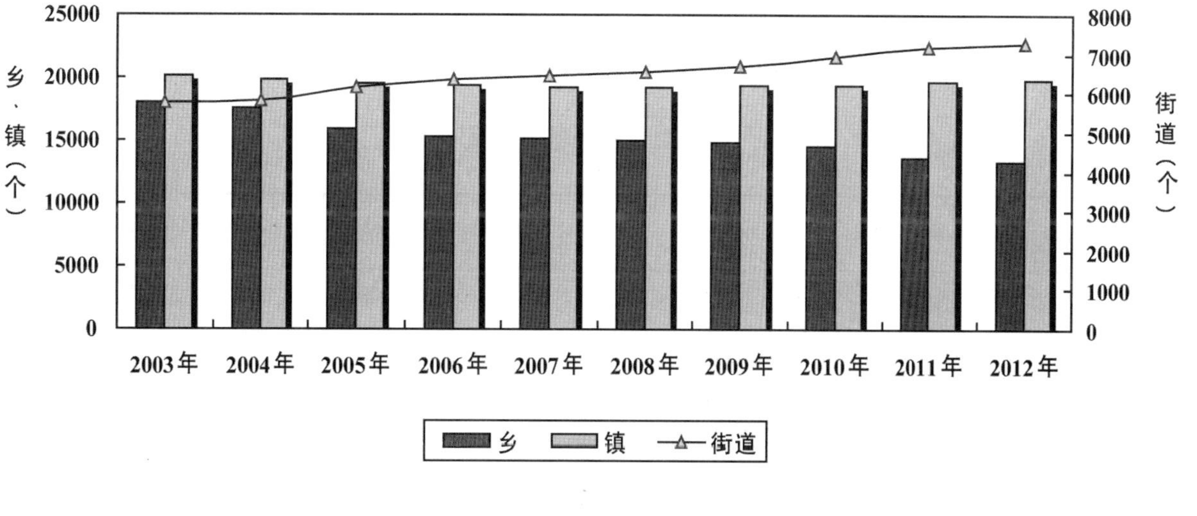

表 1 乡镇、街道变化情况

单位：个

指标	2005年	2006年	2007年	2008年	2009年	2010年	2011年	2012年
乡[1]	15951	15306	15120	15067	14848	14571	13587	13281
镇	19522	19369	19249	19234	19322	19410	19683	19881
街道	6152	6355	6434	6524	6686	6923	7194	7282

截至2012年底，全国共有社会服务机构136.7万个，比上年增长5.6%，职工总数1144.7万人（其中全国社会工作师、助理社会工作师者共计84126人、各类社会服务职业技能人员共计89696人），固定资产总值为6675.4亿元，增加值为2128.9亿元，占第三产业的比重为0.9%。

截至2012年底，全国社会服务经费支出3683.7亿元，比上年增长14.1%，占国家财政支出比重为3%，与上年持平。中央财政共向各地转移支付社会服务经费为1794.6亿元，比上年下降0.7%[2]，占社会服务经费比重为48.7%，比上年下降了7.3个百分点。社会服务事业基本建设施工项目8958个，比上年增长32.7%，全年完成投资总额234.7亿元，比上年增长7.6%。

图2 社会服务基本情况

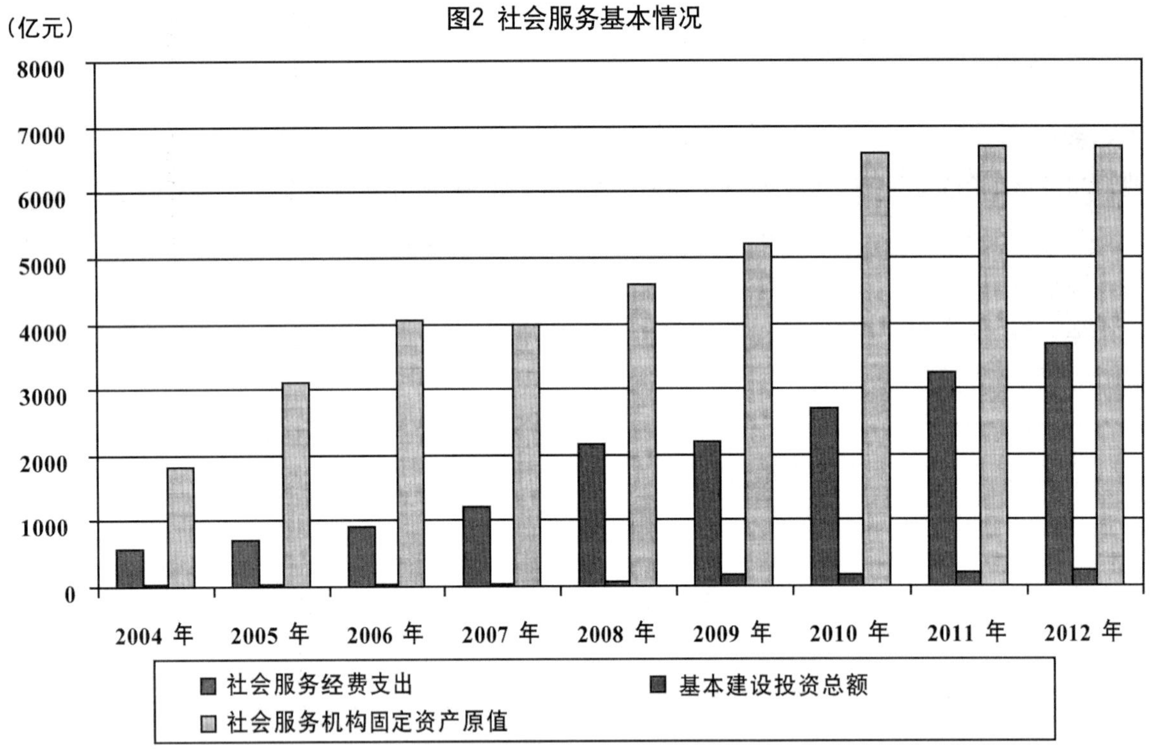

表2 社会服务基本情况

单位：亿元

指标	2005年	2006年	2007年	2008年	2009年	2010年	2011年	2012年
社会服务经费支出	718.4	915.4	1215.5	2146.5	2181.9	2697.5	3229.1	3683.7
基本建设投资总额	31.6	33.5	47.7	66.6	157.0	183.0	218.5	235.0
社会服务机构固定资产原值	3097.8	4066.7	3973	4592.8	5198	6589.3	6676.7	6675.4

二、社会服务

（一）提供住宿的社会服务

截至2012年底，全国各类提供住宿的社会服务机构4.8万个（其中登记注册为事业单位机构1.1万个）；床位449.3万张，比上年增长10.6%；每千人口平均拥有社会服务机构床位3.3张，比上年增长9.7%；收养各类人员309.5万人，比上年增长5.5%。

图3 社会服务机构床位

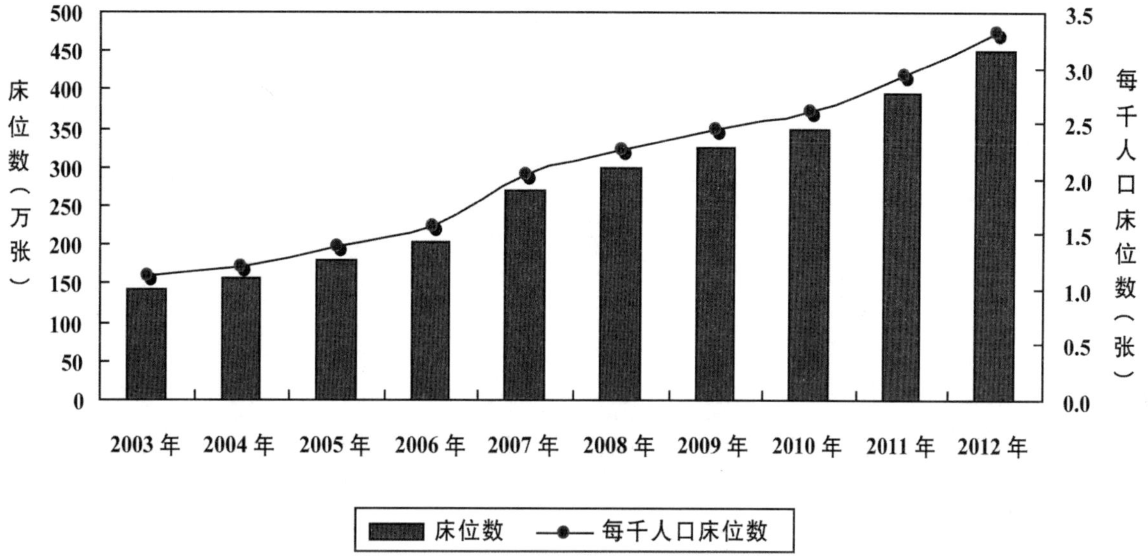

表3 社会服务机构床位

单位：万张、张

指标	2005年	2006年	2007年	2008年	2009年	2010年	2011年	2012年
床位数	180.7	204.5	269.6	300.3	326.5	349.6	396.4	449.3
每千人口床位数	1.38	1.56	2.04	2.26	2.45	2.61	2.94	3.32

1.**养老服务机构。**全国各类养老服务机构44304个，比上年增加3436个，拥有床位416.5万张，比上年增长12.8%（每千名老年人拥有养老床位21.5张，比上年增长7.5%），年末收养老年人293.6万人，比上年增长12.7%。其中社区留宿和日间照料床位19.8万张。

2.**智障与精神疾病服务机构。**全国民政部门管理的智障与精神疾病服务机构共有257个。其中社会福利医院（精神病院）156个，床位数4.1万张，年末收养各类人员3.6万人；复退军人精神病院101个，床位数2.6万张，年末收养各类人员2.2万人，比上年增长10.0%。

3.**儿童福利和儿童救助机构。**全国共有儿童收养救助服务机构724个，拥有床位8.7万张，年末收养各类人员5.4万人。其中儿童福利机构463个，比上年增加66个，床位7.7万张，比上年增长28.3%；流浪儿童救助保护中心261个，床位1.0万张，全年救助生活无着流浪乞讨未成年人15.2万人次。

4.**其他提供住宿的社会服务机构。**全国共有救助管理站1770个，床位9.0万张，全年救助城市生活无着的流浪乞讨人员276.6万人次，其中在站救助228.1万人次，不在站救助48.5万人次；军供站328个，床位3.8万张；其他收养机构695个，床位4.6万张，年末收养各类人员2.6万人。

（二）不提供住宿的社会服务

1.老龄服务。 2012年，全国60岁及以上老年人口19390万人，占总人口的14.3%，其中65岁及以上人口12714万人，占总人口的9.4%。截至2012年底，全国共有老龄事业单位2583个，老年法律援助中心2.2万个，百岁老人5.6万人，比上年增长1.8%，老年维权协调组织7.8万个，老年学校5.0万个、在校学习人员625.3万人，各类老年活动室34.6万个，全年接待来信来访42.6万次。

图4 60岁以上老年人口占全国总人口比重

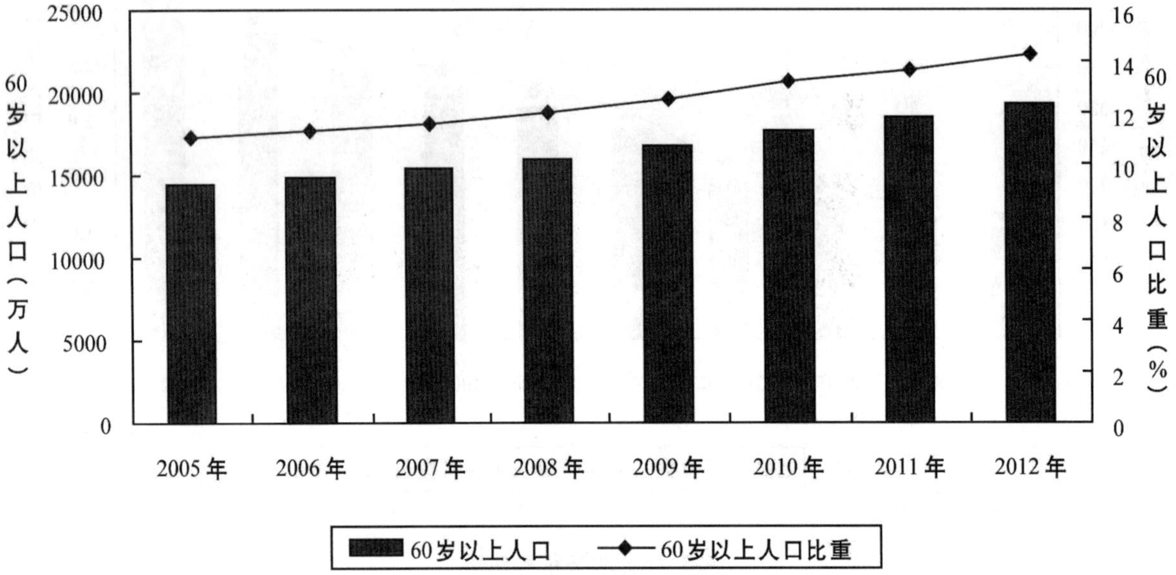

表4 60岁以上老年人口占全国总人口比重

单位：万人、%

指标	2005年	2006年	2007年	2008年	2009年	2010年	2011年	2012年
60岁以上人口	14408	14901	15340	15989	16714	17765	18499	19390
60岁以上人口比重	11.0	11.3	11.6	12.0	12.5	13.3	13.7	14.3

2.儿童福利。 截至2012年底，全国共有孤儿57.0万人，其中，集中供养孤儿9.5万人，社会散居孤儿47.5万人；各类社会福利机构收养儿童10.4万人。2012年全国办理家庭收养登记27278件，其中：中国公民收养登记23157件，外国人收养登记4121件。

图5 家庭儿童收养

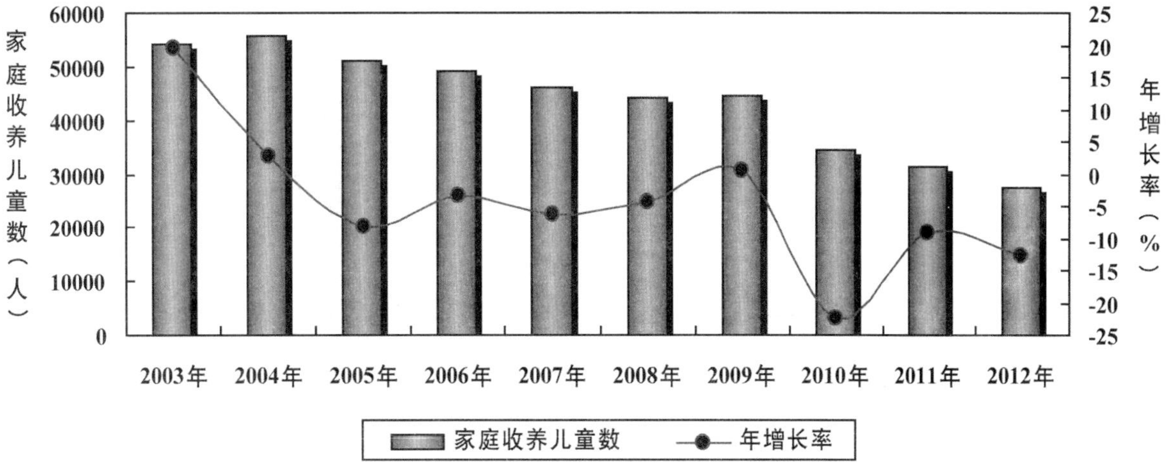

表5 家庭儿童收养

单位：人、%

指标	2005年	2006年	2007年	2008年	2009年	2010年	2011年	2012年
家庭收养儿童数	50921	49148	46047	44115	44359	34473	31329	27310
年增长率	−8.4	−3.5	−6.3	−4.2	0.6	−22.3	−9.1	−12.8

3.**福利企业**。截至2012年底，全国共有福利企业20232个，比上年减少1275个；福利企业增加值为703.4亿元，比上年下降4.7%，占第三产业的比重0.30%；吸纳残疾职工59.7万人就业；实现利润118.4亿元，比上年下降15.5%；年末固定资产1815.1亿元，比上年下降0.2%。

图6 福利企业中的残疾职工

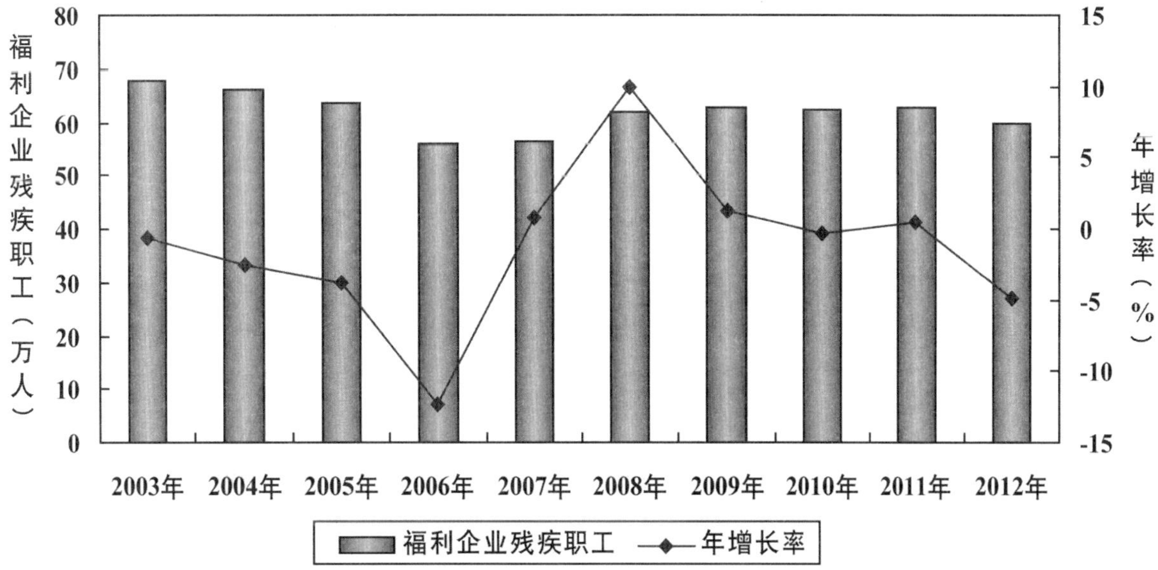

表6 福利企业中的残疾职工

单位：万人、%

指标	2005年	2006年	2007年	2008年	2009年	2010年	2011年	2012年
福利企业残疾职工	63.7	55.9	56.3	61.9	62.7	62.5	62.8	59.7
年增长率	−3.8	−12.2	0.7	9.9	1.3	−0.3	0.5	−4.9

4.社会救助。

城市低保。2012年底，全国共有城市低保对象1114.9万户、2143.5万人。全年各级财政共支出城市低保资金674.3亿元，比上年增长2.2%，其中中央财政补助资金[3]439.1亿元，占总支出的65.1%。2012年全国城市低保平均标准330.1元/人、月，比上年增长14.8%；全国城市低保月人均补助水平239.1元。

城市“三无”救济。2012年救济城市“三无”9.9万人。

农村低保。2012年底，全国有农村低保对象2814.9万户、5344.5万人，比上年同期增加38.8万人，增长了0.7%。全年各级财政共支出农村低保资金718.0亿元，比上年增长7.5%，其中中央补助资金431.4亿元，占总支出的60.1%。2012年全国农村低保平均标准2067.8元/人、年，比上年提高349.4元，增长20.3%；全国农村低保月人均补助水平104.0元。

农村五保。截至2012年底，全国有农村五保供养对象529.2万户，545.6万人，分别比上年下降0.2%和1.0%。全年各级财政共支出农村五保供养资金145.0亿元，比上年增长19.1%。其中：农村五保集中供养185.3万人，集中供养年平均标准为4060.9元/人，比上年增长19.4%；农村五保分散供养360.3万人，分散供养年平均标准为3008.0元/人，比上年增长21.8%。

图7 社会救助情况

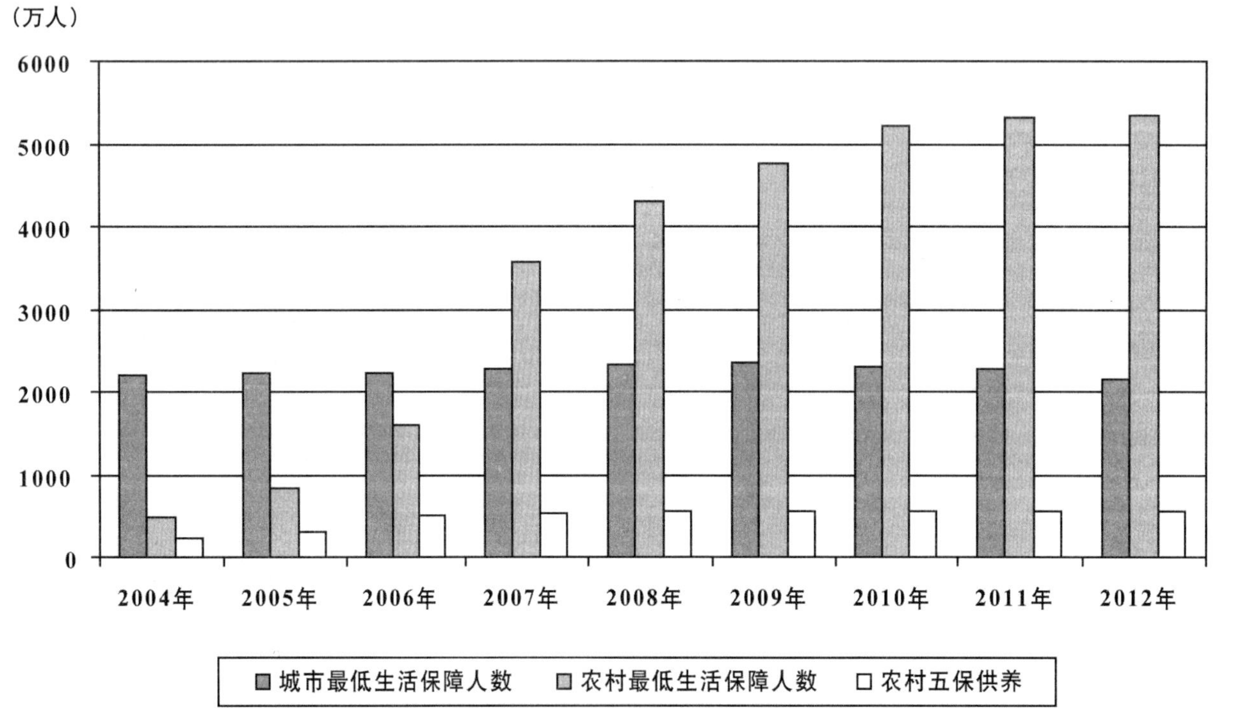

表7 社会救助情况

单位：万人

指标	2005年	2006年	2007年	2008年	2009年	2010年	2011年	2012年
城市最低生活保障人数	2234.2	2240.1	2272.1	2334.8	2345.6	2310.5	2276.8	2143.5
农村最低生活保障人数	825.0	1593.1	3566.3	4305.5	4760.0	5214.0	5305.7	5344.5
农村五保供养	300.0	503.3	531.3	548.6	553.4	556.3	551	545.6

农村传统救济。2012年农村传统救济79.6万人，比去年增长15.9%。

医疗救助。2012年全年累计救助城市居民2077万人次，其中：民政部门资助参加城镇居民基本医疗保险1387.1万人次[4]，人均救助水平84元；民政部门直接救助城市居民689.9万人次，人均医疗救助水平858.6元。全年各级财政共支出城市医疗救助资金70.9亿元，比上年增长4.9%。

2012年全年累计救助贫困农村居民5974.2万人次，其中：民政部门资助参加新型农村合作医疗4490.4万人次，人均资助参合水平57.5元；民政部门直接救助农村居民1483.8万人次，人均救助水平721.7元。全年各级财政共支出农村医疗救助资金132.9亿元，比上年增长10.8%。

2012年全年累计医疗补助优抚对象404.5万人次，人均补助水平663元，各级财政共支出优抚医疗补助资金26.8亿元。

临时救助。2012年临时救助639.8万户次，其中：按户籍性质分类城市家庭256.6万户次，农村家庭383.2万户次；按属地分类当地常驻户口617.7万户次，非当地常驻户口22.1万户次；按救助类型分类支出型临时救助518.1万户次，应急型临时救助121.7万户次。

5.防灾减灾。2012年全国各类自然灾害共造成2.9亿人（次）不同程度受灾，因灾死亡失踪[5]1530人，紧急转移安置1109.6万人次；农作物受灾面积2496.2万公顷，其中绝收面积182.6万公顷；倒塌房屋90.6万间，严重损坏145.5万间，一般损坏282.4万间；因灾直接经济损失4185.5亿元。国家减灾委、民政部共启动11次预警响应和38次应急响应，协调派出40个救灾应急工作组赶赴灾区，财政部、民政部下拨中央救灾资金[6]112.7亿元，民政部调拨帐篷7.7万顶、棉衣被54.8万件（床）、折叠床1.7万张等救灾物资，累计救助受灾群众7800万人次，帮助维修和重建住房410万间，受灾群众基本生活得到妥善保障。

图8 因灾死亡（含失踪）人口

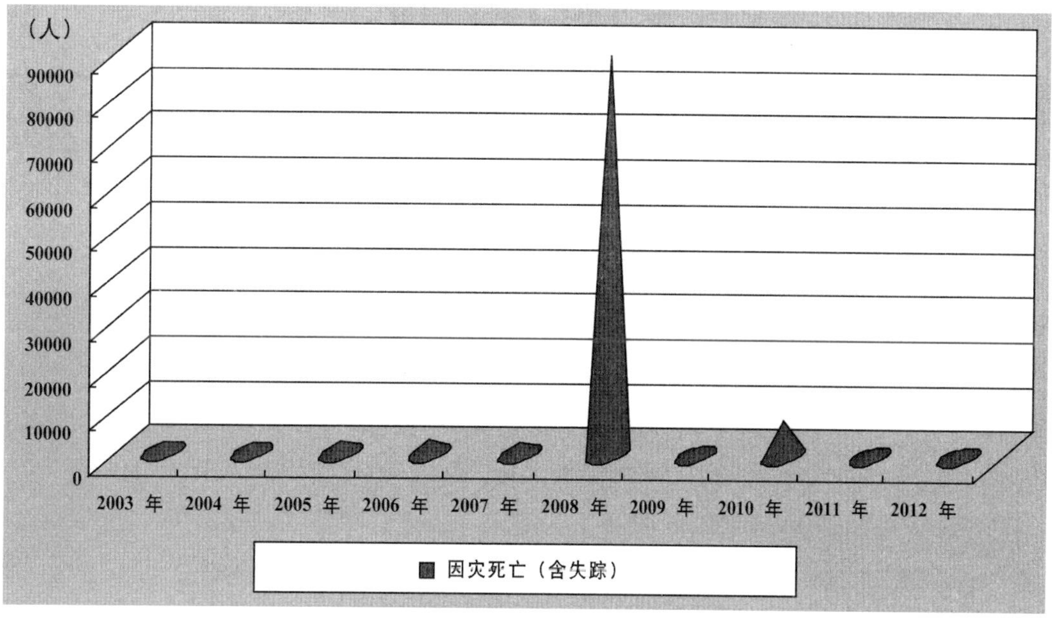

表8 因灾死亡（含失踪）人口

单位：人

指标	2005年	2006年	2007年	2008年	2009年	2010年	2011年	2012年
因灾死亡（含失踪）人口	2475	3186	2325	88928	1528	7844	1126	1530

6.慈善事业。

慈善捐赠。截至2012年底，全国共建立经常性社会捐助工作站、点和慈善超市3.1万个（其中慈善超市9053个）。全年各地直接接收社会捐赠款物578.8亿元，其中：民政部门直接接收社会各界捐款101.7亿元，捐赠物资折款6.3亿元，各类社会组织接收捐款470.8亿元。全年各地接收捐赠衣被12538.2万件，其中棉衣被1570.8万件。间接接收其他部门转入的社会捐款5.0亿元，衣被485.6万件，其中：棉衣被49.0万件，捐赠物资折款54836.0万元。全年有1325.0万人（次）困难群众受益。全年有1293.3万人次在社会服务领域提供了3639.6万小时的志愿服务。

图9 接收社会捐款和衣被

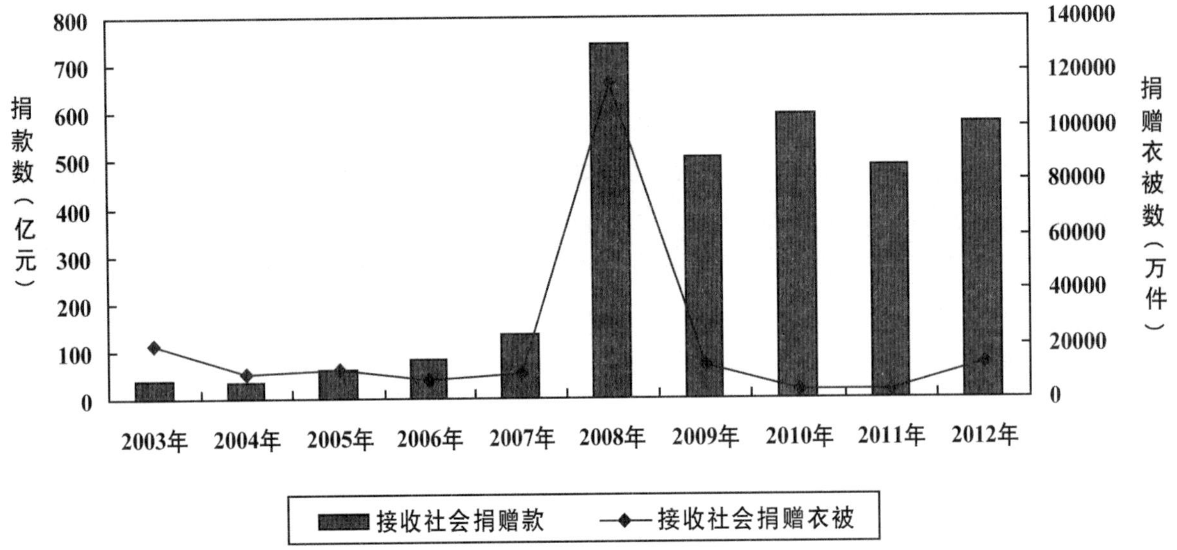

表9 接收社会捐款和衣被

单位：亿元、万件

指标	2005年	2006年	2007年	2008年	2009年	2010年	2011年	2012年
接收社会捐赠款	60.3	83.1	132.8	744.5	507.2	596.8	490.1	578.8
接收社会捐赠衣被	10355.0	7123.6	8756.8	115816.3	12476.6	2750.2	2918.5	12538.2

福利彩票。2012年中国福利彩票年销售1510.3亿元，比上年增加232.3亿元，同比增长18.2%。全年筹集福彩公益金449.4亿元，比上年增长17.6%。全年民政系统共支出彩票公益金159.0亿元，比上年增加31.1亿元，其中包括：资助用于抚恤5.4亿元，退役安置0.5亿元，社会福利92.2亿元，社会救助24.1亿元，自然灾害救助1.3亿元。

图10 福利彩票

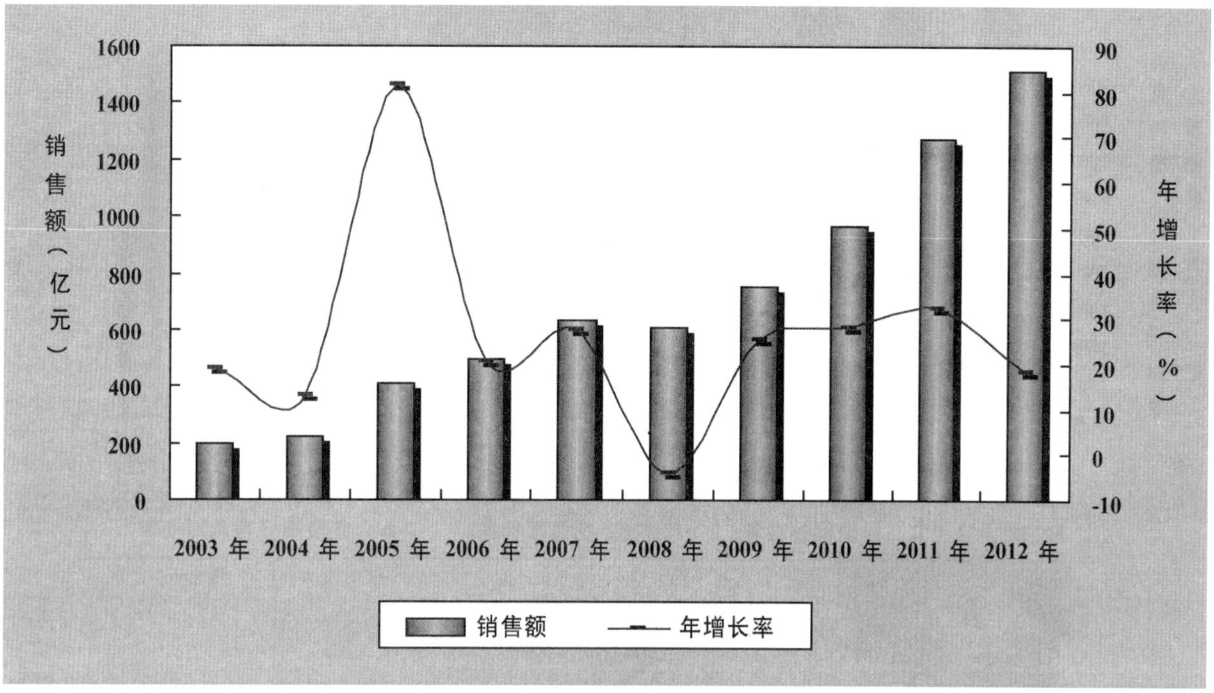

表10 福利彩票

单位：亿元、%

指标	2005年	2006年	2007年	2008年	2009年	2010年	2011年	2012年
销售额	411.2	495.7	631.6	604.0	756.0	968.0	1278.0	1510.3
年增长率	81.6	20.5	27.4	−4.4	25.2	28.0	32.0	18.2

7.优抚安置。 截至2012年底，国家抚恤、补助各类重点优抚对象944.4万人，比上年增长10.8%。其中：伤残人员84.9万人，带病回乡退伍军人132.4万人，在乡复员军人147.5万人，60岁以上农村籍退伍军人321.1万人，在乡退伍红军老战士757人，在乡西路军红军老战士164人，红军失散人员25961人；烈士遗属27.8万人，因公牺牲、病故军人遗属13.4万人。

图11 国家抚恤、补助优抚对象

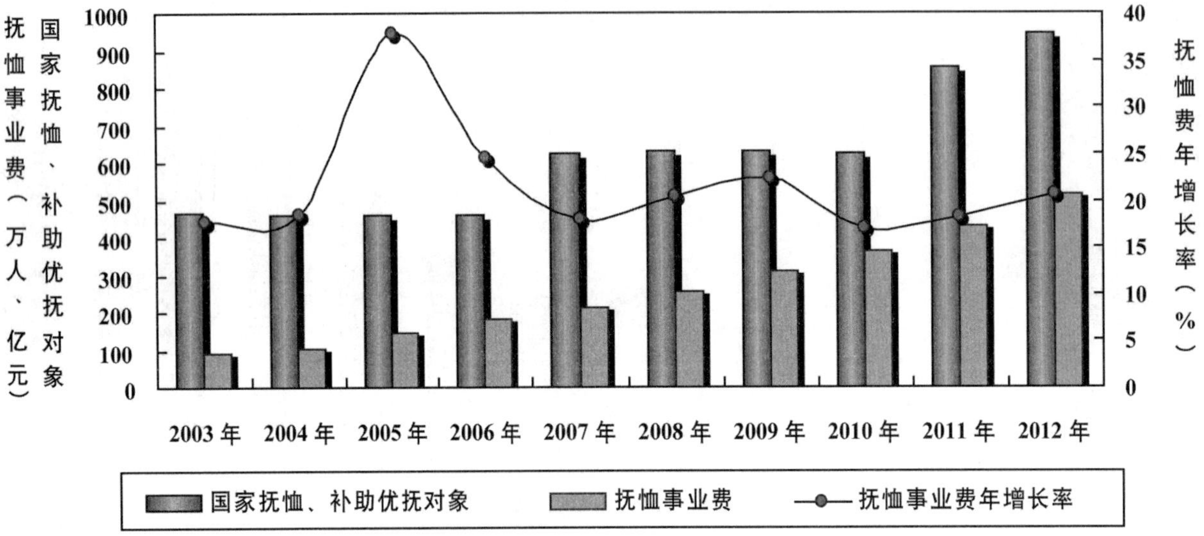

表11 国家抚恤、补助优抚对象

单位：万人、亿元、%

指标	2005年	2006年	2007年	2008年	2009年	2010年	2011年	2012年
国家抚恤、补助优抚对象	460.3	462.6	622.4	633.2	630.7	625	852.5	944.4
抚恤事业费	143.6	178.8	210.8	253.6	310.3	362.7	428.3	517
抚恤事业费年增长率	37.9	24.5	17.9	20.3	22.4	16.9	18.1	20.7

2012年各级政府共批准烈士172人。2012年底，全国共有烈士纪念设施管理机构1306个，机构内烈士纪念设施12584处；零散烈士纪念设施13151处。

全年共接收军队离退休干部（含退休士官）、无军籍退休退职职工18570人，比上年增长27.8%。全国有军休所1851个，年末职工1.7万人；军供站（含军转站）328个，年末职工0.6万人；军队离退休人员管理中心121个，年末职工0.2万人；军队离退休人员活动中心25个，年末职工0.1万人。

8.社区服务。 截至2012年底，全国共有各类社区服务机构20.0万个，社区服务机构覆盖率29.5%；其中：社区服务指导中心809个，社区服务中心15497个，比上年增加1106个，社区服务站87931个，比上年增加31775个，其他社区专项服务设施9.6万个，比上年增加0.6万个。城市社区服务中心（站）覆盖率72.5%。城镇便民、利民服务网点39.7万个。社区志愿服务组织9.3万个。

图12 社区服务机构

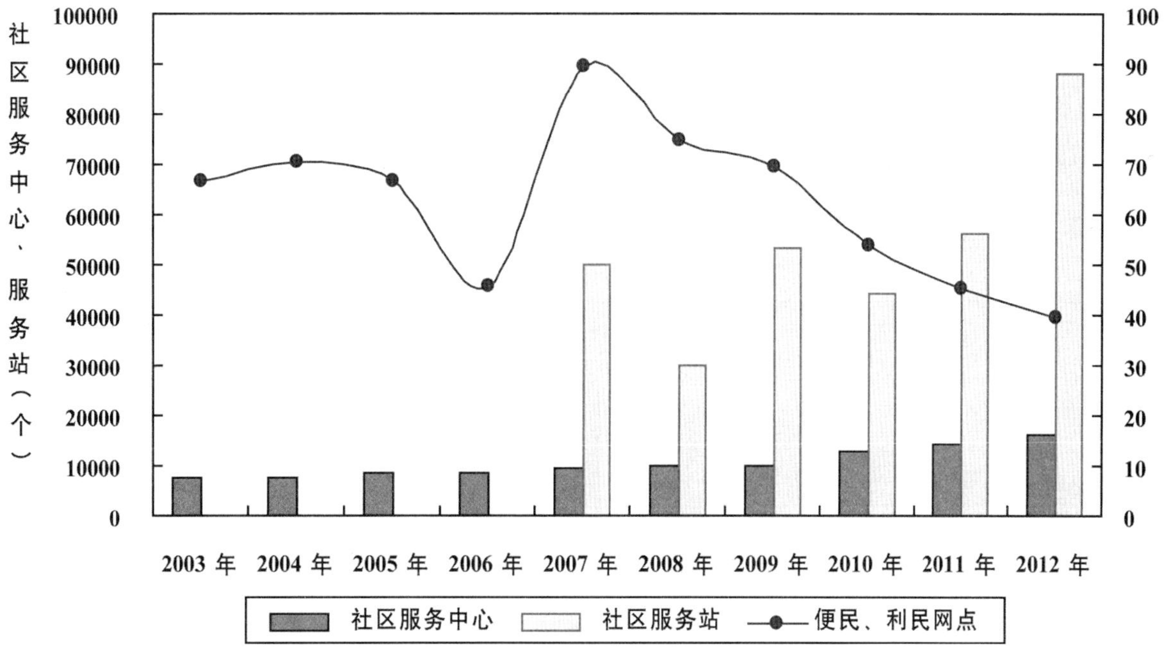

表12 社区服务机构

单位：万个、个

指标	2005年	2006年	2007年	2008年	2009年	2010年	2011年	2012年
社区服务机构	20.3	12.5	12.9	14.6	14.6	15.3	16.0	20.0
社区服务中心[7]	8479	8565	9319	9873	10003	12720	14391	16306
社区服务站			50116	30021	53170	44237	56156	87931
便民、利民网点	66.5	45.8	89.3	74.9	69.3	53.9	45.3	39.7

三、成员组织和其他社会服务

（一）成员组织

1.社会组织。截至2012年底，全国共有社会组织49.9万个，比上年增长8.1%；吸纳社会各类人员就业613.3万人，比上年增加2.3%；形成固定资产1425.4亿元；社会组织增加值为525.6亿元，比上年减少20.4%，占第三产业增加值比重为0.23%；接收社会捐赠470.8亿元；全年共查处社会组织违法违规案件1293起，其中取缔非法社会组织23起，行政处罚1270起。

全国共有社会团体27.1万个，比上年增长6.3%。其中：工商服务业类27056个，科技研究类18486个，教育类11654个，卫生类10440个，社会服务类38381个，文化类25036个，体育类15060个，生态环境类6816个，法律类3191个，宗教类4693个，农业及农村发展类55383个，职业及从业组织类18611个，国际及其他涉外组织类499个，其他35825个。全年查处社会团体违法违规案件836起，其中取缔非法社会团体2起，行政处罚834起。

全国共有基金会3029个，比上年增加415个，增长15.9%，其中：公募基金会1316个，非公募基金会1686个，涉外基金会8个，境外基金会代表机构19个。民政部登记的基金会199个。公募基金会和非公募基金会共接收社会各界捐赠305.7亿元。全年对基金会作出行政处罚7起。

全国共有民办非企业单位22.5万个，比上年增长10.1%。其中：科技服务类11126个，生态环境类1065个，教育类117015个，卫生类20979个，社会服务类35956个，文化类10590个，体育类8490个，商务服务类8717个，宗教类132个，国际及其他涉外组织类49个，其他10989个。全年查处民办非企业单位违法违规案件450起，其中取缔非法民办非企业单位21起，行政处罚429起。

图13 社会组织

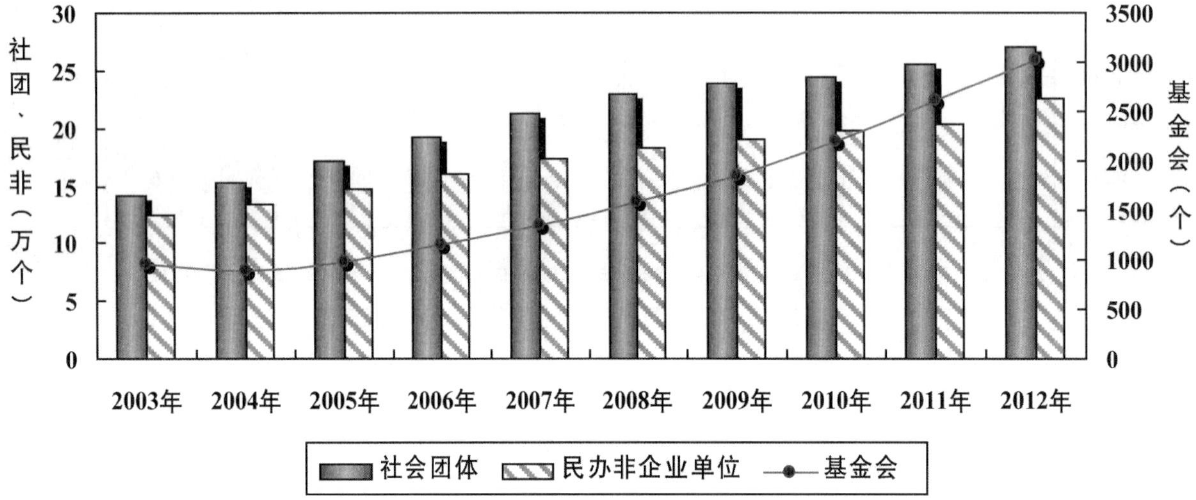

表13 社会组织

单位：万个、个

指标	2005年	2006年	2007年	2008年	2009年	2010年	2011年	2012年
社会团体	17.1	19.2	21.2	23.0	23.9	24.5	25.5	27.1
基金会	975	1144	1340	1597	1843	2200	2614	3029
民办非企业单位	14.8	16.1	17.4	18.2	19.0	19.8	20.4	22.5

2.自治组织。

2012年底，基层群众自治组织共计68.0万个，其中：村委会58.8万个，降低0.2%，村民小组469.4万个，村委会成员232.3万人，比上年增加0.4万人；居委会91153个，增长了1.9%，居民小组133.5万个，比上年减少0.5万个，居委会成员46.9万人，比上年增长3.3%。全年共有10.9万个村（居）委会完成选举，参与选举的村（居）民登记数为1.6亿人，参与投票人数为1.1亿人。

图14 自治组织

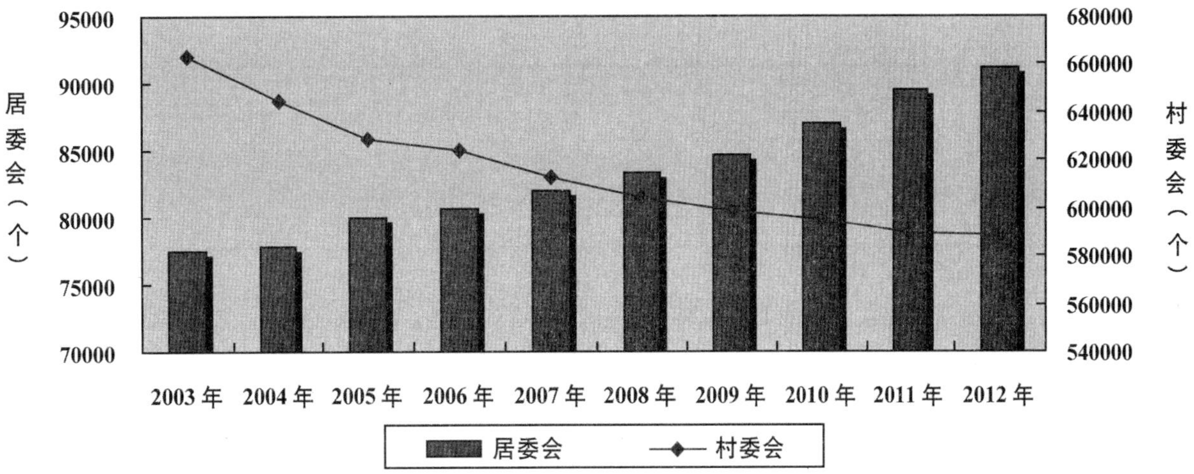

表14 自治组织

单位：个

指标	2005年	2006年	2007年	2008年	2009年	2010年	2011年	2012年
居委会	79947	80717	82006	83413	84689	87057	89480	91153
村委会	629079	623669	612709	604285	599078	594658	589653	588475

（二）其他社会服务

1.**婚姻服务**。2012年全国共有事业单位性质[8]的婚姻登记机构1926个。各级民政部门和婚姻登记机构共依法办理结婚登记1323.6万对，比上年增长1.6%。其中：内地居民登记结婚1318.3万对，涉外及华侨、港澳台居民登记结婚5.3万对。粗结婚率为9.8‰，比上年上升0.1个千分点。2012年20–24岁办理结婚登记的公民占结婚总人口比重最多，占35.5%，但呈逐年下降趋势，比上年降低1.1个百分点；而25–29岁办理结婚登记的公民呈逐年上升趋势，占34.2%，比上年提高0.8个百分点。

2012年共依法办理离婚手续的有310.4万对，增长8.0%，粗离婚率为2.3‰，比上年增加0.2个千分点。其中：民政部门登记离婚242.3万对，法院办理离婚68.1万对。

图15 结婚率和离婚率

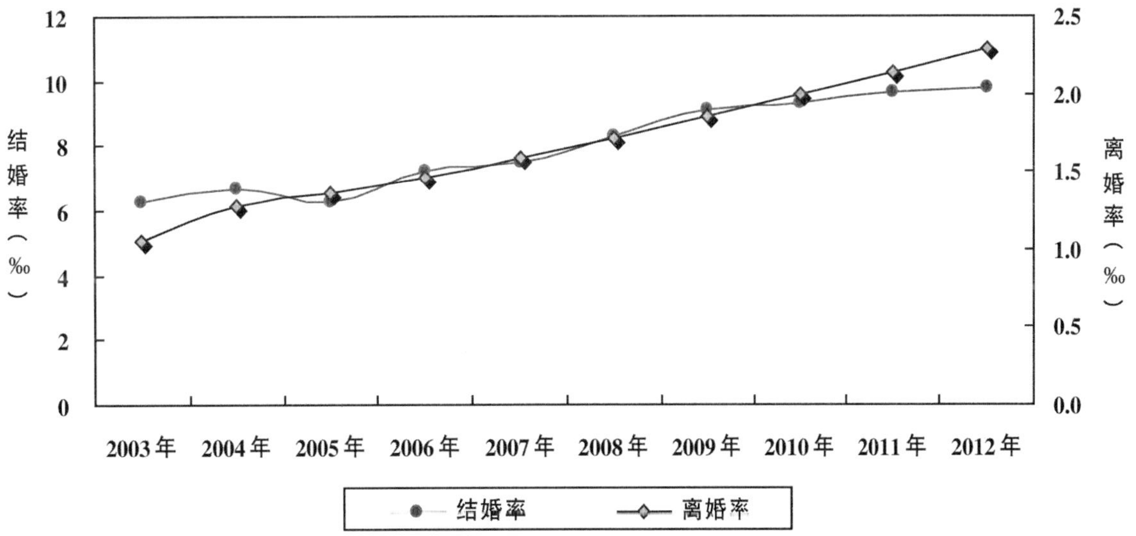

表15 结婚率和离婚率

单位：‰

指标	2005年	2006年	2007年	2008年	2009年	2010年	2011年	2012年
结婚率	6.30	7.19	7.50	8.27	9.10	9.30	9.67	9.80
离婚率	1.37	1.46	1.59	1.71	1.85	2.00	2.13	2.29

2.**殡葬服务**。截至2012年底，全国共有殡葬服务机构4357个，比上年增加254个，其中殡仪馆1782个，殡葬管理机构978个。民政部门管理的公墓1597个，比上年增加191个。殡仪服务机构职工共有7.7万人，其中殡仪馆职工4.5万人。火化炉5539台，火化遗体477.7万具。火化率49.5%，比上年增加0.7个百分点。

图16 火化遗体情况

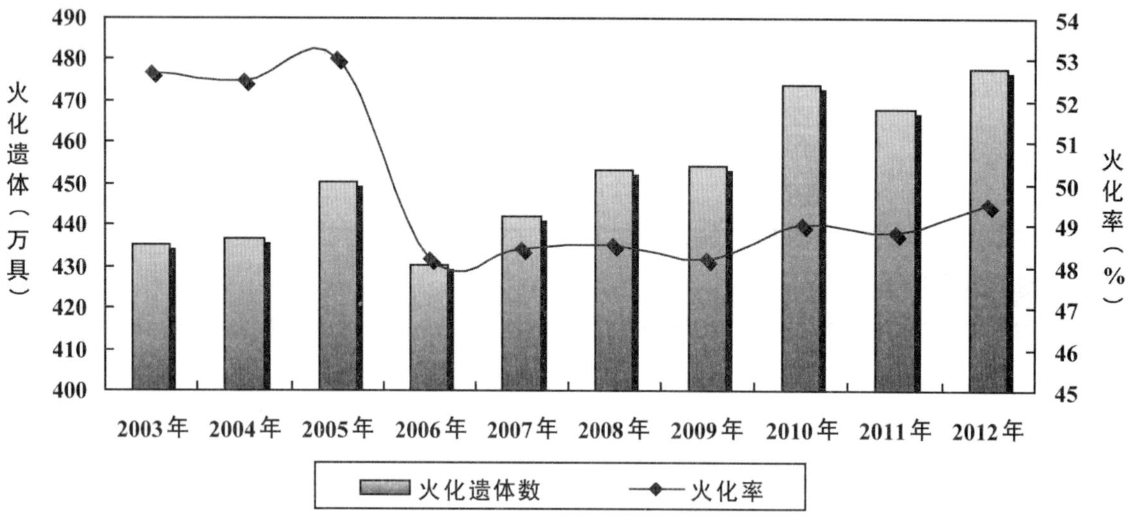

表16 火化遗体情况

单位：万具、%

指标	2005年	2006年	2007年	2008年	2009年	2010年	2011年	2012年
火化遗体数	450.2	430.2	442.1	453.4	454.2	474.1	468.1	477.7
火化率	53.0	48.2	48.4	48.5	48.2	49.0	48.8	49.5

注释：

[1]图1和表1中“乡”包含“民族乡、苏木和民族苏木”。

[2]由于2011年和2012年元旦、春节为困难群众和优抚对象发放一次性补助的中央转移支付资金311亿元，已经全部计入2011年的中央转移支付社会服务经费，所以2012年中央转移支付社会服务经费比2011年减少。如果扣除上述因素影响，2012年中央专项转移支付社会服务经费比2011年增长19.88%。

[3]中央财政补助资金中不含中央补助兵团资金。

[4]资助参保参合人数中不含政府另行安排资金资助的人数。

[5]2012年因灾死亡（含失踪）人口包含森林火灾死亡人口。

[6]财政部、民政部下拨中央救灾资金不包含中央级救灾物资采购经费和中央拨付新疆生产建设兵团救灾资金。

[7]2012年社区服务中心里含社区服务指导中心。

[8]2012年对婚姻登记机构指标进行了规范，要求各地仅填报具有独立事业单位性质的机构。

[9]公报中的民政对象人数和机构数均为2012年实际发生数和法定机构数，与批准数和预算数不可比。

民政部关于表扬2012年度全国民政统计工作先进单位的通报

民函〔2013〕100号

各省、自治区、直辖市民政厅（局），各计划单列市民政局，新疆生产建设兵团民政局：

2012年，全国民政规划财务部门认真贯彻落实第十三次民政会议精神，围绕中心、服务大局、结合实际、狠抓落实，充分发挥统计信息、咨询、监督职能，民政工作在统计制度建设、统计数据质量提升、统计数据分析运用、基层统计人员培训等方面取得了明显成效，有力地保障了第十三次全国民政会议和各地民政会议等重要会议文件、各级领导决策和科研工作的统计数据需求，为推动民政事业科学发展作出了积极的贡献。

为进一步鼓励各级民政统计工作再上新台阶、再创新佳绩，根据民政事业统计、财务、基建报表和统计台账报送情况，民政部决定对北京市民政局规划财务处等32个民政统计工作先进单位进行通报表扬。

2013年是深入贯彻党的十八大精神开局之年，也是“十二五”规划落实的关键之年。希望各级民政部门更加重视统计工作，以先进单位为榜样，严格遵守统计规程，不断完善统计制度，切实加强基层统计基础和能力建设，进一步提升统计数据质量和民政统计公信力，为各级政府科学决策和推动民政事业科学发展发挥更加重要的作用。

二〇一三年三月十四日

2012年全国民政统计工作先进单位名单

特等奖（11名）：

北京市民政局规财处

重庆市民政局规财处

上海市民政局规财处

湖南省民政厅规财处

浙江省民政厅规财处

江苏省民政厅规财处

山东省民政厅规财处

安徽省民政厅规财处

湖北省民政厅规财处

黑龙江省民政厅规财处

云南省民政厅规财处

一等奖（11名）：

陕西省民政厅规财处

吉林省民政厅规财处

甘肃省民政厅规财处

贵州省民政厅规财处

天津市民政局规财处

河南省民政厅规财处

新疆维吾尔自治区民政厅规财处

四川省民政厅规财处

江西省民政厅规财处

广东省民政厅规财处

广西壮族自治区民政厅规财处

二等奖：（10名）

福建省民政厅规财处

青海省民政厅规财处

内蒙古自治区民政厅规财处

海南省民政厅规财处

山西省民政厅规财处

河北省民政厅规财处

宁夏回族自治区民政厅规财处

辽宁省民政厅规财处

新疆生产建设兵团民政局办公室

西藏自治区民政厅规财处

主要数据图表

02

图1-1 市、区、县

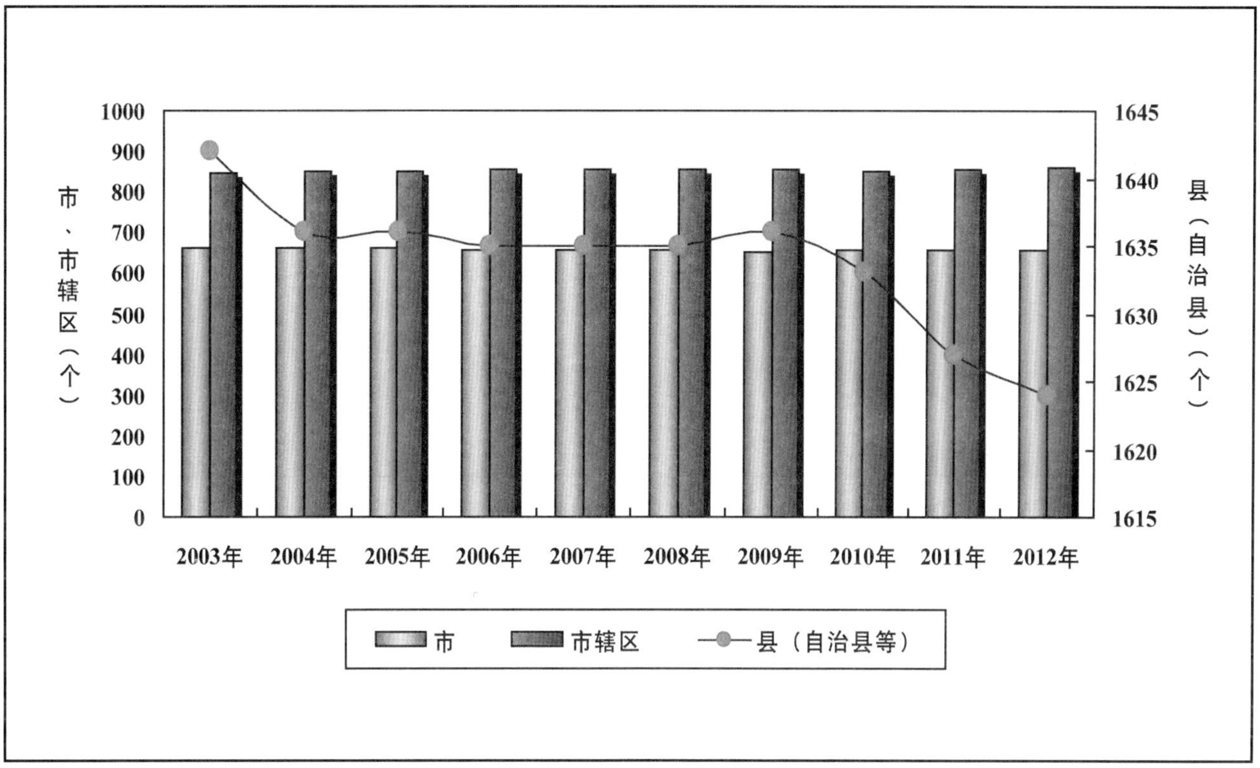

单位：个

指　标	2003年	2004年	2005年	2006年	2007年	2008年	2009年	2010年	2011年	2012年
市	660	661	661	656	655	655	654	657	657	657
市辖区	845	852	852	856	856	856	855	853	857	860
县（自治县等）	1642	1636	1636	1635	1635	1635	1636	1633	1627	1624

注释：市含直辖市、地级市及县级市。

图1-2　乡镇与街道

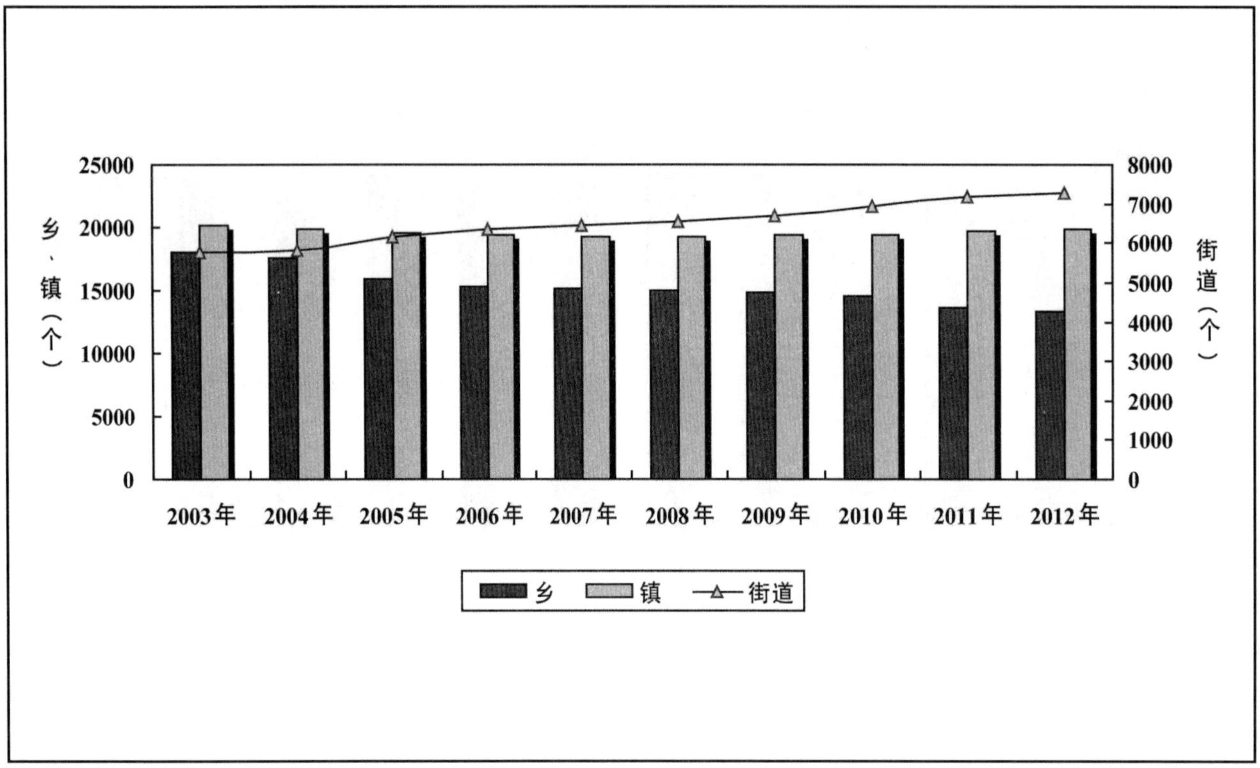

单位：个

指　标	2003年	2004年	2005年	2006年	2007年	2008年	2009年	2010年	2011年	2012年
乡	18064	17534	15951	15306	15120	15067	14848	14571	13587	13281
镇	20226	19892	19522	19369	19249	19234	19322	19410	19683	19881
街道	5751	5829	6152	6355	6434	6524	6686	6923	7194	7282

图1-3　60岁以上老年人口占全国总人口比重

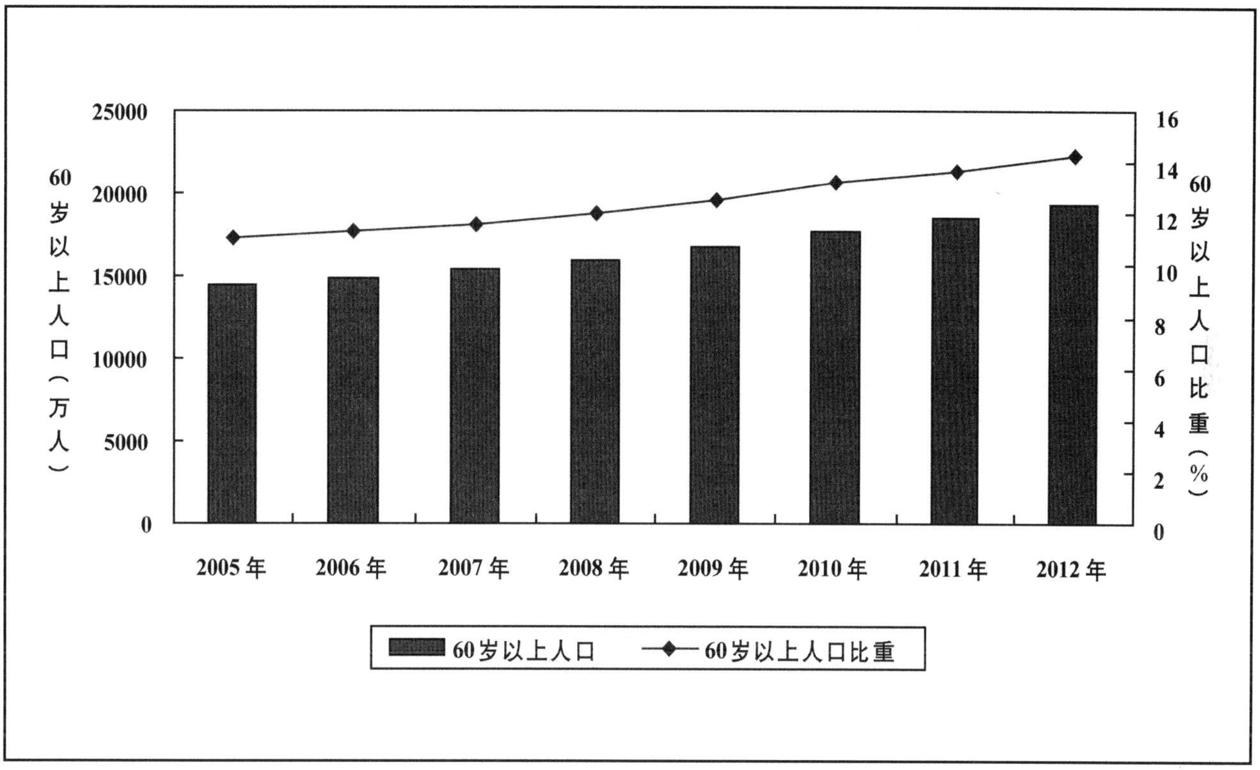

单位：万人、%

指　标	2005年	2006年	2007年	2008年	2009年	2010年	2011年	2012年
60岁以上人口	14408	14901	15340	15989	16714	17765	18499	19390
60岁以上人口比重	11.03	11.3	11.6	12	12.5	13.26	13.7	14.3

注：本表数据来源于国家统计局。

图1–4　人口年龄结构

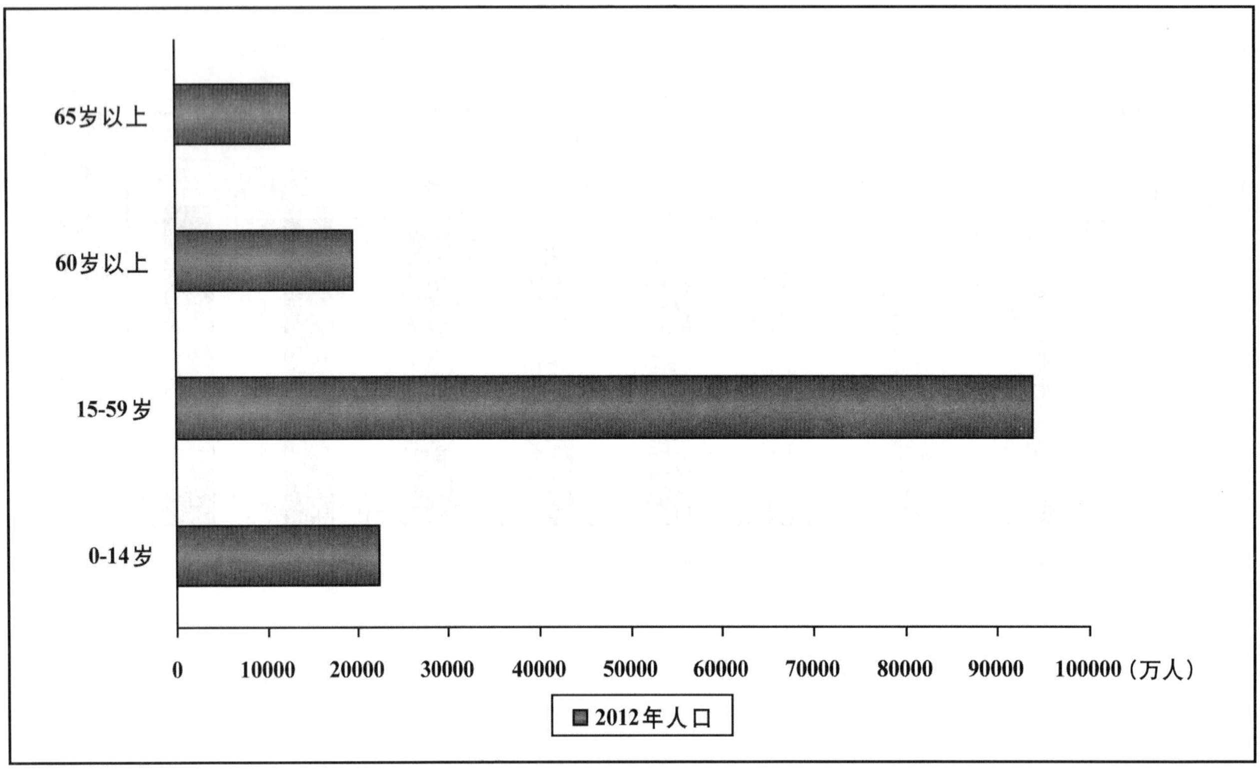

单位：万人、%

指　标	0–14岁	15–59岁	60岁以上	65岁以上
2012年人口	22287	93727	19390	12714
不同年龄段人口比重	16.5	69.2	14.3	9.39
比2011年增减百分点	0.01	-0.6	0.59	3.47

图1–5　社会服务机构和职工

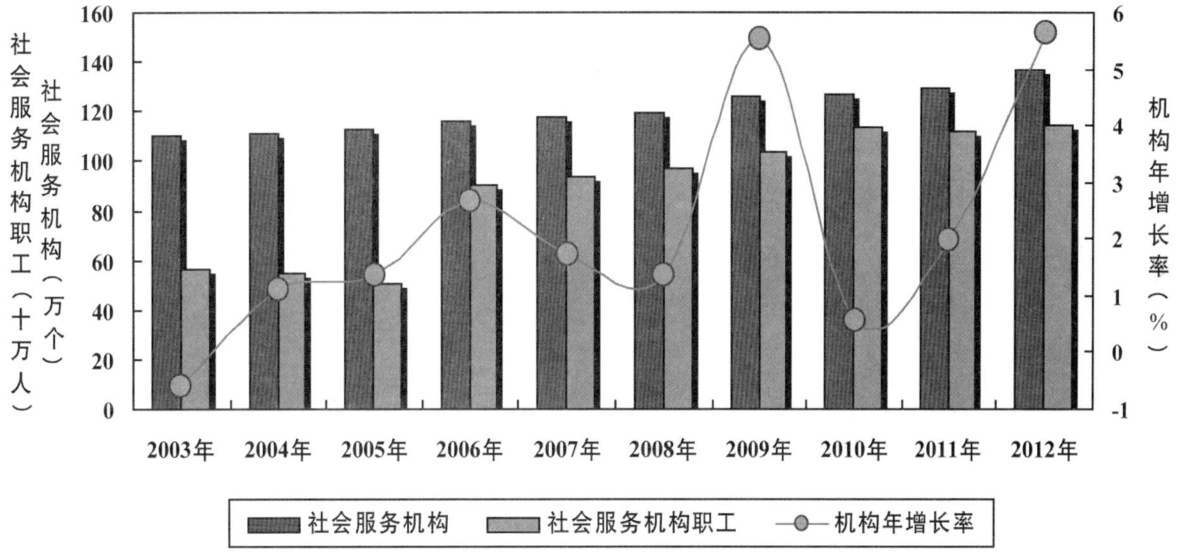

单位：万个、%、十万人

指　标	2003年	2004年	2005年	2006年	2007年	2008年	2009年	2010年	2011年	2012年
社会服务机构	110.3	111.5	113	116	118	119.6	126.2	126.9	129.4	136.7
社会服务机构职工	56.3	54.4	50.9	90.4	93.8	96.7	103.8	113.8	112.1	114.5
机构年增长率	-0.6	1.1	1.3	2.7	1.7	1.4	5.5	0.6	2.0	5.6

图1-6 主要社会服务对象占全国总人口比重

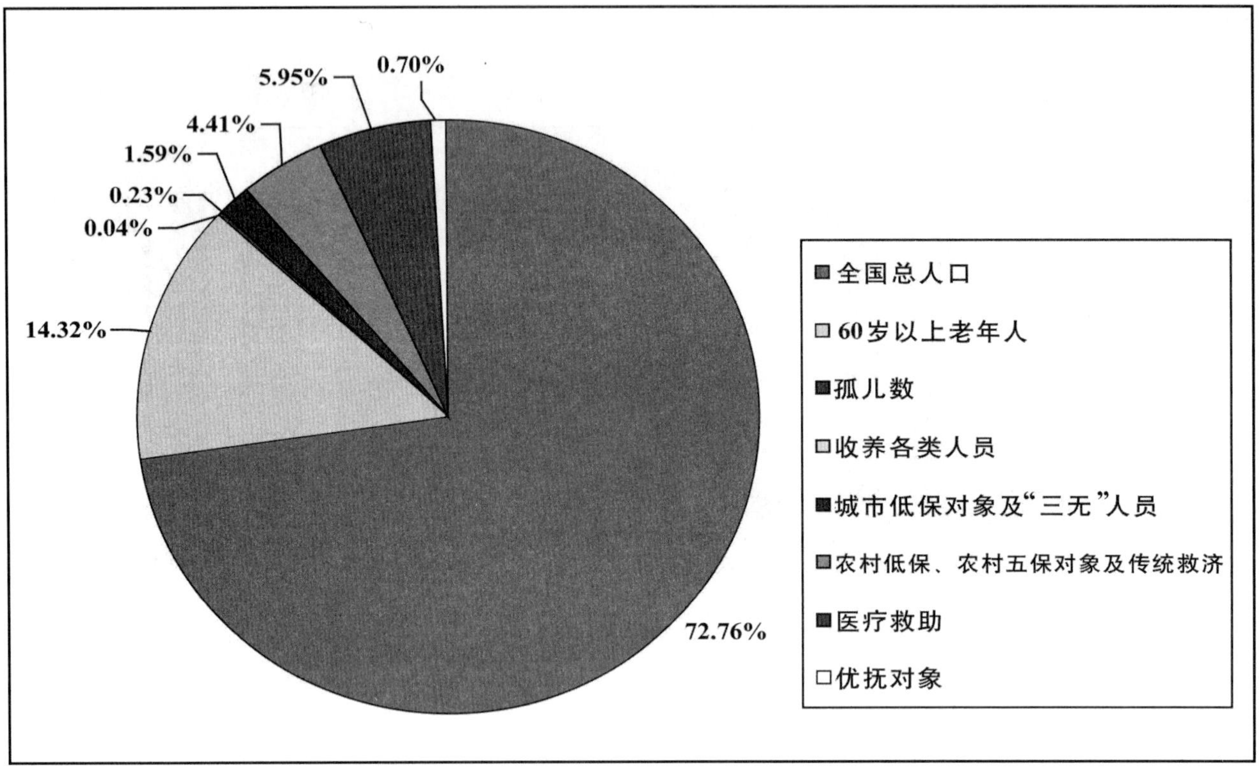

单位：万人、%

指 标	2012年	比 重
全国总人口	135404	100.0
社会服务对象	36876.7	27.23
# 60岁以上老年人	19390	14.32
孤儿数	57	0.04
收养各类人员	310	0.23
城市低保对象及“三无”人员	2153.4	1.59
农村低保、农村五保对象及传统救济	5969.7	4.41
医疗救助	8051.2	5.95
优抚对象	944.4	0.70

图1–7　社会服务机构增加值占服务业增加值比重

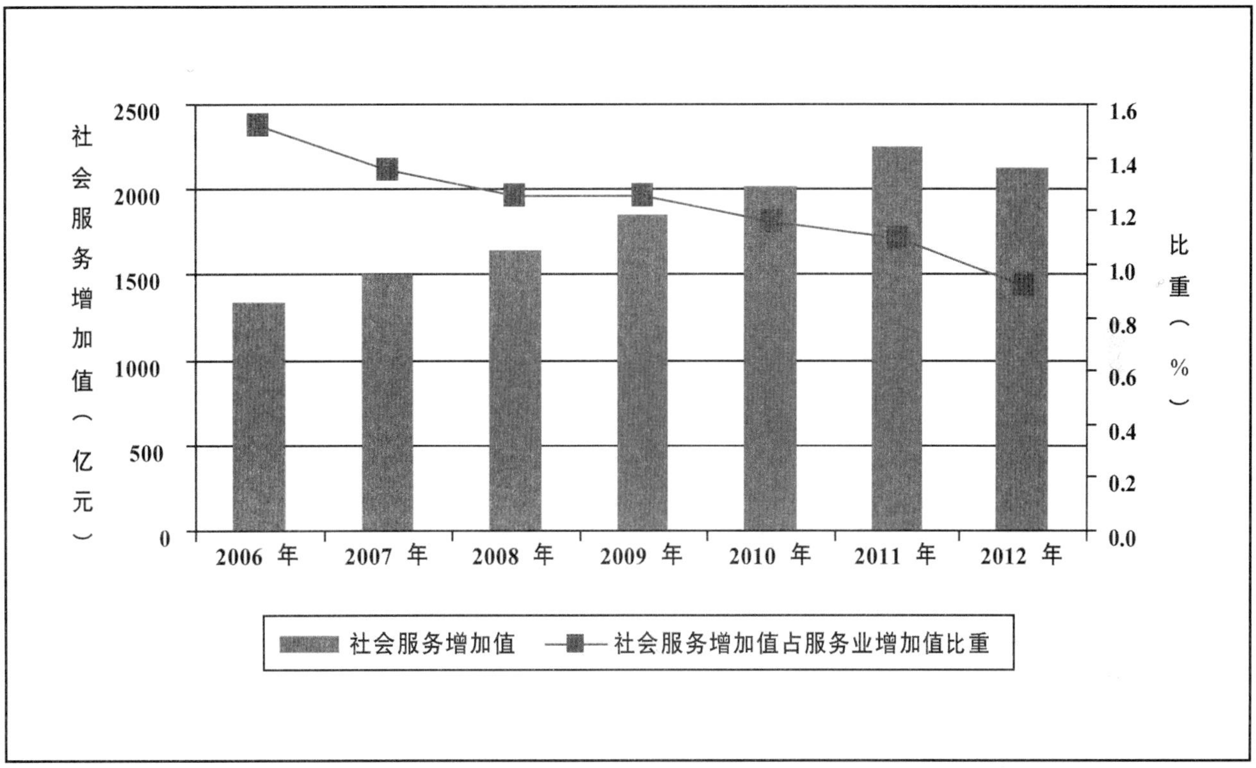

单位：亿元、%

指　标	2006年	2007年	2008年	2009年	2010年	2011年	2012年
服务业增加值	88554.9	111351.9	131340.0	148038.0	173596	204982.5	231626
# 社会服务增加值	1344.8	1501.2	1650.1	1856.2	2014.5	2246.9	2128.9
社会服务增加值占服务业增加值比重	1.52	1.35	1.26	1.25	1.16	1.10	0.92

图1-8　社会服务固定资产原值

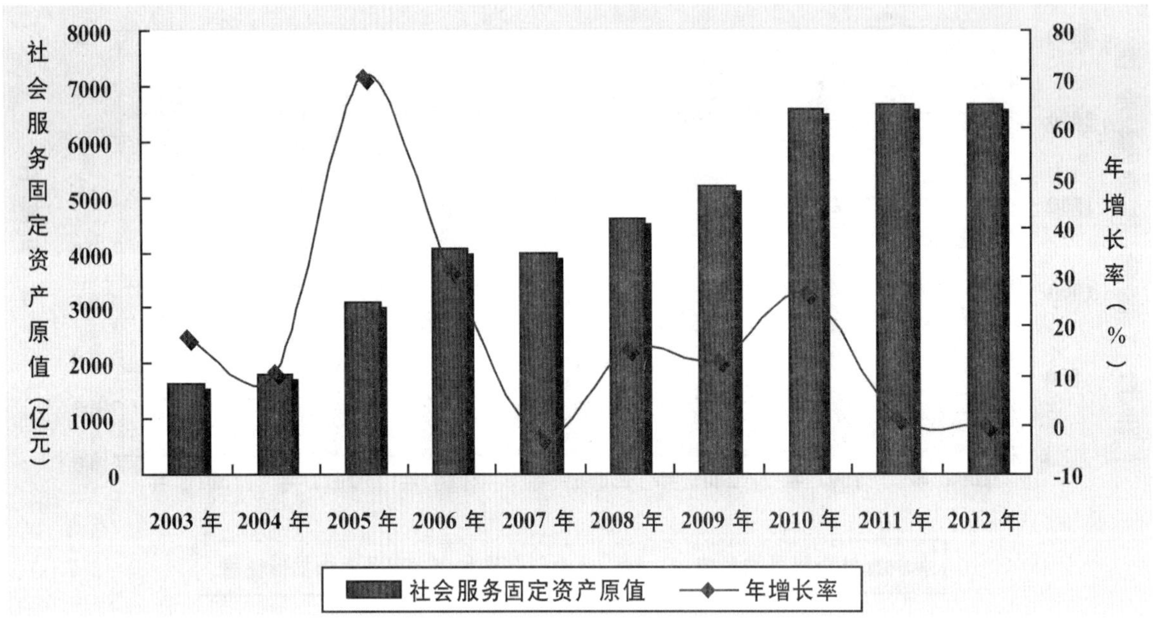

单位：亿元、%

指　标	2003年	2004年	2005年	2006年	2007年	2008年	2009年	2010年	2011年	2012年
社会服务固定资产原值	1644.3	1818.4	3097.8	4066.7	3973	4592.8	5198	6589.3	6676.7	6675.4
年增长率	17.9	10.6	70.4	31.3	-2.3	15.6	13.2	26.8	1.3	

图1-9　社会服务领域基本建设投资

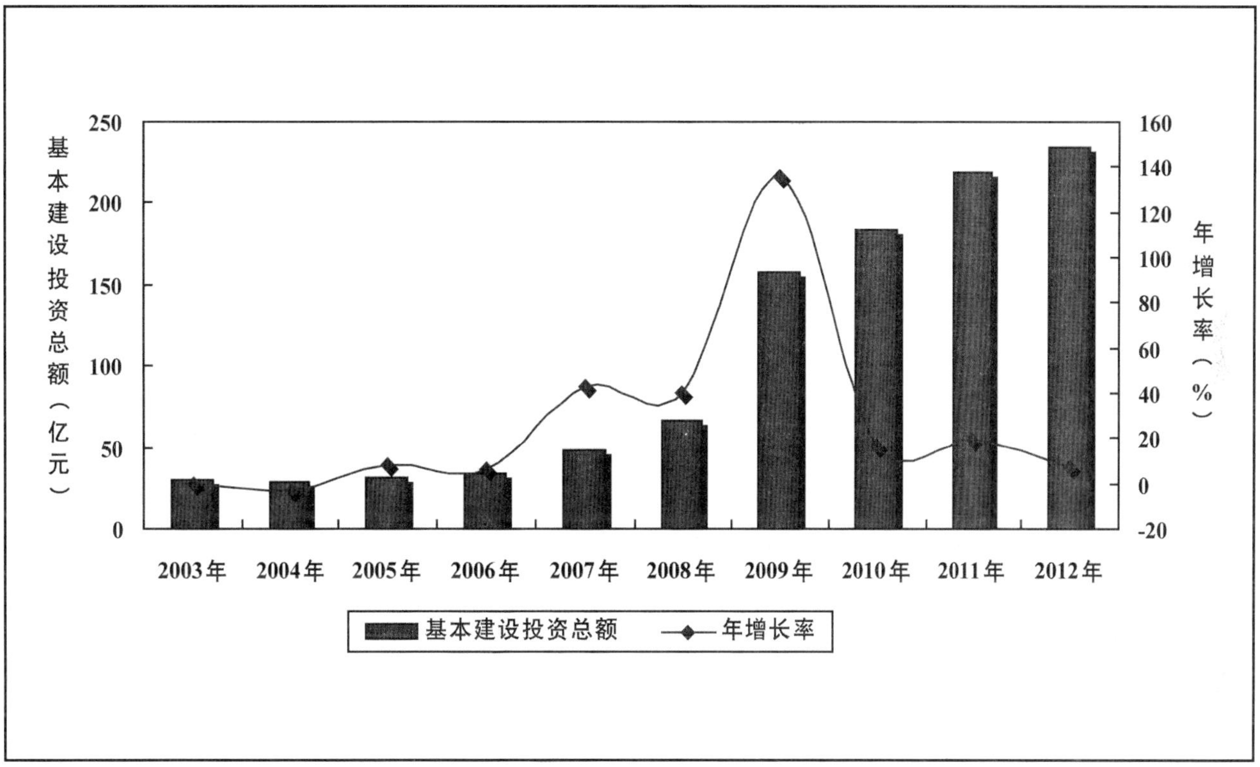

单位：亿元、%

指　标	2003年	2004年	2005年	2006年	2007年	2008年	2009年	2010年	2011年	2012年
基本建设投资总额	30	29.2	31.6	33.5	47.7	66.6	157	183	218.5	234.7
年增长率	-0.3	-2.7	8.2	6.0	42.4	39.6	135.7	16.6	19.4	7.4

图1-10　社会服务经费支出

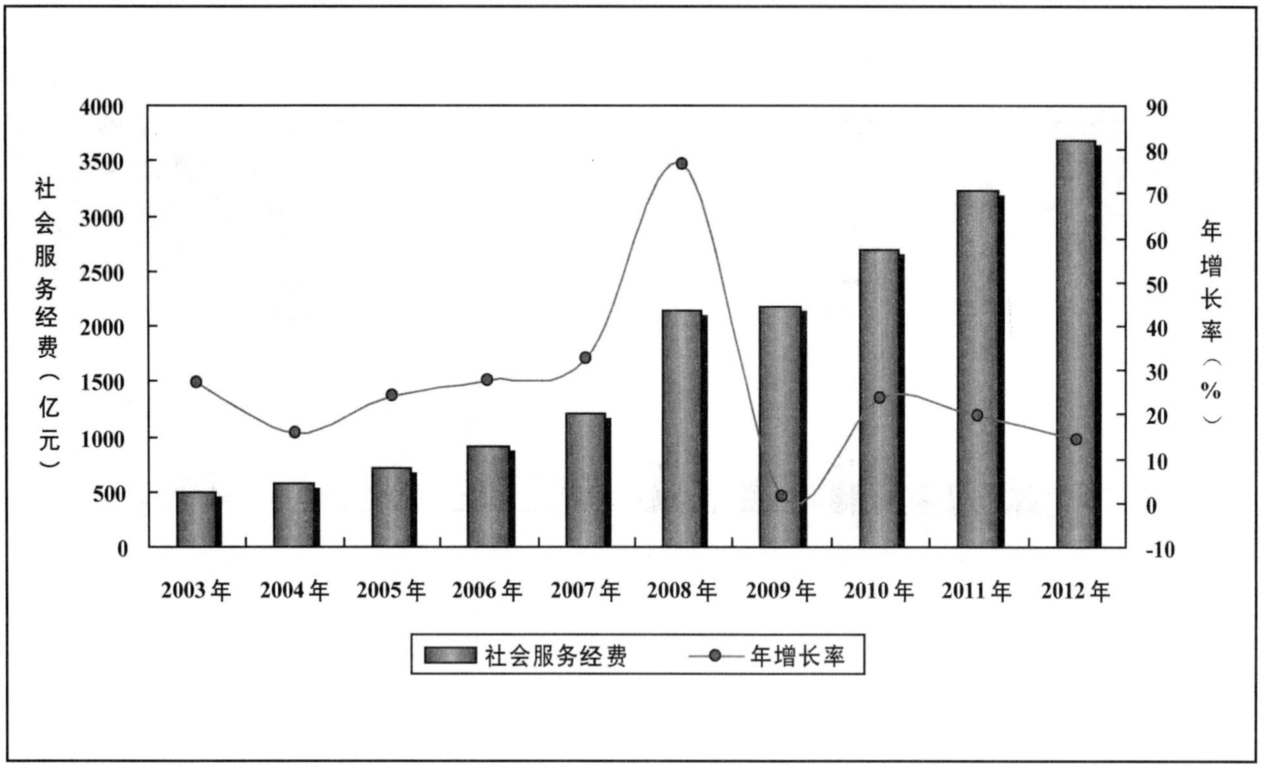

单位：亿元、%

指　标	2003年	2004年	2005年	2006年	2007年	2008年	2009年	2010年	2011年	2012年
社会服务经费	498.9	577.4	718.4	915.4	1215.5	2146.5	2181.9	2697.5	3229.1	3683.7
年增长率	27.2	15.7	24.4	27.4	32.8	76.6	1.6	23.6	19.7	14.1

图1-11 社会服务经费支出占国家财政支出的比重

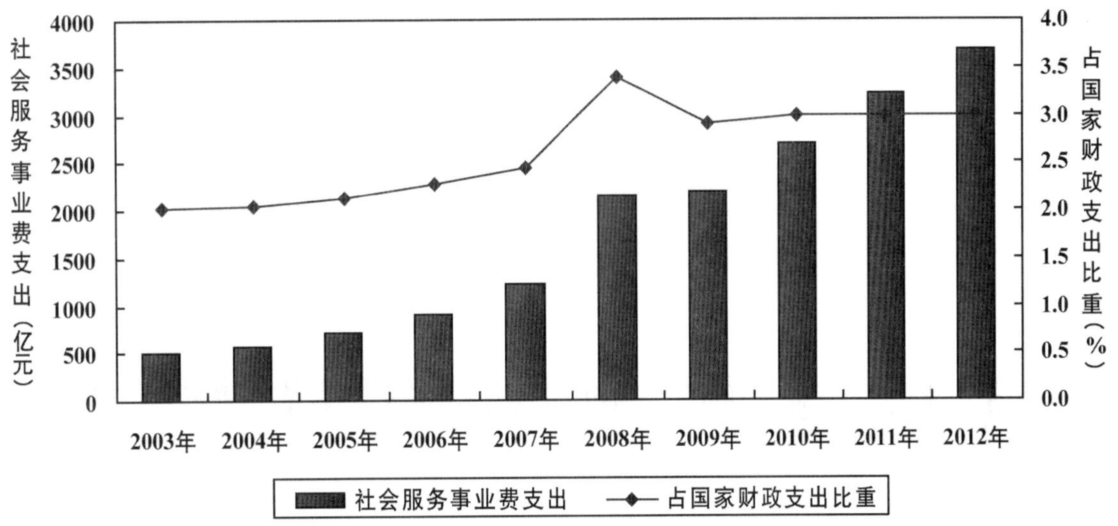

单位：亿元、%

指 标	2003年	2004年	2005年	2006年	2007年	2008年	2009年	2010年	2011年	2012年
社会服务经费支出	498.9	577.4	718.4	915.4	1215.5	2146.5	2181.9	2697.5	3229.1	3683.7
占国家财政支出比重	2.0	2.0	2.1	2.3	2.5	3.4	2.9	3.0	3.0	3.0

图1-12　社会服务经费按用项支出比重

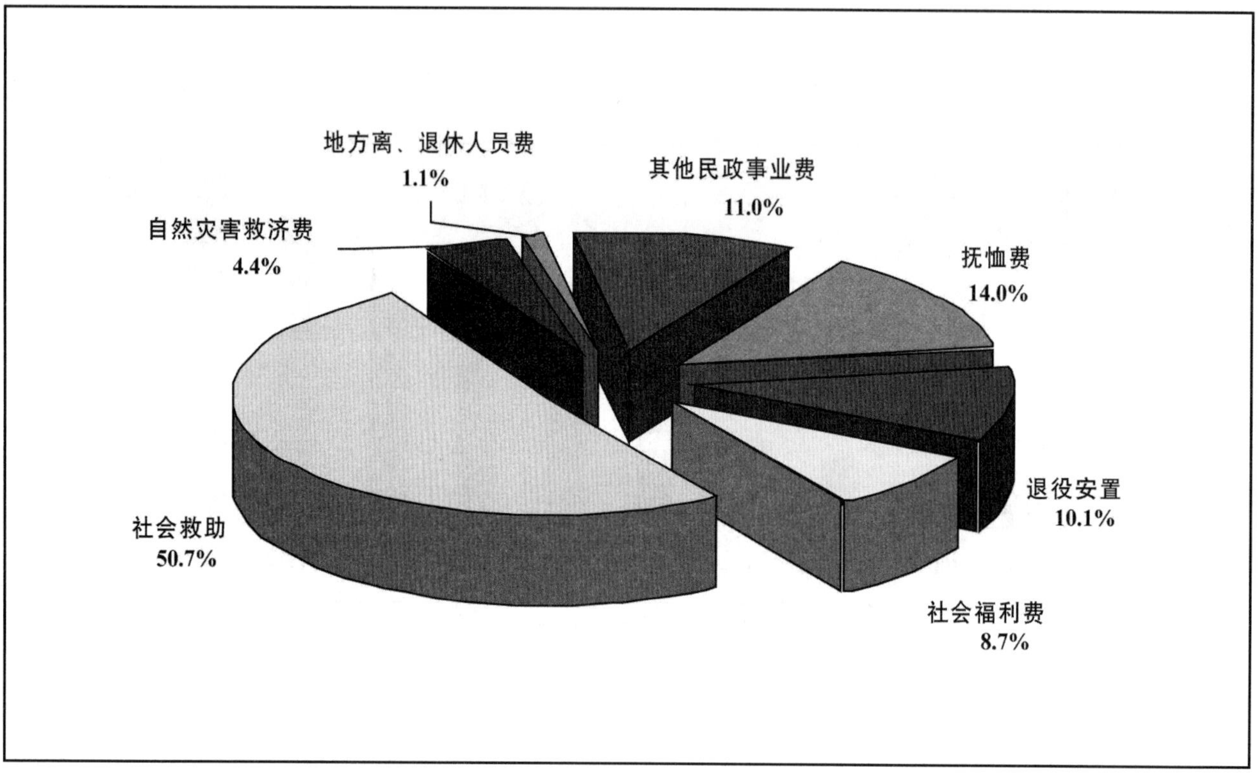

单位：亿元、%

指　标	社会服务事业费总支出	抚恤费	退役安置	社会福利费	社会救助	自然灾害救济费	地方离、退休人员费	其他民政事业费
金　额	3683.7	517	372.1	319.5	1866.1	163.4	39	406.7
比　重	100.0	14.0	10.1	8.7	50.7	4.4	1.1	11.0

图1-13 中央转移支付社会服务经费

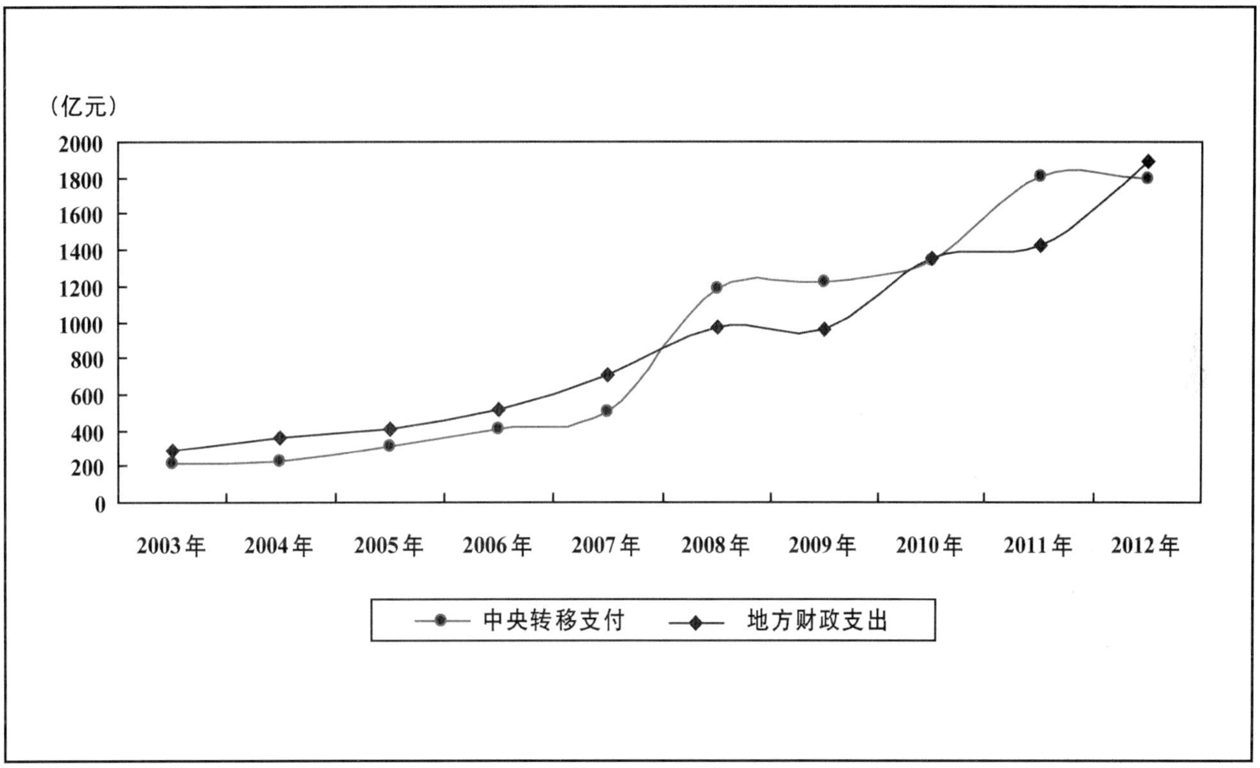

单位：亿元、%

指　标	2003年	2004年	2005年	2006年	2007年	2008年	2009年	2010年	2011年	2012年
社会服务经费支出	498.9	577.4	718.4	915.4	1215.5	2146.5	2181.9	2697.5	3229.1	3683.7
# 中央转移支付	211.8	223.8	310.3	404.0	504.4	1181.1	1227.0	1342.4	1808.0	1794.6[1]
地方财政支出	287.1	353.6	408.1	511.4	711.1	965.4	954.9	1355.1	1421.1	1889.1
中央支付占社会服务事业费支出比重	42.5	38.8	43.2	44.1	42.6	55.0	56.2	49.8	56.0	48.7[2]

注释：

[1] 2012年中央转移支付事业费比2011年减少；原因是2011年统计数据中包括2011年和2012年元旦春节发放的困难群众和优抚对象一次性补助资金，合计311亿元。2012年统计数据中不包括上述一次性补助资金，扣除该影响因素，实际2012年中央专项转移支付事业费比2011年增长19.88%。

[2] 2012年中央转移支付占总社会服务经费比重减少；主要原因也是上述一次性补助资金影响。扣除该影响因素，2011年中央转移支付占总社会服务事业比重为51.3%；同时由于各级地方政府加大对民生领域投入力度，地方支出的社会服务经费总额增加，比例相对提高。

图1-14　中央投入的基本建设经费占全国预算内基本建设经费比重

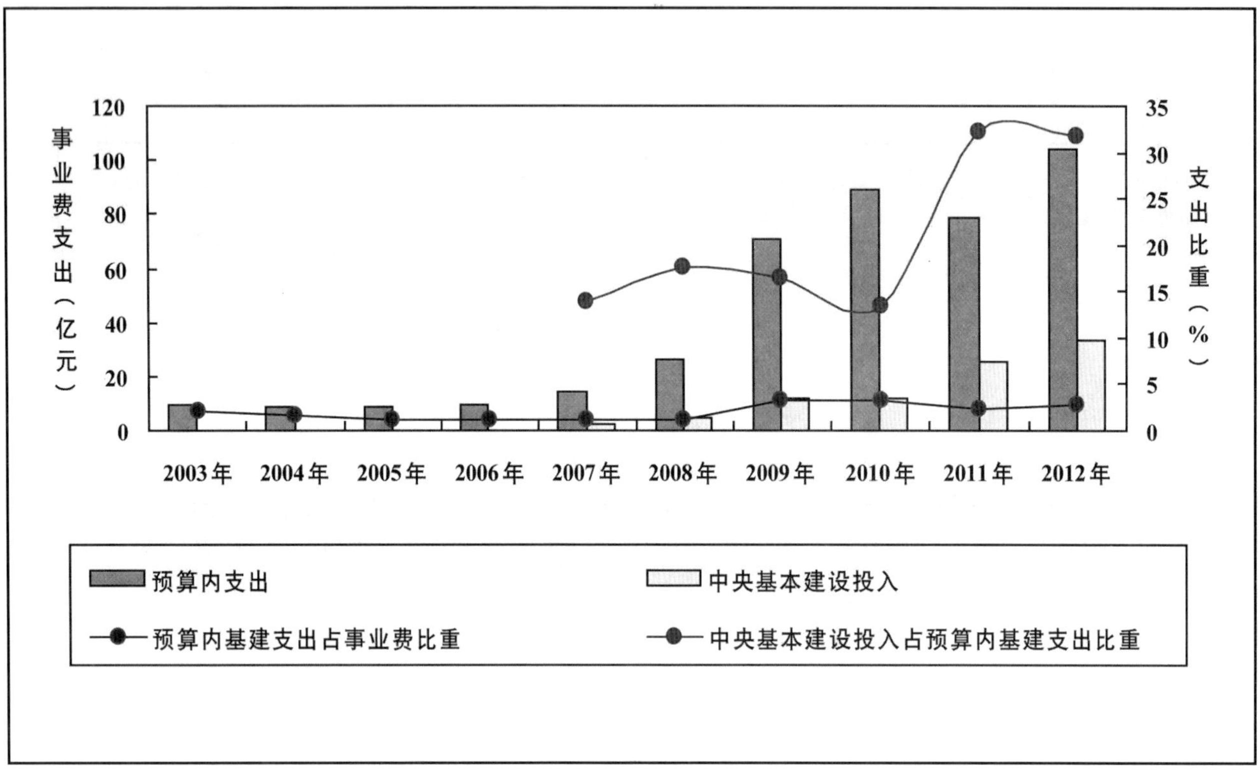

单位：亿元、%

指　标	2003年	2004年	2005年	2006年	2007年	2008年	2009年	2010年	2011年	2012年
社会服务经费支出	498.9	577.4	718.4	915.4	1215.5	2146.5	2181.9	2697.5	3229.1	3683.7
#预算内支出	9.9	8.9	9.1	9.9	14.5	26.6	70.6	89.1	78.5	104.2
#中央基本建设投入					2.0	4.7	11.7	12.0	25.3	33.0
预算内基建支出占事业费比重	2.0	1.5	1.3	1.1	1.2	1.2	3.2	3.3	2.4	2.8
中央基本建设投入占预算内基建支出比重					13.8	17.7	16.6	13.4	32.2	31.7

图2-1　社会服务机构床位数

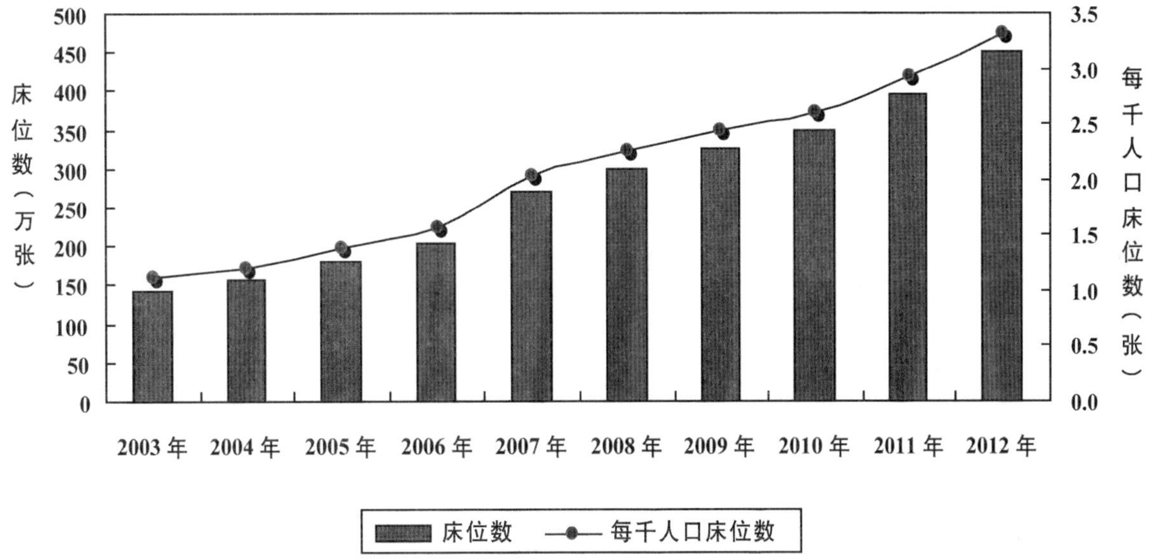

单位：万张、张

指　标	2003年	2004年	2005年	2006年	2007年	2008年	2009年	2010年	2011年	20112年
床位数	142.9	157.2	180.7	204.5	269.6	300.3	326.5	349.6	396.4	449.3
每千人口床位数	1.11	1.21	1.38	1.56	2.04	2.26	2.45	2.61	2.94	3.32

图2-2　养老服务机构床位数

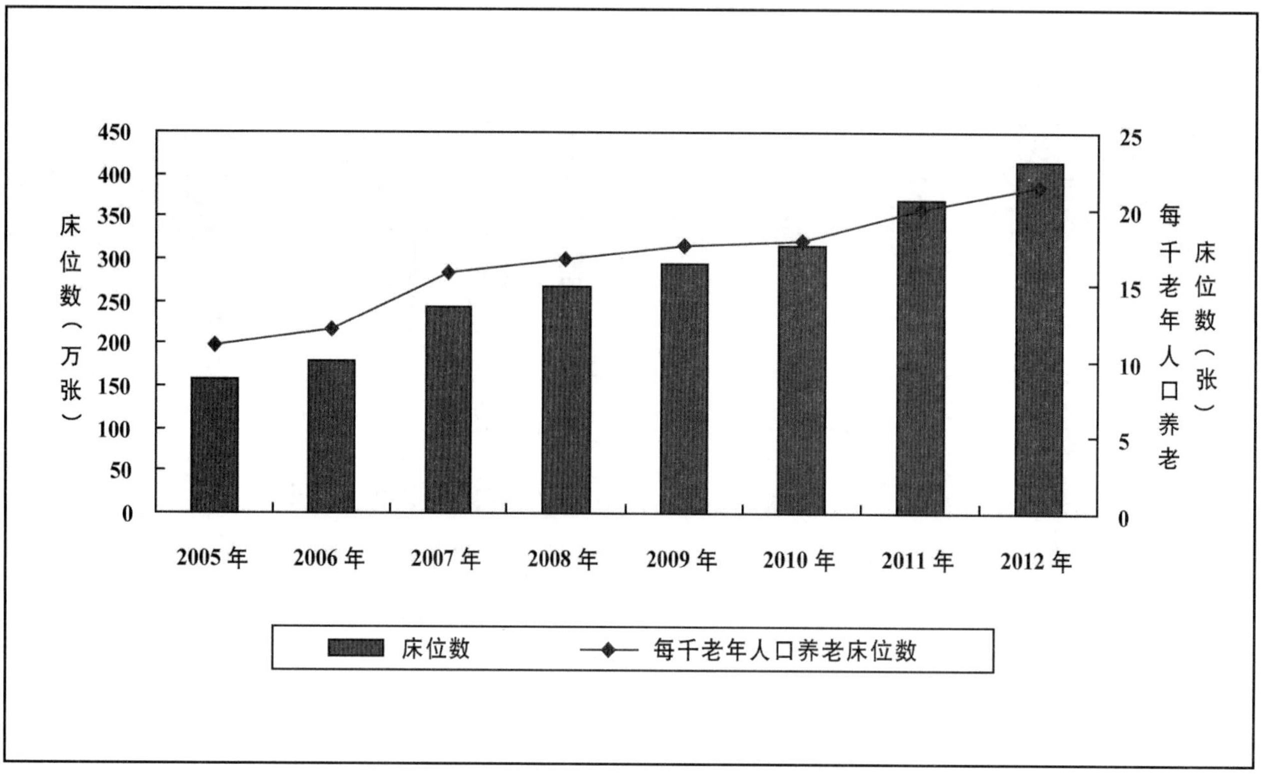

单位：万张、%、张

指　标	2005年	2006年	2007年	2008年	2009年	2010年	2011年	2012年
床位数	158.1	179.6	242.9	267.4	293.5	316.1	369.2	416.5
增长率	13.5	13.6	35.2	10.1	9.8	7.7	16.8	12.8
每千老年人口养老床位数	10.97	12.05	15.83	16.72	17.56	17.79	19.96	21.48

图2-3　农村养老服务机构

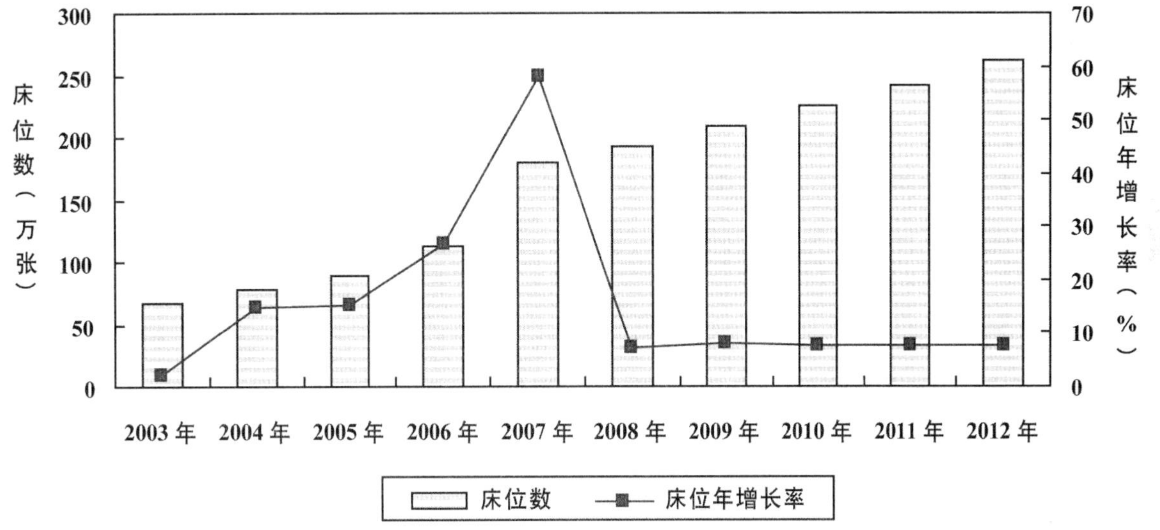

单位：万个、万张、%

指　标	2003年	2004年	2005年	2006年	2007年	2008年	2009年	2010年	2011年	2012年
单位数	2.4	2.6	3.0	3.1	3.5	3.0	3.1	3.1	3.2	3.3
床位数	67.6	77.5	89.5	113.6	179.8	193.1	208.8	224.9	242.1	261.0
床位年增长率	2.1	14.6	15.5	26.9	58.3	7.4	8.2	7.7	7.6	7.8

图2–4　家庭儿童收养

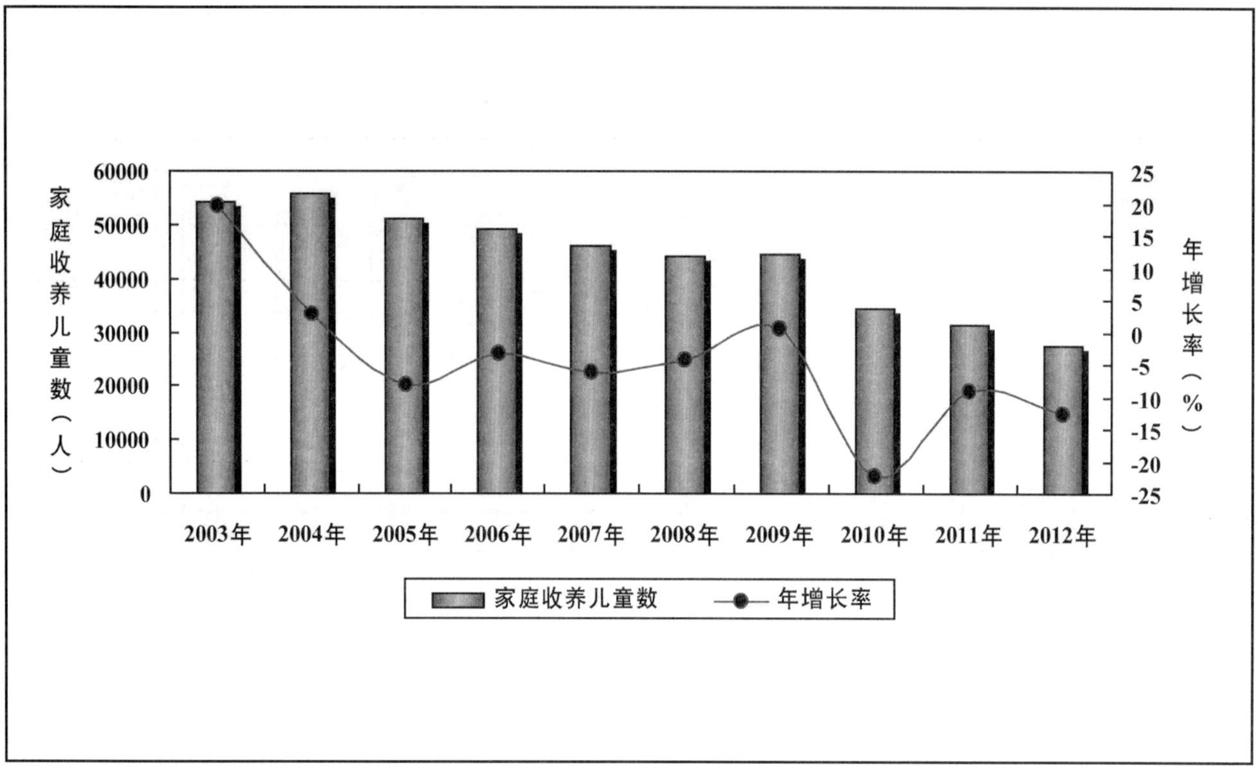

单位：人、%

指　标	2003年	2004年	2005年	2006年	2007年	2008年	2009年	2010年	2011年	2012年
家庭收养儿童数	54159	55572	50921	49148	46047	44115	44359	34473	31329	27310
年增长率	19.5	2.6	-8.4	-3.5	-6.3	-4.2	0.6	-22.3	-9.1	-12.8

图2-5 社会福利企业中的残疾职工

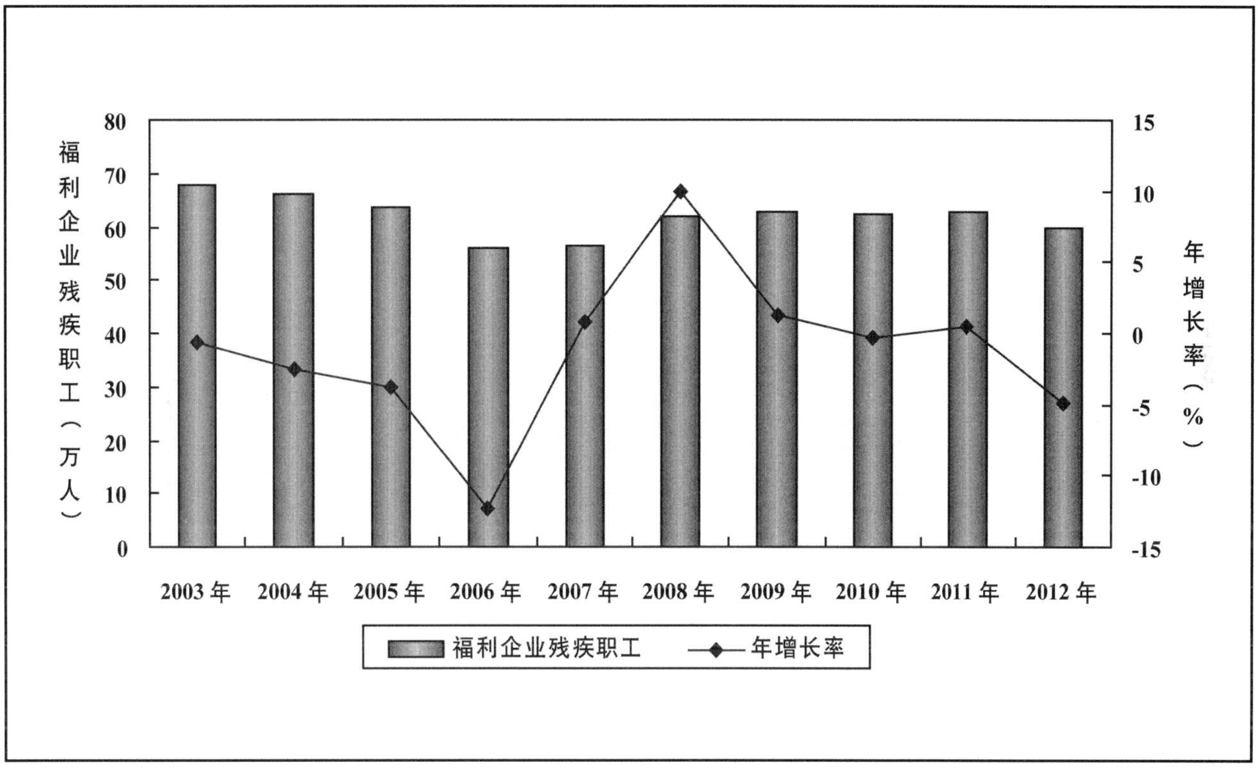

单位：万人、%

指 标	2003年	2004年	2005年	2006年	2007年	2008年	2009年	2010年	2011年	2012年
福利企业残疾职工	67.9	66.2	63.7	55.9	56.3	61.9	62.7	62.5	62.8	59.7
年增长率	-0.6	-2.5	-3.8	-12.2	0.7	9.9	1.3	-0.3	0.5	-4.9

图2-6　城市最低生活保障

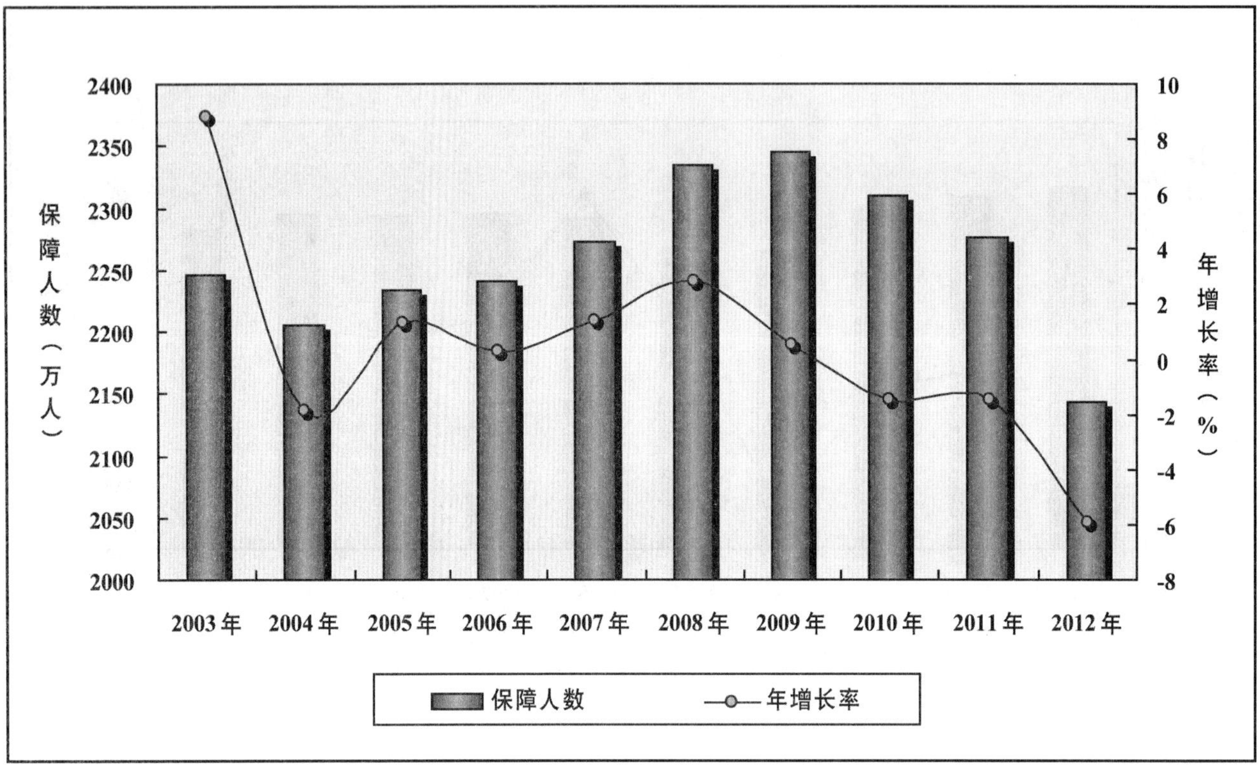

单位：万人、%

指　标	2003年	2004年	2005年	2006年	2007年	2008年	2009年	2010年	2011年	2012年
保障人数	2246.8	2205	2234.2	2240.1	2272.1	2334.8	2345.6	2310.5	2276.8	2143.5
年增长率	8.8	-1.9	1.3	0.3	1.4	2.8	0.5	-1.5	-1.5	-5.9

图2-7　城市最低生活保障平均标准与平均支出水平

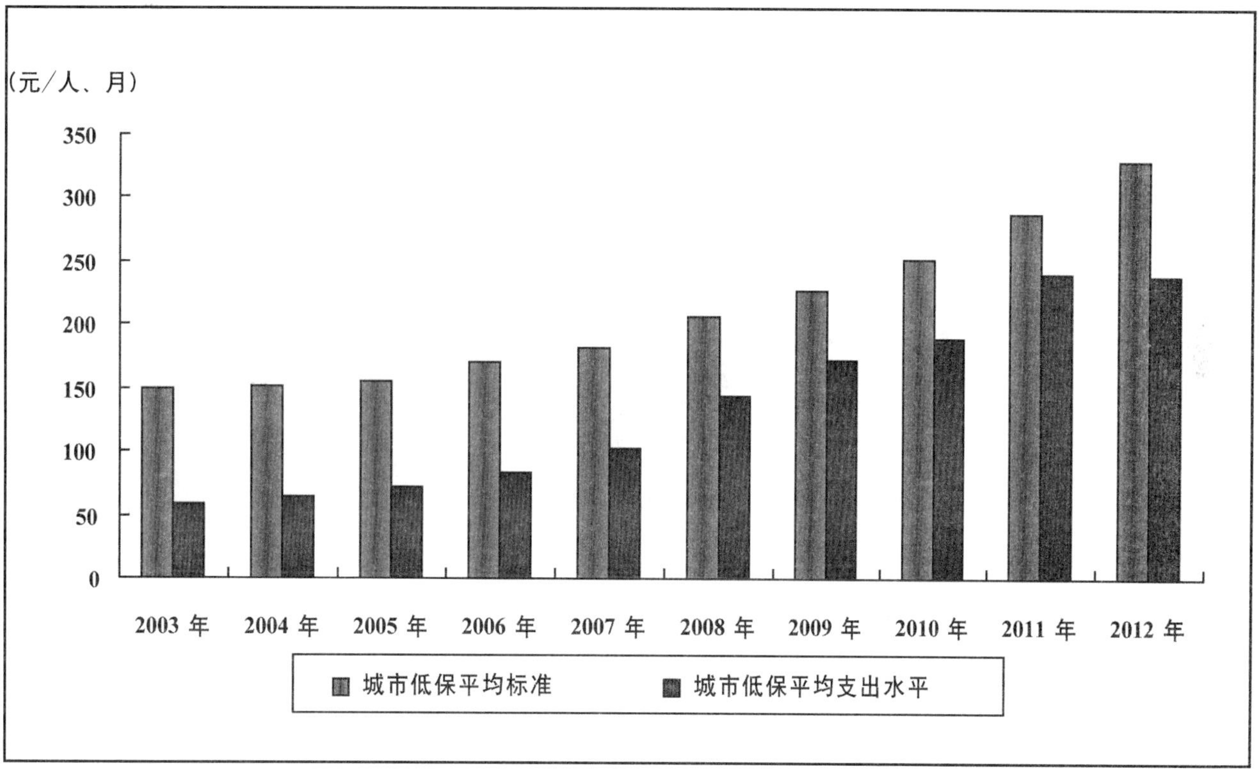

单位：元/人、月

指　标	2003年	2004年	2005年	2006年	2007年	2008年	2009年	2010年	2011年	2012年
城市低保平均标准	149.0	152.0	156.0	169.6	182.4	205.3	227.8	251.2	287.6	330.1
城市低保平均支出水平	58.0	65.0	72.3	83.6	102.7	143.7	172.0	189.0	240.3	239.1

注释：2012年计算城市低保支出水平的资金数不包含春节等一次性补助，2011年以前包含。

图2–8　各省城市最低生活保障平均标准与支出水平

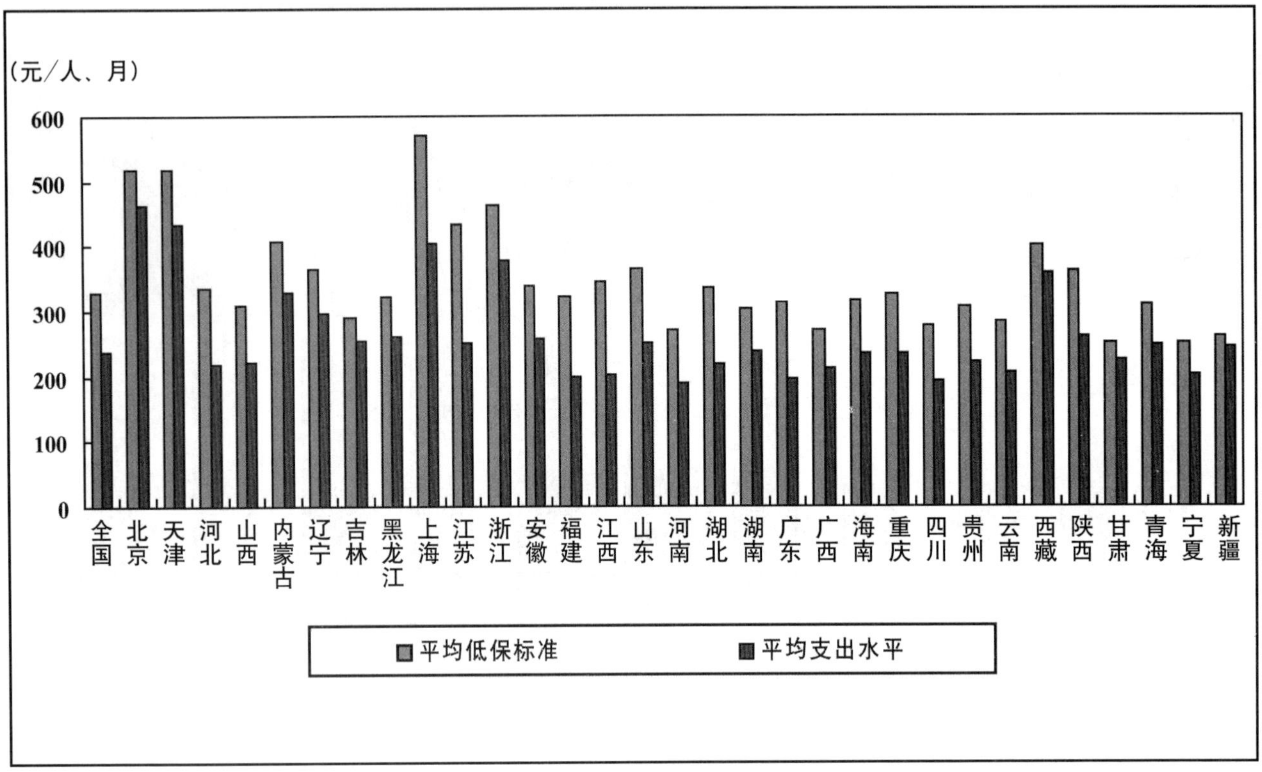

单位：元/人、月

地　区	平均低保标准	平均支出水平	地　区	平均低保标准	平均支出水平	地　区	平均低保标准	平均支出水平	地　区	平均低保标准	平均支出水平
全　国	**330.1**	**239.1**	黑龙江	323.7	261.7	河　南	271.8	189.3	贵　州	308.0	222.2
北　京	520.0	463.0	上　海	570.0	404.4	湖　北	334.5	218.7	云　南	284.4	205.1
天　津	520.0	435.0	江　苏	434.3	251.7	湖　南	304.5	236.8	西　藏	399.7	357.1
河　北	335.0	217.0	浙　江	462.7	378.9	广　东	314.0	196.6	陕　西	363.1	261.0
山　西	308.5	221.9	安　徽	339.4	257.3	广　西	270.5	212.3	甘　肃	251.3	223.8
内蒙古	407.7	329.3	福　建	324.1	199.6	海　南	316.2	233.3	青　海	310.8	248.5
辽　宁	366.6	296.3	江　西	345.9	202.0	重　庆	326.0	234.7	宁　夏	252.5	203.5
吉　林	291.1	254.4	山　东	364.1	250.2	四　川	276.7	192.0	新　疆	261.0	244.1

图2–9 农村最低生活保障

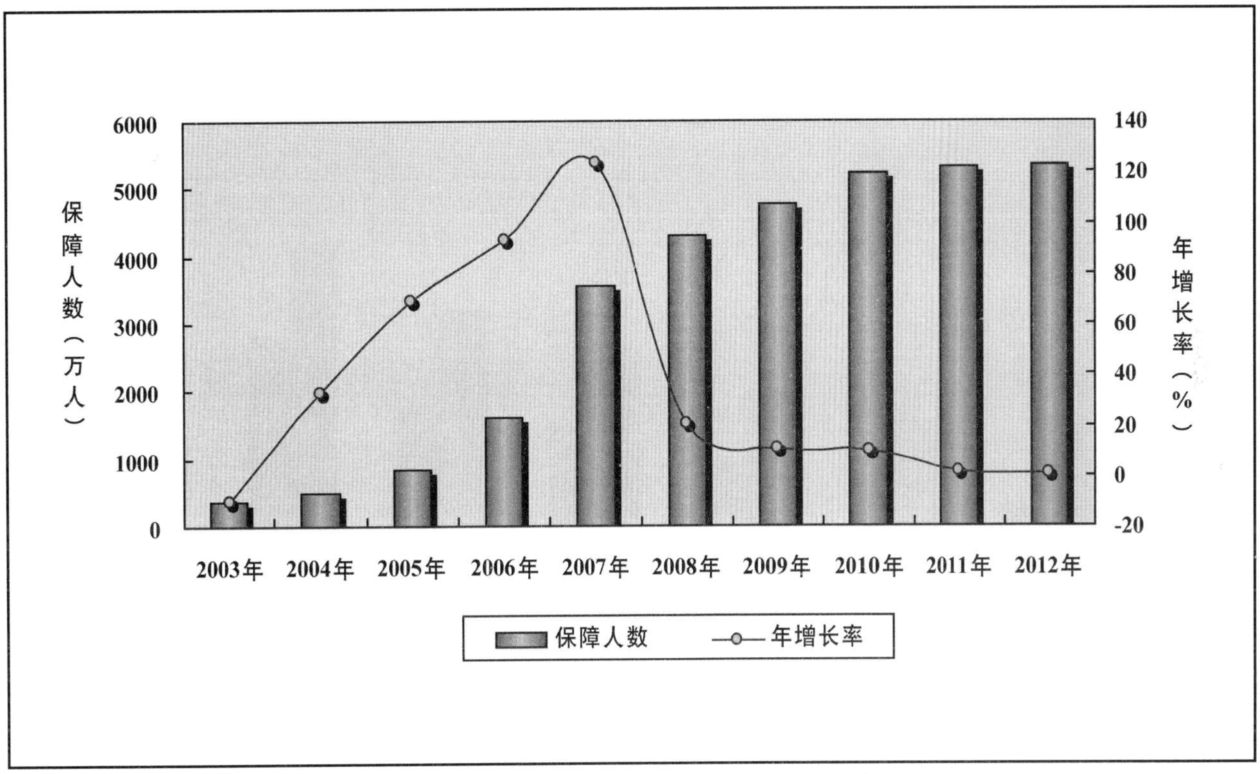

单位：万人、%

指 标	2003年	2004年	2005年	2006年	2007年	2008年	2009年	2010年	2011年	2012年
保障人数	367.1	488.0	825.0	1593.1	3566.3	4305.5	4760.0	5214.0	5305.7	5344.5
年增长率	-10.0	32.9	69.1	93.1	123.9	20.7	10.6	9.5	1.8	0.7

图2-10　农村最低生活保障平均标准与平均支出水平

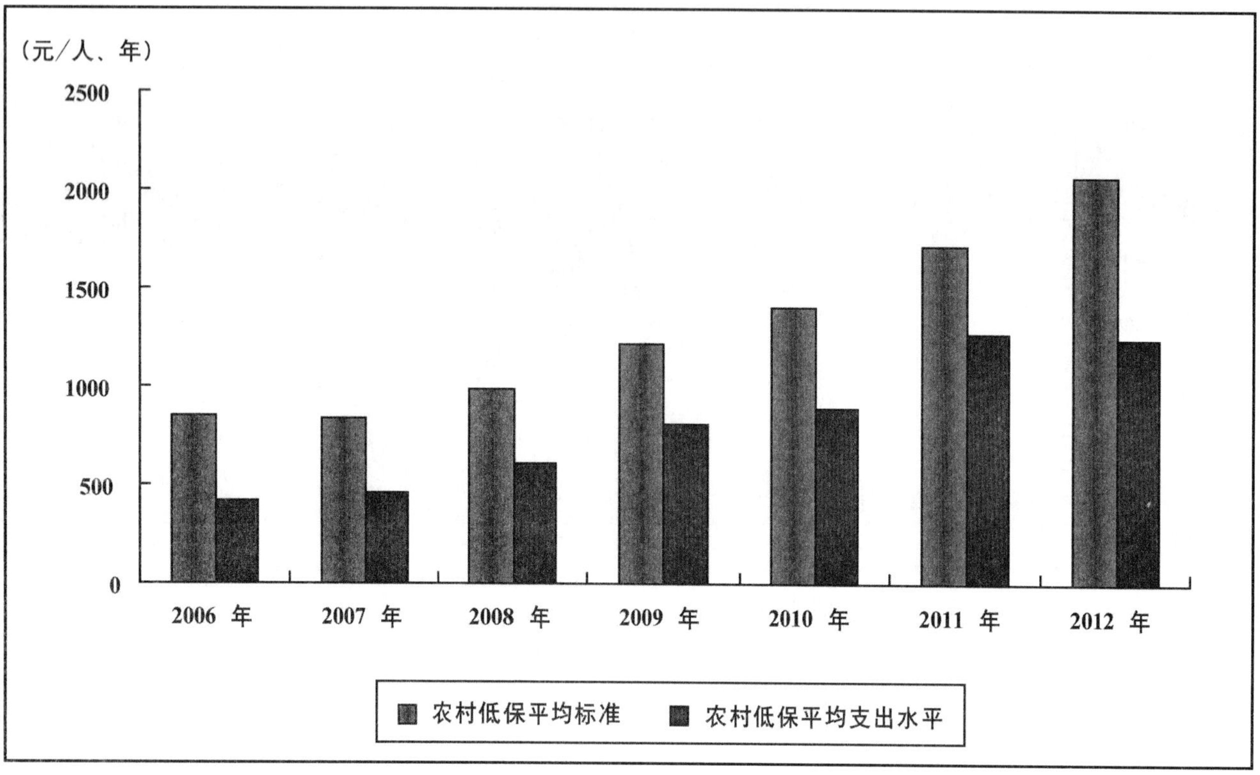

单位：元/人、年

指　标	2006年	2007年	2008年	2009年	2010年	2011年	2012年
农村低保平均标准	850.8	840.0	987.6	1209.6	1404.0	1718.4	2067.8
农村低保平均支出水平	414.0	465.6	604.8	816.0	888.0	1273.2	1247.9

注释：2012年计算农村低保支出水平的资金数不包含春节等一次性补助，2011年以前包含。

图2-11　各省农村最低生活保障平均标准与支出水平

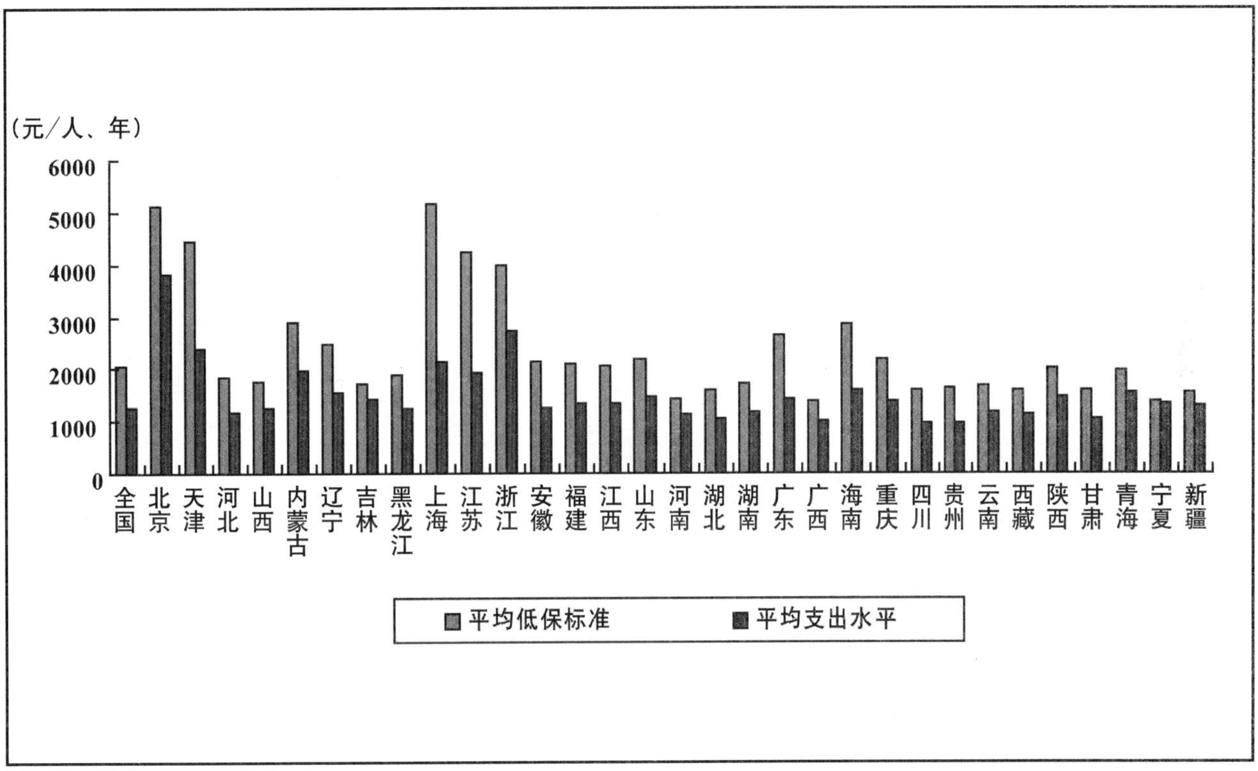

单位：元/人、年

地　区	平均低保标准	平均支出水平	地　区	平均低保标准	平均支出水平	地　区	平均低保标准	平均支出水平	地　区	平均低保标准	平均支出水平
全　国	**2067.8**	**1247.9**	黑龙江	1887.9	1261.9	河　南	1414.0	1120.7	贵　州	1626.9	982.2
北　京	5119.4	3821.4	上　海	5160.0	2154.1	湖　北	1587.9	1032.6	云　南	1676.2	1194.8
天　津	4442.0	2410.1	江　苏	4240.7	1940.8	湖　南	1731.3	1173.2	西　藏	1600.0	1148.2
河　北	1847.0	1187.5	浙　江	3973.4	2742.4	广　东	2645.6	1420.3	陕　西	2007.7	1487.9
山　西	1756.0	1278.0	安　徽	2144.6	1274.5	广　西	1375.2	1012.2	甘　肃	1597.3	1055.2
内蒙古	2906.3	1976.2	福　建	2099.1	1330.6	海　南	2840.0	1597.1	青　海	1990.3	1572.6
辽　宁	2484.8	1540.7	江　西	2072.5	1348.7	重　庆	2202.6	1366.6	宁　夏	1377.2	1333.4
吉　林	1730.2	1408.8	山　东	2189.5	1475.4	四　川	1575.8	966.0	新　疆	1543.7	1306.6

图2-12 农村五保供养

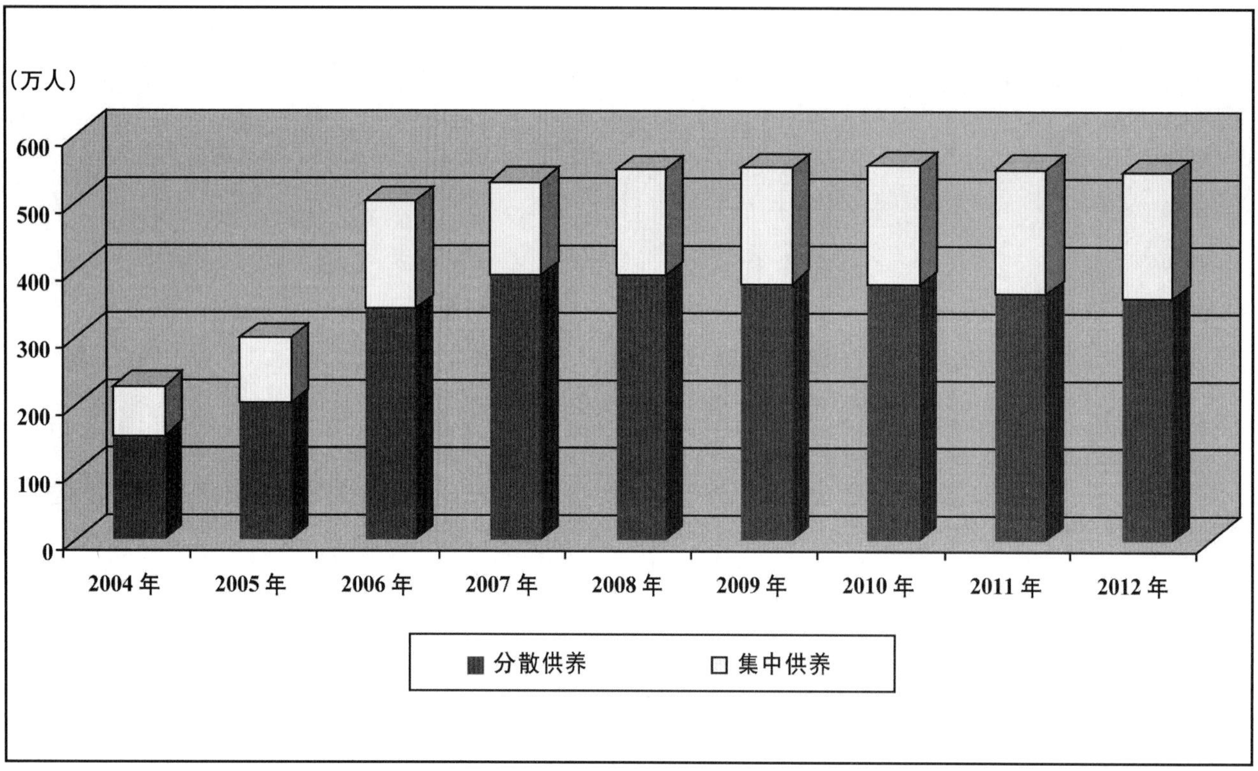

单位：万人

指　标	2004年	2005年	2006年	2007年	2008年	2009年	2010年	2011年	2012年
供养合计	228.7	300.0	503.3	531.3	548.6	553.4	556.3	551.0	545.6
分散供养	155.5	204.0	342.2	393.3	393.0	381.6	378.9	366.5	360.3
集中供养	73.2	96.0	161.1	138.0	155.6	171.8	177.4	184.5	185.3

图2-13　各省农村五保集中供养平均标准与支出水平

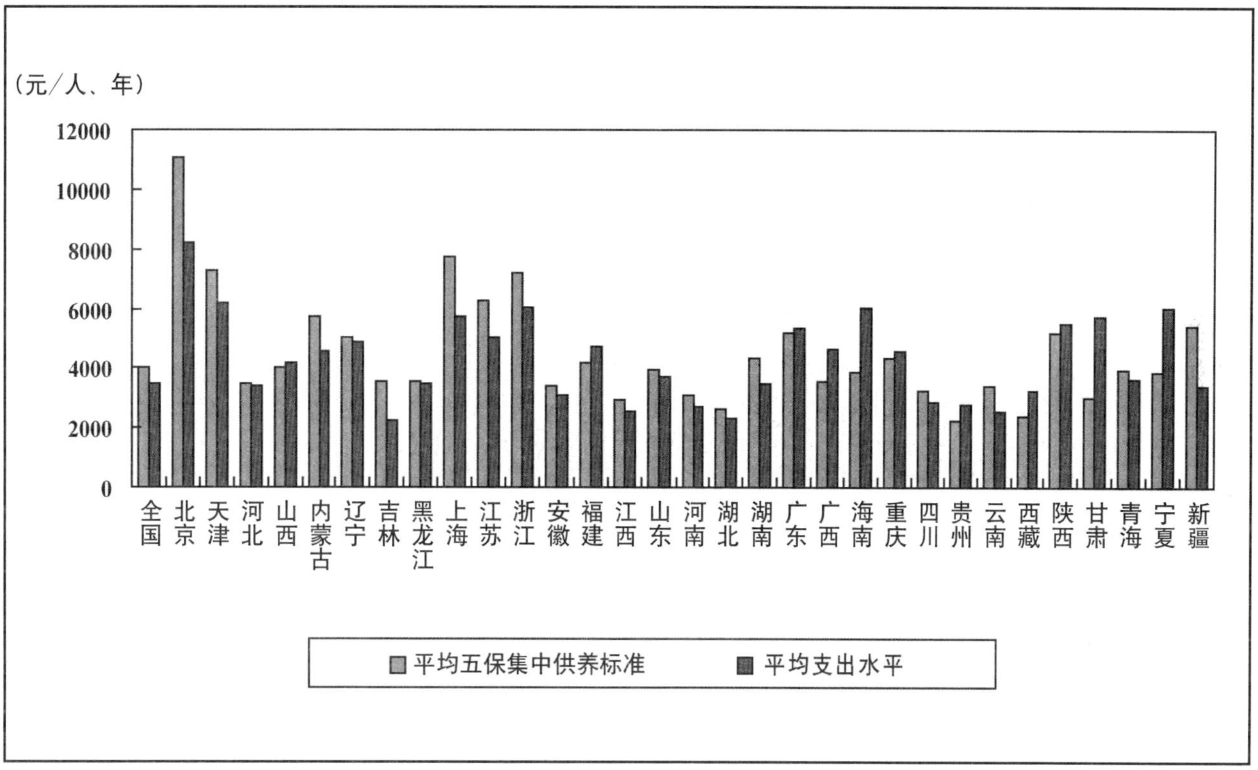

单位：元/人、年

地　区	平均五保集中供养标准	平均支出水平	地　区	平均五保集中供养标准	平均支出水平	地　区	平均五保集中供养标准	平均支出水平	地　区	平均五保集中供养标准	平均支出水平
全　国	**4060.9**	**3496.6**	黑龙江	3589.4	3485.4	河　南	3116.3	2690.1	贵　州	2210.6	2798.6
北　京	11071.1	8169.1	上　海	7720.0	5720.5	湖　北	2635.5	2304.6	云　南	3419.3	2590.2
天　津	7305.0	6205.5	江　苏	6294.5	5053.7	湖　南	4312.4	3518.5	西　藏	2435.1	3233.6
河　北	3464.0	3381.0	浙　江	7237.7	6049.4	广　东	5217.9	5371.0	陕　西	5186.1	5502.7
山　西	3999.5	4217.5	安　徽	3442.7	3124.5	广　西	3592.7	4672.9	甘　肃	3033.6	5697.1
内蒙古	5766.9	4562.0	福　建	4149.2	4711.0	海　南	3868.6	6069.4	青　海	3966.8	3616.3
辽　宁	5054.0	4887.6	江　西	2972.6	2567.9	重　庆	4321.1	4572.1	宁　夏	3882.8	6043.6
吉　林	3592.8	2216.0	山　东	3959.9	3725.0	四　川	3287.2	2871.7	新　疆	5399.5	3375.9

图2-14　各省农村五保分散供养平均标准与支出水平

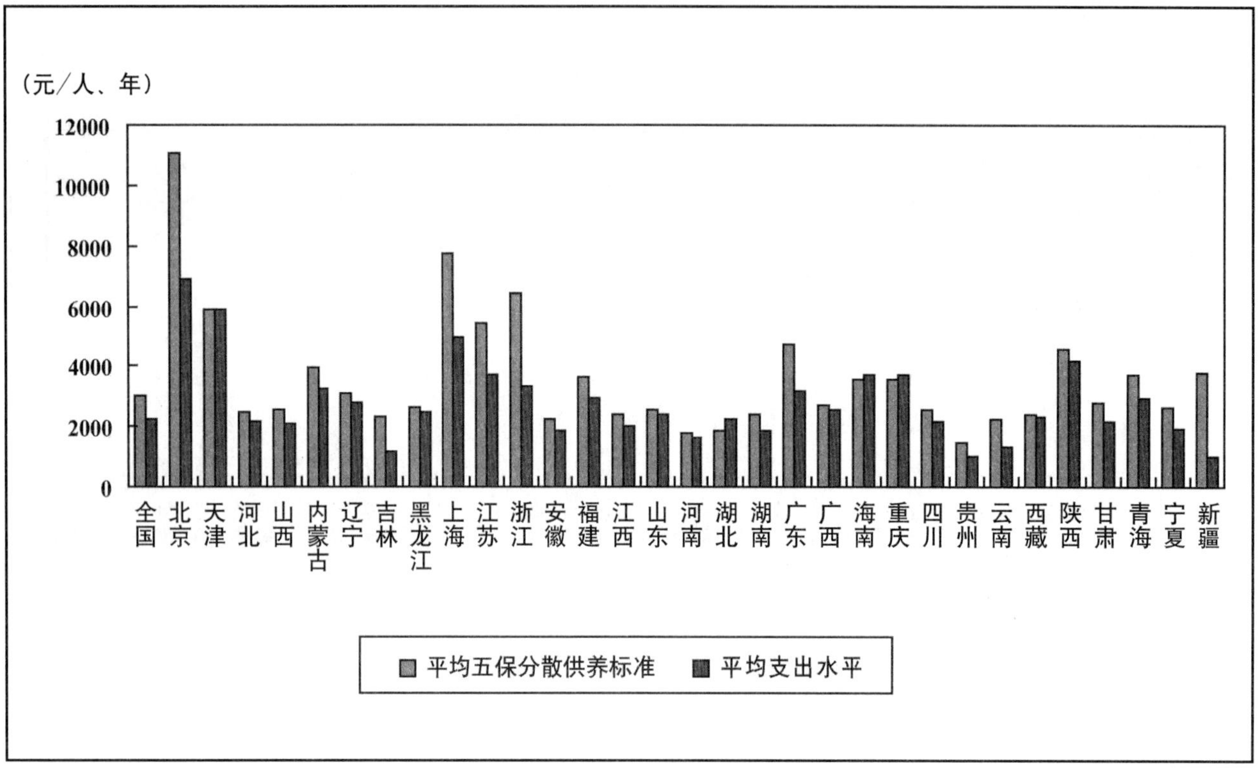

单位：元/人、年

地　区	平均五保分散供养标准	平均支出水平	地　区	平均五保分散供养标准	平均支出水平	地　区	平均五保分散供养标准	平均支出水平	地　区	平均五保分散供养标准	平均支出水平
全　国	**3008.0**	**2237.3**	黑龙江	2627.7	2448.2	河　南	1791.7	1640.4	贵　州	1453.4	984.5
北　京	11071.1	6928.6	上　海	7720.0	4921.0	湖　北	1872.2	2257.4	云　南	2256.4	1352.5
天　津	5899.5	5853.0	江　苏	5432.7	3693.0	湖　南	2368.7	1831.1	西　藏	2400.0	2341.9
河　北	2442.9	2188.6	浙　江	6421.8	3361.5	广　东	4693.5	3145.3	陕　西	4561.5	4196.3
山　西	2546.0	2099.9	安　徽	2258.9	1883.9	广　西	2742.3	2535.4	甘　肃	2791.8	2183.2
内蒙古	3956.2	3223.5	福　建	3614.4	2961.4	海　南	3588.6	3717.5	青　海	3715.5	2954.9
辽　宁	3092.9	2764.7	江　西	2382.3	2042.3	重　庆	3578.9	3678.7	宁　夏	2601.2	1954.4
吉　林	2350.1	1191.0	山　东	2580.0	2409.4	四　川	2518.4	2168.7	新　疆	3766.9	1035.8

图2-15 社会捐赠

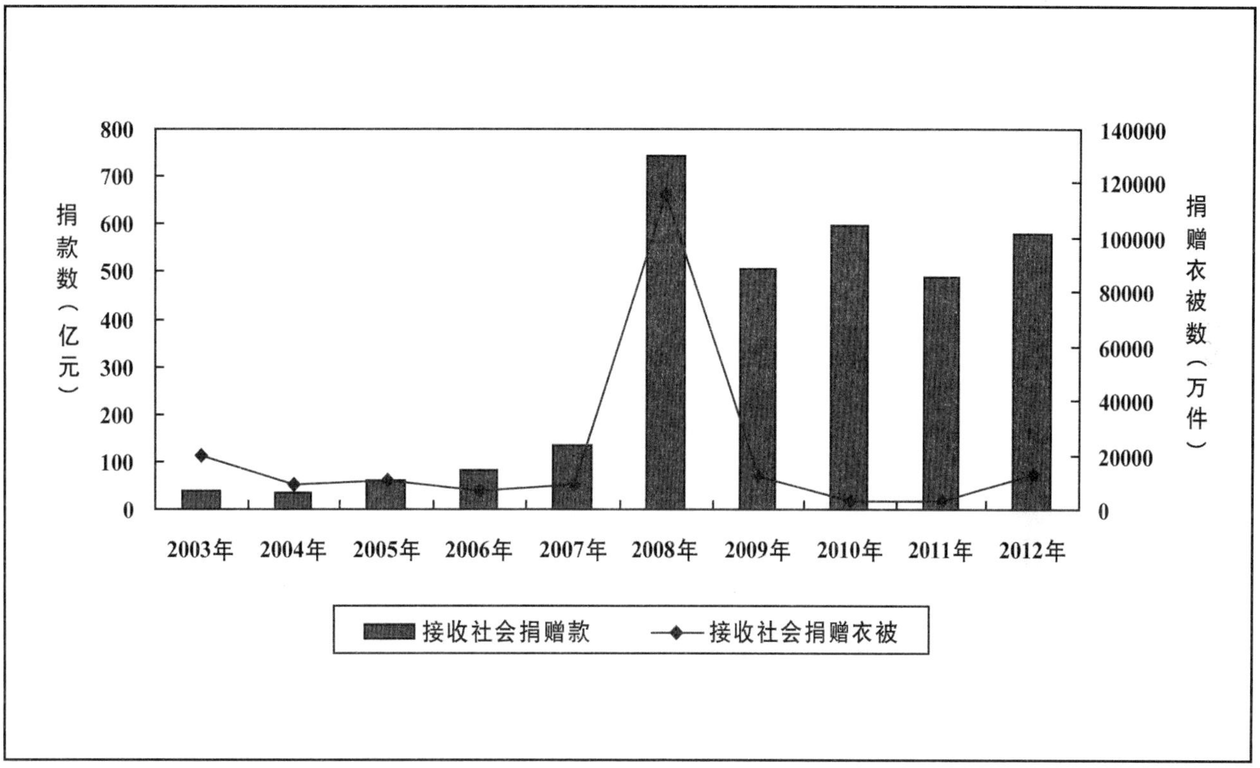

单位：亿元、万件

指　标	2003年	2004年	2005年	2006年	2007年	2008年	2009年	2010年	2011年	2012年
接收社会捐赠款	41.0	34.0	60.3	83.1	132.8	744.5	507.2	596.8	490.1	578.8
接收社会捐赠衣被	19648.8	8957.2	10355.0	7123.6	8756.8	115816.3	12476.6	2750.2	2918.5	12538.2

图2-16　福利彩票

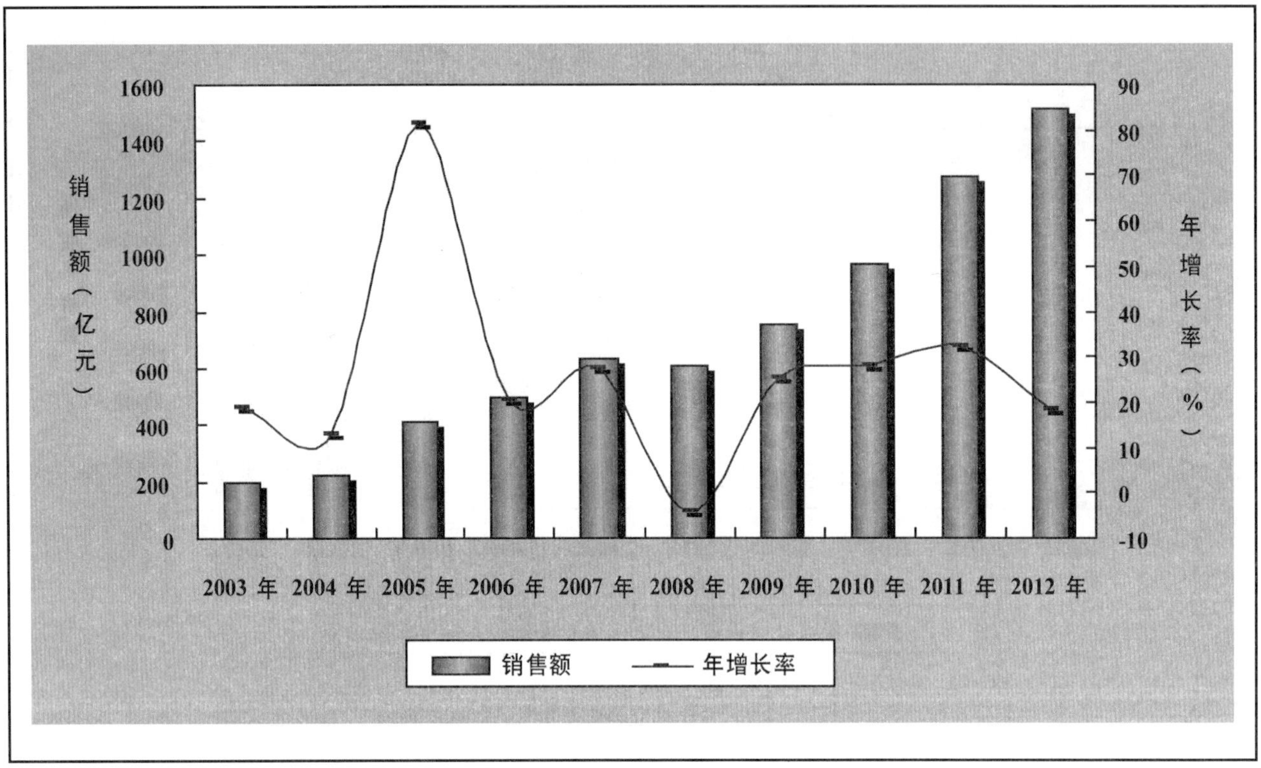

单位：亿元、%

指　标	2003年	2004年	2005年	2006年	2007年	2008年	2009年	2010年	2011年	2012年
销售额	200.1	226.4	411.2	495.7	631.6	604.0	756.0	968.0	1278.0	1510.3
年增长率	19.1	13.1	81.6	20.5	27.4	−4.4	25.2	28.0	32.0	18.2

图2-17 国家抚恤、补助优抚对象

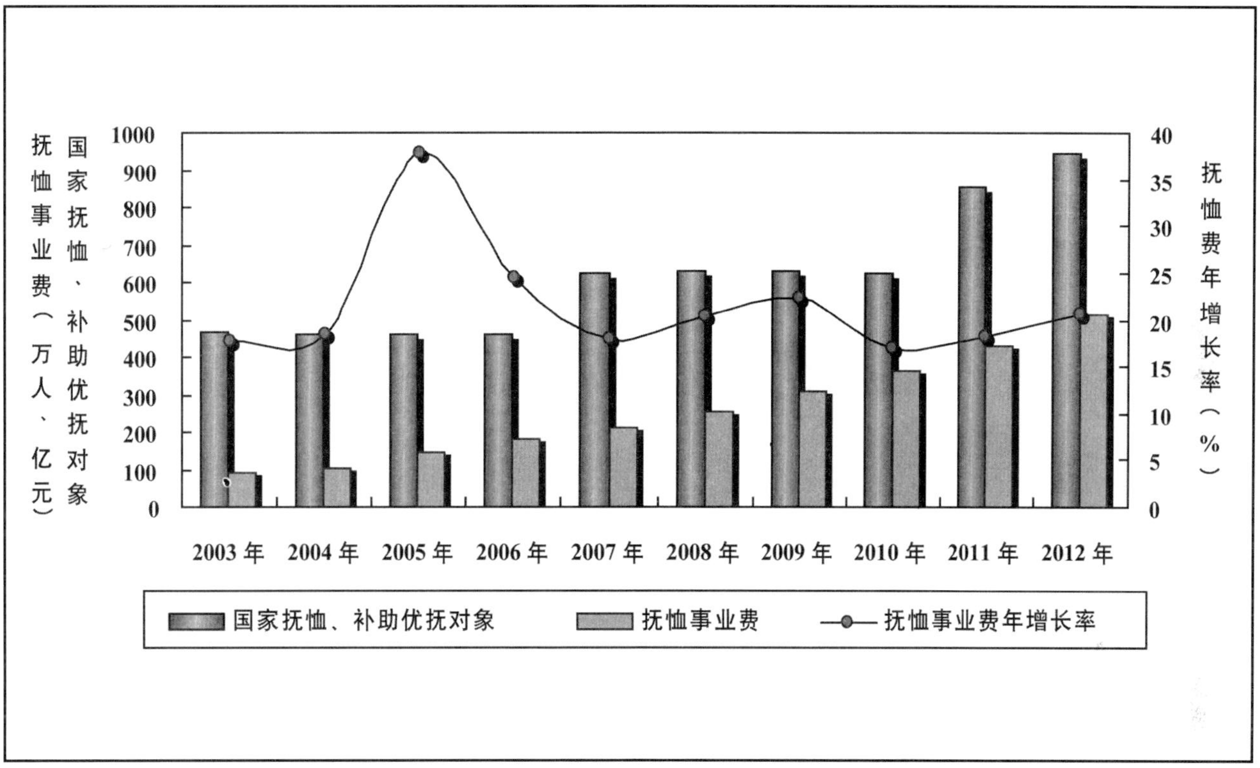

单位：万人、亿元、%

指　标	2003年	2004年	2005年	2006年	2007年	2008年	2009年	2010年	2011年	2012年
国家抚恤、补助优抚对象	464.9	462.0	460.3	462.6	622.4	633.2	630.7	625	852.5	944.4
抚恤事业费	87.9	104.1	143.6	178.8	210.8	253.6	310.3	362.7	428.3	517.0
抚恤事业费年增长率	17.7	18.4	37.9	24.5	17.9	20.3	22.4	16.9	18.1	20.7

图2-18 优抚对象分类

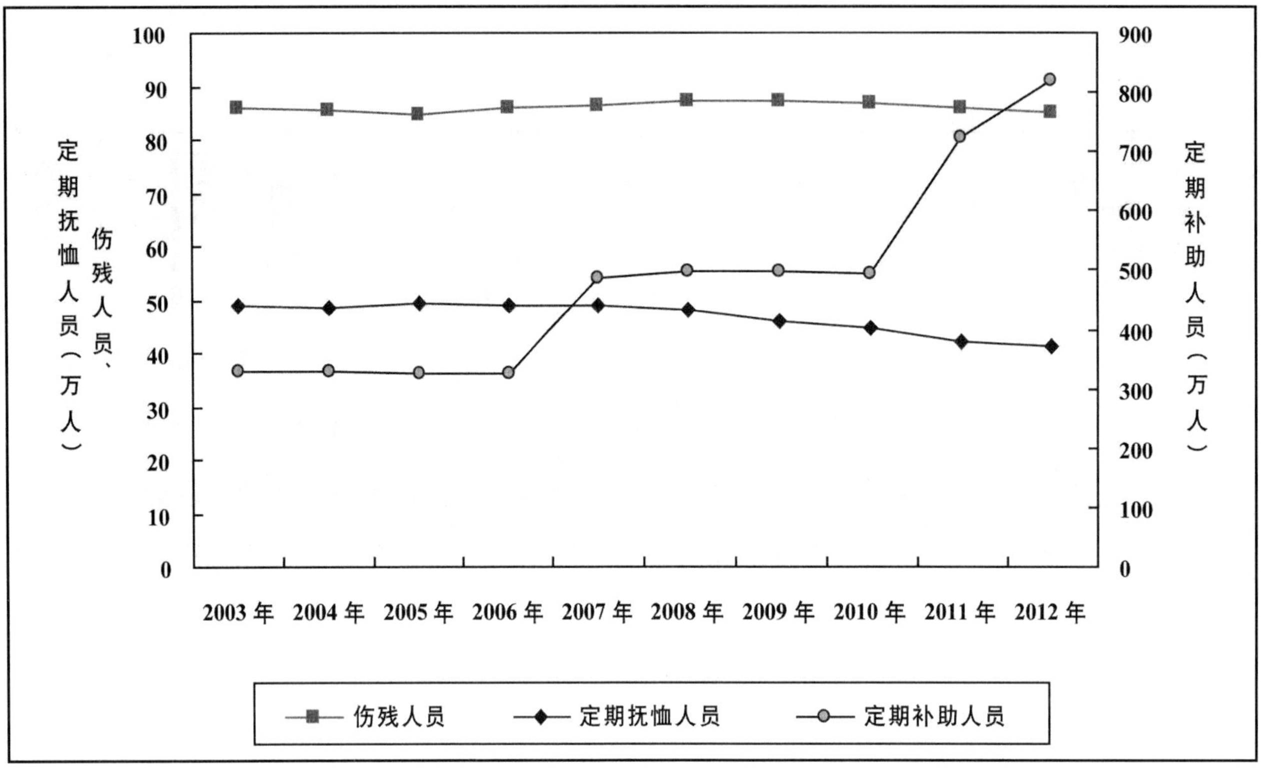

单位：万人

指　标	2003年	2004年	2005年	2006年	2007年	2008年	2009年	2010年	2011年	2012年
伤残人员	86.0	85.6	84.5	86.0	86.5	87.2	87.2	86.7	85.9	84.9
定期抚恤人员	48.9	48.6	49.3	49.1	48.9	47.9	45.9	44.8	42.2	41.2
定期补助人员	330.0	327.8	326.6	327.4	487.1	498.2	497.7	493.5	724.4	818.4

图2-19 接收安置军休干部、军休职工

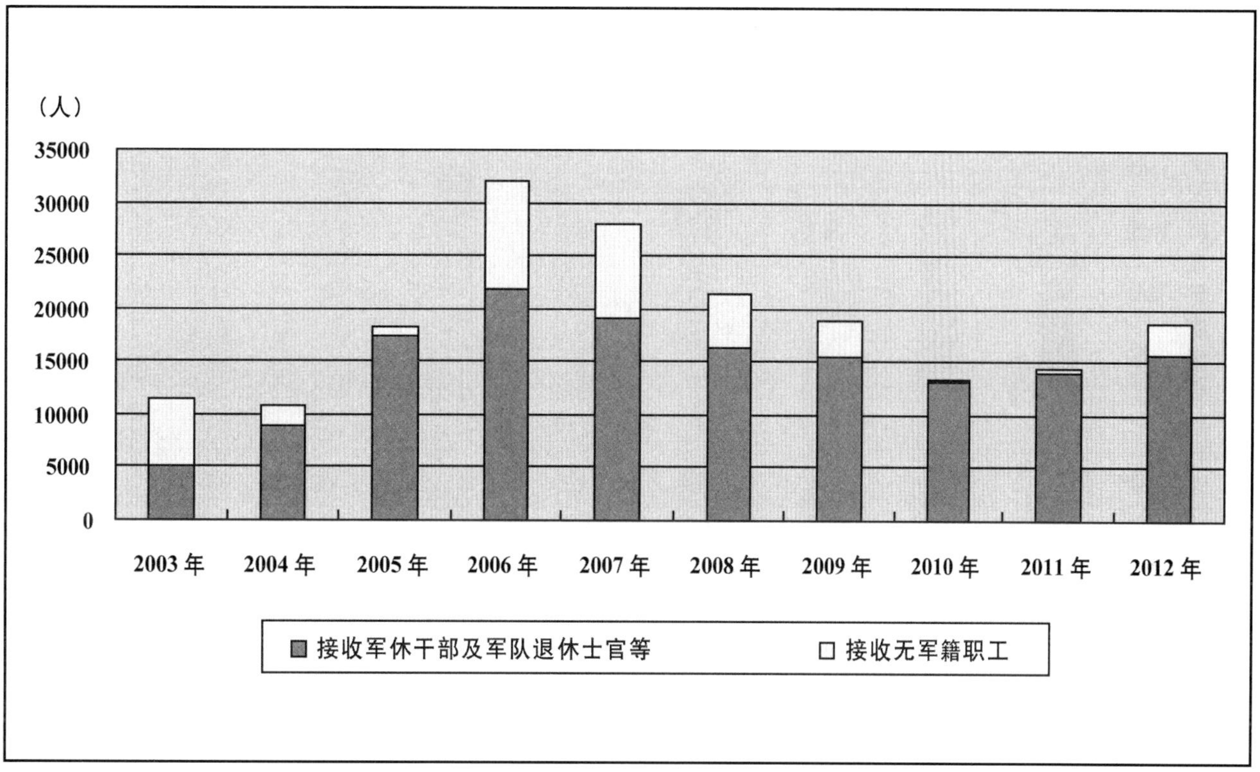

单位：人

指 标	2003年	2004年	2005年	2006年	2007年	2008年	2009年	2010年	2011年	2012年
接收军休干部及军队退休士官等	5195	8974	17416	21832	18997	16331	15492	13070	13901	15723
接收无军籍职工	6312	1820	904	10136	9061	5047	3412	381	629	2847

图2-20 烈士纪念建筑物管理机构和藏品量

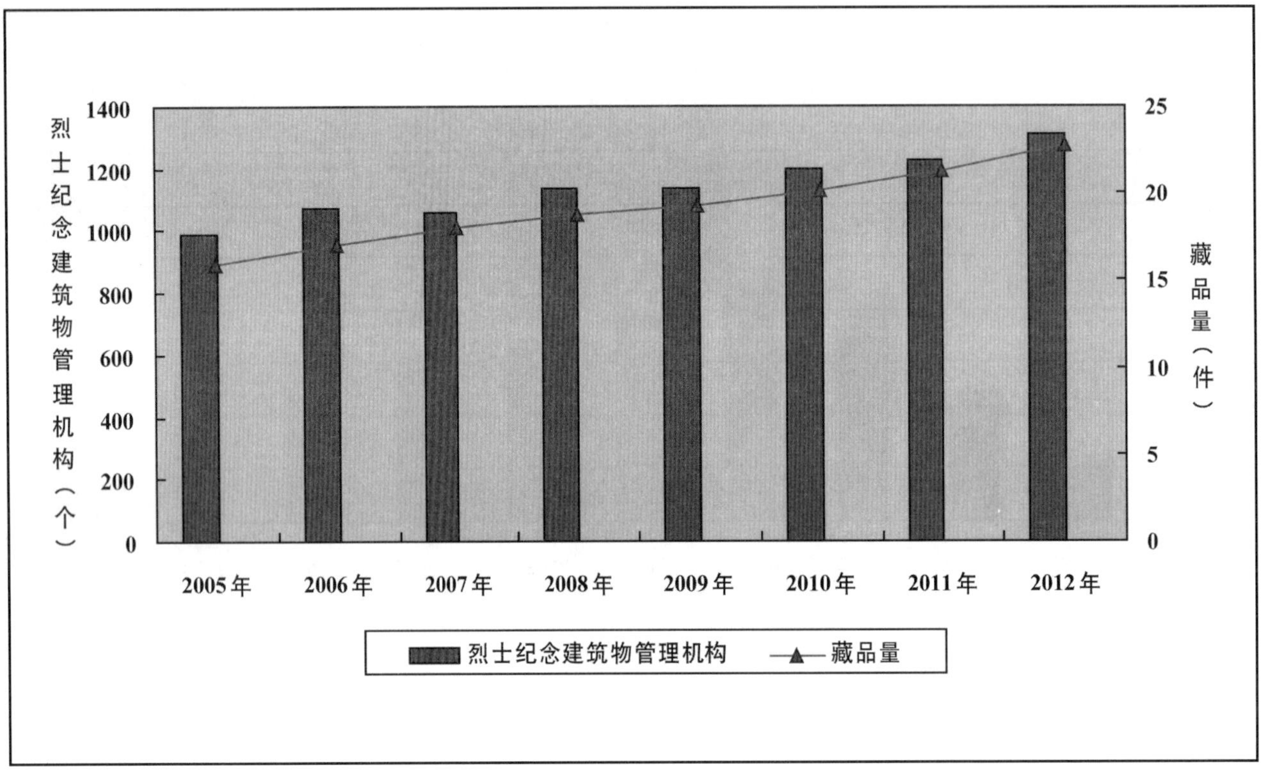

单位：个、万件

指　标	2005年	2006年	2007年	2008年	2009年	2010年	2011年	2012年
烈士纪念建筑物管理机构	989	1072	1056	1133	1137	1195	1227	1306
藏品量	15.9	17	18	18.8	19.3	20.1	21.3	22.7

图2-21 烈士褒扬和零散烈士纪念设施

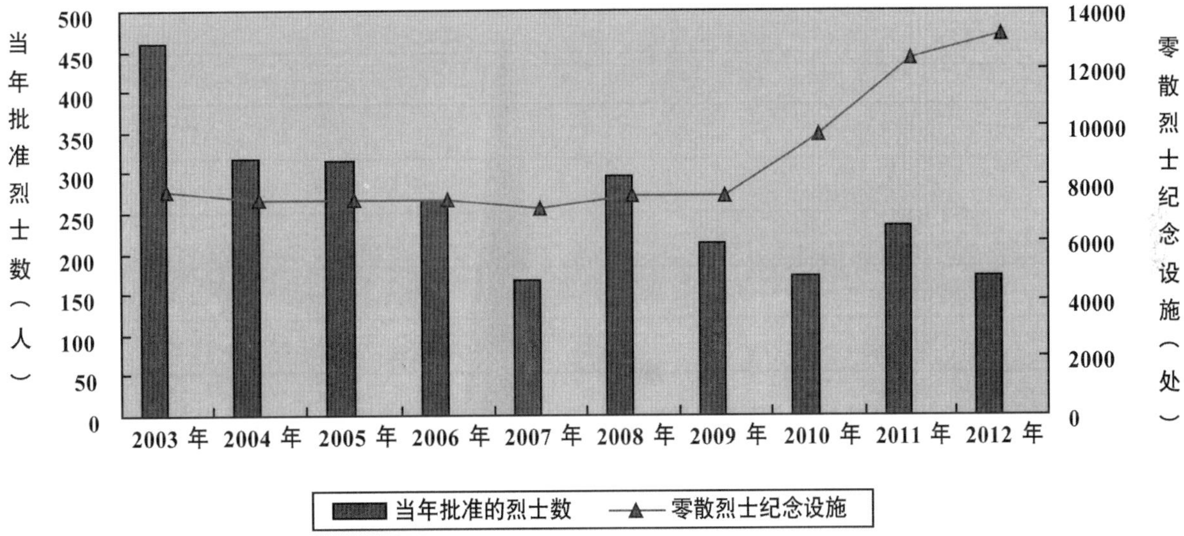

单位：人、处

指　标	2003年	2004年	2005年	2006年	2007年	2008年	2009年	2010年	2011年	2012年
当年批准的烈士数	461	316	314	265	168	297	213	173	233	172
零散烈士纪念设施	7781	7425	7483	7414	7186	7569	7622	9729	12378	13151

注释：2011年零散烈士纪念设施由于部分省份指标理解错误，数据有调整。

图2-22 因灾死亡人口

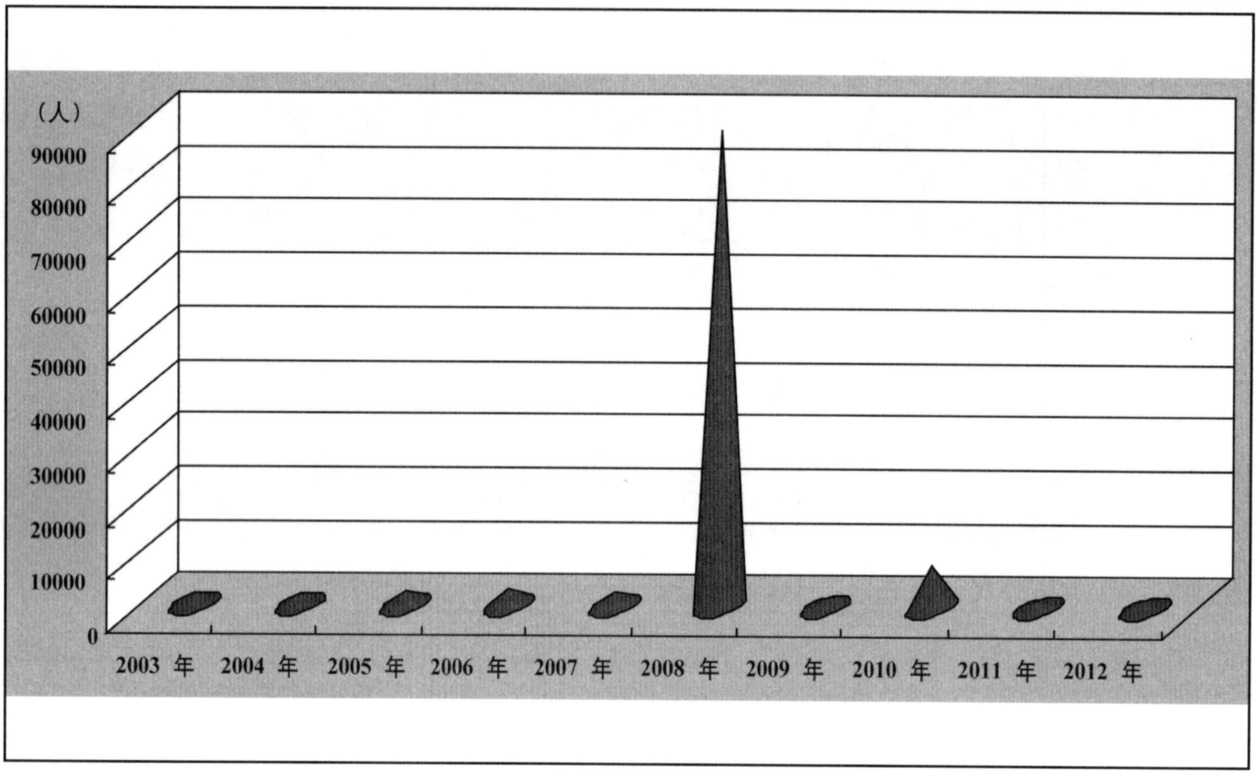

单位：人

指 标	2003年	2004年	2005年	2006年	2007年	2008年	2009年	2010年	2011年	2012年
因灾死亡(含失踪)人口	2259	2250	2475	3186	2325	88928	1528	7844	1126	1530

图2-23 受灾人口

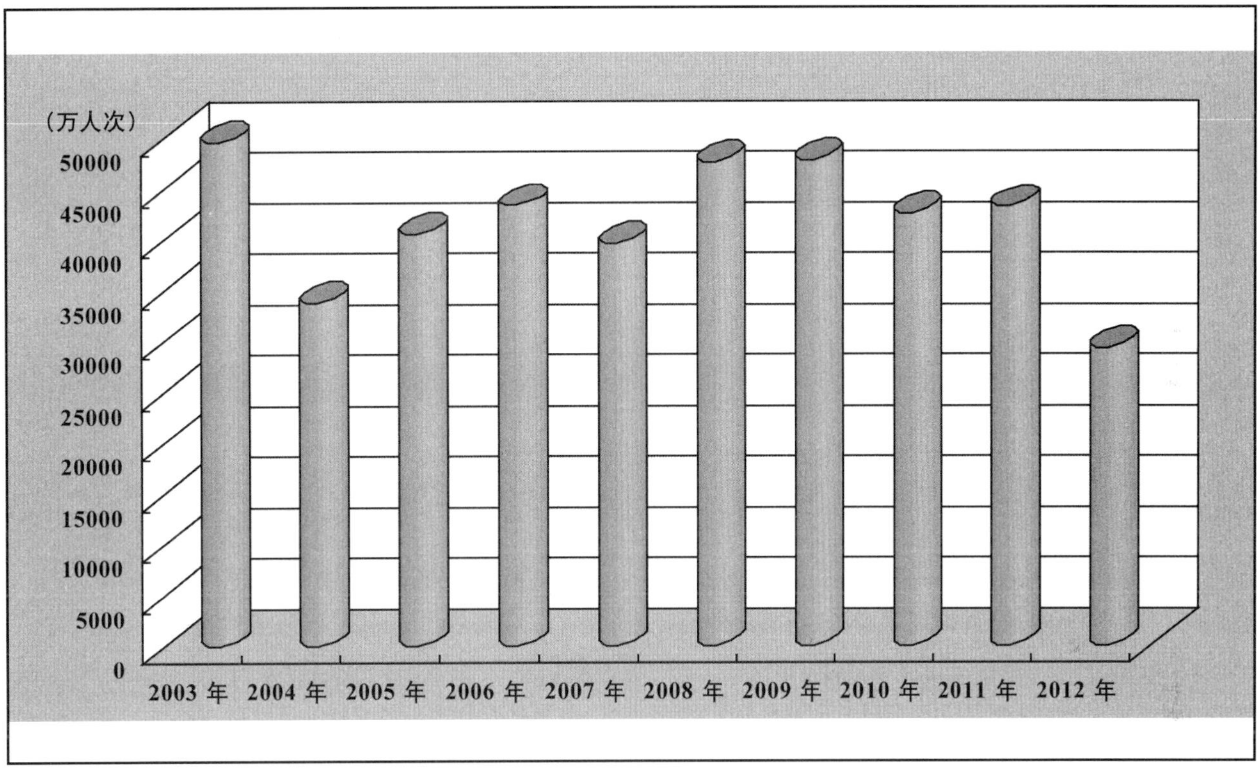

单位：万人次

指　标	2003年	2004年	2005年	2006年	2007年	2008年	2009年	2010年	2011年	2012年
受灾人口	49745.9	33920.6	40653.7	43453.3	39777.9	47795.0	47933.5	42610.2	43290.0	29421.7

图2-24 社区服务机构

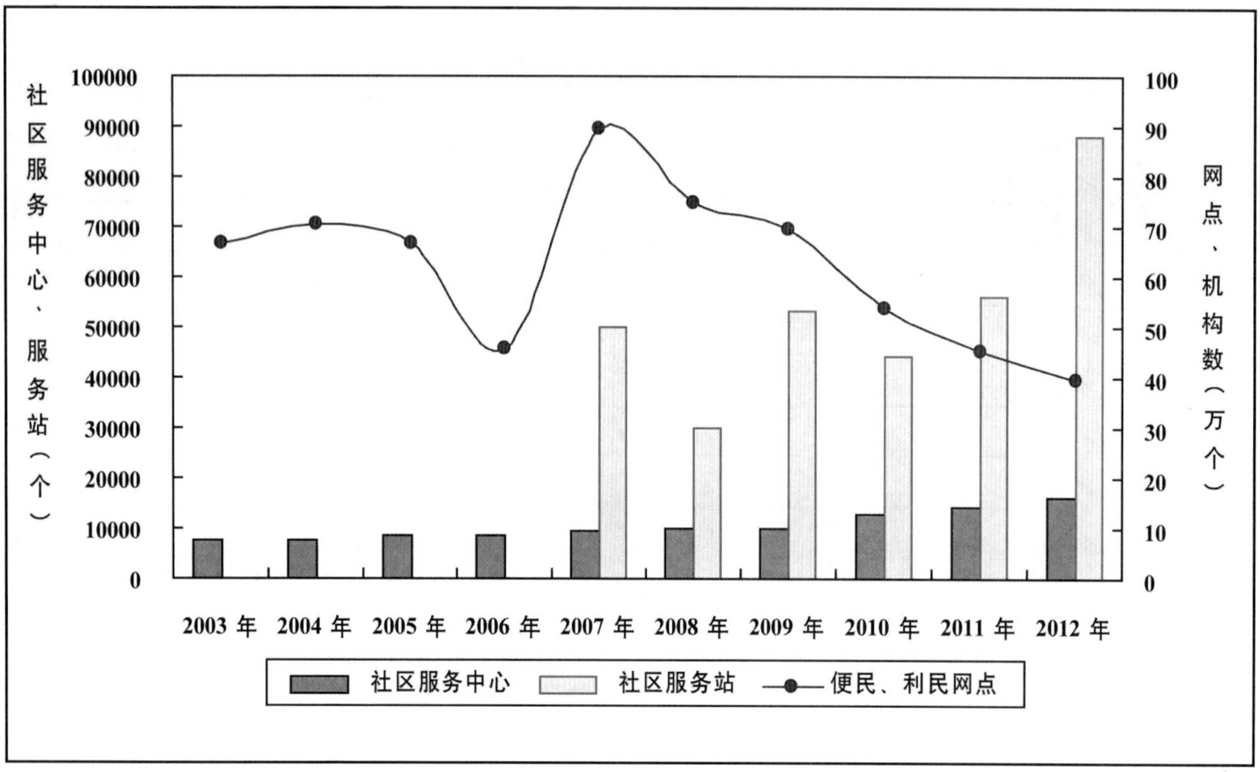

指　标	2003年	2004年	2005年	2006年	2007年	2008年	2009年	2010年	2011年	2012年
社区服务机构(万个)	20.4	20.6	20.3	12.5	12.9	14.6	14.6	15.3	16.0	20.0
社区服务中心(个)	7520	7804	8479	8565	9319	9873	10003	12720	14391	16306
社区服务站(个)					50116	30021	53170	44237	56156	87931
便民、利民网点(万个)	66.8	70.4	66.5	45.8	89.3	74.9	69.3	53.9	45.3	39.7

注释：2012年社区服务中心里含社区服务指导中心。

图2-25 社区服务机构覆盖率

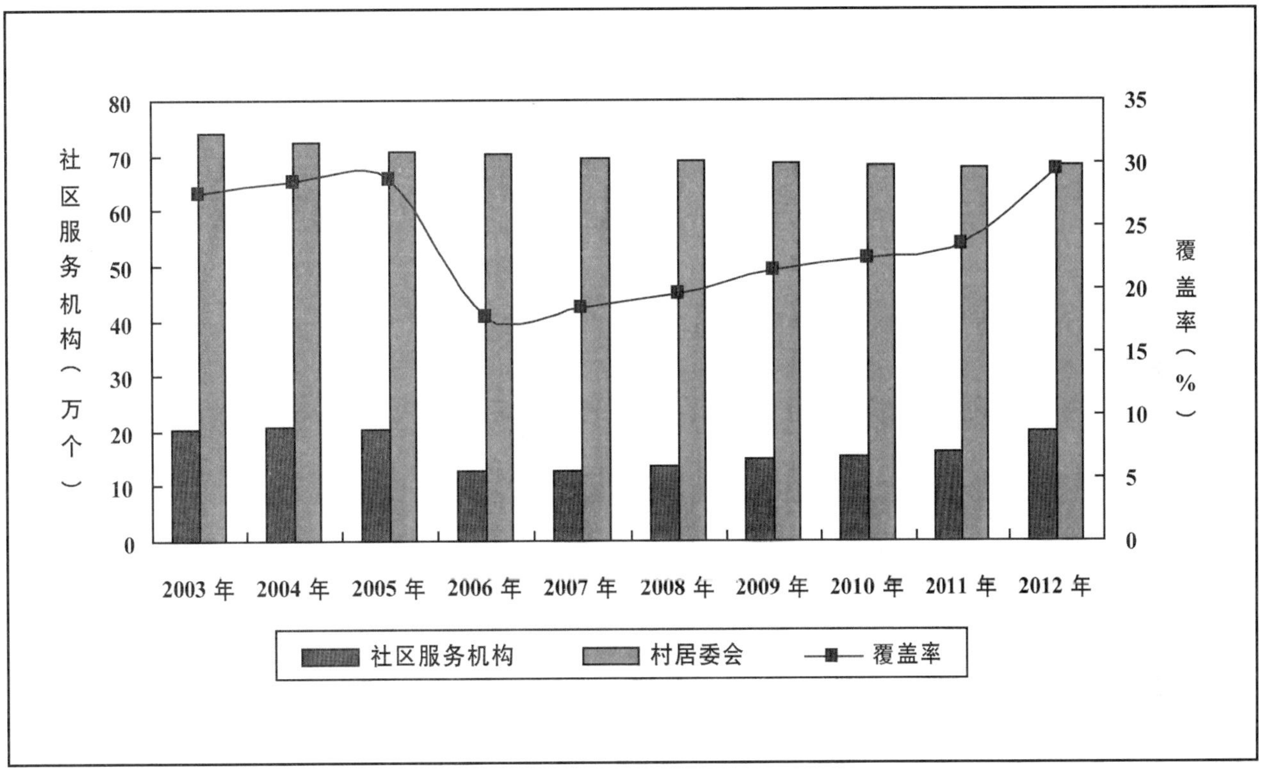

单位：万个、%

指 标	2003年	2004年	2005年	2006年	2007年	2008年	2009年	2010年	2011年	2012年
社区服务机构	20.4	20.6	20.3	12.5	12.9	13.5	14.7	15.3	16.0	20.0
村居委会	74.1	72.2	70.9	70.4	69.5	68.8	68.4	68.2	67.9	68.0
覆盖率	27.5	28.5	28.6	17.7	18.6	19.6	21.4	22.4	23.6	29.5

图3-1 社会组织

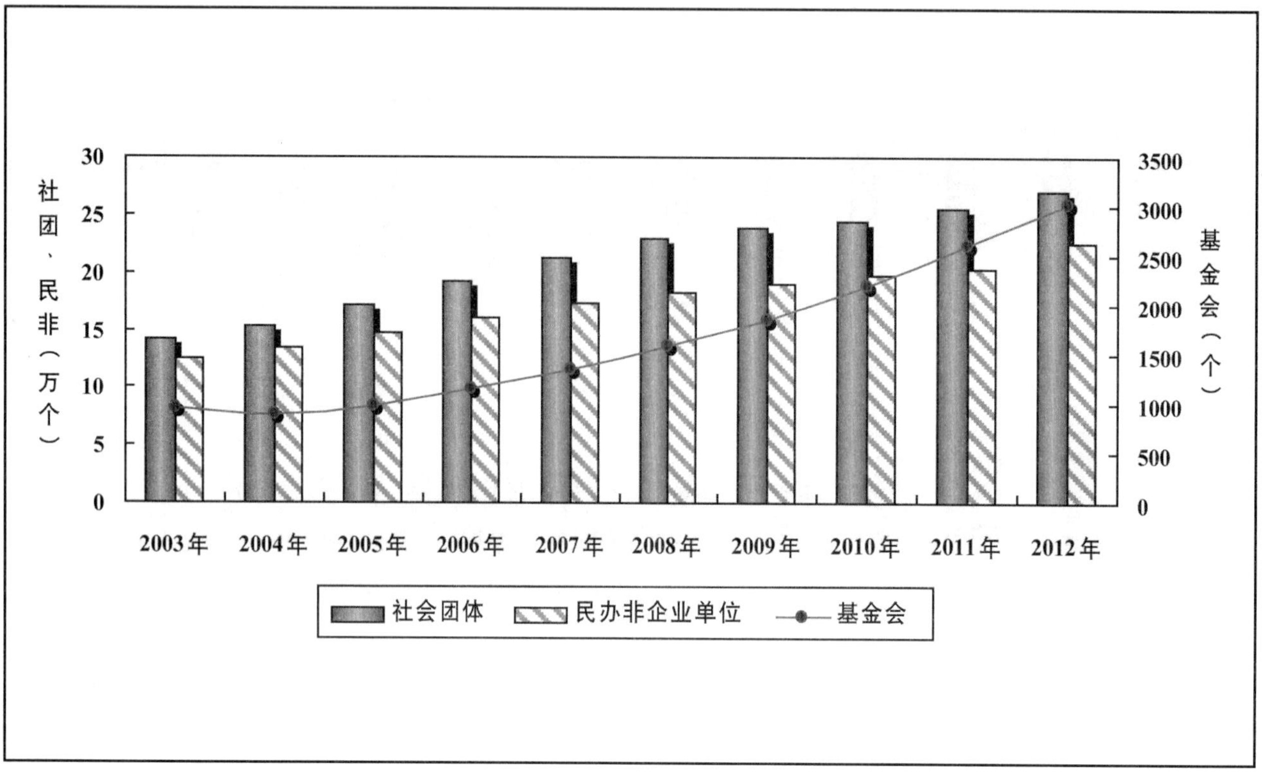

单位：万个、个

指 标	2003年	2004年	2005年	2006年	2007年	2008年	2009年	2010年	2011年	2012年
社会团体	14.2	15.3	17.1	19.2	21.2	23.0	23.9	24.5	25.5	27.1
基金会	954	892	975	1144	1340	1597	1843	2200	2614	3029
民办非企业单位	12.4	13.5	14.8	16.1	17.4	18.2	19.0	19.8	20.4	22.5

图3-2　自治组织

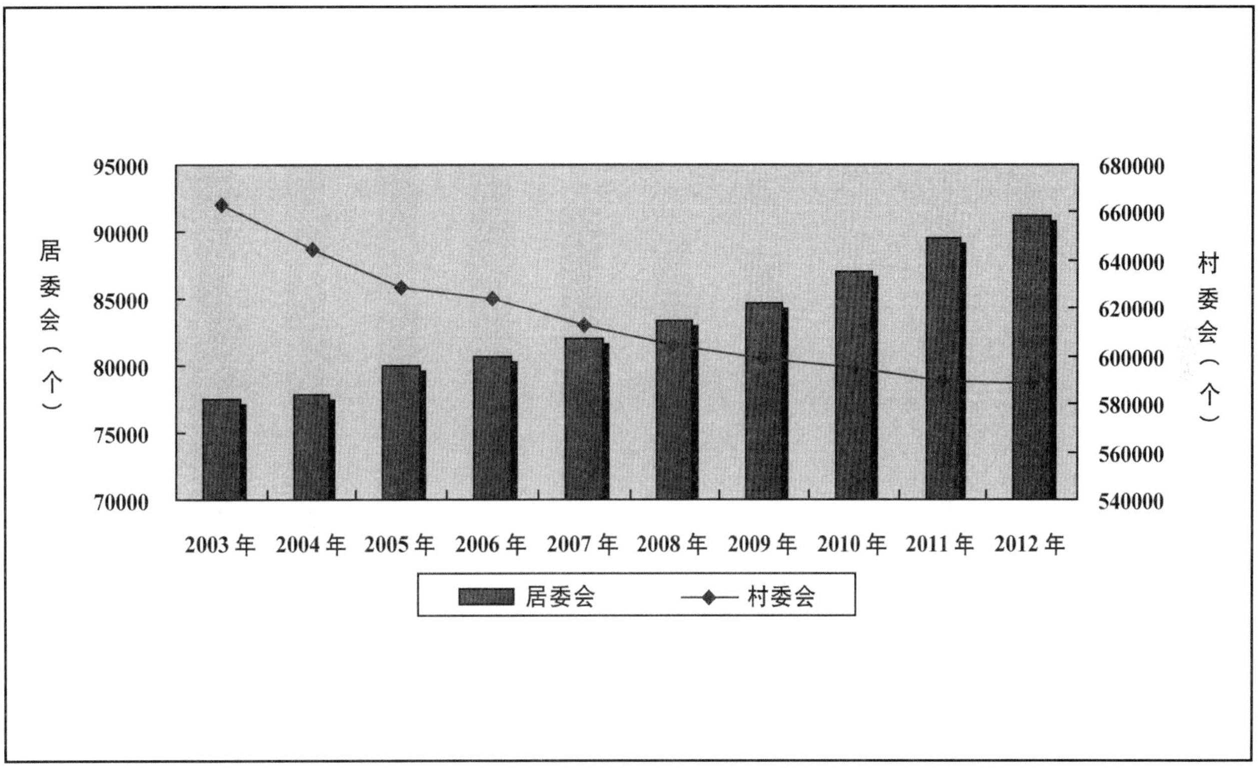

单位：个

指　标	2003年	2004年	2005年	2006年	2007年	2008年	2009年	2010年	2011年	2012年
居委会	77431	77884	79947	80717	82006	83413	84689	87057	89480	91153
村委会	663486	644166	629079	623669	612709	604285	599078	594658	589653	588475

图3-3 结婚登记情况

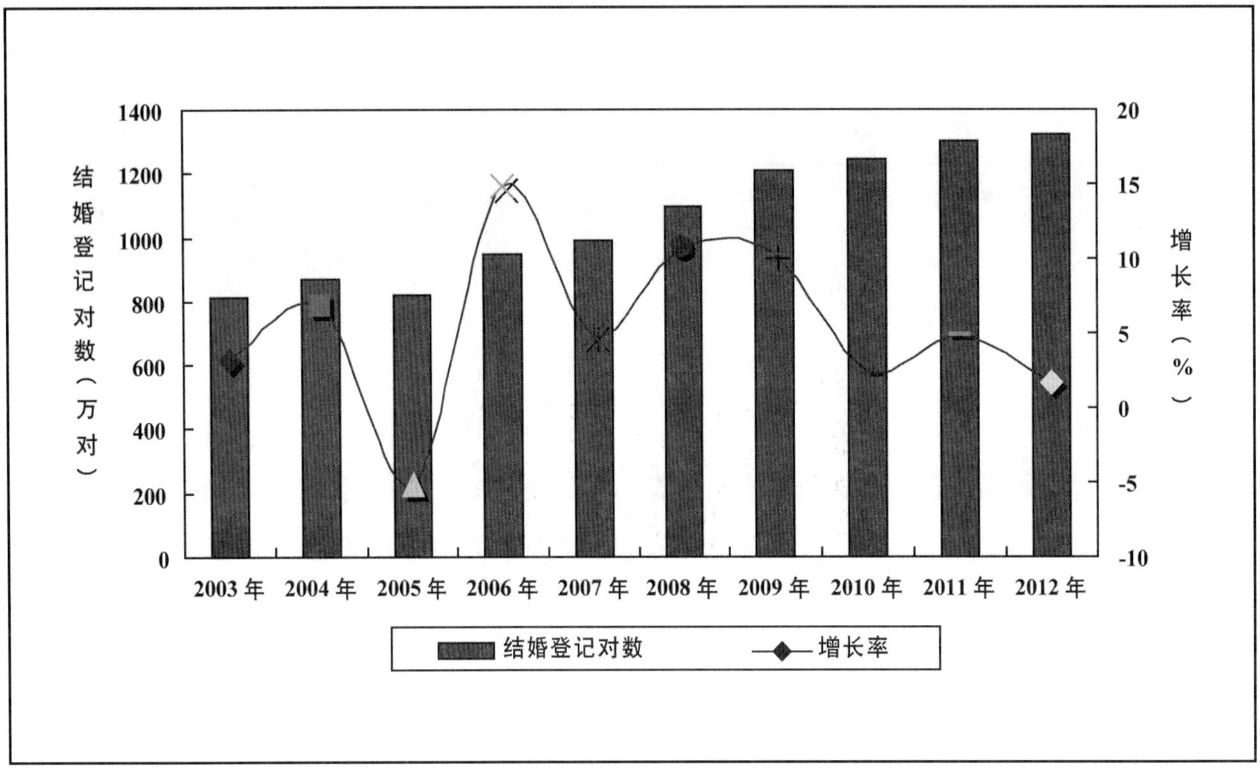

单位：万对、%

指　标	2003年	2004年	2005年	2006年	2007年	2008年	2009年	2010年	2011年	2012年
结婚登记对数	811.4	867.2	823.1	945.0	991.4	1098.3	1212.2	1241.0	1302.4	1323.6
增长率	3.2	6.9	-5.1	14.8	4.9	10.8	10.4	2.4	4.9	1.6

图3-4 分年龄组结婚登记情况

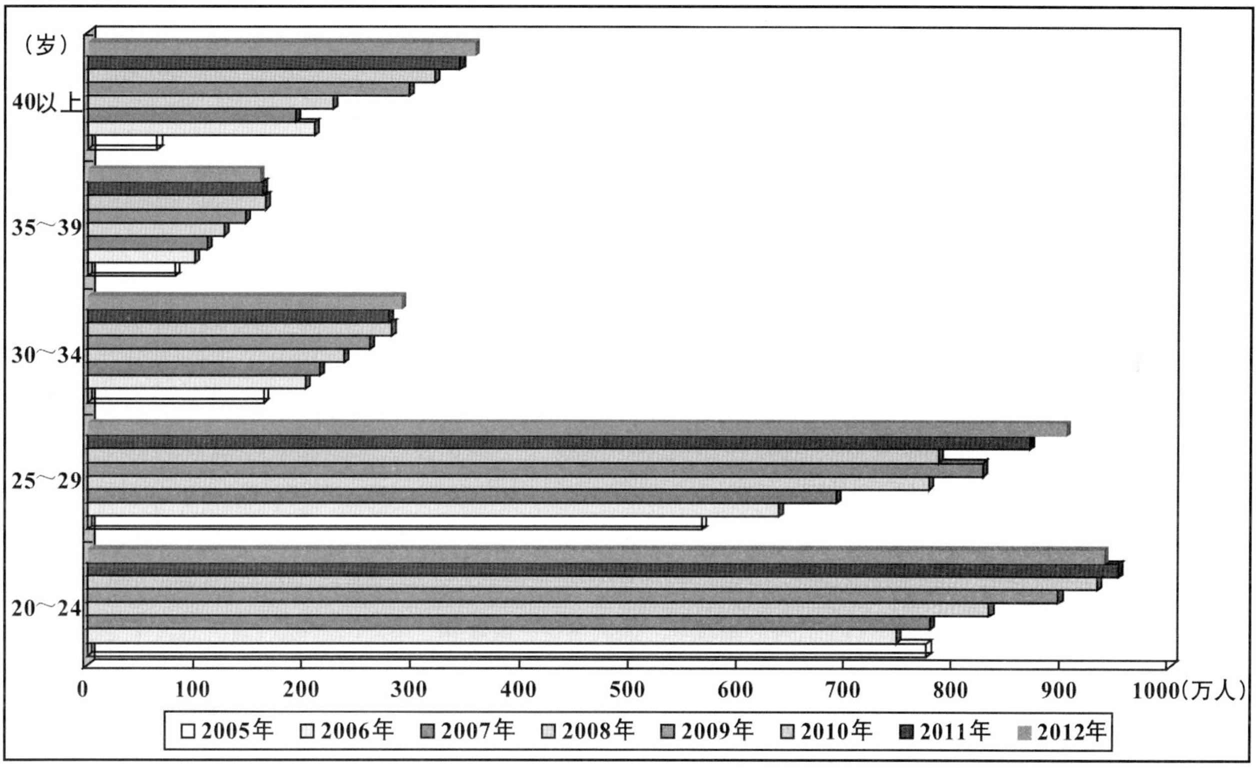

单位：万人

年 份	20～24岁	25～29岁	30～34岁	35～39岁	40岁及以上
2005	773.2	565.0	163.4	80.6	63.8
2006	744.8	636.3	200.8	99.0	209.1
2007	776.7	689.5	214.0	110.9	191.6
2008	832.3	775.7	236.1	126.5	226.2
2009	896.7	826.4	260.3	145.4	295.5
2010	933.4	784.6	279.9	164.5	319.6
2011	953.0	870.2	277.6	161.5	342.4
2012	939.6	904.1	289.0	158.9	355.6

图3-5 结婚率和离婚率

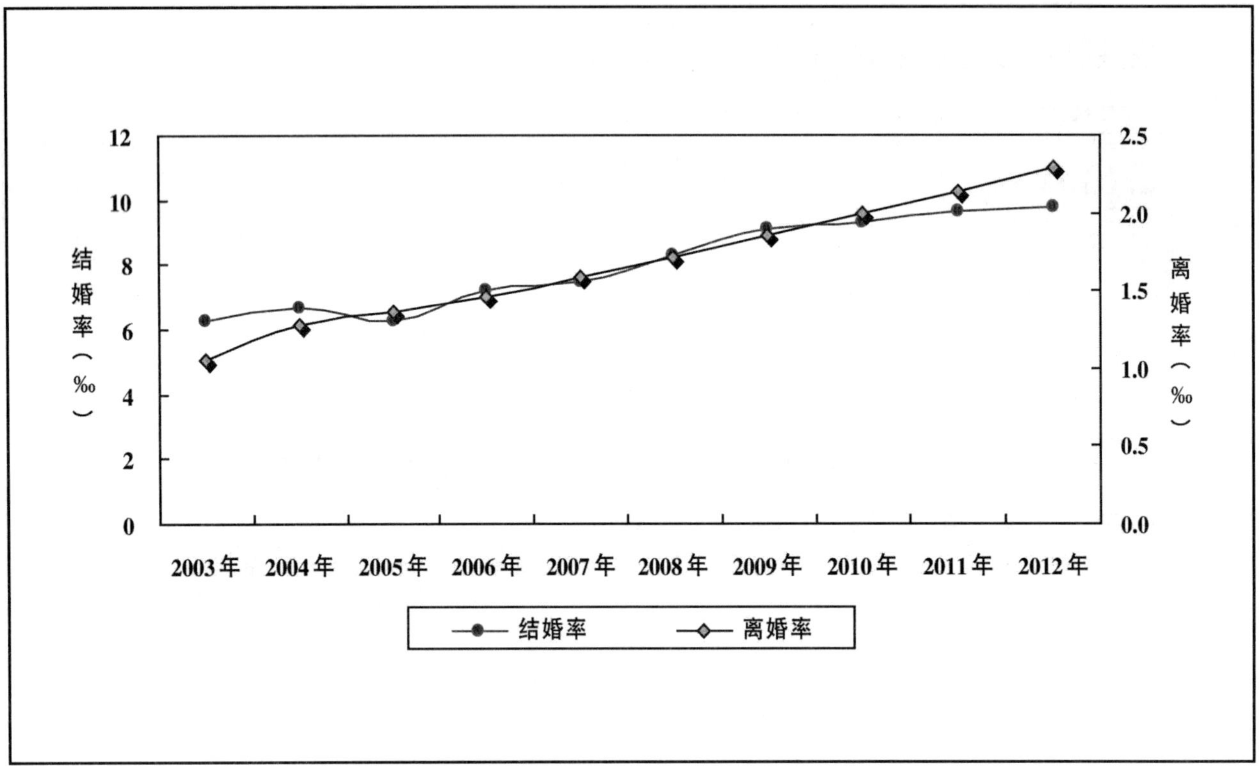

单位：‰

指　标	2003年	2004年	2005年	2006年	2007年	2008年	2009年	2010年	2011年	2012年
结婚率	6.30	6.65	6.30	7.19	7.50	8.27	9.10	9.30	9.67	9.80
离婚率	1.05	1.28	1.37	1.46	1.59	1.71	1.85	2.00	2.13	2.29

注释：粗结（离）婚率计算方法：结婚对数除以当期人口平均数。

图3-6　民政部门和法院办理离婚情况

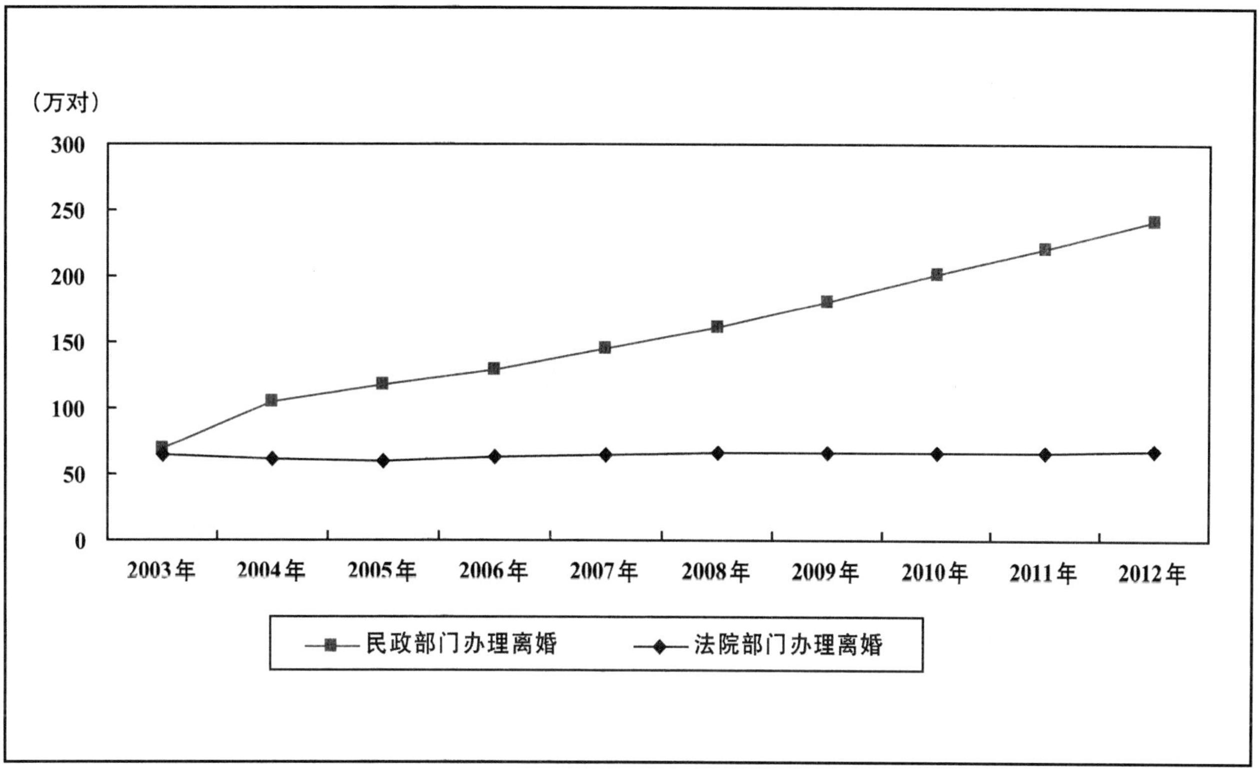

单位：万对

指　标	2003年	2004年	2005年	2006年	2007年	2008年	2009年	2010年	2011年	2012年
民政部门办理离婚	69.1	104.6	118.4	129.1	145.7	161.0	180.2	201.0	220.7	242.3
法院部门办理离婚	64.0	61.9	60.1	62.2	64.1	65.9	66.6	66.8	66.7	68.1

图3-7　火化遗体情况

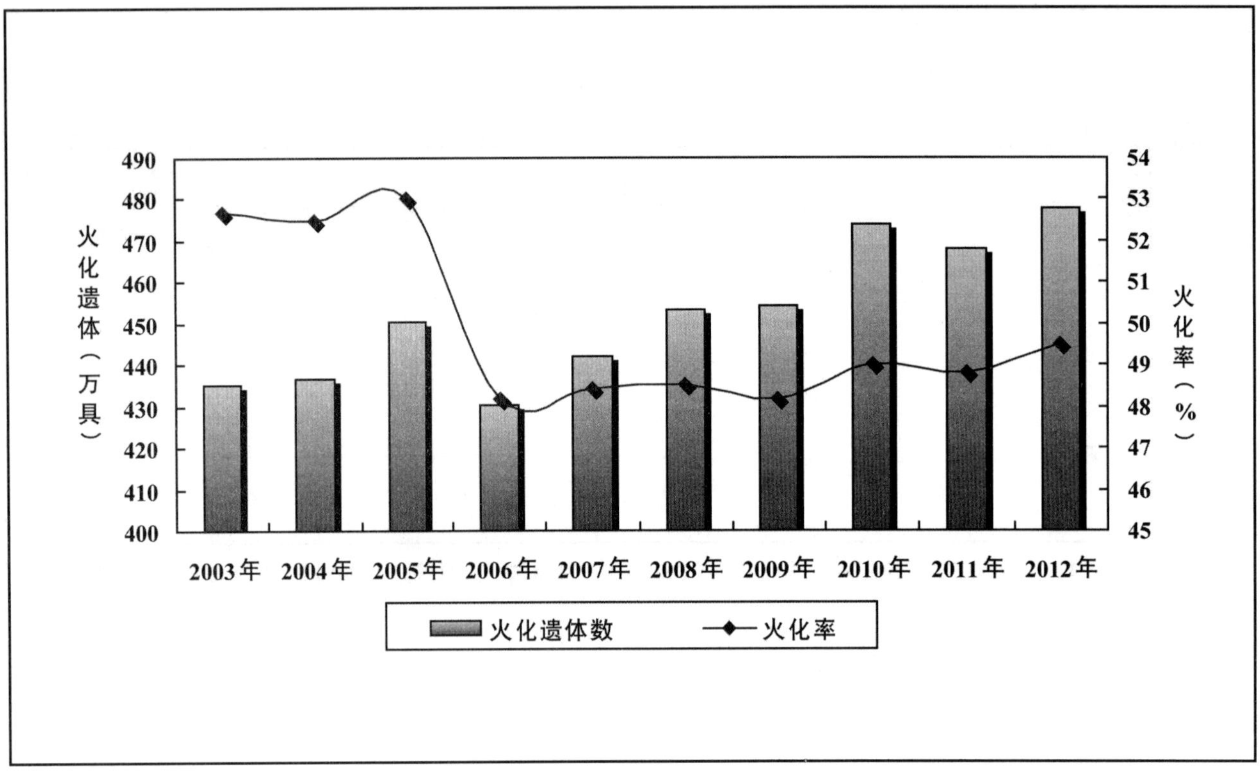

单位：万具、%

指　标	2003年	2004年	2005年	2006年	2007年	2008年	2009年	2010年	2011年	2012年
火化遗体数	435.0	436.9	450.2	430.2	442.1	453.4	454.2	474.1	468.1	477.7
火化率	52.7	52.5	53.0	48.2	48.4	48.5	48.2	49.0	48.8	49.5

综合统计资料

03

A-1-1 “七五”—“十二五”时期社会服务发展速度

单位：%

指　标	“七五”时期平均每年增长速度	“八五”时期平均每年增长速度	“九五”时期平均每年增长速度	“十五”时期平均每年增长速度	“十一五”时期平均增长速度	“十二五”时期前2年平均增长速度
一、综合						
行政区划						
镇	5.7	7.7	3.0	-0.8	-0.1	1.2
乡	-11.6	-7.8	-4.7	-7.2	-1.8	-4.5
60岁以上老年人口					4.3	4.5
事业费支出	11.9	14.8	17.3	25.6	30.3	16.9
固定资产	20.8	22.5	53.1	9.9	16.3	0.7
二、社会工作						
社会服务床位	9.7	4.6	3.0	7.7	13.8	13.4
# 养老床位				5.0	15.3	14.8
智障和精神疾病床位				10.0	8.8	4.8
儿童床位				11.7	11.5	25.8
家庭儿童收养				-2.0	-7.5	-12.2
安置残疾人的福利企业	23.0	7.6	-7.6	-5.2	-6.6	-4.7
为弱势群体筹集资金的福利彩票		54.5	14.6	29.4	18.7	24.9
享受最低生活保障城市居民				40.9	0.7	-3.7
抚恤补助优抚对象	8.5	1.1	-0.3	0.8	6.3	10.8
伤残人员抚恤水平			27.1	18.2	18.5	15.0
烈属和牺牲病故军人家属抚恤水平			6.7	13.5	14.9	21.9
社区服务中心			8.0	5.6	8.2	13.2
三、成员组织和其他社会服务						
社会组织		75.5	-3.2	15.8	6.9	5.8
社会团体				5.6	7.5	5.2
基金会					17.7	17.3
民办非企业单位				45.5	6.1	6.6
自治组织						
村民委员会	1.1	-6.9	-4.7	-3.0	-1.1	-0.6
社区居委会	4.1	2.5	-0.6	-5.9	1.7	2.3
婚姻						
办理结婚登记	2.7	-0.4	-0.2	-0.6	8.6	3.3
办理离婚登记	11.7	5.7	2.8	8.0	8.5	7.7
殡葬						
处理遗体数	5.3	5.5	7.3	3.8	1	0.4

A-1-2 社会服务发展主要指标预期值

指　标	单　位	2013年预期值	2015年预期值	2020年预期值	2030年预期值
一、综合					
行政区划					
乡	万个	1.3	1.2	0.9	0.6
镇	万个	2.0	2.1	2.2	2.5
人口	万人	136067.5	137404.2	140803.8	147857.3
60岁以上老年人口	万人	20262.6	22127.2	27574.5	42822.4
事业费支出	亿元	4306.2	5884.7	12847.0	61227.3
固定资产	亿元	6722.1	6816.6	7058.5	7568.5
二、社会工作					
社会服务床位	万张	495.4	602	981	2601.5
# 养老床位	万张	456.4	547.8	864.7	2154.3
智障和精神疾病床位	万张	7.2	8.3	11.8	24
儿童床位	万张	9.6	11.5	18.4	46.7
家庭儿童收养	万件	2.4	1.8	1.0	0.3
安置残疾人的福利企业	万个	1.9	1.7	1.4	0.8
为弱势群体筹集资金的福利彩票	亿元	1886.4	2942.7	8944.6	82639.4
享受最低生活保障城市居民	万人	2064.2	1914.3	1585.4	1087.4
抚恤补助优抚对象	万人	987.7	1080.2	1351.5	2115.2
伤残人员抚恤水平	元/人、年	12972.2	17155.8	34506.4	139597.6
烈属和牺牲病故军人家属抚恤水平	元/人、年	10308.8	15318.5	41232.1	298725.8
社区服务中心	万个	1.8	2.4	4.4	15.2
三、成员组织和其他社会服务					
社会组织	万个	52.8	59.1	78.3	137.7
社会团体	万个	28.5	31.6	40.7	67.5
基金会	万个	0.4	0.5	1.1	5.4
民办非企业单位	万个	24.0	27.3	37.5	71.1
自治组织					
村民委员会	万个	58.4	57.7	56.0	52.8
社区居委会	万个	9.3	9.7	10.9	13.7
婚姻					
办理结婚登记	万对	1367.3	1459.0	1716.2	2374.4
办理离婚办理	万对	334.3	387.8	561.9	1179.8
殡葬					
处理遗体数	万具	479.6	483.5	493.2	513.3

注：发展速度为“十二五”时期平均增长速度，其中床位数和抚恤补助优抚对象用的是1978年至2012年的平均速度。

A-1-3 2008-2012年社会服务发展主要指标数据

指　标	单　位	2008年	2009年	2010年	2011年	2012年
一、综合						
社会服务基本情况						
机构	万个	119.6	126.2	126.9	129.4	136.7
服务人员	万人	967.4	1038.1	1138.4	1120.8	1144.7
固定资产	亿元	4592.8	5198.0	6589.3	6676.7	6675.4
增加值	亿元	1650.1	1849.4	2014.5	2246.9	2128.9
事业费	亿元	2146.5	2181.9	2697.5	3229.1	3683.7
# 抚恤	亿元	253.6	310.3	362.7	428.3	517.0
退役安置	亿元	180.6	225.7	269.0	302.3	372.1
社会福利	亿元	103.1	124.1	109.9	232.2	319.5
社会救助	亿元	806.7	1098.1	1302.0	1766.3	1866.1
自然灾害生活救助	亿元	609.8	199.2	237.2	128.7	163.4
离退休人员经费	亿元	26.5	30.0	30.4	35.3	39.0
其他	亿元	166.2	194.5	386.3	336.0	406.7
# 公益金支出	亿元	119.2	113.4	121.2	127.9	159.0
* 中央转移支付的事业费占全国总事业费比重	%	55.0	56.2	49.8	56.0	48.7
全国总事业费占财政支出的比重	%	3.4	2.9	3.0	3.0	3.0
基本建设投资	亿元	66.6	157.0	183.0	218.5	234.7
# 预算内投资	亿元	26.6	70.6	89.1	78.5	104.2
公益金投资	亿元	16.5	26.6	32.3	53.4	51.1
预算内基本建设投资占事业费比重	%	1.2	3.2	3.3	2.4	2.8
公益金基本建设投资占公益金支出的比重	%	13.8	23.5	26.7	41.8	32.1
乡镇级行政区划						
镇	个	19234	19322	19410	19683	19881
乡	个	15067	14848	14571	13587	13281
# 民族乡	个	1097	1099	1096	1086	1064
街道办事处	个	6524	6686	6923	7194	7282
区公所	个	3	2	2	2	2
老龄人口						
60岁以上老年人口	万人	15989	16714	17765	18499	19390
占全国总人口	%	12.0	12.5	13.3	13.7	14.3
二、社会工作						
提供住宿的社会服务机构						
单位数	万个	4.1	4.4	4.4	4.6	4.8
床位数	万张	300.3	326.5	349.6	396.4	449.4
# 养老床位	万张	267.4	293.5	316.1	369.2	416.6
智障和精神疾病床位	万张	5.4	5.9	6.1	6.5	6.7
儿童床位	万张	4.3	4.8	5.5	6.8	8.7
其他床位	万张	23.2	22.3	21.9	13.9	17.4
收养人数	万人	240.0	256.0	278.2	293.4	309.5
每千人口社会服务床位数	张	2.3	2.5	2.6	2.9	3.3
每千老年人口养老床位数	张	16.7	17.6	17.8	20.0	21.5

A-1-3续表1

指　标	单　位	2008年	2009年	2010年	2011年	2012年
不提供住宿的社会服务机构						
机构数	万个	4.3	9.4	8.8	10.0	13.3
儿童						
孤儿数	万人	6.8	12.8	25.2	50.9	57.0
家庭收养儿童	万人	4.3	4.4	3.5	3.1	2.7
流浪儿童救助	万人次	15.6	16.7	14.6	17.9	15.2
残疾人						
社会福利企业数	万个	2.4	2.3	2.2	2.2	2.0
残疾职工数	万人	61.9	62.7	62.5	62.8	59.7
社会救助						
最低生活保障						
城市居民最低生活保障人数	万人	2334.8	2345.6	2310.5	2276.8	2143.5
城市居民最低生活保障户数	万户	1110.5	1141.1	1145.0	1145.7	1114.9
城市最低生活保障平均标准	元/人、月	205.3	227.8	251.2	287.6	330.1
*城市最低生活保障平均支出水平	元/人、月	143.7	172.0	189.0	240.3	239.1
农村居民最低生活保障人数	万人	4305.5	4760.0	5214.0	5305.7	5344.5
农村居民最低生活保障户数	万户	1982.2	2291.8	2528.7	2672.8	2814.9
农村最低生活保障平均标准	元/人、年	987.6	1210.1	1404.0	1718.4	2067.8
*农村最低生活保障平均支出水平	元/人、年	604.8	816.0	888.0	1273.2	1247.9
五保供养						
农村集中供养五保户救济人数	万人	155.6	171.8	177.4	184.5	185.3
农村集中供养五保救济家庭数	万户	150.0	166.6	172.9	179.9	181.5
农村集中供养五保救济平均标准	元/人、年	2176.1	2587.5	2951.4	3399.7	4060.9
农村集中供养五保救济平均支出水平	元/人、年	2055.7	2316.0	2460.0	3081.9	3496.6
农村分散供养五保救济人数	万人	393.0	381.6	378.9	366.5	360.3
农村分散供养五保救济家庭数	万户	371.9	362.8	361.1	350.4	347.7
农村分散供养五保救济平均标准	元/人、年	1624.4	1842.7	2102.1	2470.5	3008.0
农村分散供养五保救济平均支出水平	元/人、年	1121.0	1284.0	1416.0	1774.9	2237.3
医疗救助						
城市医疗救助	万人次	443.6	410.4	460.1	672.2	689.9
民政部门资助参加医疗保险人数	万人	642.6	1095.9	1461.2	1549.8	1387.1
农村医疗救助	万人次	759.5	730.0	1019.2	1471.8	1483.8
民政部门资助参加合作医疗人数	万人	3432.4	4059.1	4615.4	4825.3	4490.4
生活无着人员救助						
生活无着人员救助	万人次	157.3	168.1	171.9	241.0	276.6
为弱势群体筹集资金的活动						
民政部门接收社会捐赠						
社会捐赠款数	亿元	479.3	66.5	179.8	96.6	101.7
捐赠衣被总数	亿件	11.6	1.2	0.3	0.3	1.3
捐赠其他物资价值	亿元	19.6	2.2	4.9	4.8	6.3
受益人次数	万人次	5202.9	1522.3	2514.7	1459.7	1325.0
社会捐赠接收站、点数	万个	3.8	3.3	3.2	3.4	3.1

A-1-3续表2

指　标	单　位	2008年	2009年	2010年	2011年	2012年
福利彩票						
销售福利彩票	亿元	604.0	756.0	968.0	1278.0	1510.3
筹集社会福利基金	亿元	205.4	243.4	298.8	382.0	449.4
优抚安置						
国家抚恤、补助各类优抚对象	万人	633.2	630.7	625.0	852.5	944.4
安置义务兵、士官人数	万人	39.7	39.1	38.7	39.1	39.3
接收军队离退休人员人数	万人	2.1	1.9	1.3	1.5	1.9
社区服务						
社区服务机构	万个	14.6	14.6	15.3	16.0	20.0
# 社区服务中心	个	9873	10003	12720	14391	16306
社区服务站	个	30021	53170	44237	56156	87931
社区服务机构覆盖率	%	23.7	25.6	22.4	23.6	29.5
便民、利民网点	万个	74.9	69.3	53.9	45.3	39.7
自然灾害情况						
受灾人口	万人次	47795.0	47933.5	42610.2	43290.0	29421.7
因灾死亡（含失踪）人口	人	88928	1528	7844	1126	1530
直接经济损失	亿元	11752.4	2523.7	5339.9	3096.4	4185.5
三、成员组织和其他社会服务						
社会组织	万个	41.4	43.1	44.6	46.2	49.9
社会团体	万个	23.0	23.9	24.5	25.5	27.1
基金会	个	1597	1843	2200	2614	3029
民办非企业单位	万个	18.2	19.0	19.8	20.4	22.5
自治组织	万个	68.7	68.4	68.2	67.9	67.9
村委会	万个	60.4	59.9	59.5	59.0	58.8
社区居委会	万个	8.3	8.5	8.7	8.9	9.1
婚姻服务						
结婚登记（万对）	万对	1098.3	1212.2	1241.0	1302.4	1323.6
# 涉外及港台	万对	5.1	4.9	4.9	4.9	5.3
每千居民之结婚宗数	‰	8.3	9.1	9.3	9.7	9.8
离婚办理	万对	226.9	246.8	267.8	287.4	310.4
每千居民之离婚宗数	‰	1.7	1.9	2.0	2.1	2.3
殡葬服务						
火化遗体数	万具	453.4	454.2	474.1	468.1	477.7
火化率	%	48.5	48.2	49.0	48.8	49.5

注释：

1.*中央转移支付的事业费占全国总事业费比重：参见33页注释[2]。

2.*城市最低生活保障支出水平：参见41页注释。

3.*农村最低生活保障支出水平：参见44页注释。

A-1-4 社会服务发展主要数据与上年比较

指 标	单 位	2012年	2011年	比上年增长(%)
一、综合				
行政区划				
镇	个	19881	19683	1.0
乡	个	13281	13587	-2.3
# 民族乡	个	1064	1086	-2.0
街道办事处	个	7282	7194	1.2
区公所	个	2	2	0.0
老龄人口				
60岁以上老年人口	万人	19390	18499	4.8
占全国总人口	%	14.3	13.7	0.6(百分点)
65岁以上老年人口	万人	12714	12288	3.5
占全国总人口	%	9.4	9.1	0.3(百分点)
资产				
社会服务经费总支出	亿元	3683.7	3229.1	14.1
# 抚恤	亿元	517.0	428.3	20.7
退役安置	亿元	372.1	302.3	23.1
社会福利	亿元	319.5	232.2	37.6
社会救助	亿元	1866.1	1766.3	5.7
自然灾害生活救助	亿元	163.4	128.7	27.0
离退休人员经费	亿元	39.0	35.3	10.5
其他	亿元	406.7	336.0	21.0
基本建设支出	亿元	234.7	218.5	7.4
固定资产	亿元	6675.4	6676.7	
二、社会工作				
提供住宿的社会服务机构				
单位数	万个	4.8	4.6	4.3
床位数	万张	449.4	396.4	13.4
收养人数	万人	309.5	293.4	5.5
每千人口社会服务床位数	张	3.3	2.9	13.8

A-1-4续表1

指　标	单　位	2012年	2011年	比上年增长(%)
社会救助				
城市				
城市居民最低生活保障人数	万人	2143.5	2276.8	-5.9
城市居民最低生活保障户数	万户	1114.9	1145.7	-2.7
城市最低生活保障平均标准	元/人、月	330.1	287.6	14.8
城市最低生活保障平均补差水平	元/人、月	239.1	240.3	-0.5
农村				
农村居民最低生活保障人数	万人	5344.5	5305.7	0.7
农村居民最低生活保障户数	万户	2814.9	2672.8	5.3
农村最低生活保障平均标准	元/人、年	2067.8	1718.4	20.3
农村最低生活保障平均补差水平	元/人、年	1247.9	1273.2	-2.0
农村集中供养五保户救济人数	万人	185.3	184.5	0.4
农村集中供养五保户救济户数	万户	181.5	179.9	0.9
农村集中供养五保户平均标准	元/人、年	4060.9	3399.7	19.4
农村集中供养五保户平均补差水平	元/人、年	3496.6	3081.9	13.5
农村分散供养五保户救济人数	万人	360.3	366.5	-1.7
农村分散供养五保户救济户数	万户	347.7	350.4	-0.8
农村分散供养五保户平均标准	元/人、年	3008.0	2470.5	21.8
农村分散供养五保户平均补差水平	元/人、年	2237.3	1774.9	26.1
医疗救助				
城市医疗救助	万人次	689.9	672.2	2.6
民政部门资助参加医疗保险人数	万人	1387.1	1549.8	-10.5
农村大病医疗救助	万人次	1483.8	1471.8	0.8
农村资助参加合作医疗人数	万人	4490.4	4825.3	-6.9
儿童收养				
家庭收养儿童	万人	2.7	3.1	-12.9
福利企业				
福利企业	万个	2.0	2.2	-9.1
残疾人	万人	59.7	62.8	-4.9
福利彩票				
销售福利彩票	亿元	1510.3	1278.0	18.2
筹集社会福利基金	亿元	449.4	382.0	17.6

A-1-4续表2

指 标	单 位	2012年	2011年	比上年增长(%)
优抚安置				
国家抚恤、补助各类优抚对象	万人	944.4	852.5	10.8
安置义务兵、士官人数	万人	39.3	39.1	0.5
接收军队离退休人员人数	万人	1.9	1.5	24.0
社会捐赠				
社会捐赠款数	亿元	101.7	96.6	5.3
捐赠衣被总数	亿件	1.3	0.3	316.7
捐赠其他物资价值	亿元	6.3	4.8	31.3
受益人次数	万人次	1325.0	1459.7	-9.2
社会捐赠接收站、点数	万个	3.1	3.4	-8.8
社区服务机构				
社区服务中心	个	16306	14391	13.3
社区服务站	个	87931	56156	56.6
其他社区服务机构	个	95763	89805	6.6
社区服务机构覆盖率	%	29.5	23.6	5.9 (百分点)
便民、利民网点	个	39.7	45.3	-12.4
三、成员组织和其他社会服务				
社会组织				
社会组织总数	万个	49.9	46.2	8.0
社会团体	万个	27.1	25.5	6.3
基金会	个	3029	2614	15.9
民办非企业	万个	22.5	20.4	10.1
自治组织				
村委会	万个	58.8	59.0	-0.3
居委会	万个	9.1	8.9	2.2
婚姻				
结婚登记（万对）	万对	1323.6	1302.4	1.6
# 涉外及港台	万对	5.3	4.9	8.2
每千居民之结婚宗数	‰	9.8	9.7	0.1 (千分点)
离婚办理	万对	310.4	287.4	8.0
每千居民之离婚宗数	‰	2.3	2.1	0.2 (千分点)
殡葬				
火化遗体数	万具	477.7	468.1	2.1
火化率	%	49.5	48.8	0.7 (百分点)

A-1-5 行政区划与上年比较

单位:个、%

指 标	2012年	2011年	比上年增长
地级行政区划合计	**333**	**332**	**0.3**
# 地级市	285	284	0.4
地区	15	15	
自治州	30	30	
盟	3	3	
县级行政区划合计	**2852**	**2853**	**0.0**
# 市辖区	860	857	0.4
县级市	368	369	-0.3
县	1453	1456	-0.2
自治县	117	117	
旗	49	49	
自治旗	3	3	
特区	1	1	
林区	1	1	
乡镇、街道级行政区划合计	**40446**	**40466**	
# 镇	19881	19683	1.0
乡	12066	12395	-2.7
苏木	151	106	42.5
民族乡	1063	1085	-2.0
民族苏木	1	1	
街道办事处	7282	7194	1.2
区公所	2	2	

A-1-6 社会服务机构与上年比较

单位：个、%

指 标	2012年	2011年	比上年增长
社会服务	**1366650**	**1293986**	**5.6**
一、社会工作	**181471**	**146451**	**23.9**
提供住宿的社会服务机构	48078	45973	4.6
老年人与残疾人服务机构	44304	42828	3.4
城市养老服务机构	6464	5616	15.1
农村养老服务机构	32787	32140	2.0
社会福利院	1719	1597	7.6
光荣院	1399	1389	0.7
荣誉军人康复医院	43	42	2.4
复员军人疗养院	41	40	2.5
军休所	1851	1960	-5.6
社区养老服务机构		44	
智障与精神疾病服务机构	257	251	2.4
复退军人精神病院	101	96	5.2
社会福利医院	156	155	0.6
儿童收养救助服务机构	724	638	13.5
儿童福机构	463	397	16.6
流浪儿童救助保护中心	261	241	8.3
其他提供住宿的服务机构	2793	2256	23.8
生活无着人员救助管理站	1770	1547	14.4
其他收养机构	328	382	-14.1
军供站	695	327	112.5

A-1-6续表

单位：个、%

指　标	2012年	2011年	比上年增长
不提供住宿的社会服务机构	133393	100478	32.8
老龄机构	2583	2503	3.2
福利企业	20232	21507	-5.9
救灾储备仓库	665	553	20.3
福利彩票发行单位	955	974	-2.0
军队离退休人员管理中心	121		
军队离退休人员活动中心	25		
烈士纪念建筑物管理单位	1306	1227	6.4
社区服务中心（站）	104237	70547	47.8
捐赠、救助等其他事业单位	3269	3167	3.2
二、成员组织和其他社会服务机构	**1185179**	**1147535**	**3.3**
成员组织	1178896	1141104	3.3
社会组织	499268	461971	8.1
社会团体	271131	254969	6.3
基金会	3029	2614	15.9
民办非企业	225108	204388	10.1
自治组织	679628	679133	0.1
居委会	91153	89480	1.9
村委会	588475	589653	-0.2
其他社会服务	6283	6431	-2.3
婚姻	1926	2328	-17.3
婚姻登记服务机构	1926	2328	-17.3
殡葬	4357	4103	6.2
殡仪馆	1782	1745	2.1
公墓	1597	1406	13.6
殡葬管理机构	978	952	2.7
行政机关	**3493**	**3483**	**0.3**

A-1-7 社会服务机构职工与上年比较

单位：万人、%

指　标	2012年	2011年	比上年增长
社会服务	**1144.7**	**1120.8**	**2.1**
一、社会工作	**243.6**	**235.7**	**3.4**
提供住宿的社会服务机构	39.7	37.4	6.1
老年人与残疾人服务机构	33.1	31.2	6.1
城市养老服务机构	9.3	8.1	14.8
农村养老服务机构	15.9	15.2	4.6
社会福利院	4.2	3.9	7.7
光荣院	1.2	1.2	0.0
荣誉军人康复医院	0.5	0.5	0.0
复员军人疗养院	0.3	0.3	0.0
军休所	1.7	1.9	-10.5
社区养老服务机构		0.1	
智障与精神疾病服务机构	2.3	2.3	0.0
复退军人精神病院	1.0	1.0	0.0
社会福利医院	1.3	1.3	0.0
儿童收养救助服务机构	1.3	1.2	8.3
儿童福机构	1.1	1.0	10.0
流浪儿童救助保护中心	0.2	0.2	0.0
其他提供住宿的服务机构	3.0	2.7	11.1
生活无着人员救助管理站	1.7	1.6	6.2
其他收养机构	0.6	0.6	0.0
军供站	0.7	0.5	40.0

A－1－7续表

单位：万人、%

指　标	2012年	2011年	比上年增长
不提供住宿的社会服务机构	203.9	198.3	2.8
老龄机构	1.1	1.0	10.0
福利企业	150.0	158.9	-5.6
救灾储备仓库	0.2	0.2	0.0
福利彩票发行单位	0.9	0.9	0.0
军队离退休人员管理中心	0.2		
军队离退休人员活动中心	0.1		
烈士纪念建筑物管理单位	1.0	0.9	11.1
社区服务中心（站）	47.6	33.7	41.2
捐赠、救助等其他事业单位	2.8	2.7	3.7
二、成员组织和其他社会服务机构	**901.1**	**885.1**	**1.8**
成员组织	892.5	876.6	1.8
社会组织	613.3	599.3	2.3
社会团体	346.9	363.0	-4.4
基金会	1.9	1.4	35.7
民办非企业	264.5	234.9	12.6
自治组织	279.2	277.3	0.7
居委会	46.9	45.4	3.3
村委会	232.3	231.9	0.2
其他社会服务	8.6	8.5	1.2
婚姻	0.9	0.9	
婚姻登记服务机构	0.9	0.9	
殡葬	7.7	7.6	1.3
殡仪馆	4.5	4.5	0.0
公墓	2.3	2.2	4.5
殡葬管理机构	0.9	0.9	
行政机关	**9.3**	**9**	**3.3**

A-1-8 社会服务机构中社会工作师人员情况

单位：人、%

指 标	社会工作师			助理社会工作师		
	2012年	2011年	比上年增长	2012年	2011年	比上年增长
社会服务	**17101**	**10750**	**59.1**	**36436**	**28663**	**27.1**
一、社会工作	**6602**	**5165**	**27.8**	**12278**	**10686**	**14.9**
提供住宿的社会服务机构	2672	2172	23.0	3232	3186	1.4
老年人与残疾人服务机构	1878	1523	23.3	2335	2374	-1.6
城市养老服务机构	500	356	40.4	670	616	8.8
农村养老服务机构	388	336	15.5	444	675	-34.2
社会福利院	507	379	33.8	711	600	18.5
光荣院	115	113	1.8	138	135	2.2
荣誉军人康复医院	66	45	46.7	54	41	31.7
复员军人疗养院	26	25	4.0	29	26	11.5
军休所	276	267	3.4	289	277	4.3
社区养老服务机构		2			4	
智障与精神疾病服务机构	144	148	-2.7	211	223	-5.4
复退军人精神病院	64	57	12.3	111	118	-5.9
社会福利医院	80	91	-12.1	100	105	-4.8
儿童收养救助服务机构	275	220	25.0	291	243	19.8
儿童福机构	236	187	26.2	250	204	22.5
流浪儿童救助保护中心	39	33	18.2	41	39	5.1
其他提供住宿的服务机构	375	281	33.5	395	346	14.2
生活无着人员救助管理站	320	240	33.3	313	276	13.4
其他收养机构	22	9	144.4	37	25	48.0
军供站	33	32	3.1	45	45	0.0

A-1-8续表

单位：人、%

指　标	社会工作师			助理社会工作师		
	2012年	2011年	比上年增长	2012年	2011年	比上年增长
不提供住宿的社会服务机构	3930	2993	31.3	9046	7500	20.6
老龄机构	99	68	45.6	90	57	57.9
福利企业	710	631	12.5	2,181	1606	35.8
救灾储备仓库	20	12	66.7	15	15	0.0
福利彩票发行单位	115	93	23.7	114	91	25.3
军队离退休人员管理中心	39			23		
军队离退休人员活动中心	5			5		
烈士纪念建筑物管理单位	141	117	20.5	112	112	0.0
社区服务中心（站）	2,398	1749	37.1	6,150	5273	16.6
捐赠、救助等其他事业单位	403	323	24.8	356	346	2.9
二、成员组织和其他社会服务机构	**10499**	**5585**	**88.0**	**24158**	**17977**	**34.4**
成员组织	10056	5247	91.7	23513	17419	35.0
社会组织	6788	3248	109.0	13000	10689	21.6
社会团体	1,850	1192	55.2	5,944	3665	62.2
基金会	232	91	154.9	140	70	100.0
民办非企业	4,706	1965	139.5	6,916	6954	-0.5
自治组织	3268	1999	63.5	10513	6730	56.2
居委会	2,741	1435	91.0	9,090	5460	66.5
村委会	527	564	-6.6	1,423	1270	12.0
其他社会服务	443	338	31.1	645	558	15.6
婚姻	100	75	33.3	106	92	15.2
婚姻登记服务机构	100	75	33.3	106	92	15.2
殡葬	343	263	30.4	539	466	15.7
殡仪馆	184	130	41.5	313	263	19.0
公墓	93	71	31.0	130	127	2.4
殡葬管理机构	66	62	6.5	96	76	26.3
行政机关	**1114**	**854**	**30.4**	**1163**	**963**	**20.8**

A-1-9 性别统计情况

指　标	人员总数（人）	#女性	占总人数的比重（%）	比上年增减（百分点）
社会服务	**11446911**	**3476133**	**30.4**	**2.3**
一、社会工作	**2436128**	**928568**	**38.1**	**0.4**
提供住宿的社会服务机构	397155	210965	53.1	0.8
老年人与残疾人服务机构	330786	176662	53.4	0.6
城市养老服务机构	93274	60256	64.6	-0.5
农村养老服务机构	158884	73235	46.1	0.6
社会福利院	41516	25620	61.7	0.2
光荣院	11767	5775	49.1	0.2
荣誉军人康复医院	5310	2802	52.8	0.1
复员军人疗养院	2773	1506	54.3	-0.7
军休所	17262	7468	43.3	0.4
智障与精神疾病服务机构	23430	13169	56.2	1.1
复退军人精神病院	10447	6022	57.6	2.5
社会福利医院	12983	7147	55.0	-0.1
儿童收养救助服务机构	13079	8479	64.8	0.3
儿童福机构	11049	7720	69.9	0.8
流浪儿童救助保护中心	2030	759	37.4	1.0
其他提供住宿的服务机构	29860	12655	42.4	2.8
生活无着人员救助管理站	16866	5743	34.1	0.3
其他收养机构	7186	4470	62.2	3.0
军供站	5808	2442	42.0	2.1

A-1-9续表

指　标	人员总数（人）	#女性	占总人数的比重（%）	比上年增减（百分点）
不提供住宿的社会服务机构	2038973	717603	35.2	0.2
老龄机构	10751	4730	44.0	1.1
福利企业	1500315	483916	32.3	0.1
救灾储备仓库	2030	635	31.3	0.6
福利彩票发行单位	9395	3828	40.7	0.1
军队离退休人员管理中心	1657	733		
军队离退休人员活动中心	651	284		
烈士纪念建筑物管理单位	9618	3934	40.9	0.5
社区服务中心（站）	476971	206847	43.4	-3.5
捐赠、救助等其他事业单位	27585	12696	46.0	1.2
二、成员组织和其他社会服务机构	**9010783**	**2547565**	**28.3**	**2.8**
成员组织	8924291	2519537	28.2	2.8
社会组织	6132774	1777824	29.0	4.0
社会团体	3469467	772608	22.3	4.8
基金会	18686	5740	30.7	-0.7
民办非企业	2644621	999476	37.8	1.3
自治组织	2791517	741713	26.6	0.1
居委会	468786	228933	48.8	-0.6
村委会	2322731	512780	22.1	0.1
其他社会服务	86492	28028	32.4	0.1
婚姻	9238	6159	66.7	3.1
婚姻登记服务机构	9238	6159	66.7	3.1
殡葬	77254	21869	28.3	-0.2
殡仪馆	45062	11684	25.9	0.0
公墓	23280	7846	33.7	-1.1
殡葬管理机构	8912	2339	26.2	0.5
行政机关	**92749**	**29743**	**32.1**	**0.5**

A-1-10 社会服务机构固定资产与上年比较

单位：亿元、%

指　标	2012年	2011年	比上年增长
社会服务	**6675.4**	**6705.0**	**-0.4**
一、社会工作	**2945.9**	**2789.8**	**5.6**
提供住宿的社会服务机构	782.7	697.7	12.2
老年人与残疾人服务机构	661.0	596.6	10.8
城市养老服务机构	160.0	124.2	28.8
农村养老服务机构	333.1	306.5	8.7
社会福利院	92.3	83.9	10.0
光荣院	22.2	21.6	2.8
荣誉军人康复医院	10.8	9.8	10.2
复员军人疗养院	6.2	6.3	-1.6
军休所	36.4	44.3	-17.8
智障与精神疾病服务机构	35.4	31.7	11.7
复退军人精神病院	19.8	13.7	44.5
社会福利医院	15.6	18	-13.3
儿童收养救助服务机构	31.5	22.5	40.0
儿童福机构	28.8	20.4	41.2
流浪儿童救助保护中心	2.7	2.1	28.6
其他提供住宿的服务机构	54.8	46.9	16.8
生活无着人员救助管理站	25.3	24.5	3.3
其他收养机构	12.8	8.9	43.8
军供站	16.7	13.5	23.7

A-1-10续表

单位：亿元、%

指　标	2012年	2011年	比上年增长
不提供住宿的社会服务机构	2163.2	2092.1	3.4
老龄机构	9.0	14.6	-38.4
福利企业	1815.1	1818.1	-0.2
救灾储备仓库	9.7	6.1	59.0
福利彩票发行单位	62.4	47.2	32.2
军队离退休人员管理中心	12.4		
军队离退休人员活动中心	6.7		
烈士纪念建筑物管理单位	42.3	36.0	17.5
社区服务中心（站）	157.4	128.3	22.7
捐赠、救助等其他事业单位	48.2	41.8	15.3
二、成员组织和其他社会服务机构	**3729.5**	**3915.2**	**-4.7**
成员组织	3477.7	3684.2	-5.6
社会组织	1425.4	1885.0	-24.4
社会团体	310.0	557.1	-44.4
基金会	17.9	15.4	16.2
民办非企业	1097.5	1312.5	-16.4
自治组织	2052.3	1799.2	14.1
居委会	440.8	386.7	14.0
村委会	1611.5	1412.5	14.1
其他社会服务	251.8	231.0	9.0
婚姻	8.5	2.1	304.8
婚姻登记服务机构	8.5	2.1	304.8
殡葬	243.3	228.9	6.3
殡仪馆	142.2	140.4	1.3
公墓	81.0	70.3	15.2
殡葬管理机构	20.1	18.2	10.4
行政机关	**344.1**	**284.2**	**21.1**

A-1-11 社会服务机构增加值（按国民经济行业分类）

单位：亿元、%

指　标	2012年	2011年	比上年增长
社会服务	**2128.9**	**2246.9**	**-5.3**
一、社会工作	**1144.0**	**1152.2**	**-0.7**
提供住宿的社会服务机构	300.3	304.0	-1.2
老年人与残疾人服务机构	247.1	253.7	-2.6
城市养老服务机构	22.8	17.7	28.8
农村养老服务机构	34.3	34.6	-0.9
社会福利院	27.1	27.2	-0.4
光荣院	4.7	4.6	2.2
荣誉军人康复医院	6.1	5.2	17.3
复员军人疗养院	2.4	3.3	-27.3
军休所	149.7	161.0	-7.0
社区养老服务机构		0.1	
智障与精神疾病服务机构	22.5	21.3	5.6
复退军人精神病院	9.5	7.7	23.4
社会福利医院	13.0	13.6	-4.4
儿童收养救助服务机构	10.7	9.7	10.3
儿童福机构	9.4	8.7	8.0
流浪儿童救助保护中心	1.3	1.0	30.0
其他提供住宿的服务机构	20.0	19.3	3.6
生活无着人员救助管理站	14.1	14.8	-4.7
其他收养机构	4.7	0.7	571.4
军供站	1.2	3.8	-68.4

A-1-11续表

单位：亿元、%

指　标	2012年	2011年	比上年增长
不提供住宿的社会服务机构	843.7	848.2	-0.5
老龄机构	6.2	5.3	17.0
福利企业	703.7	738.0	-4.6
救灾储备仓库	1.1	1.3	-15.4
福利彩票发行单位	19.3	30.4	-36.5
军队离退休人员管理中心	28.4		
军队离退休人员活动中心	1.3		
烈士纪念建筑物管理单位	7.6	6.5	16.9
社区服务中心（站）	53.9	47.3	14.0
捐赠、救助等其他事业单位	22.2	19.4	14.4
二、成员组织和其他社会服务机构	**984.9**	**1094.7**	**-10.0**
成员组织	900.7	1023.3	-12.0
社会组织	525.6	660.0	-20.4
社会团体	142.1	157.5	-9.8
基金会	14.0	63.7	-78.0
民办非企业	369.5	438.8	-15.8
自治组织	375.1	363.3	3.2
居委会	103.4	97.1	6.5
村委会	271.7	266.2	2.1
其他社会服务	84.2	71.4	17.9
婚姻	2.9	2.2	31.8
婚姻登记服务机构	2.9	2.2	31.8
殡葬	81.3	69.2	17.5
殡仪馆	46.1	36.1	27.7
公墓	29.5	26.8	10.1
殡葬管理机构	5.7	6.3	-9.5
行政机关	**192.7**	**212.9**	**-9.5**

A-1-12 社会服务机构增加值（按登记类型分类）

单位：亿元、%

指　标	2012年	2011年	比上年增长
民政管理单位增加值合计	**2128.9**	**2246.9**	**-5.3**
一、事业单位	**524.5**	**485.6**	**8.0**
收养类	134.0	123.4	8.6
城市老年福利机构	22.8	17.7	28.8
农村老年福利机构	34.3	34.6	-0.9
社会福利院	27.1	27.2	-0.4
光荣院	4.7	4.6	2.2
荣誉军人康复医院	6.1	5.2	17.3
复员军人疗养院	2.4	3.3	-27.3
复退军人精神病院	9.5	7.7	23.4
社会福利医院	13.0	13.6	-4.4
儿童福利机构	9.4	8.7	8.0
社区养老服务机构		0.1	
其他收养机构	4.7	0.7	571.4
救助类	15.4	15.8	-2.5
生活无着人员救助管理站	14.1	14.8	-4.7
流浪儿童救助保护中心	1.3	1.0	30.0
仓库类	1.1	1.3	-15.4
救灾储备仓库	1.1	1.3	-15.4
筹集资金类	19.3	30.4	-36.5
福利彩票发行单位	19.3	30.4	-36.5

A-1-12续表

单位：亿元、%

指　标	2012年	2011年	比上年增长
优抚安置类	188.2	171.3	9.9
军休所	149.7	161.0	-7.0
军供站	1.2	3.8	-68.4
军队离退休人员管理中心	28.4		
军队离退休人员活动中心	1.3		
烈士纪念建筑物管理单位	7.6	6.5	16.9
社区服务类	53.9	47.3	14.0
社区服务指导中心	2.2		
社区服务中心	16.6	14.1	17.7
社区服务站	35.1	33.2	5.7
婚姻登记服务类	2.9	2.2	31.8
婚姻登记服务机构	2.9	2.2	31.8
殡葬服务类	81.3	69.2	17.5
殡仪馆	46.1	36.1	27.7
公墓	29.5	26.8	10.1
殡葬管理机构	5.7	6.3	-9.5
其他事业单位	28.4	24.7	15.0
老龄行政机构	6.2	5.3	17.0
其他事业单位	22.2	19.4	14.4
二、成员组织			
社会组织	525.6	660	-20.4
社会团体	142.1	157.5	-9.8
基金会	14.0	63.7	-78.0
民办非企业	369.5	438.8	-15.8
自治组织	375.1	363.3	3.2
居委会	103.4	97.1	6.5
村委会	271.7	266.2	2.1
三、企业	**703.7**	**738.0**	**-4.6**
福利企业	703.7	738.0	-4.6
四、行政机关	**192.7**	**212.9**	**-9.5**

A-1-13 基本建设投资与上年比较

单位：亿元、个、%

项　目	2012年	2011年	比上年增长
计划总投资	**727.9**	**566.7**	**28.4**
本年计划投资	**222.3**	**217.3**	**2.3**
# 用于优抚安置机构	16.9	12.7	33.1
社区服务机构	32.6	44.0	-25.9
收养性机构	101.4	91.2	11.2
殡葬服务机构	26.8	24.9	7.6
救助类机构	8.9	8.5	4.7
其他	35.7	36	-0.8
自开始建设至本年底累计完成投资	**359.3**	**311.2**	**15.5**
本年完成投资	**234.7**	**218.5**	**7.4**
# 用于优抚安置机构	19.0	13.3	42.9
社区服务机构	34.7	45.0	-22.9
收养性机构	104.6	92.5	13.1
殡葬服务机构	27.1	23.4	15.8
救助类机构	10.4	7.7	35.1
其他	38.8	36.6	6.0
国家投资	104.2	78.5	32.7
国内贷款	3.8	6.2	-38.7
利用外资	1.1	0.5	120.0
福利彩票公益金	51.1	53.4	-4.3
其他	74.6	79.9	-6.6
本年完工项目个数	**6095**	**4533**	**34.5**

A-1-14 社会服务经费与上年比较

单位：亿元、%

指　标	2012年	2011年	比上年增长
社会服务经费合计	**3683.8**	**3229.1**	**14.1**
占国家财政支出比重（%）	3	3	
# 中央转移支付的事业费	1794.6	1808.0	-0.7
占社会服务经费的比重（%）	48.7	56.0	-7.3(百分点)
# 国家基本建设投资	104.2	78.5	32.7
# 公益金支出	159.0	127.9	24.3
按项目分			
抚恤	517.0	428.3	20.7
退役安置	372.1	302.3	23.1
社会福利	319.5	232.2	37.6
社会救助	1866.1	1766.2	5.7
城市最低生活保障	674.3	659.9	2.2
农村最低生活保障	718.0	667.7	7.5
其他社会救助	243.2	222.3	9.4
医疗救助	230.6	216.3	6.6
自然灾害生活救助	163.4	128.7	27.0
离退休人员经费	39.0	35.3	10.5
其他	406.7	336.1	21.0

A-1-15 中央级社会服务费和转移支付的社会服务费与上年比较

单位：万元、%

指　标	2012年	2011年	比上年增长
合计	**18046116.8**	**18173898.4**	**-0.7**
中央级社会服务经费	**100110.8**	**93505.4**	**7.1**
民政管理事务	52806.5	40132.6	31.6
# 行政运行	5745.8	5729.4	0.3
一般行政管理政务	10194.1	13029.8	-21.8
机关服务	249.4	242.0	3.1
拥军优属	300.9	172.8	74.1
老龄事务	837.6	2538.1	-67.0
民间组织管理	20970.0	1353.9	1448.9
行政区划和地名管理	2499.5	1936.3	29.1
基层政权和社区建设	417.7	484.1	-13.7
其他民政管理政务支出	11591.5	14646.2	-20.9
自然灾害生活救助	16170.0	17342.8	-6.8
其他款项用于民政支出	31134.3	36030.0	-13.6
中央财政转移支付的民政经费	**17946006**	**18080393**	**-0.7**
# 抚恤	3333318	2774379	20.1
退役安置	2654268	2064044	28.6
社会福利	419812	251879	66.7
最低生活保障	8704961	10046325	-13.4
医疗救助	1499582	1500469	-0.1
自然灾害生活救助	1127379	839775	34.2
其他	206686	603522	-65.8

A-1-16 按支出形式分类的社会服务经费支出情况

单位：万元、%

项　目	本年数据	上年数据	占全部%	比上年增减额	比上年增长
总计	**36837379.4**	**32291356.0**	**100.0**	**4546023.4**	**14.08**
直接发放	**29216223.3**	**26059257.8**	**79.3**	**3156965.5**	**12.11**
按标准发放和报销	22582978.1	20694389.0	61.3	1888589.1	9.13
发放数	22146150.8	20344686.4	60.1	1801464.4	8.85
定期发放	21958524.9	20243679.6	59.6	1714845.3	8.47
军队干部离休金	283732.7	278113.6	0.8	5619.1	2.02
军队干部退休金	1549064.4	1315739.4	4.2	233325.0	17.73
军队无军籍退休金	300927.6	238687.3	0.8	62240.3	26.08
地方干部、人员退休金、退职金	124670.9	112623.2	0.3	12047.7	10.7
离休、退休、退职金小计	2258395.6	1945163.5	6.1	313232.1	16.1
烈属和牺牲病故定期抚恤金	348174.9	271971.3	1.0	76203.6	28.02
伤残抚恤金	896464.8	825193.7	2.4	71271.1	8.64
在乡退伍红军老战士生活费	2541.6	2329.3		212.3	9.11
红军失散人员补助费	32536.8	30623.1	0.1	1913.7	6.25
复员退伍军人定期定量补助费	1456103.0	1242611.2	4.0	213491.8	17.18
“参战”退伍军人补助费	476959.6	388412.5	1.3	88547.1	22.8
“涉核”退伍军人补助费	74194.5	56368.7	0.2	17825.8	31.62
抚恤、补助费小计	3286975.2	2817509.8	8.9	469465.4	16.66
军队离休干部遗属、退休人员遗属定期定量补助费	12417.7	11058.8		1358.9	12.29
农村五保供养救济费	1449614.7	1217210.0	3.9	232404.7	19.09
农村最低生活保障金	6581923.3	6676963.5	17.9	-95040.2	-1.42
城市最低生活保障金	6743253.7	6599423.2	18.3	143830.5	2.18
传统救济	257322.1	68554.9	0.7	188767.2	275.35
定期定量救济费小计	15044531.5	14573210.4	40.8	471321.1	3.23
分散安置伤残军人护理费	20487.8	17473.9	0.1	3013.9	17.25
军队离休、退休人员护理费	31313.2	34525.0	0.1	-3211.8	-9.3
儿童福利支出	504974.7	399959.3	1.4	105015.4	26.26
老年人福利	811846.9	455837.7	2.2	356009.2	78.1
非定期发放	187625.9	101006.8	0.5	86619.1	85.76
烈士和牺牲病故人员一次性抚恤金	161812.7	83104.8	0.4	78707.9	94.71
企事业退休人员一次性抚恤金	5942.6	4174.7		1767.9	42.35
离休、退休干部死亡丧葬补助费	19870.6	13727.3	0.1	6143.3	44.75
城市最低生活保障对象临时补助	517398.0		1.4	517398.0	
农村最低生活保障对象临时补助	597619.2		1.6	597619.2	
报销数	436827.3	349702.6	1.2	87124.7	24.91
伤残补助费	61300.8	49750.0	0.2	11550.8	23.22
离休、退休干部其他费用	375526.5	299952.6	1.0	75573.9	25.2

A-1-16续表

单位：万元、%

项　目	本年数据	上年数据	占全部%	比上年增减额	比上年增长
临时性发放	**6633245.2**	**5364868.8**	**18.0**	**1268376.4**	**23.64**
烈军属复员退伍军人临时补助费	1637004.1	1203377.2	4.4	433626.9	36.03
退伍军人建房补助费	19067.9	11888.0	0.1	7179.9	60.4
义务兵优待金	680039.7	449059.8	1.9	230979.9	51.44
退役士兵自谋职业金	628126.4	490886.0	1.7	137240.4	27.96
城镇退役士兵生活补助	88192.0	56406.5	0.2	31785.5	56.35
优抚对象临时补助费小计	3052430.1	2211617.5	8.3	840812.6	38.02
灾民生活救济费	931776.4	687223.3	2.5	244553.1	35.59
医疗救助	2306113.1	2162502.1	6.3	143611.0	6.64
其他对象临时救助	342925.6	303525.9	0.9	39399.7	12.98
单位拨款	**2296220.1**	**1789615.9**	**6.2**	**506604.2**	**28.31**
民政部门举办事业单位经费	1873416.8	1467060.2	5.1	406356.6	27.7
优抚事业单位	351154.2	294350.9	1.0	56803.3	19.3
荣誉军人康复医院	48518.6	45621.6	0.1	2897.0	6.35
复员军人慢性病疗养院	33020.6	29685.5	0.1	3335.1	11.23
复员退伍军人精神病院	81101.9	66557.4	0.2	14544.5	21.85
光荣院	68462.1	68893.7	0.2	-431.6	-0.63
烈士纪念建筑物管理机构	72968.9	55017.0	0.2	17951.9	32.63
其他优抚事业单位	47082.1	28575.7	0.1	18506.4	64.76
社会福利事业单位	852153.5	646270.6	2.3	205882.9	31.86
社会福利院	442989.2	329189.5	1.2	113799.7	34.57
儿童福利院	116834.7	99623.2	0.3	17211.5	17.28
精神病人福利院	128586.0	104027.2	0.4	24558.8	23.61
流浪乞讨人员救助站	163743.6	113430.7	0.4	50312.9	44.36
军队离退休干部管理机构	248751.8	192945.3	0.7	55806.5	28.92
殡葬事业单位	421357.3	333493.4	1.1	87863.9	26.35
火葬场	178204.5	133322.1	0.5	44882.4	33.66
其他殡葬事业单位	243152.8	200171.3	0.7	42981.5	21.47
集体办事业单位补贴	225593.4	179076.2	0.6	46517.2	25.98
优抚事业单位	1325.5	866.6	0.0	458.9	52.95
社会福利事业单位	224267.9	178209.6	0.6	46058.3	25.85
生产单位拨款	19487.3	13592.4	0.1	5894.9	43.37
假肢厂、站	7169.1	5310.2		1858.9	35.01
安置农场	12318.2	8282.2		4036.0	48.73
灾民紧急抢救、转移、安置费	109752.3	57476.9	0.3	52275.4	90.95
救灾储备	67970.3	72410.2	0.2	-4439.9	-6.13
其他支出	**5324936.0**	**4442482.3**	**14.5**	**882453.7**	**19.86**

A-1-17 按支出性质分类的社会服务经费支出情况

单位：万元、%

项　目	2012年	2011年	占全部%	比上年增减额	比上年增长
总计	**36837379.4**	**32291356.0**	**100.0**	**4546023.4**	**14.1**
优待抚恤支出合计	**5169949.0**	**4283067.1**	**14.0**	**886881.9**	**20.7**
死亡抚恤	532843.8	371097.0	1.5	161746.8	43.6
伤残抚恤	957765.6	874943.7	2.6	82821.9	9.5
在乡复员、退伍军人生活补助	2042335.5	1833649.2	5.5	208686.3	11.4
优抚事业单位	497901.0	362729.2	1.4	135171.8	37.3
义务兵优待金	680039.7	449059.8	1.9	230979.9	51.4
其他优抚支出	459063.4	391588.2	1.3	67475.2	17.2
退役安置	**3720969.5**	**3022782.1**	**10.1**	**698187.4**	**23.1**
退伍军人安置	811471.4	616233.0	2.2	195238.4	31.7
军队移交政府的离退休人员安置	2509251.2	2132492.9	6.8	376758.3	17.7
军队移交政府离退休干部管理机构	248751.8	192945.3	0.7	55806.5	28.9
其他退役安置支出	151495.1	81110.9	0.4	70384.2	86.8
社会福利	**3194500.1**	**2322153.1**	**8.7**	**872347.0**	**37.6**
儿童福利	504974.7	399959.3	1.4	105015.4	26.3
老年人福利	811846.9	455837.7	2.2	356009.2	78.1
假肢矫形	10532.9	8301.3	0.0	2231.6	26.9
殡葬	421357.3	333493.4	1.1	87863.9	26.4
社会福利事业单位	924996.0	719331.7	2.5	205664.3	28.6
其他社会福利支出	520792.3	405229.7	1.4	115562.6	28.5
社会救助	**18661169.5**	**17662756.8**	**50.7**	**998412.7**	**5.7**
最低生活保障	13922796.2	13276386.7	37.8	646409.5	4.9
城市最低生活保障	6743253.7	6599423.2	18.3	143830.5	2.2
农村最低生活保障	7179542.5	6676963.5	19.5	502579.0	7.5

A-1-17续表

单位：万元、%

项　目	2012年	2011年	占全部%	比上年增减额	比上年增长
其他社会救助	2432260.2	2223868.0	6.6	208392.2	9.4
医疗救助	2306113.1	2162502.1	6.3	143611.0	6.6
农村医疗救助	1329104.8	1199610.4	3.6	129494.4	10.8
城市医疗救助	708801.6	676408.4	1.9	32393.2	4.8
优抚对象医疗补助	268206.7	257928.5	0.7	10278.2	4.0
自然灾害生活救助	**1633832.7**	**1287026.2**	**4.4**	**346806.5**	**27.0**
生活救济费	931776.4	687223.3	2.5	244553.1	35.6
紧急抢救、安置、转移灾民支出	109752.3	57476.9	0.3	52275.4	91.0
救灾储备	67970.3	72410.2	0.2	-4439.9	-6.1
自然灾害灾后重建补助	429372.0	389782.6	1.2	39589.4	10.2
其他救助	94961.7	80133.2	0.3	14828.5	18.5
民政管理事务	**2484897.7**	**2207511.9**	**6.8**	**277385.8**	**12.6**
行政运行	642355.5	586364.4	1.7	55991.1	9.6
一般行政管理事务	138963.2	128237.0	0.4	10726.2	8.4
机关服务	21035.1	20786.6	0.1	248.5	1.2
拥军优属	197229.7	180864.2	0.5	16365.5	9.1
老龄事务	200114.9	160921.6	0.5	39193.3	24.4
民间组织管理	44892.4	20057.7	0.1	24834.7	123.8
行政区划和地名管理	63817.9	60377.9	0.2	3440.0	5.7
基层政权和社区建设	553175.9	465692.6	1.5	87483.3	18.8
部队供应	39433.3	47373.1	0.1	-7939.8	-16.8
其他民政管理事务支出	583879.8	536836.8	1.6	47043.0	8.8
行政事业单位离退休	**390037.5**	**353413.9**	**1.1**	**36623.6**	**10.4**
地方离退休人员经费	140402.5	128367.4	0.4	12035.1	9.4
行政单位离退休	136930.9	121484.9	0.4	15446.0	12.7
事业单位离退休	94878.8	89177.8	0.3	5701.0	6.4
离退休人员管理机构	1583.6	1556.8	0.0	26.8	1.7
其他行政事业单位离退休支出	16241.7	12827.0	0.0	3414.7	26.6
其他	**1582023.4**	**1152644.9**	**4.3**	**429378.5**	**37.3**

A-2-1 社会服务类机构财务状况

单位：万元、%

指　标	2012年	2011年	比上年增长
执行企业会计制度单位情况			
固定资产原价	18406553.1	18695749.5	-1.55
本年折旧	1759789.5	1761263.7	-0.08
营业收入	51935309.5	56135163.6	-7.48
营业成本	20145711.9	11725796.4	71.81
营业税金及附加	1008206.2	1207765.6	-16.52
销售费用	2899684.8	2919434.5	-0.68
管理费用	2481713.7	2503347.8	-0.86
# 税金	270141.4	295332.9	-8.53
差旅费	109748.9	112866.3	-2.76
财务费用	1116679.9	1109576.8	0.64
# 利息支出	754523.9	720456.7	4.73
公允价值变动收益	3513.0	1886.0	86.27
投资收益	16108.3	16184.9	-0.47
营业利润	1421081.7	1654379.2	-14.10
应付职工薪酬	2511796.5	2496162.4	0.63
执行行政事业单位会计制度情况			
固定资产原价	8185694.0	7306040.6	12.04
上年结转和结余	757481.8	735057.2	3.05
本年收入合计	8675213.8	6905602.3	25.63
# 事业收入	3496898.2	2883372.4	21.28
经营收入	256474.5	222665.3	15.18

A-2-1续表

单位：万元、%

指　标	2012年	2011年	比上年增长
本年支出合计	8263543.0	7060946.6	17.03
# 工资福利支出	1380943.6	1204208.8	14.68
商品和服务支出	1617406.2	1469984.8	10.03
# 取暖费	48276.0	47602.2	1.42
差旅费	26592.3	25319.2	5.03
因公出国（境）费用	2039.4		
劳务费	102259.5	89284.5	14.53
工会经费	13574.2		
福利费	33822.9	65820.7	-48.61
对个人和家庭的补助	2243637.5	1956734.0	14.66
# 抚恤金	23637.1	18061.7	30.87
生活补助	187878.6	156171.1	20.30
救济费	60351.5		
助学金	4943.3	5710.3	
奖励金	2561.5		
生产补贴	380.7		
经营支出	31536.3		
销售税金	6788.6	27275.5	-75.11
执行民间非营利组织单位会计制度情况			
固定资产原价	2867358.7	1902471.0	50.72
上年结余	36977.0	29339.3	26.03
本年收入合计	818731.5	664818.6	23.15
# 捐赠收入	76248.8	69933.2	9.03
会费收入	84187.6	61134.9	37.71
本年费用合计	874290.8	543321.0	60.92
# 业务活动成本	376337.9	252279.8	49.17
# 人员费用	180840.8	131494.9	37.53
日常费用	85585.5	61924.3	38.21
固定资产折旧	47721.4	8110.8	488.37
税费	1309.5	714.4	83.30
管理费用	268245.6	173492.0	54.62
# 人员费用	135633.6	98586.6	37.58
日常费用	65892.4	41127.1	60.22
固定资产折旧	31018.6	7982.2	288.60
税费	1169.1	571.0	104.75
净资产变动额	27879.2	28288.4	-1.45

A-2-2 社会服务床位数和收养人员与上年比较

指　标	床位数（万张、%）			收养救助人数（万人、%）			年末床位利用率（%）
	2012年	2011年	比上年增长	2012年	2011年	比上年增长	
合计	**449.3**	**396.4**	**13.3**	**309.5**	**293.5**	**5.5**	**68.9**
老年人与残疾人服务机构	**416.5**	**369.2**	**12.8**	**293.6**	**279.8**	**4.9**	**70.5**
城市养老服务机构	78.2	63	24.1	44.9	38.8	15.8	57.4
农村养老服务机构	261.0	242.1	7.8	200.0	192.5	3.9	76.6
社会福利院	30.9	27.2	13.6	20.3	19	6.8	65.7
光荣院	8.4	8.1	3.7	5.3	5.3	0.0	63.1
荣誉军人康复医院	0.8	0.8	0.0	0.6	0.5	20.0	75.0
复员军人疗养院	0.7	0.7	0.0	0.4	0.5	-20.0	57.1
军休所（万户）	16.7	16	4.4	18.5	19.3	-4.1	110.8
社区养老服务机构		0.4			0.3		75.0
社区服务机构	19.8	10.9	81.7	3.6	3.6	0.0	18.2
智障与精神疾病服务机构	**6.7**	**6.5**	**3.1**	**5.8**	**5.5**	**5.5**	**86.6**
复退军人精神病院	2.6	2.5	4.0	2.2	2	10.0	84.6
社会福利医院	4.1	4	2.5	3.6	3.5	2.9	87.8
儿童收养救助服务机构	**8.7**	**6.8**	**27.9**	**5.4**	**4.6**	**17.4**	**62.1**
儿童福利院	7.7	6	28.3	5.2	4.5	15.6	67.5
流浪儿童救助保护中心	1.0	0.8	25.0	0.2	0.1	100.0	20.0
其他提供住宿的服务机构	**17.4**	**13.9**	**25.2**	**4.7**	**3.6**	**30.6**	**27.0**
生活无着人员救助管理站	9.0	7.1	26.8	2.1	1.9	10.5	23.3
军供站	3.8	3.8	0.0				
其他	4.6	3	53.3	2.6	1.7	52.9	56.5

A-2-3 儿童收养与上年比较

单位：人、%

指　标	2012年	2011年	比上年增长
孤儿数	**570075**	**509695**	**11.85**
集中供养孤儿	95251	77144	23.47
社会散居孤儿	474824	432551	9.77
儿童收养服务			
收养登记合计(人)	27278	31424	-13.19
中国公民收养登记	23157	27579	-16.03
# 香港居民	149	221	-32.58
澳门居民	17	11	54.55
台湾居民	26	46	-43.48
华侨	27	52	-48.08
外国人收养登记	4121	3845	7.18
被收养人合计（人）	27310	31329	-12.83
# 女性	19658	23211	-15.31
残疾儿童	3016	3086	-2.27
社会福利机构抚养的孤儿	1760	1679	4.82
# 被外国人收养	308	97	217.53
社会福利机构抚养的弃婴	12202	11993	1.74
# 被外国人收养	3771	3114	21.10
社会弃婴	10398	14249	-27.03
父母无力抚养的儿童	677	602	12.46
# 被外国人收养	42	1	4100.00
其他	2273	2806	-19.00

A-2-4 社会救助与上年比较

指　标	2012年	2011年	比上年增长
救助总人数	**17090.7**	**16981.6**	**0.64**
城市			
城市居民最低生活保障人数（万人）	2143.5	2276.8	-5.9
# 女性	889.9	920.2	-3.3
残疾人	174.5	184.1	-5.2
三无对象	64.9	80.3	-19.2
# 老年人	339.3	346.9	-2.2
在职人员	49.6	61.5	-19.3
灵活就业	459.3	429.7	6.9
登记失业	400.4	472.5	-15.3
未登记失业	422.1	426.7	-1.1
在校生	318.3	348.5	-8.7
其他未成年人	154.5	191	-19.1
城市居民最低生活保障家庭数（万户）	1114.9	1145.7	-2.7
城市居民最低生活保障费（亿元）	674.3	659.9	2.2
城市居民最低生活保障平均标准（元/人、月）	330.1	287.6	14.8
城市居民最低生活保障平均支出水平（元/人、月）	239.1	240.3	-0.5
城市“三无”救助人数（万人）	9.9	19.3	-48.7
城市临时救助户次数（万户次）	256.6		
农村			
农村居民最低生活保障人数（万人）	5344.5	5305.7	0.73
农村居民最低生活保障家庭数（万户）	2814.9	2672.8	5.32
农村居民最低生活保障费（亿元）	718.0	667.7	7.53
农村居民最低生活保障平均标准（元/人、年）	2067.8	1718.4	20.33
农村居民最低生活保障平均支出水平（元/人、年）	1247.9	1273.2	-1.99

A-2-4续表

指　标	2012年	2011年	比上年增长
五保供养			
农村集中供养五保户救济人数（万人）	185.3	184.5	0.43
农村集中供养五保救济家庭数（万户）	181.5	179.9	0.89
农村集中供养五保救济费（亿元）	63.6	55.4	14.80
农村集中供养五保救济平均标准(元/人、年)	4060.9	3399.7	19.45
农村集中供养五保救济平均支出水平(元/人、年)	3496.6	3081.9	13.45
农村分散供养五保救济人数（万人）	360.3	366.5	-1.69
农村分散供养五保救济家庭数（万户）	347.7	350.4	-0.77
农村分散供养五保救济费（亿元）	81.3	66.3	22.62
农村分散供养五保救济平均标准(元/人、年)	3008.0	2470.5	21.76
农村分散供养五保救济平均支出水平(元/人、年)	2237.3	1774.9	26.05
传统救济人数（万人）	79.6	68.7	15.87
农村临时救助户次数（万户次）	383.2		
医疗救助			
城市医疗救助	2077	2222	-6.53
# 城市医疗救助人次数（万人次）	689.9	672.2	2.63
平均支出水平（元/人、次）	858.6	793.6	8.19
民政部门资助参加医疗保险人数（万人）	1387.1	1549.8	-10.50
合作医疗平均支出水平（元/人）	84	67.9	23.71
农村医疗救助	5974.2	6297.1	-5.13
# 农村医疗救助人次数（万人次）	4490.4	1471.8	205.10
平均支出水平（元/人、次）	721.7	635.8	13.51
民政部门资助参加合作医疗人数（万人）	1483.8	4825.3	-69.25
合作医疗平均支出水平（元/人）	57.5	45.6	26.10
生活无着人员救助（万人次）	**276.6**	**241**	**14.77**

A-2-5 社会捐赠与上年比较

指　标	2012年	2011年	比上年增长
社会捐赠合计（万元）	**5787842.5**	**4950047.9**	**16.9**
民政部门直接接收的捐赠（万元）	**1079883.1**	**1014841.0**	**6.4**
直接接收捐赠情况			
捐赠款数额（万元）	1016640.2	966390.1	5.2
捐赠衣被合计（万件）	12538.2	2918.5	329.6
# 棉衣被	1570.8	1647.1	-4.6
捐赠其他物资价值（万元）	63242.9	48450.9	30.5
间接接收捐赠情况			
捐赠款数额（万元）	50328.8	37899.1	32.8
捐赠衣被合计（万件）	485.6	588.4	-17.5
# 棉衣被	49.0	410.2	-88.1
捐赠其他物资价值（万元）	54836.0	2714.3	1920.3
受益人次数（万人次）	1325.0	1459.7	-9.2
社会捐赠接收工作站、点数（个）	30920	34106	-9.3
# 社会捐赠接收工作站数	15355	16736	-8.3
慈善超市数	9053	8802	2.9
各类社会组织接收捐赠（万元）	**4707959.4**	**3935206.9**	**19.6**

注：由于社会组织年检工作滞后于年报汇总工作，社会组织捐赠数据为2011年。

A-2-6 自然灾害与上年比较

指 标	2012年	2011年	比上年增长
农作物受灾情况总计(千公顷)			
受灾	24962.0	32470.5	-23.1
绝收	1826.3	2891.7	-36.8
旱灾			
受灾	9339.8	16304.2	-42.7
绝收	374.0	1505.4	-75.2
洪涝(含山体滑坡和泥石流)			
受灾	7729.6	6863.4	12.6
绝收	889.0	778.7	14.2
风雹			
受灾	2780.8	3309.3	-16.0
绝收	213.4	302.4	-29.4
台风			
受灾	3490.8	1546.5	125.7
绝收	206.3	94.1	119.2
地震			
受灾	3.2		
绝收	0.7		
雪灾、低温冷冻			
受灾	1617.8	4447.1	-63.6
绝收	142.9	211.1	-32.3
人口受灾情况			
受灾（万人次）	29421.7	43290.0	-32.0
死亡人口（含失踪）（人）	1530	1081	41.5
紧急转移人口（万人次）	1109.6	939.4	18.1
损失情况			
倒塌房屋（万间）	90.6	93.5	-3.1
损坏房屋（万间）	427.9	331.1	29.2
直接经济损失（亿元）	4185.5	3096.4	35.2

A–2–7 国家优抚、安置对象与上年比较

单位：人、%

指　标	2012年	2011年	比上年增长
重点优抚对象人数	**9444470**	**8525358**	**10.8**
抚恤	1260777	1281652	-1.6
烈士家属抚恤	277712	286449	-3.1
因公牺牲抚恤	59478	60534	-1.7
病故军人家属抚恤	74521	75456	-1.2
伤残人员抚恤	849066	859213	-1.2
补助	8183693	7243706	13.0
在乡复员军人	1474790	1587006	-7.1
带病回乡退伍军人	1324325	1321786	0.2
60岁以上农村籍退伍军人	3210986	2373772	
在乡红军老战士	757	911	-16.9
在乡西路军红军老战士	164	190	-13.7
红军失散人员	25961	29208	-11.1
参战退役人员	1538805	1529358	0.6
参试退役人员	194987	180599	8.0
部分60周岁以上烈士(含错杀被平反)人员子女	173174		
其他补助人数	239744	220876	8.5
本年接收离退休人员数	**18570**	**14530**	**27.8**
军队干部（含地方）	14341	12496	14.8
军队退休士官	1047	1405	-25.5
军队无军籍职工	2847	629	352.6
安置			
退伍士兵	321142	325289	-1.3
转业、复员士官	71308	65483	8.9
复员干部	889	646	37.6
当年批准的烈士	**172**	**233**	**-26.2**
零散烈士纪念建筑物	**13151**	**12378**	**6.2**
优待			
优待优抚对象（万户）	347.2	333.1	4.2
# 军属（万户）	100.8	105.1	-4.1
优待金（亿元）	112.1	96.8	15.8
# 军属（亿元）	52.1	55.5	-6.1

A-2-8 社区服务与上年比较

指　标	2012年	2011年	比上年增长(%)
社区服务			
社区服务设施合计（个）	**200162**	**160352**	**24.8**
社区服务指导中心	809		
社区服务中心	15497	14391	7.7
社区服务站	87931	56156	56.6
其他社区服务设施	95925	89805	6.8
社区服务设施覆盖率（%）	**29.5**	**23.6**	**5.9 (百分点)**
便民利民网点数（万个）	**39.7**	**45.3**	**-12.4**
日间照料床位（张）	**163390**	**91539**	**78.49**
留宿照料床位(张)	**34557**	**18155**	**90.34**
社区服务志愿者组织数(万个)	**9.3**	**15.9**	**-41.5**

A-3-1 社会组织类财务状况

单位：万元、%

指　标	2012年	2011年	比上年增长
执行行政事业单位会计制度情况			
固定资产原价	225515.6	153241.5	47.2
上年结转和结余	19823.3	6056.1	227.3
本年收入合计	335934.3	114856.4	192.5
# 事业收入	228323.0	47609.0	379.6
经营收入	15970.2	25907.8	-38.4
本年支出合计	382537.5	100860.3	279.3
# 工资福利支出	60449.0	45827.4	31.9
商品和服务支出	229712.0	20670.2	1011.3
# 取暖费	1698.7	403.4	321.1
差旅费	831.7	1301.8	-36.1
因公出国（境）费用	3340.0		
劳务费	702.3	1029.0	-31.7
工会经费	3.0		
福利费	941.4	1258.1	-25.2
对个人和家庭补助	69289.2	2575.9	2589.9
# 抚恤金	8.0	201.8	-96.0
生活补助	328.6		
救济费	65696.4		
助学金	156.8	273.5	-42.7
奖励金	220.0		
生产补贴	220.0		
经营支出	35.0	2709.2	-98.7
销售税金	397.2	197.8	100.8

A-3-1续表

单位：万元、%

指　标	2012年	2011年	比上年增长
执行民间非营利组织单位会计制度情况			
固定资产原价	14028087.9	18479902.7	31.7
上年结余	15701044.9	5014604.0	-68.1
本年收入合计	19842972.2	17450210.0	-12.1
# 捐赠收入	4707959.4	3935206.9	-16.4
会费收入	1689306.1	1562567.0	-7.5
本年费用合计	14844816.1	12251839.6	-17.5
# 业务活动成本	8929283.7	7724359.9	-13.5
# 人员费用	2930113.9	2777235.4	-5.2
日常费用	1534635.1	1680782.2	9.5
固定资产折旧	519164.1	142522.6	-72.5
税费	113066.7	99947.6	-11.6
管理费用	3583647.9	3269560.1	-8.8
# 人员费用	1317960.5	1291523.8	-2.0
日常费用	552648.5	815372.2	47.5
固定资产折旧	238241.1	83906.7	-64.8
税费	44940.3	48021.1	6.9
净资产变动额	4579482.9	2089604.7	-54.4

A-3-2 社会组织与上年比较

单位：个、%

指　标	2012年	2011年	比上年增长
社会组织合计	**499269**	**461971**	**8.1**
社会团体	**271130**	**254969**	**6.3**
按活动区域分			
中央级	1872	1834	2.1
省级	25817	24963	3.4
地级	69905	66163	5.7
县级	173536	162009	7.1
基金会	**3031**	**2614**	**16.0**
按性质分类			
公募性	1313	1218	7.8
非公募性	1692	1370	23.5
境外代表机构	26	26	
民办非企业	**225108**	**204388**	**10.1**
按性质分类			
法人	167028	147202	13.5
合伙	7105	7265	-2.2
个体	50975	49921	2.1

A-3-3 自治组织财务状况

单位：万元、%

指　标	2012年	2011年	比上年增长
执行企业业会计制度单位情况			
固定资产原价	2562622.7	2020932.0	26.8
本年折旧	65368.5	42332.2	54.4
营业收入	597027.1	549156.3	8.7
营业成本	299646.4	149561.1	100.4
营业税金及附加	15250.6	542409.7	-97.2
销售费用	47304.5	569215.6	-91.7
管理费用	300728.7	398527.6	-24.5
# 税金	6829.4	74378.2	-90.8
差旅费	1386.6	2185.9	-36.6
财务费用	-588.2	-1833.4	-0.7
# 利息支出	-13342.6	-6802.9	1.0
公允价值变动收益	41.4	7.3	467.1
投资收益	25360.3	7387.6	243.3
营业利润	18789.9	22711.6	-17.3
应付职工薪酬	91363.2	127687.7	-28.5
执行行政事业单位会计制度情况			
固定资产原价	15476814.2	13202806.8	17.2
上年结转和结余	649574.2	422514.6	53.7
本年收入合计	6984200.8	6952708.1	0.5
# 事业收入	734756.1	586556.9	25.3
经营收入	290589.6	187805.2	54.7

A-3-3续表

单位：万元、%

指　标	2012年	2011年	比上年增长
本年支出合计	6462119.2	6209660.9	4.1
# 工资福利支出	1794886.1	1502092.9	19.5
商品和服务支出	1751296.8	1610805.7	8.7
# 取暖费	47894.7	37835.2	26.6
差旅费	70228.0	56029.1	25.3
因公出国（境）费用	782.4		
劳务费	152258.2	142109.3	7.1
工会经费	23406.0		
福利费	158130.9	132213.8	19.6
对个人和家庭的补助	333285.2	205776.8	62.0
# 抚恤金	23327.4	2953.3	689.9
生活补助	78707.8	30430.5	158.7
救济费	1144.2		
助学金	10131.7	8694.5	16.5
奖励金	662.1		
生产补贴	19881.8		
经营支出	50717.9		
销售税金	14581.8	15398.6	-5.3
执行民间非营利组织单位会计制度情况			
固定资产原价	2483705.1	2767465.5	-10.3
上年结余	52059.3	65684.5	-20.7
本年收入合计	2010688.2	2530249.0	-20.5
# 捐赠收入	32054.3	41308.6	-22.4
会费收入	78755.7	82694.6	-4.8
本年费用合计	701893.2	805898.1	-12.9
# 业务活动成本	376442.4	302210.0	24.6
# 人员费用	159826.6	130262.2	22.7
日常费用	68175.6	85611.1	-20.4
固定资产折旧	69550.7	7305.4	852.1
税费	2990.6	2441.8	22.5
管理费用	185177.9	182490.0	1.5
# 人员费用	74013.3	71536.4	3.5
日常费用	41447.5	72729.8	-43.0
固定资产折旧	24691.1	8770.5	181.5
税费	2198.9	2598.7	-15.4
净资产变动额	60617.5	51809.7	17.0

A-3-4 自治组织与上年比较

单位：个、人、%

指　标	2012年	2011年	比上年增长
城市			
社区居委会	91153	89480	1.9
居民小组	1334923	1340414	-0.4
居民委员会成员人数	468786	453914	3.3
# 女性	228933	224337	2.0
# 中共党员	253447	246295	2.9
居委会选举情况			
当年进行选举的居委会数	27898	26790	4.1
当年参选人口数	66888743	65395650	2.3
# 登记选民数	56201179	53938125	4.2
# 参选人数	41714870	40986263	1.8
农村			
村民委员会	588475	589653	-0.2
村民小组	4693825	4763680	-1.5
村民委员会成员人数	2322731	2319406	0.1
# 女性	512780	509487	0.6
# 中共党员	1340391	1338531	0.1
村委会选举情况			
当年进行选举的村委会数	81469	331007	-75.4
当年参选村人口数	88279294	387427082	-77.2
# 登记选民数	76688850	347942238	-78.0
# 参选人数	70099796	314740486	-77.7

A-3-5 其他社会服务类机构财务状况

单位：万元、%

指　标	2012年	2011年	比上年增长
执行企业会计制度单位情况			
固定资产原价	761162.0	702137.7	8.4
本年折旧	63738.4	43359.2	47.0
营业收入	649298.6	624258.2	4.0
营业成本	164215.7	158734.6	
营业税金及附加	6370.6	8109.6	-21.4
销售费用	91198.9	111536.8	-18.2
管理费用	141112.3	119720.6	17.9
# 税金	7352.8	5620.0	30.8
差旅费	2224.8	1882.8	18.2
财务费用	8156.8	8079.4	1.0
# 利息支出	2049.4	4194.1	-51.1
公允价值变动收益	32.3	230.0	
投资收益	779.3	645.6	
营业利润	101271.1	108298.0	-6.5
应付职工薪酬	59815.6	57894.2	3.3
执行行政事业单位会计制度情况			
固定资产原价	1734053.9	1588751.0	9.1
上年结转和结余	80579.1	89962.3	-10.4
本年收入合计	1452829.6	1194899.6	21.6
# 事业收入	661406.2	626087.4	5.6
经营收入	239258.2	231533.3	3.3

A-3-5续表

单位：万元、%

指　标	2012年	2010年	比上年增长
本年支出合计	1372530.6	1111607.1	23.5
# 工资福利支出	283359.1	263658.6	7.5
商品和服务支出	484926.5	484602.1	0.1
# 取暖费	7448.6	5740.1	29.8
差旅费	6355.4	6246.8	1.7
因公出国（境）费用	168.7		
劳务费	23873.7	23652.9	0.9
工会经费	1706.3		
福利费	12861.0	14054.2	-8.5
对个人和家庭的补助	55321.3	47047.0	17.6
# 抚恤金	1012.0	1416.9	-28.6
生活补助	2846.0	2294.1	24.1
救济费	129.0		
助学金	145.5	167.1	-12.9
奖励金	567.7		
生产补贴	1032.6		
经营支出	89088.3	96927.6	-8.1
销售税金	3585.3	4779.7	-25.0
执行民间非营利组织单位会计制度情况			
固定资产原价	22842.7	19171.3	19.2
上年结余	2295.4	1331.0	72.5
本年收入合计	11549.6	6107.7	89.1
# 捐赠收入	374.8	254.9	47.0
会费收入	158.5	25.6	519.1
本年费用合计	9526.1	8772.5	8.6
# 业务活动成本	6214.2	2557.1	143.0
# 人员费用	1407.8	1015.3	38.7
日常费用	856.7	682.2	25.6
固定资产折旧	222.1	32.6	581.3
税费	256.2	16.9	1416.0
管理费用	2190.7	3949.7	-44.5
# 人员费用	629.4	2025.9	-68.9
日常费用	330.3	374.8	-11.9
固定资产折旧	264.3	266.8	-0.9
税费	229.0	232.1	-1.3
净资产变动额	858.7	728.9	17.8

A-3-6 其他社会服务与上年比较

指　标	2012年	2011年	比上年增长
婚姻服务			
结婚登记	13235949	13023610	1.6
内地居民登记结婚（对数）	13182663	12974832	1.6
初婚人数	23611741	23098757	2.2
再婚人数	2860157	2948463	-3.0
# 女性	1457935	1465070	-0.5
恢复结婚	229607	209781	9.5
涉外及华侨、港澳台居民登记结婚（对数）	53286	48778	9.2
每千居民之结婚宗数（‰）	9.8	9.7	0.1(千分点)
办理离婚登记	3103837	2873963	8.0
民政部门办理离婚（对数）	2423393	2207346	9.8
内地居民办理离婚	2417232	2201585	9.8
华侨、港澳台居民登记离婚	6161	5761	6.9
各级法院办理离婚（对数）	680444	666617	2.1
每千居民之离婚宗数（‰）	2.3	2.1	0.2(千分点)
殡葬服务			
火化炉数(台)	5539	5209	6.3
全年处理遗体数（具）	4777014	4680826	2.1
火化率(%)	49.5	48.8	0.7 (百分点)
穴位数（个）	12172893	12060608	0.9
安葬数（具）	8195456	7579142	8.1

历年统计资料

04

B-1-1 县及以上行政区划

单位：个

年份	省级	地级（不含地级市）	县级（不含县级市、市辖区）	市			市辖区	县级合计
					地级	县级		
1978	30	212	2153	193	98	92	408	2653
1979	30	211	2153	216	104	109	428	2690
1980	30	211	2151	223	107	113	511	2775
1981	30	208	2144	233	108	122	514	2780
1982	30	210	2140	245	112	130	527	2797
1983	30	178	2091	289	144	142	552	2785
1984	30	175	2069	300	147	150	595	2814
1985	30	165	2046	324	162	159	621	2826
1986	30	159	2017	353	166	184	629	2830
1987	30	156	1986	381	170	208	632	2826
1988	31	151	1936	434	183	248	647	2831
1989	31	151	1919	450	185	262	648	2829
1990	31	151	1903	467	185	279	651	2833
1991	31	151	1894	479	187	289	650	2833
1992	31	148	1848	517	191	323	662	2833
1993	31	139	1795	570	196	371	669	2835
1994	31	127	1735	622	206	413	697	2845
1995	31	124	1716	640	210	427	706	2849
1996	31	117	1696	666	218	445	717	2858
1997	33	110	1693	668	222	442	727	2862
1998	33	104	1689	668	227	437	737	2863
1999	34	95	1682	667	236	427	749	2858
2000	34	74	1674	663	259	400	787	2861
2001	34	67	1660	662	265	393	808	2861
2002	34	57	1649	660	275	381	830	2860
2003	34	51	1642	660	282	374	845	2861
2004	34	50	1636	661	283	374	852	2862
2005	34	50	1636	661	283	374	852	2862
2006	34	50	1635	656	283	369	856	2860
2007	34	50	1635	655	283	368	856	2859
2008	34	50	1635	655	283	368	856	2859
2009	34	50	1636	654	283	367	855	2858
2010	34	50	1633	657	283	370	853	2856
2011	34	48	1627	657	284	369	857	2853
2012	34	48	1624	657	285	368	860	2852

B-1-2 乡镇级行政区划

单位：个

年 份	乡镇级合计	镇	乡	#民族乡	街道办事处	区公所
1978	6195	2173				4022
1979	10424	2361			4444	3619
1980						
1981	11434	2678			4965	3791
1982						
1983	49695	2968	35514		5304	5909
1984	106439	7186	85290		5844	8119
1985	104900	9140	82450	3144	5402	7908
1986	83954	10718	61353	2936	5718	6165
1987	81025	11103	58739	3020	5680	5503
1988	65345	11481	45195	1571	5099	3570
1989	65419	11873	44624	1755	5420	3502
1990	65188	12084	44397	1980	5269	3438
1991	63391	12455	42654	1403	5186	3096
1992	54830	14539	33827	1348	5233	1231
1993	54863	15805	32445	1351	5470	1143
1994	54605	16702	31463	1322	5372	1068
1995	53360	17532	29502	1330	5596	730
1996	51336	18171	27056	1383	5565	544
1997	50967	18925	25966	1545	5678	398
1998	50999	19216	25712	1517	5732	339
1999	50750	19756	24745	1222	5904	345
2000	51024	20312	24555	1356	5902	255
2001	46369	20358	20012	1165	5972	27
2002	44822	20600	18640	1162	5516	66
2003	44067	20226	18064	1149	5751	26
2004	43275	19892	17534	1127	5829	20
2005	41636	19522	15951	1093	6152	11
2006	41040	19369	15306	1089	6355	10
2007	40813	19249	15120	1094	6434	10
2008	40828	19234	15067	1097	6524	3
2009	40858	19322	14848	1098	6686	2
2010	40906	19410	14571	1096	6923	2
2011	40466	19683	13587	1086	7194	2
2012	40446	19881	13281	1064	7282	2

B-1-3 全国人口情况

单位：万人、%

年份	总人口	城镇	乡村	农村贫困人口	65岁及以上老年人口	65岁及以上人口比重	60岁及以上老年人口	60岁及以上人口比重	出生人口	死亡人口	当年净增人口
1978	96259	17245	79014	25000							
1979	97542	18495	79047								1283
1980	98705	19140	79565								1163
1981	100072	20171	79901								1367
1982	101654	21480	80174		4991	4.9					1469
1983	103008	22274	80734								954
1984	104357	24017	80340	12800							
1985	105851	25094	80757	12500							1164
1986	107507	26366	81141	13100							1476
1987	109300	27674	81626	12200	5968	5.4					1500
1988	111026	28661	82365	9600							1541
1989	112704	29540	83164	10200							1577
1990	114333	30195	84138	8500	6368	5.6			2391	762	1629
1991	115823	31203	84260						2258	768	1490
1992	117171	32175	84996	8000					2119	771	1348
1993	118517	33173	85344						2126	780	1346
1994	119850	34169	85681	7000					2104	771	1333
1995	121121	35174	85947	6540	7510	6.2			2063	792	1271
1996	122389	37304	85085		7833	6.4			2067	799	1268
1997	123626	39449	84177	4962	8085	6.5			2038	801	1237
1998	124761	41608	83153	4210	8359	6.7			1942	807	1135
1999	125786	43748	82038	3412	8679	6.9			1834	809	1025
2000	126743	45906	80837	3209	8821	7.0			1771	814	957
2001	127627	48064	79563	2927	9062	7.1			1702	818	884
2002	128453	50212	78241	2820	9377	7.3			1647	821	826
2003	129227	52376	76851	2900	9692	7.5			1599	825	774
2004	129988	54283	75705	2610	9857	7.6			1593	832	761
2005	130756	56212	74544	2365	10055	7.7	14408	11.03	1617	849	768
2006	131448	57706	73742	2148	10419	7.9	14901	11.3	1584	892	692
2007	132129	59379	72750	4320	10636	8.1	15340	11.6	1594	913	681
2008	132802	60667	72135	4007	10956	8.3	15989	12	1608	935	673
2009	133450	62186	71288	3597	11309	8.5	16714	12.5	1615	943	672
2010	134091	66558	67415	2688	11883.2	8.9	17764.9	13.26	1596	953	642
2011	134735	69079	65656	12238	12288	9.1	18499	13.7	1604	960	644
2012	135404	71182	64222	9899	12714	9.4	19390	14.3	1635	966	669

注：本表资料来源于国家统计局。

B-1-4 城乡居民生活水平、职工工资和住房

单位：元、平方米/人

年份	平均消费水平			职工平均工资	人均住宅建筑面积
	全国	农村	城镇		
1978	184	138	405	615	6.7
1979	208	159	425	668	6.9
1980	238	178	489	762	7.2
1981	264	201	521	772	7.7
1982	288	223	536	798	8.2
1983	316	250	558	826	8.7
1984	361	287	618	974	9.1
1985	446	349	765	1148	10.0
1986	497	378	872	1329	12.4
1987	565	421	998	1459	12.7
1988	714	509	1311	1747	13.0
1989	788	549	1466	1935	13.5
1990	833	560	1596	2140	13.7
1991	932	602	1840	2340	14.2
1992	1116	688	2262	2711	14.8
1993	1393	805	2924	3371	15.2
1994	1833	1038	3852	4538	15.7
1995	2355	1313	4931	5348	16.3
1996	2789	1626	5532	5980	17.0
1997	3002	1722	5823	6444	17.8
1998	3159	1730	6109	7446	18.7
1999	3346	1766	6405	8319	19.4
2000	3632	1860	6850	9333	20.3
2001	3887	1969	7161	10834	20.8
2002	4144	2062	7486	12373	22.8
2003	4475	2103	8060	13969	23.7
2004	5032	2319	8912	15920	25.0
2005	5596	2657	9593	18200	26.1
2006	6299	2950	10618	20856	27.1
2007	7310	3347	12130	24721	31.6
2008	8430	3901	13653	28898	32.4
2009	9283	4163	14904	32244	32.5
2010	10522	4700	16546	36539	32.9
2011	12113	5545	18522	41799	34.5
2012	13946	6475	20864	46769	35.0

注：本表资料来源于国家统计局。

B-1-5 城乡居民家庭人均收入和消费支出

单位：元、%

年 份	城镇居民可支配收入	城镇居民家庭		农民纯收入	农村居民家庭	
		人均生活消费支出	恩格尔系数		人均生活消费支出	恩格尔系数
1978	343	311	57.5	134	116	67.7
1979				161	135	64.0
1980	478	412	56.9	191	162	61.8
1981	*458*	457	56.7	223	191	59.8
1982	*495*	471	58.6	270	220	60.6
1983	*526*	506	59.2	310	248	59.4
1984	*608*	559	58.0	355	274	59.3
1985	739	673	52.2	398	317	57.8
1986	900	799	52.4	424	357	56.5
1987	1002	884	53.5	463	398	55.8
1988	1181	1104	51.4	545	477	54.0
1989	1376	1211	54.5	602	535	54.8
1990	1510	1279	54.2	686	585	58.8
1991	1701	1454	53.8	709	620	57.6
1992	2027	1672	53.0	784	659	57.6
1993	2577	2111	50.3	922	770	58.1
1994	3496	2851	50.0	1221	1017	58.9
1995	4283	3538	51.0	1578	1310	58.6
1996	4839	3919	48.8	1926	1572	56.3
1997	5160	4186	46.6	2090	1617	55.1
1998	5425	4332	44.7	2162	1590	53.4
1999	5854	4616	42.1	2210	1577	52.6
2000	6280	4998	39.4	2253	1670	49.1
2001	6860	5309	38.2	2366	1741	47.7
2002	7703	6030	37.7	2476	1834	46.2
2003	8472	6511	37.1	2622	1943	45.6
2004	9422	7182	37.7	2936	2185	47.2
2005	10493	7943	36.7	3255	2555	45.5
2006	11759	8697	35.8	3587	2829	43.0
2007	13786	9997	36.3	4140	3224	43.1
2008	15781	11243	37.9	4761	3661	43.7
2009	17175	11265	36.5	5153	3993	41.0
2010	19109	13471	35.7	5919	4382	41.1
2011	21810	15161	36.3	6977	5221	40.4
2012	24565	16674	36.2	7917	5908	39.3

注：1.本表资料来源于国家统计局。

2.斜体下划线为生活费支出，与其他年份不可比。

B-1-6 社会服务机构（按登记类型分类）

单位：万个

年 份	合 计	事业单位	福利企业	社会组织	自治组织	行政机关
1978	1.1	1.1	0.1			
1979	1.3	1.2	0.1			
1980	1.4	1.3	0.1			
1981	1.5	1.3	0.2			
1982	1.7	1.6	0.2			
1983	40.2	1.9	0.6		37.7	
1984	103.6	2.6	0.7		100.3	
1985	107.7	3.3	1.5		103.0	
1986	101.2	3.9	2.0		95.3	
1987	100.1	4.2	2.8		93.2	
1988	106.7	4.3	4.0	0.4	97.8	
1989	111.8	4.4	4.2	0.5	102.8	
1990	119.8	4.5	4.2	1.1	110.0	
1991	129.2	4.7	4.4	8.3	111.9	
1992	136.1	4.8	5.0	15.5	110.8	
1993	139.7	5.3	5.7	16.8	112.0	
1994	140.3	5.2	6.0	17.4	111.7	
1995	133.7	5.2	6.0	18.1	104.4	
1996	133.9	5.3	5.9	18.5	104.2	
1997	131.4	5.3	5.6	18.1	102.4	
1998	122.2	5.4	5.1	16.6	95.2	
1999	115.7	5.4	4.5	14.3	91.6	
2000	109.5	6.1	4.1	15.3	84.0	
2001	110.4	5.7	3.8	21.1	79.2	0.6
2002	111.0	5.8	3.6	24.5	76.7	0.5
2003	110.3	5.8	3.4	26.7	74.0	0.4
2004	111.5	6.7	3.2	28.9	72.2	0.4
2005	113.0	6.6	3.1	32.0	70.9	0.4
2006	116.0	6.7	3.0	35.4	70.5	0.4
2007	118.0	7.0	2.5	38.7	69.5	0.3
2008	119.6	6.6	2.4	41.4	68.8	0.4
2009	126.2	12.1	2.3	43.1	68.4	0.3
2010	126.9	11.6	2.2	44.6	68.2	0.3
2011	129.8	13.1	2.2	46.2	67.9	0.3
2012	137.0	16.8	2	49.9	68	0.3

B-1-7 社会服务机构（按行业分类分）

单位：万个

年份	合计	社会工作	成员组织			其他社会服务	民政系统行政机关
				社会组织	自治组织		
1978	1.1	0.8				0.3	
1979	1.3	1.0				0.3	
1980	1.4	1.1				0.3	
1981	1.5	1.2				0.3	
1982	1.7	1.4				0.3	
1983	40.2	2.2	37.7		37.7	0.3	
1984	103.6	3.0	100.3		100.3	0.3	
1985	107.7	4.5	103.0		103.0	0.3	
1986	101.2	5.6	95.3		95.3	0.3	
1987	100.1	6.6	93.2		93.2	0.3	
1988	106.7	8.1	98.3	0.4	97.8	0.3	
1989	111.8	8.3	103.3	0.5	102.8	0.3	
1990	119.8	8.4	111.1	1.1	110.0	0.3	
1991	129.2	8.7	120.2	8.3	111.9	0.3	
1992	136.1	9.5	126.3	15.5	110.8	0.3	
1993	139.7	10.7	128.7	16.8	112.0	0.3	
1994	140.3	10.9	129.1	17.4	111.7	0.3	
1995	133.6	10.9	122.4	18.1	104.4	0.3	
1996	133.9	10.9	122.7	18.5	104.2	0.3	
1997	131.4	10.6	120.5	18.1	102.4	0.3	
1998	122.2	10.2	111.8	16.6	95.2	0.3	
1999	115.7	9.5	105.9	14.3	91.6	0.3	
2000	109.5	9.8	99.3	15.3	84.0	0.3	
2001	110.4	9.2	100.3	21.1	79.2	0.3	0.6
2002	111.0	9.1	101.2	24.5	76.7	0.3	0.5
2003	110.3	8.9	100.7	26.7	74.0	0.3	0.4
2004	111.5	9.6	101.1	28.9	72.2	0.3	0.4
2005	113.0	9.5	102.9	32.0	70.9	0.3	0.4
2006	116.0	9.2	105.9	35.4	70.5	0.5	0.4
2007	118.0	9.0	108.2	38.7	69.5	0.5	0.3
2008	119.6	8.4	110.2	41.4	68.8	0.6	0.4
2009	126.2	13.8	111.5	43.1	68.4	0.6	0.3
2010	126.9	13.2	112.8	44.6	68.2	0.6	0.3
2011	129.8	14.6	114.1	46.2	67.9	0.7	0.3
2012	137.0	18.1	117.9	49.9	68	0.6	0.3

B-1-8 社会服务机构职工

单位：万人

年份	合计	社会工作	成员组织	社会组织	自治组织	其他社会服务	行政机关	乡、镇民政助理员
1978	19.7	19.7						
1979	21.9	21.9						
1980	25.3	25.3						
1981	27.8	27.8						
1982	29.1	29.1						
1983	41.5	41.5						
1984	48.0	48.0						
1985	497.9	83.4	414.5		414.5			
1986	506.2	104.1	402.1		402.1			
1987	529.1	132.2	396.9		396.9			
1988	569.6	166.9	402.7		402.7			
1989	587.5	171.5	416.0		416.0			
1990	631.8	179.3	452.5		452.5			
1991	661.2	192.7	468.5		468.5			
1992	691.3	213.9	477.4		477.4			
1993	733.9	230.0	503.9		503.9			
1994	749.6	243.1	506.5		506.5			
1995	694.2	245.7	448.5		448.5			
1996	676.0	229.2	446.8		446.8			
1997	681.1	238.2	428.6		428.6		14.3	
1998	649.2	225.0	409.4		409.4		14.8	
1999	629.9	213.7	401.4		401.4		14.8	5.9
2000	580.3	203.4	363.4		363.4		13.5	5.7
2001	577.3	202.4	362.8		362.8		12.1	4.6
2002	537.4	192.4	333.8		333.8		11.2	4.1
2003	562.6	193.0	358.8		358.8		10.8	3.7
2004	543.7	197.8	334.6		334.6		11.3	3.9
2005	509.0	189.5	311.1		311.1		8.4	5.5
2006	903.8	183.0	712.5	425.2	287.3		8.3	4.6
2007	938.4	190.4	739.6	456.9	282.7		8.4	4.7
2008	967.4	206.9	751.8	475.8	276.0		8.7	4.5
2009	1038.1	207.5	821.8	544.7	277.1		8.8	4.7
2010	1138.4	234.0	895.5	618.2	277.3		8.9	5.0
2011	1129.8	235.7	876.6	599.3	277.3	8.5	9.0	4.9
2012	1154.0	243.6	892.5	613.3	279.2	8.6	9.3	5.2

注：合计数不含乡镇助理员。

B-1-9 社会工作师

单位：人

年 份	报考人数	考试通过人数	社会服务行业现在人数	行政机关	社会工作	成员组织	其他社会服务
2008	77698	4192	3144	286	1496	1191	171
2009	46015	4227	7360	758	3809	2544	249
2010	25547	2664	9901	922	5176	3473	330
2011	25500	2338	11604	854	5165	5247	338
2012	34245	6104	18215	1114	6602	10056	443

B-1-10 助理社会工作师

单位：人

年 份	报考人数	考试通过人数	社会服务行业现在人数	行政机关	社会工作	成员组织	其他社会服务
2008	60139	20648	17574	609	4727	11840	398
2009	38204	6611	24095	798	5530	17388	379
2010	46047	5428	24700	969	6724	16517	490
2011	54515	8068	29626	963	10686	17419	558
2012	92621	23846	37599	1163	12278	23513	645

B-1-11 社会服务职业技能人员情况

单位：人

年份	合格总人数	养老护理员	假肢类技能人员	孤残儿童护理员	灾害信息员	殡葬类技能人员
2007	114		21			93
2008	1027		139			888
2009	3575	24	302	23	1397	1829
2010	16809	171	252	196	14554	1636
2011	33240	1538	164	1270	27842	2426
2012	34931	4220	219	2590	25608	2294

B-1-12 社会服务增加值

单位：亿元

年份	合计	民政系统行政机关	社会工作	成员组织			其他社会服务
					社会组织	自治组织	
2006	1344.8	72.2	833.6	385.3	112.2	273.1	53.7
2007	1501.2	83.7	776.7	588.6	307.6	281.0	52.2
2008	1650.1	108.7	780.8	701.0	372.4	328.6	59.6
2009	1849.4	141.1	777.7	864.1	493.1	371.0	66.5
2010	2014.5	190.8	912.4	841.1	531.2	309.9	70.2
2011	2459.8	212.9	1152.2	1023.3	660.0	363.3	71.4
2012	2321.6	192.7	1144.0	900.7	525.6	375.1	84.2

B-1-13 社会服务机构固定资产原值

单位：亿元

年份	合计	社会工作	成员组织	社会组织	自治组织	其他社会服务	行政机关
1978							
1979							
1980							
1981							
1982							
1983	13.0	13.0					
1984	14.9	14.9					
1985	20.1	20.1					
1986	24.2	24.2					
1987	28.7	28.7					
1988	40.8	40.8					
1989	44.1	44.1					
1990	51.7	51.7					
1991	63.6	63.6					
1992	75.6	75.6					
1993	100.3	100.3					
1994	119.0	119.0					
1995	142.6	142.6					
1996	168.1	168.1					
1997	211.5	211.5					
1998	962.4	962.4					
1999	1017.3	1017.3					
2000	1199.3	1199.3					
2001	1317.0	1317.0					
2002	1394.9	1394.9					
2003	1644.3	1644.3					
2004	1818.4	1755.6					62.8
2005	3097.8	1858.0	1174.9		1174.9		64.9
2006	4066.7	2103.0	1869.4	423.0	1446.4		94.3
2007	3973.0	1934.3	1905.9	682.0	1223.9		132.8
2008	4592.8	2186.8	2273.1	805.8	1467.3		132.9
2009	5198.0	2326.4	2752.4	1030	1722.4		119.2
2010	6589.3	2671.9	3795.6	1864.1	1931.5		121.8
2011	6989.8	2790.4	3684.2	1885.0	1799.2	231	284.2
2012	7019.5	2945.9	3477.7	1425.4	2052.3	251.8	344.1

B-1-14 历年财政支出和社会服务经费支出情况

单位：亿元

年　份	国家财政支出	社会服务经费支出	占财政支出%	年　份	国家财政支出	社会服务经费支出	占财政支出%
1950	68.04	1.32	1.94	1981	1138.41	19.23	1.69
1951	122.32	1.37	1.12	1982	1229.98	19.19	1.56
1952	175.78	2.83	1.61	1983	1409.52	21.61	1.53
1953	220.5	3.55	1.61	1984	1701.02	24.24	1.43
1954	280.93	6.04	2.15	1985	2004.25	29.58	1.48
1955	474.29	4.98	1.05	**“七五”时期**	**12865.67**	**208.49**	**1.62**
“一五”时期	**1367.89**	**25.99**	**1.90**	1986	2204.91	34.41	1.56
1956	536.79	5.69	1.06	1987	2262.18	35.93	1.59
1957	303.43	5.31	1.75	1988	2491.21	39.56	1.59
1958	408.75	3.27	0.80	1989	2823.78	46.65	1.65
1959	553.09	4.48	0.81	1990	3083.59	51.94	1.68
1960	652.25	7.24	1.11	**“八五”时期**	**24387.46**	**386.59**	**1.59**
“二五”时期	**3760.99**	**53.03**	**1.41**	1991	3386.62	62.54	1.85
1961	367.66	9.89	2.69	1992	3742.2	63.71	1.70
1962	305.33	7.45	2.44	1993	4642.3	69.87	1.51
1963	339.15	8.75	2.58	1994	5792.62	87.02	1.50
1964	398.77	16.15	4.05	1995	6823.72	103.45	1.52
1965	467.1	10.79	2.31	**“九五”时期**	**57043.46**	**840.90**	**1.47**
“三五”时期	**2523.24**	**35.83**	**1.42**	1996	7937.55	121.15	1.53
1966	540.49	8.81	1.63	1997	9233.56	133.52	1.45
1967	441.4	8.21	1.86	1998	10798.18	161.84	1.50
1968	359.62	5.61	1.56	1999	13187.67	194.70	1.48
1969	525.2	6.67	1.27	2000	15886.5	229.69	1.45
1970	646.53	6.53	1.01	**“十五”时期**	**127800.69**	**2471.74**	**1.93**
“四五”时期	**3924.37**	**46.70**	**1.19**	2001	18902.58	284.75	1.51
1971	734.41	6.83	0.93	2002	22053.15	392.27	1.78
1972	768.87	8.15	1.06	2003	24649.95	498.92	2.02
1973	810.57	9.97	1.23	2004	28486.89	577.39	2.03
1974	792.98	9.04	1.14	2005	33708.12	718.41	2.13
1975	820	12.71	1.55	**“十一五”时期**	**317654.99**	**9156.70**	**2.88**
“五五”时期	**5198.77**	**84.22**	**1.62**	2006	40213.16	915.35	2.28
1976	804.48	16.17	2.01	2007	49565.4	1215.49	2.45
1977	842.27	18.53	2.20	2008	62427.03	2146.45	3.44
1978	1122.09	13.71	1.22	2009	75874	2181.90	2.88
1979	1281.79	18.33	1.43	2010	89575.4	2697.51	3.01
1980	1228.83	17.48	1.42	**“十二五”时期**	**234641.92**	**6912.88**	**2.95**
“六五”时期	**7483.18**	**113.85**	**1.52**	2011	108929.67	3229.14	2.96
				2012	125712.25	3683.74	2.93

B-1-15 按科目分的社会服务经费

单位：亿元

年份	社会服务经费总支出	抚恤费	离休费	社会福利及其他社会救济费	最低生活保障事业费	自然灾害救济费	退休费	其他民政事业费
1978	13.7	2.8		4.4		4.2	2.3	
1979	18.4	3.5		5.2		6.8	2.9	
1980	17.5	4.4		5.2		4.5	3.4	
“六五”时期	**114.2**	**27.3**	**0.9**	**32.1**		**35.2**	**16.8**	**1.7**
1981	19.2	4.4		5.1		6.3	3.4	
1982	19.6	4.8		5.1		6.0	3.5	
1983	21.6	5.3		6.5		6.4	3.4	
1984	24.2	6.1	0.2	8.0		6.9	3.0	
1985	29.6	6.7	0.7	7.4		9.6	3.5	1.7
“七五”时期	**208.4**	**59.2**	**11.4**	**46.7**		**56.4**	**22.0**	**12.8**
1986	34.4	8.4	1.2	8.3		10.7	3.8	1.9
1987	35.9	9.6	1.8	8.6		9.9	4.1	2
1988	39.6	11	2.3	9		10.4	4.3	2.5
1989	46.6	14	2.9	10		12.3	4.6	2.9
1990	51.9	16.2	3.2	10.8		13.1	5.2	3.5
“八五”时期	**386.6**	**107.8**	**23.2**	**75.6**		**94.1**	**45.5**	**40.5**
1991	62.5	16.8	3.6	11.7		20.9	5.4	4.2
1992	63.7	18	4.2	12.4		17.1	6.6	5.4
1993	69.9	20.1	3.6	14.5		14.9	8.3	8.4
1994	87	24.4	5.5	17.3		17.7	12.1	10.1
1995	103.5	28.5	6.3	19.7		23.5	13.1	12.4

年份	社会服务经费总支出	抚恤费	军队离退休、退职费	社会福利及其他社会救济费	最低生活保障事业费	自然灾害救济费	地方离、退休人员费	其他民政事业费
“九五”时期	**840.9**	**220.6**	**76.9**	**201.8**	**48.7**	**171.5**	**58.0**	**112.2**
1996	121.2	31.9	6.2	22.8	3	30.8	13.9	15.5
1997	133.5	36.1	12.4	27.1	2.9	28.7	10.3	19
1998	161.8	39.4	15.2	34	7.1	41.2	10.9	21.3
1999	194.7	49.7	18.4	52.5	13.8	35.6	11.2	27.2
2000	229.7	63.5	24.7	65.4	21.9	35.2	11.7	29.2

年份	社会服务经费总支出	抚恤费	退役安置	社会福利	社会救助	城市低保及其他城市社会救济	农村低保及其他农村社会救济	医疗救助	自然灾害生活救助	离退休人员经费	其他
“十五”时期	**2471.8**	**479.8**	**302.7**	**444.7**		**668**	**127.6**	**11**	**247.6**	**66.9**	**273.7**
2001	284.8	69.5	31.2	90.6		41.6			41	13	39.5
2002	392.3	74.7	49.5	167.5		108.7			40	13.2	47.3
2003	498.9	87.9	59	78.9	153.1	153.1			52.9	13.1	54
2004	577.4	104.1	74.1	52.1	223.6	172.7	47.7	3.2	51.1	13.9	58.5
2005	718.4	143.6	88.9	55.6	279.6	191.9	79.9	7.8	62.6	13.7	74.4
“十一五”时期	**9156.8**	**1316.2**	**956**	**490**	**3673.6**	**1941.7**	**1710.7**	**436.1**	**1205**	**125.7**	**975.4**
2006	915.4	178.8	115.7	65.3	372	224.2	126.6	21.2	79	14	90.6
2007	1215.5	210.8	165	87.6	509.7	277.4	189.8	42.5	79.8	24.8	137.8
2008	2146.5	253.6	180.6	103.1	806.7	393.4	326.8	86.5	609.8	26.5	166.2
2009	2181.9	310.3	225.7	124.1	1098.1	482.1	487.9	128.1	199.2	30	194.5
2010	2697.5	362.7	269	109.9	1302	564.6	579.6	157.8	237.2	30.4	386.3

年份	社会服务经费总支出	抚恤费	退役安置	社会福利	社会救助	城乡低保	其他社会救助	医疗救助	自然灾害生活救助	离退休人员经费	其他
“十二五”时期	**6912.8**	**945.3**	**674.4**	**551.7**	**3632.4**	**2719.9**	**465.6**	**446.9**	**292.1**	**74.3**	**742.7**
2011	3229.1	428.3	302.3	232.2	1766.3	1327.6	222.4	216.3	128.7	35.3	336.0
2012	3683.7	517.0	372.1	319.5	1866.1	1392.3	243.2	230.6	163.4	39	406.7

B-1-16 中央级事业费及中央转移支付社会服务费

单位：万元

年份	合计	中央级社会服务经费	中央专项转移支付	抚恤、退休、救济费	救灾	社会福利救济事业费	其他
1978	11	11					
1979	44	44					
1980	103	103					
“六五”时期	**335594**	**1108**	**334486**	**63306**	**270745**	**220**	**215**
1981	138	138					
1982	74120	78	74042	14247	59795		
1983	74368	163	74205	14205	60000		
1984	78872	286	78586	18586	60000		

年份	合计	中央级社会服务经费	中央专项转移支付	抚恤	安置	救灾	社会福利救济事业费	其他
1985	108096	443	107653	9698	6570	90950	220	215
“七五”时期	**778310**	**9267**	**769043**	**148718**	**105230**	**512500**		
1986	132802	2526	130276	16396	9285	102000		
1987	133877	2742	131135	21726	19409	90000		
1988	158355	1297	157058	24110	21948	111000		
1989	174374	1185	173189	43206	26483	103500		
1990	178902	1517	177385	43280	28105	106000		
“八五”时期	**1488090**	**15897**	**1472193**	**328272**	**315101**	**828820**		
1991	309432	1792	307640	49010	34210	224420		
1992	209360	3217	206143	52156	40587	113400		
1993	238083	3108	234975	60494	53481	121000		
1994	353831	4077	349754	79084	90670	180000		
1995	377384	3703	373681	87528	96153	190000		
“九五”时期	**2943934**	**104302**	**2839632**	**749824**	**773058**	**1122750**	**190000**	**4000**
1996	426354	6371	419983	102394	102589	215000		
1997	455309	5954	449355	110430	114925	220000		4000
1998	568049	50783	517266	120000	149516	247750		

年份	合计（亿元）	中央级社会服务经费（亿元）	中央专项转移支付（亿元）	抚恤（亿元）	安置（亿元）	救灾（亿元）	低保（亿元）	医疗救助（亿元）	福利（亿元）	其他（亿元）
1999	62.8	1.2	61.6	18.0	17.6	22.0	4.0			
2000	86.6	2.9	83.7	23.7	23.0	22.0	15.0			
“十五”时期	**1004.3**	**11.9**	**992.4**	**212.1**	**217.3**	**170.1**	**373.1**	**12.0**		**7.9**
2001	109.6	1.4	108.2	26.3	28.7	30.2	23.0			
2002	140.2	1.8	138.4	31.6	37.0	24.3	45.5			
2003	213.6	1.8	211.8	37.1	39.2	40.5	92.0	3.0		0.1
2004	227.7	3.9	223.8	40.7	47.4	32.0	100.6	3.0		0.1
2005	313.2	2.9	310.3	76.4	65.0	43.1	112.0	6.0		7.7
“十一五”时期	**4761.3**	**89.3**	**4658.9**	**767.6**	**699.9**	**856.1**	**1941.6**	**319.6**		**74.2**
2006	406.8	2.8	404.0	111.7	73.9	49.4	136.0	14.3		18.7
2007	523.1	5.6	504.4	110.9	117.4	49.9	189.9	36.3		0.1
2008	1207.7	26.6	1181.1	142.1	142.9	478.4	363.1	54.5		0.1
2009	1232.5	5.5	1227.0	187.3	160.2	174.7	620.0	84.5		0.3
2010	1391.2	48.8	1342.4	215.6	205.5	103.7	632.6	130.0		55.0
“十二五”时期	**1817.4**	**9.4**	**1808.0**	**277.4**	**206.4**	**84**	**1004.7**	**150**	**25.2**	**60.3**
2011	1817.4	9.4	1808.0	277.4	206.4	84	1004.7	150	25.2	60.3
2012	1804.6	10	1794.6	333.3	265.4	112.7	870.5	150	42	20.7

B-1-17 中央彩票公益金使用情况

单位：亿元

年 份	合 计	中央级	转移支付					
				养老	残疾人	儿童	社会公益	医疗救助
1980								
“六五”时期								
1981								
1982								
1983								
1984								
1985								
“七五”时期								
1986								
1987								
1988								
1989								
1990								
“八五”时期								
1991								
1992								
1993								
1994								
1995								
“九五”时期								
1996								
1997								
1998								
1999								
2000								
“十五”时期	**14.91**		**14.91**	**0.70**		**2.06**	**0.15**	**12.00**
2001								
2002								
2003	3.00		3.00					3.00
2004	5.91		5.91	0.70		2.06	0.15	3.00
2005	6.00		6.00					6.00
“十一五”时期	**112.29**	**2.47**	**109.82**	**21.64**		**16.37**	**1.81**	**70.00**
2006	14.03	0.10	13.93	1.59		3.24	0.10	9.00
2007	16.98	0.88	16.10	1.53		1.24	0.33	13.00
2008	28.14	0.10	28.04	4.79		6.67	0.58	16.00
2009	26.61	0.09	26.52	7.79		2.05	0.68	16.00
2010	26.53	1.30	25.23	5.94		3.17	0.12	16.00
“十二五”时期	**63.71**	**1.30**	**62.41**	**18.53**	**0.99**	**7.83**	**3.06**	**32.00**
2011	30.03	1.30	28.73	7.86		3.48	1.39	16.00
2012	33.68		33.68	10.67	0.99	4.35	1.67	16.00

B-1-18 社会服务基本建设投资（按投资来源分）

单位：亿元、个

年份	计划总投资	本年完成投资	国家投资	国内贷款	自筹	福利彩票公益金	其他	本年施工项目个数
1988								
1989	5.8	2.0	0.8	0.1	0.8		0.2	
1990	6.9	2.4	1.0	0.1	1.0		0.3	
“八五”时期	**63.4**	**27.6**	**10.1**	**1.2**	**13.4**		**2.8**	
1991	7.0	3.0	1.1	0.1	1.5		0.3	
1992	7.3	3.2	0.8	0.1	1.9		0.4	
1993	12.8	5.6	1.3	0.2	3.4		0.7	
1994	15.5	6.2	2.3	0.5	2.9		0.6	
1995	20.9	9.6	4.6	0.3	3.8		0.9	
“九五”时期	**237.9**	**89.8**	**21.3**	**5.9**	**54.3**	**6.8**	**8.3**	**2793**
1996	29.8	10.1	2.1	0.4	6.4		1.1	
1997	35.7	13.8	2.7	0.8	8.6		1.6	
1998	41.0	16.6	2.8	0.8	11.1		1.9	
1999	63.2	24.7	6.0	2.3	14.6	3.5	1.8	1456
2000	68.2	24.7	7.7	1.6	13.6	3.3	1.9	1337
“十五”时期	**376.9**	**151.7**	**47.9**	**8.8**	**78.4**	**21.0**	**16.6**	**22117**
2001	77.5	30.8	10.4	2.2	15.1	3.6	3.1	1360
2002	88.7	30.1	9.5	1.4	15.9	3.3	3.3	3659
2003	87.3	30.0	9.9	1.7	15.1	3.5	3.3	3867
2004	89.7	29.2	8.9	2.4	14.4	4.7	3.5	8982
2005	33.8	31.6	9.1	1.0	17.9	5.8	3.5	4249
“十一五”时期	**485.6**	**487.8**	**210.7**	**12.4**	**148.8**	**96.8**	**82.3**	**62453**
2006	34.8	33.5	9.9	0.9	19.9	8.4	2.5	3626
2007	47.6	47.7	14.5	3.0	26.9	13.0	2.9	2446
2008	63.5	66.6	26.6	1.9	34.6	16.5	3.2	3906
2009	166.5	157.0	70.6	3.7	67.4	26.6	15.3	6457

年份	计划总投资	本年完成投资	国家投资	国内贷款	利用外资	福利彩票公益金	其他	本年施工项目个数
2010	173.2	183.0	89.1	2.9	0.2	32.3	58.5	46018
“十二五”时期	**439.6**	**453.2**	**182.7**	**10**	**1.6**	**104.4**	**154.5**	**10628**
2011	217.3	218.5	78.5	6.2	0.5	53.4	79.9	4533
2012	222.3	234.7	104.2	3.8	1.1	51	74.6	6095

B-1-19 国家对社会服务基本建设投资

单位：亿元

年　份	国家基本建设投资	#优抚安置单位	#社区服务机构	#收养性福利机构	#殡仪	#救助	#其他
1989	0.7						
1990	0.8			0.2	0.1		
“八五”时期	**10.3**	**4.2**		**1.4**	**1.1**	**0.2**	
1991	1.0	0.1		0.2	0.1		
1992	1.0			0.2			
1993	1.4			0.2	0.4		
1994	2.3	1.2		0.3	0.3		
1995	4.6	2.9		0.5	0.3	0.2	
“九五”时期	**21.3**	**2.0**	**1.6**	**6.6**	**6.5**		**2.6**
1996	2.1	0.1		0.5	0.5		
1997	2.7			0.7	1.1		
1998	2.8	0.2		1.8	0.8		
1999	6.0	0.9	0.6	1.5	1.7		1.2
2000	7.7	0.8	1.0	2.1	2.4		1.4
“十五”时期	**47.9**	**5.0**	**9.4**	**14.3**	**9.2**		**9.8**
2001	10.4	0.7	1.5	3.1	2.1		3.0
2002	9.5	0.7	2.1	2.8	1.9		1.9
2003	9.9	1.2	2.4	3.3	1.5		1.5
2004	9.0	1.1	2.3	2.5	1.1		1.9
2005	9.1	1.3	1.1	2.6	2.6		1.5
“十一五”时期	**210.8**	**27.8**	**31.5**	**85.2**	**19.2**	**8.1**	**39.0**
2006	9.9	1.8	0.8	3.9	1.4	0.3	1.6
2007	14.5	2.5	0.9	6.5	2.4	0.4	1.8
2008	26.6	8.2	1.9	8.5	3.7	1.1	3.2
2009	70.6	7.4	14.0	30.1	5.7	2.5	11.0
2010	89.2	7.9	13.9	36.2	6.0	3.8	21.4
“十二五”时期	**182.7**	**20.8**	**29.4**	**76.2**	**12.9**	**9.9**	**33.4**
2011	78.5	9.5	11.1	31.1	5.8	3.8	17.2
2012	104.2	11.3	18.3	45.1	7.1	6.1	16.2

B-1-20 中央预算内

地　区	项目合计	投资合计	本级情况		地方项目小计	补助地方投资小计	养老	
			本级项目数	本级投资			项目数	资金额
1989								
1990		0.1		0.1				
“八五”时期		**0.2**		**0.2**				
1991		0.2		0.2				
1992								
1993								
1994								
1995								
“九五”时期								
1996								
1997								
1998								
1999								
2000								
“十五”时期	**24**	**0.8**	**24**	**0.8**				
2001	3	0.3	3	0.3				
2002	10	0.2	10	0.2				
2003	6	0.1	6	0.1				
2004	3	0.1	3	0.1				
2005	2	0.1	2	0.1				
“十一五”时期	**2088**	**35.9**	**18**	**5.5**	**2070**	**30.37**	**189**	**5.0**
2006	2	0.2	2	0.2				
2007	218	2.8	5	0.8	213	2.0		
2008	575	6.8	3	2.1	572	4.7		
2009	774	13.0	4	1.3	770	11.7	63	2.0
2010	519	13.1	4	1.1	515	12.0	126	3
“十二五”时期	**1125**	**59.0**	**4**	**0.7**	**1121**	**58.3**	**1007**	**40.0**
2011	433	26.0	4	0.7	429	25.3	338	9
2012	692	33.0			692	33.0	669	31

基本建设投资情况

单位：亿元、个

地方情况									
精神卫生		儿童		流浪		社区		烈建	
项目数	资金额	项目数	资金额	项目数	资金额	项目数	资金额	项目数	资金额
26	**4.4**	**134**	**5.0**	**254**	**5.0**	**1334**	**6.0**	**133**	**5.0**
		15	0.5	28	0.8	170	0.7		
		32	1.3	65	1.4	475	2.0		
		33	1.3	78	1.4	463	2.0	133	5.0
26	4.37	54	1.9	83	1.4	226	1.3		
91.0	**16.3**					**23.0**	**2.0**		
91	16.3								
						23	2		

B-1-21 中央彩票公益金

地　区	项目合计	投资合计	本级情况				养老	
			本级项目数	本级投资	地方项目小计	补助地方投资小计	项目数	资金额
1989								
1990								
“八五”时期								
1991								
1992								
1993								
1994								
1995								
“九五”时期								
1996								
1997								
1998								
1999								
2000								
“十五”时期								
2001								
2002								
2003								
2004								
2005								
“十一五”时期	**5152**	**38.8**	**9**	**2.47**	**5143**	**36.31**	**4202**	**21.37**
2006	546	4.3	1	0.10	545	4.18	480	1.58
2007	945	5.2	1	0.88	944	4.28	703	1.48
2008	1494	10.8	1	0.10	1493	10.72	1277	4.80
2009	973	9.9	3	0.09	970	9.79	743	7.79
2010	1194	8.6	3	1.30	1191	7.34	999	5.72
“十二五”时期	**4175**	**25.98**	**0**	**0**	**4175**	**25.98**	**3022**	**17.68**
2011	1420	8.57			1420	8.57	1075	7.01
2012	2755	17.41			2755	17.41	1947	10.67

用于基本建设投资情况

单位：亿元、个

地方情况									
精神卫生		儿童		流浪未成年人		社区		殡葬	
项目数	资金额	项目数	资金额	项目数	资金额	项目数	资金额	项目数	资金额
		322	**10.62**	**171**	**2.90**	**370**	**1.30**	**78**	**0.1**
		65	2.00		0.60				
		49	2.00	28	0.50	164	0.30		
		104	4.42	70	1.00	42	0.50		
		30	1.00	33	0.50	164	0.50		
		74	1.20	40	0.30			78	0.12
150	**1.58**	**408**	**4.35**	**231**	**1.17**	**144**	**0.7**	**220**	**0.5**
80	0.59			114	0.57	21	0.20	130	0.20
70	0.99	408	4.35	117	0.60	123	0.50	90	0.30

B-2-1 按收养人员分类的可提供住宿的社会服务机构

单位：个

年份	单位数	老年及残疾人	智障和精神疾病	儿童	其他	救助管理站	军供站
1978	8571	8365	139	67			
1979	8988	8801	135	52			
1980	9669	9460	150	59			
1981	10031	9813	155	63			
1982	12275	12046	165	64			
1983	15807	15582	165	60			
1984	22796	22566	167	63			
1985	29100	28852	161	59	28		
1986	35008	34750	166	58	34		
1987	37372	37109	170	60	33		
1988	39030	38767	173	62	28		
1989	39743	39472	180	64	27		
1990	40583	40340	181	62			
1991	42264	42013	188	63			
1992	43319	43063	189	67			
1993	43681	43375	190	67	49		
1994	43240	42911	188	73	68		
1995	43074	42735	190	77	72		
1996	42829	42518	155	84	72		
1997	42385	42027	192	91	75		
1998	42131	41755	195	105	76		
1999	40430	40030	191	110	99		
2000	40491	39321	201	126	843		
2001	38785	38106	200	160	319		
2002	38200	37591	200	178	231		
2003	37294	36224	205	192	1587		
2004	38593	37880	211	208	1320		
2005	42487	40641	226	224	1396		
2006	43187	40964	219	249	1755		
2007	44958	42713	234	269	1742		
2008	41099	38674	244	290	1891		
2009	43944	39671	266	419	3588		
2010	44482	39904	251	480	3847		
2011	45973	42828	251	638	2256	1547	327
2012	48078	44304	257	724	2793	1770	328

B-2-2 按收养人员分类的可提供住宿的社会服务床位

单位：万张

年 份	床位数合计	老年及残疾人床位	智障和精神疾病床位	儿童床位	其他床位	救助管理站	军供站	每千人口拥有社会服务床位数	每千老年人口拥有养老床位数
1978	16.3	15.7	0.6					0.17	
1979	22.6	20.1	2.1	0.4				0.23	
1980	24.2	21.3	2.4	0.5				0.25	
1981	25.3	22.2	2.5	0.6				0.25	
1982	28.2	24.8	2.8	0.6				0.28	
1983	32.4	29.0	2.8	0.6				0.31	
1984	42.5	39.0	2.9	0.6				0.41	
1985	49.1	45.7	2.9	0.5	0.2			0.46	
1986	58.7	55.0	3.1	0.6	0.3			0.55	
1987	64.9	61.0	3.3	0.6	0.3			0.59	
1988	69.5	65.5	3.4	0.6	0.2			0.63	
1989	73.8	69.5	3.6	0.7	0.2			0.65	
1990	78.0	73.5	3.7	0.8				0.68	
1991	82.8	78.3	3.8	0.7				0.71	
1992	89.8	85.2	3.8	0.8				0.77	
1993	92.7	87.8	4.0	0.9	0.4			0.78	
1994	95.5	90.6	4.0	0.9	0.5			0.80	
1995	97.6	92.5	4.0	1.1	0.6			0.81	
1996	100.8	95.6	4.0	1.2	0.6			0.82	
1997	103.1	97.8	4.0	1.3	0.6			0.83	
1998	105.8	100.2	4.1	1.5	0.6			0.85	
1999	108.9	102.4	4.1	1.6	0.8			0.87	
2000	113.0	104.5	4.1	1.8	2.6			0.89	
2001	140.7	114.6	4.2	2.3	19.6			1.10	
2002	141.5	114.9	4.3	2.5	19.8			1.10	
2003	142.9	120.6	4.5	2.7	15.1			1.11	
2004	157.2	139.5	4.5	3.0	10.2			1.21	
2005	180.7	158.1	4.4	3.2	15.0			1.38	10.97
2006	204.5	179.6	4.4	3.2	17.3			1.56	12.05
2007	269.6	242.9	4.7	3.4	18.6			2.04	15.83
2008	300.3	267.4	5.4	4.3	23.2			2.26	16.72
2009	326.5	293.5	5.9	4.8	22.3			2.45	17.56
2010	349.6	316.1	6.1	5.5	21.9			2.61	17.79
2011	396.4	369.2	6.5	6.8	13.9	7.1	3.8	2.94	19.96
2012	449.3	416.5	6.7	8.7	17.4	9.0	3.8	3.32	21.48

注：老年及残疾人床位含社区服务床位（含日间照料床位）。

B-2-3 可提供住宿的社会服务机构收养人员情况

单位：万人

年　份	总人数	老年及残疾人	智障和精神疾病人	儿童	其他
1978	16.3	14.0	1.9	0.4	
1979	18.6	16.3	1.9	0.4	
1980	19.1	16.7	2.0	0.4	
1981	19.7	17.0	2.2	0.5	
1982	22.5	19.7	2.3	0.5	
1983	25.9	23.0	2.4	0.5	
1984	34.1	31.0	2.6	0.5	
1985	40.8	37.5	2.6	0.5	0.2
1986	47.4	43.9	2.8	0.5	0.2
1987	51.8	48.2	2.9	0.5	0.2
1988	54.8	51.1	3.0	0.6	0.1
1989	56.9	53.0	3.1	0.6	0.2
1990	59.9	56.1	3.2	0.6	
1991	64.6	60.8	3.2	0.6	
1992	69.6	65.6	3.3	0.7	
1993	72.4	68.0	3.4	0.7	0.3
1994	73.6	69.2	3.3	0.8	0.3
1995	74.7	70.1	3.2	1.0	0.4
1996	76.9	72.3	3.1	1.1	0.4
1997	78.5	73.7	3.2	1.2	0.4
1998	80.0	74.9	3.2	1.4	0.5
1999	82.7	77.6	3.2	1.4	0.5
2000	85.4	78.6	3.2	1.8	1.8
2001	88.5	82.0	3.3	2.1	1.1
2002	91.6	85.0	3.4	2.2	1.0
2003	96.5	89.1	3.5	2.5	1.4
2004	110.9	103.9	3.6	2.8	0.6
2005	123.6	116.2	3.7	2.9	0.8
2006	147.0	138.5	3.8	3.2	1.5
2007	200.0	191.3	4.1	3.0	1.6
2008	240.0	211.5	4.5	3.4	20.6
2009	256.0	227.5	5.0	3.7	19.8
2010	278.2	247.0	5.3	4.2	21.7
2011	293.4	279.7	5.5	4.6	3.6
2012	309.5	293.6	5.8	5.4	4.7

B-2-4 按城乡分类的可提供住宿的社会服务机构情况

年 份	单位数（个）	城市	农村	床位数（万张）	城市	农村	收养人数（万人）	城市	农村
1978	8571	728	7843	16.3	0.1	16.2	16.3	5.7	10.6
1979	8988	1518	7470	22.6	6.4	16.2	18.6	8	10.6
1980	9669	1407	8262	24.2	7.1	17.1	19.1	7.9	11.2
1981	10031	1487	8544	25.3	7.4	17.9	19.7	8.2	11.5
1982	12275	1689	10586	28.2	7.6	20.6	22.5	8.7	13.8
1983	15807	1760	14047	32.4	7.7	24.7	25.9	9	16.9
1984	22796	1925	20871	42.5	8.5	34	34.1	10	24.1
1985	29100	5478	23622	49.1	18.2	30.9	40.8	14.6	26.2
1986	35008	8330	26678	58.7	23.6	35.1	47.4	18.9	28.5
1987	37372	9358	28014	64.9	25.8	39.1	51.8	20.5	31.3
1988	39030	10498	28532	69.5	28.4	41.1	54.8	22.3	32.5
1989	39743	10118	29625	73.8	28.7	45.1	56.9	22.3	34.6
1990	40583	12697	27886	78	34.5	43.5	59.9	26.8	33.1
1991	42264	13197	29067	82.8	36.7	46.1	64.6	28.5	36.1
1992	43319	16847	26472	89.8	44.6	45.2	69.6	34.5	35.1
1993	43681	17400	26281	92.7	47	45.7	72.4	37.2	35.2
1994	43240	18035	25205	95.5	50	45.5	73.6	39.1	34.5

年 份	单位数（个）	国有社会福利院	社会办敬老院	床位数（万张）	国有社会福利院	社会办敬老院	收养人数（万人）	国有社会福利院	社会办敬老院
1995	43074	11184	31890	97.6	18.6	79	74.7	14.4	60.3
1996	42829	11216	31613	100.8	19.2	81.6	76.9	14.8	62.1
1997	42385	10417	31968	103.1	19.9	83.2	78.5	15.4	63.1
1998	42131	9895	32236	105.8	21	84.8	80	16.1	63.9
1999	40430	3086	37344	108.9	23.6	85.3	82.7	17.9	64.8

年 份	单位数（个）	城 市	农 村	床位数（万张）	城 市	农 村	收养人数（万人）	城 市	农 村
2000	40491	14915	25576	113	57.4	55.6	85.4	42.6	42.8
2001	38785	12135	26650	140.7	72.3	68.4	88.5	39.6	48.9
2002	38200	12503	25697	141.5	75.3	66.2	91.6	42.2	49.4
2003	37294	12951	24343	142.9	75.3	67.6	96.5	46.1	50.4
2004	38593	12151	26442	157.2	79.7	77.5	110.9	51.5	59.4
2005	42487	12806	29681	180.7	91.2	89.5	123.6	55.7	67.9
2006	43187	11814	31373	204.5	90.9	113.6	147.0	55.0	92.0
2007	44958	10274	34684	269.6	89.8	179.8	200.0	43.9	149.3
2008	41099	10731	30368	300.3	107.2	193.1	240.0	79.5	160.5
2009	43944	12658	31286	326.5	117.7	208.8	256.0	83.0	173.0
2010	44482	13010	31472	349.6	124.7	224.9	278.2	95.7	182.5
2011	45973	13833	32140	396.4	154.5	241.9	293.4	100.9	192.5
2012	48078	15291	32787	449.3	188.3	261	309.5	109.5	200.0

B-2-5 孤儿和收养

单位：件、人

年 份	孤儿数	收养登记总数	中国公民收养登记	外国公民收养登记	被收养人合计	福利机构抚养的孤儿	被中国公民收养	被外国人收养
1996		18896	14804	4092	20389	2201		
1997		21548	17193	4355	21548	975		
1998		26498	20611	5887	26498	677		
1999		38074	31916	6158	38019	1670	31882	6137
2000		55802	49037	6765	56191	1847	49500	6691
2001		44706	36089	8617	45844	1908	37200	8644
2002		45336	35372	9964	47860	2404	37642	10218
2003		54159	44884	9275	54159	3427	44884	9275
2004		52603	40084	12519	55572	3189	44708	10864
2005		49506	35470	14036	50921	3564	38057	12864
2006		48178	38393	9785	49148	2867	39424	9724
2007		45192	36893	8299	46047	1146	37790	8257
2008	67921	42550	37009	5541	44115	1846	38617	5498
2009	127599	44260	39801	4459	44359	1605	39964	4395
2010	252110	34529	29618	4911	34473	1878	29978	4495
2011	509695	31424	27579	3845	31329	1679	28117	3212
2012	570075	27278	23157	4121	27310	1760	23169	4141

B-2-6 社会福利企业

年　份	单位数（个）	残疾职工人数（万人）	利润额（亿元）
1978	920	3.5	0.8
1979	1106	4.8	0.8
1980	1309	5.5	0.9
1981	1574	6.1	0.7
1982	1704	6.4	0.8
1983	5930	9.6	0.9
1984	6710	11.6	1.3
1985	14872	23.2	5.1
1986	19865	31.4	4.2
1987	27793	43.3	8.8
1988	40496	55.9	16.5
1989	41565	60.5	16.1
1990	41827	63.8	17.8
1991	43805	70.1	21.3
1992	49836	77.8	32.6
1993	56881	84.5	44.7
1994	60233	90.9	44.1
1995	60237	93.9	49.1
1996	59397	93.6	45.1
1997	55509	91.0	66.3
1998	50514	85.6	63.9
1999	44628	79.0	76.7
2000	40670	72.5	99.0
2001	37980	69.9	119.5
2002	35758	68.3	148.3
2003	33976	67.9	189.9
2004	32410	66.2	219
2005	31211	63.7	225.2
2006	30199	55.9	237.8
2007	24974	56.3	169.3
2008	23780	61.9	118.4
2009	22783	62.7	125.4
2010	22226	62.5	150.8
2011	21507	62.8	140.1
2012	20232	59.7	118.4

B-2-7 城市社会救济和城市居民最低生活保障

单位：万人

年份	城市居民传统救济总人数	城市居民传统定救人数	城市精简退职老职工人数	享受40%人数	定量救济人数
1978					
1979	33.6	23.7	*9.9*		
1980	32.9	22.9	*10.0*		
1981	31.5	21.5	*10.0*		
1982	34.7	21.4	*13.3*		
1983	47.1	22.6	*24.5*		
1984	*207.4*	*160.6*	*46.8*	*25.3*	
1985	30.0	18.2	11.8	6.4	5.4
1986	49.0	35.6	13.4	7.1	6.3
1987	29.8	16.2	13.6	7.2	6.4
1988	32.9	17.6	15.3	7.7	7.6
1989	30.5	16.2	14.3	7.1	7.2
1990	41.8	16.4	25.4	16.4	9.0
1991	33.7	16.1	17.6	8.5	9.0
1992	39.5	19.2	20.3	9.7	10.6
1993	24.6	13.8	10.8	5.0	5.8
1994	23.0	12.4	10.6	4.9	5.7
1995	109.0	55.2	53.8	23.9	29.9
1996	120.1	66.5	53.6	23.6	30.0

年份	城市最低生活保障人数	在职人员	下岗人员	退休人员	失业人员	“三无”人员	其他人员
1996	84.9						
1997	87.9						
1998	184.1						
1999	256.9						
2000	402.6						
2001	1170.7						
2002	2064.7	186.8	554.5	90.8	358.3	91.9	783.1
2003	2246.8	179.3	518.4	90.7	409.0	99.9	949.3
2004	2205.0	141.0	468.9	73.1	423.1	95.4	1003.5
2005	2234.2	114.1	430.7	61.3	410.1	95.8	1122.1
2006	2240.1	97.6	350.0	53.2	420.8	93.1	1225.3

年份	城市最低生活保障人数	残疾人	三无人员	老年人	成年人				未成年人	
					在职人员	灵活就业	登记失业	未登记失业	在校生	其他
2007	2272.1	161.0	125.8	298.4	93.9	343.8	627.2	364.3	321.6	223
2008	2334.8	169.1	106.9	316.7	82.2	381.7	564.3	402.2	358.1	229.6
2009	2345.6	181.0	94.1	333.5	79.0	432.2	510.2	410.9	369.1	210.7
2010	2310.5	180.7	89.3	338.6	68.2	432.4	492.8	420.0	357.3	201.2
2011	2276.8	184.1	80.3	346.9	61.5	429.7	472.5	426.7	348.5	191
2012	2143.5	174.5	64.9	339.3	49.6	459.3	400.4	422.1	318.3	154.5

注：斜体下划线数据经过修正。1984年的精简退职老职工人数含农村的数据。

B-2-8 农村社会救济和农村居民最低生活保障

单位：万人、万户

年 份	农村社会救济总人数	农村定期定量救济人数	农村精简退职老职工人数	享受40%人数	定量救济人数
1978					
1979	6847.6	*6837.7*	*9.9*		
1980	4651.8	*4641.8*	*10.0*		
1981	4265.1	*4255.1*	*10.0*		
1982	4270.7	*4257.4*	*13.3*		
1983	3526.7	*3502.2*	*24.5*		
1984	3842.7	*3795.9*	*46.8*	*25.3*	
1985	116.7	75.1	41.6	18.1	23.5
1986	103.0	63.1	39.9	18.1	21.7
1987	92.2	53.2	39.0	17.7	21.3
1988	93.0	54.1	38.9	17.6	21.4
1989	75.7	35.0	40.7	18.3	22.3
1990	100.2	46.7	53.5	23.6	29.9
1991	97.0	43.8	53.2	23.5	29.8
1992	97.5	45.6	51.9	23.3	28.6
1993	80.1	36.3	43.8	19.5	24.3
1994	82.1	38.5	43.6	19.2	24.3
1995	98.3	55.2	43.1	19.0	24.1
1996	109.2	66.5	42.7	18.6	24.1
1997	104.5	51.4	53.1	23.2	29.8
1998	120.5	65.6	54.9	24.9	30.0
1999	107.1	55.6	51.5	22.5	28.7
2000	112.2	62.5	49.7	22.1	27.6
2001	130.5	80.7	49.8	21.3	27.8
2002	138.7	*90.0*	48.7	20.9	27.8

年 份	农村困难群众救助总人数	农村居民最低生活保障人数	农村特困户救助人数	农村困难群众救助总户数	农村居民最低生活保障户数	困难户	其 他	农村特困户救助户数	困难户	其 他	五保户供养户数	农村传统救济人数
2001	385.3	304.6	80.7									
2002	497.8	407.8	*90.0*	156.7	156.7							
2003	1160.5	367.1	793.4	632.8	146.5	114.5	32.0	282.1	192.7	89.3	204.2	
2004	1402.1	488.0	914.1	780.8	197.9	165.2	33.6	317.1	260.4	56.6	265.8	
2005	1891.8	825.0	1066.8	1061.0	356.5	298.8	57.7	354.8	290.4	64.4	349.7	
2006	2987.8	1593.1	775.8	1606.3	777.2			325.8			503.3	115.6

年 份	农村救助总人数	农村居民最低生活保障人数	农村集中供养五保人数	农村分散供养五保人数	传统救济人数	农村临时救济人数
2007	4818.6	3566.3	138	393.3	75	646
2008	5757.3	4305.5	155.6	393	72.2	831
2009	5922	4760	171.8	381.6	62.2	546.4
2010	6443.5	5214	177.4	378.9	59.5	613.7
2011	6522.2	5305.7	184.5	366.5	68.7	596.8
2012	5969.7	5344.5	185.3	360.3	79.6	

注：斜体下划线数据经过修正。1984年以前含应保未保的农村救济人数。

B-2-9 最低生活保障和社会救济平均标准

年　份	城市最低生活保障平均标准（元/人、月）	农村最低生活保障平均标准（元/人、年）	集中供养农村五保户救济平均标准（元/人、年）	分散供养农村五保户救济平均标准（元/人、年）
1999	149.0			
2000	157.0			
2001	147.0			
2002	148.0			
2003	149.0			
2004	152.0			
2005	156.0			
2006	169.6	850.8	1608.2	1224.5
2007	182.4	840.0	1953.0	1432.0
2008	205.3	987.6	2176.1	1624.4
2009	227.8	1210.1	2587.5	1842.7
2010	251.2	1404.0	2951.4	2102.1
2011	287.6	1718.4	3399.7	2470.5
2012	330.1	2067.8	4060.9	3008.0

B-2-10 最低生活保障和社会救济平均支出水平

年　份	城市最低生活保障平均支出水平（元/人、月）	农村最低生活保障平均支出水平（元/人、年）	农村集中供养五保平均支出水平（元/人、年）	农村分散供养五保平均支出水平（元/人、年）
1999	44.8			
2000	45.3			
2001	29.6			
2002	43.9			
2003	58.0			
2004	65.0			
2005	72.3			
2006	83.6	414.0		
2007	102.7	465.6		
2008	143.7	604.8	2055.7	1121.0
2009	172.0	816.0	2316.0	1284.0
2010	189.0	888.0	2460.0	1416.0
2011	240.3	1273.2	3081.9	1774.9
2012	239.1	1247.9	3496.6	2237.3

B-2-11 医疗救助

单位：万人次、万人

年　份	农村民政部门医疗救助总数	农村民政部门救助	民政部门资助参加合作医疗	城市医疗救助总数	城市民政部门医疗救助	资助参加医疗保险人数
2004	673.7	121.1	552.6			
2005	854.5	199.6	654.9	114.9		
2006	1518.4	201.3	1317.1	187.2		
2007	2894.4	377.1	2517.3	442	442	
2008	4191.9	759.5	3432.4	1086.2	443.6	642.6
2009	4789.1	730	4059.1	1506.3	410.4	1095.9
2010	5634.6	1019.2	4615.4	1921.3	460.1	1461.2
2011	6297.1	1471.8	4825.3	2222.0	672.2	1549.8
2012	5974.2	1483.8	4490.4	2077.0	689.9	1387.1

B-2-12 城市生活无着人员救助

年 份	救助站（个）	流浪儿童救助保护中心（个）	生活无着人员救助（人次）	# 流浪儿童救助	救助类单位床位数（张）	# 儿童救助床位
1978	783					
1979	845					
1980	665					
1981	598					
1982	610					
1983	615					
1984	628					
1985	636					
1986	647					
1987	639					
1988	644					
1989	669					
1990	666					
1991	691					
1992	692					
1993	719					
1994	712					
1995	722					
1996	720					
1997	728					
1998	742					
1999	800					
2000	857					
2001	838					
2002	861					
2003	864		634528	60257		
2004	977		820254	104455	47086	
2005	1079	40	1196305	120487	45603	1849
2006	1189	50	1295506	129337	45661	1133
2007	1261	90	1544492	159989	46800	3621
2008	1334	88	1573484	155794	50642	3543
2009	1372	116	1680532	167283	51049	3670
2010	1448	145	1719008	146329	55562	5221
2011	1547	241	2409701	178705	71109	8165
2012	1770	261	2765761	152070	99901	10038

B-2-13 社会捐赠

单位：亿元、亿件

年份	社会捐赠款物合计	社会捐赠款	民政部门	各类社会组织	社会捐赠其他物资折款	接收社会捐赠衣被数量
1997	14.0	4.2			9.9	0.9
1998	113.2	50.2	50.2		63.0	2.9
1999	17.8	6.9	5.0	2.0	10.8	0.6
2000	16.3	9.3	5.4	3.9	7.0	0.8
2001	20.0	11.7	7.6	4.1	8.3	1.3
2002	20.8	19.0	11.1	7.9	1.8	2.3
2003	43.4	41.0	29.2	11.9	2.4	2.0
2004	35.1	34.0	17.1	16.9	1.2	0.9
2005	61.9	60.3	31.3	29.0	1.6	1.0
2006	89.5	83.1	43.0	40.1	6.4	0.7
2007	148.3	132.8	50.9	81.9	15.6	0.9
2008	764.1	744.5	479.3	265.2	19.6	11.6
2009	485.9	483.7	66.5	417.2	2.2	1.2
2010	601.7	596.8	179.8	417.0	4.9	0.3
2011	494.9	490.1	96.6	393.5	4.8	0.3
2012	578.8	572.5	101.7	470.8	6.3	1.3

B-2-14 中国福利彩票销售

年份	福利彩票发行单位（个）	福利彩票销售额（亿元）	提取公益金（亿元）	公益金支出（亿元）
1978				
1979				
1980				
“六五”时期				
1981				
1982				
1983				
1984				
1985				
“七五”时期		**14.2**	**4.6**	
1986				
1987		0.2	0.1	
1988		3.8	1.2	
1989		3.8	1.3	
1990		6.5	2.0	
“八五”时期		**115.2**	**34.3**	
1991		7.7	2.5	
1992		13.8	4.1	
1993		18.4	5.5	
1994		18.0	5.3	
1995		57.3	16.9	
“九五”时期		**358.7**	**103.5**	**72.7**
1996		64.8	19.1	
1997		36.4	10.1	
1998		63.2	19.6	14.1
1999	1169	104.4	30.5	19.9
2000	1253	89.9	24.2	38.7
“十五”时期		**1145.2**	**377.1**	**161.9**
2001	1185	139.6	41.9	19.7
2002	1121	168.0	52.3	25.5
2003	1145	200.1	67.2	30.6
2004	1128	226.4	79.4	33.8
2005	1113	411.2	136.3	52.3
“十一五”时期		**3455.3**	**1127.4**	**484.0**
2006	989	495.7	168.8	52.6
2007	985	631.6	211.0	77.6
2008	999	604.0	205.4	119.2
2009	988	756.0	243.4	113.4
2010	993	968.0	298.8	121.2
“十二五”时期		**2788.3**	**831.4**	**286.9**
2011	974	1278.0	382.0	127.9
2012	955	1510.3	449.4	159

B-2-15 定期抚恤优抚对象

年 份	抚恤补助总人数（万人）	定期抚恤人数（人）	烈属	牺牲、病故军人家属	伤残人员（万人）
1978	205.9				73.4
1979	173.6				75.6
1980	222.4				78.6
1981	233.6				79.6
1982	240.8	590104	541516	48588	81.6
1983	251.2	577791	526826	50965	83.0
1984	267.3	585403	536523	48880	84.4
1985	283.3	518566	440000	78566	85.3
1986	339.8	533245	446209	87036	86.5
1987	366.3	548063	453480	94583	88.0
1988	378.5	537472	429271	108201	88.7
1989	411.7	525134	422656	102478	89.1
1990	425.7	516638	407276	109362	87.4
1991	434.8	614945	504462	110483	87.5
1992	433.7	602163	492457	109706	87.6
1993	441.2	495994	383924	112070	88.3
1994	442.0	487256	372850	114406	88.5
1995	448.8	486250	370685	115565	88.8
1996	447.0	484270	366216	118054	89.3
1997	448.3	480464	362086	118378	89.5
1998	447.0	473901	357492	116409	89.2
1999	445.1	458079	336587	121492	88.7
2000	442.4	448276	325116	123160	88.1

年 份	抚恤补助总人数（万人）	定期抚恤人数（人）	烈 属	牺牲军人家属	病故军人家属	伤残人员（万人）
2001	450.7	480852	348521	60081	72250	85.5
2002	459.0	480466	341109	63953	75404	85.8
2003	464.9	488820	345141	65303	78376	86.0
2004	462.0	485733	339817	65695	80221	85.6
2005	460.3	492517	349253	63603	79661	84.5
2006	462.6	491320	346089	64248	80983	86.0
2007	622.4	488675	342101	64478	82096	86.5
2008	633.2	478880	332390	65001	81489	87.2
2009	630.7	458578	317675	62304	78599	87.2
2010	625.0	447824	307587	62338	77899	86.7
2011	852.5	422439	286449	60534	75456	85.9
2012	944.4	411711	277712	59478	74521	84.9

B-2-16 定期补助优抚对象

单位：人

年 份	定期补助总人数	红军老战士合计	在乡红军老战士	西路军	红军失散人员	在乡复员军人	带病回乡退伍军人	60岁以上农村籍退伍军人	其 他
1978	9251	9251	9251						
1979	7872	7872	7872						
1980	6922	6922	6922						
1981	6567	6567	6567						
1982	1002181	6383	6383			859055	136743		
1983	1104586	6142	6142			952993	145451		
1984	1243633	6159	6159			1081350	156124		
1985	1461180	6329	6329			1185502	183129		86220
1986	1999872	6315	6315			1673990	210445		109122
1987	2230873	7466	7466			1833402	241290		148715
1988	2360462	7415	7415			1950641	247009		155397
1989	2715258	6628	6628			2272639	283075		152916
1990	2866579	7514	7514			2373873	305045		180147
1991	2939074	7015	7015			2419453	346021		166585
1992	2975175	6599	6599			2402869	373989		191718
1993	2947209	113728	5531	2997	105200	2424984	408497		
1994	2963965	112054	5058	2430	104566	2424435	427476		
1995	2987751	108484	4659	2318	101507	2423191	456076		
1996	3018047	115317	4480	2303	108534	2421517	481213		
1997	3037367	122115	4195	2214	115706	2396017	519235		
1998	3033826	118245	3996	2157	112092	2367266	548315		
1999	3056727	111096	3687	2106	105303	2363466	582165		
2000	3057257	105632	3326	1997	100309	2320739	630886		
2001	3170877	98345	3325	1889	93131	2246954	782802		42776
2002	3251971	94848	3136	1691	90021	2274657	882090		376
2003	3300232	90767	2893	1610	86264	2262264	919349		27852
2004	3277914	87521	2701	1454	83366	2214467	950428		25498
2005	3265797	79639	2681	1370	75588	2145421	977424		63313
2006	3274059	71707	2417	1220	68070	2064713	1072684		64955
2007	4870800	66220	2049	966	63205	1988977	1134414		1681189
2008	4981893	49198	1622	440	47136	1920235	1193622		1818838
2009	4976839	42945	1351	322	41272	1809019	1219752		1905123
2010	4935399	38630	1226	273	37131	1703396	1265664		1927709
2011	7243706	30309	911	190	29208	1587006	1321786	2373772	1930833
2012	8183693	26882	757	164	25961	1474790	1324325	3210986	2146710

B-2-17 接收军队离退休、退职人员

单位：人

年份	合计	军队离退休干部	地方(含军队职工)人员
1978			
1979			
1980			
1981			
1982	21993	801	21192
1983	20038	1507	18531

年份	合计	军队离退休干部	#离休	地方人员	军队职工
1984	9916	1873	117	6228	1815
1985	12429	6137	3327	4472	1820
1986	29260	21564	15598	4236	3460
1987	14146	10035	6224	1719	2392
1988	6050	4242	2329	1287	521
1989	4858	3441	1530	994	423
1990	6214	4988	2573	1008	218
1991	6558	5568	2703	806	184
1992	4420	3551	1516	693	176
1993	5578	916	283	543	4318
1994	5773	1016	447	566	4190
1995	3531	1056	323	476	1999
1996	9346	3210	371	282	5854
1997	6311	3246	401	230	2835
1998	8156	5868	785	691	1597

年份	合计	军队离退休干部	地方离退休干部	军队无军籍职工
1999	12380	9464	305	2611
2000	15238	10197	219	4822
2001	13738	6236	373	7129

年份	合计	军队离退休干部(含地方)	#离休	军队退休士官	军队无军籍职工
2002	14428	3640		161	10627
2003	11057	5055	143	140	6312
2004	10794	8884	200	90	1820

年份	合计	军队离退休干部	#离休	地方离退休干部	#离休	军队退休士官	军队无军籍职工
2005	18512	17280	223	136	14	192	904
2006	31968	20794	259	673	85	365	10136
2007	28058	18534	258	303	23	160	9061
2008	21378	15829	78	205	15	297	5047
2009	18904	13836	143	348	5	1308	3412
2010	13451	11775	148	183	4	1112	381
2011	14530	12355	140	141	8	1405	629
2012	18570	14341	416	335	45	1047	2847

B-2-18 烈士褒扬和优待

年 份	烈士纪念建筑物管理机构（个）	本年批准烈士人数（人）	零散烈士纪念建筑物（个）	优待优抚对象户数（户）	#优待军属户数	优待总金额（万元）	#固定优待军属总额
1978			5347				
1979			3779			20393	
1980			2825			31459	
1981			2915			47255	
1982	965	8601	3592	4730756		58750	
1983	928	11024	3826	4387292		59588	
1984	786	8478	3953	4102419		62263	
1985	579	5887	3716	3567165	2884906	71655	577018
1986	582	11758	3871	3355694	2710272	75243	62205
1987	587	10644	4121	3223550	2562036	80915	66321
1988	632	9035	4236	3225253	2477699	87160	71735
1989	637	3960	4466	3086285	2423418	92169	77764
1990	632	3067	6065	2941486	2522476	99535	86739
1991	630	1556	6474	2967881	2540714	106354	93069
1992	684	1338	6957	2967002	2535037	116573	102008
1993	696	1467	6956	3009163	2470099	131555	113330
1994	718	1215	7279	3027420	2462671	155627	133070
1995	715	1277	7067	3051322	2476261	194379	166414
1996	740	1187	7020	3040439	2449077	251798	217527
1997	737	888	7048	3334000	2427586	321741	261865
1998	752	749	7322	3250395	2415838	356413	292305
1999	774	616	7252	3818210	2380675	402998	305386
2000	795	468	7427	3855797	2282584	469054	363675
2001	845	460	7802	3973085	2086464	385859	275456
2002	873	403	8051	4130817	1929011	374819	251854
2003	918	461	7781	3962425	1672205	391581	239410
2004	938	316	7425	3632630	1430630	418499	267458
2005	989	314	7483	3393218	1224036	379631	213968
2006	1072	265	7414	3220933	1183674	421010	224354
2007	1056	168	7186	3277318	1145223	454090	233479
2008	1133	297	7569	3301682	1108878	666011	267750
2009	1137	213	7622	3280522	1190816	751065	297448
2010	1195	173	9729	3308766	1169833	671536	340382
2011	1227	233	12378	3330859	1050918	968175	555402
2012	1306	172	13151	3471611	1008477	1121135	520520

注：2011年由于部分省份指标理解错误，数据有调整。

B-2-19 自然灾害情况

年　份	受灾人口 （万人次）	因灾死亡人口 （含失踪） （人）	紧急转移人口 （万人）	直接经济 损失 （亿元）	倒塌房屋 （万间）	农作物受灾面积 （万公顷）
1978		4965			73.1	4844
1979		6962			152.1	3937
1980		6821			137.3	5003
1981	26710.0	7422			261.5	3979
1982	22900.7	7935			320.3	3313
1983	22439.0	10952		260.9	345.4	3471
1984	20894.0	6927			274.7	3189
1985	26446.0	4394	290.5	410.4	224.9	4437
1986	29928.0	5410	345.8		209.7	4714
1987	23512.0	5495	348.0	326.3	180.0	4207
1988	36169.0	7306	582.9		258.0	5087
1989	34569.0	5952	365.3	525.0	194.1	4699
1990	29348.0	7338	579.2	616.0	247.4	3847
1991	41941.0	7315	1308.5	1215.1	581.5	5547
1992	37174.0	5741	303.6	853.9	196.6	5133
1993	37541.0	6125	307.7	933.2	271.6	4867
1994	43799.0	8549	1054.0	1876.0	512.1	5504
1995	24215.0	5561	1064.0	1863.0	439.3	4587
1996	32305.0	7273	1216.0	2882.0	809.0	5975
1997	47886.0	3212	511.3	1975.0	288.0	5343
1998	35216.0	5511	2082.4	3007.4	821.4	2229
1999	35319.0	2966	664.8	1962.4	174.5	4998
2000	45652.3	3014	467.1	2045.3	147.3	5469
2001	37255.9	2583	211.1	1942.0	92.2	5215
2002	37841.8	2840	471.8	1717.4	175.7	4711.9
2003	49745.9	2259	707.3	1884.2	343.0	5438.6
2004	33920.6	2250	563.2	1602.3	155.0	3710.6
2005	40653.7	2475	1570.3	2042.1	226.4	3881.8
2006	43453.3	3186	1384.5	2528.1	193.3	4109.1
2007	39777.9	2325	1499.1	2363.0	146.7	4899.3
2008	47795.0	88928	2682.2	11752.4	1097.7	3999.0
2009	47933.5	1528	709.9	2523.7	83.8	4721.4
2010	42610.2	7844	1858.4	5339.9	273.3	3742.6
2011	43290.0	1126	939.4	3096.4	93.5	3247.1
2012	29421.7	1530	1109.6	4185.5	90.6	2496.2

B-2-20 社区服务机构

单位：个

年份	城乡各类服务机构合计	社区服务中心	其他社区服务机构	便民利民网点	社区服务机构覆盖率（%）
1987					
1988	69699		69699		7.1
1989	71357		71357		6.9
1990	84757		84757		7.7
1991	89918		89918		8.0
1992	112171		112171		10.1
1993	92946	3711	89235	169503	8.3
1994	98679	4034	94645	204229	8.8
1995	115175	4380	110795	234024	11.0
1996	132309	5055	127254	259201	12.7
1997	138366	5113	133253	307226	13.5
1998	154196	6154	148042	345075	16.2
1999	164962	7623	157339	405740	18.0
2000	187888	6444	181444	451567	22.4
2001	201758	6179	195579	539544	25.5
2002	206743	7898	198845	622986	27.0
2003	203945	7520	196425	668418	27.5
2004	205926	7804	198122	703760	28.5
2005	203275	8479	194796	664764	28.7
2006	160007	8565	151442	457896	22.7

年份	城乡各类服务机构合计	社区指导中心	社区服务中心	社区服务站	其他社区服务机构	便民利民网点	社区服务机构覆盖率（%）
2007	134852		9319	50116	75417	892656	19.4
2008	146322		9873	30021	106428	748684	21.3
2009	146341		10003	53170	83168	692625	21.4
2010	152941		12720	44237	95984	539136	22.4
2011	160352		14391	56156	89805	452868	23.6
2012	200162	809	15497	87931	95925	397222	29.5

注：社区服务机构覆盖率=(社区服务中心+社区服务站+其他社区服务机构)/村居委会

B-3-1 社会组织

单位：个

年 份	社会组织合计	社会团体	基金会	民办非企业
1978				
1979				
1980				
1981				
1982				
1983				
1984				
1985				
1986				
1987				
1988	4446	4446		
1989	4544	4544		
1990	10855	10855		
1991	82814	82814		
1992	154502	154502		
1993	167506	167506		
1994	174060	174060		
1995	180583	180583		
1996	184821	184821		
1997	181318	181318		
1998	165600	165600		
1999	136764	136764		5901
2000	130668	130668		22654
2001	128805	128805		82134
2002	133297	133297		111212
2003	142121	141167	954	124491
2004	154251	153359	892	135181
2005	172125	171150	975	147637
2006	354393	191946	1144	161303
2007	386916	211661	1340	173915
2008	413660	229681	1597	182382
2009	431069	238747	1843	190479
2010	445631	245256	2200	198175
2011	461971	254969	2614	204388
2012	499268	271131	3029	225108

注：2001年以前的基金会含在社会团体内。

B-3-2 自治组织

年　份	基层群众性自治组织合计（万个）	居民委员会（个）	居民小组（万个）	居民委员会成员（万人）	村民委员会（万个）	村民小组（万个）	村民委员会成员（万人）
1978							
1979		46810					
1980							
1981		57169					
1982							
1983	37.7	65519			31.2		
1984	100.3	75609			92.7		
1985	103.0	80943		34.9	94.9		379.6
1986	95.3	86824		36.2	86.6		365.9
1987	93.2	86799		37.0	84.5		359.9
1988	97.8	95684		36.1	88.3		366.6
1989	102.8	93691		36.6	93.4		379.4
1990	110.0	98814		43.1	100.1		409.4
1991	111.9	100347		44.1	101.9		424.4
1992	110.8	104136		46.5	100.4		430.9
1993	112.0	107173		47.9	101.3		456.0
1994	111.7	110112		48.0	100.7		458.5
1995	104.4	111860		48.0	93.2		400.5
1996	104.2	113690		49.3	92.8		397.5
1997	102.4	117915	108.3	49.8	90.6	535.8	378.8
1998	95.2	119042	117.2	50.8	83.3	537.1	358.6
1999	91.6	114815	124.7	50.1	80.1	555.7	351.3
2000	84.0	108424	127.2	48.4	73.2	553.4	315.0
2001	79.2	91893	125.9	46.4	70.0	541.9	316.4
2002	76.7	86087	124.4	39.6	68.1	528.6	294.2
2003	74.1	77431	122.2	39.7	66.3	519.2	319.1
2004	72.2	77884	129.6	42.5	64.4	507.9	292.1
2005	70.9	79947	123.3	45.4	62.9	490.5	265.7
2006	70.4	80717	123.5	44.3	62.4	453.3	243.0
2007	69.5	82006	122.3	41.6	61.3	466.9	241.1
2008	68.8	83413	128.7	42.2	60.4	480.9	233.9
2009	68.4	84689	129.5	43.1	59.9	480.5	234.0
2010	68.2	87057	130.7	43.9	59.5	479.1	233.4
2011	67.9	89480	134.0	45.4	59.0	476.4	231.9
2012	68.0	91153	133.5	46.9	58.8	469.4	232.3

B–3–3 结婚登记

年　份	结婚登记总数（万对）	内地居民登记结婚数（万对）	涉外华侨港澳台登记结婚数（万对）	每千居民之结婚宗数（粗结婚率）（‰）
1978	597.8	597.8		6.2
1979	637.1	636.3	0.8	6.7
1980	720.9	719.8	1.1	7.3
1981	1041.7	1040.3	1.4	10.4
1982	836.9	835.5	1.4	8.3
1983	765.4	764.2	1.3	7.5
1984	784.8	783.4	1.4	7.5
1985	831.3	829.1	2.2	7.9
1986	884.0	882.3	1.7	8.2
1987	926.7	924.7	2.0	8.6
1988	899.2	897.2	2.0	8.3
1989	937.2	935.2	2.0	8.4
1990	951.1	948.7	2.4	8.2
1991	953.6	951.0	2.6	8.3
1992	957.5	954.5	3.0	8.3
1993	915.4	912.2	3.3	7.8
1994	932.4	929.0	3.4	7.8
1995	934.1	929.7	4.4	7.7
1996	938.7	934.0	4.7	7.7
1997	914.1	909.1	5.1	7.4
1998	891.7	886.7	5.0	7.2
1999	885.3	879.9	5.4	7.1
2000	848.5	842.0	6.5	6.7
2001	805.0	797.1	7.9	6.3
2002	786	778.8	7.3	6.1
2003	811.4	803.5	7.8	6.3
2004	867.2	860.8	6.4	6.7
2005	823.1	816.6	6.4	6.3
2006	945	938.2	6.8	7.2
2007	991.4	986.3	5.1	7.5
2008	1098.3	1093.2	5.1	8.3
2009	1212.4	1207.5	4.9	9.1
2010	1241	1236.1	4.9	9.3
2011	1302.4	1297.5	4.9	9.7
2012	1323.6	1318.3	5.3	9.8

每千居民之结婚宗数（粗结婚率）计算方法：

$$每千居民之结婚宗数=\frac{结婚宗数}{（当年期初人口数+当年期末人口数）/2}\times 1000‰$$

B-3-4 离婚办理

年份	离婚总数（万对）	民政部门登记离婚数（万对）	内地居民登记离婚数（万对）	涉外华侨港澳台登记离婚数（对）	法院部门办理离婚数（万对）	每千居民之离婚宗数（粗离婚率）（‰）
1978	28.5	17.0	17		11.5	0.18
1979	31.9	19.3	19.3	82	12.6	0.33
1980	34.1	18.0	18	330	16.1	0.35
1981	38.9	18.7	18.7	46	20.2	0.39
1982	42.8	21.1	21.1	116	21.7	0.42
1983	41.8	19.7	19.7	126	22.1	0.42
1984	45.4	19.9	19.9	110	25.5	0.40
1985	45.8	19.6	19.6	108	26.2	0.44
1986	50.6	21.4	21.4	205	29.2	0.47
1987	58.1	23.6	23.6	220	34.5	0.55
1988	65.5	26.4	26.4	310	39.1	0.60
1989	75.3	28.8	28.7	518	46.5	0.68
1990	80.0	30.1	30	602	49.9	0.69
1991	83.1	30.1	30	588	53	0.72
1992	85.0	31.6	31.5	833	53.4	0.74
1993	91.0	33.6	33.5	968	57.4	0.77
1994	98.2	35.5	35.4	737	62.7	0.82
1995	105.6	36.8	36.7	813	68.8	0.88
1996	113.4	39.4	39.3	1175	74	0.93
1997	119.9	44.0	43.9	1385	75.9	0.97
1998	119.2	46.6	46.5	948	72.6	0.96
1999	120.2	47.8	47.7	975	72.4	0.96
2000	121.3	48.9	48.8	1075	72.4	0.96
2001	125.0	52.8	52.5	2856	72.2	0.98
2002	117.7	57.3	56.8	5221	60.4	0.90
2003	133.0	69	68.7	3333	64	1.05
2004	166.5	104.6	104.0	5830	61.9	1.28
2005	178.5	118.4	117.5	8267	60.1	1.37
2006	191.3	129.1	128.3	8414	62.2	1.46
2007	209.8	145.7	144.8	8852	64.1	1.59
2008	226.9	161.0	160.0	9470	65.9	1.71
2009	246.8	180.2	179.6	5608	66.6	1.85
2010	267.8	201.0	200.4	5783	66.8	2.00
2011	287.4	220.7	220.2	5761	66.7	2.13
2012	310.4	242.3	241.7	6161	68.1	2.29

每千居民之离婚宗数（粗离婚率）计算方法：

$$每千居民之离婚宗数=\frac{离婚宗数}{（当年期初人口数+当年期末人口数）/2}\times 1000‰$$

B-3-5 殡葬服务

年　份	殡仪馆（个）	公墓（个）	殡葬管理机构（个）	火化炉数（台）	火化遗体数（万具）	火化率（%）
1978				1712	117.5	
1979				2300	102.1	
1980				2510	98.7	
1981				2586	85.4	
1982				2622	96.2	
1983				2622	108.0	
1984				2686	128.2	
1985	9	24	122	2729	155.2	
1986	5	25	143	2745	155.5	26.2
1987	6	29	195	2752	162.0	27.0
1988	14	37	219	2729	180.9	29.5
1989	17	50	217	2768	182.3	30.1
1990	1260	73	211	2795	201.3	31.5
1991	1283	84	234	2714	215.6	34.0
1992	1288	88	228	2852	242.6	31.2
1993	1264	136	296	2891	247.6	31.6
1994	1272	163	284	2882	257.1	33.4
1995	1281	209	302	2927	262.7	33.2
1996	1283	256	313	3005	282.7	35.2
1997	1289	359	340	2959	295.0	36.8
1998	1310	425	374	3157	319.7	39.6
1999	1318	624	402	*3340*	336.4	41.5
2000	1363	692	466	*3565*	373.7	46.0
2001	1415	757	540	4299	386.7	47.3
2002	1486	854	542	3945	415.2	50.6
2003	1515	855	599	4159	434.9	52.7
2004	1549	937	633	4792	436.9	52.5
2005	1594	1009	681	5037	450.2	53
2006	1635	1109	805	5649	430.2	48.2
2007	1708	1162	799	4838	442.1	48.4
2008	1692	1209	853	4789	453.4	48.5
2009	1729	1266	901	5123	454.2	48.2
2010	1724	1308	919	5229	474.1	49
2011	1745	1406	952	5209	468.1	48.8
2012	1782	1597	978	5539	477.7	49.5

注：斜体下划线数据经过修正。1989年以前部分数据统计不完全。

地区统计资料

05

C-1-1 省级行政区划

地 区	面积（万平方千米）	省级合计（个）	直辖市	省	自治区	特别行政区
全 国	**960**	**34**	**4**	**23**	**5**	**2**
北 京	1.68	1	1			
天 津	1.1	1	1			
河 北	19	1		1		
山 西	15	1		1		
内蒙古	110	1			1	
辽 宁	15	1		1		
吉 林	18	1		1		
黑龙江	46	1		1		
上 海	0.58	1	1			
江 苏	10	1		1		
浙 江	10	1		1		
安 徽	13	1		1		
福 建	12	1		1		
江 西	16	1		1		
山 东	15	1		1		
河 南	16	1		1		
湖 北	18	1		1		
湖 南	21	1		1		
广 东	18	1		1		
广 西	23	1			1	
海 南	3.4	1		1		
重 庆	8.23	1	1			
四 川	48	1		1		
贵 州	17	1		1		
云 南	38	1		1		
西 藏	120	1			1	
陕 西	19	1		1		
甘 肃	39	1		1		
青 海	72	1		1		
宁 夏	6.6	1			1	
新 疆	160	1			1	
香 港		1				1
澳 门		1				1
台 湾		1		1		

C-1-2 地级与县级行政区划

单位:个

地 区	地级合计	地级市	地区	自治州	盟	县级合计	市辖区	县级市	县	自治县	旗	自治旗	特区	林区
全 国	**333**	**285**	**15**	**30**	**3**	**2852**	**860**	**368**	**1453**	**117**	**49**	**3**	**1**	**1**
北 京						16	14		2					
天 津						16	13		3					
河 北	11	11				172	37	22	107	6				
山 西	11	11				119	23	11	85					
内蒙古	12	9			3	101	21	11	17		49	3		
辽 宁	14	14				100	56	17	19	8				
吉 林	9	8		1		60	20	20	17	3				
黑龙江	13	12	1			128	64	18	45	1				
上 海						17	16		1					
江 苏	13	13				102	55	23	24					
浙 江	11	11				90	32	22	35	1				
安 徽	16	16				105	43	6	56					
福 建	9	9				85	26	14	45					
江 西	11	11				100	19	11	70					
山 东	17	17				138	48	30	60					
河 南	17	17				159	50	21	88					
湖 北	13	12		1		103	38	24	38	2				1
湖 南	14	13		1		122	35	16	64	7				
广 东	21	21				121	56	23	39	3				
广 西	14	14				109	34	7	56	12				
海 南	3	3				20	4	6	4	6				
重 庆						38	19		15	4				
四 川	21	18		3		181	45	14	118	4				
贵 州	9	6		3		88	13	7	56	11			1	
云 南	16	8		8		129	13	11	76	29				
西 藏	7	1	6			74	1	1	72					
陕 西	10	10				107	24	3	80					
甘 肃	14	12		2		86	17	4	58	7				
青 海	8	1	1	6		43	4	2	30	7				
宁 夏	5	5				22	9	2	11					
新 疆	14	2	7	5		101	11	22	62	6				

C-1-3 乡镇级行政区划

单位:个

地 区	乡镇级合计	镇	乡	#民族乡	街道办事处	区公所
全 国	**40446**	**19881**	**13281**	**1064**	**7282**	**2**
北 京	325	144	38	5	143	
天 津	245	123	11	1	111	
河 北	2234	1019	940	51	274	1
山 西	1397	564	632		201	
内蒙古	1010	490	277	18	243	
辽 宁	1515	615	270	68	630	
吉 林	895	429	189	28	277	
黑龙江	1278	485	409	55	384	
上 海	208	108	2		98	
江 苏	1281	836	96	1	349	
浙 江	1341	650	279	14	412	
安 徽	1509	923	334	9	252	
福 建	1104	609	320	19	175	
江 西	1540	802	596	8	142	
山 东	1824	1094	113		617	
河 南	2399	1014	827	12	558	
湖 北	1232	746	188	10	298	
湖 南	2388	1131	952	97	305	
广 东	1586	1131	11	7	444	
广 西	1243	715	411	58	117	
海 南	222	183	21		18	
重 庆	1012	604	220	14	188	
四 川	4660	1831	2549	98	280	
贵 州	1518	729	710	236	79	
云 南	1365	659	584	142	122	
西 藏	693	140	543	9	10	
陕 西	1418	1136	80		202	
甘 肃	1345	470	758	34	117	
青 海	396	138	228	28	30	
宁 夏	237	101	92		44	
新 疆	1026	262	601	42	162	1

C-1-4 民政部门

地区	单位数	年末职工人数	#女性	受教育程度		职业资
				大学专科人数	大学本科及以上人数	助理社会工作师人数
全国	**3493**	**92749**	**29743**	**37651**	**37090**	**1163**
中央级	1	346	91	19	326	
北京	18	1126	437	239	801	62
天津	20	602	164	178	388	
河北	194	6032	2224	2276	1888	111
山西	131	2627	797	1165	930	19
内蒙古	116	2894	950	1412	999	
辽宁	119	2909	907	1146	1536	23
吉林	76	1475	391	539	763	7
黑龙江	146	2583	957	1119	1157	31
上海	19	755	277	168	517	32
江苏	124	3509	920	1132	1950	127
浙江	102	2501	620	932	1249	9
安徽	122	2701	679	1090	1165	32
福建	97	1766	367	676	673	17
江西	115	3087	930	1066	1001	24
山东	182	6578	2050	2625	3038	102
河南	181	8117	2928	3630	2507	124
湖北	117	4097	1202	1831	1527	33
湖南	146	6346	2171	2385	2277	27
广东	146	3890	1167	1578	1673	60
广西	128	2375	735	1044	960	36
海南	23	626	196	273	205	1
重庆	41	1200	340	479	641	
四川	206	5190	1788	2286	1912	143
贵州	98	2887	902	1416	987	11
云南	148	4283	1393	1788	1560	17
西藏	82	907	413	364	270	2
陕西	118	3428	926	1479	1170	15
甘肃	101	2833	824	1052	1027	46
青海	55	816	293	332	296	32
宁夏	28	682	219	273	367	2
新疆	293	3581	1485	1659	1330	18

行政机构

单位：个、人

格水平	年龄结构				志愿服务	
社会工作师人数	35岁及以下人数	36岁至45岁人数	46岁至55岁人数	56岁及以上人数	志愿者服务人次数	志愿服务时间
1114	**23319**	**34638**	**27714**	**7078**	**333161**	**742868**
	126	90	77	53		
27	268	373	381	104		
	90	166	271	75	2160	7090
92	1745	2289	1634	364	1973	25545
12	671	934	858	164	179	252
8	665	1099	946	184	76	1550
41	604	930	1042	333		
15	271	597	514	93	10	
18	638	996	829	120	33	18
71	154	214	258	129	2657	1260
150	605	1192	1275	437	30346	67407
27	435	746	1002	318	1870	5925
115	460	1048	926	267	21589	48609
24	286	639	657	184	12815	54632
23	614	1242	954	277	638	2228
79	2067	2513	1687	311		
128	2849	2922	1825	521	17	68
15	754	1493	1367	483	229	618
30	1963	2401	1478	504	111134	22535
65	976	1321	1217	376	6437	16119
54	318	933	910	214	120	8
5	121	240	196	69	642	1200
5	204	411	437	148	506	3290
15	1153	2085	1596	356	135189	444902
3	683	1211	862	131	182	2719
21	871	1663	1501	248	620	740
5	422	346	127	12	1	8760
12	956	1229	981	262	1065	5365
29	908	1081	703	141	1833	7719
7	181	383	225	27		
7	154	288	187	53	58	11624
11	1107	1563	791	120	782	2685

C-1-4续表

地　区	职工按行政级别分				乡、镇、街道民政助理员
	中央级	省级	地级	县级	
全　国	**346**	**3667**	**13893**	**74843**	**52210**
中央级	346				
北　京		221		905	707
天　津		143		459	375
河　北		111	647	5274	3256
山　西		89	399	2139	1450
内蒙古		79	463	2352	1553
辽　宁		89	669	2151	1110
吉　林		89	295	1091	286
黑龙江			665	1918	453
上　海		178		577	379
江　苏		172	678	2659	1691
浙　江		106	429	1966	1988
安　徽		121	509	2071	1931
福　建		121	309	1336	1689
江　西		79	416	2592	1293
山　东		145	891	5542	2681
河　南		151	882	7084	2409
湖　北		108	553	3436	1577
湖　南		181	734	5431	5296
广　东		135	948	2807	1085
广　西			545	1830	2640
海　南		81	96	449	308
重　庆		186		1014	2860
四　川		133	767	4290	2902
贵　州		112	362	2413	3587
云　南		142	689	3452	1851
西　藏		91	204	612	27
陕　西		150	503	2775	3930
甘　肃			518	2315	1688
青　海		98	158	560	368
宁　夏		144	101	437	276
新　疆		212	463	2906	564

单位：人、万元

执行行政事业单位会计制度财务指标					
固定资产原价	上年结转和结余	本年收入合计	本年支出合计	经营支出	行政事业单位增加值
3440953.1	**783899**	**10311808.4**	**7086294.2**		**1927007.4**
38392.2	26119.6	69756.2	78114.9		10474.1
31295.8	48741	325917.9	301299.5		53042.5
7066	555.4	16822.8	16940.9		12344.1
49038.9	4103.9	294126.8	308574.4		104199.4
32122.8	6437.6	73207.3	73026.9		22435.2
29467.6	3489.7	63732.8	60117.4		24513.4
328089.7	10221.4	114005.5	118000.8		56838.9
622988.8	2518	1281324.6	1263653.6		64395.6
26282.6	1030.6	94292.9	92152.4		28956.3
17811.3	60709.7	226929.5	216824.7		76950.3
64550.3	23638.1	319702.3	320102.7		144598.8
51561.2	38918.8	523889.7	516308.2		192642.3
51944.8	9227.9	203277.6	197098.7		66663.8
25978.3	14114.7	192029.1	186390.3		70288
31473.6	15960.4	60281.8	64936.1		16381.6
89641	9858.8	212418.4	216594		108673.8
34012.8	16008	181089.9	173966.8		74984.7
82319.4	4852.3	98811.1	93110.8		41214.5
68578.2	980.9	285553.7	284303.5		135763.9
145238.3	27415.9	630330.2	624404.1		146866.6
1185171.9	195458.3	3550544.3	399685.3		83896.2
10990.9	18673.5	122944	125214.7		16232.1
32991.2	4299.4	74474.8	72613.9		24949.1
77996	12506.7	264438.1	239493.6		87993.9
37560.3	34825.4	177367.4	172509.8		42325.8
83481.9	108048.6	315697.9	324609.6		56780.1
23337.3	1818.2	28097.6	26862.8		3816.8
38207.9	3170.4	118399.9	119383.4		51458.7
18456.2	48804.8	27646.3	40489.7		15448.8
16250.9	3352.8	143480	143157.9		32382.2
27223.7	10273.5	43176	40910		11669.8
61431.3	17764.7	178042	175442.8		47826.3

C-1-5 社会服务

地 区	单位数	年末职工人数		受教育程度		职业资
			#女性	大学专科人数	大学本科及以上人数	助理社会工作师人数
全 国	**1366650**	**11446911**	**3476133**	**1844095**	**1048249**	**36436**
中央级	2156	26688	13015	617	21439	614
北 京	22507	225933	93649	50597	61288	4774
天 津	11062	97284	42273	23918	21768	1442
河 北	76052	504767	128194	64908	31463	883
山 西	45413	329690	85690	54156	23837	257
内蒙古	26009	174112	55284	41595	16128	143
辽 宁	43812	467879	153572	76676	43731	1430
吉 林	22179	189062	46435	31974	9253	1241
黑龙江	28770	268177	103702	52302	17411	828
上 海	21495	315189	105326	49779	20755	1957
江 苏	85571	896270	294198	150248	93095	5592
浙 江	81194	768738	261638	131159	64674	2366
安 徽	43528	410965	88910	58188	27113	1026
福 建	38952	355095	82798	34718	27279	763
江 西	36915	313021	93083	31490	12759	982
山 东	133737	837432	234114	196716	109407	1313
河 南	78501	501756	136030	83780	44199	978
湖 北	62975	429434	147618	94348	31013	590
湖 南	73241	457348	137801	74203	28000	668
广 东	74955	700406	262823	119992	81026	3305
广 西	33609	425589	88706	43750	27090	1176
海 南	7136	43248	13663	5539	5192	47
重 庆	28435	263425	93656	45161	36322	769
四 川	94485	794354	283063	135282	102316	1258
贵 州	34696	265121	59425	27691	11438	335
云 南	32418	441800	123411	47024	29632	565
西 藏	6222	33677	8532	1377	284	2
陕 西	49333	395122	93870	38727	15646	330
甘 肃	32098	241146	54872	28377	11222	252
青 海	7997	41069	10125	3243	998	138
宁 夏	7640	65130	19785	11253	4999	111
新 疆	23557	167984	60872	35307	17472	301

总表

单位:个、人

格水平	年龄结构				志愿服务	
社会工作师人数	35岁及以下人数	36岁至45岁人数	46岁至55岁人数	56岁及以上人数	志愿者服务人次数	志愿服务时间
17101	**3481761**	**4514740**	**2541925**	**908485**	**12932750**	**36396342.8**
189	10894	7638	5339	2817		
2051	62281	80893	57211	25548	7126144	14220494.2
328	27987	34982	25236	9079	294027	1769096.5
439	145460	219228	113722	26357	59433	662446
219	102174	119549	77126	30841	7963	6865
130	51949	71796	39181	11186	15108	31298.8
619	118942	171223	113772	63942	159496	247385
1928	58568	82688	41277	6529	1127	23838
289	106910	101032	49359	10876	8454	1899
999	80271	126069	78254	30595	47770	110091
1792	262574	346957	216168	70571	553095	1588413.9
1114	251745	303266	166968	46759	954877	1623669.5
402	101312	173626	96811	39216	117851	409552.4
363	78499	120040	97566	58990	28116	88683
302	92457	147261	58031	15272	7260	20048.4
693	263858	344988	177432	51154	1068748	2514181.2
463	170217	206156	96678	28705	2797	4537.7
199	128534	175465	100850	24585	205265	503563.5
459	134833	195668	94899	31948	163889	597022
2244	317825	200919	136884	44778	973238	2167756.5
334	105015	160550	115178	44846	80817	158119
8	12340	19986	7650	3272	2400	5610
233	86871	98753	54719	23082	666120	1911517
439	263262	302517	143678	84897	79080	478025.5
54	70447	117054	56296	21324	215835	6929184
148	135277	179958	92281	34284	2409	5213
	6349	11472	10460	5396	483	617.7
141	99379	145147	118217	32379	30751	182861
299	49269	133447	42982	15448	18752	42871
29	10093	17721	10700	2555	13498	
33	17914	32153	13144	1919	212	430
161	58255	66538	33856	9335	27735	91053

C-1-5续表

地 区	增加值合计	执行企业会计制度单位财务指标					执行行政	
		固定资产原价	营业收入	费用合计	营业利润	企业单位增加值	固定资产原价	上年结转和结余
全 国	**21288721**	**21730337.8**	**53181635.2**	**7085991.4**	**1541142.7**	**7368305.4**	**25622077.7**	**1507458.4**
中央级	200703.5	32019.9	20153.5	12771.8	-2689	4835.3	170820.6	37710
北 京	1217051.4	2483548.7	1226529.2	363556.6	25966.9	272071.1	736187.6	249856.5
天 津	337464.2	258527.8	880219.7	476609.2	21800.9	130236.1	322578.7	22465.7
河 北	530356.8	678476	1465671.5	142090.5	44866.5	170982.6	1011509.8	32030.2
山 西	346072.9	355786.6	522095.3	36380.3	-2387.9	70991.6	884403.7	16501.1
内蒙古	179218.7	84657.6	157654.1	48316.8	6004.2	25072.2	254310.5	19189.8
辽 宁	931756.4	883038	2336166.2	374266.1	74865.4	436377.8	641963.5	28959.3
吉 林	250293.7	206762.8	350888.7	56065.9	12949.8	74515.2	189792.4	14527
黑龙江	305500.2	167001.5	247702	92254.3	9575.1	56922.7	815043.7	62897.5
上 海	1519484	1506213.1	3083983.7	380722.2	175700.1	847268.5	1034794.7	91830.1
江 苏	2861298.8	3813029.7	12527634	1613431.4	325427.2	1264796.3	2875807.5	168815.1
浙 江	3112826.7	6002606.7	17290367.6	1863655.4	524933.1	1939491.3	4448729.9	141803.1
安 徽	449494.7	165291.6	947496.3	70955.6	11055.8	64502.7	737878	12630.2
福 建	246026.9	247916.8	410282.9	51737.3	6155.9	47145.8	291837.1	25590.4
江 西	291566.8	113452.8	2509866.7	21784.3	2753.5	16498.1	325610.4	14750.4
山 东	2225005.7	1039503.1	1596282.5	397665.8	135061.2	586470	1735724.3	10275.5
河 南	420047.6	345415.5	665942.1	137065.6	17585.3	125336.3	584914	14581.2
湖 北	685370.2	290132.4	572872.2	112966.5	20923	125550.2	850352.7	17957.6
湖 南	503080.2	302807.8	591487.2	83974	3241.5	84546.4	678414.7	8435.7
广 东	1648661.5	260450.7	394501.2	42923.1	9926.1	59241.2	3323196.1	184629.8
广 西	187887.9	70351.2	368770.9	13762.8	-2025.8	23264	359009.8	16048.8
海 南	46691.4	32801.4	53080.4	7701.1	980	6076.6	54167.3	11895.3
重 庆	754615.2	605808.5	1828953.6	212871.7	25428.3	489931.9	355779.5	20573.4
四 川	722431.3	480531.2	1252155.6	138075.9	34354.3	202454.7	946934.7	64105.8
贵 州	183417.9	110507.7	63528.9	15432.1	3865.6	14875.7	164664.4	14206.9
云 南	433044.9	653250	1012681.8	190939.8	14476.4	97125.9	620508.5	109649.3
西 藏	5701.3	4120.3	284	164.8	14	56	93883.4	
陕 西	322684.4	168659.3	401851.1	70254.1	23701.1	67867.2	418219.5	51164.4
甘 肃	120085.1	34650.1	18228.3	5772.1	1909	5108.3	263687.8	7363.4
青 海	19226.4	9569.6	13040.2	3789.3	191.3	2757.3	27813.5	786.1
宁 夏	52857.5	124964.2	102456.7	11360.8	7795.3	20697.9	83422	9288.8
新 疆	178798.5	198485.2	268807.1	36674.2	6738.6	35238.8	320117.4	26940

单位：万元

事业单位会计制度财务指标				执行民间非营利组织单位会计制度财务指标				
本年收入合计	本年支出合计	经营支出	行政事业单位增加值	固定资产原价	上年结余	本年收入合计	本年费用合计	民间非营利组织单位增加值
17448178.5	**16480730.3**	**171377.5**	**8037063.4**	**19401994.4**	**15792376.6**	**22683941.5**	**16430526.2**	**5883450.3**
344871.4	352309.3	802.2	49536.5	614422.8		3589071.3	2784876.5	146331.7
1107171.7	1104313.6	71501.1	701964.1	1055360.6	1217575.5	1247455.7	1114354.4	243016.2
337670.2	322858.3	10194.6	158553.5	90428.6	16643.5	198730.3	136053.9	48674.6
556084.1	559128	1612.2	245808.9	666911.5	1779.4	205200.1	223034.5	113565.3
610902.4	674254.3		152628.2	229932.6	9744	138254.1	158106	122453.1
234197.2	226462.2	301.4	116223.7	95137.8	534.6	79457.3	78243.8	37922.8
597276.1	550619.6	4430.4	290553.4	1020478.4	1923.6	460701.8	375104.4	204842.2
345842.7	255682.8	314	159986.9	70010.6	757	119148	105892	15791.6
195966.4	259449.6	207	132046.4	282841.3	2741.6	44053.4	244344.6	116531.1
909664.4	687837.1	2937.7	212346.1	390384.6	1254539.4	2888875.8	1599810.2	459869.4
2103185.2	2143397.7	5549.4	842423.3	2703998.2	1112869.5	2518482.1	1993060.5	754082.2
1795782.9	1504180	10890.6	764226.9	1720187.1	571662.8	1481265.8	1518489.6	409108.5
352224	335023.6	2634.7	206563.6	766734	9113.6	475967	398227.9	178428.4
302556.6	269216.6	1169.9	108242.8	410681.1	77243.9	184961.1	189429.3	90638.3
181036.6	173627.9	604.5	88625.5	290637.1	989.1	254832.5	265180.4	186443.2
1751871.7	1746321.5		952165.1	1152350.9	659.4	1004222.8	972488.2	686370.6
413371.1	396496.4	66.2	190515.9	362859.8	9607.9	207238.5	220293.9	104195.4
624139.4	606359	3000.8	311826.1	543843.5	8536.2	541471.7	513315.6	247993.9
667792.6	650488.1	826.8	309623.4	311371	65219.3	268355.8	251540.9	108910.4
1705643.6	1563718	48404.4	767354.3	2474360.2	217306	2020459.4	1407589	822066
175791.3	161659.5	20.1	115406.6	224713.9	99430.2	209401.1	75908.5	49217.3
60970.6	58886.8	118.2	25544.6	93468	192	20284	21020.4	15070.2
240222.3	231412.1	736.3	136489.2	580638.9	185855.9	355117.2	311711.3	128194.1
567306.1	549960.3	2885.4	300294.9	644331.3	10693285.5	2194871	743104.2	219681.7
144976.5	118669.7	58.4	78932.8	429479.4	5255.8	216421.9	130454.4	89635.5
301673.7	270487.6	762.6	197161.3	1341069.5	196940	218509.9	229616.7	138757.7
8013.5	8178.6		4694.9	2892.6	12292.4	2078.5	2073.5	950.4
349035.9	300962.9	507	211749.2	485254.3	3816.2	37455.6	71823.2	43068
183973.4	136693.8	380.2	71294	130836.9	10474.8	1383362.5	58562.3	43682.8
24823.1	20855.3		8728	58168.3	1281	31844.1	24885	7741.1
38781.5	35548.7		18584.4	91417.5	1299	27534.8	158584.6	13575.2
215360.3	205671.4	461.4	106970.3	66792.1	2807.5	58856.4	53346.5	36641.4

C-1-6 社会服务

地 区	社会服务综合指数 (%)	每万人口社会服务机构 (个/万人)	每万人口社会服务职工 (人/万人)	每百万人口社工助工师 (人/百万人)	社会服务增加值占第三产业增加值比重 (万元/亿元)	每千人口固定资产原值 (万元/千人)
全 国	**100.0**	**10.1**	**84.5**	**62.1**	**91.9**	**49.3**
中央级						
北 京	228.0	10.9	109.2	566.6	89.5	206.6
天 津	105.9	7.8	68.8	132.4	55.8	47.5
河 北	82.4	10.4	69.3	26.1	56.5	32.3
山 西	84.9	12.6	91.3	31.2	78.6	40.7
内蒙古	77.2	10.5	69.9	15.3	32.5	17.4
辽 宁	117.3	10.0	106.6	73.4	100.1	58.0
吉 林	72.2	8.1	68.7	57.3	60.3	17.0
黑龙江	78.1	7.5	69.9	47.5	59.7	33.0
上 海	153.4	9.0	132.4	169.7	126.0	123.2
江 苏	162.0	10.8	113.2	133.2	121.7	118.6
浙 江	187.0	14.8	140.4	132.4	199.2	222.2
安 徽	93.5	7.3	68.6	34.0	79.9	27.9
福 建	90.7	10.4	94.7	58.6	32.2	25.4
江 西	80.3	8.2	69.5	33.0	65.4	16.2
山 东	120.9	13.8	86.5	44.6	111.3	40.6
河 南	71.6	8.4	53.3	24.0	46.6	13.8
湖 北	99.4	10.9	74.3	34.2	83.5	29.2
湖 南	83.6	11.0	68.9	28.7	58.2	19.5
广 东	108.3	7.1	66.1	134.1	62.5	57.2
广 西	67.7	7.2	90.9	32.3	41.5	14.0
海 南	59.9	8.1	48.8	11.3	34.8	20.3
重 庆	110.7	9.7	89.4	34.2	173.6	52.4
四 川	90.5	11.7	98.4	28.3	90.7	25.7
贵 州	76.1	10.0	76.1	11.6	56.3	20.2
云 南	80.4	7.0	94.8	17.9	102.2	56.1
西 藏	34.3	20.2	109.3	2.3	15.3	32.8
陕 西	95.3	13.1	105.3	18.6	64.5	28.6
甘 肃	73.1	12.5	93.5	17.6	52.9	16.7
青 海	42.4	14.0	71.7	36.0	31.2	16.7
宁 夏	76.2	11.8	100.7	28.4	54.6	46.3
新 疆	67.2	10.6	75.2	26.7	69.2	26.2

综合指数

社会服务经费占财政支出的千分比重(‰)	每千人口社会服务经费(万元/千人)	每百万人口乡镇街道数(个/百万人)	万人口社会服务床位(张/万人)	千老年人口养老床位(张/千人)	每十万人口孤儿数(人/十万人)	每百万人口家庭收养儿童数(件/百万人)
29.3	**27.2**	**29.9**	**33.2**	**21.5**	**42.1**	**20.2**
34.2	60.9	15.7	62.5	39.9	12.0	8.1
20.7	31.4	17.3	30.1	19.5	6.4	12.5
35.3	19.7	30.7	28.8	18.8	21.9	6.2
33.9	25.9	38.7	19.2	12.2	43.1	8.4
32.9	45.3	40.6	30.8	19.9	27.7	9.5
34.4	35.7	34.5	42.5	27.3	18.7	5.5
31.0	27.8	32.6	32.9	20.2	21.5	2.2
36.3	30.1	33.3	29.7	18.7	22.8	2.0
17.4	30.6	8.7	49.3	32.7	9.3	21.1
28.0	24.9	16.2	55.0	36.7	24.7	36.3
30.1	22.9	24.5	49.0	33.1	10.7	74.7
35.9	23.7	25.2	46.2	30.7	46.7	19.9
23.6	16.4	29.5	19.4	11.3	17.9	28.7
35.6	23.9	34.2	36.3	24.3	63.7	55.9
37.0	22.6	18.8	42.4	28.4	19.1	22.5
34.8	18.5	25.5	31.0	20.6	50.9	8.3
40.7	26.5	21.3	43.8	28.6	51.8	13.8
48.6	30.2	36.0	27.1	17.3	77.9	15.1
22.6	15.8	15.0	16.5	9.7	41.9	24.1
39.3	25.1	26.6	12.9	7.9	44.3	33.1
26.4	27.1	25.0	16.7	11.2	34.6	21.2
29.8	30.8	34.4	42.7	28.4	66.5	12.5
43.6	29.4	57.7	46.1	29.5	37.4	14.4
45.3	35.8	43.6	16.9	10.0	61.6	12.4
48.4	37.1	29.3	15.4	9.3	72.9	24.6
17.1	50.4	225.0	31.2	16.3	181.0	4.6
42.8	38.0	37.8	23.7	15.0	37.2	12.1
51.1	40.8	52.2	21.1	12.9	89.1	5.4
29.5	59.6	69.1	18.8	10.2	285.4	14.8
25.5	34.0	36.6	15.3	8.7	110.3	7.6
36.1	44.0	46.0	24.7	13.2	121.2	19.2

C-1-6续表

地 区	每百人口流浪救助人次（人次/百人）	每十万人口福利企业残疾职工人数（人/十万人）	城市低保平均标准（十元/人、月）	农村低保平均标准（十元/人、月）	五保集中供养平均标准（十元/人、月）	五保分散供养平均标准（十元/人、月）	每万人口优抚对象人数（人/万人）
全 国	**20.4**	**44.1**	**33.0**	**17.2**	**33.8**	**25.1**	**69.8**
中央级							
北 京	121.4	58.4	52.0	42.7	92.3	92.3	20.6
天 津	13.0	53.8	52.0	37.0	60.9	49.2	32.2
河 北	12.3	29.0	33.5	15.4	28.9	20.4	80.7
山 西	21.8	48.2	30.8	14.6	33.3	21.2	48.9
内蒙古	26.3	22.3	40.8	24.2	48.1	33.0	27.6
辽 宁	12.0	106.5	36.7	20.7	42.1	25.8	50.8
吉 林	20.0	30.5	29.1	14.4	29.9	19.6	42.7
黑龙江	8.2	27.7	32.4	15.7	29.9	21.9	39.6
上 海	15.2	138.2	57.0	43.0	64.3	64.3	16.5
江 苏	8.5	134.7	43.4	35.3	52.5	45.3	66.1
浙 江	10.3	178.5	46.3	33.1	60.3	53.5	38.4
安 徽	26.6	12.9	33.9	17.9	28.7	18.8	83.7
福 建	22.5	26.5	32.4	17.5	34.6	30.1	51.7
江 西	27.1	28.5	34.6	17.3	24.8	19.9	75.7
山 东	12.6	39.6	36.4	18.2	33.0	21.5	109.0
河 南	15.3	30.9	27.2	11.8	26.0	14.9	82.5
湖 北	36.3	30.1	33.5	13.2	22.0	15.6	90.5
湖 南	38.1	29.0	30.5	14.4	35.9	19.7	133.3
广 东	14.6	5.3	31.4	22.0	43.5	39.1	39.6
广 西	12.1	7.3	27.0	11.5	29.9	22.9	63.7
海 南	16.8	10.7	31.6	23.7	32.2	29.9	31.8
重 庆	20.6	90.0	32.6	18.4	36.0	29.8	98.9
四 川	30.3	30.7	27.7	13.1	27.4	21.0	104.5
贵 州	26.2	3.9	30.8	13.6	18.4	12.1	75.7
云 南	12.6	36.9	28.4	14.0	28.5	18.8	81.2
西 藏	43.9	4.0	40.0	13.3	20.3	20.0	17.0
陕 西	22.6	14.2	36.3	16.7	43.2	38.0	74.8
甘 肃	11.9	5.3	25.1	13.3	25.3	23.3	44.5
青 海	40.9	10.4	31.1	16.6	33.1	31.0	23.8
宁 夏	20.2	42.3	25.3	11.5	32.4	21.7	14.1
新 疆	9.8	26.2	26.1	12.9	45.0	31.4	16.0

每千人口福利彩票销售（万元/千人）	社区服务设施覆盖率（%）	城市社区服务中心（站）覆盖率（%）	每十万人口社会组织（个/十万人）	每十万人口村居委会个数（个/十万人）	每百人口结婚对数（对/百人）	每百人口离婚对数（对/百人）	火化率（%）
11.2	**29.5**	**72.4**	**36.9**	**50.2**	**97.8**	**22.9**	**49.5**
24.5	152.0	101.1	38.6	32.7	84.2	23.5	59.5
16.1	25.8	60.7	30.0	36.3	71.8	25.7	64.2
7.5	10.6	51.8	22.7	71.6	102.3	23.5	48.6
7.1	6.7	72.5	31.7	83.5	100.5	14.6	7.5
11.3	14.3	67.0	39.4	54.1	83.4	28.3	35.2
18.2	26.4	82.1	47.0	35.2	85.0	32.2	88.6
9.3	5.3	22.6	31.0	40.5	83.6	40.3	58.6
9.3	18.5	63.1	34.7	30.6	90.1	40.9	63.2
16.1	62.7	70.4	45.1	23.2	60.6	22.2	71.7
16.9	98.3	101.5	54.4	27.2	112.1	22.9	87.7
18.7	75.7	75.3	58.2	59.9	80.7	22.4	80.4
7.3	28.1	73.8	31.3	30.3	127.7	22.3	64.1
9.9	13.1	82.7	48.2	44.5	101.9	20.0	70.3
7.8	16.0	43.0	27.3	44.6	93.5	16.8	29.5
12.6	29.6	104.3	41.8	80.7	96.4	20.3	91.2
6.1	6.0	28.8	22.4	54.5	126.7	17.0	44.2
10.5	25.9	98.8	43.0	51.2	106.6	23.5	53.5
8.0	18.0	46.8	29.1	70.5	97.0	23.4	15.5
16.0	145.8	100.2	33.3	24.2	82.2	14.7	60.5
8.2	6.3	30.5	31.6	34.5	105.0	18.3	21.0
16.2	2.3	14.8	41.9	34.3	112.1	13.6	3.6
13.0	34.8	77.3	40.4	37.3	101.4	42.7	34.2
7.4	9.1	42.3	40.4	65.6	92.7	31.1	34.1
5.2	57.9	69.7	21.4	57.2	119.9	23.3	25.9
9.6	7.6	45.8	32.8	30.4	90.0	17.6	14.5
10.0	0.7	19.3	14.3	177.1	45.1	4.3	3.2
13.4	9.7	107.6	43.3	76.8	99.6	18.9	17.6
8.9	23.4	143.1	40.4	67.1	65.0	12.8	9.1
13.1	2.8	28.9	51.0	80.6	79.7	18.6	19.9
14.0	45.8	106.8	63.8	41.5	93.9	23.2	8.6
12.4	18.3	65.6	39.5	50.9	117.7	46.2	18.1

C-1-7 社会工作师、助理

地区	社会工作师和助理社会工作师累计合格人数	社工师		
		累计合格人数	#当年考试通过人数	当年报考人数
全国	**84126**	**19525**	**6104**	**34245**
北京	11723	2366	726	2914
天津	1871	346	98	604
河北	1901	699	143	904
山西	1127	424	87	716
内蒙古	381	119	37	421
辽宁	3221	764	261	1895
吉林	1575	151	72	2042
黑龙江	1820	387	147	1096
上海	4038	1333	377	1749
江苏	10551	2093	819	4091
浙江	7250	2037	664	2808
安徽	2033	433	93	511
福建	2198	537	181	1002
江西	1484	355	60	364
山东	4323	1361	338	1355
河南	2253	658	96	918
湖北	1977	291	82	1096
湖南	1907	522	125	785
广东	14210	2774	1119	4751
广西	1510	334	59	388
海南	100	19	12	43
重庆	1007	238	106	852
四川	2286	470	136	884
贵州	403	57	20	229
云南	833	180	95	513
西藏	7	3	0	2
陕西	697	165	18	207
甘肃	453	92	30	184
青海	206	36	9	80
宁夏	184	68	23	192
新疆	377	128	63	549
兵团	220	85	8	100

社工师人员情况

单位：人

	助工师			
当年实考人数	累计合格人数	#当年考试通过人数	当年报考人数	当年实考人数
26125	**64601**	**23846**	**92621**	**75509**
2430	9357	3492	11504	9954
472	1525	411	2190	1859
671	1202	285	1022	794
581	703	117	539	426
271	262	81	537	392
1524	2457	959	5077	4055
1553	1424	882	6032	5298
804	1433	479	2711	2049
1214	2705	1066	3863	2955
3106	8458	3489	11903	9959
1973	5213	1952	6150	4784
369	1600	303	1319	1015
774	1661	483	2191	1509
257	1129	231	802	663
1143	2962	913	2380	2035
751	1595	495	1366	1216
800	1686	873	4982	4234
608	1385	534	1916	1621
3720	11436	4913	17159	13722
318	1176	319	1146	995
39	81	35	89	79
641	769	365	1814	1421
666	1816	560	2448	1863
127	346	74	461	307
371	653	200	1051	744
2	4	0	2	2
159	532	105	402	365
136	361	97	351	272
61	170	20	216	153
147	116	21	205	161
382	249	86	734	571
55	135	6	59	36

C-1-8 社会服务职业

地　区	累计合格人数	2012年合格人数	养老护理员		假肢类技能人员	
			累计合格人数	2012年合格人数	累计合格人数	2012年合格人数
全　国	**89696**	**34931**	**5953**	**4220**	**1097**	**219**
中央级	2530	985	337	231	298	79
北　京	9960	5328	237	115	58	32
天　津	465	408	141	104	2	
河　北	441	299	272	166	10	
山　西	1664	1504	199	138		
内蒙古	1500	335	77	57	13	11
辽　宁	2206	232	152	112	84	
吉　林	2096	724	87	26	5	
黑龙江	2926	1321	380	164	4	
上　海	2626	882	6	5	118	11
江　苏	2649	991	37	11	104	34
浙　江	25679	11718	19	15	35	16
安　徽	2098	126	181	120	24	
福　建	63	7	1	1	4	
江　西	2049	458	52	30	11	6
山　东	4192	662	487	339	12	
河　南	2666	1540	603	471	63	
湖　北	2385	408	360	110	13	
湖　南	4206	793	122	77	20	4
广　东	3241	1346	725	703	73	
广　西	1086	443	357	341	76	15
海　南	35	15	14	12		
重　庆	3136	603	4	3	24	11
四　川	1983	1546	630	529	1	
贵　州	2099	314	244	191	8	
云　南	2049	774	57	48	23	
西　藏	24	20	0	0		
陕　西	303	148	73	45		
甘　肃	671	184	72	56		
青　海	37	15	8	0		
宁　夏	2234	666	17	0		
新　疆	397	136	2	0	14	

说明：1.以上数据为门诊部职业技能指导中心及分布在全国31个省、自治区、直辖市76个站人数和竞赛晋级人数（不含地方自行组织的人数）。
2.殡葬类职业包括：殡仪服务员（初中高技师4个级别）、遗体接运工（初中高3个级别）、遗体防腐师（初中高技师高级技师5个级别）、遗体整容师（初中高技师高级技师5个级别）、遗体火化师（初中高技师高级技师5个级别）、墓地管理员（初中高技师4个级别）。
3.假肢类职业包括：假肢师（初中高技师高级技师5个级别）、矫形器师（初中高技师高级技师5个级别）。

技能人员情况

单位：人

孤残儿童护理员		灾害信息员		殡葬类技能人员	
累计合格人数	2012年合格人数	累计合格人数	2012年合格人数	累计合格人数	2012年合格人数
4079	**2590**	**69401**	**25608**	**9166**	**2294**
360	203	705	196	830	276
151	79	8559	4948	955	154
11	5	246	234	65	65
83	77	11	0	65	56
95	87	1370	1279	0	0
142	122	1072	0	196	145
111	102	1573	0	286	18
88	81	1916	617	0	0
97	85	2312	1045	133	27
71	4	2420	862	11	
286	134	1869	735	353	77
221	90	25159	11455	245	142
15	6	1498	0	380	0
12	6	46	0	0	0
111	101	1760	304	115	17
183	152	3052	0	458	171
329	170	1499	899	172	0
203	100	1621	124	188	74
190	81	2157	224	1717	407
354	200	1238	219	851	224
95	87	177	0	381	0
12	3	1	0	8	0
142	87	2335	350	631	152
112	102	1083	915	157	0
90	81	1603	0	154	42
96	91	1517	524	356	111
8	4	0	0	16	16
223	103	7	0	0	0
12	3	479	102	108	23
24	15	5	0	0	0
44	32	2000	576	173	58
108	97	111	0	162	39

C-1-9 各省、自治区、直辖市

地 区	1952年	1953年	1954年	1955年	1956年	1957年
全 国	**28265**	**35484**	**60390**	**49842**	**56906**	**53119**
中央级	6	443	20619	8736	270	85
北 京	198	237	276	247	584	302
天 津	208	315	131	157	217	240
河 北	2849	4558	4764	4526	9681	6640
山 西	1253	1398	1531	1373	2096	1953
内蒙古	912	370	306	364	625	417
辽 宁	611	1434	1392	1298	1638	1339
吉 林	346	595	880	856	1331	1610
黑龙江	640	831	912	952	1442	1336
上 海	550	306	411	729	1121	1073
江 苏	1980	1993	2051	3003	4052	5051
浙 江	398	426	505	757	1430	988
安 徽	2051	4061	3382	3453	4748	4306
福 建	828	732	789	933	1473	866
江 西	1519	1040	1368	2253	1889	1802
山 东	2624	3993	5082	3975	3664	5261
河 南	1440	2745	2307	2494	4360	5539
湖 北	2719	1058	2765	2664	1306	1505
湖 南	1255	1089	3381	2205	2259	2177
广 东	1762	1454	1270	1407	2725	2729
广 西	516	645	735	700	1414	1589
海 南						
重 庆						
四 川	1583	2035	2052	2646	3570	2606
贵 州	368	686	633	567	618	494
云 南	630	695	875	740	908	599
西 藏			43	207	91	
陕 西	519	1023	984	1135	1794	1250
甘 肃	390	1074	675	1171	1083	871
青 海	52	134	140	154	281	237
宁 夏						
新 疆	58	114	131	140	236	254

社会服务经费历年支出情况

单位：万元

1958年	1959年	1960年	1961年	1962年	1963年
32693	**44786**	**72444**	**98912**	**74475**	**87533**
82	192	262	39		
376	751	824	658	542	638
194					
2494	4148	5070	10807	5780	15681
2279	1656	2659	2896	2556	2640
505	873	525	785	1468	1124
1098	1249	4475	4392	3933	3467
1126	764	1055	1271	1660	2138
948	782	991	1485	2151	2362
464	475	471	422	539	874
2617	2956	4843	4107	4873	7282
672	874	857	1414	1597	1166
1642	3169	3161	4704	3530	5431
823	4141	2823	2798	1493	1687
1717	1691	2179	3224	3168	2273
3795	4494	8141	11332	6963	7201
2990	2672	10271	11417	8107	10099
1210	2466	4428	4569	3767	3468
1344	967	1690	4299	2697	2834
1223	2982	4608	3475	2830	3146
582	903	997	2687	1505	2125
1982	2583	6315	9758	5918	4227
331	613	750	2390	1429	1792
514	675	880	1692	773	1250
2	1	25	48	117	
588	1109	1113	1530	1422	1640
539	681	1778	4522	2464	2988
164	447	576	1028	1005	
92	239	428	303	365	
300	233	249	860	1823	

C-1-9续表1

地 区	1964年	1965年	1966年	1967年	1968年	1969年
全 国	**161510**	**107869**	**88112**	**81887**	**56154**	**66683**
中央级	31	2325	454	534	308	11
北 京	816	1047	914	939	868	820
天 津				473	439	572
河 北	31433	18545	12395	6983	4443	5333
山 西	2361	2899	4447	2692	2478	2579
内蒙古	1360	1440	2182	2401	1194	842
辽 宁	3382	2942	2572	2781	2473	3542
吉 林	2235	1798	1704	1745	1579	1890
黑龙江	2796	2611	2548	2169	1775	2355
上 海	1074	1220	1472	1654	1410	1359
江 苏	11070	5506	7298	5400	3756	3839
浙 江	1152	1351	1142	1366	1486	1481
安 徽	10567	3347	4119	6861	4025	4246
福 建	1394	1463	1673	1738	1727	1922
江 西	3081	1989	2145	2318	1637	1924
山 东	11079	15807	9458	9844	5878	7622
河 南	48554	17841	9303	8611	4105	6983
湖 北	3319	2790	2579	3177	2651	3509
湖 南	4522	2482	2141	2562	1848	2019
广 东	3056	2664	2454	2644	2046	2639
广 西	4006	1983	1997	2541	1641	1607
海 南						
重 庆						
四 川	4495	5179	4774	4067	3374	3439
贵 州	1808	1726	1730	1926	1224	1314
云 南	1494	1596	1772	1412	807	1018
西 藏	133	192	374			96
陕 西	1918	3137	3623	1874	1477	1733
甘 肃	2310	1611	1161	1963	671	989
青 海	465	695	409	185	190	246
宁 夏	378	284	272	287	200	238
新 疆	1212	1399	1000	740	444	516

单位：万元

1970年	1971年	1972年	1973年	1974年	1975年
65349	**68269**	**81549**	**99675**	**90406**	**127082**
		8	10		
895	974	1192	1506	1284	1461
405	407	546	762	937	881
2054	3591	5482	8727	5925	5960
4777	4563	4025	4696	3587	3420
891	649	1020	1914	1575	1559
2867	3922	4574	5590	3902	18731
1837	1968	1753	2174	2500	2448
2247	2317	2768	3701	3884	3701
1442	1554	1676	1885	2088	2263
4191	4969	7368	6988	7258	8001
1496	1517	2399	2103	1973	1984
5547	3365	4639	4625	3981	5828
1463	1481	1721	2142	2150	1991
2047	2357	2357	4039	3220	2964
6442	9034	8801	8110	8601	10417
4947	4699	4799	5474	4190	24152
4197	3116	3462	4747	3487	4471
1668	1602	2272	3321	2580	2942
2734	2410	2800	4041	5051	3836
1555	1827	1713	1597	1669	1653
3678	4518	5615	6780	5936	6061
1646	1535	2116	3574	1955	2352
2460	1454	1746	1509	2245	2242
100	104	173	228	195	206
1778	2099	2415	3435	2986	2579
952	968	2206	3421	4183	2603
207	291	366	311	342	521
242	354	810	1369	1813	600
584	651	727	896	909	1255

C-1-9续表2

地　区	1976年	1977年	1978年	1979年	1980年	1981年
全　国	**161690**	**185288**	**137135**	**183279**	**174769**	**192267**
中央级			11	44	103	138
北　京	1742	3068	1990	2238	2802	3167
天　津	933	13670	1061	1482	1474	1670
河　北	7041	36568	11605	9140	11165	13597
山　西	4111	4813	5437	8154	6749	7893
内蒙古	2502	1873	2040	5922	5714	6218
辽　宁	14705	7427	6103	5607	6671	8073
吉　林	2834	3677	3869	3477	4482	4970
黑龙江	4176	5463	5545	5149	5370	6562
上　海	2469	2581	2777	3290	3375	3381
江　苏	7719	8031	9208	10019	11269	12914
浙　江	2424	2641	2853	3475	3703	3897
安　徽	15690	6300	6756	13263	9385	9550
福　建	2432	2826	2730	3272	3625	4268
江　西	3606	3981	3953	8610	6289	5309
山　东	9746	10599	12292	15169	16327	14126
河　南	40056	21437	14140	19495	12007	10921
湖　北	5463	5160	6149	9597	9265	12458
湖　南	3442	3550	4380	6747	7026	8924
广　东	4884	5546	5435	8146	8337	7767
广　西	1963	2355	2073	4019	3213	3674
海　南						
重　庆						
四　川	9037	12602	8511	12722	12063	15429
贵　州	2748	3296	2740	4767	4123	4718
云　南	3428	3783	2948	3478	4172	4599
西　藏	289	270	379	1366	1704	1208
陕　西	3174	4575	4834	5780	5390	8198
甘　肃	2240	5485	4030	5204	4801	4338
青　海	407	514	696	853	862	915
宁　夏	1150	1780	1090	1040	1385	1118
新　疆	1279	1417	1500	1754	1918	2267

单位：万元

1982年	1983年	1984年	1985年	1986年	1987年
191874	**216116**	**242371**	**295841**	**344064**	**359278**
78	163	286	443	2526	2742
3416	4063	4904	5719	7287	8906
1669	2194	3101	3583	4113	4531
10179	9692	12427	16654	16581	20578
7854	7015	7924	10683	10193	11833
5135	7379	7909	9030	11684	10867
10591	11727	11741	18341	22112	18104
4951	6300	5952	8391	13570	14016
8005	9546	8782	10119	13791	13686
3215	3170	3540	4467	5503	5603
11991	14750	16403	16254	20586	21208
4070	4808	6480	8174	10211	12353
7521	12093	14059	14340	13524	12942
4773	5506	5601	8298	7657	9238
6183	7093	8360	8364	9768	11546
18998	17811	17413	22757	22496	29017
12862	15216	13710	18456	20939	2260
7956	10798	10760	11860	14581	14846
7546	10428	10373	12357	15013	15167
9550	9035	12337	14516	15526	17076
3897	4779	6382	9438	9634	9054
14542	13943	17823	20667	24973	25524
4354	5211	5833	9182	8657	9092
4231	5251	7025	10137	13752	12712
1151	1357	1821	1391	1789	1828
6271	5820	6313	7545	8586	9299
5778	4902	8983	6541	7655	7238
1068	1270	1674	1918	2134	1837
1819	2329	1497	1826	1990	1780
2220	2467	2958	4395	4768	4896

C-1-9续表3

地　区	1988年	1989年	1990年	1991年	1992年	1993年
全　国	**395646**	**466492**	**519383**	**625359**	**637097**	**698708**
中央级	1297	1185	1517	1792	3217	3108
北　京	11355	12805	14738	16249	19073	26105
天　津	5209	5861	6585	7176	8173	9218
河　北	24272	26484	32162	30785	33344	38161
山　西	13977	15845	15976	17378	19264	19515
内蒙古	11254	10975	13510	13449	14250	15314
辽　宁	19595	22233	26318	26380	29561	32903
吉　林	10692	11439	14155	14619	16553	18461
黑龙江	14205	15127	15982	18411	19734	19377
上　海	3965	4741	5364	6270	7742	10368
江　苏	23816	27647	33150	50604	48290	47590
浙　江	16113	18710	21111	22094	22124	26924
安　徽	14854	16444	19755	80611	39002	26982
福　建	10332	11213	13935	15070	18423	20141
江　西	13240	15076	15791	16915	21249	21410
山　东	31890	39382	44965	46744	52525	62616
河　南	21784	26566	24275	27675	31304	34498
湖　北	17804	20704	21092	23318	23677	28918
湖　南	19110	22384	24981	23436	24712	29096
广　东	16675	20206	21863	25022	29602	43983
广　西	9757	11955	11313	12728	14317	16760
海　南	2338	3659	3366	3843	4270	4630
重　庆						
四　川	28123	32186	36228	39004	42563	49037
贵　州	9408	11568	12079	11043	11761	15154
云　南	14934	31640	33901	38725	41026	30502
西　藏	1795	2116	2909	3499	2647	2598
陕　西	10602	12277	13688	13412	16805	20107
甘　肃	8346	7681	8813	9124	11256	12186
青　海	1750	1802	2086	2036	2387	2965
宁　夏	2609	1805	2000	2206	2456	2464
新　疆	4549	4776	5775	5741	5790	7617

单位：万元

1994年	1995年	1996年	1997年	1998年	1999年
870194	**1034502**	**1211500**	**1335202**	**1618445**	**1946843**
4077	3703	6371	5954	50783	11856
36146	44073	54012	61184	74406	97748
11970	15023	17254	19738	20952	20611
48303	58804	74364	71151	79064	88202
22995	31008	37882	37150	39519	45466
18378	20470	26012	26773	35484	35659
44239	60067	59580	65370	74946	85394
24648	30876	31416	33928	52337	53311
26195	28798	30459	33020	55977	60566
15557	19773	23984	30860	37336	54151
59349	69907	80163	93383	108862	121349
40044	43610	50852	60657	65733	88269
26883	37348	43979	50559	56473	72895
25502	31904	34498	46134	49421	50996
23815	30354	33883	35962	47177	45334
71995	76826	88009	101613	112960	131746
44163	52458	59353	64155	68311	80338
39148	40291	50385	58511	85285	75622
35093	42680	53778	48234	54533	73272
53653	64806	75354	88748	96993	112133
30480	28730	36280	28944	30995	31950
6163	7210	8828	8274	9472	10818
			25048	35054	51123
59629	70257	77059	63016	72283	89492
15641	20528	26419	27866	27126	30834
31529	36916	46048	52043	53384	63169
5304	4466	5228	6987	11749	6824
20404	26336	32108	31702	25791	43230
13897	17748	21484	20366	20554	26371
3454	4342	6473	8088	8669	23784
3244	3458	4279	4397	5442	8651
8297	11732	15706	25387	22690	55676

C-1-9续表4

地 区	2000年	2001年	2002年	2003年	2004年	2005年
全 国	**2296954**	**2847548**	**3922695**	**4989171.81**	**5773906.5**	**7184146**
中央级	29338	13965	18467	18027.2	39289.8	37423
北 京	150746	196540	233429	303795.3	327957	370918
天 津	30547	41580	58202	62682.2	71091.4	92462
河 北	113381	125698	153525	185640.8	216769.6	283480
山 西	56815	71776	105897	124002.5	147569.6	192257
内蒙古	44674	55328	70606	99367.7	126236.7	141727
辽 宁	131675	180547	227704	279736.9	304551.2	368476
吉 林	51153	76026	118392	166702.2	182133.4	218688
黑龙江	61753	80658	177852	167487.2	193823.3	222865
上 海	87021	121538	167719	222539.6	228764.3	282196
江 苏	159691	170800	205763	256062.56	309196	419996
浙 江	97755	124023	159432	189645.4	294720.4	354320
安 徽	72568	89476	138918	208605.9	195411.9	250782
福 建	67797	68897	85353	94060.8	139539.3	157015
江 西	49521	57966	92013	149217.2	176371.5	225667
山 东	159315	180470	233918	283989.3	311522.3	408419
河 南	102698	117574	159157	221712.8	251438.9	337872
湖 北	113381	122382	167653	229233.85	270653.4	345556
湖 南	80343	104818	158443	210815.4	252891.5	326694
广 东	144461	198362	278022	341821	386221.4	483430
广 西	35135	49819	82929	109901	113722.5	156841
海 南	13568	15372	18032	24304.1	27949.8	38103
重 庆	55934	70571	117114	125112.4	145713	174682
四 川	105249	139493	194774	244374.4	302566.3	376043
贵 州	36085	51264	67973	82093.5	102696.6	151257
云 南	78944	98782	115945	150814	183854.7	202346
西 藏	9920	14979	15358	17912.7	23199.7	22574
陕 西	54365	72136	103474	147038.8	149120.1	186935
甘 肃	35251	42851	58315	75346	91876.1	111530
青 海	16159	19790	24812	36616	39139.1	47402
宁 夏	13775	21289	28724	30448.1	34071.3	35346
新 疆	56940	52768	104762	130065	133844.4	160847

单位：万元

2006年	2007年	2008年	2009年	2010年	2011年	2012年
9153527	**12154874**	**21464484**	**21819430.2**	**26975149**	**32291356.0**	**36837379.4**
27907	32841	263213	55240.2	488035.9	93505.4	100110.8
450229	575756	575302	745435.4	982144.3	1031493.0	1260515.9
121917	149046	196893	244982.6	313824.7	375011.5	444250.9
356510	488387	678036	843485.2	969269.1	1244217.3	1438698.1
236469	339210	457567	562518.4	634004.6	876097.5	936468.5
187147	283105	420111	575897.9	768526.2	968084.5	1127395.6
437608	575209	724799	887386.5	1066504.6	1347428.2	1567755.2
284676	341920	470519	642777.6	750632.3	801698.3	765275.0
376619	478896	643011	800947.6	854398.8	1050480.9	1152380.1
316864	406118	515828	557187.9	572521.7	662862.5	727872.8
502744	632560	811832	996449.2	1265312.3	1711513.8	1970955.5
415110	508925	610800	704117.9	884859.5	1061597.3	1253870.2
312519	490974	659432	804010.6	971558.4	1263090.4	1421837.3
226313	247500	282403	322487.9	422187.8	503195.6	614533.8
340990	434664	596019	693704.1	847650.9	986614.7	1075144.7
526836	715079	885720	1122739	1437374.8	1691804.7	2183629.3
425038	598726	785189	1035342.8	1230796.6	1586875.1	1740800.2
440298	514067	748412	897367.7	1082788.8	1408483.1	1531263.7
422998	521304	771404	997685.9	1165255.4	1545645.5	2003252.4
635940	720130	834465	1021108.9	1154286.9	1480652.6	1668953.2
175928	247212	410162	492763.3	731162.4	971372.9	1173997.1
49003	65929	96527	142315.6	190264.1	223849.3	240254.6
216847	307697	435014	514479.6	674873.3	783120.4	907587.4
500440	734868	4848630	2289514.1	2408738.2	2168767.6	2375722.4
181266	264299	443051	560108.4	728242.8	1116447.6	1248670.9
228950	420914	687354	930167.6	1224026.2	1432131.1	1730472.3
30224	38363	69982	82169.4	85017.8	130279.7	155073.7
244342	365358	849627	867024.3	1139380.6	1356364.3	1424205.1
149598	226791	1063855	577204.8	740624.8	1000902.5	1051754.7
51844	81455	123508	189659.7	330701.5	359785.5	341516.9
57593	79705	110375	143479.2	161335.6	195226.4	220055.6
222762	267867	395446	519670.9	698848.1	862756.8	983105.5

C-1-10 社会服务经费预算

地 区	预算指标		
	2012年	2011年	增长 (%)
合 计	**36691484.0**	**33530828.5**	**9.4**
中央级	105133.9	80593.1	30.5
北 京	1407329.9	1128316.5	24.7
天 津	444186.8	378995.7	17.2
河 北	1448324.0	1297772.4	11.6
山 西	936323.8	908872.6	3.0
内蒙古	1150333.0	1014737.3	13.4
辽 宁	1531061.0	1378198.4	11.1
吉 林	801885.0	818013.4	-2.0
黑龙江	1139099.9	1137195.5	0.2
上 海	889126.6	772390.4	15.1
江 苏	2024023.3	1697730.5	19.2
浙 江	1257886.2	1102376.7	14.1
安 徽	1389497.5	1264871.2	9.9
福 建	604535.8	556814.0	8.6
江 西	1065920.7	978307.5	9.0
山 东	2106607.2	1795933.3	17.3
河 南	1672408.6	1654009.6	1.1
湖 北	1519447.5	1403578.0	8.3
湖 南	1860581.3	1593238.7	16.8
广 东	1741587.7	1484938.9	17.3
广 西	1086183.4	1035101.3	4.9
海 南	242617.3	249310.5	-2.7
重 庆	893915.4	829649.4	7.7
四 川	2286512.0	2266155.2	0.9
贵 州	1217755.6	1224977.5	-0.6
云 南	1706053.3	1504343.0	13.4
西 藏	147540.7	121860.4	21.1
陕 西	1493548.8	1469254.9	1.7
甘 肃	1048622.3	994786.7	5.4
青 海	322080.2	359601.7	-10.4
宁 夏	223890.6	216362.7	3.5
新 疆	927464.7	812541.5	14.1

指标地方安排情况

单位：万元

地方预算安排预算指标		
2012年	2011年	增长 (%)
18586288.1	**15248332.2**	**21.9**
808991.9	710346.1	13.9
302364.8	264527.7	14.3
616136.0	462756.4	33.1
437123.8	377322.6	15.8
695314.0	538152.9	29.2
732562.0	589401.4	24.3
226344.0	208777.4	8.4
463823.9	423794.5	9.4
752098.6	677117.6	11.1
1560461.3	1287276.9	21.2
1083587.2	924380.1	17.2
681654.5	512940.2	32.9
411216.8	362794.4	13.3
403254.7	303224.3	33.0
1188918.2	984395.7	20.8
585784.6	482419.6	21.4
588977.5	430032.8	37.0
838105.3	557456.7	50.3
1379375.7	1120758.9	23.1
514022.4	410543.9	25.2
139635.3	128590.5	8.6
413985.4	326236.0	26.9
908844.0	818395.8	11.1
388081.6	332314.1	16.8
733138.3	547731.6	33.8
52979.7	22104.4	139.7
736995.8	613211.5	20.2
350866.3	272635.3	28.7
157092.2	181787.3	-13.6
93965.6	76847.5	22.3
340586.7	300058.1	13.5

C-1-11 中央专项

地 区	合计	抚恤合计	财社[2011]220号	财社[2011]221号	财社[2012]7号	财社[2012]8号	财社[2012]18号
全 国	**17946006**	**3333318**	**1747783**	**18572**	**500**	**500**	**2500**
北 京	598338	55913	10101	149			
天 津	141822	28897	7468	101			
河 北	832188	225378	110819	5266			120
山 西	499200	89009	50207	1494			70
内蒙古	455017	37701	24529	228			70
辽 宁	793699	99581	48669	350			
吉 林	575541	77157	41897	178			120
黑龙江	675276	75841	42436	323			70
上 海	137028	43222	6022	2			
江 苏	463562	181863	76596	1680			50
浙 江	174299	53322	29502	271			50
安 徽	707843	142099	78583	198			100
福 建	193319	51881	26608	22			110
江 西	662666	127036	67458	12			50
山 东	917689	410577	202320	6354			120
河 南	1086624	233164	125771	1186			180
湖 北	930470	178699	103454	60			60
湖 南	1022476	256229	133635	45			180
广 东	362212	99732	49483	30			50
广 西	572161	82878	46086	6	500		200
海 南	102982	12545	8826	50			
重 庆	479930	91226	57532	21			150
四 川	1377668	281254	164166	54			200
贵 州	829674	84389	49546	11			130
云 南	972915	117482	66848	38		500	190
西 藏	94561	3484	2163				
陕 西	788009	124351	72814	358			70
甘 肃	697756	36789	24350	64			50
青 海	164978	6878	4350	2			60
宁 夏	129925	6715	3683	5			
新 疆	506178	18026	11861	14			50

拨款对账单

单位：万元

财社[2012]47号	财社[2012]48号	财社[2012]61号	财社[2012]62号	财社[2012]166号	财社[2012]167号	军休住房
						财社[2012]213号
21385	**189860**	**910731**	**3352**	**87789**	**683**	**349663**
60		5392	32	546	6	39627
450	229	3842	12	406	4	16385
1010	17250	57160	1358	5200	202	26993
780	4200	24753	360	2489	59	4597
770	2419	7381	37	1131	8	1128
310	10255	23713	30	2500	10	13744
930	5125	15789	39	1984	6	11089
890	4112	18519	41	2086	11	7353
		3220	1	325		33652
1140	10666	44017	387	4124	67	43136
480	1848	15342	66	1558	11	4194
1050	7628	46457	29	4032	7	4015
300	1604	14985	5	1411	1	6835
720	7500	43589	2	3367		4338
2140	29239	105663	578	10353	217	53593
1230	12500	74149	248	6282	46	11572
1130	7000	55396	22	5235	2	6340
440	27500	82911	7	6977	2	4532
905	10659	25325		2548	1	10731
800	4392	22326	3	2255		6310
270		2982	6	409	2	
750	1417	27443	6	2850	1	1056
930	12600	85895	15	8257	2	9135
930	2325	25095	2	2500		3850
660	2727	34797	2	3404	1	8315
		1049		118		154
1060	3200	29409	53	3475	14	13898
790	2117	7268	4	1018	2	1126
120		1992	1	225		128
180		1156	1	169		1521
160	1348	3716	5	555	1	316

C-1-11续表1

地 区	安置合计	财社[2011]222号	财社[2011]223号	财社[2012]50号	财社[2012]51号	财社[2012]86号	财社[2012]172号
全 国	**2654268**	**1448682**	**52089**	**59705**	**113712**	**4150**	**732338**
北 京	510112	242768	8618	132		30	134517
天 津	62107	33639	1209	241	591	50	19598
河 北	140964	77811	2413	4458	5831	280	42300
山 西	47252	28471	1038	810	1159	130	13728
内蒙古	32567	19319	1009	1158	1376	80	8357
辽 宁	251380	147499	5187	1523	3902	350	76333
吉 林	58286	34002	1368	1328	3930	190	14932
黑龙江	48928	25511	1238	2309	5803	300	11857
上 海	84151	45770	1711	290		20	23800
江 苏	148070	80583	2452	4932	9875	210	40703
浙 江	51958	27783	1219	1402	3953	90	14285
安 徽	47545	20335	674	3539	9664	230	10488
福 建	45767	26316	1052	1009	3108	30	11788
江 西	27117	12436	504	2736	4620	90	5843
山 东	221076	125677	4280	5695	9923	310	65579
河 南	87624	45563	1932	5685	9197	420	20526
湖 北	100809	57571	1913	2899	6572	150	28142
湖 南	60173	32118	884	2734	6377	210	15793
广 东	108106	66310	2174	2440		90	30061
广 西	25395	14170	698	1134	1953	40	6284
海 南	10882	6713	283	211	542		2606
重 庆	47223	25313	849	1207	4657	110	12667
四 川	116934	63567	2346	6148	9257	440	30203
贵 州	16195	9329	463	216	1394	40	4245
云 南	74399	47214	1747	1212	1828	50	19970
西 藏	9284	6036	106	12		10	2718
陕 西	111252	64939	2349	1774	3432	100	33178
甘 肃	40944	22318	955	1390	1989	60	12525
青 海	10700	6473	216	66	279		3254
宁 夏	8217	3930	192	650	787	10	2210
新 疆	48851	29198	1010	365	1713	30	13848

单位：万元

财社[2012]173号	财社[2012]176号	社会福利合计	财社[2011]224号	财社[2012]45号	中央级社会福利合计财社[2011]211号	老年福利类	残疾福利类
42451	**201141**	**419812**	**201505**	**41497**	**176810**	**106685**	**9900**
10121	113926	3703	485	123	3095	1580	240
987	5792	3159	205	69	2885	2560	
3462	4409	13003	4465	2076	6462	5007	350
587	1329	11683	4531	1276	5876	3910	360
574	694	9818	2880	720	6218	3388	300
3969	12617	6004	1476	393	4135	2710	300
810	1726	9270	2650	85	6535	4730	200
774	1136	9854	2682	392	6780	3620	400
1521	11039	2034	465	84	1485	1400	
2845	6470	10827	4606	176	6045	4025	200
763	2463	4704	1711	428	2565	1640	
881	1734	21116	13023	2233	5860	4175	200
589	1875	5954	2064		3890	2745	240
264	624	19469	11914		7555	4880	260
3071	6541	9008	2870	1531	4607	2790	
1205	3096	27389	14886	2736	9767	4486	300
1100	2462	17671	9832	1254	6585	3260	470
1117	940	27146	13910	5779	7457	4310	1180
1060	5971	17984	10137	2047	5800	3585	150
323	793	18585	8892	1996	7697	4547	300
136	391	3688	1433		2255	1540	200
529	1891	13751	7517	1966	4268	2533	300
1425	3548	29363	19630		9733	3847	450
238	270	15410	7566	1701	6143	3988	200
1002	1376	28356	16435	4288	7633	4183	540
52	350	11216	1953	488	8775	5435	
1510	3970	13184	5495	1279	6410	3045	2000
646	1061	16843	7082	3196	6565	4375	
155	257	11335	6406	1601	3328	2273	200
129	309	7387	2773	697	3917	3203	200
606	2081	20898	11531	2883	6484	2915	360

C-1-11续表2

地区	儿童福利类	社会公益类	城市低保合计	财社[2011]208号	财社[2012]41号	城市医疗救助合计	财社[2011]205号
全国	**43540**	**16685**	**4390961**	**3197551**	**1193410**	**450416**	**245967**
北京	1225	50				1363	744
天津	325		38834	28330	10504	2185	1193
河北	770	335	173788	127088	46700	13343	7670
山西	1361	245	174250	125079	49171	13618	7437
内蒙古	1610	920	181707	128906	52801	17048	8555
辽宁	890	235	296926	229026	67900	14921	8148
吉林	940	665	270376	202628	67748	30674	16751
黑龙江	2480	280	338443	245189	93254	35717	19292
上海	85					1441	787
江苏	950	870				4577	2499
浙江	755	170				1420	776
安徽	1280	205	199897	150334	49563	15687	7120
福建	485	420	17602	8837	8765	2477	1353
江西	1180	1235	203487	149408	54079	24791	13538
山东	727	1090	55926	26088	29838	8054	4398
河南	4566	415	298544	217349	81195	19521	10661
湖北	2070	785	314273	237962	76311	24671	13473
湖南	1602	365	304251	222824	81427	31071	17860
广东	1400	665				3858	2107
广西	2420	430	113278	85928	27350	9542	5211
海南	470	45	31618	22641	8977	6793	3905
重庆	1245	190	153030	118391	34639	14485	8326
四川	3760	1676	365388	263054	102334	37877	20684
贵州	1175	780	107273	78326	28947	11290	6165
云南	2120	790	154097	108175	45922	16462	8989
西藏	2000	1340	8954	6476	2478	6217	3573
陕西	1075	290	167110	122050	45060	20808	10516
甘肃	1270	920	166161	114405	51756	18939	10342
青海	715	140	49042	35822	13220	9876	5677
宁夏	355	159	41112	30110	11002	8188	4707
新疆	2234	975	165594	113125	52469	23502	13510

单位：万元

财社[2012]60号		农村低保合计	财社[2011]209号	财社[2012]42号	农村医疗合计	财社[2011]204号	财社[2012]59号	
预算安排资金	彩票公益金						预算安排资金	彩票公益金
144449	**60000**	**4314000**	**2760000**	**1554000**	**850103**	**479312**	**270791**	**100000**
437	182				717	425	208	84
701	291				907	511	289	107
3896	1777	172091	111820	60271	30219	17038	9626	3555
4367	1814	105615	65785	39830	18132	10223	5776	2133
6222	2271	114786	77571	37215	19487	10987	6208	2292
4785	1988	60134	35226	24908	13750	7753	4380	1617
9837	4086	79126	51021	28105	21607	12182	6883	2542
11667	4758	106118	69201	36917	26593	14994	8471	3128
462	192				558	314	178	66
1468	610	75988	38803	37185	9472	5341	3017	1114
455	189	37232	21164	16068	5402	3047	1720	635
6477	2090	190657	125691	64966	42785	22956	14796	5033
794	330	41498	22330	19168	8608	4853	2742	1013
7951	3302	158918	110416	48502	37648	21227	11992	4429
2583	1073	124224	61694	62530	21263	11989	6773	2501
6260	2600	315039	203394	111645	58861	33481	18456	6924
7912	3286	182425	115338	67087	34557	18402	12090	4065
9073	4138	197385	122776	74609	55697	30677	18468	6552
1237	514	87946	43319	44627	10012	5645	3189	1178
3060	1271	239646	151678	87968	36921	20817	11761	4343
1984	904	22918	15274	7644	7488	4444	2163	881
4229	1930	85261	55650	29611	21758	12268	6931	2559
12147	5046	324336	201652	122684	85190	47624	27545	10021
3621	1504	453965	294185	159780	59660	33638	19004	7018
5280	2193	371056	244262	126794	64051	36889	19628	7534
1816	828	30535	22261	8274	8752	5195	2527	1030
7520	2772	245684	176582	69102	45178	25473	14391	5314
6074	2523	282490	181902	100588	55859	33152	16136	6571
2883	1316	45558	32074	13484	13405	7956	3872	1577
2390	1091	31252	19969	11283	10249	6082	2961	1206
6861	3131	132117	88962	43155	25317	13729	8610	2978

C-1-11续表3

地 区	优抚医疗补助合计	财社[2011]226号	财社[2012]52号	流浪乞讨救助合计	财社[2011]207号	财社[2012]38号	救灾合计
全 国	**199063**	**159961**	**39102**	**199818**	**79968**	**119850**	**1127379**
北 京	1717	1378	339	11162	7960	3202	13651
天 津	2352	1647	705	2348	632	1716	1033
河 北	11001	9416	1585	5930	1928	4002	46300
山 西	5160	4214	946	4981	1800	3181	29500
内蒙古	2828	2494	334	2800	1264	1536	35700
辽 宁	5646	4484	1162	5993	2736	3257	38822
吉 林	4843	4416	427	4950	1520	3430	18800
黑龙江	4492	3762	730	3720	1432	2288	25015
上 海	1137	1059	78	4485	2560	1925	
江 苏	9815	7632	2183	7897	3816	4081	14900
浙 江	4267	3494	773	6014	3576	2438	9800
安 徽	9436	7422	2014	12987	2320	10667	25634
福 建	3943	2878	1065	4252	1704	2548	10983
江 西	6900	5416	1484	8600	1576	7024	48700
山 东	22015	17595	4420	7544	2688	4856	37600
河 南	13739	11045	2694	10466	3648	6818	22277
湖 北	10930	8646	2284	14603	5680	8923	51832
湖 南	15516	11926	3590	14747	5784	8963	60261
广 东	7831	5920	1911	11460	7320	4140	15100
广 西	4692	3922	770	4777	1416	3361	35883
海 南	1486	1325	161	1600	600	1000	3600
重 庆	6567	5202	1365	5929	2536	3393	40700
四 川	16137	12908	3229	15000	5568	9432	106189
贵 州	5592	4282	1310	6500	1952	4548	69400
云 南	7666	5946	1720	5000	1832	3168	133741
西 藏	794	707	87	800	192	608	13523
陕 西	6327	5427	900	6881	2752	4129	47234
甘 肃	2378	2242	136	3120	1136	1984	74233
青 海	1221	1093	128	800	376	424	16163
宁 夏	989	886	103	516	216	300	15300
新 疆	1646	1177	469	3956	1448	2508	65505

单位：万元

财社[2012]1号	财社[2012]5号	财社[2012]9号	财社[2012]19号	财社[2012]32号	财社[2012]33号	财社[2012]34号	财社[2012]35号
124200	**12000**	**16000**	**7600**	**25000**	**7000**	**6000**	**6179**
							51
							433
5100							
4500							
4800							
3900							422
3000							
4100							515
2100							
900							
3800							334
1400							83
5900					7000		
4200							
5800							677
6100							332
5800						6000	361
2100							
5200							183
1200							
4900							
8900							389
8200			7600				
6600	12000						241
2300							223
5900							634
6800				25000			433
3100							363
3000							
4600		16000					505

C-1-11续表4

地 区	财社[2012]39号	财社[2012]66号	财社[2012]94号	财社[2012]95号	财社[2012]96号	财社[2012]97号	财社[2012]98号
全 国	**10000**	**12000**	**6000**	**5100**	**4700**	**5100**	**5000**
北 京							
天 津							
河 北							
山 西							
内蒙古				5100			
辽 宁							
吉 林							
黑龙江							
上 海							
江 苏							
浙 江							
安 徽							
福 建							
江 西					4700		
山 东							
河 南							
湖 北			6000				
湖 南		12000				5100	
广 东							
广 西							
海 南							
重 庆							5000
四 川							
贵 州							
云 南							
西 藏							
陕 西							
甘 肃	10000						
青 海							
宁 夏							
新 疆							

单位：万元

财社[2012]99号	财社[2012]100号	财社[2012]101号	财社[2012]102号	财社[2012]103号	财社[2012]107号	财社[2012]108号	财社[2012]113号
5000	**6000**	**8800**	**2500**	**25000**	**13000**	**7000**	**18000**
					13000		
						7000	
5000							
			2500				
	6000						
		8800					
							18000
				25000			

C-1-11续表5

地 区	财社[2012]114号	财社[2012]115号	财社[2012]116号	财社[2012]117号	财社[2012]118号	财社[2012]119号	财社[2012]120号	财社[2012]125号
全 国	**9000**	**45000**	**7000**	**12000**	**3000**	**5000**	**6000**	**51800**
北 京								
天 津								
河 北								9000
山 西							6000	
内蒙古								
辽 宁								15000
吉 林								
黑龙江								
上 海								
江 苏								4000
浙 江								
安 徽								
福 建								2800
江 西								
山 东								11000
河 南								
湖 北						5000		6000
湖 南								4000
广 东					3000			
广 西				12000				
海 南								
重 庆			7000					
四 川		45000						
贵 州	9000							
云 南								
西 藏								
陕 西								
甘 肃								
青 海								
宁 夏								
新 疆								

单位：万元

								民政管理事务
财社 [2012]127号	财社 [2012]132号	财社 [2012]139号	财社 [2012]140号	财社 [2012]141号	财社 [2012]142号	财社 [2012]212号	财社 [2012]225号	财社 [2012]43号
6000	**13200**	**75000**	**3000**	**10000**	**4000**	**536700**	**3500**	**6868**
						600		
						600		
						25200		171
						19000		
						22300	3500	575
						19500		542
						15800		452
						20400		555
						8800		153
6000						2900		180
	5000					16500		
						6700		354
	5000					26100		
						17400		402
						15800		
						28400		
						27000		
	3200					6800		183
						18500		564
						2400		364
					4000	19800		
				10000		39400		
			3000			35600		
		75000				31100		605
						11000		1002
						22700		
						32000		
						12700		
						12300		
						19400		766

C-1-12 收入支出情况

单位：万元

地 区	收入合计	上年结余	本年收入合计	本年实际支出	收支结余	用事业基金弥补收支差额	结余分配	年末净结余
全 国	**40332192.4**	**2165724.9**	**38166467.5**	**37904184.3**	**2428008.1**	**44084.5**	**130510.4**	**2341582.2**
中央级	145856.5	29329.6	116526.9	112088.8	33767.7	649.4	1166.3	33250.8
北 京	1743163.2	181250.8	1561912.4	1465471.6	277691.6	4516.5	6900.8	275307.3
天 津	520354.3	45632.2	474722.1	470261.8	50092.5	749.8	842.9	49999.4
河 北	1513190.5	46637.0	1466553.5	1440133.5	73057.0	611.0	563.5	73104.5
山 西	1037270.9	83764.1	953506.8	939882.2	97388.7		601.5	96787.2
内蒙古	1201891.7	48857.7	1153034.0	1135951.7	65940.0	105.7	1422.3	64623.4
辽 宁	1640758.8	42623.3	1598135.5	1599040.3	41718.5	77.2	451.5	41344.2
吉 林	782500.3	2480.0	780020.3	775443.6	7056.7	253.2	6573.5	736.4
黑龙江	1163573.8	6095.2	1157478.6	1156052.1	7521.7		304.5	7217.2
上 海	965674.0	115314.0	850360.0	807078.5	158595.5	214.0	4286.0	154523.5
江 苏	2074275.3	32486.1	2041789.2	2025203.5	49071.8	421.1	10524.2	38968.7
浙 江	1429975.8	69055.2	1360920.6	1334913.6	95062.2	253.9	18521.4	76794.7
安 徽	1448777.5	18482.3	1430295.2	1426778.4	21999.1	46.5	1384.5	20661.1
福 建	683575.8	50727.4	632848.4	623144.7	60431.1	449.3	3394.9	57485.5
江 西	1080002.8	3048.6	1076954.2	1077578.0	2424.8			2424.8
山 东	2222741.1	29033.7	2193707.4	2201130.2	21610.9	132.7	1998.4	19745.2
河 南	1803031.5	33737.8	1769293.7	1750221.4	52810.1	320.0	3438.8	49691.3
湖 北	1559632.3	7271.3	1552361.0	1545472.6	14159.7	35.7		14195.4
湖 南	2086721.5	33514.4	2053207.1	2058099.9	28621.6	1342.4	3154.0	26810.0
广 东	1874418.9	69429.8	1804989.1	1774029.6	100389.3	4868.7	16409.8	88848.2
广 西	1454726.1	251188.4	1203537.7	1237415.4	217310.7	46.2	8042.3	209314.6
海 南	323844.0	70068.5	253775.5	242140.4	81703.6	48.6	6444.2	75308.0
重 庆	1003348.5	18106.5	985242.0	966226.5	37122.0	20.0	-1103.6	38245.6
四 川	2612493.9	181956.3	2430537.6	2472056.6	140437.3	351.7	1718.3	139070.7
贵 州	1562484.2	298273.7	1264210.5	1281280.5	281203.7	9333.3	16358.7	274178.3
云 南	1896717.4	166304.5	1730412.9	1739575.1	157142.3	51.6	5455.9	151738.0
西 藏	228557.8	72160.4	156397.4	155073.7	73484.1		3666.2	69817.9
陕 西	1489764.8	11350.5	1478414.3	1460884.1	28880.7	19087.7	7989.6	39978.8
甘 肃	1106708.6	61122.9	1045585.7	1052099.6	54609.0	98.3		54707.3
青 海	382462.9	21497.7	360965.2	365280.7	17182.2			17182.2
宁 夏	264852.2	41181.0	223671.2	221919.5	42932.7			42932.7
新 疆	1028845.5	23744.0	1005101.5	992256.2	36589.3			36589.3

C-1-13 行政事业性收费收入情况

单位：万元

地 区	行政事业性收费	婚姻登记收费	收养登记收费	殡葬收费
全 国	**731708.5**	**343112.3**	**65604.4**	**322991.8**
中央级				
北 京	15007.3	193.7	8.2	14805.4
天 津	6680.0	123.9	0.3	6555.8
河 北	183995.1	161458.8	5759.2	16777.1
山 西	37701.2	33681.5	8.6	4011.1
内蒙古	12129.6	384.0	1.5	11744.1
辽 宁	10123.9	69.5		10054.4
吉 林	2246.5	73.1	0.7	2172.7
黑龙江	16922.3	138.6	0.9	16782.8
上 海	83.1	75.9	7.2	
江 苏	41208.4	517.9	38.9	40651.6
浙 江	20597.8	333.4	69.9	20194.5
安 徽	11969.4	792.3	19.0	11158.1
福 建	16011.7	383.2	26.8	15601.7
江 西	512.1	13.4	16.4	482.3
山 东	19295.4	1372.1	46.9	17876.4
河 南	3761.8	924.6		2837.2
湖 北	31027.4	384.7	19.8	30622.9
湖 南	11114.2	589.4	14.1	10510.7
广 东	27008.7	786.1	101.4	26121.2
广 西	74376.3	8064.4	54375.7	11936.2
海 南	249.8	49.5	0.3	200.0
重 庆	3516.4	986.6	23.8	2506.0
四 川	25901.7	1468.8	23.3	24409.6
贵 州	44895.6	38606.8	5002.9	1285.9
云 南	2001.2	157.2	16.3	1827.7
西 藏	0.8	0.5	0.3	
陕 西	38132.2	36834.5	1.8	1295.9
甘 肃	57541.3	53740.7	4.7	3795.9
青 海	231.3	77.9	0.9	152.5
宁 夏	1785.7	23.2	2.9	1759.6
新 疆	15680.3	806.1	11.7	14862.5

C-1-14 财政性资金

地　区	上年结余合计	抚恤	退役安置	社会福利
全　国	**1912721.4**	**190869.3**	**133448.0**	**188508.6**
中央级	17388.6	260.0		
北　京	119143.0	9595.8	19624.5	31875.7
天　津	42566.8	1391.4	996.4	12337.1
河　北	46242.6	5398.6	9791.8	4209.5
山　西	82168.9	10841.6	2150.8	11771.7
内蒙古	48618.1	2368.0	4137.5	7071.0
辽　宁	40455.4	1490.6	2909.3	1649.0
吉　林	1590.1	186.0		1044.1
黑龙江	6095.2	428.4	20.0	87.6
上　海	58582.9	4209.7	8096.5	7507.7
江　苏	31446.4	2178.7	1863.8	2292.9
浙　江	64300.3	14295.3	4478.6	5282.2
安　徽	16615.6	4599.4	614.4	832.2
福　建	47551.5	6755.2	8485.7	8107.9
江　西	3048.6	2006.3	428.8	12.2
山　东	24626.6	13153.5	875.9	664.8
河　南	33583.3	1872.8	943.5	2216.3
湖　北	6995.0	48.2	104.4	
湖　南	16998.0	1358.4	225.8	78.6
广　东	61823.0	6709.9	10248.6	10849.9
广　西	224857.2	30252.9	7269.8	16537.3
海　南	62340.0	5137.9	6265.9	4270.3
重　庆	18048.5	2897.6	415.3	1567.3
四　川	155129.4	8559.1	6293.9	10408.7
贵　州	291586.5	28580.0	7543.5	13781.8
云　南	163973.7	17882.2	19161.6	16716.2
西　藏	72160.4			2441.0
陕　西	11350.5	779.9	486.5	609.3
甘　肃	61122.9	1666.5	622.2	212.8
青　海	21497.7	1186.0	2548.1	1241.5
宁　夏	39590.6	1448.2	4669.4	3879.8
新　疆	21224.1	3331.2	2175.5	8952.2

收、支、余情况

单位：万元

社会救助	自然灾害生活救助	民政管理事务	行政事业单位离退休	其他款项用于民政支出
809170.9	**103089.7**	**172689.9**	**6013.7**	**280010.2**
	0.8	14403.4	81.4	2643.0
23401.3	530.1	19782.8	734.1	13437.1
7262.3	225.1	5805.2	488.4	13953.8
10867.7	2780.3	3631.3	67.2	8924.5
49161.7	4231.2	2160.8	33.5	1390.3
11612.2	4518.0	11383.3	333.0	997.8
22769.6	406.5	3229.3	280.8	5909.8
293.0	67.0			
5457.1	5.6	69.2		27.3
20279.1	780.7	8726.4	480.5	8502.2
1084.5	201.3	4217.8		19478.4
17518.0	3376.1	13521.6	1302.2	4524.9
3123.3	285.7	2260.5		4900.1
11311.8	1891.6	5424.4	719.3	4820.7
433.3	163.4	4.6		
6356.2	5.5	3370.7		200.0
21108.1	3505.8	894.3	0.5	2777.4
5265.9	617.6	899.2		59.7
14077.7	198.1	78.2		325.2
12987.9	1083.2	6449.3	344.9	6840.6
141614.6	15344.4	3043.5	297.2	9118.2
12630.2	3107.7	10433.5	11.3	13880.1
6578.6	913.7	1913.4		3762.6
70181.4	11857.6	4134.9	361.5	42497.0
190478.7	22184.2	13344.3	111.4	15452.8
66606.5	12748.0	11498.6	364.3	17884.5
38882.4				30837.0
6273.4	2123.4	646.0	2.2	130.2
5385.8	2208.2	15061.5		35793.6
6167.2	4391.7	516.4		5446.6
16477.4	2700.5	3356.7		5386.9
3524.0	636.7	2428.8		107.9

C-1-14续表1

地 区	本年收入合计	抚恤	退役安置	社会福利
全 国	**36818007.5**	**5173929.3**	**3757359.1**	**3297129.3**
中央级	105133.9	754		23003
北 京	1331482.6	91771.2	549371.5	175539.6
天 津	447477.3	59457.9	77379.3	64888.3
河 北	1457083.6	277828.3	202335.5	110298.8
山 西	949008.5	142946.3	65728.4	78607
内蒙古	1143073.6	76311.3	42100.5	120009
辽 宁	1564346.4	168775.9	300944.8	103521.4
吉 林	752428.8	90397.7	53423	29492
黑龙江	1125940.4	98549.1	71425.3	49112.7
上 海	752099.3	68913	114746.4	104848.6
江 苏	1957188.2	336839	273929.7	293983.7
浙 江	1267225.4	194857.9	94900.2	224888.7
安 徽	1423725.5	230810.2	128326	111931.1
福 建	622139.3	102303.9	65180.3	75357.8
江 西	1074520.9	189887.1	37202.3	68003.6
山 东	2173983.2	613062	317855.4	160344.9
河 南	1755154.8	367532.2	123425.7	120671
湖 北	1524073.7	251126.5	142048.7	123912.3
湖 南	1992724.3	339582.8	82992.2	81501.8
广 东	1681665.6	253971.1	219991.6	274592.9
广 西	1124742.4	125407.7	36643.9	116835.5
海 南	245049.2	22524.2	16655.6	19891.3
重 庆	907161.3	139950.9	77654.3	89914.7
四 川	2329814.7	387672.4	210592.8	124492.9
贵 州	1225714.4	113858.8	29325.6	90697.4
云 南	1714714.7	147827.4	111927.6	113147.3
西 藏	148070.3	4720.2	9322.9	13247.8
陕 西	1433251.7	170983.2	145146.2	93366.4
甘 肃	1042100.4	48011.6	65761.7	54170.9
青 海	339676.9	10657.4	14744	29352
宁 夏	221560	7716.5	10215.6	13062.4
新 疆	985676.2	38921.6	66062.1	144442.5

单位：万元

社会救助	自然灾害生活救助	民政管理事务	行政事业单位离退休	其他款项用于民政支出
18508868.5	**1631008.7**	**2456021.2**	**387303.7**	**1606387.7**
	16170	45082.9	3776.6	16347.4
175404.2	18371.5	151024.7	52607.4	117392.5
174081.6	1830.5	60235	5087.3	4517.4
655431	57873.4	67610.5	17883	67823.1
550306.5	36340.2	44857.6	8517.3	21705.2
744422.7	47751	70575.2	12741.3	29162.6
690082.6	72126.1	130627.4	19867.7	78400.5
515395.8	21587	31427	4036.1	6670.2
818291.5	27003.5	51282.2	7233.2	3042.9
319693.9	1700	93105.1	6055.4	43036.9
746558.3	23593.2	181695.1	25618.2	74971
422379.6	23940.2	201247.5	22671.8	82339.5
831869.5	28386.9	54395.4	12669.7	25336.7
239573.5	24377.5	57635.7	24524.9	33185.7
659963	61970.1	36401.6	8341.5	12751.7
811181.2	60972	115715.6	11281.8	83570.3
986351.7	28405.3	72081.3	16465	40222.6
806673.4	69060.5	55721.4	13465.3	62065.6
1015693.4	69652.7	85460.3	7799.8	310041.3
604722.2	30100.5	177488.7	30973.4	89825.2
681539.4	53420.7	69226.9	11093	30575.3
126203.4	8101.7	29350	2216.3	20106.7
475506.3	47180.6	59611.6	8791.8	8551.1
1241766	159185.9	115188.3	19132.1	71784.3
802801.2	97882.2	67330.8	3328.5	20489.9
907729.7	226702	110399.5	11227.9	85753.3
76272.5	20632.2	7924.8	504.5	15445.4
806279.6	69918.5	87699.1	7047.3	52811.4
745851	80982.2	27166.9	4601.2	15554.9
178845.6	29930.1	18064	1747.7	56336.1
131051.7	19502.6	17775.3	2677.4	19558.5
566946.5	96357.9	62613.8	3319.3	7012.5

C-1-14续表2

地　区	本年支出合计	抚恤	退役安置	社会福利
全　国	**36837379.4**	**5169949**	**3720969.5**	**3194500.1**
中央级	100110.8	466.3		
北　京	1260515.9	89324.7	540808.8	151602.3
天　津	444250.9	59017	74330.1	64662.3
河　北	1438698.1	278163.8	198230.2	103114.3
山　西	936468.5	144231.3	61950.7	72534.1
内蒙古	1127395.6	74498.4	42695.7	112559.3
辽　宁	1567755.2	170514.4	303066.4	104044.8
吉　林	765275	95077.1	54765.4	33428.7
黑龙江	1152380.1	95597.3	71184.7	50208.9
上　海	727872.8	66428.4	111872.4	100817.2
江　苏	1970955.5	346610.8	275007.7	293634.8
浙　江	1253870.2	192104.1	94174.6	214981.7
安　徽	1421837.3	229122.8	128557.1	111794.1
福　建	614533.8	101645.8	62590.8	71779.5
江　西	1075144.7	190649.6	37533.1	67588.9
山　东	2183629.3	617222.9	319028	160450.1
河　南	1740800.2	365463.7	126956.7	117346.5
湖　北	1531263.7	255283.1	144204.4	123853.3
湖　南	2003252.4	341667.5	83150	79551.1
广　东	1668953.2	251092.9	211497.2	276462.1
广　西	1173997.1	121316.3	37401.6	115935.4
海　南	240254.6	20344.2	14014.9	15548
重　庆	907587.4	138312.4	76132.9	89980
四　川	2375722.4	388404.9	209383.2	128060.1
贵　州	1248670.9	110564.3	26877.3	74815.2
云　南	1730472.3	145104.4	111082.3	115756.4
西　藏	155073.7	6163.4	8921.4	12981.4
陕　西	1424205.1	171061.9	142702.4	95171.7
甘　肃	1051754.7	48550.6	63272	53395.2
青　海	341516.9	10955.6	14692.9	28199.3
宁　夏	220055.6	8348.8	9346.3	14633.9
新　疆	983105.5	36640.3	65538.3	139609.5

单位：万元

社会救助	自然灾害 生活救助	民政管理 事务	行政事业单位 离退休	其他款项用于 民政支出
18661169.5	**1633832.7**	**2484897.7**	**390037.5**	**1582023.4**
	16170	52806.5	3954.7	26713.3
162419.4	15964.8	143003.3	52041	105351.6
173858.8	1305.3	61713.5	4664.2	4699.7
657968.5	58250.2	67224.3	17939.1	57807.7
547083.7	36706.1	44224.9	8522.4	21215.3
743806.1	45637.4	76327.1	12718.8	19152.8
692075.2	72074.7	132348.5	19963	73668.2
515951	21819.3	33773	4338.4	6122.1
847103.4	27119.5	50917.9	7233.2	3015.2
309944.3	1338	92112.7	6722.1	38637.7
748848.1	23476.5	182535.1	25815.3	75027.2
420530	23657.9	202022	23026.9	83373
831056.2	28322.8	53968.9	12679.8	26335.6
238650.5	23755.3	56353.7	24334.7	35423.5
660684.4	61503.8	36445.5	8374.5	12364.9
816816.1	60973.1	115811	11279.4	82048.7
969587.7	31379	74745.9	16798.1	38522.6
807617.4	69044.4	59439.5	13421.7	58399.9
1027351.9	82585.5	88514.6	7749.7	292682.1
608111.3	30013.2	177024.6	31466.6	83285.3
727014.5	55787.8	69063.4	11290.3	36187.8
126989.3	8695.8	31608	2214.3	20840.1
477171.2	46845.7	60342.9	8889.4	9912.9
1269395.4	153122.3	116621.7	19147.4	91587.4
848437.7	93065.6	68622.2	3407.4	22881.2
929440.6	224105.8	110329.7	11837.6	82815.5
73266.4	29941.3	7940.3	504.4	15355.1
803079.9	71415.6	88055.2	7177.6	45540.8
743051.7	79346.8	30879	4738.9	28520.5
183651.8	26474.7	18859.3	1747.7	56935.6
129271.7	18187.7	17350.5	2676.9	20239.8
570935.3	95746.8	63913	3362	7360.3

C−1−14续表3

地 区	年末结余合计	抚恤	退役安置	社会福利
全 国	**2005301.8**	**209921.9**	**181140.6**	**312784.5**
中央级	9215.5	547.7		
北 京	192045.8	12041.8	28324.2	59003.2
天 津	45303.9	2402.7	3829.4	19090.4
河 北	73132.5	6792.4	14864.6	13026.4
山 西	94281.6	9556.6	5928.5	17844.6
内蒙古	64388.7	3468.3	5274.1	10659.2
辽 宁	38830.2	656.8	778.8	2209.7
吉 林	736.4	41.4		650
黑龙江	7217.2	2922.5	263.7	19.2
上 海	86429.5	9907.4	10664.2	12619.5
江 苏	36229	1379.7	1836.1	6993.7
浙 江	73063.1	13869.7	5467.5	14823.3
安 徽	18423.6		933.9	871.2
福 建	53556	7917.5	10105.5	10528.3
江 西	2424.8	1020.5	300	628.3
山 东	14004.5	8016.6	1360.8	559.6
河 南	49665.9	4417.8	1788.2	6468.8
湖 北	13761.7	714.5	6237.9	
湖 南	7081.6	392.2	70.9	
广 东	80361.9	8244	11515.2	17173.1
广 西	192415.3	32023.3	7153.9	29425.8
海 南	68652.8	9285.3	7016	8678.7
重 庆	19769.1	4404.6	1790.7	1802.5
四 川	115756.8	7439.4	9066.1	12819.8
贵 州	268767.1	31868.1	9972.6	29647.5
云 南	147404.8	20395.6	21265	14948.8
西 藏	69817.9			
陕 西	16302.6	544.6	1422.3	2079.4
甘 肃	54707.3	1900.2	2980	1483.1
青 海	17182.2	1098.5	2474.4	68.9
宁 夏	40675.1	729.2	5709.7	2469.2
新 疆	33697.4	5923	2746.4	16192.3

单位：万元

社会救助	自然灾害生活救助	民政管理事务	行政事业单位离退休	其他款项用于民政支出
689928.8	**118845**	**179774.1**	**5823**	**258469**
	0.8	6679.7	227.4	
35536.4	2936.8	28081.6	959.5	25162.3
6656.7	750.3	4569.3	911.4	7093.7
12380.5	2899.4	3856.6	22.3	18417.4
52604.8	3865.3	2793.5	28.4	1659.9
13561.1	6320.5	13079	17.8	10661
18631.5	457.9	1710.9	302.2	12271.9
	45			
2949.5	10.5	163.9		
29806.2	1113.2	14953	143.4	7187.6
1339.8	93	4585.4		19989.4
19202.1	3392.8	11989	1187.8	3127.5
3441.7	30.9	300		53.4
12356	2005.2	6938.9	908.4	2420.1
201.8	274.2			
721.2	4.4	3275.3	2.4	64.1
31565.4	544.7	257.5		3684.4
5214.7	635.7	899.2		59.7
6039.2	114.1	133		332.2
14251.3	1003.2	8503.3	350.6	4499
88700	14070.9	7024.6	302.4	10962.1
22655.8	2377.1	7894.5	2.8	9308.5
4662.4	1248.7	1381.4		2400.8
41329.2	14175.1	3898.7	346.6	25876.7
144842.5	27000.8	12044.1	32.5	13100.5
42206.7	15760	12617.8	64.8	17975.4
38980.9				30837
7620	450	1147.2	10.9	2321.6
8497.6	3656.6	14637.2	0.9	21270.5
2112.7	7560.3	404.3		3433.1
17916	3321.2	4000.7	0.5	4245.4
3945.1	2726.4	1954.5		53.8

C-1-15 预算指标

地 区	本年预算指标合计	上年结转预算指标	本级财政安排预算指标	本年上级下达预算指标	本年下达所属地方预算指标	本年抚恤预算指标
全 国	**39127558.9**	**2431945.8**	**36729167.4**	**57557621.7**	**57591176**	**5319484**
中央级	105133.9		18051139.9		17946006	754
北 京	1630257	222927.1	808991.9	1185156.9	586818.9	95916.2
天 津	474097.8	22009.7	310266.1	398090.5	256268.5	60115.5
河 北	1543366.4	94839	616310.3	2770040.1	1937823	285074.7
山 西	1004389	68106.4	437123.8	1816861.8	1317703	149397.7
内蒙古	1190175.4	44453.2	710733.5	1890660.5	1455671.8	78628.2
辽 宁	1605367.3	46797.1	741812.7	2456316.9	1639559.4	171897.8
吉 林	761418.3	7798.7	226344	1344340.1	817064.5	90840.6
黑龙江	1147757.4	45827.9	463823.9	2553112.6	1915007	99499.3
上 海	826451.6	45802.2	752098.6	137028	108477.2	68913
江 苏	2076293.4	54221	1569937.7	1847940	1395805.3	341607.7
浙 江	1371736.5	113850.3	1083587.2	546219.8	371920.8	207128.6
安 徽	1456086.2	50831.4	697523.4	1552094.6	844363.2	235255
福 建	700247.3	95711.5	411216.8	826835.7	633516.7	108513.8
江 西	1075520.9	9272.1	403254.7	2240981.5	1577987.4	189887.1
山 东	2227860.7	121181.4	1188918.2	3184757.1	2266996	614363.4
河 南	1802693.5	77747.1	591268.2	3544893.4	2411215.2	367807
湖 北	1555345.3	35966.3	588977.5	2149952.6	1219551.1	254098.9
湖 南	2023596.6	152063.9	849386.7	3982811.5	2960665.5	343934.6
广 东	1798364	55308.1	1381410.5	1677624.6	1315979.2	268908.5
广 西	1281706.8	193699.7	515226.6	1676977.9	1104197.4	146583.5
海 南	277689.2	45104.3	139635.3	234995.9	142046.3	25427.9
重 庆	974704.6	81314.6	413985.4	1063850.5	584445.9	142443.7
四 川	2394058.3	91823.6	924566.5	4549369.1	3171700.9	392242.5
贵 州	1394685.6	176930	388081.6	2743868.2	1914194.2	118398
云 南	1747108.5	44803	729390.5	3625612.8	2652697.8	150105.2
西 藏	217900.2	72994.4	52979.7	187663.6	95737.5	4720.2
陕 西	1718666.3	225203.2	738665.4	2818067.2	2063269.5	200760.3
甘 肃	1073317.9	24695.3	350866.3	1609812	912055.7	48085.8
青 海	346620.2	24902.6	157092.2	590900.7	426275.3	11157.4
宁 夏	234155.7	10267	93965.6	291541.1	161618	7825.6
新 疆	1090787.1	75493.7	340586.7	2059244.5	1384537.8	39192.3

收入情况

单位：万元

上年结转预算指标	本级财政安排预算指标	本年上级下达预算指标	本年下达所属地方预算指标	本年退役安置预算指标	上年结转预算指标	本级财政安排预算指标
183151.4	**5137938.1**	**9304423.6**	**9306029.1**	**4257385.4**	**281205.5**	**4061723.1**
	2984409		2983655			2654268
1407.2	77328.1	30496.9	13316	778621.4	118182.5	150326.7
814.4	46704.4	40564.5	27967.8	77576	91.8	15198.8
5878.5	80810.6	616013.9	417628.3	214248.8	7769.4	65253.1
6135	58699.9	268890.3	184327.5	70388	4774.1	18361.9
2032.8	39444.6	131035	93884.2	44970.3	2187.1	14634.5
1679	79724.8	299130.2	208636.2	308720.1	10196.7	41864.2
186	25652	152335	87332.4	53606	1213	7356.4
2353.6	30349.3	239354.1	172557.7	81217.2	15595	12017.6
770	68913	9570	10340	187270.8	28833.4	114746.4
5612.3	198928.1	492228	355160.7	289411.8	9924.7	132986.4
16114.6	141886	124778.4	75650.4	98766.3	3347.2	43461.1
4610	92561	284381.1	146297.1	130021	917.6	81558.4
7984.7	55513.1	183054.8	138038.8	80731.3	10774.9	24189.4
2243	64946.1	420434.2	297736.2	37202.3	144.9	9940.4
24971.6	232247.8	1169745.8	812601.8	336346.8	15631.9	98310.4
5942.6	137986.5	726349.9	502472	134781.3	10325.8	30580.5
5762.8	75977	387120.6	214761.5	145741	493.4	44594.3
12825.1	79136.1	816131.1	564157.7	83785.2	298.6	23150
13612.9	166294.4	384746.2	295745	269048.1	5640.7	155251.4
21185.5	48393.2	221261.8	144257	40533.2	4951.7	10180.6
3399.9	10633.6	25789.4	14395	19870.8	6431.9	5133.7
4221.1	47699.6	188251	97728	80551.9	3242.1	30086.8
13138.7	106752.6	888827.3	616476.1	222053.5	4142.5	98188.5
5327.5	32531.5	257564.5	177025.5	30712.8	1063.8	13454
3807.9	37130.3	357499.3	248332.3	113516	699.1	38417.9
	1718.7	6331.5	3330	9322.9		7489.7
9886	80968.9	400381.2	290475.8	158656.8	11028.5	75129
128.5	12294.3	77332.4	41669.4	68410.8	2481	24985.8
370	4037.4	19944.6	13194.6	14744	585.4	3448.6
265.4	2367.2	11023.3	5830.3	10496.9	216.8	2067.2
484.8	15899	73857.3	51048.8	66062.1	20	15091.4

C-1-15续表1

地 区	本年上级下达预算指标	本年下达所属地方预算指标	本年社会福利预算指标	上年结转预算指标	本级财政安排预算指标	本年上级下达预算指标
全 国	**6135870.7**	**6221413.9**	**3708215.1**	**356225.6**	**3256780.5**	**2359694.8**
中央级		2654268	23003		442815	
北 京	920623.2	410511	200400	28496.9	116312.2	64638.2
天 津	134285.7	72000.3	70212.3	16686.2	50439.2	14855.2
河 北	368080.6	226854.3	121711.2	12657.5	96072.4	110191.1
山 西	114883.5	67631.5	84328.6	6093.2	66922.4	52940.5
内蒙古	69223.9	41075.2	135375	8998.4	145665.4	109323.3
辽 宁	563534.2	306875	104665	408	95370.1	55937.7
吉 林	107812.6	62776	29795.3	694	29433.6	27361.4
黑龙江	124514.9	70910.3	55894.1	5163	43254.1	25081.5
上 海	117803	74112	106333.6	1403.8	104847.9	2034
江 苏	454722.1	308221.4	305640.9	12269.4	291690.9	109017.2
浙 江	107925.8	55967.8	282518	39850	237964	53746.2
安 徽	105628.7	58083.7	113962.6	1812	91034.6	72305.3
福 建	106489.1	60722.1	98129.7	21477.8	70387.9	47315
江 西	62168.2	35051.2	69003.6	3532.2	45674.5	84507.9
山 东	581196.8	358792.3	163320.9	8016.1	149794.6	89983.4
河 南	216447.5	122572.5	127136.9	15022.3	58007.1	128410.2
湖 北	223698.7	123045.4	128657.8	6711.3	104238.6	47896.7
湖 南	158056	97719.4	89350.8	5581.9	62990.3	107919.6
广 东	323421.3	215265.3	287960.4	6931.5	263607.2	143734.2
广 西	54930.8	29529.9	153668.7	15969.6	107200.2	120144.8
海 南	18989.6	10684.4	21264	982.1	25393	6460.8
重 庆	99817	52594	98513.9	11621.3	76005.2	44537
四 川	364569.1	244846.6	129612.1	4487	95976.6	89051.8
贵 州	43669	27474	118890.4	43316.1	60164.3	111845.5
云 南	213086.3	138687.3	118478.3	2748	88114.3	156244.6
西 藏	11271.2	9438	13247.8	2441	8299	7389.8
陕 西	248410.1	175910.8	108577	6448.7	89034.8	98238.8
甘 肃	91563	50619	54363	340.7	34979.3	55917.1
青 海	23296	12586	33095.3	3665.4	18732.1	33319.7
宁 夏	16226.9	8014	13099.6	27.7	9562.2	7625.4
新 疆	89525.9	38575.2	248005.3	62372.5	76797.5	281720.9

单位：万元

本年下达所属地方预算指标	本年社会救助预算指标	上年结转预算指标	本级财政安排预算指标	本年上级下达预算指标	本年下达所属地方预算指标
2264485.8	**19299249.8**	**1062837**	**18234577.8**	**33976210.1**	**33974375.1**
419812			10404361		10404361
9047.3	180601.3	5931.7	150100.8	32637.4	8068.6
11768.3	176381.6	502.9	129380.4	181762.1	135263.8
97209.8	687979.5	34645.9	246961.6	1446762.8	1040390.8
41627.5	576332.2	29800.3	224775.9	1248814.9	927058.9
128612.1	750651.3	13056.8	399039	1407347.2	1068791.7
47050.8	713663.7	25942.8	274818	1311923.6	899020.7
27693.7	522904.2	4400.9	108560.6	984237.6	574294.9
17604.5	821996.5	21916.9	314276.7	2056964.1	1571161.2
1952.1	320036.8	14795	319693.9	7621	22073.1
107336.6	782680.7	18260.3	665904	638086.5	539570.1
49042.2	441028	30575.8	356117.2	210017.2	155682.2
51189.3	849495.3	32361.1	345828.8	1023422	552116.6
41051	257009	35433.4	143195.6	410049.6	331669.6
64711	659963		219618.9	1494857.1	1054513
84473.2	815877.8	56093.6	520116.6	1053796.1	814128.5
74302.7	998993.4	19464.7	261815.7	2339275.4	1621562.4
30188.8	813516	6469.5	225793.4	1319346.1	738093
87141	1025191.3	123569.6	282780.8	2109118.5	1490277.6
126312.5	630055.1	24539.7	484498.1	728229.3	607212
89645.9	754496.6	114225.8	229648.7	1150656.7	740034.6
11571.9	140160.6	19374.2	54579.1	165392.5	99185.2
33649.6	518751.2	52597.8	178433.4	638435	350715
59903.3	1258270.2	26637.2	388550	2708503	1865420
96435.5	918511.8	117184.2	157047.6	2036593.8	1392313.8
128628.6	916623.4	26364.7	271186.7	2183897.8	1564825.8
4882	115265.4	39716.4	18219.8	114116.7	56787.5
85145.3	1014953.8	150822.6	380363.5	1784555.6	1300787.9
36874.1	757576.6	5822.5	225927.1	1220048	694221
22621.9	179315.6	3776.7	57223	398637.3	280321.4
4115.7	133362.9	2789.3	38401.9	211808.7	119637
172885.6	567605	5764.7	157360	1359296.5	954816.2

C-1-15续表2

地 区	本年城市最低生活保障预算指标	上年结转预算指标	本级财政安排预算指标	本年上级下达预算指标	本年下达所属地方预算指标	本年农村最低生活保障预算指标	上年结转预算指标
全 国	**6972326**	**399389.5**	**6530667.3**	**13656489.6**	**13614220.4**	**7385434.9**	**457765.7**
中央级			4390961		4390961		
北 京	73874.9	2064.4	70981.4	3138.3	2309.2	28365.5	721.3
天 津	114003	94.2	75074.8	139655.9	100821.9	26641.4	357.5
河 北	239258.4	16179.4	49291	568629.2	394841.2	280106.4	12907.8
山 西	259189.4	15896	69043.4	625466.2	451216.2	192849.8	4480.8
内蒙古	363065.5	4330.5	177033	751328.9	569626.9	254180.6	2291.1
辽 宁	416318.5	18611.8	80054	909714.1	592061.4	161911.2	3222.7
吉 林	315538.9	3522.8	37323.4	629197	354504.3	115760.9	
黑龙江	488048.1	15733.2	153205.6	1247026.3	927917	155384.7	100
上 海	144531.4	10116	144242.2		9826.8	13666.7	1411
江 苏	136809.7	3488.9	133219.2	61383.2	61281.6	341257.5	13021.8
浙 江	45762.9	3361.2	42401.7	13798	13798	190442.7	16183.3
安 徽	291057.4	20712.4	70160	424411	224226	317702.7	10178
福 建	52269.5	6125	28542.5	80390.2	62788.2	115135.5	15678.9
江 西	247574.6		44087.3	613030.7	409543.4	209184.3	
山 东	187960.6	12944.7	119089.9	243327.6	187401.6	406984.5	35748.5
河 南	336607.4	12260.5	25802.9	922856	624312	429174.2	2340.3
湖 北	379546.7	4293.1	61400.5	688572.4	374719.3	251312.5	
湖 南	430521.1	49943.8	76328.3	969741.8	665492.8	328512.3	59129.5
广 东	112655	7613.1	105022	69042.2	69022.3	303893.7	12473.7
广 西	179112.7	42352.9	23466.8	295503.1	182210.1	357736.2	47974.6
海 南	60029.3	8157	24014.9	75167.4	47310	44522.3	5886.3
重 庆	201467.9	37603.7	10834.2	306384	153354	131706.7	3255.5
四 川	450123.2	12879	71856.2	1139476.9	774088.9	436296.3	8254.8
贵 州	161746.5	17700.4	36773.1	347364.1	240091.1	628568.9	89819.9
云 南	227483.4	5458.4	67979.5	553533	399487.5	505658	14099.1
西 藏	22408.3		7029	24333.3	8954	57625.3	21930.9
陕 西	371150.5	59132.9	145659.4	616986.9	450628.7	430525	72236.9
甘 肃	252313.2	1062.6	85089.6	389322	223161	369429.4	748.1
青 海	75537.2	657	25837.7	174895.6	125853.1	63788.9	2562.6
宁 夏	52381.5	2004.3	9354.2	88659	47636	53517.2	432.1
新 疆	283979.3	5090.3	69508.6	684155.3	474774.9	183593.6	318.7

单位：万元

本级财政安排预算指标	本年上级下达预算指标	本年下达所属地方预算指标	本年其他社会救济预算指标	上年结转预算指标	本级财政安排预算指标	本年上级下达预算指标	本年下达所属地方预算指标
6908944	**14227451**	**14208725.8**	**2498068.8**	**63106**	**2466383.8**	**1518024.5**	**1549445.5**
4314000		4314000			199818		199818
27644.2	1402.5	1402.5	60164.1	2234.5	39454.2	19442.7	967.3
26283.9	19600	19600	16188.2	51.2	13789	7516.3	5168.3
95107.6	621237.8	449146.8	81968.1	1129.2	74908.9	65393.9	59463.9
82754	418982.7	313367.7	55263.8	1169.9	49112.9	65448.6	60467.6
137103.2	464614.9	349828.6	71020.5	1363	65888.5	56127.1	52358.1
99807.2	259574.6	200693.3	89647.4	196	80441.9	46688.3	37678.8
39345.8	209155.7	132740.6	26364.7		23208.5	15286.4	12130.2
54543.8	416972.9	316232	59420	1285.1	55039.7	110311.2	107216
13615.2		1359.5	127525	3268	127522.8	4485	7750.8
260141	435920.9	367826.2	190405.7	1328.3	181235.7	42646.1	34804.4
137027.4	130701.5	93469.5	124092.8	6627.9	111442.9	24972.4	18950.4
117141.7	422167.2	231784.2	136751.2	130.6	123772.2	29036.5	16188.1
57958.6	208748.1	167250.1	48056.2	3652.1	40152.1	61824.6	57572.6
50266.5	479437.9	320520.1	79168.9		70568.9	131538.5	122938.5
247012	599007.3	474783.3	111987.2	4376.2	99265.4	30707	22361.4
111794.9	1038191.8	723152.8	124245.5	1209.7	110317.2	98709.7	85991.1
68900.1	418075.4	235663	83474.8	117.8	68568.6	63622.5	48834.1
71997.8	694142.3	496757.3	139942	11873.3	111555.5	131934.8	115421.6
203473.9	506280.4	418334.3	138372.6	2287.6	124564.7	68209.9	56689.6
69762.6	666194.8	426195.8	130837.4	3898.8	120689.5	45859.1	39610
15980.7	56204.3	33549	15335.9	1217.5	12316.8	3323.6	1522
43190.2	197977	112716	103675.2	1803.5	95203.7	33928	27260
103680.4	1039328.9	714967.8	177902.9	1571	161099.2	73588.8	58356.1
84784	1426795.2	972830.2	35843.3	1611.1	27732.2	27937.9	21437.9
80984.5	1274269.6	863695.2	76225.3	4344.4	98516.7	75849.7	102485.5
6794.9	59434.5	30535	5177.9		1495.7	4482.2	800
112965.8	823627	578304.7	102384.2	5251.2	97193.8	119164.8	119225.6
86191.3	643659	361169	44112.1	252.7	43859.4	32128	32128
15668.7	144643.4	99085.8	10058.3	557.1	10287.8	5878.9	6665.5
21869.1	79944	48728	7206.3	139.9	6499.4	4534	3967
51153	471159.4	339037.5	25251.3	158.4	20862	17448	13217.1

C-1-15续表3

地 区	本年医疗救助预算指标	上年结转预算指标	本级财政安排预算指标	本年上级下达预算指标	本年下达所属地方预算指标
全 国	**2443420.1**	**142575.8**	**2328582.7**	**4574245**	**4601983.4**
中央级			1499582		1499582
北 京	18196.8	911.5	12021	8653.9	3389.6
天 津	19549		14232.7	14989.9	9673.6
河 北	86646.6	4429.5	27654.1	191501.9	136938.9
山 西	69029.2	8253.6	23865.6	138917.4	102007.4
内蒙古	62384.7	5072.2	19014.3	135276.3	96978.1
辽 宁	45786.6	3912.3	14514.9	95946.6	68587.2
吉 林	65239.7	878.1	8682.9	130598.5	74919.8
黑龙江	119143.7	4798.6	51487.6	282653.7	219796.2
上 海	34313.7		34313.7	3136	3136
江 苏	114207.8	421.3	91308.1	98136.3	75657.9
浙 江	80729.6	4403.4	65245.2	40545.3	29464.3
安 徽	103984	1340.1	34754.9	147807.3	79918.3
福 建	41547.8	9977.4	16542.4	59086.7	44058.7
江 西	124035.2		54696.2	270850	201511
山 东	108945.5	3024.2	54749.3	180754.2	129582.2
河 南	108966.3	3654.2	13900.7	279517.9	188106.5
湖 北	99182	2058.6	26924.2	149075.8	78876.6
湖 南	126215.9	2623	22899.2	313299.6	212605.9
广 东	75133.8	2165.3	51437.5	84696.8	63165.8
广 西	86810.3	19999.5	15729.8	143099.7	92018.7
海 南	20273.1	4113.4	2266.7	30697.2	16804.2
重 庆	81901.4	9935.1	29205.3	100146	57385
四 川	193947.8	3932.4	51914.2	456108.4	318007.2
贵 州	92353.1	8052.8	7758.3	234496.6	157954.6
云 南	107256.7	2462.8	23706	280245.5	199157.6
西 藏	30053.9	17785.5	2900.2	25866.7	16498.5
陕 西	110894.1	14201.6	24544.5	224776.9	152628.9
甘 肃	91721.9	3759.1	10786.8	154939	77763
青 海	29931.2		5428.8	73219.4	48717
宁 夏	20257.9	213	679.2	38671.7	19306
新 疆	74780.8	197.3	15836.4	186533.8	127786.7

单位：万元

本年自然灾害生活救助预算指标	上年结转预算指标	本级财政安排预算指标	本年上级下达预算指标	本年下达所属地方预算指标
1768069.5	**128581.3**	**1619228.5**	**3599537.4**	**3579277.7**
16170		1143549		1127379
19091.5	295	5145.5	30280.3	16629.3
2430.5		1397.5	1266.7	233.7
71906.1	3195.3	22410.8	159378.1	113078.1
42948.9	5965.6	7483.3	98130.5	68630.5
55665.3	6555	14146.2	120437.1	85473
76590.6	5076.7	33484.9	146680	108651
22138.9	1300.6	2008.3	42132	23302
27475.7	539.4	2642.8	75833.4	51539.9
1700		1700		
26832.3	2490.9	9426.4	53567.9	38652.9
27824.7	3333.9	14690.8	31256.5	21456.5
32586.7	1555.1	5397.6	52688	27054
30182.9	6612.8	12587.1	36320.1	25337.1
61970.1	5	13265.1	148359	99659
63341.2	8608.7	16732.5	134204.1	96204.1
29276.9	999.4	6000.5	67800.5	45523.5
71036.8	736.6	18388.1	114976	63063.9
73244.7	1928	9512.7	209569.4	147765.4
30584.8	1537.5	13947.3	62940.3	47840.3
68008	14646.9	17165.1	93739.2	57543.2
9875.8	3034.4	3026.5	7697.9	3883
55827.5	6000.3	9122.2	82572	41867
175745.8	11993.6	57463.1	408429.5	302140.4
112348.9	4509.4	38439.5	250975	181575
235013.3	2716.3	98556	540855.5	407114.5
20632.2		4790	29365.2	13523
76646.7	15336.5	14006.4	149711.2	102407.4
82101.2	683	7185.2	150553	76320
32032.1	15012.1	1220	26555.2	10755.2
19962.3	3021.6	1640.7	31380	16080
96877.1	891.7	12697.4	241883.8	158595.8

C-1-15续表4

地　区	本年民政管理事务预算指标	上年结转预算指标	本级财政安排预算指标	本年上级下达预算指标	本年下达所属地方预算指标	本年行政事业单位离退休预算指标	上年结转预算指标
全　国	**2493196.7**	**31945.9**	**2447578.3**	**491414.1**	**477741.6**	**387815.1**	**847**
中央级	45082.9		51950.9		6868	3776.6	
北　京	151227		150659.7	567.3		52607.4	
天　津	61198.5	394.4	60732	5696.7	5624.6	5087.3	
河　北	69381.4	2177.9	67047.5	6783	6627	17883	
山　西	44958.9	194.9	44764	5673.4	5673.4	8517.3	
内蒙古	74742.7	3970.4	70061.4	31202.1	30491.2	12741.3	
辽　宁	130627.4	250	130230.2	48650.5	48503.3	19867.7	
吉　林	31427		30127.8	14195.6	12896.4	4036.1	
黑龙江	51398.5	260	51021.3	31350.6	31233.4	7233.2	
上　海	93105.1		93105.1			6055.4	
江　苏	182692.4	521.5	182670.8	25878.9	26378.8	25639.1	16.9
浙　江	204119.6	4138.6	199801	9580.7	9400.7	22671.8	102.5
安　徽	55564.9	2359.9	53205	4364	4364	12669.7	
福　建	58386.5	1150.3	57162.2	11834	11760	25043.9	732.3
江　西	36401.6	110	36291.6	17132.1	17132.1	8341.5	
山　东	115715.6		113829.5	20300.8	18414.7	11281.8	
河　南	72182.3	11	70658.8	3791.5	2279	16465	
湖　北	56937.3	1162.8	62128.8	10226.2	16580.5	13465.3	
湖　南	85716.9	24.6	85842.6	19880	20030.3	7799.8	
广　东	179443.8	1092.8	177931	20750.5	20330.5	30973.4	7
广　西	73020.2	965.1	70969.2	19571.2	18485.3	11054.4	-39
海　南	32575.1	4307.5	25138.9	5455.5	2326.8	2215.9	
重　庆	59962.6	1381.5	57780.1	5801	5000	8791.8	16.8
四　川	117293.9	946	115041.2	9486.6	8179.9	19132.1	
贵　州	69890.1	274.1	69616	18432.3	18432.3	3328.5	
云　南	112032.8	1054.7	110373.1	66402.1	65797.1	11227.9	
西　藏	7924.8		7074.2	1852.6	1002	504.5	
陕　西	94511.9	4987.9	81563.1	63138.8	55177.9	7057.8	10.5
甘　肃	27166.9		25689.4	3318.4	1840.9	4601.2	
青　海	18064		18064	216.5	216.5	1747.7	
宁　夏	17830.3	30	18122.3	2201	2523	2677.4	
新　疆	62613.8	180	58925.6	7680.2	4172	3319.3	

单位：万元

本级财政安排预算指标	本年上级下达预算指标	本年下达所属地方预算指标	本年其他款项用于民政支出预算指标	上年结转预算指标	本级财政安排预算指标	本年上级下达预算指标	本年下达所属地方预算指标
387101	**847.1**	**980**	**1894143.3**	**387152.1**	**1584240.1**	**1689623.9**	**1766872.8**
3776.6			16347.4		366010.4		349663
52607.4			151792.2	68613.8	106511.5	105913.6	129246.7
5087.3			21096.1	3520	1326.5	19659.6	3410
17817	66		75181.7	28514.5	19937.3	62764.6	36034.7
8517.3			27517.4	15143.3	7599.1	27528.7	22753.7
12741.3			37401.3	7652.7	15001.1	22091.9	7344.4
19797.3	70.4		79335	3243.9	66523.2	30390.3	20822.4
3874.2	161.9		6670.2	4.2	19331.1	16104	28769.1
7233.2			3042.9		3028.9	14	
6055.4			43036.9		43036.9		
26073.9	236.5	688.2	121788.5	5125	62257.2	74202.9	19796.6
22569.3			87679.5	16387.7	67097.8	8915	4721
12669.7			26531	7215.7	15268.3	9305.5	5258.5
24311.6			42250.2	11545.3	23869.9	31773.1	24938.1
8341.5			12751.7	3237	5176.6	13523	9184.9
11281.8			107613.2	7859.5	46605	135530.1	82381.4
16465			56050.7	25981.3	9754.1	62818.4	42503.1
13287.3	178		71892.2	14629.9	44570	46510.3	33818
7738.7	134.3	73.2	314573.3	7836.1	298235.5	562002.6	553500.9
30966.4			101389.9	1946	88914.7	13802.8	3273.6
11093.4			34342.2	21794.1	20576.2	16673.4	24701.5
2215.9			26299.1	7574.3	13514.6	5210.2	
8775			9862	2233.7	6083.1	4437.5	2892.3
19132.1			79708.2	30478.6	43462.4	80501.8	74734.6
3328.5			22605.1	5254.9	13500.2	24788.1	20938.1
11227.9			90111.6	7412.3	74384.3	107627.2	99312.2
504.5			46282.4	30837	4883.8	17336.6	6775
7265.9		218.6	57502	26682.5	10333.8	73631.5	53145.8
4601.2			31012.4	15239.6	15204	11080.1	10511.3
1747.7			56464.1	1493	52619.4	88931.4	86579.7
2677.4			28900.7	3916.2	19126.7	11275.8	5418
3319.3			7112.2	5780	496.5	5279.9	4444.2

C-1-15续表5

地 区	本年预算指标结余	抚恤	退役安置	社会福利
全 国	**2309551.4**	**145554.7**	**500026.3**	**411085.8**
中央级				
北 京	298774.4	4145	229249.9	24860.4
天 津	26620.5	657.6	196.7	5324
河 北	86282.8	7246.4	11913.3	11412.4
山 西	55380.5	6451.4	4659.6	5721.6
内蒙古	47101.8	2316.9	2869.8	15366
辽 宁	41020.9	3121.9	7775.3	1143.6
吉 林	8989.5	442.9	183	303.3
黑龙江	21817	950.2	9791.9	6781.4
上 海	74352.3		72524.4	1485
江 苏	119105.2	4768.7	15482.1	11657.2
浙 江	104511.1	12270.7	3866.1	57629.3
安 徽	32360.7	4444.8	1695	2031.5
福 建	78108	6209.9	15551	22771.9
江 西	1000			1000
山 东	53877.5	1301.4	18491.4	2976
河 南	47538.7	274.8	11355.6	6465.9
湖 北	31271.6	2972.4	3692.3	4745.5
湖 南	30872.3	4351.8	793	7849
广 东	116698.4	14937.4	49056.5	13367.5
广 西	156964.4	21175.8	3889.3	36833.2
海 南	32640	2903.7	3215.2	1372.7
重 庆	67543.3	2492.8	2897.6	8599.2
四 川	64243.6	4570.1	11460.7	5119.2
贵 州	168971.2	4539.2	1387.2	28193
云 南	32393.8	2277.8	1588.4	5331
西 藏	69829.9			
陕 西	285414.6	29777.1	13510.6	15210.6
甘 肃	31217.5	74.2	2649.1	192.1
青 海	6943.3	500		3743.3
宁 夏	12595.7	109.1	281.3	37.2
新 疆	105110.9	270.7		103562.8

单位：万元

社会救助	自然灾害 生活救助	民政管理 事务	行政事业 单位离退休	其他款项 用于民政支出
790381.3	**137060.8**	**37175.5**	**511.4**	**287755.6**
5197.1	720	202.3		34399.7
2300	600	963.5		16578.7
32548.5	14032.7	1770.9		7358.6
26025.7	6608.7	101.3		5812.2
6228.6	7914.3	4167.5		8238.7
23581.1	4464.5			934.5
7508.4	551.9			
3705	472.2	116.3		
342.9				
36122.4	3239.1	997.3	20.9	46817.5
18648.4	3884.5	2872.1		5340
17625.8	4199.8	1169.5		1194.3
17435.5	5805.4	750.8	519	9064.5
4696.6	2369.2			24042.9
12641.7	871.6	101		15828.1
6842.6	1976.3	1215.9		9826.6
9497.9	3592	256.6		4532
25332.9	484.3	1955.1		11564.7
72957.2	14587.3	3793.3	-38.6	3766.9
13957.2	1774.1	3225.1	-0.4	6192.4
43244.9	8646.9	351		1310.9
16504.2	16559.9	2105.6		7923.9
115710.6	14466.7	2559.3		2115.2
8893.7	8311.3	1633.3		4358.3
38992.9				30837
208674.2	6728.2	6812.8	10.5	4690.6
11725.6	1119			15457.5
470	2102			128
2311.2	459.7	55		9342.2
658.5	519.2			99.7

C-1-16 当年预算

地 区	全国预算安排合计	中央安排合计	全省安排合计	省 级	市 级	县级及以下	抚 恤	中央安排
全 国	**36691484**	**18105195.9**	**18586288.1**	**6115411.6**	**3073961.2**	**9396915.3**	**5124628.8**	**2983914**
中央级	105133.9	105133.9					754	754
北 京	1407329.9	598338	808991.9	336126.7		472865.2	93614.1	16286
天 津	444186.8	141822	302364.8	183638.5		118726.3	58289.3	12512
河 北	1448324	832188	616136	223322.7	128475.7	264337.6	279195.6	198385
山 西	936323.8	499200	437123.8	169808.3	133054.8	134260.7	143111.9	84412
内蒙古	1150333	455019	695314	273669.5	178210.9	243433.6	73657.8	36573
辽 宁	1531061	798499	732562	176861.7	229476.5	326223.8	164557.1	85837
吉 林	801885	575541	226344	120580.9	16820.8	88942.3	91600	65948
黑龙江	1139099.9	675276	463823.9	255914.8	73618.5	134290.6	98837.3	68488
上 海	889126.6	137028	752098.6	106287.4		645811.2	78483	9570
江 苏	2024023.3	463562	1560461.3	348250.9	250196.5	962013.9	337102.1	138727
浙 江	1257886.2	174299	1083587.2	179109.4	132793.8	771684	191014	49128
安 徽	1389497.5	707843	681654.5	111058.8	94425.7	476170	228949.8	138084
福 建	604535.8	193319	411216.8	140451.8	85213.9	185551.1	100559.1	45046
江 西	1065920.7	662666	403254.7	145600.2	33280.2	224374.3	187644.1	122698
山 东	2106607.2	917689	1188918.2	229712.5	289556.5	669649.2	589281.8	357034
河 南	1672408.6	1086624	585784.6	168828.3	95102	321854.3	358473.7	221592
湖 北	1519447.5	930470	588977.5	184671.9	127491.8	276813.8	248336	172359
湖 南	1860581.3	1022476	838105.3	388561	97223.2	352321.1	329820.6	251697
广 东	1741587.7	362212	1379375.7	369745	355762.3	653868.4	254889.4	89001
广 西	1086183.4	572161	514022.4	224840.1	93648.4	195533.9	124816.4	76568
海 南	242617.3	102982	139635.3	45778.1	13949.7	79907.5	23178.6	12545
重 庆	893915.4	479930	413985.4	149964		264021.4	137869.6	90170
四 川	2286512	1377668	908844	215633.6	132654.3	560556.1	375095.9	272119
贵 州	1217755.6	829674	388081.6	127849.6	73927.1	186304.9	113070.5	80539
云 南	1706053.3	972915	733138.3	375107.3	110251.2	247779.8	146655.9	109167
西 藏	147540.7	94561	52979.7	14340.3	17657.4	20982	5048.7	3330
陕 西	1493548.8	756553	736995.8	292818.6	209305	234872.2	190807.6	110028
甘 肃	1048622.3	697756	350866.3	238102.1	39481	73283.2	47957.3	35663
青 海	322080.2	164988	157092.2	85121.7	3387.2	68583.3	10787.4	6750
宁 夏	223890.6	129925	93965.6	59346.9	12153.1	22465.6	7561.2	5194
新 疆	927464.7	586878	340586.7	174309	46843.7	119434	33609	17710

安排情况

单位：万元

全省安排	省 级	市 级	县级及以下	退役安置	中央安排	全省安排	省 级
2140714.8	**610386.4**	**223985.8**	**1306342.6**	**4081571.6**	**2679902**	**1401669.6**	**457953.1**
				23003	23003		
77328.1	331.9		76996.2	660438.7	510112	150326.7	106180.2
45777.3	22965.3		22812	77019.1	62107	14912.1	10247.3
80810.6	27039.5	12261.7	41509.4	206107.6	140964	65143.6	31039.5
58699.9	14100.2	16446.7	28153	65613.9	47252	18361.9	5805.2
37084.8	11273.7	5808.3	20002.8	46903.5	32567	14336.5	8094.5
78720.1	20974.8	18583.9	39161.4	293009.4	251380	41629.4	5704.6
25652	10828.8	1069.6	13753.6	65762.4	58406	7356.4	1341
30349.3	12630.7	1912.9	15805.7	68298.6	56281	12017.6	3699.1
68913	6593.3		62319.7	232549.4	117803	114746.4	5122.9
198375.1	41610.5	12232.3	144532.3	280118.8	148070	132048.8	33255.9
141886	18586.9	6161.6	117137.5	95419.1	51958	43461.1	1000
90865.8	13110.5	4750.1	73005.2	127634.3	47545	80089.3	6423.4
55513.1	18529.2	9201.2	27782.7	69956.4	45767	24189.4	2396.6
64946.1	29023	1482.5	34440.6	37057.4	27117	9940.4	1266.8
232247.8	49849	45110.9	137287.9	319386.4	221076	98310.4	19802
136881.7	42877.8	14860.3	79143.6	117956.1	87624	30332.1	7070.1
75977	24918	9660.5	41398.5	145403.3	100809	44594.3	11403
78123.6	27622.8	7181.5	43319.3	82806.5	60173	22633.5	7863.2
165888.4	60146	24709	81033.4	263298.1	108106	155192.1	55954.7
48248.4	27120.9	6175.3	14952.2	35549.2	25395	10154.2	1019.4
10633.6	1396.8	771.6	8465.2	16015.7	10882	5133.7	1198.9
47699.6	8485.8		39213.8	77309.8	47223	30086.8	7759.2
102976.9	33231.5	5562.3	64183.1	213424.8	116934	96490.8	21461
32531.5	8043.4	4105.4	20382.7	29649	16195	13454	1295
37488.9	16015.5	1520.1	19953.3	112915.4	74399	38516.4	4942.2
1718.7	233.1	613.7	871.9	16927.7	9438	7489.7	560
80779.6	47030.5	9391.1	24358	147723	72594	75129	63497.4
12294.3	6646.9	1147.4	4500	65929.8	40944	24985.8	21925.2
4037.4	258.6	352.7	3426.1	14158.6	10710	3448.6	2747.8
2367.2	636.3	732.9	998	10284.2	8217	2067.2	
15899	8275.2	2180.3	5443.5	63942.4	48851	15091.4	7877

C-1-16续表1

地 区	市级	县级及以下	社会福利	中央安排	全省安排	省级	市级	县级及以下
全 国	**229688.3**	**714028.2**	**3283760.2**	**479762**	**2803998.2**	**900215.4**	**882881.8**	**1020901**
中央级								
北 京		44146.5	116920.2	608	116312.2	54144.7		62167.5
天 津		4664.8	53038.6	3159	49879.6	35682.4		14197.2
河 北	20441.7	13662.4	109075.4	13003	96072.4	31664	35774.5	28633.9
山 西	7144.1	5412.6	78605.4	11683	66922.4	16581.9	40211.1	10129.4
内蒙古	2254.9	3987.1	153164.7	9818	143346.7	76433	36496	30417.7
辽 宁	9035	26889.8	104879.3	10004	94875.3	18298.5	50941	25635.8
吉 林	2559.2	3456.2	38703.6	9270	29433.6	16480	6947.5	6006.1
黑龙江	5035.4	3283.1	53108.1	9854	43254.1	16944.8	20201.9	6107.4
上 海		109623.5	106881.9	2034	104847.9	31072.9		73775
江 苏	31044	67748.9	301049.7	10827	290222.7	61696.7	97866	130660
浙 江	7464.9	34996.2	242668	4704	237964	60568.6	54374.1	123021.3
安 徽	18499.1	55166.8	108507.9	21116	87391.9	28446.1	26437.5	32508.3
福 建	9350.5	12442.3	76341.9	5954	70387.9	21181	26337.4	22869.5
江 西	486.5	8187.1	65143.5	19469	45674.5	14034.8	10172.1	21467.6
山 东	24013.7	54494.7	158752.6	8958	149794.6	29043.4	65083.4	55667.8
河 南	11065.1	12196.9	85076.3	27389	57687.3	15675.7	18574.5	23437.1
湖 北	10101.6	23089.7	121909.6	17671	104238.6	11371	56968	35899.6
湖 南	6837.2	7933.1	89357.3	27146	62211.3	26947	17814	17450.3
广 东	20734.6	78502.8	281234.1	17784	263450.1	33891.9	128234	101324.2
广 西	4712.2	4422.6	125677.5	18585	107092.5	64073.5	30625.9	12393.1
海 南	485	3449.8	29081	3688	25393	13415.1	3891.6	8086.3
重 庆		22327.6	89756.2	13751	76005.2	44614.5		31390.7
四 川	8689.6	66340.2	115508.4	19630	95878.4	8022.2	40431.7	47424.5
贵 州	2616.1	9542.9	75574.3	15410	60164.3	29187.5	17184.6	13792.2
云 南	10080.2	23494	115909.7	27616	88293.7	42769.3	17757.2	27767.2
西 藏	4838.2	2091.5	10740	2441	8299	1217.3	5712.4	1369.3
陕 西	8620.7	3010.9	102017.9	13184	88833.9	28042.1	28238.8	32553
甘 肃	1175	1885.6	54022.3	19043	34979.3	18934	12485.5	3559.8
青 海		700.8	30067.1	11335	18732.1	9557.5	985.5	8189.1
宁 夏	1597.6	469.6	13032.2	3470	9562.2	4605.4	3275.2	1681.6
新 疆	806.2	6408.2	177955.5	101158	76797.5	35618.6	29860.4	11318.5

单位：万元

社会救助	中央安排	全省安排	省级	市级	县级及以下	城市最低生活保障	中央安排	全省安排
18180219.9	**10395742**	**7784477.9**	**2743706.5**	**845286.2**	**4195485.2**	**6517225.2**	**4390961**	**2126264.2**
165059.8	14959	150100.8	25382.1		124718.7	70981.4		70981.4
173759.6	46626	127133.6	96856		30277.6	111769.1	38834	72935.1
653268.8	406372	246896.8	102841	29335.6	114720.2	223047.3	173788	49259.3
546531.9	321756	224775.9	121667.4	47203	55905.5	243293.4	174250	69043.4
729996.8	338658	391338.8	151195.4	97146.6	142996.8	355601.9	181707	173894.9
665911.1	397370	268541.1	70701.1	53534.2	144305.8	376554	296926	79628
520136.6	411576	108560.6	63604.1	2065.3	42891.2	307699.4	270376	37323.4
829359.7	515083	314276.7	186252.6	34504.1	93520	491648.6	338443	153205.6
327314.9	7621	319693.9	21774.4		297919.5	144242.2		144242.2
770600	107749	662851	182391.8	40539.3	439919.9	132061.4		132061.4
410452.2	54335	356117.2	74484	17376.9	264256.3	42401.7		42401.7
809986.4	471449	338537.4	49811.1	20720.2	268006.1	268645.7	199897	68748.7
221575.6	78380	143195.6	66178	15091.2	61926.4	46144.5	17602	28542.5
659962.9	440344	219618.9	86484.8	10892.3	122241.8	247574.3	203487	44087.3
759142.6	239026	520116.6	113398.2	95772.7	310945.7	175015.9	55926	119089.9
975173.2	716170	259003.2	94055.9	22656.6	142290.7	324336.9	298544	25792.9
807252.4	581459	225793.4	86498	20687.7	118607.7	375673.5	314273	61400.5
894876.6	618667	276209.6	41024.5	27520.4	207664.7	377986	304251	73735
604925.6	121307	483618.6	191145	36620.5	255853.1	104959.2		104959.2
637990.4	408856	229134.4	105055.5	8802.3	115276.6	136744.8	113278	23466.8
126482.1	71903	54579.1	20450.5	3348.1	30780.5	55632.9	31618	24014.9
465463.4	287030	178433.4	66062.6		112370.8	163864.2	153030	10834.2
1223682.1	843928	379754.1	76376.8	40805.6	262571.7	435484.8	365388	70096.8
801327.6	644280	157047.6	51600.6	26643.2	78803.8	144046.1	107273	36773.1
891602.2	619072	272530.2	148742.1	34880	88908.1	222156.5	154097	68059.5
74271.8	56052	18219.8	123.1	4248.3	13848.4	15983	8954	7029
864594.6	485107	379487.6	132938.3	133630.8	112918.5	311977.4	167110	144867.4
751754.1	525827	225927.1	169041.4	15049.3	41836.4	251250.6	166161	85089.6
177125	119902	57223	20121.1	685.8	36416.1	74879.7	49042	25837.7
130707.9	92306	38401.9	28430	762.8	9209.1	50466.2	41112	9354.2
509932	352572	157360	99019.1	4763.4	53577.5	235102.6	165594	69508.6

C-1-16续表2

地 区	省级	市级	县级及以下	农村最低生活保障	中央安排	全省安排	省级	市级
全 国	**701021.5**	**300195.4**	**1125047.3**	**6898908.4**	**4314000**	**2584908.4**	**1112755.5**	**275079.6**
中央级								
北 京	2309.2		68672.2	27644.2		27644.2	1402.5	
天 津	62083.7		10851.4	26283.9		26283.9	19600	
河 北	18100	10466.1	20693.2	267190.7	172091	95099.7	47061	9703
山 西	46551.4	9145.1	13346.9	188369	105615	82754	39499.8	23249.9
内蒙古	81383.7	44948.6	47562.6	249154.6	114786	134368.6	42295.7	35698.2
辽 宁	15000	6079.9	58548.1	159293.2	60134	99159.2	43016	20928
吉 林	17594.9	92	19636.5	118471.8	79126	39345.8	33410.6	
黑龙江	78730	22810.3	51665.3	160661.8	106118	54543.8	26072.5	6453.9
上 海	56.9		144185.3	13615.2		13615.2		
江 苏	25447.1	5755.4	100858.9	335284.4	75988	259296.4	131768.2	2079.1
浙 江	10166	2748.3	29487.4	174259.4	37232	137027.4	42031.9	515.9
安 徽	5000	7029.4	56719.3	305914.3	190657	115257.3	35000	5123.5
福 建	10274	2252.2	16016.3	99456.6	41498	57958.6	25172	5342.1
江 西	600	2612.5	40874.8	209184.5	158918	50266.5	200	3007.1
山 东	18500.3	31460.9	69128.7	371236	124224	247012	82595	36412.3
河 南	12300	6063.2	7429.7	425927.3	315039	110888.3	43244	10007.8
湖 北	9480	11788.3	40132.2	251325.1	182425	68900.1	44000	2969
湖 南		10255.7	63479.3	267936.1	197385	70551.1		11208.3
广 东	31762	11901.5	61295.7	291216.9	87946	203270.9	120337	3577.5
广 西	11139.9	2647.6	9679.3	309408.6	239646	69762.6	51000.3	924
海 南	11354	556	12104.9	38898.7	22918	15980.7	8046	1420
重 庆	324		10510.2	128451.2	85261	43190.2	27455	
四 川	19000	6281.9	44814.9	426339.5	324336	102003.5	25000	16538.8
贵 州	9000	10694.5	17078.6	538749	453965	84784	34500	11382.6
云 南	40348.3	10569.2	17142	452357.6	371056	81301.6	30950.3	19546.6
西 藏	10	3154.6	3864.4	37329.9	30535	6794.9		
陕 西	39566.1	68363.6	36937.7	358649.8	245684	112965.8	23698	46932.6
甘 肃	57000	10873.7	17215.9	368681.3	282490	86191.3	78679	1504.6
青 海	14641	266.7	10930	61226.7	45558	15668.7	1991.7	4.8
宁 夏	6524		2830.2	53121.1	31252	21869.1	17476	
新 疆	46775	1378.2	21355.4	183270	132117	51153	37253	550

单位：万元

县级及以下	其他社会救助					医疗救助	
		中央安排	全省安排	省级	市级	县级及以下		中央安排
1197073.3	**2438876.5**	**191197**	**2247679.5**	**624243.5**	**189059.4**	**1434376.6**	**2325209.8**	**1499584**
26241.7	50616.2	11162	39454.2	21670.4		17783.8	15818	3797
6683.9	16029.9	2348	13681.9	6387.7		7294.2	19676.7	5444
38335.7	80838.9	5930	74908.9	24000	7573.2	43335.7	82191.9	54563
20004.3	54093.9	4981	49112.9	24108.2	8765.9	16238.8	60775.6	36910
56374.7	67190.6	2800	64390.6	20259	11035.2	33096.4	58049.7	39365
35215.2	81282	5993	75289	5886	24042.6	45360.4	48781.9	34317
5935.2	28158.5	4950	23208.5	6698.6	1973.3	14536.6	65806.9	57124
22017.4	58759.7	3720	55039.7	46191.1	2603.5	6245.1	118289.6	66802
13615.2	132007.8	4485	127522.8	14538.7		112984.1	37449.7	3136
125449.1	188514	7897	180617	9176.5	16888.8	154551.7	114740.2	23864
94479.6	117456.9	6014	111442.9	7897.2	7826.8	95718.9	76334.2	11089
75133.8	133397.3	12987	120410.3	230	6164.1	114016.2	102029.1	67908
27444.5	44404.1	4252	40152.1	22582	6103.2	11466.9	31570.4	15028
47059.4	79168.9	8600	70568.9	55675.8	1893.1	13000	124035.2	69339
128004.7	106809.4	7544	99265.4	500	18521.8	80243.6	106081.3	51332
57636.5	118919.7	10466	108453.7	35876.9	5389.9	67186.9	105989.3	92121
21931.1	83171.6	14603	68568.6	28435	4666.4	35467.2	97082.2	70158
59342.8	123876	14747	109129	35302.1	3860	69966.9	125078.5	102284
79356.4	135740	11660	124080	21749	16043.8	86287.2	73009.5	21701
17838.3	124961.7	4777	120184.7	32215.7	3810	84159	66875.3	51155
6514.7	13916.8	1600	12316.8	650.5	1195.1	10471.2	18033.7	15767
15735.2	101132.7	5929	95203.7	22709.3		72494.4	72015.3	42810
60464.7	172397.2	15000	157397.2	13421.8	12990.5	130984.9	189460.6	139204
38901.4	34232.2	6500	27732.2	5400.6	3642.5	18689.1	84300.3	76542
30804.7	105140.1	5740	99400.1	62311.8	2824.9	34263.4	111948	88179
6794.9	2295.7	800	1495.7	113.1	375.9	1006.7	18663.2	15763
42335.2	97144.1		97144.1	55219	15909.2	26015.9	96823.3	72313
6007.7	43859.4		43859.4	32128	2145.4	9586	87962.8	77176
13672.2	11087.8	800	10287.8	3488.4	401.5	6397.9	29930.8	24502
4393.1	7015.4	516	6499.4	4430	752.6	1316.8	20105.2	19426
13350	25258	4396	20862	4991.1	1660.2	14210.7	66301.4	50465

C-1-16续表3

地 区	全省安排	省级	市级	县级及以下	自然灾害生活救助	中央安排	全省安排	省级
全 国	**825625.8**	**305686**	**80951.8**	**438988**	**1618268.1**	**1143549**	**474719.1**	**274231.2**
中央级					16170	16170		
北 京	12021			12021	18796.5	13651	5145.5	3329.3
天 津	14232.7	8784.6		5448.1	2414.7	1033	1381.7	603.7
河 北	27628.9	13680	1593.3	12355.6	68710.8	46300	22410.8	5759.9
山 西	23865.6	11508	6042.1	6315.5	36983.3	29500	7483.3	4240
内蒙古	18684.7	7257	5464.6	5963.1	49490.2	35700	13790.2	5850
辽 宁	14464.9	6799.1	2483.7	5182.1	72279.9	38822	33457.9	17322
吉 林	8682.9	5900		2782.9	20808.3	18800	2008.3	800
黑龙江	51487.6	35259	2636.4	13592.2	27657.8	25015	2642.8	1337.2
上 海	34313.7	7178.8		27134.9	1700		1700	1700
江 苏	90876.2	16000	15816	59060.2	24219.1	14900	9319.1	4000
浙 江	65245.2	14388.9	6285.9	44570.4	24490.8	9800	14690.8	8156.5
安 徽	34121.1	9581.1	2403.2	22136.8	30753.6	25634	5119.6	2640
福 建	16542.4	8150	1393.7	6998.7	23570.1	10983	12587.1	6400
江 西	54696.2	30009	3379.6	21307.6	61965.1	48700	13265.1	1520
山 东	54749.3	11802.9	9377.7	33568.7	54332.5	37600	16732.5	5900
河 南	13868.3	2635	1195.7	10037.6	28202.2	22277	5925.2	2200
湖 北	26924.2	4583	1264	21077.2	70220.1	51832	18388.1	11000
湖 南	22794.5	5722.4	2196.4	14875.7	69643.7	60261	9382.7	4310
广 东	51308.5	17297	5097.7	28913.8	29047.3	15100	13947.3	9042.4
广 西	15720.3	10699.6	1420.7	3600	53018.1	35883	17135.1	11400
海 南	2266.7	400	177	1689.7	6626.5	3600	3026.5	300
重 庆	29205.3	15574.3		13631	49822.2	40700	9122.2	5865.9
四 川	50256.6	18955	4994.4	26307.2	163597.1	106189	57408.1	47284.2
贵 州	7758.3	2700	923.6	4134.7	107839.5	69400	38439.5	22892.7
云 南	23769	15131.7	1939.3	6698	232411	133741	98670	72024.5
西 藏	2900.2		717.8	2182.4	18313	13523	4790	1853
陕 西	24510.3	14455.2	2425.4	7629.7	61240.4	47234	14006.4	2148.7
甘 肃	10786.8	1234.4	525.6	9026.8	81418.2	74233	7185.2	2360
青 海	5428.8		12.8	5416	17383	16163	1220	1000
宁 夏	679.2		10.2	669	16940.7	15300	1640.7	991.2
新 疆	15836.4	10000	1175	4661.4	78202.4	65505	12697.4	10000

单位：万元

市级	县级及以下	民政管理事务	中央安排	全省安排	省级	市级	县级及以下
80631	**119856.9**	**2443689.2**	**59577.9**	**2384111.3**	**436704.6**	**506226.1**	**1441180.6**
		45082.9	45082.9				
	1816.2	150659.7		150659.7	51691.9		98967.8
	778	57349.6		57349.6	17272.8		40076.8
10654	5996.9	67218.5	171	67047.5	6399.9	14678.4	45969.2
1746.9	1496.4	44764		44764	3746.9	16102	24915.1
6195.9	1744.3	68897.5	575	68322.5	19531.4	18803.6	29987.5
10219.8	5916.1	130048.8	542	129506.8	17217.1	45488.7	66801
161	1047.3	30579.8	452	30127.8	10282	2723.6	17122.2
91	1214.6	51576.3	555	51021.3	30838.2	7547.2	12635.9
		93105.1		93105.1	16785.6		76319.5
450	4869.1	181157.2	153	181004.2	22471	34777.3	123755.9
1197.4	5336.9	199981	180	199801	14106.9	33394.8	152299.3
278.2	2201.4	52227.8		52227.8	6882.5	13812	31533.3
1547.4	4639.7	57516.2	354	57162.2	17872.2	11113	28177
1714.8	10030.3	36291.6		36291.6	10884.1	6523.1	18884.4
6769.3	4063.2	114231.5	402	113829.5	8275.4	40786.2	64767.9
977.2	2748	70006.2		70006.2	4407.4	18013.7	47585.1
1651.1	5737	62128.8		62128.8	10882.9	21735	29510.9
316.2	4756.5	83977.4		83977.4	7293.5	21841.5	54842.4
1858.3	3046.6	177882.8	183	177699.8	10724	73073.9	93901.9
2398	3337.1	71200	564	70636	15144.4	22489.6	33002
98	2628.5	25502.9	364	25138.9	7427.3	4028	13683.6
	3256.3	57780.1		57780.1	13933.1		43847
2323.7	7800.2	113996.5		113996.5	6867.9	19894.2	87234.4
3469.2	12077.6	69616		69616	9589.8	19306.4	40719.8
19627.7	7017.8	112353.4	605	111748.4	37778.7	17579.6	56390.1
286.1	2650.9	8076.2	1002	7074.2	5418	1506.2	150
5537.6	6320.1	88914.1	7627	81287.1	16568.6	22511.6	42206.9
881.7	3943.5	25689.4		25689.4	6289.7	6069.2	13330.5
50	170	18064		18064	8366.1	777.9	8920
90.5	559	18122.3		18122.3	8474.7	3319.9	6327.7
40	2657.4	59691.6	766	58925.6	13280.6	8329.5	37315.5

C-1-16续表4

地 区	行政事业单位离退休	中央安排	全省安排	省级	市级
全 国	**383386.5**	**3776.6**	**379609.9**	**47220.6**	**77756.5**
中央级	3776.6	3776.6			
北 京	52607.4		52607.4	2046.1	
天 津	4604.4		4604.4		
河 北	17817		17817	3135.6	3412.2
山 西	8517.3		8517.3	1979.8	2179.2
内蒙古	12368.3		12368.3	807.1	3960.3
辽 宁	19410.3		19410.3	2195.2	6474.4
吉 林	3874.2		3874.2		406
黑龙江	7233.2		7233.2	4212.2	1855.4
上 海	6055.4		6055.4	1318.6	
江 苏	24729.3		24729.3	954	5948.4
浙 江	22569.3		22569.3	917.9	7023.3
安 徽	12218.3		12218.3	1634.1	3503.8
福 建	24311.6		24311.6	1894.8	4021.4
江 西	8341.5		8341.5	1347.7	1663.8
山 东	11281.8		11281.8	3444.5	2703.9
河 南	16320.3		16320.3	2331.4	4346.1
湖 北	13287.3		13287.3	1860.3	2035.3
湖 南	7441.7		7441.7		2039.2
广 东	30928.3		30928.3	4430	12890.5
广 西	11046		11046	665.1	2960
海 南	2215.9		2215.9	674.3	441.6
重 庆	8775		8775	2356.8	
四 川	18911.2		18911.2	2498	3631.7
贵 州	3328.5		3328.5		139.1
云 南	11427.9		11427.9	1569	1414.1
西 藏	504.5		504.5	276.2	228.3
陕 西	7138.4		7138.4	2242.3	1018.2
甘 肃	4601.2		4601.2	701.1	1501.4
青 海	1747.7		1747.7	789.6	308.3
宁 夏	2677.4		2677.4	938.9	806.7
新 疆	3319.3		3319.3		843.9

单位：万元

县级及以下	其他款项用于民政支出	中央安排	全省安排	省级	市级	县级及以下
254632.8	**1575959.7**	**358972.4**	**1216987.3**	**644993.8**	**227505.5**	**344488**
	16347.4	16347.4				
50561.3	149233.5	42722	106511.5	93020.5		13491
4604.4	17711.5	16385	1326.5	11		1315.5
11269.2	46930.3	26993	19937.3	15443.3	1917.6	2576.4
4358.3	12196.1	4597	7599.1	1686.9	2021.8	3890.4
7600.9	15854.2	1128	14726.2	484.4	7545.3	6696.5
10740.7	80965.1	14544	66421.1	24448.4	35199.5	6773.2
3468.2	30420.1	11089	19331.1	17245	888.6	1197.5
1165.6	3028.9		3028.9		2470.6	558.3
4736.8	43036.9		43036.9	21919.7		21117.2
17826.9	105047.1	43136	61911.1	1871	27339.2	32700.9
14628.1	71291.8	4194	67097.8	1288.6	5800.8	60008.4
7080.4	19219.4	4015	15204.4	2111.1	6424.8	6668.5
18395.4	30704.9	6835	23869.9	6000	8551.8	9318.1
5330	9514.6	4338	5176.6	1039	345.1	3792.5
5133.4	100198	53593	46605		9316.4	37288.6
9642.8	21200.6	11572	9628.6	210	4608.5	4810.1
9391.7	50910	6340	44570	26738.7	4652.6	13178.7
5402.5	302657.5	4532	298125.5	273500	13673.2	10952.3
13607.8	99382.1	10731	88651.1	4411	57641.5	26598.6
7420.9	26885.8	6310	20575.8	361.3	15485.1	4729.4
1100	13514.6		13514.6	915.2	885.8	11713.6
6418.2	7139.1	1056	6083.1	886.1		5197
12781.5	62296	18868	43428	19892	11315.5	12220.5
3189.4	17350.2	3850	13500.2	5240.6	463.1	7796.5
8444.8	82777.8	8315	74462.8	51266	7392.3	15804.5
	13658.8	8775	4883.8	4659.6	224.2	
3877.9	31112.8	20779	10333.8	350.7	356.2	9626.9
2398.7	17250	2046	15204	12203.8	1171.5	1828.7
649.8	52747.4	128	52619.4	42281	227	10111.4
931.8	24564.7	5438	19126.7	15270.4	1567.5	2288.8
2475.4	812.5	316	496.5	238.5	20	238

C-1-17 预算资金

地区	民政预算内经费实际支出	抚恤	死亡抚恤	一次性抚恤金	定期抚恤金	其他	伤残抚恤
全 国	**36837379.4**	**5169949**	**532843.8**	**161812.7**	**348174.9**	**22856.2**	**957765.6**
中央级	100110.8	466.3					
北 京	1260515.9	89324.7	31757.6	28066.3	3302.3	389	11008.5
天 津	444250.9	59017	4780.7	2803.2	1513.7	463.8	10375.3
河 北	1438698.1	278163.8	29324.4	7879.6	21147.2	297.6	61085.4
山 西	936468.5	144231.3	11818.8	2973.1	8296.3	549.4	28432.1
内蒙古	1127395.6	74498.4	4547.8	1563.6	2823.4	160.8	14828.7
辽 宁	1567755.2	170514.4	20891	9550.8	9772.2	1568	35063.3
吉 林	765275	95077.1	9548.7	1923.5	7483.8	141.4	29259.4
黑龙江	1152380.1	95597.3	10567.2	2354.2	8038.4	174.6	24156.5
上 海	727872.8	66428.4	10645.1	5034	4491.3	1119.8	12962.6
江 苏	1970955.5	346610.8	45145	9426.9	33004.9	2713.2	75886.7
浙 江	1253870.2	192104.1	15648.1	6279.3	9238	130.8	32283
安 徽	1421837.3	229122.8	16395.3	3479.7	11985.4	930.2	37880.6
福 建	614533.8	101645.8	14103	3078.7	10799.5	224.8	13162.2
江 西	1075144.7	190649.6	28962.8	3806.1	23130.2	2026.5	26863.3
山 东	2183629.3	617222.9	48288.4	10765	35298.4	2225	144173.1
河 南	1740800.2	365463.7	25589.2	5919.5	19200.4	469.3	74370.9
湖 北	1531263.7	255283.1	37200.1	6186.1	29514.9	1499.1	37239.2
湖 南	2003252.4	341667.5	34400.4	6774.8	25496.1	2129.5	60404.8
广 东	1668953.2	251092.9	21661.8	9538.1	11596.3	527.4	28870.5
广 西	1173997.1	121316.3	5977.6	1575	4307	95.6	10844.1
海 南	240254.6	20344.2	3189.9	909	2265.8	15.1	4184.6
重 庆	907587.4	138312.4	9901.7	3427.5	5293.5	1180.7	22650
四 川	2375722.4	388404.9	37392.5	9008.8	27413.7	970	71832.3
贵 州	1248670.9	110564.3	9216.3	4565.2	4599.9	51.2	15622.1
云 南	1730472.3	145104.4	12454	5687.8	6487.3	278.9	21047.6
西 藏	155073.7	6163.4	3133.9	463	2020	650.9	1567.4
陕 西	1424205.1	171061.9	17263.7	4468.9	11945.9	848.9	26574.2
甘 肃	1051754.7	48550.6	6054.1	1524.5	4453.6	76	10824.4
青 海	341516.9	10955.6	2574.1	941.9	828	804.2	2603.4
宁 夏	220055.6	8348.8	1584	847.6	734.4	2	2924
新 疆	983105.5	36640.3	2826.6	991	1693.1	142.5	8785.4

总体支出情况

单位：万元

伤残抚恤金			伤残补助费		在乡复员、退伍军人生活补助			
	在乡伤残抚恤金	在职保健金		分散安置残疾军人护理费		在乡复退军人定期定量补助费	在乡红军老战士定期定量补助费	红军失散人员定期定量补助费
896464.8	**673619.8**	**222845**	**61300.8**	**20487.8**	**2042335.5**	**1456103**	**2541.6**	**32536.8**
10275.3	7337.7	2937.6	733.2	155.7	13086	10026.3	3.9	
9555.4	4429.6	5125.8	819.9	363.5	21171.3	14191.1		
59291	59291		1794.4	582.8	96833.3	72071.3	25.4	
27330.2	17538.1	9792.1	1101.9	686.9	41745.6	36415.7	36.9	2.3
14377.5	7213.4	7164.1	451.2	129.3	25123	24407.3	16.3	5.4
32356.8	21126.5	11230.3	2706.5	494.1	51598.2	48165		
26540.9	21035	5505.9	2718.5	521.8	27345.9	25243.4	7.3	21.2
22707.4	17109.8	5597.6	1449.1	124.7	40757.2	38842.8	41	23.5
12115.7		12115.7	846.9	256.9	8731.4	6986.4		
71124.9	54513	16611.9	4761.8	2523.8	100921.6	88556.7		3
28849.7	20046.1	8803.6	3433.3	662.7	62366.7	48721.3		146.8
36219.5	25809.6	10409.9	1661.1	979.7	104449.1	82470.2	7.3	4259.6
12780.9	10774.2	2006.7	381.3	135.1	39326.3	24095.4	6.5	783.9
24924.2	21687.6	3236.6	1939.1	526.8	94084	61418	78.8	12986.2
134509.1	97056	37453.1	9664	4496.8	189155.8	156395.2	13.9	44.2
71092.3	51148	19944.3	3278.6	1723.9	134057.7	90347.7	49.4	1167.3
35300.4	32183.2	3117.2	1938.8	760.1	120931.7	90631.9	8.1	2988.9
55990.1	47342.1	8648	4414.7	1021.9	150213.3	97692.7	8.1	4510.2
25491.2	19182.8	6308.4	3379.3	552.2	122387.2	56989		427.2
9720.3	7198.5	2521.8	1123.8	128.5	59988.3	29422.6		882.4
4051	3772	279	133.6	15.5	6231.6	4516		109.9
21266.8	15687.2	5579.6	1383.2	1124.2	75523.5	51292.4	2.4	2.9
66841.6	53552.1	13289.5	4990.7	1357.9	219634.2	163716.8	251.5	1661.4
14739.1	11528.1	3211	883	206.4	57819.4	33296.2	5.4	45.5
19334.5	11864.1	7470.4	1713.1	245.7	61554.3	27448.2		222
1044.5	1035.2	9.3	522.9	1.7	795.1	781		
25013.1	18807.7	6205.4	1561.1	418.5	78331	46308.3	1601.3	1997.2
10269.8	7308.5	2961.3	554.6	184.2	19589.1	11376.2	297.9	238.3
2562.3	1747.8	814.5	41.1	7.7	3573.2	2753.6	4.9	
2674	2551.5	122.5	250	14.6	2193.6	1591.7	38.4	5
8115.3	3743.4	4371.9	670.1	84.2	12816.9	9932.6	36.9	2.5

C-1-17续表1

地 区	“参战”退伍军人生活补助	“涉核”退伍军人生活补助	优抚事业单位	烈士纪念建筑物管理维修经费	烈士纪念建筑物管理单位经费	荣誉军人康复医院经费	复员军人疗养院经费
全 国	**476959.6**	**74194.5**	**497901**	**218390.2**	**72968.9**	**48518.6**	**33020.6**
中央级			466.3	466.3	466.3		
北 京	2526.7	529.1	5590.3	2230.7	379.9		
天 津	5254.4	1725.8	10121.5	2236.5	1942.1		3294.7
河 北	17468.5	7268.1	47685.4	20381.9	6407.3	1674.1	8135.5
山 西	3131.7	2159	28033.5	7243.7	2781.3	2376.1	3075.7
内蒙古	652.8	41.2	10045.7	4059.5	960.9	595.1	454.7
辽 宁	2354.9	1078.3	19896.8	10674.5	2679.2	1576.7	
吉 林	1327.8	746.2	14076	6805	1928.3	340	80.7
黑龙江	1783.1	66.8	7773.9	4836.1	830.6	682.3	
上 海	1629	116	9110.3	6786.9	5902	803.4	
江 苏	10748.2	1613.7	32476.4	14868.4	7062	3606.5	1024.5
浙 江	12222.1	1276.5	10813.9	5722.1	3136.4	3133.6	5
安 徽	13983.1	3728.9	16971.5	9297.4	2633.1	2076.5	
福 建	14199.3	241.2	5275.8	1812.1	1064.6	160.6	
江 西	18730.5	870.5	12652.3	7679.6	1900.2	2255	75.4
山 东	26897.3	5805.2	68306.6	24075	9150.6	9720.7	12312
河 南	33181.6	9311.7	36309.6	11968.4	5191.5	5427.6	1112.3
湖 北	24554.2	2748.6	25758.2	7296.6	1570.6	2710.4	700
湖 南	43577.2	4425.1	43451.9	23391.6	3498.5	1400	270
广 东	61230.2	3740.8	17622.6	7104.3	2827	563	1185.4
广 西	28310.3	1373	11715.2	2461.2	868.3	573.7	
海 南	1562.4	43.3	1021.7	619.5	17		
重 庆	22277.9	1947.9	4503.4	1600.6	431.4	1489.9	
四 川	45330	8674.5	23169.5	15015.9	2021.6	2574.8	143.5
贵 州	24349.1	123.2	6127.1	2566.5	605.8	1461.5	
云 南	33667.3	216.8	4321.5	2670.6	359.5	707.4	
西 藏	14.1		126.8	126.8	20.9		
陕 西	18801.4	9622.8	13292.7	6284.2	2283.2	1342.7	1151.2
甘 肃	5420.9	2255.8	5147.6	3435	1954	661.9	
青 海	444.7	370	651.5	587.5	507		
宁 夏	412	146.5	528.2	406.1	88.1		
新 疆	916.9	1928	4857.3	3679.7	1499.7	605.1	

单位：万元

复退军人精神病院经费	光荣院经费	其他优抚事业单位经费	集体办优抚事业单位补助费	义务兵优待金	城市义务兵优待金	农村义务兵优待金	其他优抚支出
81101.9	**68462.1**	**47082.1**	**1325.5**	**680039.7**	**314900.1**	**365139.6**	**459063.4**
	2956.6	403		14919.7	12165.5	2754.2	12962.6
1697.3	1840.5	1052.5		7040	4200.2	2839.8	5528.2
6194.3	10174.4	1125.2		23134.9	7505.2	15629.7	20100.4
7445.4	5834	2058.6		22187	10175.2	12011.8	12014.3
501.2	3237	1198.2		13852.7	7367	6485.7	6100.5
2993.1	4478.4	174.1		24044.5	12793	11251.5	19020.6
790	1069.7	4990.6		8878.4	4440.5	4437.9	5968.7
490.8	742.1	943.4	79.2	6977.6	4603.8	2373.8	5364.9
91.1		1428.9		19759.9	15633.1	4126.8	5219.1
6240.9	893.4	5666.9	175.8	52779.9	29453.2	23326.7	39401.2
605.3	896.5	451.4		54463.9	19217.6	35246.3	16528.5
1740.5	3291	566.1		38064.5	15736.5	22328	15361.8
548	2008.8	705	41.3	20856.6	8965.7	11890.9	8921.9
8	1624.9	805.2	204.2	14045.3	7170.9	6874.4	14041.9
17035.5	2636.9	2526.5		86811.1	29965.1	56846	80487.9
5495.8	2225.8	9574.7	505	75977.4	38061	37916.4	19158.9
8893.9	5346.9	782.4	28	22199.3	10708	11491.3	11954.6
4131.5	9826.8	4300	132	34193	19119.2	15073.8	19004.1
4019.8	3076.5	1575.1	98.5	32753.5	15116.5	17637	27797.3
6358.1	1167	1155.2		11794.2	2091.3	9702.9	20996.9
	268.4	133.8		1157.8	719.1	438.7	4558.6
	1004.8	408.1		18605.1	6901.6	11703.5	7128.7
2347.7	1874.5	1213.1		21699.5	8033.2	13666.3	14676.9
637.2	527.7	927.7	6.5	11100.2	5948.7	5151.5	10679.2
96.2	57.8	789.5		7274	2267.1	5006.9	38453
				61.5	32.9	28.6	478.7
2368.1	933.6	1212.9		23936.1	10669.2	13266.9	11664.2
289.2	122	599.5	40	5083.6	1231.4	3852.2	1851.8
		64		734.2	425.7	308.5	819.2
	16.7	90.4	15	651.1	120.9	530.2	467.9
83	329.4	160.1		5003.2	4061.8	941.4	2350.9

C-1-17续表2

地 区	退役安置	退伍军人安置	一次性建房补助费	退役士兵自谋职业金	城镇退役士兵生活补助	军队移交政府的离退休人员安置	军队离休干部离休金	军队退休干部退休金
全 国	**3720969.5**	**811471.4**	**19067.9**	**628126.4**	**88192**	**2509251.2**	**283732.7**	**1549064.4**
中央级								
北 京	540808.8	12795.3	76	10673.1	417	500657.6	21324.5	303326.3
天 津	74330.1	8926.1	123.9	8262.2	455.8	56709.1	5644.8	37964.4
河 北	198230.2	34734.3	413.6	26671	3637.3	135115.1	23311.6	85274.3
山 西	61950.7	7571.1	294.6	4818.8	1619.9	43981.3	6852.9	23052.9
内蒙古	42695.7	7042.6	316	3849.5	907.3	30142.6	4156.2	20178.9
辽 宁	303066.4	31398.2	517.4	23312.7	3502.1	243703.8	32133.5	155993.7
吉 林	54765.4	9098.6	139.1	6500.8	1777.9	42304	3845.2	31080.4
黑龙江	71184.7	13437.3	1006.4	10985.9	952.4	45890.7	5420.3	25366.2
上 海	111872.4	16973.2	17	14568.9	941.8	84637.5	5214.6	48542.8
江 苏	275007.7	73353.5	580.8	61705.1	5622.5	164000	15241.8	108012.6
浙 江	94174.6	30988.7	81.9	24020.4	2787.1	49035.9	8534.2	26116.9
安 徽	128557.1	79332.4	386.3	72281.5	4506.6	39706.2	7645.9	20322.3
福 建	62590.8	17244.9	237.4	14000.8	2190.7	38755.9	6562	26124.3
江 西	37533.1	14958.8	674.6	10324.9	3089.3	18483	4291	7919.7
山 东	319028	83345.6	4517.6	51157.2	14174.4	200706.6	42245.6	127202.7
河 南	126956.7	37831.2	461.5	29389.3	4872	65800.4	10371.1	43650.8
湖 北	144204.4	38574.2	502.6	31445.5	4306.9	94883.8	12590.1	50230.2
湖 南	83150	18107.5	1751.1	10913.9	3239.5	53165.5	8245.6	34241.7
广 东	211497.2	60348.3	285.5	44694.7	6486.2	111117.3	14672.1	76903.3
广 西	37401.6	9200.4	171.4	7156.9	526.5	22870.9	2374.6	14257.7
海 南	14014.9	2091.7	134.6	485.4	339.3	8976.7	377.2	3061.2
重 庆	76132.9	26953.1	230.8	23716.9	1216	43104	3086.1	29039.3
四 川	209383.2	97000	1047.3	84907.3	5969.2	103152.2	9698.2	64461.6
贵 州	26877.3	10075.2	215.6	7736.8	914.5	15182.7	2496.6	7986.1
云 南	111082.3	19147	825.1	14613.7	1312.2	82299.8	7893.3	50414.6
西 藏	8921.4	245.1			125.1	7994.7	121.8	953.4
陕 西	142702.4	16179.6	2981.7	9765.2	2825.9	112174.1	11277.2	70887
甘 肃	63272	20107.1	732.4	9792.5	7416.4	26665.3	3043.7	12796.9
青 海	14692.9	1797		1316.1	301.6	11276.9	593.9	6558.3
宁 夏	9346.3	2742.7		2424.4	216.1	5696.6	951.4	3896.5
新 疆	65538.3	9870.7	345.7	6635	1542.5	51061	3515.7	33247.4

单位：万元

军队无军籍职工退休金	军队离退休人员其他费用						军队移交政府离退休干部管理机构	其他退役安置支出
		死亡丧葬费	护理费	遗属生活困难补助费	定期定量补助费	其他费用		
300927.6	**375526.5**	**19870.6**	**31313.2**	**12417.7**	**5465.5**	**311925**	**248751.8**	**151495.1**
63151.4	112855.4	3430.9	4302.6	229.3	26.4	104892.6	25969.2	1386.7
4175.5	8924.4	214.4	1024.7	75.5	48.9	7609.8	8283.4	411.5
11971.9	14557.3	1832.6	1588.6	2017.7	627.7	9118.4	19536.7	8844.1
5815.3	8260.2	743.4	971.8	616.4	189.7	5928.6	4553.6	5844.7
4137.4	1670.1	237.4	421.6	258.7	119.8	752.4	3260.1	2250.4
24412.3	31164.3	965.7	1410.6	748.9	340.5	28039.1	16632	11332.4
4657	2721.4	179.2	50	84.9	28.4	2407.3	2683.8	679
4916.1	10188.1	277.8	1144.4	243.2	53	8522.7	5367.2	6489.5
9716.5	21163.6	599.5	1074.2	128.3	108.3	19361.6	9549.6	712.1
19941.8	20803.8	2169.7	2452.8	856	512	15325.3	16860	20794.2
7748.1	6636.7	382.1	671.3	201.5	106.3	5381.8	12276.2	1873.8
4021.9	7716.1	593.9	1016.8	626.9	274	5478.5	6169.4	3349.1
1924.5	4145.1	527.5	300.8	230.4	116.2	3086.4	5112.5	1477.5
2175.3	4097	129.8	103.1	108.6	46	3755.5	1618.6	2472.7
15249.4	16008.9	995.5	5297.1	1078.5	594.7	8637.8	14168.5	20807.3
5830.6	5947.9	426.5	1114.3	723.5	419.6	3683.6	13872.5	9452.6
15541	16522.5	855.1	1914.7	515.5	232.1	13237.2	9300.4	1446
6567.1	4111.1	550.2	996.9	454.6	124.1	2109.4	8092.5	3784.5
13081.9	6460	462.4	450.8	360.2	71	5186.6	12615.1	27416.5
2034.9	4203.7	241.3	388.6	93.6	53.6	3480.2	4170.1	1160.2
659.4	4878.9	74.2	19.2	36.8	21.2	4748.7	2537.3	409.2
7069.8	3908.8	372.2	168.9	137.4	70.9	3230.3	5596.3	479.5
13984.9	15007.5	1271.2	1402.1	492.2	303.7	11842	7509.8	1721.2
2632.1	2067.9	123	199.2	40.5	35.5	1705.2	1166.3	453.1
14823.4	9168.5	535.9	497.2	443	213.3	7692.4	6730.5	2905
2877.1	4042.4		0.4			4042		681.6
10670.6	19339.3	808.4	1639.8	772.1	301.7	16119	6761.2	7587.5
6708.8	4115.9	362.8	549.7	465.1	234.1	2738.3	13208.1	3291.5
3926.2	198.5			30.9	7.9	167.6	1020.6	598.4
735	113.7		13.2	64.6	11	35.9	457.3	449.7
9770.4	4527.5	508	127.8	282.9	173.9	3608.8	3673	933.6

C-1-17续表3

地 区	社会福利	儿童福利	老年人福利	假肢矫形	假肢厂(站)专项拨款	其他经费	殡葬
全 国	**3194500.1**	**504974.7**	**811846.9**	**10532.9**	**7169.1**	**3363.8**	**421357.3**
中央级							
北 京	151602.3	13090.4	73622.3	60	60		19851
天 津	64662.3	2614.4	23666	1174.3		1174.3	8205.6
河 北	103114.3	12252.9	21169.5	201.9	200.9	1	19897.8
山 西	72534.1	13674.1	7214.8	485.7	485.7		21165.4
内蒙古	112559.3	8308.8	44368.7	222.7	24.7	198	10314.8
辽 宁	104044.8	10640.1	25746.2	13.8		13.8	22115.7
吉 林	33428.7	3746.1	5614.9	378.5	365.5	13	5618.2
黑龙江	50208.9	7636.3	5223.8	760.2	720.4	39.8	4415.6
上 海	100817.2	4931.8	22377.9				180.3
江 苏	293634.8	19038.9	84995.2	401.6	10	391.6	41859.7
浙 江	214981.7	8885	60669.1	214	200	14	43063.8
安 徽	111794.1	22558.4	25736.4	139.1	90	49.1	14782.3
福 建	71779.5	6624	14584	249.2	249.2		12723.8
江 西	67588.9	27041.8	23957.5	474	74	400	4210.9
山 东	160450.1	19428.6	39597	200	200		10087.9
河 南	117346.5	36330.8	21265.8	1621.8	1509.8	112	14075.9
湖 北	123853.3	26613.3	5113	47.9	47.9		21961.3
湖 南	79551.1	27677.7	9377.8	650.2	650	0.2	8963.8
广 东	276462.1	39336.4	80196.5	455.5		455.5	38513
广 西	115935.4	23249.7	38715	160.8		160.8	14710.1
海 南	15548	2446.1	7003.7				571.5
重 庆	89980	10450.5	19101.7	301.8		301.8	9599.2
四 川	128060.1	28094.4	16179.2	567.7	551.8	15.9	24688.8
贵 州	74815.2	19195.3	4963.6	978.6	955.6	23	7106.3
云 南	115756.4	34150.2	29237.2				11359.5
西 藏	12981.4	6894.4	831.1				444.5
陕 西	95171.7	13067.8	51129.1	264.4	264.4		4128.6
甘 肃	53395.2	15106.3	6184.4	279.2	279.2		7268.1
青 海	28199.3	12655.8	8121.3				293.1
宁 夏	14633.9	5247.9	1872.1				2485.4
新 疆	139609.5	23986.5	34012.1	230	230		16695.4

单位：万元

补贴火化场经费	补贴殡葬类单位经费	社会福利事业单位	社会福利院经费	儿童福利院经费	精神病人福利院经费	补贴安置农场经费	其他	其他社会福利支出
178204.5	**243152.8**	**924996**	**442989.2**	**116834.7**	**128586**	**12318.2**	**224267.9**	**520792.3**
4509.3	15341.7	15290	4145.9	945.7	3475.2		6723.2	29688.6
1576.8	6628.8	9425.4	2123.6	1015.7	2935.4		3350.7	19576.6
10561.6	9336.2	37747.3	10820.1	163.4		90.8	26673	11844.9
19803.2	1362.2	12353.9	7365.8	960.4	1084.3		2943.4	17640.2
2848.8	7466	26315.8	11581.2	4410.2	3454.4		6870	23028.5
11951.9	10163.8	36121	18115.2	2408.5	1266		14331.3	9408
3676.2	1942	13638.3	5529.2	1094	2639.4		4375.7	4432.7
1679	2736.6	28897.2	7017.8	3345.2	11584.4	1945.2	5004.6	3275.8
	180.3	42826	24504.2	5313.6	7789		5219.2	30501.2
19597.1	22262.6	97857.3	37972.3	9262.5	25206		25416.5	49482.1
19404.6	23659.2	83644.3	47030.9	5430	1697.8	1013.7	28471.9	18505.5
7548.5	7233.8	22738.1	8113.3	6412	39.5	338.9	7834.4	25839.8
6385	6338.8	24029.1	9538.7	1750.3	8717.5	334.4	3688.2	13569.4
1804.3	2406.6	5933.8	4938	146.8	213		636	5970.9
4271.9	5816	37327.4	10990.3	11482.3	3378.4		11476.4	53809.2
10897	3178.9	17871.6	7097.2	1383.6	2750.5	60	6580.3	26180.6
2519.1	19442.2	55185	41112.6	5642.9	159		8270.5	14932.8
4057.1	4906.7	25578.4	11125.3	4507.9	4237.4	68.7	5639.1	7303.2
14417.5	24095.5	91732.7	63016.7	14631.2	6434.3	56.4	7594.1	26228
3172.7	11537.4	24497.4	9412	940.1	7640.3	160.5	6344.5	14602.4
170.6	400.9	2213.4	2017.5	51			144.9	3313.3
6501.2	3098	37518.4	21680	6053.7	4600		5184.7	13008.4
8272.7	16416.1	51200.9	20379	4541.6	11336.8	4090.2	10853.3	7329.1
2240.7	4865.6	22800.3	5980.8	3423.9	3028.4	3976.7	6390.5	19771.1
3507.4	7852.1	15079.4	5573.6	841.3	6375		2289.5	25930.1
389.8	54.7	2218.6	1445.4	739.2			34	2592.8
1366.4	2762.2	14733.4	7637.7	3761.1	1365.1		1969.5	11848.4
820.5	6447.6	13449.8	5989.9	4781.8	1026.4	182.7	1469	11107.4
239.6	53.5	1179.6	683.3	345.3	54.4		96.6	5949.5
103.8	2381.6	4287.9	2257.1	1994.1			36.7	740.6
3910.2	12785.2	51304.3	27794.6	9055.4	6098.1		8356.2	13381.2

C-1-17续表4

地　区	社会救助	最低生活保障	城市最低生活保障	城市最低生活保障金	城市最低生活保障对象临时补助	农村最低生活保障	农村最低生活保障金	农村最低生活保障对象临时补助
全　国	**18661169.5**	**13922796.2**	**6743253.7**	**6225855.7**	**517398**	**7179542.5**	**6581923.3**	**597619.2**
中央级								
北　京	162419.4	95720.8	68938.4	62585.7	6352.7	26782.4	25260.2	1522.2
天　津	173858.8	139100.2	112804.5	89583.3	23221.2	26295.7	23923.2	2372.5
河　北	657968.5	497050.9	226342.4	208285.2	18057.2	270708.5	242730.3	27978.2
山　西	547083.7	433245.3	246605.2	237565.3	9039.9	186640.1	180465.7	6174.4
内蒙古	743806.1	614827.4	360028.8	319946.2	40082.6	254798.6	233374	21424.6
辽　宁	692075.2	566903.6	417828.1	385875.6	31952.5	149075.5	139079.4	9996.1
吉　林	515951	424401.8	308659.9	296307.2	12352.7	115741.9	111257.2	4484.7
黑龙江	847103.4	669741	512666.2	478991.9	33674.3	157074.8	150647.7	6427.1
上　海	309944.3	184216.5	167858.5	130305.2	37553.3	16358	10547.7	5810.3
江　苏	748848.1	444958.5	137489.9	117363.4	20126.5	307468.6	268959.7	38508.9
浙　江	420530	221852.5	43701.6	37127.7	6573.9	178150.9	157794	20356.9
安　徽	831056.2	593201.1	277417.9	254822.8	22595.1	315783.2	273530.6	42252.6
福　建	238650.5	163297.1	48309.9	41955.6	6354.3	114987.2	97394.8	17592.4
江　西	660684.4	455244.6	246466.9	237660.4	8806.5	208777.7	202559.3	6218.4
山　东	816816.1	598029.7	187893.6	167295.8	20597.8	410136.1	358834.7	51301.4
河　南	969587.7	741891.2	312991.5	304056.5	8935	428899.7	411063.3	17836.4
湖　北	807617.4	628542	376903.8	343156.9	33746.9	251638.2	236305.3	15332.9
湖　南	1027351.9	759754.5	431843.6	410954.9	20888.7	327910.9	311684.9	16226
广　东	608111.3	399792.8	105924.9	90624	15300.9	293867.9	258246.2	35621.7
广　西	727014.5	526221.5	150377.6	134519.9	15857.7	375843.9	329392.9	46451
海　南	126989.3	85509.2	46379.2	45016.7	1362.5	39130	38526.9	603.1
重　庆	477171.2	298906.3	168686.8	150544	18142.8	130219.5	111521.2	18698.3
四　川	1269395.4	896205.9	451032.5	428389.9	22642.6	445173.4	411567.8	33605.6
贵　州	848437.7	731411.4	155818.6	142019.3	13799.3	575592.8	510655.2	64937.6
云　南	929440.6	746217	233123.7	225703.3	7420.4	513093.3	494713	18380.3
西　藏	73266.4	55643	21516.7	19873.5	1643.2	34126.3	28157.1	5969.2
陕　西	803079.9	626512.7	272947.6	248042	24905.6	353565.1	317006.8	36558.3
甘　肃	743051.7	610203	244052	232937.4	11114.6	366151	359689	6462
青　海	183651.8	141323.6	75129.1	69024.9	6104.2	66194.5	62869.6	3324.9
宁　夏	129271.7	103053.2	47884.4	44101.4	3783	55168.8	48099.1	7069.7
新　疆	570935.3	469817.9	285629.9	271219.8	14410.1	184188	176066.5	8121.5

单位：万元

其他社会救助	五保供养	五保集中供养	五保分散供养	城市"三无"救助	流浪乞讨人员救助	流浪乞讨人员救助单位经费	流浪乞讨人员救助经费	临时救助	传统救济
2432260.2	**1449614.7**	**636188.2**	**813426.5**	**48216.5**	**334181.3**	**163743.6**	**170437.7**	**342925.6**	**257322.1**
52022.2	3119.9	1709.6	1410.3	142.2	33452.8	21249.1	12203.7	13831.1	1476.2
15515.9	7697.1	983	6714.1	50.4	4010.6	800.2	3210.4	3276.5	481.3
80772.6	63546.1	32032.1	31514	171.2	9046	4641.9	4404.1	5712.4	2296.9
53271.7	41324.6	11995.7	29328.9	344.1	6737.5	3307	3430.5	2978.1	1887.4
67512.8	32373.2	11749.3	20623.9	8809.4	5835.8	3695	2140.8	8486.2	12008.2
87414.3	47553.5	18391.4	29162.1	1743.4	13425.6	6516.5	6909.1	16077.3	8614.5
26264.1	18903.8	7728.3	11175.5	254.5	5073.4	2430.2	2643.2	1221.7	810.7
57819.7	42587.1	23692.1	18895	570.7	7130.5	4049.5	3081	4477.1	3054.3
95683.9	1706	817.2	888.8		12667.5	8455.4	4212.1	61444.2	19866.2
186849.7	93542	65120.7	28421.3	5642.9	18714.3	11018.7	7695.6	33010.5	35940
121455.7	24516.3	24085.8	430.5	992.4	13096.9	7821.4	5275.5	27919.3	54930.8
135408	104873.7	48585.7	56288	787.6	13840.3	4151.4	9688.9	7115.5	8790.9
44213.9	27896	2751.7	25144.3	1022.3	7118.1	3934	3184.1	3443.3	4734.2
78777	52965.3	30670.6	22294.7	2834.4	11750.3	2497.4	9252.9	3198.8	8028.2
113258.4	79751.3	64796.1	14955.2	437.5	16217	7340.3	8876.7	15502.7	1349.9
125272.7	99490	54438.4	45051.6	379.7	14572.6	6987.2	7585.4	6239.1	4591.3
85631.5	57039.7	28548.9	28490.8	1252.3	15422	8866.3	6555.7	6690.8	5226.7
143500.5	111901.7	35076.5	76825.2	1369.3	19390	8308.2	11081.8	5010.5	5829
139777.2	88523.3	18770.3	69753	3288.7	29318.5	16216.4	13102.1	16448.2	2198.5
130298.8	83577.6	9478.3	74099.3	967.8	6995.5	3500.6	3494.9	6561.7	32196.2
17759.9	12890.5	946.6	11943.9	277.2	1927.5	190	1737.5	1979.7	685
102504.2	56752	22328.1	34423.9	8406.6	7879.9	3049.4	4830.5	23317.2	6148.5
175172.3	127808.7	69773.5	58035.2	2182.1	21352.4	6687.1	14665.3	11562.8	12266.3
33179.6	16650.7	5223.9	11426.8	721.5	7125.6	3265.5	3860.1	4333	4348.8
76698.6	33695.1	8232.6	25462.5	551.4	6286.7	2531.7	3755	26822.7	9342.7
5244.1	3795.6	813.9	2981.7	727.6	464.9	20.3	444.6	104	152
95321.1	58559.5	23043.5	35516	3369.2	11572.4	5444.8	6127.6	15818.3	6001.7
44645.5	30823.1	5946.6	24876.5	277	4711.2	2364.6	2346.6	7730.6	1103.6
9386.7	6929.2	1005	5924.2		1196.9	836.1	360.8	1019.5	241.1
6571.3	4611	2396	2215	8	981	329.1	651.9	782.3	189
25056.3	14211.1	5056.8	9154.3	635.1	6867.6	3238.3	3629.3	810.5	2532

C-1-17续表5

地 区	医疗救助	农村医疗救助	资助参加合作医疗	医疗救助	门诊救助	住院救助	城市医疗救助	资助参加医疗保险	医疗救助
全 国	**2306113.1**	**1329104.8**	**258295.7**	**1070809.1**	**126015.2**	**944793.9**	**708801.6**	**116470.7**	**592330.9**
中央级									
北 京	14676.4	3580	269.3	3310.7	1335.7	1975	6686.1	127.6	6558.5
天 津	19242.7	5105.2	2034.7	3070.5	1293	1777.5	7670.1	5722.1	1948
河 北	80145	40818.8	10232.9	30585.9	2999.6	27586.3	17950.6	2731.3	15219.3
山 西	60566.7	30847.5	4446.9	26400.6	1996.3	24404.3	23598.6	4237.4	19361.2
内蒙古	61465.9	31287.2	5758	25529.2	4070.2	21459	23822.1	5094.2	18727.9
辽 宁	37757.3	15468.5	5346.7	10121.8	1444.2	8677.6	14461.6	5400.3	9061.3
吉 林	65285.1	28267.2	4817.5	23449.7	5309.3	18140.4	32371.7	7354.5	25017.2
黑龙江	119542.7	51024.5	6396.3	44628.2	6201.8	38426.4	63729.7	10197.4	53532.3
上 海	30043.9	10736.2	1385.3	9350.9	1241.4	8109.5	17475.1	1905.4	15569.7
江 苏	117039.9	61783.8	11304.2	50479.6	5498.7	44980.9	38842	7716.5	31125.5
浙 江	77221.8	51748.7	5242.7	46506	10564.7	35941.3	13843.8	840.2	13003.6
安 徽	102447.1	68214.7	11983.1	56231.6	6288.2	49943.4	25604.1	2971.2	22632.9
福 建	31139.5	18354	4026.4	14327.6	1989.5	12338.1	5835.6	650	5185.6
江 西	126662.8	70240.4	5592.6	64647.8	4905.5	59742.3	47962.8	3976.6	43986.2
山 东	105528	50022.4	11993	38029.4	2019.5	36009.9	18655.9	1876.2	16779.7
河 南	102423.8	65509	19273	46236	4250.4	41985.6	20910	5169.4	15740.6
湖 北	93443.9	50397.4	13007	37390.4	4289	33101.4	29973.3	4049.8	25923.5
湖 南	124096.9	69153.7	12786.2	56367.5	10922.9	45444.6	39646.4	6533.2	33113.2
广 东	68541.3	34493.9	11902.6	22591.3	4859.2	17732.1	23363	6280.1	17082.9
广 西	70494.2	54999.8	13015.1	41984.7	2712.6	39272.1	10763.9	1820.3	8943.6
海 南	23720.2	14066.9	1433.3	12633.6	703.9	11929.7	8047	850.6	7196.4
重 庆	75760.7	39499.3	5514.7	33984.6	5177.3	28807.3	25185.5	4459.1	20726.4
四 川	198017.2	124436.9	23770.4	100666.5	12789.4	87877.1	56937	7969.9	48967.1
贵 州	83846.7	66977.4	20081.3	46896.1	3985.9	42910.2	12478.6	1730.9	10747.7
云 南	106525	77520.1	24992.5	52527.6	3532.3	48995.3	21968.8	5395	16573.8
西 藏	12379.3	11166.8	1216.2	9950.6	24.8	9925.8	640.3	26.3	614
陕 西	81246.1	54324.4	5481.2	48843.2	4029.1	44814.1	19365.2	1044.1	18321.1
甘 肃	88203.2	63037.5	6211.3	56826.2	2356.4	54469.8	22774	1331.2	21442.8
青 海	32941.5	20563.7	1674.4	18889.3	6063.7	12825.6	11306.5	1792.8	9513.7
宁 夏	19647.2	11856.5	1202.6	10653.9	1634.1	9019.8	6722.7	471.8	6250.9
新 疆	76061.1	33602.4	5904.3	27698.1	1526.6	26171.5	40209.6	6745.3	33464.3

单位：万元

门诊救助	住院救助	优抚对象医疗补助	自然灾害生活救助	生活救济费	紧急抢救、安置、转移灾民支出	救灾储备	自然灾害灾后重建补助	其他救助
101792.9	**490538**	**268206.7**	**1633832.7**	**931776.4**	**109752.3**	**67970.3**	**429372**	**94961.7**
			16170			15000	1170	
3362	3196.5	4410.3	15964.8	6261.5		326.7	8003.3	1373.3
1676	272	6467.4	1305.3	266.4	116.9	329.9		592.1
1827.8	13391.5	21375.6	58250.2	45315.1	2284	927.8	8672.6	1050.7
3940.4	15420.8	6120.6	36706.1	28048.9	1890.1	3042.1	1635.8	2089.2
3650.1	15077.8	6356.6	45637.4	37331.7	1428.4	516	2959.3	3402
2330.6	6730.7	7827.2	72074.7	34219.7	5019.6	7096.5	20949.3	4789.6
7504.7	17512.5	4646.2	21819.3	19461.2	245.8	227.2	1399.5	485.6
10671.3	42861	4788.5	27119.5	24494.6	45.2	928.7	248.5	1402.5
4005.1	11564.6	1832.6	1338					1338
8771.6	22353.9	16414.1	23476.5	16372.2	558.8	222	3681.2	2642.3
3164.3	9839.3	11629.3	23657.9	15442.3	1526.8	3238.4	1348.2	2102.2
1887.4	20745.5	8628.3	28322.8	22962.4	989.8	543.8	2608.7	1218.1
479.9	4705.7	6949.9	23755.3	10585.3	1363.5	1053.1	2082	8671.4
3696	40290.2	8459.6	61503.8	37655.5	8979.4	2080	8304.2	4484.7
1679.8	15099.9	36849.7	60973.1	48080.2	990	426	7068.5	4408.4
1259.6	14481	16004.8	31379	24879.5	372.1	1546.4	3876.2	704.8
3080.2	22843.3	13073.2	69044.4	45858.2	6710.9	1929.3	10348.5	4197.5
5926.3	27186.9	15296.8	82585.5	52061.6	5416.2	633.5	13905.3	10568.9
4110.9	12972	10684.4	30013.2	17235.1	1436	2536.5	6447.1	2358.5
784	8159.6	4730.5	55787.8	28851.9	2519.6	1714.2	17568.2	5133.9
671.6	6524.8	1606.3	8695.8	5594.1	122.5	365.3	1328.9	1285
4059.1	16667.3	11075.9	46845.7	27158.3	8717.3	1869.8	8974.1	126.2
7453.5	41513.6	16643.3	153122.3	90899.1	8435.9	2829.1	46619.6	4338.6
1365.6	9382.1	4390.7	93065.6	62428	7616.9	861.7	15561	6598
1716.2	14857.6	7036.1	224105.8	80953.9	12699.1	2353.5	118988.5	9110.8
6	608	572.2	29941.3	4687.9	20189.5	2265.7	534.9	2263.3
2752.7	15568.4	7556.5	71415.6	30663	4390.8	1962.3	31337.4	3062.1
1635.1	19807.7	2391.7	79346.8	39720.8	2779	1254.8	34030.5	1561.7
3348.8	6164.9	1071.3	26474.7	19127.8	1138.7	5276.3	41.6	890.3
1394.3	4856.6	1068	18187.7	16656.5	28	421.8	165	916.4
3582	29882.3	2249.1	95746.8	38503.7	1741.5	4191.9	49514.1	1795.6

C-1-17续表6

地 区	民政管理事务	行政运行	一般行政管理事务	机关服务	拥军优属
全 国	**2484897.7**	**642355.5**	**138963.2**	**21035.1**	**197229.7**
中央级	52806.5	5745.8	10194.1	249.4	300.9
北 京	143003.3	26391	4127	1723.1	7513.2
天 津	61713.5	10665.7	786.8	57.7	4089.6
河 北	67224.3	33178.7	3369.6	458.8	3348.5
山 西	44224.9	13291.4	4140.7	256.6	3105
内蒙古	76327.1	21949.8	4771.7	889.4	2698.7
辽 宁	132348.5	19803.5	5268.2	595.5	9096.2
吉 林	33773	6695	2404.1	178.7	1734.6
黑龙江	50917.9	10931.6	2148.4	263.6	2537.6
上 海	92112.7	17055.5	181.6		18917.9
江 苏	182535.1	47236.5	7432.6	1114.9	18948.3
浙 江	202022	45434.3	10779	635.5	11851.1
安 徽	53968.9	16790.3	4386.2	761.7	4389
福 建	56353.7	14657.3	2535.8	339.9	7828.8
江 西	36445.5	11682.2	3013.6	407	1491.3
山 东	115811	30884.1	6554.9	1811.9	11131.1
河 南	74745.9	28603.2	5923.6	2088.2	6658.8
湖 北	59439.5	18551	3622	1038	3323
湖 南	88514.6	28829.2	10693.4	1874.1	4046.3
广 东	177024.6	41441.1	10618	1916.2	27092.1
广 西	69063.4	14816.8	3696	369.4	8283.2
海 南	31608	4323.4	2313.5	91.3	4859
重 庆	60342.9	13852.7	1776	238.5	3992.7
四 川	116621.7	40618.4	7819.2	1288.5	7336.7
贵 州	68622.2	26562.9	1940.6	11	4791.6
云 南	110329.7	26555.1	4451.7	823.5	5253.9
西 藏	7940.3	2007.1	644.7	172.3	425.4
陕 西	88055.2	21097	1910.8	267.2	2139.5
甘 肃	30879	11881	2379.6	417.2	1002.8
青 海	18859.3	2413.4	366.6	82.8	700.6
宁 夏	17350.5	5577.3	2398.6		608.5
新 疆	63913	22833.2	6314.6	613.2	7733.8

单位：万元

老龄事务	民间组织管理	行政区划和地名管理	基层政权和社区建设	部队供应	其他民政管理事务支出
200114.9	**44892.4**	**63817.9**	**553175.9**	**39433.3**	**583879.8**
837.6	20970	2499.5	417.7		11591.5
5549.5	1461.8	388.1	59217.7	2352	34279.9
1859.8	65	15	23806.1	1961.8	18406
2109	285.6	4520.7	7113.7	1318.3	11521.4
1696.8	160.6	1123.7	9318.3	874.4	10257.4
2318.7	128.2	1740.4	9601.2	1026.5	31202.5
3290.2	989.5	3477.4	67084.1	1575.6	21168.3
1587.5	164.2	1407.1	13933.8	836.2	4831.8
1193.8	217	1104.2	15604.1	779.2	16138.4
13608	3714.9	370.3	5105.8	1108.1	32050.6
21002.5	2094.5	3001.1	45855.2	1335.4	34514.1
23749.5	2871	7811.1	50388	3153.4	45349.1
3205.8	312.3	1016.7	9345	818.5	12943.4
2848.8	217.6	2818.5	7953.4	897.2	16256.4
2183.7	190.3	965.7	8099.5	1031.9	7380.3
2931	1448.2	3827	31903	2107.2	23212.6
1447.5	842.4	1925.4	7796.4	2272	17188.4
2095.9	597.9	850.8	10052	1379.3	17929.6
5471.5	851.8	5242.8	14691.7	958	15855.8
16867.6	2959.2	6206.6	30038.3	3818.5	36067
3333.2	259.4	2333.8	9866.5	1973.3	24131.8
3222	188.5	1626.2	3220.9	547.4	11215.8
3536	332.7	692.8	19802	584.3	15535.2
14985.9	2049.2	2278.5	17378.9	1074.1	21792.3
3163.9	47.3	686.9	11049.7	896.6	19471.7
23529.6	154.9	1628.1	17822.9	2189.4	27920.6
194.8	12.4	174.8	60	102.6	4146.2
24769.9	340.2	822.1	24336.3	836.4	11535.8
2224.2	353.5	322.6	656.7	351.7	11289.7
1078	82.8	264.5	10417	237	3216.6
478.1	249.7	268.3	2482.1	167.2	5120.7
3744.6	279.8	2407.2	8757.9	869.8	10358.9

C-1-17续表7

地 区	行政事业单位离退休	地方离退休人员经费	离休人员离休金	退休人员退休金	退职人员退职金	离退休人员其他费用
全 国	**390037.5**	**140402.5**	**10377.6**	**112488.2**	**1805.1**	**15731.6**
中央级	3954.7					
北 京	52041	37113.2	281.7	31052.9	268.1	5510.5
天 津	4664.2	3018.9	123.3	1936.5	20.2	938.9
河 北	17939.1	6330.6	1083.5	4797.1	69.1	380.9
山 西	8522.4	1986	270.6	1594	26.8	94.6
内蒙古	12718.8	1936.5	246.1	1596.1		94.3
辽 宁	19963	4781.4	715.6	3800.1	0.3	265.4
吉 林	4338.4	1778.9	105.6	1620.3		53
黑龙江	7233.2	4345.7	201.3	4139.4	5	
上 海	6722.1	1194	40.5	924.9	2.6	226
江 苏	25815.3	13921.4	2198.2	9951	46.2	1726
浙 江	23026.9	9300.3	373.8	7467.1	77.5	1381.9
安 徽	12679.8	2964.2	723.1	1741.5	72.4	427.2
福 建	24334.7	8704.4	149.2	7675.4	387.8	492
江 西	8374.5	3210.3	164.7	2761.5	142	142.1
山 东	11279.4	4005.1	122.2	2892.9	4.6	985.4
河 南	16798.1	5092.7	940.8	3490.6	134.5	526.8
湖 北	13421.7	6288	415.5	5309.2	85.2	478.1
湖 南	7749.7	4079.3	439.8	3305.4	93	241.1
广 东	31466.6	3048.8	337	2376.2	121.5	214.1
广 西	11290.3	1245.9	141.5	1036.1	21.2	47.1
海 南	2214.3	180.7		177.6	3.1	
重 庆	8889.4	716.1	57.1	538.1	40.3	80.6
四 川	19147.4	4865.8	387.3	3893.8	28.2	556.5
贵 州	3407.4	1846.6	61.2	1536.7	82.5	166.2
云 南	11837.6	3438.1	210.1	2639.6	47	541.4
西 藏	504.4	276.2	9.6	266.6		
陕 西	7177.6	1448.1	238.2	1178.1		31.8
甘 肃	4738.9	1854.7	256	1490.4	26	82.3
青 海	1747.7	146.6	32.9	83.1		30.6
宁 夏	2676.9	324.2		324.2		
新 疆	3362	959.8	51.2	891.8		16.8

单位：万元

一次性抚恤金	行政单位离退休	事业单位离退休	离退休人员管理机构	其他行政事业单位离退休支出	其他
5942.6	**136930.9**	**94878.8**	**1583.6**	**16241.7**	**1582023.4**
	2598.8	951.6	404.3		26713.3
2016.4	9359	2489.2	180.8	2898.8	105351.6
144.3	952.9	567.2		125.2	4699.7
251.3	5573.6	5739.4	30.5	265	57807.7
53.2	2785.7	3595.2	7.7	147.8	21215.3
71.5	6761.1	3924.2		97	19152.8
100.3	6692.5	6972.7		1516.4	73668.2
	1854.7	475.4		229.4	6122.1
	1826.2	239.7		821.6	3015.2
169	3562.9	1943.6		21.6	38637.7
872.7	6398.1	4355.6	14	1126.2	75027.2
108.9	7208.3	5762.6		755.7	83373
276.3	6287.3	3236.1	46.6	145.6	26335.6
206.3	7095.7	6270.2	5	2259.4	35423.5
77.3	3481.4	1638.3	1	43.5	12364.9
36.1	3030.3	4244			82048.7
146.7	6243.8	5265.7	66.8	129.1	38522.6
277.2	3879.5	2088.9	325.8	839.5	58399.9
38.9	2347.3	999	118.7	205.4	292682.1
99.8	13320.1	14457.2	102.3	538.2	83285.3
29.7	5299.9	4651.5	48.9	44.1	36187.8
	1241.7	415.3	47.9	328.7	20840.1
54.1	5134.5	1151.7	3	1884.1	9912.9
206.4	8425.5	5167.6	62.5	626	91587.4
80.5	934.7	434.8		191.3	22881.2
489.8	5566.8	2406	32.3	394.4	82815.5
	228.2				15355.1
22.6	2267.4	3222.7		239.4	45540.8
82.3	1819.9	1040.1	4.8	19.4	28520.5
21	1313.7	239	26	22.4	56935.6
	1529.9	496.3		326.5	20239.8
10	1909.5	438	54.7		7360.3

C-1-18 支出水

地 区	优抚对象整体抚恤水平	定期抚恤水平	伤残抚恤	定期补助水平	在乡复退军人定期定量补助水平
全 国	**5474.05**	**8456.78**	**11280.23**	**2495.62**	**2422.76**
中央级					
北 京	20989.92	18055.22	10089.36	4388.92	4127.07
天 津	12978.19	17459.05	13824.52	5706.24	5407.78
河 北	4727.62	7550.41	9803.62	1944.2	1810.45
山 西	8176.15	7374.49	10198.76	3040.98	3288.22
内蒙古	10850.18	8674.04	10081.38	4955.52	5043.14
辽 宁	7649.51	11386.86	10870.32	2833.96	3384.51
吉 林	8097.25	8094.09	11426.33	3312	3367.4
黑龙江	6301.94	9627.98	10115.79	3411.62	3448.07
上 海	16923.57	7627.89	18293.25	3322.7	2952.83
江 苏	6624.48	14018.39	13929.53	2266.86	2504.76
浙 江	9143.63	17047.43	14520.96	3418.38	3216.42
安 徽	4571.86	7773.64	10462.52	2323.49	2165.88
福 建	5249.73	8566.27	10809.95	2329.23	1887.23
江 西	5594.06	7074.75	10518.95	3329.52	3468.96
山 东	5845.62	6743.54	11210.01	2161.99	2135.36
河 南	4707.05	7570.24	10971.26	1962.01	1692.15
湖 北	4880.72	7597.73	10201.4	2701.22	2588.73
湖 南	3859.76	8786.31	12071.79	1863.34	1595.13
广 东	5982.11	11692.18	12026.37	3172.16	3064.25
广 西	4067.18	8155.65	9599.95	2129.48	2434.86
海 南	7214	6834.99	19775.99	2736.76	3208.98
重 庆	4748.42	8206.98	10528.52	2868.15	2822.25
四 川	4604.36	7908.63	11909.52	2934.01	2867.04
贵 州	4194.16	9478.47	9657.58	2383.46	2218.18
云 南	3834.93	7345.22	11041.65	1756.28	1725.91
西 藏	11766.7	7163.12	12509.18	6824.89	16546.61
陕 西	6094.05	7447.1	11219.37	3250.57	3205.35
甘 肃	4231.65	13661.35	10022.59	1945.83	1575.91
青 海	8044.35	7333.92	7509.09	3960.1	4713.45
宁 夏	9137.35	12098.85	13129.77	3480.25	3309.15
新 疆	10238.15	8406.65	11813.1	4866.5	5294.56

平情况

单位：元/人、年、元/个、年

在乡红军老战士定期定量补助费水平	红军失散人员定期定量补助水平	“参战”退伍军人生活补贴水平	“涉核”退伍军人生活补助水平	烈士纪念建筑物管理单位补助水平
27596.09	**12532.95**	**3099.55**	**3805.1**	**558720.52**
39000		8276.12	7318.12	759800
		6936.5	19456.6	1942100
63500		3191.93	3320.59	688956.99
33545.45	11500	3259.47	3560.94	496660.71
32600	27000	3901.97	4204.08	1067666.67
		3308.84	3072.08	724108.11
36500	17666.67	2963.18	3714.29	642766.67
29285.71	11750	3330.41	3050.23	395523.81
		6750.93	5686.27	5365454.55
	15000	3349.71	3905.37	882750
	15291.67	4867.81	5499.78	980125
24333.33	11361.96	3187.9	3605.94	516294.12
32500	14048.39	4164.14	5675.29	204730.77
27172.41	11698.23	4061.17	4533.85	365423.08
27800	11333.33	3211.46	3224.57	994630.43
26000	11053.98	3119.54	3384.96	546473.68
27000	14280.46	3102.12	3194.93	302038.46
27000	12729.89	2514.81	7243.58	971805.56
	25580.84	4043.04	4828.71	441718.75
	13744.55	3164.72	5165.54	434150
	18948.28	1977.47	3160.58	34000
24000	29000	3007.48	3376.5	253764.71
27043.01	16747.98	3253.78	4175.85	124790.12
27000	16250	2708.77	3470.42	159421.05
	740000	1829.85	26120.48	57983.87
		1215.52		52250
26511.59	11937.84	3183.55	3164.35	617081.08
30090.91	19532.79	2813.86	3980.59	375769.23
24500		3509.87	2078.65	633750
96000	50000	3886.79	5591.6	88100
24600	25000	4300.66	4399.82	1153615.38

C-1-18续表1

地 区	荣誉军人康复医院补助水平	复员军人疗养院补助水平	复退军人精神病院补助水平	光荣院补助水平	军队离休干部支出水平
全 国	**11283395.35**	**8053804.88**	**8029891.09**	**489364.55**	**108241.22**
中央级					
北 京				2956600	100303.39
天 津		32947000	16973000	2629285.71	91487.84
河 北	16741000	11622142.86	30971500	696876.71	136086.4
山 西	3960166.67	30757000	10636285.71	655505.62	110888.35
内蒙古	5951000	2273500	2506000	1116206.9	153365.31
辽 宁	15767000		7482750	2035636.36	112315.62
吉 林	1700000	807000	2633333.33	822846.15	68787.12
黑龙江	6823000		4908000	285423.08	123751.14
上 海	8034000		303666.67		85907.74
江 苏	36065000	2561250	62409000	638142.86	96958.02
浙 江	31336000	50000	6053000	344807.69	131093.7
安 徽	20765000		17405000	671632.65	107688.73
福 建	1606000		2740000	352421.05	121518.52
江 西	22550000	377000	80000	73524.89	99559.16
山 东	48603500	17588571.43	13104230.77	439483.33	103214.27
河 南	18092000	5561500	54958000	229463.92	94973.44
湖 北	27104000	7000000	9882111.11	587571.43	97977.43
湖 南	14000000	1350000	5164375	595563.64	118984.13
广 东	2815000	5927000	4019800	459179.1	158617.3
广 西	2868500		15895250	164366.2	122402.06
海 南				298222.22	104777.78
重 庆	4966333.33			1256000	156654.82
四 川	6437000	478333.33	3353857.14	435930.23	107997.77
贵 州	4871666.67		796500	239863.64	124208.96
云 南	7074000		481000	192666.67	73631.53
西 藏					304500
陕 西	13427000	2302400	7893666.67	444571.43	99798.23
甘 肃	6619000		964000	305000	86223.8
青 海					77129.87
宁 夏				83500	146369.23
新 疆	6051000		207500	122000	191070.65

单位：元/个、年、元/人、年

军队退休干部支出水平	军队无军籍职工支出水平	孤儿补助水平	假肢厂(站)专项拨款支出水平	补贴火化场水平
82852.29	**37078.77**	**8858.04**	**2655222.22**	**373.05**
82182.2	45127.48	52614.15	600000	513.39
87034.39	25123.35	28920.35		243.48
80394.36	27483.7	7668.13	2009000	417.7
72813.96	32651.88	8782.9	4857000	10229.45
87128.24	50765.64	12038.25	247000	455.45
76299.19	34128.76	12988.4		430.73
73790.12	23532.09	6343.95	1827500	319.69
101913.22	29072.15	8755.22	3602000	97.19
83478.59	42879.52	22175.36		
101401.24	47845.01	9732.1	100000	395.56
87965.31	57951.38	15131.13		618.05
81911.73	32382.45	8071.85	900000	275.61
86475.67	38108.91	9870.36	2492000	339.81
83365.26	22541.97	9432.75	740000	190.4
82262.63	33626.02	10524.7	2000000	67.83
70065.49	26575.21	7582.82	7549000	367.44
74327.02	49258.32	8897.2	159666.67	114.19
74470.86	22321.89	5354.66	6500000	552.32
110715.95	35289.72	8864.54		315.5
82082.33	25660.78	11201.98		452.96
127020.75	22737.93	7975.55		743.03
83470.25	50534.67	5338.7		903.81
74998.95	38579.03	9298.78	5518000	420.82
72141.82	38537.34	8950.94	9556000	348
85564.49	31912.59	10054.53		726.03
51258.06	32146.37	12364.42		5616.71
83701.74	38452.61	9352.18	2644000	289.46
47151.44	32378.38	6579.69		488.1
115666.67	37788.26	7740.08		294.39
71891.14	38481.68	7354.12		260.22
109043.62	42387.85	8862.23	2300000	1354.7

C-1-18续表2

地 区	补贴殡葬类单位补助水平	社会福利院补助水平	儿童福利院补助水平	精神病人福利院补助水平	城市居民最低生活保障补助水平（不含春节补助）
全 国	**558073.9**	**2577016.87**	**2523427.65**	**8242692.31**	**2869.5**
中央级					
北 京	2894660.38	5182375	788083.33	17376000	5555.6
天 津	2367428.57	5309000	5078500	29354000	5220.3
河 北	496606.38	3005583.33	181555.56		2603.8
山 西	309590.91	3069083.33	1200500	10843000	2662.9
内蒙古	578759.69	2824682.93	6300285.71	11514666.67	3951.4
辽 宁	333239.34	3938086.96	3010625	12660000	3555.3
吉 林	228470.59	1783612.9	994545.45	5278800	3053.3
黑龙江	178862.75	2419931.03	2573230.77	23168800	3140.2
上 海	23115.38	8168066.67	8856000		4852.3
江 苏	923759.34	5131391.89	6616071.43	22914545.45	3020.9
浙 江	942597.61	5533047.06	3878571.43	16978000	4546.3
安 徽	384776.6	1423385.96	1832000	98750	3087.5
福 建	398666.67	1306671.23	1750300	5811666.67	2394.6
江 西	174391.3	479417.48	489333.33	710000	2423.9
山 东	348263.47	4227038.46	6379055.56	16892000	3002.4
河 南	126146.83	1091876.92	1153000	3929285.71	2271.8
湖 北	1322598.64	3426050	1106450.98	530000	2624.0
湖 南	211495.69	1250033.71	2253950	4708222.22	2841.1
广 东	715000	3988398.73	4303294.12	16085750	2358.7
广 西	1624985.92	980416.67	1343000	19100750	2547.2
海 南	267266.67	5043750	255000		2799.7
重 庆	271754.39	4817777.78	10089500	3833333.33	2816.7
四 川	621821.97	1978543.69	2064363.64	5668400	2304.2
贵 州	380125	1150153.85	2139937.5	1211360	2666.4
云 南	443621.47	1137469.39	365782.61	15937500	2461.3
西 藏	273500	190184.21	568615.38		4285.0
陕 西	273485.15	2121583.33	3761100	13651000	3132.5
甘 肃	962328.36	1032741.38	2656555.56	3421333.33	2685.6
青 海	21400	854125	690600	544000	2982.4
宁 夏	626736.84	2257100	3323500		2442.2
新 疆	710288.89	3348746.99	1886541.67	7622625	2929.3

单位：元/个、年、元/人、年、元/人次

农村最低生活保障补助水平（不含春节补助）	农村集中五保供养救助水平	农村分散五保供养补助水平	流浪乞讨人员救助单位补助水平	救助流浪乞讨人员每次补助水平	临时救助户次补助水平
1247.9	**3496.6**	**2237.3**	**925105.08**	**636.4**	**536**
3821.4	8169.1	6928.6	10118619.05	487.31	848.99
2410.1	6205.5	5853.0	666833.33	1741.85	689.4
1187.5	3381.0	2188.6	663128.57	491.67	1183.75
1278.0	4217.5	2099.9	423974.36	436.15	346.67
1976.2	4562.0	3223.5	1026388.89	328.78	922.63
1540.7	4887.6	2764.7	1104491.53	1310.35	560.49
1408.8	2216.0	1191.0	495959.18	480.1	340.6
1261.9	3485.4	2448.2	499938.27	984.35	1172.48
2154.1	5720.5	4921.0	4450210.53	1169.96	672.6
1940.8	5053.7	3693.0	1620397.06	1178.16	934.24
2742.4	6049.4	3361.5	1002743.59	944.85	1776.44
1274.5	3124.5	1883.9	1064461.54	614.82	437.8
1330.6	4711.0	2961.4	634516.13	381.28	731.68
1348.7	2567.9	2042.3	287057.47	810.1	798.44
1475.4	3725.0	2409.4	1498020.41	730.99	1084.74
1120.7	2690.1	1640.4	944216.22	557.72	336.25
1032.6	2304.6	2257.4	1019114.94	337.04	232.09
1173.2	3518.5	1831.1	791257.14	477.16	85.79
1420.3	5371.0	3145.3	2106025.97	849.63	319.25
1012.2	4672.9	2535.4	897589.74	708.44	212.47
1597.1	6069.4	3717.5	237500	1164.78	178.23
1366.6	4572.1	3678.7	802473.68	814.35	1128.04
966.0	2871.7	2168.7	470922.54	623.82	313.67
982.2	2798.6	984.5	494772.73	426.98	658.21
1194.8	2590.2	1352.5	287693.18	646.73	653.92
1148.2	3233.6	2341.9	33833.33	335.7	150.18
1487.9	5502.7	4196.3	611775.28	722.74	1446.44
1055.2	5697.1	2183.2	549906.98	816.66	1299.87
1572.6	3616.3	2954.9	836100	153.89	747.27
1333.4	6043.6	1954.4	299181.82	775.43	15.65
1306.6	3375.9	1035.8	409911.39	1792.87	161.56

C-1-18续表3

地 区	资助参加合作医疗补助水平	农村医疗救助人次补助水平	农村门诊救助人次补助水平	农村住院救助人次补助水平	资助参加医疗保险补助水平
全 国	**57.52**	**721.69**	**198**	**1115.03**	**83.96**
中央级					
北 京	48.82	1022.1	515.26	3053.49	26.05
天 津					188.17
河 北	59.85	886.02	581.18	939.61	152.66
山 西	46.79	1976.76	779.8	2260.6	64.03
内蒙古	44.61	1118.16	396.82	1706.56	64.46
辽 宁	115.6	572.42	186.37	873.57	247.52
吉 林	82.09	966.09	382.77	1743.97	120.37
黑龙江	51.13	1603.94	466.69	2643.66	73.5
上 海	1849.04	4759.7	7802.64	4491.55	455.26
江 苏	97.77	523.66	74.67	1976.15	233.36
浙 江	107.29	609.17	176.76	2168.47	321.5
安 徽	64.43	878.84	383.89	1049.14	114.14
福 建	47.08	719.22	235.12	1076.69	66.91
江 西	46.02	1249.42	361.1	1565.68	71.49
山 东	60.65	1514.57	239.95	2157.21	85.78
河 南	64.48	424.25	206.13	475.15	78.58
湖 北	51.66	621.93	218.14	818.16	33.65
湖 南	66.7	647.13	309.63	876.84	88.4
广 东	61.15	749.62	288.68	1332.76	173.9
广 西	57.58	894.84	115.67	1673.54	79.97
海 南	46.44	1265.87	124.31	2762.85	56.16
重 庆	45.85	367.73	86.85	878.11	61.1
四 川	58.98	402.91	134.66	567.43	84.53
贵 州	39.83	1213.56	287.3	1732.37	35.36
云 南	50.71	760.55	234.36	907.43	53.36
西 藏	1696.23	2913.88	1952.76	2917.47	796.97
陕 西	68.78	1335.93	225.34	2398.87	115.22
甘 肃	68.62	1038.41	89.46	1919.03	64.05
青 海	40.88	406.28	159.51	1512.54	85.65
宁 夏	45.86	449.25	303.56	492.04	31.97
新 疆	39	596.36	193.91	678.51	69.54

单位：元/个、年、元/人、年、元/人次

城市医疗救助补助水平	城市门诊救助人次补助水平	城市住院救助人次补助水平	优抚对象医疗补助支出水平	救灾物资储备中心补助水平	老龄机构补助水平	军供站补助水平
858.6	**257.15**	**1668.36**	**663.04**	**1022109.77**	**774738.29**	**1202234.76**
814.38	488.09	2743.07	2428.58	217800	3264411.76	23520000
163.43	287.56	44.65	2579.63	1649500	1033222.22	19618000
1493.79	687.84	1778.16	929.66	843454.55	301285.71	1464777.78
1312.74	350.03	4416.92	715.64	553109.09	143796.61	1457333.33
1164.58	463.65	1836.81	1592.69	322500	594538.46	2053000
887.92	385.59	1617.61	966.42	3225681.82	522253.97	1313000
855.76	358.58	2108.69	1405	568000	453571.43	760181.82
1004.54	260.78	3464.97	750.18	1160875	104719.3	708363.64
2298.62	9876.94	1816.05	1849.8		7560000	11081000
454.73	145.76	2703.08	619.42	317142.86	2658544.3	834625
867.36	259.17	3536.01	1454.06	1199407.41	2698806.82	2866727.27
1748.47	885.81	1918.45	398.73	453166.67	305314.29	227361.11
538.34	63.36	2285.54	709.54	376107.14	452190.48	747666.67
1538.7	396.07	2092.48	1259.47	1223529.41	193247.79	793769.23
2308.52	814.17	2900.81	610.67	1065000	189096.77	1109052.63
672.77	392.47	717.33	472.16	1189538.46	152368.42	908800
1370.61	492.98	1803.54	390.23	438477.27	246576.47	1532555.56
851.34	415.85	1103.18	437.34	527916.67	417671.76	798333.33
509.2	169.7	1391.23	658.4	422750	1382590.16	2727500
1094.55	153.09	2675.37	454.48	952333.33	469464.79	1644416.67
1306.92	169.39	4232.21	1916.37	3653000	5370000	2737000
333.45	87.01	1075.04	430.78	584312.5	982222.22	1460750
626.51	225.38	920.72	781.34	387547.95	666040	716066.67
1935.48	837.48	2391.93	233.57	1231000	329572.92	996222.22
955.21	302.61	1272.1	882.44	784500	1755940.3	912250
2214.21	2000	2216.55	2656.45	4531400	974000	1026000
2910.84	1305.83	3719.07	1210.94	1154294.12	2381721.15	836400
1127.84	141.77	2648.55	2244.04	392125	220217.82	390777.78
389.53	152.83	2453.89	7663.09	787507.46	634117.65	592500
512.12	258.9	712.06	2987.41	602571.43	177074.07	1672000
994.48	245.66	1567.1	1827.2	2206263.16	158669.49	669076.92

C-1-19 中央专项基本

地 区	项目数	地方配套资金合计	中央对地方投资合计	养老 发改投资[2012] 1878号				社区 发改投资[2012] 1908号		
				项目数	小计	中央投资	地方投资	项目数	小计	中央投资
全 国	**692**	**573938**	**330000**	**379**	**367277**	**107000**	**260277**	**23**	**46976**	**20000**
北 京										
天 津	5	15171	1800	5	16971	1800	15171			
河 北	22	28991	19200	8	23026	6000	17026	1	2782	1200
山 西	28	16141	10800	18	12119	4000	8119	1	2989	800
内蒙古	9	11922	4800	8	15147	4000	11147	1	1575	800
辽 宁	12	14165	4800	11	15959	4000	11959	1	3006	800
吉 林	11	13238	4800	10	15490	4000	11490	1	2548	800
黑龙江	18	7293	6300	12	7975	4000	3975	1	2118	800
上 海		23802	4000							
江 苏	16	62679	8800	16	30707	1800	28907			
浙 江	22	91038	11100	10	17029	2100	14929			
安 徽	44	15771	19200	43	11475	6000	5475	1	3336	1200
福 建	69	23907	11800	19	19713	1800	17913			
江 西	45	30574	19400	23	19430	4200	15230	1	2425	1200
山 东	9	29160	7100	9	15885	2100	13785			
河 南	24	22540	21200	8	16676	6000	10676	1	3056	1200
湖 北	95	21267	19200	30	16487	6000	10487	1	2907	1200
湖 南	33	23498	19200	20	11089	6000	5089	1	3384	1200
广 东	25	24729	5800	12	12652	1800	10852			
广 西	22	7191	14800	8	6445	4000	2445	1	1285	800
海 南	10	1961	3200	8	3261	1800	1461	1	650	400
重 庆	28	23278	14800	11	19206	4000	15206	1	2595	800
四 川	23	16559	21300	12	12600	6000	6600	1	2514	1300
贵 州	21	6925	16800	9	5940	4000	1940	1	1950	800
云 南	31	13015	16900	13	12947	4000	8947	1	1512	900
西 藏	2		2400	1	2000	2000		1	400	400
陕 西	9	18858	14800	8	11281	4000	7281	1	1091	800
甘 肃	16	5331	14900	15	5881	4000	1881	1	1655	900
青 海	8	735	2300	7	2335	1800	535	1	700	500
宁 夏	11	1543	2200	10	2775	1800	975	1	968	400
新 疆	16	1506	4800	15	4776	4000	776	1	1530	800
兵 团	8	1150	1500							

建设投资对账单

单位：个、万元

	养老 发改投资[2012]520号				养老 发改投资[2012]2784号			
地方投资	项目数	小计	中央投资	地方投资	项目数	小计	中央投资	地方投资
26976	**13**	**6150**	**3000**	**3150**	**277**	**483535**	**200000**	**283535**
1582					13	22383	12000	10383
2189					9	11833	6000	5833
775								
2206								
1748								
1318	5	3500	1500	2000				
						27802	4000	23802
						40772	7000	33772
					12	85109	9000	76109
2136						20160	12000	8160
					50	15994	10000	5994
1225					21	28119	14000	14119
						20375	5000	15375
1856					15	24008	14000	10008
1707					64	21073	12000	9073
2184					12	28225	12000	16225
					13	17877	4000	13877
485					13	14261	10000	4261
250					1	1250	1000	250
1795					16	16277	10000	6277
1214					10	22745	14000	8745
1150					11	15835	12000	3835
612					17	15456	12000	3456
291						21286	10000	11286
755						12695	10000	2695
200								
568								
730								
	8	2650	1500	1150				

C-1-20 中央彩票公益金投资

地 区	项目合计	中央彩票公益金投资基本建设项目金额合计	老年福利类 财社[2012] 211号		精神卫生类 财社[2012] 211号	
			项目	资金	项目	资金
全 国	**2755**	**174110**	**1947**	**106685**	**70**	**9900**
北 京	19	3095	9	1580	2	240
天 津	14	2885	11	2560		
河 北	146	6462	119	5007	8	350
山 西	76	5876	49	3910	3	360
内蒙古	80	6218	40	3388	3	300
辽 宁	57	4135	34	2710	3	300
吉 林	94	6535	65	4730	1	200
黑龙江	91	6780	58	3620	4	400
上 海						
江 苏	8	1485	5	1400		
浙 江	69	5345	51	4025	2	200
安 徽	71	2565	54	1640		
福 建	89	5860	64	4175	1	200
江 西	61	3890	36	2745	3	240
山 东	214	7305	173	4880	3	260
河 南	85	3807	66	2790		
湖 北	121	9767	72	4486	2	300
湖 南	123	6585	85	3260	4	470
广 东	137	7457	103	4310	3	1180
广 西	68	5800	40	3585	1	150
海 南	145	7697	115	4547	1	300
重 庆	22	2255	11	1540	1	200
四 川	60	4268	41	2533	1	300
贵 州	114	8992	67	3847	5	450
云 南	149	6083	113	3988	2	200
西 藏	151	7633	95	4183	7	540
陕 西	32	8775	27	5435		
甘 肃	69	6410	47	3045	4	2000
青 海	131	6475	97	4375		
宁 夏	66	3328	56	2273	1	200
新 疆	49	3858	38	3203	2	200
兵 团	144	6484	106	2915	3	360

基本建设项目对账单

单位：个、万元

儿童福利类 财社[2012] 211号		流浪未成年人 财社[2012] 211号		社区 财社[2012] 211号		殡葬 财社[2012] 211号	
项目	资金	项目	资金	项目	资金	项目	资金
408	**43540**	**117**	**6000**	**123**	**5000**	**90**	**2985**
7	1225	1	50				
3	325						
9	770	5	260			5	75
17	1361	4	200			3	45
17	1610	5	280	11	520	4	120
11	890	4	160			5	75
12	940	3	140	10	480	3	45
20	2480	5	220			4	60
3	85						
12	950	4	170				
13	755	4	170				
17	1280	4	160			3	45
7	485	3	120	12	300		
11	1180	6	320	10	500	11	165
12	727	7	290				
35	4566	7	340			5	75
17	2070	5	220	8	505	4	60
19	1602	6	280			6	85
15	1400	4	200	8	465		
19	2420	5	280			5	150
7	470					3	45
13	1245	2	100			3	90
22	3760	6	360	10	455	4	120
10	1115	3	240	18	450	3	90
27	2120	5	280	12	360	5	150
1	2000	3	240			1	1100
11	1075	4	200			3	90
16	1330	2	160	14	550	2	60
6	715	1	80			2	60
5	355	2	40			2	60
14	2234	7	440	10	415	4	120

C-1-21 民政事业基本

地　区	在建项目数	#使用彩票公益金项目数	在建项目总投资	开工累计完成投资	本年计划投资
全　国	**8958**	**4188**	**7279227.3**	**3592703.6**	**2223000.4**
中央级	8	1	77988	76590	14694
北　京	63		420968.7	250082.2	72585.2
天　津	6	2	41963	27570.7	7230
河　北	201	118	143416.5	72938.8	43877.2
山　西	23	10	28347.4	16608.9	9428.9
内蒙古	134	100	79325.5	51408.6	23201
辽　宁	188	95	158951	116616.7	71196.2
吉　林	25	5	23659.2	13012	8523.9
黑龙江	23	17	38317	16997.4	21800.2
上　海	19	8	22329.1	9078.1	12566.8
江　苏	2166	331	1998883.7	894884.6	722591.4
浙　江	114	106	371127	166937.1	76079.8
安　徽	510	194	137382.6	98692.5	103801.7
福　建	59	46	346896.8	25117.4	18982.2
江　西	729	579	172911.7	87774.8	74237.7
山　东	451	202	615801.6	280036.8	143224.2
河　南	162	99	246640.5	99023.2	40357.6
湖　北	467	122	406838	178810.2	108310.8
湖　南	313	216	181394.3	99925.9	47818.3
广　东	244	164	269107.6	135127.4	60869.2
广　西	1109	904	119063.7	60333.2	43466.8
海　南	284	15	49431.2	37066.1	13901.7
重　庆	310	215	160168.6	70524	50983.1
四　川	109	33	220359.9	139782.1	55242.1
贵　州	317	203	128101	73851.1	62946.3
云　南	188	129	153128.5	76286.6	45139
西　藏	83	34	17990.9	14458.9	17836.9
陕　西	70	19	162227.7	114001.2	82591.5
甘　肃	91	37	126337.1	48740	30010.3
青　海	236	61	71654.9	65218.2	59214.2
宁　夏	32	8	84374	57086.5	17695.3
新　疆	224	115	204140.6	118122.4	62596.9

建设投资情况总表

单位：万元、个、平方米

本年实际完成投资	国家预算内投资	国内贷款	利用外资	福利彩票公益金	其他	本年完工项目数
2346957.7	**1041708.3**	**37849**	**11152**	**510581.9**	**745666.5**	**6095**
13478	13478					6
69818.9	66919.5				2899.4	8
15344.8	12219.2			2658.6	467	2
57476.5	28303.5	1541.9		19307.5	8323.6	72
11674.5	2625.9			8061.6	987	11
37169.5	19149.4			11963.3	6056.8	81
88214.9	23516.8	13240		32209.9	19248.2	145
10115	2950			3127	4038	4
16997.4				14671.4	2326	7
7323.8	5838.8			1485		17
644754	318625.5	11550		42595	271983.5	1425
111730.4	40586.9			38294.9	32848.6	67
92993.9	43334.4			13517.4	36142.1	479
15916.8	5220.2	67.8		5143	5485.8	37
83599.4	28333	836	4000	29059	21371.4	459
141425.4	51838.2			47302.9	42284.3	315
49408.3	11847.6			28470.3	9090.4	65
126674.5	40097	980		21407.3	64190.2	289
53183	16287.5	1500		12100.9	23294.6	190
61620	28131.1	2009		13742.5	17737.4	206
46652.9	13199.7			24085.9	9367.3	867
33065.1	25641.5			3633.5	3790.1	281
56270.1	19356.6			18310.9	18602.6	265
63336.7	40394.5			11397.2	11545	64
70176.7	27423.7		1682	18249.6	22821.4	119
61587	29437.2	1800	5470	12659.1	12220.7	89
13458.9	7025			6279.9	154	43
87457.6	35099.9			15297.5	37060.2	62
40496.8	25717.1	1003		8886.7	4890	58
63670.8	33816.9			4996	24857.9	164
18090.7	4306	3321.3		8380.7	2082.7	24
83775.4	20987.7			33287.4	29500.3	174

C-1-22 收养性单位基本

地 区	在建项目数	#使用彩票公益金项目数	在建项目总投资	开工累计完成投资	本年计划投资
全 国	**4033**	**2456**	**3510272.6**	**1579169.2**	**1013893.8**
中央级					
北 京	6		37128.4	18418.9	11729.8
天 津	3	1	15340	14701.5	1000
河 北	88	51	83999.9	37487.9	23689.2
山 西	8	4	14144.8	8723.9	2884.9
内蒙古	46	39	38120.1	23415.3	13430.6
辽 宁	39	28	83513	61046.3	32898
吉 林	8	2	10465	6100	5130
黑龙江	9	9	36591	15235	20499
上 海	18	8	18827.1	7331.1	11287.8
江 苏	683	115	931007.9	392434.6	320906.4
浙 江	37	36	201518	95640.3	30105.7
安 徽	311	175	88044.6	69690.4	70355.5
福 建	30	25	313637.3	19553.6	13795.8
江 西	500	394	141432.2	68959	63609.2
山 东	128	100	414924.9	173224.2	83781.3
河 南	77	60	106188.5	32368.2	14942.9
湖 北	133	61	211752.3	110455.3	60642.3
湖 南	111	95	103567.4	57992.3	27735.7
广 东	59	45	80913.2	24683.3	15362.2
广 西	806	745	62994.6	28363.9	26459.7
海 南	253	11	35146.7	28681.8	5892.9
重 庆	137	80	86171.4	47701.5	33400.8
四 川	31	13	54266.8	34138.8	13038.9
贵 州	205	151	56887.3	32172.5	29561.1
云 南	47	38	40424.4	26660.5	11074.8
西 藏	31	22	9835	8280	9835
陕 西	17	11	26209.4	12965.6	8069.1
甘 肃	25	18	25793.4	9218.7	6723.4
青 海	79	52	19218	17346	15234
宁 夏	8	4	71536.8	46539.6	11648.3
新 疆	100	63	90673.2	49639.2	19169.5

建设投资情况

单位：万元、个、平方米

本年实际完成投资	国家预算内投资	国内贷款	利用外资	福利彩票公益金	其他	本年完工项目数
1046465.2	**451330.6**	**7101.3**		**279505.1**	**308528.2**	**2902**
10819.1	10819.1					2
9491.6	8866			158.6	467	1
30433.2	18478	1000		8296.2	2659	22
4954.9	2543.9			2111	300	5
15160.3	6746.1			5408.8	3005.4	24
39860.5	15732			17864.8	6263.7	30
3500	950				2550	2
15235				13635	1600	1
7241.8	5756.8			1485		17
263109.3	114092.8			27161	121855.5	557
50465.8	30119.8			12870.6	7475.4	13
64498.8	34018.1			10494.9	19985.8	307
11509.6	3522.8			4134	3852.8	13
65871.6	25226	600		23791.2	16254.4	312
78502.3	29821.4			30435.9	18245	70
15502	5387.3			4783.8	5330.9	37
72874.3	22654	480		14576	35164.3	73
27558	6496.1	1000		7244.3	12817.6	73
12449.6	3970.6			3817.7	4661.3	39
23387.5	5962.4			14782.3	2642.8	643
27563.3	24086.5			1482.5	1994.3	254
37042.5	15994.3			12634.5	8413.7	105
17966.2	10210.3			3494.8	4261.1	16
29837.1	12629.3			10443.4	6764.4	85
22872.1	7298.4	700		7170	7703.7	15
7280	2000			5280		21
8151.8	4245.6			1703	2203.2	11
7101.9	3984.2			2292.7	825	6
16818	7500			4313	5005	50
12574.7	1201	3321.3		7304.7	747.7	3
36832.4	11017.8			20335.4	5479.2	95

C-1-23 社区服务机构

地 区	在建项目数	#使用彩票公益金项目数	在建项目总投资	开工累计完成投资	本年计划投资
全 国	**2888**	**859**	**514464**	**391050.7**	**326496.9**
中央级					
北 京	3		6942.1	6942.1	5678.4
天 津					
河 北	49	31	13826.5	5417.3	3611.3
山 西	2		187	187	
内蒙古	54	32	4682	3505.4	2302
辽 宁	86	30	11504.8	10103.4	6354.8
吉 林	2		400	400	100
黑龙江	6		726	726	726
上 海					
江 苏	1073	169	288279.2	224762.9	191030.9
浙 江	48	48	7002.6	4853.1	2637
安 徽	146	5	10616.2	6632.4	9111.2
福 建	2	2	473	473	473
江 西	114	84	4261	6387	2447
山 东	240	61	35543	19094.9	14585
河 南	32	10	1285	812.5	510
湖 北	254	38	23249.2	16363.6	13530.6
湖 南	105	67	10442.3	3074.2	2521.3
广 东	73	59	11096	9205	9306
广 西	109	28	4170.8	2462.8	1517.8
海 南	8	1	984	350	984
重 庆	150	119	8802.4	8242.4	6772.4
四 川	17	2	6730	4974.2	3790.5
贵 州	57	27	10079.5	7167.5	7202.5
云 南	41	17	2619	3219.6	1974
西 藏	13	8	800	683	800
陕 西	25		3006.8	2436.3	2306.8
甘 肃	31	8	6638	2880	3080
青 海	97		12474.5	12476.8	10321.8
宁 夏	13		467	467	270
新 疆	38	13	27176.1	26751.3	22552.6

基本建设投资情况

单位：万元、个、平方米

本年实际完成投资	国家预算内投资	国内贷款	利用外资	福利彩票公益金	其他	本年完工项目数
347398.6	**183210.3**	**279.9**		**31855.2**	**132053.2**	**2054**
5678.4	5678.4					3
4821.3	1825.4	106.9		1606	1283	18
187					187	2
2543.4	58			1075.4	1410	36
10103.4	2134.2			455	7514.2	84
400				90	310	1
726					726	6
198220.9	123271			3475	71474.9	635
2340.5	307.5			984	1049	46
6630.4	3601.4			65	2964	129
473				30	443	2
6192	1792	173		1005	3222	67
14274.2	6126			1581.2	6567	205
795				280	515	12
15543.6	4400			1293	9850.6	187
2954.2	719			915.2	1320	62
9125	2541			6113	471	73
2372.8	951.8			738	683	83
321				76	245	8
8242.4	2438.2			2367.8	3436.4	150
3245.5	2150.5			335	760	12
7167.5	3922.5			3245		9
3099.6	670			815	1614.6	28
683	400			283		
2436.3	1383.7			366.6	686	36
2880	2600			175	105	38
11885.8	10448.5				1437.3	77
270	230				40	13
23786.4	5561.2			4486	13739.2	32

C-1-24 优抚安置单位

地 区	在建项目数	#使用彩票公益金项目数	在建项目总投资	开工累计完成投资	本年计划投资
全 国	**355**	**100**	**829478.4**	**427984.6**	**168808.1**
中央级					
北 京	48		278292	170117.5	31140.7
天 津	1		7123	5800	
河 北	15	6	23423	16553.7	9793.1
山 西	3		705	692	82
内蒙古	2	2	2800	830	630
辽 宁	16	7	7716.7	4746.1	3101.4
吉 林	4	1	6158.2	4552	1255.9
黑龙江					
上 海					
江 苏	56	15	83930	39869.5	32253
浙 江	3	1	7275	6199.3	3648.1
安 徽	12	3	5385.8	3300.8	2743.5
福 建					
江 西	13	11	1876	2516	538
山 东	27	10	48621.7	24217.2	14030.6
河 南	12	5	72108.5	19020.1	5710.5
湖 北	29	8	90351.5	20905.3	13483.9
湖 南	29	7	22902	12181	7985
广 东	25	8	91263.2	39113.3	7016.9
广 西	19	9	5266.5	3271.4	921.9
海 南	3		200.8	200.8	200.8
重 庆	3	1	1430	830	525
四 川	4	1	5418	6497.5	747.1
贵 州	4	1	2103.1	2011.1	503.1
云 南	6	1	1808.4	1888.2	455.6
西 藏					
陕 西	6	1	50470	34967	29015
甘 肃	3		1164	1044	914
青 海	4		1600	1600	1600
宁 夏				553	
新 疆	8	2	10086	4507.8	513

基本建设投资情况

单位：万元、个、平方米

本年实际完成投资	国家预算内投资	国内贷款	利用外资	福利彩票公益金	其他	本年完工项目数
189925	**113133.7**			**39996.1**	**36795.2**	**149**
31140.7	31140.7					3
1887	1887					1
11292.1	4196.7			6465.4	630	5
82	82					2
630				530	100	
3606.1	616.7			1626.7	1362.7	11
4552	2000			2300	252	
24923.5	18328.5			2482	4113	24
3683.4	327.4			3356		2
3010.8	2580.8			320	110	7
2078	1300			478	300	9
13600.6	6663.8			2055.8	4881	12
12235.1	2388.8			7732.8	2113.5	4
13705.6	7360			1247.3	5098.3	12
9281	2696			1000	5585	13
6895.8	6209.8			320	366	15
2795.4	1164.9			1220	410.5	11
200.8					200.8	4
725	565			80	80	2
2386.6	2159.5			227.1		2
2011.1	503.1			728	780	2
1238.4	338				900.4	2
34450	19511			7289	7650	1
1044	964				80	1
1600					1600	2
						1
870	150			538	182	1

C-1-25 救助类基本

地 区	在建项目数	#使用彩票公益金项目数	在建项目总投资	开工累计完成投资	本年计划投资
全 国	**275**	**149**	**271758.4**	**150414.6**	**89159**
中央级					
北 京	2		46628	28976	21000
天 津					
河 北	8	7	3325	2771	1521
山 西	1	1	2276	716	350
内蒙古	9	8	20044.4	13697.2	1617.6
辽 宁	6	5	4058	2624.5	924.5
吉 林	1	1	900	960	603
黑龙江					
上 海					
江 苏	21	8	9981	5501	6166
浙 江	6	6	5094.5	2310.1	1506
安 徽	5	1	5050	3615	3350
福 建	3	1	593	593	300
江 西	11	10	2196.5	1723.5	1237.5
山 东	17	11	22515	13816.6	7509.4
河 南	14	10	15909.9	8034.2	4899
湖 北	16	5	16592	6397	4500
湖 南	7	4	15741.3	6966	1590
广 东	24	14	16201.2	8714.8	4423.6
广 西	18	16	3977.4	3009.5	2109.8
海 南	7	2	4023.5	2236.5	1120
重 庆	4	2	1861.8	969.5	764.9
四 川	18	3	16961	10471.1	8248.6
贵 州	17	11	7132	3816.2	1830.4
云 南	12	6	5654	3306	1328
西 藏	4		340	100	340
陕 西	6	3	5498	3121.9	2493.6
甘 肃	6	4	4611.5	2291.7	1041.1
青 海	17	3	5183	4846	4636
宁 夏	4		3282	3282	1295
新 疆	11	7	26128.4	5548.3	2454

建设投资情况

单位：万元、个、平方米

本年实际完成投资	国家预算内投资	国内贷款	利用外资	福利彩票公益金	其他	本年完工项目数
104433	**60797.3**	**500**		**24835**	**18300.7**	**141**
19144.4	19144.4					
1551	770			781		2
360.6				360.6		1
11691.6	10040			1139.2	512.4	5
2624.5	1977.5			450	197	5
663				237	426	1
5126	2966			1060	1100	10
1950.1	280			608.1	1062	2
3450	150			2000	1300	5
343	43			93	207	3
1283.5				893	390.5	9
7429.4	1754.4			3025	2650	6
5318.8	2500			2772.8	46	7
5403	2940			1091	1372	5
1433.4	573.4	500		60	300	1
5190.5	3509.7			794.5	886.3	13
2281.2	1160.2			1031	90	13
1657	810			397	450	4
772.6	59.1			175	538.5	2
8662	6183.6			740	1738.4	8
2477.2	869.4			1481.8	126	10
1278	1028			240	10	1
100	100					1
2593.6	2223.6			270	100	4
1905.7	103.7			1802		3
4834.6	1300			325	3209.6	13
1295					1295	4
3613.3	311.3			3008	294	3

C-1-26 殡仪服务单位

地 区	在建项目数	#使用彩票公益金项目数	在建项目总投资	开工累计完成投资	本年计划投资
全 国	**400**	**204**	**860786.7**	**451248.8**	**267831.5**
中央级					
北 京	2		32967	21377	1723
天 津	2	1	19500	7069.2	6230
河 北	13	8	8985	5857.8	2610.5
山 西	3	3	9230.6	5500	5500
内蒙古	4	3	1929	1200.8	690.8
辽 宁	25	16	43077.1	30843.1	20904.1
吉 林					
黑龙江					
上 海					
江 苏	47	7	212285.6	134028.3	92062.1
浙 江	7	4	43882.9	11497.8	4093.1
安 徽	5		17093	7898	7838
福 建	2		7744	2327.8	90
江 西	53	49	2769	1227	1059
山 东	17	7	46253	21477.6	11401.6
河 南	13	5	36253.6	18746.3	1666.2
湖 北	14	3	27375	9731	8685
湖 南	11	5	6128	4523	3833
广 东	34	21	36449.7	30067.3	13027.1
广 西	17	12	25300.9	9944.2	5010.9
海 南	1		972	300	300
重 庆	15	12	61826	12703.6	9443
四 川	4	1	13980.5	8643.4	4680.5
贵 州	17	9	43617.7	24476.8	18808.8
云 南	24	16	67834.3	19076	12019
西 藏	1		1100		1100
陕 西	6		53063.5	39685.4	23800
甘 肃	4	2	3492.4	1563.1	1088.1
青 海	10	3	4735	4183	3823
宁 夏	1		1300	400	800
新 疆	48	17	31641.9	16901.3	5544.7

基本建设投资情况

单位：万元、个、平方米

本年实际完成投资	国家预算内投资	国内贷款	利用外资	福利彩票公益金	其他	本年完工项目数
270846	**71400.9**	**28514.8**	**7152**	**41266.9**	**122511.4**	**180**
1723					1723	
3966.2	1466.2			2500		
4627.8	2466.3	435		636	1090.5	5
5500				5300	200	
1170.8	610.8			420	140	3
24807.1	1891	13000		8699.5	1216.6	6
73422.3	26357.2	11550		4605	30910.1	10
9400.4	7058.5			1750	591.9	1
7868	80				7788	2
1867.8	1000	67.8		30	770	3
1212	15	63		542	592	32
10902.6	5655.6			4020	1227	9
2837.4	1401.5			455.9	980	1
9281	665	500		850	7266	5
4023	440			318	3265	5
15240.9	3317	1999		1609.3	8315.6	34
4498.1	1205.4			1374.8	1917.9	8
300					300	
9410.6	300			2993.6	6117	5
6143.4	2412.9				3730.5	1
24476.8	7000		1682	753.8	15041	7
12706	4324		5470	1577	1335	3
23450	550			190	22710	3
1563.1	63.1	900		40	560	
4183	2060			358	1765	6
6264.7	1061.4			2244	2959.3	31

C-1-27 其他基本

地 区	在建项目数	#使用彩票公益金项目数	在建项目总投资	开工累计完成投资	本年计划投资
全 国	**1007**	**420**	**1292467.2**	**592835.7**	**356811.1**
中央级	8	1	77988	76590	14694
北 京	2		19011.2	4250.7	1313.3
天 津					
河 北	28	15	9857.1	4851.1	2652.1
山 西	6	2	1804	790	612
内蒙古	19	16	11750	8759.9	4530
辽 宁	16	9	9081.4	7253.3	7013.4
吉 林	10	1	5736	1000	1435
黑龙江	8	8	1000	1036.4	575.2
上 海	1		3502	1747	1279
江 苏	286	17	473400	98288.3	80173
浙 江	13	11	106354	46436.5	34089.9
安 徽	31	10	11193	7555.9	10403.5
福 建	22	18	24449.5	2170	4323.4
江 西	38	31	20377	6962.3	5347
山 东	22	13	47944	28206.3	11916.3
河 南	14	9	14895	20041.9	12629
湖 北	21	7	37518	14958	7469
湖 南	50	38	22613.3	15189.4	4153.3
广 东	29	17	33184.3	23343.7	11733.4
广 西	140	94	17353.5	13281.4	7446.7
海 南	12	1	8104.2	5297	5404
重 庆	1	1	77	77	77
四 川	35	13	123003.6	75057.1	24736.5
贵 州	17	4	8281.4	4207	5040.4
云 南	58	51	34788.4	22136.3	18287.6
西 藏	34	4	5915.9	5395.9	5761.9
陕 西	10	4	23980	20825	16907
甘 肃	22	5	84637.8	31742.5	17163.7
青 海	29	3	28444.4	24766.4	23599.4
宁 夏	6	4	7788.2	5844.9	3682
新 疆	19	13	18435	14774.5	12363.1

建设投资情况

单位：万元、个、平方米

本年实际完成投资	国家预算内投资	国内贷款	利用外资	福利彩票公益金	其他	本年完工项目数
387889.9	**161835.5**	**1453**	**4000**	**93123.6**	**127477.8**	**669**
13478	13478					6
1313.3	136.9				1176.4	
4751.1	567.1			1522.9	2661.1	20
590				290	300	1
5973.4	1694.5			3389.9	889	13
7213.3	1165.4	240		3113.9	2694	9
1000				500	500	
1036.4				1036.4		
82	82					
79952	33610			3812	42530	189
43890.2	2493.7			18726.2	22670.3	3
7535.9	2904.1			637.5	3994.3	29
1723.4	654.4			856	213	16
6962.3			4000	2349.8	612.5	30
16716.3	1817			6185	8714.3	13
12720	170			12445	105	4
9867	2078			2350	5439	7
7933.4	5363			2563.4	7	36
12718.2	8583	10		1088	3037.2	32
11317.9	2755			4939.8	3623.1	109
3023	745			1678	600	11
77				60	17	1
24933	17277.7			6600.3	1055	25
4207	2499.4			1597.6	110	6
20392.9	15778.8	1100		2857.1	657	40
5395.9	4525			716.9	154	21
16375.9	7186			5478.9	3711	7
26002.1	18002.1	103		4577	3320	10
24349.4	12508.4				11841	16
3951	2875			1076		3
12408.6	2886			2676	6846.6	12

C−2−1 社会

地　区	单位数	年末职工人数	#女性	受教育程度		职业资
				大学专科人数	大学本科及以上人数	助理社会工作师人数
全　国	**181471**	**2436128**	**928568**	**316330**	**151946**	**12278**
中央级	31	1661	817	247	1228	7
北　京	7690	79183	36076	13598	11008	1692
天　津	1657	32046	13070	4109	2202	297
河　北	7121	85634	32705	7951	3586	235
山　西	3743	55802	16437	5996	2614	76
内蒙古	2585	26732	10598	6977	3117	129
辽　宁	7346	147840	61187	16158	10531	652
吉　林	2371	32854	12871	5385	2318	452
黑龙江	3499	41320	15884	8162	3144	397
上　海	5144	141130	57912	8401	3719	714
江　苏	20623	395871	147557	42367	19256	1857
浙　江	16206	311895	114582	23157	13070	970
安　徽	6386	54195	21174	7753	2677	287
福　建	4001	40073	14930	3386	1875	327
江　西	4358	52039	17613	3535	1400	194
山　东	14754	187070	67088	37864	18869	457
河　南	5886	98877	35483	13135	5706	314
湖　北	8255	82646	34727	13649	5139	398
湖　南	6780	70601	25225	11931	3991	293
广　东	13514	86425	36051	14061	8756	1000
广　西	2545	24342	9911	4129	2033	229
海　南	364	2734	1050	369	172	26
重　庆	5412	87564	31477	9680	4629	241
四　川	8505	97105	39989	21390	6934	404
贵　州	7127	34297	10544	7460	3230	70
云　南	2730	63882	19125	4011	2233	52
西　藏	325	1091	494	119	32	2
陕　西	4095	36563	14734	7686	2542	210
甘　肃	4045	17790	7111	3829	1847	79
青　海	431	3791	1726	475	204	48
宁　夏	780	10469	4554	1141	569	29
新　疆	3162	32606	15866	8219	3315	140

服务总表

单位：个、人

格水平	年龄结构				志愿服务	
社会工作师人数	35岁及以下人数	36岁至45岁人数	46岁至55岁人数	56岁及以上人数	志愿者服务人次数	志愿服务时间
6602	**817717**	**969890**	**521640**	**126881**	**9288979**	**25132242.1**
18	813	388	351	109		
611	21946	30893	21286	5058	6539041	12908515.7
112	11424	11270	7604	1748	168814	924211.5
143	32802	33407	16617	2808	14983	89030
129	18220	20682	13723	3177	2602	4898
93	7167	11026	6904	1635	4459	8406
248	44344	59823	35178	8495	8995	24812
350	10303	16022	5846	683	1007	2788
168	14913	17749	7442	1216	8399	1881
585	41423	47723	38791	13193	23615	72549
739	115280	159704	94736	26151	308855	718664.9
522	102879	120341	68754	19921	586562	908739.5
170	15585	24223	12292	2095	45305	175272.4
253	11495	18244	8260	2074	27983	88507
101	18964	21969	9735	1371	4141	13831.7
363	75564	71272	32837	7397	542384	1253647.2
262	42926	37810	15134	3007	2047	4271
116	26824	34672	17456	3694	8861	21437.5
244	18986	35134	14131	2350	31782	103880
462	29718	34209	18419	4079	604035	1571783
187	9825	8355	4853	1309	1610	4441
8	1133	894	583	124	2093	3610
120	30113	35497	18047	3907	268010	737378.5
274	37089	39625	16438	3953	35646	395175.5
27	12342	13205	6869	1881	10874	4899795
56	27819	23975	10414	1674	863	1935
	481	530	69	11	483	617.7
95	13077	13722	8111	1653	21820	129476
33	6521	7076	3196	997	2482	11231
16	1261	1884	543	103		
15	3492	5669	1072	236	92	190
82	12988	12897	5949	772	11136	51267

C-2-1续表

地　区	增加值合计	执行企业会计制度单位财务指标					执行行政	
		固定资产原价	营业收入	费用合计	营业利润	企业单位增加值	固定资产原价	上年结转和结余
全　国	**11440117.3**	**18406553.1**	**51935309.5**	**6498078.4**	**1421081.7**	**6958133.9**	**8185694**	**757481.8**
中央级	54371.8	32019.9	20153.5	12771.8	-2689	4835.3	170820.6	37710
北　京	693281.2	320007.9	673721.1	70874.8	979	116568.1	385900.8	122873
天　津	213824.6	252608.5	876102.8	474309.5	21632.2	129138.5	106015.6	6689.8
河　北	306878.6	670510.5	1463138.5	139683.4	45224.1	170656.7	341684.8	18396.3
山　西	146797.1	354012.9	521731.3	32991.5	-2382.9	68395.3	170778.1	13476.9
内蒙古	93012.9	80135.1	155157.7	46824.9	5971.2	24059.2	132262.7	18107.5
辽　宁	637046.4	844809.6	2303797.1	355213.7	73802.4	421804.8	332872.5	9771
吉　林	126687.7	205584.4	346381.4	48986	12944.7	73558.5	137585.5	14731.6
黑龙江	117902.9	143515.1	208613.6	54962.7	8614	53902.2	230446.5	28914.1
上　海	863573.5	961670.1	2742197.9	266537.3	110909.3	715147.8	280626.6	21787.4
江　苏	1667543.9	3786068.3	12504088.4	1603279	320688.9	1257053	831174.9	26344.9
浙　江	2161660.9	5974398.4	17252386.7	1854089.1	521925.8	1931956.6	435556.3	49437.3
安　徽	175720.7	146034.7	934730.8	63640	10986.4	60542	339630.8	9077
福　建	110219.8	202858.6	384289.3	42721.8	3996.1	37068.3	121610.5	19784
江　西	68042.7	97645.7	2507573.7	21112.4	2732.5	15985.2	195958.9	14866
山　东	1028592.2	1033977.4	1592631.7	395586.3	134874.1	585374.4	330296	10247.6
河　南	234666.2	321539.7	658041	133377.3	17170.6	122621	291114.1	12983.5
湖　北	316874.7	284761.3	565768.8	110380.1	20021.8	122999.8	402645.4	14896.8
湖　南	245007.1	276478.2	584448.6	79988.2	2766.1	81949.8	302136.9	5876.8
广　东	348785	166445.7	363702.9	31414	2408.4	34364.4	636259.6	71664.1
广　西	81975.7	62145.8	357817.1	10482.6	-3211	20849	167030.6	8122.8
海　南	18953.6	15753.8	48792.2	5300.4	838	3820.8	26762.3	11213.2
重　庆	577150.3	582028.6	1817237.9	205997.3	25365.4	488545.4	170682.1	17775
四　川	389260.5	434233.8	1234182.3	129183.2	33897.5	196249.7	644801.9	50181.8
贵　州	75995.1	49344.7	35394.5	3076.5	1404.9	3141.7	109036.6	10941.3
云　南	245756.7	612058.8	1010145.4	189539.8	14017.1	95942.2	213289.5	41738.2
西　藏	3459.9	4120.3	284	164.8	14	56	64961.6	
陕　西	221643.3	152944.7	379693.8	61933.7	21484.9	62682.5	240308.3	49775.1
甘　肃	50803.2	32051.8	13748.6	4748.2	245.8	2798.2	107990.7	7164.2
青　海	11545.9	7082.1	11888.6	3199.9	191.3	2590.3	24269.3	786.1
宁　夏	34475.9	119029.7	101506.7	11104.8	7801.3	20486.5	51971	8652.4
新　疆	118609.7	180677	265961.6	34603.4	6456.8	32991	189213	23496.1

单位：万元

事业单位会计制度财务指标				执行民间非营利组织单位会计制度财务指标				
本年收入合计	本年支出合计	经营支出	行政事业单位增加值	固定资产原价	上年结余	本年收入合计	本年费用合计	民间非营利组织单位增加值
8675213.8	**8263543**	**31536.3**	**4098397.8**	**2867358.7**	**36977**	**818731.5**	**874290.8**	**383683.7**
344871.4	352309.3	802.2	49536.5					
860682.1	814799.5	2973.3	566458	91479	683.2	28913.5	30055	10255.1
132739.3	121048.7	3609.9	77521.9	17848.4	863.7	34856.3	23704.9	7164.2
325434.5	333773.9	699.9	133978.1	66122.7	71.5	2557	4204.7	2243.8
137149.4	138809.8		77234.6	12868.8	95	1682.7	2527.1	1167.2
148683.8	141664.2	2.2	67669.1	23047.7	22	4253.4	4331.3	1284.6
422799.3	396431	79.5	206510.1	129516.8	284.7	32863.8	32089.1	8748.5
129188.8	121617.8		52266.2	18815.3		2227.5	1835.7	863
109091	98958.2	1	61889.7	11488.2	1655	1316.1	9733.6	2111
405311.5	331383.5	2609.7	99393.1	93426.4	12350.3	96879.6	102424.7	49032.6
1209973.7	1241063.4	3084.5	368275.7	289977.3	5991.7	96319.9	89210.8	42218.2
420261.8	379191.9	10016	211499.7	161468.8	3048.3	43172.5	48274.7	18204.6
179561.9	171891	148	104050.8	87411.2	13.5	12764.1	16132	11127.9
151069.3	123353.5	564	70458.6	52818.5	1570.4	4299	6276.2	2692.9
106253.3	102578.5	579.5	48629.7	49422.3	6.2	6092.5	6396.9	3427.8
563270	560913.3		279211.7	624619.6	23.8	238046.9	238448.4	164006.1
233883.1	228557.4	42.5	107312.8	47390.2	-22.6	7105.1	8371.5	4732.4
376880	359001.8	2510.8	184489.2	52121.3	19	17583.7	16279.1	9385.7
318266.5	306937.8	214.6	160183.5	19525.2	420	10065.9	10237	2873.8
537698.2	531359.4	928	307522.8	79152.9	3969.8	9078.5	15975.6	6897.8
103874.4	92088.7	20.1	60212	16409	3.6	818.2	1508.3	914.7
40732	39819.4	118.2	15058	2908.5	132	258.5	344.5	74.8
159963	154016.4	558	81709	97121	70	22134.8	22071.6	6895.9
347017.9	317441.8	486.4	185719.2	42291.8	4230.6	10759.6	20289.4	7291.6
126188.5	100945.2	56.9	62911.3	108431	534.1	121553.4	15867.4	9968.2
193195.8	170948.4	407.2	148443.2	606638	20.3	1503.8	3057.2	1371.3
6518.7	6683.8		3403.9	318				
269785.3	229521	227.5	158095.9	14293.9	-22.1	1995.3	1593.4	864.9
103467.9	99880	371.2	43889.3	25700.8	39.1	1276.4	4946.1	4115.7
23660.4	19744.6		8162	10989.4	694.9	1091.5	1168.8	793.6
31153.2	27896		13495.2	5424.7		716.3	132920	494.2
156587.8	148913.8	425.2	83209.1	8312	209	6545.7	4015.8	2461.6

C-2-2 提供住宿的社会

地区	单位数	年末职工人数		受教育程度情况		职业资格水平	
			#女性	大学专科人数	大学本科及以上人数	助理社会工作师人数	社会工作师人数
全国	**48078**	**397155**	**210965**	**72986**	**39109**	**3232**	**2672**
中央级							
北京	594	13653	8461	2559	2226	154	95
天津	356	6309	4442	1244	689	36	52
河北	2547	19904	10622	2829	1670	78	60
山西	1130	8942	3857	2022	1040	32	91
内蒙古	791	6733	3279	1908	789	35	51
辽宁	1639	18641	10694	3345	2081	94	131
吉林	957	8153	3667	1564	1243	73	105
黑龙江	773	9301	4557	1960	1050	160	84
上海	677	23525	17249	1580	980	141	210
江苏	2907	31010	17330	5302	3179	317	265
浙江	2131	18057	10815	2484	1466	116	99
安徽	2556	18079	7519	2064	802	128	86
福建	1362	8429	3762	945	597	88	71
江西	2053	12737	4898	1233	605	93	56
山东	2640	32475	16911	8151	4860	236	157
河南	3014	21822	9876	3709	1489	119	113
湖北	2822	22202	12138	4196	1847	128	62
湖南	3081	18183	8196	4379	1660	83	108
广东	2665	26021	15980	4034	2736	439	300
广西	1565	8844	5355	1872	1096	118	111
海南	252	1218	576	194	81	15	3
重庆	2325	9469	4133	1391	965	90	35
四川	3675	20868	10003	5708	2171	144	128
贵州	1334	5231	2589	1674	486	34	14
云南	976	5752	2955	1272	724	23	39
西藏	271	686	341	60	25	2	
陕西	1096	7931	3963	1768	816	83	59
甘肃	823	4483	1979	1078	568	58	20
青海	178	1088	588	304	139	14	11
宁夏	103	1094	669	197	251	23	12
新疆	785	6315	3561	1960	778	78	44

服务机构总表

单位:个、人、人次、时、张、%

年龄结构				志愿服务		年末床位数	年末在院(站)人数	年末床位利用率
35岁及以下人数	36岁至45岁人数	46岁至55岁人数	56岁及以上人数	志愿者服务人次数	志愿服务时间			
107822	**156641**	**108162**	**24530**	**463599**	**1842951.2**	**4494367**	**3093267**	**69**
3614	5238	3956	845	21963	36036.5	129344	76759	59
1624	2213	2105	367	27098	668707.5	42551	29426	69
7424	7253	4328	899	10081	56689	210219	134942	64
2657	3633	2298	354	2585	4863	69398	44153	64
1361	2808	2140	424	177	432	76762	45407	59
3937	7154	6235	1315	487	22755	186548	117784	63
2345	3886	1704	218	234	525	90514	63203	70
3009	3820	2115	357	173	1276	113791	93162	82
4739	7517	8376	2893	10543	22252	117357	78373	67
7567	10694	10120	2629	62617	177249.9	435256	256926	59
3834	6617	5830	1776	77379	155121	268159	132268	49
3653	7598	5707	1121	17912	60079.4	276903	203203	73
1947	3312	2398	772	813	1999	72790	30527	42
2361	5905	3823	648	2575	9220	163347	148732	91
11840	13035	6513	1087	143489	366052.2	410382	282994	69
7265	8433	4950	1174	757	1815	291253	239653	82
5530	9878	5772	1022	5100	16486.5	252950	201283	80
4959	8475	4250	499	17959	63725	179896	144093	80
6642	10648	6875	1856	17523	38133	174378	101770	58
2799	3247	2288	510	1239	3614	60431	40677	67
320	492	334	72	1563	3610	14766	4339	29
1626	3758	3267	818	19730	29997.5	125727	89962	72
5605	8109	5563	1591	3499	8951	372205	302128	81
1649	2182	1271	129	5374	25274	58751	30145	51
1868	2330	1294	260	605	1190	71896	50620	70
330	325	30	1	483	617.7	9610	6737	70
2562	2910	2030	429	6346	29125	88791	68540	77
1762	1567	904	250	2396	11130	54478	24221	44
491	351	209	37			10745	7227	67
367	438	241	48	32	70	9926	6402	64
2135	2815	1236	129	2867	25955	55243	37611	68

C-2-2续表

地　区	增加值合计	执行企业会计制度单位财务指标					执行行政	
		固定资产原价	营业收入	费用合计	营业利润	企业单位增加值	固定资产原价	上年结转和结余
全　国	**3003463.7**	**154375.9**	**40689.2**	**33491.6**	**665.5**	**9919.3**	**5555203.3**	**316029.3**
中央级								
北　京	364447.1	1063.8	554.5	206.6	-47	151.4	173739.6	37195.6
天　津	68044.3	86	4	23.8	-22.6	0.7	51555.8	6083.6
河　北	107381	7196.8	40	83.6	10	10	269713.2	6370.7
山　西	65465.8						131842.4	11344.4
内蒙古	44843.5	471	90.3	17.8		20	89851.8	8665.3
辽　宁	167677.3	432.8	875.9	149.2	191.3	248.3	265827.2	6828.5
吉　林	42184.4	4483.7		28		74	104292.5	802.3
黑龙江	51295.6	2130	10	5	1	60.8	183871.6	5372.1
上　海	96243.6	11844.6	25279.2	25866.6		220.6	132382.8	11244.3
江　苏	267932.7	30135.2	1461	1447.1	-239.5	1089.4	576664.9	19943.5
浙　江	119328.1	26471.8	4518.1	2103	429.3	3434.5	274709.8	15496.7
安　徽	82863.1	9611	1164.3	668	82	925.8	243619.5	3829.7
福　建	62213.6	3006.1	344.2	71.2		152.4	90598.2	16489.9
江　西	41659.4	790.4	50	90	5	5	158341.4	10722.2
山　东	301705.6						217936.1	6394.9
河　南	83782.2	1610.9	255	468.2	4	206.1	210085.5	7009
湖　北	140140.4	3190	299.9	68.8		109.8	277377.2	384.8
湖　南	117241.2	537					237701.7	3325.5
广　东	227296.1	11453.2	4540.2	1309.9	189.3	2687.3	466850.5	53657.9
广　西	51580.1	1396	39.6	22.6	0.8	0.8	128950.5	7540.6
海　南	11511.3	230					23161.2	3600.4
重　庆	58312.8	3028.8	438.8	390.9	6	45.7	116128	1488.5
四　川	126536	10122.6	45	130	4	149.4	456417.3	21745.8
贵　州	34422.2	13875.2	453.2	272	24.9	76.7	61681	4320
云　南	44248.6	2960.7	1	9.2		20.9	142578.4	12682.1
西　藏	2276.8	725.3					43297.4	
陕　西	121025.8						158814.1	10797.9
甘　肃	35987.9	1557.9		0.6		10.1	85208	6903.4
青　海	7419	510					10698.2	764.3
宁　夏	11134.2	3209	25	4			32261.8	5233.3
新　疆	47263.7	2246.1	200	55.5	27	219.6	139045.7	9792.1

单位：万元

事业单位会计制度财务指标				执行民间非营利组织单位会计制度财务指标				
本年收入合计	本年支出合计	经营支出	行政事业单位增加值	固定资产原价	上年结余	本年收入合计	本年费用合计	民间非营利组织单位增加值
5075067.2	**4893069.9**	**17677.8**	**2788653**	**2117718.8**	**34199.6**	**542863.6**	**580638.1**	**204989.5**
446439	445115.2	1223.5	354040.6	91479	683.2	28913.5	30055	10255.1
89878.4	82088.5	2250.5	62888.6	15384.7	755.7	31881.3	19987.1	5155
212025.9	199624	545.4	105658.3	60064.5		2351.1	2927.8	1712.7
96460.9	98851.2		64962	12139.6	95	795.7	1130.3	503.8
86830.3	86160.5	2.2	43837.4	21553.4	22	3663.3	3740.8	986.1
318951.7	308006.5	13	163462.3	124182.6	284.7	23832.6	22637.7	3983.7
81712.3	81979.9		41532.4	18649.3		1624.8	1289.8	578
87396.5	77384		49552.6	9283	655	568.7	9174.2	1682.2
198849.6	135388	64.5	51583.6	89899.5	12195.7	88166.4	94384.5	44439.4
1009372.8	1004594.7	867.7	253881.5	191046.3	5880.1	35850.4	33213.2	12964.8
175314.7	165437.6	9602	105886.3	99880	2945.3	28779.6	27762.6	10007.3
104328	97591.1	19.7	73126.5	74995.1	13.5	8880.7	12032.8	8810.8
100720.8	95366.2	554	60737.9	47452.3	1559.3	1661.6	2379.4	1323.3
55888	54335.2	216.3	40629.8	44639.4	5.2	3398.7	2771	1024.6
328218.6	328676.5		234942.4	430623.8		101809.4	102027.2	66763.2
136234.4	130266.3	30	79741.5	41776.4	-23.6	6554.5	7220	3834.6
220875.3	211546.9	436	132858.5	45097.8	19	13504.2	13223	7172.1
179922.3	183223.5	27.1	115945.5	16410.3	420	4344.7	4546	1295.7
330354.3	322918.8	410	221994.6	50910	3136.5	5598.7	6726	2614.2
77933.6	72450	20.1	50781.2	14550.7	3.6	715.7	1328.6	798.1
18216.1	17667.4	118.2	11453.5	2902.5	132	213.5	299.5	57.8
79763.7	78959.6	473	53493.6	75600	70	17804.9	17659.3	4773.5
183789.3	183263.9	-43.4	121905.3	35227.5	4225	6099.6	15307.8	4481.3
53180.7	44256.4		31707.1	56931.1	225.5	116844.7	6181.1	2664.5
66366.1	62555.5	107.4	43611.9	395044.2	17.1	575.3	1173.1	615.8
2536.1	2534.5		2276.8	318				
168879.5	162986.9	12.8	120188.7	13286.9	-22.1	1991.3	1557	837.1
71765.3	69527	371.2	33603.1	20908.5		380.2	2523	2374.7
11601.3	10613.9		6649.3	5752.4	692.9	934.8	1005.5	769.7
15197.1	15544.6		10764.2	4996		575	132692	370
66064.6	64155.6	356.6	44955.7	6734	209	4548.7	3682.8	2140.4

C-2-3 在工商部门登记的

地　区	单位数	年末职工人数		受教育程度		职业资
			#女性	大学专科人数	大学本科及以上人数	助理社会工作师人数
全　国	**156**	**3268**	**1929**	**499**	**157**	**15**
中央级						
北　京						
天　津						
河　北	24	199	177	121	1	
山　西	1	32	28			
内蒙古	3	25	20	19		
辽　宁	9	60	32	6		
吉　林	14	96	42	54	42	
黑龙江						
上　海						
江　苏	11	410	94	91		
浙　江	26	751	477	44	19	5
安　徽	6	62	38	2		
福　建	4	31	15	10	6	1
江　西	1	4	2			
山　东						
河　南						
湖　北						
湖　南						
广　东	30	1062	855	88	21	7
广　西	1	70	40	25	35	
海　南	7	268	20	5	2	
重　庆	10	73	34	11	25	2
四　川	2	49	34	5	5	
贵　州						
云　南	4	35	21			
西　藏						
陕　西						
甘　肃						
青　海						
宁　夏						
新　疆	3	41		18	1	

提供住宿的社会服务机构

单位:个、人、人次、时

格水平	年龄结构				志愿服务	
社会工作师人数	35岁及以下人数	36岁至45岁人数	46岁至55岁人数	56岁及以上人数	志愿者服务人次数	志愿服务时间
12	**810**	**1288**	**956**	**214**	**1666**	**4980**
	132	37	28	2	720	3120
		6	24	2		
		25				
	4	30	20	6		
		96				
	122	155	85	48	420	1860
3	155	298	246	52	526	
	29	27	6			
1	16	5	10			
	4					
8	144	427	428	63		
	35	15	10	10		
	108	98	60	2		
	33	18	15	7		
	5	13	11	20		
	15	16	4			
	8	22	9	2		

C-2-3续表1

地区	年末床位数	#光荣间床位	年在院总人天数	年末在院人数	#女性	在院人员按性质分：优抚对象	“三无”对象	自费人员
全国	**27154**	**38**	**2582663**	**12861**	**5486**	**38**	**1227**	**11596**
中央级								
北京								
天津								
河北	1632	35	85432	862	214			862
山西	30		360	30			2	28
内蒙古	736		110000	331			80	251
辽宁	1210		148083	631			110	521
吉林	1142		1002	802			620	182
黑龙江								
上海								
江苏	2668		176384	1452	320			1452
浙江	4731	1	660400	2822	1932	10	283	2529
安徽	1369		22075	145	12			145
福建	1065		129120	370	11	3	3	364
江西	50		18200	50	30		50	
山东								
河南								
湖北								
湖南								
广东	4946		953176	3566	2502		25	3541
广西	600		500	399	200			399
海南	5014		18300	305	158			305
重庆	940		157541	416	46		3	413
四川	370	2	54700	175	54			175
贵州								
云南	291		7180	160	7	25	50	85
西藏								
陕西								
甘肃								
青海								
宁夏								
新疆	360		40210	345			1	344

单位：张、人天、人、人次、平方米

在院人员按年龄分			在院人员按类型分			康复和医疗门诊人次数	家庭寄养儿童数量	机构建筑面积
老人	青壮年	少年儿童	自理（完全自理）	介助（半自理）	介护（不能自理）			
12763	**91**	**7**	**5855**	**3246**	**3760**	**7541**	**10**	**525346**
862			62	289	511			12500
30			8	19	3			2000
331			310	21				11167
631			616	15				6100
802			509	192	101			7000
1452			658	389	405	600		59175
2807	15		1074	932	816	5646		165143
135	10		112	20	13			54070
366	2	2	284	75	11	123	10	9300
50			50					1750
3550	16		1083	633	1850			87938
399			399					1200
305			245	50	10			50500
380	36		181	235				30483
168	7		24	121	30	1132		16700
160			150	10		40		7500
335	5	5	90	245	10			2820

C-2-3续表2

地区	增加值合计	执行企业会计制度单位财务指标					执行行政	
		固定资产原价	营业收入	费用合计	营业利润	企业单位增加值	固定资产原价	上年结转和结余
全国	**7036.1**	**42183**	**8943.9**	**3071.1**	**717.1**	**5862.2**	**3708**	**1**
中央级								
北京								
天津								
河北	32.2	310	40	83.6	10	10	31	
山西	18.8						96	
内蒙古	40						1000	
辽宁	193	320	730		135	190		
吉林		14		28				
黑龙江								
上海								
江苏	233	6750						
浙江	3342	26087.8	4162.1	2032	406.3	3342		
安徽	418.1	867	73	29			350	
福建	60.4	932	115.6	63		52	210	
江西	5							
山东								
河南								
湖北								
湖南								
广东	2487.9	2194.4	3822.2	835.3	165.8	2232.7	680	
广西								
海南								
重庆	19.5	2322.8					138	
四川		380						
贵州								
云南	51.3	2004	1	0.2		1.7	1203	1
西藏								
陕西								
甘肃								
青海								
宁夏								
新疆	134.8	1				33.8		

单位：万元

事业单位会计制度财务指标				执行民间非营利组织单位会计制度财务指标				
本年收入合计	本年支出合计	经营支出	行政事业单位增加值	固定资产原价	上年结余	本年收入合计	本年费用合计	民间非营利组织单位增加值
780	**791**		**617.9**	**8043**		**1410.5**	**1446.5**	**556**
239	239		22.2					
15	15		18.8					
			40					
							5	3
				5700		541	541	233
333	330		418.1					
130	130		8.4					
				20		6	11	5
	14		41.2	80		611.5	612.5	214
				218				
62	62		19.5					
				1700		35	60	
1	1		49.6					
				325		217	217	101

C-2-4 在编制部门登记的

地 区	单位数	年末职工人数		受教育程度情况		职业资格水平	
			#女性	大学专科人数	大学本科及以上人数	助理社会工作师人数	社会工作师人数
全 国	**10739**	**160302**	**84995**	**45054**	**30433**	**2237**	**1879**
中央级							
北 京	388	7860	4847	1787	1938	130	79
天 津	52	1849	970	540	489	23	43
河 北	560	9418	5151	1914	1327	73	48
山 西	319	4427	2076	1523	982	29	71
内蒙古	218	3156	1384	1150	677	33	51
辽 宁	352	7787	3913	2226	1719	70	63
吉 林	352	4678	2081	1072	968	42	26
黑龙江	271	5812	2749	1397	932	76	51
上 海	70	3771	2504	860	668	105	136
江 苏	482	9017	5119	2434	2152	198	192
浙 江	585	7333	4545	1366	1187	86	76
安 徽	307	4633	2432	1113	607	46	51
福 建	316	3350	1743	822	551	66	51
江 西	642	4920	2089	905	533	32	22
山 东	419	8610	4550	2860	3007	154	141
河 南	468	6764	3450	2192	1134	61	72
湖 北	712	10557	5682	3064	1700	102	61
湖 南	650	9355	4527	3268	1435	68	91
广 东	461	11518	7014	2761	1918	347	215
广 西	220	4746	3024	1348	946	91	69
海 南	32	437	199	120	62	12	3
重 庆	239	2958	1404	960	691	62	21
四 川	1141	10122	4892	3450	1573	135	117
贵 州	219	2536	1263	1139	413	29	10
云 南	277	2995	1570	875	646	20	26
西 藏	16	137	66	38	12	2	
陕 西	298	4383	2008	1390	681	35	29
甘 肃	147	2044	928	645	488	33	11
青 海	26	620	382	235	119	5	1
宁 夏	35	607	347	142	241	23	12
新 疆	465	3902	2086	1458	637	49	40

提供住宿的社会服务机构

单位:个、人、人次、时、张、人天

年龄结构				志愿服务		年末床位数		年在院总人天数
35岁及以下人数	36岁至45岁人数	46岁至55岁人数	56岁及以上人数	志愿者服务人次数	志愿服务时间		光荣间床位	
50977	**60176**	**40162**	**8987**	**177485**	**673235.9**	**1230337**	**62530**	**181453338**
2131	2893	2366	470	12928	13941	76092	708	6240306
549	492	591	217	15199	234257.5	9776	628	1592800
3595	3296	2140	387	4593	27804	73806	9267	13564636
1379	1680	1159	209	2440	4712	20269	2597	3305348
791	1174	1036	155	157	432	21818	1298	3415041
2013	2965	2300	509	452	6135	64710	1921	8530353
1258	2121	1125	174	134	325	31367	3017	4506554
1877	2234	1372	329	154	1124	46517	1606	6488054
1085	1063	1172	451	1008	2872	16832	50	3732290
2585	3126	2579	727	18467	63540	80097	1835	11089341
1806	2562	2184	781	25874	54550	80483	1548	11302065
1307	1819	1199	308	4387	10240	30733	2039	4480111
1100	1254	850	146	553	1108	22737	1376	3078713
1272	2208	1249	191	2097	7190	53031	7154	9616844
3067	2886	2184	473	39203	98337.7	71391	335	9593827
2527	2758	1230	249	380	947	44409	3487	6555547
3313	4219	2425	600	4915	16067.5	75345	7283	10767490
3283	3956	1808	308	12640	44503	49420	5176	8436562
3730	4450	2691	647	12978	28575	61791	2348	7763788
1834	1607	1082	223	430	1962	18579	1297	2923043
113	173	129	22	70		2629	119	182228
854	965	944	195	9031	18456.5	26200	670	4522627
3320	3864	2441	497	2337	6144	123105	1978	23758757
805	979	695	57	1765	3048	14878	1454	2176372
988	1135	725	147	605	1190	26955	175	3378551
68	59	9	1	25	617.7	1801		323906
1509	1586	1027	261	3064	19069	29910	2009	4287513
755	747	430	112	1340	5970	13698	249	857798
305	168	113	34			3867	69	431396
226	236	121	24	25	60	2791	40	357576
1532	1501	786	83	234	58	35300	797	4193901

C-2-4续表1

地区	年末在院人数	#女性	其中：收养性机构					
			在院人员按性质分			在院人员按年龄分		
			优抚对象	"三无"对象	自费人员	老人	青壮年	少年儿童
全国	**860940**	**179283**	**64307**	**438336**	**151187**	**497084**	**72267**	**84479**
中央级								
北京	56809	7105	224	4304	11262	12762	1730	1298
天津	9464	1905	448	1553	2530	2928	1027	576
河北	51558	3868	5581	34775	2157	39234	1652	1627
山西	15036	1415	3236	6471	1359	6420	1405	3241
内蒙古	14131	2698	1618	7161	3345	9111	1571	1442
辽宁	46836	6223	3696	15118	7062	19829	3185	2862
吉林	22012	3951	3201	12298	2677	13511	3176	1489
黑龙江	36992	6569	2913	25631	5133	29757	2290	1630
上海	16013	5640	36	2948	7469	6234	2081	2138
江苏	54726	15071	2708	26221	12747	31716	5846	4114
浙江	40653	14501	517	17108	19117	31478	2174	3090
安徽	16835	4044	1531	9172	2257	8289	1534	3137
福建	13885	3065	1153	5058	3925	5529	2800	1807
江西	45262	11099	3628	35740	3651	36140	2122	4757
山东	49111	7688	6722	15878	5485	22076	2916	3093
河南	30021	4600	4450	16229	2959	16411	2812	4415
湖北	53478	14489	5409	29272	9385	36028	4246	3792
湖南	35451	10251	6126	17394	5701	19059	3548	6614
广东	38479	13139	1942	13790	12604	15422	3949	8965
广西	11704	4001	852	4147	4717	5171	2272	2273
海南	1529	109	78	424	13	284	12	219
重庆	19193	5793	483	11660	4240	12705	2031	1647
四川	94467	15521	4389	71619	12671	76285	8369	4025
贵州	8361	2450	273	4220	2287	2982	1777	2021
云南	17821	2460	373	10966	1301	9413	1288	1939
西藏	1362	506		1344		157		1187
陕西	23581	2940	1842	12574	362	9299	2643	2836
甘肃	8157	1497	174	4697	589	2501	599	2360
青海	1955	632	37	1131	314	335	333	814
宁夏	1625	317	15	770	363	555	277	316
新疆	24433	5736	652	18663	3505	15463	2602	4755

单位：人、人次、平方米

年末在院人数			其中：救助类机构年末在站人数	其中：军休所年末在所人数	康复和医疗门诊人次数	家庭寄养儿童数量	机构建筑面积
在院人员按类型分							
自理（完全自理）	介助（半自理）	介护（不能自理）					
426330	**127930**	**99570**	**21772**	**185338**	**7120352**	**25934**	**25256867**
7454	3811	4525	2658	38361	179075	803	895458
2285	713	1533	449	4484	94129	270	182721
33811	6026	2676	646	8399	245980	213	2006901
6187	2199	2680	304	3666	160977	2164	620218
8264	2526	1334	147	1860	21034	133	484764
17175	5401	3300	840	20120	91376	372	1083442
13174	3482	1520	914	2922	154170	95	654681
26542	5052	2083	442	2873	274787	196	470457
2509	3019	4925	571	4989	16008	1476	401199
23482	9035	9159	896	12154	508776	704	1748169
23085	6964	6693	705	3206	653565	701	1523843
6878	3385	2697	537	3338	121940	1059	741511
5310	2951	1875	272	3477	415580	1200	524833
36809	4576	1634	379	1864	7654	902	1267513
20955	4062	3068	675	20351	349591	177	1543449
14713	5196	3729	950	5433	340916	652	792962
29296	10023	4747	1616	7796	494313	1179	1541802
13764	8813	6644	1338	4892	425114	2227	1086941
10760	5922	11654	2472	7671	1030960	729	1272395
3398	2936	3382	271	1717	239692	530	496524
125	225	165	99	915	870	11	43156
11461	2285	2637	193	2617	221352	198	703129
66709	14049	7921	1059	4729	605845	692	2160256
3689	2146	945	580	1001	61527	383	275884
7410	3430	1800	190	4991	43204	619	1019678
1325	19		18				66950
8276	4797	1705	1353	7450	69330	518	648046
2861	1226	1373	723	1974	121732	67	174807
1146	313	23	1	472	3233		57265
412	448	288	59	418	4566	96	84786
17065	2900	2855	415	1198	163056	7568	683129

C-2-4续表2

地　区	增加值合计	执行企业会计制度单位财务指标					执行行政	
		固定资产原价	营业收入	费用合计	营业利润	企业单位增加值	固定资产原价	上年结转和结余
全　国	**2531394.5**	**14910**	**1708.9**	**2691.2**	**-213.5**	**1329.6**	**3382634.8**	**299632.6**
中央级								
北　京	352933.3						167006.7	37193.2
天　津	61326.1						43662.1	6079.6
河　北	94159.1	71					170311.9	6370.5
山　西	60031.5						77745.4	10853.4
内蒙古	37528.6	252					46951.7	8658.4
辽　宁	150845.4	89	142	142			167439.3	6515.1
吉　林	37369.1						79634.2	596.6
黑龙江	44358.5	124	5	4		1.1	125118.6	5366.9
上　海	48942.5						124300.1	10691.1
江　苏	206063.8	2493.4	782.9	1363	-242.5	310.2	272007.8	18159.8
浙　江	92801.7	123	46	45	-1	21.5	196981.1	12717.7
安　徽	56128	4485	471	506.3	6	702.7	82760.1	3276.6
福　建	58734.3	290					64816.3	16474.9
江　西	30671.8						88309.9	10656.4
山　东	234942.4						217936.1	6394.9
河　南	66082.4	980.9	255	468.2	4	206.1	89530	6927.6
湖　北	116498.7						178817.8	331
湖　南	98512.3						123004.7	3325.5
广　东	198744.1			143.2			264981.4	47174.4
广　西	46791.9	229					77767.3	7042.8
海　南	10000.8	30					12332	3493.2
重　庆	46869.1						62210.2	1444
四　川	105168.7	4501.6	2	1			240045.5	20377.8
贵　州	29990.5	450				3	33952	4055
云　南	39934.5						86690.9	12392.6
西　藏	775.2						9127.1	
陕　西	115316.5						99731.8	10611.6
甘　肃	31678.7						56624.4	6867.4
青　海	6599.8						9430.2	764.3
宁　夏	9814.5	694					13507	5065.2
新　疆	41780.7	97.1	5	18.5	20	85	99901.2	9755.1

单位：万元

事业单位会计制度财务指标				执行民间非营利组织单位会计制度财务指标				
本年收入合计	本年支出合计	经营支出	行政事业单位增加值	固定资产原价	上年结余	本年收入合计	本年费用合计	民间非营利组织单位增加值
4006131	**3839069.7**	**16325.8**	**2529637.2**	**10387.7**	**2043.2**	**115695.9**	**1086.7**	**430.7**
445137.4	443470.4	1096.5	352933.3					
88538	80718.9	2250.5	61326.1					
196017.6	183760.8	536	94159.1	5				
89289.9	91630.2		60031.5					
76307.9	75633.3	2.2	37528.6					
294459.4	289526.1	3	150826.3	93	0.5	55.7	98.4	19.1
73290.8	73587.2		37355.5	1390.8		1	13.6	13.6
80388	71295		44357.4					
189052.5	128540.9	27	48942.5					
281004.7	278579	799	205584.9	357		290.8	232.8	168.7
153756.8	144967.9	9570.5	92777.1	1150	1836.7	522.1	368.7	3.1
82446.8	75984.5	3.7	55425.3	100				
94632.7	89393	554	58734.3					
42137.6	40684.1	194.5	30605.8	1800.9	2	271	108	66
328218.6	328676.5		234942.4					
112404.7	106060.6	30	65871.3	1705.5		193.6	66.3	5
198611.9	192228.2	219	116498.7	14				
151594.3	153882.3		98506.3	880		5	11	6
279574.7	270990.9	410	198742.1	183.5		12	2	2
75105.5	69668.1	20.1	46790.9	400			1	1
16923.7	16457.1	118.2	10000.8					
70423.3	69775.7	473	46869.1					
167910.2	167562.4	-43.4	105163.2	180	1	15.1	8.5	5.5
51869.4	43152.7		29855.1	1743		114303.6	156.4	135.4
63380.2	59443.6	20.4	39934.5					
1847.8	1846.2		775.2					
163277.1	157747.3	12.8	115316.5					
50389.9	48243.7	26.2	31678.7					
11522.3	10534.9		6598.6	163		3	5	1.2
14329	14620.7		9814.5					
62288.3	60407.5	2.6	41691.6	222	203	23	15	4.1

C-2-5 在民政部门登记的

地区	单位数	年末职工人数		受教育程度		职业资
			#女性	大学专科人数	大学本科及以上人数	助理社会工作师人数
全国	**27786**	**196728**	**107077**	**23684**	**7475**	**868**
中央级						
北京	185	5603	3490	747	276	23
天津	199	3937	3213	629	170	9
河北	858	6267	3513	538	141	4
山西	648	3537	1269	408	43	3
内蒙古	290	2374	1426	577	65	
辽宁	1085	9832	6300	1074	356	23
吉林	519	3011	1370	415	218	27
黑龙江	432	3059	1585	489	96	63
上海	606	19754	14745	720	312	36
江苏	1912	18921	10954	2538	944	117
浙江	839	6671	3968	736	211	8
安徽	1590	9752	3694	702	139	78
福建	644	3301	1077	84	23	14
江西	1390	7719	2763	284	50	57
山东	2221	23865	12361	5291	1853	82
河南	1972	10927	4782	1074	314	55
湖北	2086	11583	6427	1131	145	26
湖南	2109	7782	3216	850	199	15
广东	1786	11823	7332	1009	726	83
广西	162	1952	1259	403	83	21
海南	212	507	353	69	17	3
重庆	1005	4429	1944	314	197	20
四川	1597	6887	3125	1493	418	8
贵州	1100	2647	1295	513	68	5
云南	393	1923	965	286	61	3
西藏	251	511	263	18	6	
陕西	548	2625	1463	310	121	35
甘肃	650	2372	1018	415	75	22
青海	148	454	202	58	18	9
宁夏	61	438	297	39	9	
新疆	288	2265	1408	470	121	19

提供住宿的社会服务机构

单位:人次、时、个、人

格水平	年龄结构				志愿服务	
社会工作师人数	35岁及以下人数	36岁至45岁人数	46岁至55岁人数	56岁及以上人数	志愿者服务人次数	志愿服务时间
661	**47723**	**80399**	**55805**	**12801**	**223078**	**985212.7**
16	1466	2271	1518	348	6275	10131.5
8	991	1486	1348	112	8092	384840
3	2203	2649	1086	329	4014	18253
11	952	1603	886	96	89	89
	281	1135	757	201	20	
68	1783	3777	3517	755	35	16620
67	969	1531	490	21	100	200
16	1041	1286	704	28		
74	3654	6454	7204	2442	9535	19380
64	4391	6618	6241	1671	33039	87881.3
12	1340	2614	2067	650	22302	41784
35	1734	4217	3237	564	11118	45046.4
6	466	1418	950	467	260	891
34	1037	3663	2564	455	478	2030
16	8773	10149	4329	614	104286	267714.5
36	3490	3887	2835	715	138	400
1	2199	5649	3315	420	185	419
13	1432	4014	2206	130	4013	15462
75	2505	5140	3155	1023	3197	2504
37	695	684	415	158	24	120
	96	218	145	48	1493	3610
7	545	1882	1671	331	4001	6340
7	1245	2506	2348	788	370	770
2	835	1172	568	72	3609	22226
9	647	838	383	55		
	243	251	17		458	
21	856	908	761	100	2301	7834
9	984	783	468	137	1056	5160
10	184	171	96	3		
	120	174	120	24	7	10
4	566	1251	404	44	2583	25497

C-2-5续表1

地　区	年末床位数	#光荣间床位	年在院总人天数	年末在院人数	#女性	在院人员按性质分		
						优抚对象	“三无”对象	自费人员
全　国	**2469543**	**78357**	**458921715**	**1789348**	**427578**	**67516**	**1302364**	**419468**
中央级								
北　京	44345	80	5619753	16960	8091		362	16598
天　津	25758	14	4651993	16336	8910	58	226	16052
河　北	70953	2416	12957705	50472	5642	795	36932	12745
山　西	37367	1800	5256255	22427	1301	293	19061	3073
内蒙古	32924	750	6923338	17605	3251	527	11273	5805
辽　宁	104693	2472	16315991	62002	14756	1879	24323	35800
吉　林	49125	4671	6992225	36265	6944	4939	27553	3773
黑龙江	57216	1512	9867597	49331	6814	2250	41206	5875
上　海	97263	28	18173625	61072	38219	162	2818	58092
江　苏	253268	4542	41584109	162493	45322	5794	100810	55889
浙　江	104080	1757	13251025	46155	14335	838	16014	29303
安　徽	166231	2948	33950645	131119	21003	2266	116940	11913
福　建	32469	278	3246446	11801	2339	294	5005	6502
江　西	108131	12517	26800456	102884	22602	7861	88901	6122
山　东	309996	12796	75051864	227206	62256	7693	166415	53098
河　南	189938	9506	31355556	166622	25195	16365	144666	5591
湖　北	172531	7728	36356364	146650	38079	3192	127440	16018
湖　南	107735	4233	23898112	94376	19483	4301	86787	3288
广　东	83865	904	16083021	52221	17666	1155	28151	22915
广　西	11406	69	1992761	7778	2728	58	1611	6109
海　南	7113	146	616644	2500	954	75	1959	466
重　庆	61222	112	12968451	44911	9959	373	31305	13233
四　川	165135	3823	26773684	141407	27544	3524	125597	12286
贵　州	42050	792	6649376	21438	3410	467	19046	1925
云　南	29393	75	4268342	22621	4555	775	20173	1673
西　藏	7604		1360271	5352	2008	172	5180	
陕　西	42806	546	8405298	33303	5586	303	28819	4181
甘　肃	25411	1075	2708942	14291	3222	754	11332	2205
青　海	6257		921555	5190	718	6	4524	660
宁　夏	5932	173	1062165	4212	631	125	3819	268
新　疆	17326	594	2858146	12348	4055	222	4116	8010

单位：张、人天、人、人次、平方米

在院人员按年龄分			在院人员按类型分			康复和医疗门诊人次数	家庭寄养儿童数量	机构建筑面积
老人	青壮年	少年儿童	自理（完全自理）	介助（半自理）	介护（不能自理）			
1728253	**44498**	**16597**	**1361637**	**292708**	**135003**	**2224966**	**1673**	**49823277**
16124	698	138	7152	4235	5573	71441	1	1064147
16004	332		8746	3492	4098	24299		407114
48690	1363	419	36490	9789	4193	64631	10	1326484
21176	1043	208	18731	3030	666	24561		1904993
16930	622	53	14039	3049	517			529541
60236	1604	162	46572	10509	4921	37999		1675420
33272	1985	1008	22848	7962	5455	25186	1	492619
46441	2674	216	40951	6482	1898	9404		538719
59027	1828	217	16937	17221	26914	102597		2299435
159841	2120	532	113673	29383	19437	370749		4550467
45779	292	84	32060	10022	4073	58551	4	1638050
128654	1890	575	110493	16067	4559	23625	16	4509687
11497	119	185	8057	2612	1132	2298	6	652179
99766	1780	1338	80170	19967	2747	7624	317	1740653
225599	1264	343	196822	22527	7857	309254		7645402
156387	7436	2799	141642	19242	5738	101064	140	3004472
138417	7333	900	111469	26161	9020	339494		3193044
90938	2070	1368	78428	13365	2583	71448		2652486
49633	909	1679	34251	9208	8762	305838	5	2301320
7717	22	39	3094	2160	2524	1558		284331
2366	17	117	1729	407	364	564	6	140448
43129	1659	123	40836	3134	941	17648		1663917
139051	1537	819	112968	23435	5004	114522		2065762
19952	367	1119	11364	9668	406	44845	10	951555
21105	794	722	15936	5361	1324	6103	1145	526666
4925	63	364	4912	435	5	15		272574
32293	986	24	25611	6290	1402	3862		563584
12485	906	900	9695	3416	1180	61893		579376
4730	411	49	3767	1323	100	286		100900
4044	116	52	2938	1060	214	10440		184466
12045	258	45	9256	1696	1396	13167	12	363468

C-2-5续表2

地　区	增加值合计	执行企业会计制度单位财务指标					执行行政	
		固定资产原价	营业收入	费用合计	营业利润	企业单位增加值	固定资产原价	上年结转和结余
全　国	**390428.9**	**83166**	**28349**	**27133.8**	**55.1**	**1776.5**	**1615341.8**	**10483.5**
中央级								
北　京	10696.3	345	482	186	-47	117	1344.6	-1.7
天　津	5445.7	86	4	23.8	-22.6	0.7	832	
河　北	9080.5	4385.8					65704.3	0.2
山　西	4553.2						43617.1	482
内蒙古	4579	219	90.3	17.8		20	29366.2	6.9
辽　宁	15779.8	21.6	3.9	7.2	56.3	58.3	92284.7	274
吉　林	4606.5	4469.7				74	23479.1	205.7
黑龙江	5987.4	1869	5	1	1	59.7	46764.8	2
上　海	47301	11844.6	25279.2	25866.6		220.6	8082.7	553.2
江　苏	51191	16743.6	128.6	69.1		173.9	243981.7	801.7
浙　江	13037.4						22405.8	327.8
安　徽	18984.1	3811	285.3	122.7	1	132.4	97792.4	546.1
福　建	2446.1	1772	228.6	8.2		100.4	11214.7	
江　西	10680.7	790.4	50	90	5	5	69347.3	65.8
山　东	66763.2							
河　南	11722.5	630					81303.9	56
湖　北	21964.1	3190	299.9	68.8		109.8	98446.4	53.8
湖　南	16694.9	138					110599.8	
广　东	23884.5	9010.8	718	331.4	23.5	454.6	176436.4	5401.5
广　西	864.8	1062					5706.3	-16
海　南	1510.3	200					10824.2	107.2
重　庆	7776.1	506	78	12.2	6	45.7	36894.9	5.1
四　川	11488.7	371	23	16		15	122824	803.6
贵　州	4416.2	13425.2	453.2	272	24.9	73.7	27616	265
云　南	2949.6	916.7				14.8	41516.3	130.5
西　藏	1350.7	725.3					32548.9	
陕　西	3325.5						32533	183
甘　肃	4134.9	1460.3				0.1	26939.6	25
青　海	814.9	510					1160	
宁　夏	1232.1	2515	25	4			16764.2	168.1
新　疆	5167	2148	195	37	7	100.8	37010.5	37

单位：万元

事业单位会计制度财务指标				执行民间非营利组织单位会计制度财务指标				
本年收入合计	本年支出合计	经营支出	行政事业单位增加值	固定资产原价	上年结余	本年收入合计	本年费用合计	民间非营利组织单位增加值
984093	**970437.7**	**1177.5**	**195158.4**	**1587469.1**	**31421.6**	**395899.5**	**543111.8**	**193586.1**
616	831.8		393.6	88042.2	684.4	28873.5	29952.3	10185.7
554.4	554.4		730	12750.9	755.7	21481.6	9583.4	4715
12037	11783.5	9.4	8140.2	27996.9		867.7	1539.9	940.3
5469.5	5473.5		4128	11578.6	95	760.7	1036.7	425.2
5362.2	5367.2		3729.4	20144.4	22	3464.9	3521.8	829.6
22793.1	16861.4	10	11967.5	123319.6	284.2	22881.8	21746.2	3771
7655.7	7541.9		3968.2	17202.5		1619.8	1276	564.3
6286.7	5380.6		4256.5	9043	655	550.2	9152.7	1671.2
9797.1	6847.1	37.5	2641.1	89898.5	12195.7	88166.4	94384.4	44439.3
716185.8	715105.8	68.7	38972.8	178100	5871.5	34110.7	31262.5	12044.3
6787.2	6487.6		3982.9	83957.3	808.2	21775.5	21704.8	9054.5
14177.7	14076.6		11445.9	62763.9	13.5	7157	10177.7	7405.8
4737.4	4637.1		1139	43452.7	1559.3	1469	2174.6	1206.7
13176	13065.9	21.8	9722.1	42818.5	3.2	3121.7	2652	953.6
				430623.8		101809.4	102027.2	66763.2
15163.9	15171		8256.2	33814.4	-23.6	5133.7	6521.4	3466.3
22141.2	19298.5	217	16341.2	42595.8	19	11693.7	11412.5	5513.1
25764.7	26701.8	27.1	16038.4	11802.7		1975.6	2101.1	656.5
47888.4	48949.4		21057.7	41315.3	3131.5	4817	5834.1	2372.2
183.3	159.5		440.6	8822.8	3.6	529.9	870.5	424.2
1291.2	1209.1		1452.5	2902.5	132	213.5	299.5	57.8
5931.8	5821.4		3534.8	60421.1	70	17007.5	16442.6	4195.6
7391	6858.7		8640.9	25577.7	4224	5421.6	9704.8	2832.8
1284.7	1072.1		1836.9	55114.1	225	2539.1	5991.2	2528.7
2115.4	2242.9	87	2751.2	12139.1	15.6	271	518.6	183.6
360.8	360.8		1350.7	318				
3534.3	3164.3		2488.4	13286.9	-22.1	1991.3	1557	837.1
21111.2	21036.4	345	1760.1	20893.5		380.2	2523	2374.7
12	12		46.4	5589.4	692.9	931.8	1000.5	768.5
841.6	898.4		862.1	4996		575	132692	370
3441.7	3467	354	3082.9	6187	6	4308.7	3450.8	2035.3

C-2-6 未登记的提供住宿

地 区	单位数	年末职工人数	#女性	受教育程度情况		职业资格水平	
				大学专科人数	大学本科及以上人数	助理社会工作师人数	社会工作师人数
全 国	**9397**	**36857**	**16964**	**3749**	**1044**	**112**	**120**
中央级							
北 京	21	190	124	25	12	1	
天 津	105	523	259	75	30	4	1
河 北	1105	4020	1781	256	201	1	9
山 西	162	946	484	91	15		9
内蒙古	280	1178	449	162	47	2	
辽 宁	193	962	449	39	6	1	
吉 林	72	368	174	23	15	4	12
黑龙江	70	430	223	74	22	21	17
上 海	1						
江 苏	502	2662	1163	239	83	2	9
浙 江	681	3302	1825	338	49	17	8
安 徽	653	3632	1355	247	56	4	
福 建	398	1747	927	29	17	7	13
江 西	20	94	44	44	22	4	
山 东							
河 南	574	4131	1644	443	41	3	5
湖 北	24	62	29	1	2		
湖 南	322	1046	453	261	26		4
广 东	388	1618	779	176	71	2	2
广 西	1182	2076	1032	96	32	6	5
海 南	1	6	4				
重 庆	1071	2009	751	106	52	6	7
四 川	935	3810	1952	760	175	1	4
贵 州	15	48	31	22	5		2
云 南	302	799	399	111	17		4
西 藏	4	38	12	4	7		
陕 西	250	923	492	68	14	13	9
甘 肃	26	67	33	18	5	3	
青 海	4	14	4	11	2		
宁 夏	7	49	25	16	1		
新 疆	29	107	67	14	19	10	

的社会服务机构

单位:个、人、人次、时、张、人天

年龄结构				志愿服务		年末床位数		年在院总人天数
35岁及以下人数	36岁至45岁人数	46岁至55岁人数	56岁及以上人数	志愿者服务人次数	志愿服务时间		光荣间床位	
8312	**14778**	**11239**	**2528**	**61370**	**179522.6**	**569386**	**12071**	**107240270**
17	74	72	27	2760	11964	3254	1	184617
84	235	166	38	3807	49610	3571	5	739207
1494	1271	1074	181	754	7512	46994	2163	9244259
326	344	229	47	56	62	10474	250	1462369
289	474	347	68			17057	284	3152189
137	382	398	45			13204	141	2474962
118	138	89	23			5128	288	775416
91	300	39		19	152	8510	914	1444718
						120		
469	795	1215	183	10691	23968.6	43370	519	6453437
533	1143	1333	293	28677	58787	67869	797	12322741
583	1535	1265	249	2407	4793	74465	1420	16261485
365	635	588	159			14284	614	1052625
48	34	10	2			330		14231
1248	1788	885	210	239	468	55337	1327	12767450
18	10	32	2			1676		156495
244	505	236	61	1306	3760	17146	751	3197211
263	631	601	123	1348	7054	19834	319	1573480
235	941	781	119	785	1532	29240	525	5937975
3	3					10	10	360
194	893	637	285	6698	5201	32297	343	7065402
1035	1726	763	286	792	2037	76361	1065	14538940
9	31	8				203		28230
218	341	182	58			12591	123	2735782
19	15	4				205		32
197	416	242	68	981	2222	13772	177	3482145
23	37	6	1			828		13637
2	12					56		264
21	28					412	4	85055
29	41	37		50	400	788	31	75556

C-2-6续表1

地区	年末在院人数	#女性	其中：收养性机构					
			在院人员按性质分			在院人员按年龄分		
			优抚对象	“三无”对象	自费人员	老人	青壮年	少年儿童
全国	**394559**	**71463**	**7619**	**324330**	**61729**	**378893**	**11600**	**3185**
中央级								
北京	757	356	1	69	687	737	20	
天津	1915	312	7	1528	380	1832	83	
河北	31914	5249	40	23864	7923	30528	1053	246
山西	6619	567	53	6341	221	5737	694	184
内蒙古	12107	1603	451	10047	1609	10874	805	428
辽宁	8026	667	446	7266	314	7869	109	48
吉林	3258	542	344	2613	301	2994	257	7
黑龙江	6749	947	321	5846	563	6474	234	22
上海								
江苏	26054	4395	348	17068	8621	25280	731	26
浙江	41267	14699	479	11415	29373	40953	249	65
安徽	53752	8397	623	51815	1254	52235	1149	308
福建	4187	989	83	2317	1781	4173	2	6
江西	127							
山东								
河南	42735	9227	764	41746	160	41562	1003	105
湖北	1134	504	7	1125	2	1094	10	30
湖南	13792	2647	685	12595	435	12906	413	396
广东	7495	1679	178	5042	2263	7169	200	114
广西	20792	2675	555	19053	1165	20527	122	124
海南	5	1		5		5		
重庆	23934	3019	419	21638	1863	22668	1208	44
四川	65893	9356	1637	62425	1560	62519	2410	693
贵州	97	11	3	88	6	79	12	6
云南	9864	1912	61	9485	291	9365	323	149
西藏	23							
陕西	11195	1534	108	10244	812	10606	503	55
甘肃	189	41		139	35	153		21
青海								
宁夏	261	86		261		261		
新疆	418	48	6	295	110	293	10	108

单位：人、人次、平方米

年末在院人数			其中：救助类机构年末在站人数	其中：军休所年末在所人数	康复和医疗门诊人次数	家庭寄养儿童数量	机构建筑面积
在院人员按类型分							
自理(完全自理)	介助(半自理)	介护(不能自理)					
313338	**65362**	**14978**	**736**	**145**	**473124**	**133**	**10674483**
349	189	219			86		53252
1078	710	127			8012		118354
27425	3247	1155	70	17	6683	112	1049974
5432	1032	151		4	72		217230
9116	2406	585					448468
5952	1484	590			428		288979
1986	1048	224			2483	5	64960
5673	747	310	2	17	1862		76109
							4643
16091	7967	1979	17		139565		706640
35046	4142	2079			111817		700755
45527	7313	852	60		47812		1025432
3757	337	87	6		754		248040
			127				
34045	7409	1216	28	37	46613	4	1130135
1035	87	12					43455
10471	2845	399	77		16513		307828
4235	2445	803		12	3004		307894
18670	1832	271	15	4	4437		831922
5							500
20288	2494	1138	14		28060		875120
52179	11701	1742	267	4	46890		1606217
67	30						8000
7245	2031	561	15	12	3364		237355
			23				
6960	3753	451		31	4504		216697
136	37	1	8	7	60	7	33303
235	4	22					6300
335	72	4	7		105	5	66921

C-2-6续表2

地区	增加值合计	执行企业会计制度单位财务指标					执行行政	
		固定资产原价	营业收入	费用合计	营业利润	企业单位增加值	固定资产原价	上年结转和结余
全国	**74604.2**	**14116.9**	**1687.4**	**595.5**	**106.8**	**951**	**553518.7**	**5912.2**
中央级								
北京	817.5	718.8	72.5	20.6		34.4	5388.3	4.1
天津	1272.5						7061.7	4
河北	4109.2	2430					33666	
山西	862.3						10383.9	9
内蒙古	2695.9						12533.9	
辽宁	859.1	2.2					6103.2	39.4
吉林	208.8						1179.2	
黑龙江	949.7	137					11988.2	3.2
上海	0.1							
江苏	10444.9	4148.2	549.5	15	3	605.3	60675.4	982
浙江	10147	261	310	26	24	71	55322.9	2451.2
安徽	7332.9	448	335	10	75	90.7	62717	7
福建	972.8	12.1					14357.2	15
江西	301.9						684.2	
山东								
河南	5977.3						39251.6	25.4
湖北	1677.6						113	
湖南	2034	399					4097.2	
广东	2179.6	248					24752.7	1082
广西	3923.4	105	39.6	22.6	0.8	0.8	45476.9	513.8
海南	0.2						5	
重庆	3648.1	200	360.8	378.7			16884.9	39.4
四川	9878.6	4870	20	113	4	134.4	93547.8	564.4
贵州	15.5						113	
云南	1313.2	40		9		4.4	13168.2	158
西藏	150.9						1621.4	
陕西	2383.8						26549.3	3.3
甘肃	174.3	97.6		0.6		10	1644	11
青海	4.3						108	
宁夏	87.6						1990.6	
新疆	181.2						2134	

单位：万元

事业单位会计制度财务指标				执行民间非营利组织单位会计制度财务指标				
本年收入合计	本年支出合计	经营支出	行政事业单位增加值	固定资产原价	上年结余	本年收入合计	本年费用合计	民间非营利组织单位增加值
84063.2	**82771.5**	**174.5**	**63239.5**	**511819**	**734.8**	**29857.7**	**34993.1**	**10416.7**
685.6	813	127	713.7	3436.8	-1.2	40	102.7	69.4
786	815.2		832.5	2633.8		10399.7	10403.7	440
3732.3	3840.7		3336.8	32062.6		1483.4	1387.9	772.4
1686.5	1732.5		783.7	561		35	93.6	78.6
5160.2	5160		2539.4	1409		198.4	219	156.5
1699.2	1619		668.5	770		895.1	788.1	190.6
765.8	850.8		208.7	56		4	0.2	0.1
721.8	708.4		938.7	240		18.5	21.5	11
				1			0.1	0.1
12182.3	10909.9		9323.8	6889.3	8.6	907.9	1176.9	518.8
14770.7	13982.1	31.5	9126.3	14772.7	300.4	6482	5689.1	949.7
7370.5	7200	16	5837.2	12131.2		1723.7	1855.1	1405
1220.7	1206.1		856.2	3999.6		192.6	204.8	116.6
574.4	585.2		301.9					
8665.8	9034.7		5614	6256.5		1227.2	632.3	363.3
122.2	20.2		18.6	2488		1810.5	1810.5	1659
2563.3	2639.4		1400.8	3727.6	420	2364.1	2433.9	633.2
2891.2	2964.5		2153.6	9331.2	5	158.2	277.4	26
2644.8	2622.4		3549.7	5109.9		185.8	457.1	372.9
1.2	1.2		0.2					
3346.6	3300.5		3070.2	15178.9		797.4	1216.7	577.9
8488.1	8842.8		8101.2	7769.8		627.9	5534.5	1643
26.6	31.6		15.1	74	0.5	2	33.5	0.4
869.5	868		876.6	382905.1	1.5	304.3	654.5	432.2
327.5	327.5		150.9					
2068.1	2075.3		2383.8					
264.2	246.9		164.3	15				
67	67		4.3					
26.5	25.5		87.6					
334.6	281.1		181.2					

C-2-7 老年人与残疾人

地区	单位数	年末职工人数	#女性	受教育程度情况		职业资格水平	
				大学专科人数	大学本科及以上人数	助理社会工作师人数	社会工作师人数
全国	**44304**	**330786**	**176662**	**51620**	**24030**	**2335**	**1878**
中央级							
北京	551	11906	7414	2141	1621	123	78
天津	339	5583	4126	1014	490	26	38
河北	2164	17597	9444	2296	1086	75	51
山西	1014	7207	3076	1417	636	21	74
内蒙古	735	5467	2736	1396	477	20	29
辽宁	1501	16093	9425	2438	1405	74	106
吉林	867	6198	2799	1097	672	65	102
黑龙江	646	6406	3259	1190	502	149	72
上海	647	21963	16323	1085	639	81	145
江苏	2755	27403	15279	4094	2135	227	177
浙江	2022	16801	10163	2136	1064	100	77
安徽	2427	15631	6187	1388	439	105	64
福建	1164	5693	2238	491	311	70	48
江西	1934	11504	4408	830	400	70	45
山东	2534	29491	15239	7102	3596	192	120
河南	2882	18911	8460	2751	890	87	53
湖北	2584	17526	9570	2774	865	112	30
湖南	2882	14216	6183	2855	1021	53	70
广东	2451	20828	13281	2409	1734	255	209
广西	1489	6453	3969	1168	428	85	82
海南	238	1063	513	158	49	13	1
重庆	2260	8317	3545	936	569	68	26
四川	3386	15040	6880	3546	1062	58	71
贵州	1189	3524	1722	910	208	21	10
云南	820	4221	2203	783	341	12	16
西藏	250	513	265	17	8		
陕西	983	6221	3243	1200	551	65	42
甘肃	735	3309	1482	702	321	42	14
青海	155	633	309	93	60	9	10
宁夏	79	700	430	79	94	8	2
新疆	621	4368	2491	1124	356	49	16

服务机构总表

单位：个、人、人次、时、张、人天

年龄结构				志愿服务		年末床位数		年在院总人天数
35岁及以下人数	36岁至45岁人数	46岁至55岁人数	56岁及以上人数	志愿者服务人次数	志愿服务时间		光荣间床位	
84970	**133426**	**92221**	**20169**	**419662**	**1709539.3**	**3967668**	**146867**	**709011284**
2956	4636	3583	731	21697	35028.5	112568	789	10352241
1392	2052	1865	274	20917	662220	36026	647	6368407
6636	6586	3803	572	8312	44646	179527	12091	34692549
2087	3009	1843	268	2363	4418	61932	4312	9062280
988	2441	1688	350	146	252	66707	2266	12794871
3312	6272	5353	1156	82	22210	169007	4519	25457316
1889	2982	1185	142	114	325	75923	7463	11116833
1937	2919	1471	79	151	1178	100961	3587	17021195
4135	7205	7918	2705	9655	20476	108361	78	20265674
6496	9446	9068	2393	58307	153286.9	360755	6851	56778470
3427	6143	5509	1722	73047	142931	248915	4103	36806572
2921	6691	5098	921	16281	54407.4	259530	6407	53138795
1064	2362	1695	572	786	1837	58330	2170	5880750
2006	5407	3521	570	2047	7108	154997	19671	36097519
10652	12105	5766	968	128803	329410.5	365270	13131	82543367
6171	7378	4329	1033	674	1746	276088	14297	48920809
3877	8188	4774	687	3409	9297.5	233649	14586	45022114
3637	6682	3541	356	16163	56679	158556	9269	33699778
4689	8853	5703	1583	17307	35845	143685	3461	23998140
1788	2539	1743	383	839	1714	52216	1737	9827755
280	430	286	67	1563	3610	14180	275	776659
1185	3414	2961	757	17255	25827.5	114503	1123	23673626
3579	6198	4307	956	3288	8431	333696	6705	60456926
1119	1477	830	98	5211	24175	48084	1848	7461948
1371	1738	919	193	549	1040	59716	373	9304517
239	252	21	1	424		7199		1307222
1953	2333	1635	300	5993	27492	78087	2362	15038412
1368	1120	637	184	1676	7980	33224	1211	3217739
264	217	138	14			7788	31	1002363
213	269	178	40	31	70	7306	217	1372210
1339	2082	853	94	2572	25898	40882	1287	5554227

C-2-7续表1

地区	年末在院人数	#女性	其中：收养性机构					
			在院人员按性质分			在院人员按年龄分		
			优抚对象	“三无”对象	自费人员	老人	青壮年	少年儿童
全 国	**2900093**	**638152**	**125351**	**1994700**	**594559**	**2572919**	**89126**	**52565**
中央级								
北 京	69924	14585	220	3613	27730	29169	1976	418
天 津	25899	10536	356	2476	18583	20571	836	8
河 北	127053	14610	5885	94913	17839	113279	3481	1877
山 西	41056	2922	2932	30184	4270	32911	2398	2077
内蒙古	41948	6876	2493	26971	10624	36976	2150	962
辽 宁	110149	19521	4107	45322	40600	85507	3721	801
吉 林	56509	10308	7704	39888	5995	48311	3917	1359
黑龙江	87649	12947	5160	68722	10877	80358	4030	371
上 海	72472	42269	198	3509	63776	64744	2673	66
江 苏	235157	62093	7369	140665	74969	215173	4644	3186
浙 江	127487	44535	1772	43171	79338	120609	2269	1403
安 徽	197357	32002	4068	174934	15017	188669	3773	1577
福 建	24232	4372	1163	10305	9287	19068	586	1101
江 西	146794	33600	11464	123841	9625	135817	3469	5644
山 东	270067	68247	12709	178900	58107	246655	2594	467
河 南	234089	37173	21170	200141	7308	213841	9788	4990
湖 北	193616	49823	7969	154553	23298	174557	9262	2001
湖 南	135921	29451	10037	113088	7904	121226	4396	5407
广 东	90997	31690	2453	43376	37485	73368	2590	7356
广 西	36961	8388	1179	23626	10435	32867	581	1792
海 南	4131	1152	153	2284	779	2935	29	252
重 庆	85056	17626	1169	62440	18830	78119	3926	394
四 川	284643	46733	8649	254454	16807	268981	7494	3435
贵 州	25382	4420	611	21391	2379	21690	690	2001
云 南	46426	8037	662	37703	3058	38919	1236	1268
西 藏	4942	1856	86	4856		4803	63	76
陕 西	63572	9003	1730	49075	5286	51844	3523	724
甘 肃	19152	3911	852	13692	2627	14928	1247	996
青 海	5943	866	39	4685	747	4977	430	64
宁 夏	5578	956	140	4509	511	4780	353	27
新 疆	29931	7644	852	17413	10468	27267	1001	465

单位：人、人次、平方米

年末在院人数			其中：军休所年末在所人数	康复和医疗门诊人次数	家庭寄养儿童数量	机构建筑面积
在院人员按类型分						
自理（完全自理）	介助（半自理）	介护（不能自理）				
2038053	**452710**	**223847**	**185483**	**6776807**	**7902**	**79821728**
14004	7961	9598	38361	204464	20	1871113
11207	4831	5377	4484	80944		664810
92952	17979	7706	8416	273451	237	3693059
29253	5905	2228	3670	62639	1107	1965927
30720	7445	1923	1860	5279	113	1385734
66124	15591	8314	20120	98631	141	2792275
35101	11690	6796	2922	77436	90	1130073
69642	11044	4073	2890	68178		893535
18381	18856	30246	4989	114022		2585363
149342	44380	29281	12154	900024	443	6659017
90151	21580	12550	3206	795156	327	3920608
162237	25234	6548	3338	114617	654	6094939
13579	4558	2618	3477	102421	501	1262676
116267	24422	4241	1864	15278	1217	2985304
215415	25168	9133	20351	482957		8802045
187802	30864	9953	5470	286334	279	4784420
138868	34557	12395	7796	719252	231	4436642
100797	23280	6952	4892	226196	669	3814113
45806	16324	21184	7683	1074797	610	3717187
24307	5469	5464	1721	114821	443	1429951
2049	671	496	915	1350	11	223512
71192	7356	3891	2617	172739	165	3071949
225829	43703	10378	4733	533383	213	5371608
12887	10467	1027	1001	51346	131	1126478
29286	8927	3210	5003	26461	42	1597766
4519	418	5		15		247695
39854	13531	2706	7481	57170	160	1316068
11578	3897	1696	1981	71194	31	702918
3897	1451	123	472	3519		123740
3388	1480	292	418	14904		240926
21619	3671	3443	1198	27829	67	910278

C-2-7续表2

地 区	增加值合计	执行企业会计制度单位财务指标					执行行政	
		固定资产原价	营业收入	费用合计	营业利润	企业单位增加值	固定资产原价	上年结转和结余
全 国	**2471542.3**	**140820**	**38418.8**	**30858.6**	**849.6**	**8646.7**	**4453688.1**	**196724.3**
中央级								
北 京	344062.7	1063.8	554.5	206.6	-47	151.4	139518.7	30204.2
天 津	56838.1	86	4	23.8	-22.6	0.7	42316.5	894
河 北	96498.3	4735.8	40	83.6	10	10	247253.8	5445.8
山 西	53187.5						106068.2	6535.1
内蒙古	31511.5	471	90.3	17.8		20	75918.7	5615.1
辽 宁	149254.6	423.8	733.9	7.2	191.3	248.3	222779.8	3438.1
吉 林	29788.5	4483.7		28		74	80074.9	752.1
黑龙江	39832.8	2130	10	5	1	60.8	131234.6	3261.5
上 海	77027.2	11844.6	25279.2	25866.6		220.6	78202.2	5254.8
江 苏	216823.6	27641.8	678.1	84.1	3	779.2	492556.4	10683.8
浙 江	98556.5	26348.8	4472.1	2058	430.3	3413	233087.8	13522.7
安 徽	66954	6185	843.3	362.7	75	269.1	207178.6	3543.4
福 建	46793.2	2705.1	344.2	71.2		152.4	65417.7	13821.2
江 西	36057.5	790.4	50	90	5	5	141819.2	9978.7
山 东	273802.6						152286.6	6394.9
河 南	64892.6	670					177745.1	4182.3
湖 北	113482.9	3190	299.9	68.8		109.8	216521.2	368.1
湖 南	89668.6	537					199829.4	2376
广 东	168768.5	11451.8	4254.9	1278.4	165.8	2687.3	344320.1	30731
广 西	36138.2	1396	39.6	22.6	0.8	0.8	101679.8	4429.7
海 南	9420.8	200					18853.5	3185.1
重 庆	43919	3028.8	438.8	390.9	6	45.7	96570.6	1129.3
四 川	88340.4	9887.6	45	130	4	149.4	386536	8893.5
贵 州	21897	10982	80			50.6	46289.4	1631.6
云 南	32823.1	2960.7	1	9.2		20.9	109173	7255.6
西 藏	1536.1	725.3					31990.9	
陕 西	109387.6						139381.4	3549.8
甘 肃	28789.8	1557.9		0.6		10.1	60519.2	1651.4
青 海	5922.9	510					3895.4	
宁 夏	9023.7	3209	25	4			23371.4	3456
新 疆	30542.4	1604.1	135	49.5	27	167.6	81298	4539.5

单位：万元

事业单位会计制度财务指标				执行民间非营利组织单位会计制度财务指标				
本年收入合计	本年支出合计	经营支出	行政事业单位增加值	固定资产原价	上年结余	本年收入合计	本年费用合计	民间非营利组织单位增加值
4068536.7	**3931840.1**	**16223.7**	**2257926.1**	**2015133.8**	**29969**	**526261.7**	**562113**	**204969.5**
390568.9	390597.1	1223.5	333656.2	90118.8	683.2	28913.5	30054.8	10255.1
70676.1	63460.7	2250.5	51682.4	15384.7	755.7	31881.3	19987.1	5155
188033.1	177301.6	545.4	94775.6	28659.5		1767.4	2927.8	1712.7
76812.7	77626.4		52683.7	12139.6	95	795.7	1130.3	503.8
59309.2	59803.9	2.2	30505.4	21553.4	22	3663.3	3740.8	986.1
282516.4	272290	13	145039.6	70962.3	284.7	11729.6	10534.4	3966.7
59397.8	59332.1		29136.5	18647.3		1624.8	1289.7	578
55937.6	51608.5		38089.8	9283	655	568.7	9174.2	1682.2
156179.8	96753.5	64.5	32367.2	89899.5	12195.7	88166.4	94384.5	44439.4
925523.4	924611	727.7	203082.6	190579.3	5880.1	35351.1	32813.9	12961.8
138599.4	128969.3	9602	85136.2	99320	2930.3	28623.6	27617.6	10007.3
76673	74638.7	16	57874.1	74995.1	13.5	8880.7	12032.8	8810.8
68423.1	65468.3	97	45317.5	47452.3	1559.3	1661.6	2379.4	1323.3
45608.7	44866.8	21.8	35027.9	44639.4	5.2	3398.7	2771	1024.6
271482.5	272135.3		207039.4	430623.8		101809.4	102027.2	66763.2
98394.2	95856	29	61058	41776.4	-23.6	6554.5	7220	3834.6
166952.2	159761	436	106201	45097.8	19	13504.2	13223	7172.1
130410.2	134455.4	27.1	88372.9	16410.3	420	4344.7	4546	1295.7
247609	242352.3	410	163467	50385.4	3135.5	4623.8	5876.1	2614.2
43026.2	41223.1		35339.3	14397.5		682.4	1278	798.1
14217.9	14434.3		9363	2902.5	132	213.5	299.5	57.8
53447.6	53088.3		39099.8	75600	70	17804.9	17659.3	4773.5
118774.2	115679.7	-43.4	83709.7	20440.9	14	3847.9	10375.7	4481.3
25415	21359.8		19181.9	56845.1	225.5	116844.7	6136.6	2664.5
45446.5	40715.4	87	32186.4	395044.2	17.1	575.3	1173.1	615.8
1303.4	1303.4		1536.1	298				
148393.9	143385.8	12.8	108550.5	13286.9	-22.1	1991.3	1557	837.1
55728.9	56421.7	345	26405	20908.4		380.2	2522.9	2374.7
6677.1	6231.6		5153.2	5752.4	692.9	934.8	1005.5	769.7
12308.3	11334.2		8653.7	4996		575	132692	370
34690.4	34774.9	356.6	28234.4	6734	209	4548.7	3682.8	2140.4

C-2-8 城市养老

地区	单位数	年末职工人数		受教育程度		职业资
			#女性	大学专科人数	大学本科及以上人数	助理社会工作师人数
全国	**6464**	**93274**	**60256**	**13613**	**5155**	**670**
中央级						
北京	133	4108	2787	469	225	25
天津	192	4176	3412	681	226	9
河北	383	3860	2476	445	74	2
山西	80	1202	445	125	71	4
内蒙古	119	1636	1183	486	60	
辽宁	603	6525	4294	966	376	15
吉林	155	947	574	227	109	11
黑龙江	120	1227	706	360	73	80
上海	404	13635	10550	382	185	18
江苏	888	12486	7311	2372	886	108
浙江	447	5728	3845	645	316	26
安徽	186	2475	1457	305	103	12
福建	153	1085	421	86	27	5
江西	228	1942	658	65	41	24
山东	656	9427	5600	2578	1028	83
河南	178	2162	1289	327	145	31
湖北	319	3126	2122	289	108	20
湖南	77	949	545	227	105	1
广东	287	6047	4291	746	295	80
广西	126	1957	1307	439	130	19
海南	15	413	130	57	10	3
重庆	157	1998	1124	264	207	21
四川	162	1180	635	280	56	1
贵州	71	558	271	116	27	1
云南	61	777	411	86	33	2
西藏						
陕西	73	1362	926	204	95	41
甘肃	55	616	362	113	42	13
青海	4	17	9	3		
宁夏	4	58	47	6		
新疆	128	1595	1068	264	102	15

服务机构

单位:个、人、人次、时、

格水平	年龄结构				志愿服务	
社会工作师人数	35岁及以下人数	36岁至45岁人数	46岁至55岁人数	56岁及以上人数	志愿者服务人次数	志愿服务时间
500	**23561**	**36207**	**27223**	**6283**	**138468**	**947124.8**
17	810	1459	1527	312	10110	26667.5
8	1100	1503	1449	124	8820	598360
9	1393	1614	754	99	1934	11385
11	446	516	219	21	1396	2496
	209	880	519	28		
65	1065	2780	2304	376	8	5528
13	305	516	113	13		
27	463	515	241	8		
76	2338	4327	5134	1836	4332	10489
54	3150	4374	3883	1079	31455	85860.3
17	985	1826	2222	695	16101	29181
6	736	1081	525	133	6725	17051
1	180	633	207	65	100	41
4	367	983	530	62	458	1930
26	3640	3729	1787	271	41887	106800
33	778	816	436	132		
	527	1319	1098	182	30	102
2	317	406	213	13	2688	5999
51	1353	2645	1726	323	2664	9733
37	729	670	403	155	24	120
	154	161	94	4	1403	3610
6	379	906	604	109	876	879
3	436	387	257	100	937	1217
1	191	234	115	18	2193	7998
1	308	326	118	25		
25	548	463	314	37	2346	6523
7	287	208	100	21	50	120
	4	11	2			
	6	20	27	5	31	70
	357	899	302	37	1900	14965

C-2-8续表1

地区	年末床位数	#光荣间床位	年在院总人天数	年末在院人数	#女性	在院人员按性质分		
						优抚对象	"三无"对象	自费人员
全国	**782373**	**9103**	**119035880**	**448792**	**173432**	**6235**	**97589**	**344968**
中央级								
北京	26772	66	3947935	12035	6032	24	235	11776
天津	26117	21	4801718	16792	9268	62	333	16397
河北	33617	693	5619448	20480	3937	449	10996	9035
山西	7131	343	506029	4049	451	182	561	3306
内蒙古	18689	180	3786279	7022	1820	45	1018	5959
辽宁	66232	518	9557170	37165	11470	571	3457	33137
吉林	13216	263	1755439	7454	2391	331	3575	3548
黑龙江	15278	133	3191929	12648	3013	808	7154	4686
上海	60374		12733748	41398	27283	47	543	40808
江苏	128702	531	14532474	65837	21388	330	15254	50253
浙江	70688	126	9142560	32216	14864	189	5125	26902
安徽	23434	568	3752079	13796	4034	75	1331	12390
福建	14350		1291311	5388	939	46	723	4619
江西	8642	317	1856343	6693	1559	488	3259	2946
山东	88161	730	16262932	50482	21163	427	4182	45873
河南	16973	782	2476901	10728	2484	659	5471	4598
湖北	29638	2220	4146156	21826	8897	372	9151	12303
湖南	6308	119	1383253	4704	1740	176	2884	1644
广东	31991	205	5997423	20168	10965	259	4672	15237
广西	10462	3	1702997	7303	2845	28	498	6777
海南	7745	11	19500	681	302	12	24	645
重庆	19016	218	3439682	11490	5175	11	388	11091
四川	17519	301	2507977	13245	3800	244	8389	4612
贵州	5262	161	500899	1935	671	28	461	1446
云南	7814	35	793049	4947	717	142	2992	1813
西藏								
陕西	9168	224	1094162	6028	2233	113	1771	4144
甘肃	5638	97	251992	2635	980	83	984	1568
青海	240		7434	104	58		101	3
宁夏	858	11	130530	372	113	4	250	118
新疆	12338	227	1846531	9171	2840	30	1807	7334

单位：张、人天、人、人次、平方米

在院人员按年龄分			在院人员按类型分			康复和医疗门诊人次数	家庭寄养儿童数量	机构建筑面积
老人	青壮年	少年儿童	自理（完全自理）	介助（半自理）	介护（不能自理）			
438421	**8396**	**1975**	**269619**	**90425**	**88748**	**1265727**		**15942358**
11557	462	16	4264	3204	4567	72465		662038
16455	337		8639	3682	4471	31599		432652
19884	538	58	14479	3909	2092	18859		727847
4037	5	7	2828	619	602	2344		203115
6519	340	163	5771	800	451			330781
36808	343	14	26881	6299	3985	33753		1047191
6981	416	57	4196	1937	1321	6130		106672
12309	243	96	10307	1259	1082	526		183687
40795	603		9709	9575	22114	25173		1305364
64662	1009	166	33253	15449	17135	216616		2642018
31831	357	28	21402	5974	4840	93753		1151489
13728	49	19	8942	2922	1932	6757		312762
5342	7	39	2614	1623	1151	4457		315491
6507	40	146	4641	1747	305	2301		262289
50151	303	28	40662	6474	3346	155627		2161231
10444	222	62	7390	1966	1372	59414		387294
20610	1162	54	13678	5571	2577	15169		584877
4097	568	39	3308	1107	289	14206		166760
19313	662	193	8616	3731	7821	406346		608495
7246	52	5	2673	2049	2581	1533		178479
669	7	5	333	88	260			74800
11437	53		9370	1318	802	20710		912646
12455	175	615	7810	4365	1070	56938		407408
1883	20	32	1222	575	138	7023		79193
4873	46	28	3663	797	487	162		140361
5859	160	9	4296	1113	619	4824		198073
2525	30	80	1171	891	573	1794		146246
103	1		72	24	8			2100
296	76		313	50	9	335		21119
9045	110	16	7116	1307	748	6913		189881

C-2-8续表2

地 区	增加值合计	执行企业会计制度单位财务指标					执行行政	
		固定资产原价	营业收入	费用合计	营业利润	企业单位增加值	固定资产原价	上年结转和结余
全 国	**228405.1**	**92708.9**	**37541.8**	**30000.6**	**824.8**	**7390.8**	**693507.8**	**18961.9**
中央级								
北 京	14597	345	482	186	-47	117	24691.4	708.1
天 津	8612.7	86	4	23.8	-22.6	0.7	7036.5	456
河 北	7194.4	1758	40	83.6	10	10	46665.7	0.2
山 西	2073.6						16093.1	1128
内蒙古	2449.5	381	75.3	11.3		20	10172.9	50.7
辽 宁	12394.7	375.6	733.9	7.2	191.3	248.3	42374.7	287.6
吉 林	1807.3	590		28		16	21306.1	12.1
黑龙江	2419.8	975	8	5	1	2	29176.5	41
上 海	35729.7	11600	25279.2	25866.6			24697.3	130.8
江 苏	30609.1	9921.8	549.5	15	3	545.3	160226.3	2695.2
浙 江	17274	25990.8	4336.6	1964.9	430.3	3330.3	45170.2	1270.9
安 徽	4222.9	5867	843.3	362.7	75	269.1	7029.2	-134.3
福 建	1958	1275.1	288.6	71.2		100.4	11324.1	7238
江 西	2569.4	782	50	90	5	5	16687.9	
山 东	30456						31286.8	
河 南	3476.7						16108.6	
湖 北	5816.5	2744	246.7	32		94	12641.6	
湖 南	4172.2	50					18309	102
广 东	24146.7	3428.8	3910.9	837.2	165.8	2521.5	55977.2	3240.7
广 西	840.5	1062					3704	-15.8
海 南	20							
重 庆	2993.9	2908.8	433.8	385.9	6	45.7	9302.6	
四 川	3286.9	5010	24	16		15	22626.8	1491.7
贵 州	490.2	10395	80				3210	
云 南	1228	2144.7	1	0.2		1.7	10821.6	129
西 藏								
陕 西	1828.9						7879	50.8
甘 肃	602.7	1316.3					7173.2	48
青 海	12.4						311	
宁 夏	150.5	2200	25	4			641.7	18.1
新 疆	4970.6	1502	130	10	7	48.8	30862.8	13.1

单位：万元

事业单位会计制度财务指标				执行民间非营利组织单位会计制度财务指标				
本年收入合计	本年支出合计	经营支出	行政事业单位增加值	固定资产原价	上年结余	本年收入合计	本年费用合计	民间非营利组织单位增加值
167663.4	**159657.8**	**1856.4**	**113186.2**	**813739.4**	**18401.2**	**228043.3**	**225709.5**	**107828.1**
10606.1	10952.1	1009.5	7911.6	32423.9	-86.3	17257.1	18439.7	6568.4
9974.3	3901.7	228.3	4069.9	11807.9	755.7	21059.2	9167.7	4542.1
6301.1	6525		6302	17299.5		582.8	1387.4	882.4
3744.8	4754.3		1926	6807.8	27	150	172	147.6
2362.5	2359		1746.4	15971.9	12	2946.8	2993.7	683.1
20301.9	20723.8		8855.6	62102.3	265.2	9090.6	7978.8	3290.8
1353.4	1379.1		1500	15267		1126.3	783.4	291.3
2552.9	2049.7		2293.7	4805	823	305	244	124.1
5701.9	2974.6	37.5	2458.7	40339.4	4272.2	57002.9	63826.2	33271
22778.8	23202.4	10.3	20600.6	133269.5	5871.3	25328.3	24025	9463.2
17346.2	15697.1	9.5	10060.4	45717.3	2080.5	12780.2	12707.5	3883.3
1538.3	1493.9	16	1378.4	20221.6	12	3812	4682.4	2575.4
1351.6	1324.9	86.5	1285.6	26211.2	1431.1	706.1	1212.2	572
1995.3	1992.4	21.8	2271.9	26134.3		1419.2	1391.6	292.5
9864.6	9864.6		3618.1	189187.1		40470.7	40462.8	26837.9
2339.6	2297.6	29	1399.9	17832.6	-23.6	2275	3584.1	2076.8
3225.3	2733.3	140	2254.8	13377.8	19	5558.4	5593.3	3467.7
5744.6	6945		4059.6	1052.7		570	572.1	112.6
26381.9	27765.8		19541.6	33980.9	2587.5	3732.7	4889	2083.6
187.4	187		397.8	8850.8		568.6	876.4	442.7
				1180.5	100	163	249	20
1341.7	1204.8		587	41548	38.7	13085.5	13034.8	2361.2
4469.2	3647.7		2792.3	2815.3	13	943	1356.1	479.6
71.7	45.4		160	5140.2	19.5	493.5	603.3	330.2
590.2	428.1		1171.3	5625.2	0.6	158.5	182.5	55
1654.5	1532.5		1123.5	9936.3	-17.2	1754.4	1328.1	705.4
636.6	633.3		496.5	16175.4		149.8	190	106.2
7	7		12.4	340				
144.9	139.7		78.9	2600		102	190.6	71.6
3095.1	2896	268	2831.4	5718	200	4451.7	3585.8	2090.4

C-2-9 农村养老

地 区	单位数	年末职工人数	#女性	受教育程度		职业资
				大学专科人数	大学本科及以上人数	助理社会工作师人数
全 国	**32787**	**158884**	**73235**	**16602**	**3703**	**444**
中央级						
北 京	267	4630	2798	551	181	3
天 津	119	634	328	98	30	4
河 北	1442	8583	4280	559	153	6
山 西	744	3676	1508	535	49	3
内蒙古	522	2178	809	330	66	2
辽 宁	765	6079	3327	370	112	11
吉 林	628	3328	1392	346	156	23
黑龙江	410	3082	1543	403	95	38
上 海	197	5793	3964	278	137	27
江 苏	1640	10997	5729	634	215	13
浙 江	1400	7994	4373	802	160	28
安 徽	2082	11166	3680	622	83	71
福 建	821	2906	952	29	17	19
江 西	1360	6301	2344	258	14	12
山 东	1622	15538	7386	2946	935	15
河 南	2422	13543	5538	1408	262	33
湖 北	1949	9338	4655	892	38	41
湖 南	2440	8600	3530	1138	181	9
广 东	1853	5844	2749	207	25	15
广 西	1158	1901	862	43	17	6
海 南	201	338	232	14	8	
重 庆	2012	4789	1608	203	69	3
四 川	2952	10754	4528	2180	401	15
贵 州	1027	2026	991	412	47	2
云 南	653	2211	1149	346	57	1
西 藏	174	210	101			
陕 西	773	2714	1314	286	90	8
甘 肃	593	1701	636	304	22	7
青 海	140	397	185	50	13	9
宁 夏	56	334	209	18	2	
新 疆	365	1299	535	340	68	20

服务机构

单位：个、人、人次、时

格水平	年龄结构				志愿服务	
社会工作师人数	35岁及以下人数	36岁至45岁人数	46岁至55岁人数	56岁及以上人数	志愿者服务人次数	志愿服务时间
388	**37177**	**66675**	**45243**	**9789**	**182302**	**532109.5**
4	1072	1983	1282	293	4704	7720
1	84	341	170	39	3807	49610
14	3435	3067	1799	282	3809	19641
20	945	1583	1014	134	21	1
	386	861	690	241	20	
4	1191	2285	2098	505	35	16570
70	1104	1482	706	36	100	200
25	930	1519	615	18	19	152
11	1089	2049	2032	623	5203	8891
19	2183	3845	3971	998	14071	30394.6
29	1533	3290	2440	731	41844	83936
26	1611	4814	4054	687	6834	33173.4
19	426	1038	1008	434		
7	820	2997	2110	374	630	1930
7	5649	6771	2742	376	68958	175052.5
7	4123	5384	3250	786	377	868
	1832	4732	2508	266	155	317
27	1566	4384	2436	214	10797	41595
41	812	1965	2069	998	1131	2155
3	174	868	741	118	605	1132
	45	144	103	46	90	
6	405	2056	1821	507	12890	18029
10	2147	4718	3215	674	1353	4981
4	631	912	439	44	1526	13652
9	675	983	462	91	43	270
	103	98	9		234	
5	752	1069	757	136	1736	15961
1	679	576	331	115	1006	5040
10	157	143	94	3		
	92	144	83	15		
9	526	574	194	5	304	838

C-2-9续表1

地 区	年末床位数	#光荣间床位	年在院总人天数	年末在院人数	#女性	在院人员按性质分 优抚对象	"三无"对象	自费人员
全 国	**2610476**	**83215**	**516914757**	**1999980**	**379422**	**72244**	**1768588**	**159148**
中央级								
北 京	44719	68	5346676	16328	7009	34	2599	13695
天 津	4713	5	906262	2580	501	7	1528	1045
河 北	116998	3871	25218147	85928	9159	749	77633	7546
山 西	44727	1975	7164198	28338	1727	312	27345	681
内蒙古	36572	858	7390348	26675	4011	991	23468	2216
辽 宁	68930	2440	12806153	43472	5256	2250	37562	3660
吉 林	52339	5289	7738067	39642	6081	5995	32527	1120
黑龙江	71476	2459	11914701	62694	7879	3372	56871	2451
上 海	36138	28	5522242	19870	11105	115	2259	17496
江 苏	196405	5008	38419328	144353	35287	6088	119401	18864
浙 江	149160	2515	23707428	79125	23108	1181	35104	42840
安 徽	222939	3545	47547891	174263	26084	2722	170140	1401
福 建	31732	843	3119461	10023	1922	227	6705	3091
江 西	117784	14188	28134852	114857	26272	4714	107770	2373
山 东	240758	12401	63419994	190353	44994	7508	171966	10879
河 南	238426	10567	43988721	207660	32663	17764	187760	2136
湖 北	162917	5659	35767655	140678	33471	3767	132496	4415
湖 南	124555	3500	27480658	109725	21606	4479	102701	2545
广 东	67434	737	10308651	36381	8649	996	29589	5796
广 西	28626	123	5948275	20775	2601	258	19917	600
海 南	4830	125	613158	2056	791	53	1877	126
重 庆	83235	442	18060595	64089	9438	781	60014	3294
四 川	285275	3363	53778152	251275	37598	5770	238121	7384
贵 州	36391	819	6044125	19162	2631	386	18527	249
云 南	38120	230	7458567	30764	6151	390	29989	385
西 藏	3582		703255	2405	1142	86	2319	
陕 西	56566	698	12136289	44091	5481	321	42831	939
甘 肃	18815	1030	2426162	11571	2307	649	10235	687
青 海	5803		846452	4875	666	5	4213	657
宁 夏	4742	86	1045050	3765	623	105	3510	150
新 疆	15769	343	1953244	12207	3209	169	11611	427

单位：张、人天、人、人次、平方米

在院人员按年龄分			在院人员按类型分			康复和医疗门诊人次数	机构建筑面积
老人	青壮年	少年儿童	自理（完全自理）	介助（半自理）	介护（不能自理）		
1930248	**55388**	**14344**	**1616022**	**303786**	**80172**	**2432284**	**51204180**
15233	902	193	8645	3719	3964	48081	978308
2495	85		1689	746	145	8012	140963
83074	2361	493	70454	11573	3901	134885	2170592
26061	2001	276	23522	4460	356	17191	1407313
25011	1333	331	20461	5330	884		747727
41546	1777	149	33743	7301	2428	36124	1233618
36449	2370	823	26566	8491	4585	32826	831618
59369	3106	219	52124	8598	1972	18536	548779
18588	1216	66	7665	7432	4773	77424	944450
141844	2097	412	110916	26214	7223	391344	3221598
78535	447	143	61137	12972	5016	484282	2150625
170766	3012	485	149717	21187	3359	66791	5335948
9836	113	74	8135	1663	225	2547	636727
111301	2420	1136	94597	17692	2568	8213	1993540
188904	1071	378	168258	17145	4950	186716	6043086
196635	8847	2178	174105	26766	6789	100352	3925334
133519	6214	945	110033	23712	6933	351177	2823437
106426	1985	1314	88600	18190	2935	85471	3048750
35509	430	442	27202	6463	2716	41400	1825919
20637	89	49	19047	1655	73	4216	881627
1989	10	57	1618	362	76	480	112556
60893	3059	137	58130	4661	1298	48769	1806004
243493	6100	1682	209314	35327	6634	151451	4380817
18023	319	820	9811	9078	273	40074	846513
29299	890	575	22179	6784	1801	19172	1230712
2386	3	16	2253	150	2		125629
42397	1538	156	32204	10336	1551	5951	772263
10246	881	444	8824	2097	650	58380	443401
4564	278	33	3494	1289	92	286	95300
3711	42	12	2450	1104	211	10003	151812
11509	392	306	9129	1289	1789	2130	349214

C-2-9续表2

地　区	增加值合计	执行企业会计制度单位财务指标					执行行政	
		固定资产原价	营业收入	费用合计	营业利润	企业单位增加值	固定资产原价	上年结转和结余
全　国	**343318.5**	**41177.1**	**762.8**	**659.7**	**4**	**1086.2**	**2107351.3**	**14428**
中央级								
北　京	13778	718.8	72.5	20.6		34.4	50773.4	902.3
天　津	1445.4						7061.7	4
河　北	14138.8	2977.8					101852	304.6
山　西	5351.4						51446.8	26
内蒙古	5686.1	90	15	6.5			38362.5	
辽　宁	10686.4	48.2					88519.7	320
吉　林	5498.5	3893.7				58	32817.4	307.3
黑龙江	7011.1	1145	2			58.7	51562	137
上　海	13116.6	244.6				220.6	5082.7	165.5
江　苏	39733.4	17720	128.6	69.1		233.9	196644.9	1411.5
浙　江	20419.8	330	127.5	85.1		82.7	106131.4	2399.1
安　徽	23226.5	318					165898.9	513.1
福　建	2295.7	1298					19276.6	15
江　西	10343.8	8.4					72880.2	1197.4
山　东	42149.2						22591.6	
河　南	17099.7	670					120243.3	81.4
湖　北	19499.7	446	53.2	36.8		15.8	98652.4	93.8
湖　南	16417.9	487					101283.9	2
广　东	12427.1	3166	344	298		165.8	159638.4	4051.3
广　西	3543.2						41713.2	513.6
海　南	1089	200					9940.4	3.2
重　庆	9380.8						50159.7	141.2
四　川	27093.9	4871.6	20	113	4	134.4	281409.1	1205.5
贵　州	3937.8	587				50.6	23198.5	175
云　南	4450.6	816		9		19.2	56937.3	205.8
西　藏	487.6	0.3					12188.8	
陕　西	6109.6						85816.9	171.8
甘　肃	3782.2	237.6		0.6		10.1	24541.5	25
青　海	826.2	510					1192	
宁　夏	1042.9	315					16206	
新　疆	1249.7	78.1		21		2	13328.1	55.6

单位：万元

事业单位会计制度财务指标				执行民间非营利组织单位会计制度财务指标				
本年收入合计	本年支出合计	经营支出	行政事业单位增加值	固定资产原价	上年结余	本年收入合计	本年费用合计	民间非营利组织单位增加值
1058223.4	**1044186.1**	**776.7**	**245932.4**	**1182739.9**	**11460.1**	**182543.6**	**335052.3**	**96299.9**
10791.5	11396.7	214	10056.9	57694.9	769.5	11656.4	11615.1	3686.7
786	815.2		832.5	3576.8		10822.1	10819.4	612.9
24040.8	23398.7	9.4	13308.5	11360		1184.6	1540.4	830.3
7085.2	7321		4995.2	5331.8	68	645.7	958.3	356.2
9131.9	9136.7		5383.1	5581.5	10	716.5	747.1	303
23604	17817.5	13	10010.5	8860	19.5	2639	2555.6	675.9
9842.6	9756.4		5172.8	3309.3		459.5	469.2	267.7
7912.9	7662.3		5401.3	4278	-168	260.7	8922.2	1551.1
3320.6	3076.7		1727.6	49560.1	7923.5	31163.5	30558.3	11168.4
714388.8	713130.9	58.4	36000.9	57309.8	8.8	10022.8	8788.9	3498.6
26549.9	24817.3	31.5	14378	51849.7	843.1	15463	14559.1	5959.1
20659.1	20486		16991.1	54773.5	1.5	5068.7	7350.4	6235.4
4796.7	4770.1		1547.4	21081.1	128.2	941.5	1164.2	748.3
13061.2	11718.3		9621.9	18494.1	5.2	1973.5	1359.2	721.9
2841.5	2841.5		2223.9	241436.7		61338.7	61564.4	39925.3
24462.2	24590.8		15342.7	23937.3		4278.5	3634.9	1757
22274.5	19731.8	77	15779.5	31720		7945.8	7629.7	3704.4
25771.7	25432.8	27.1	15239.8	14497.6	420	3589.7	3963.9	1178.1
37171.2	37884.2		12108.7	8627.5	548	311.6	441.1	152.6
2420.3	2400.8		3218.8	4996.7		113.8	370.6	324.4
935.2	776.4		1057.2	1722	32	40.5	40.5	31.8
9129.3	8988.5		6997.8	31315	31.3	4638.5	4548.6	2383
24516.2	23776.8		23045.3	16077.6		2802.9	8882.7	3914.2
1274.5	1058.5		1641.1	51071.9	106	2098.2	5434.4	2246.1
3131.1	3194.3		3877	389039	16.5	416.8	978.4	554.4
1.5	1.5		487.6					
5868.5	5689.1		5977.9	3350.6	-4.9	236.9	228.9	131.7
20940.4	20860.6	345	1503.6	4733		230.4	2332.9	2268.5
10	10		57.7	3759.4	692.9	931.8	1000.5	768.5
301.7	341		744.5	2396		473	132501.4	298.4
1202.4	1303.7	1.3	1201.7	999	9	79	92	46

C-2-10 社会

地　区	单位数	年末职工人数	#女性	受教育程度		职业资
				大学专科人数	大学本科及以上人数	助理社会工作师人数
全　国	**1719**	**41516**	**25620**	**9626**	**5858**	**711**
中央级						
北　京	8	1150	747	371	317	17
天　津	4	298	165	71	82	4
河　北	36	997	571	280	140	15
山　西	24	450	257	135	70	5
内蒙古	41	866	441	283	188	16
辽　宁	46	1824	1039	483	358	30
吉　林	31	810	372	191	212	12
黑龙江	29	1286	690	205	154	21
上　海	30	2248	1673	323	186	25
江　苏	74	2347	1473	556	522	81
浙　江	85	2152	1435	403	239	39
安　徽	57	1104	691	211	90	10
福　建	73	852	459	144	99	31
江　西	103	1550	751	276	165	10
山　东	26	798	523	273	237	51
河　南	65	1056	598	334	124	13
湖　北	120	2837	1700	809	251	31
湖　南	89	2346	1080	739	313	26
广　东	158	7256	5342	994	963	107
广　西	96	1967	1471	504	198	48
海　南	4	117	71	37	8	4
重　庆	45	1086	610	251	146	41
四　川	103	1659	977	515	240	19
贵　州	52	572	284	205	71	8
云　南	49	638	376	162	114	4
西　藏	76	303	164	17	8	
陕　西	36	895	434	265	85	9
甘　肃	58	610	325	172	94	12
青　海	8	157	89	24	17	
宁　夏	10	248	151	41	62	8
新　疆	83	1037	661	352	105	14

福利院

单位：个、人、人次、时

格水平	年龄结构				志愿服务	
社会工作师人数	35岁及以下人数	36岁至45岁人数	46岁至55岁人数	56岁及以上人数	志愿者服务人次数	志愿服务时间
507	**12821**	**16540**	**10260**	**1895**	**64525**	**140676.5**
11	436	417	243	54	6845	578
4	98	70	47	83	1515	2250
8	323	353	278	43	803	3322
11	120	184	131	15	189	456
22	257	355	225	29	126	252
19	527	698	504	95	34	92
6	195	404	177	34		
8	290	598	373	25	120	960
39	603	756	659	230	80	1000
60	744	716	728	159	11972	35122
25	457	782	652	261	11814	22095
18	386	432	250	36	2033	2933
16	228	359	239	26	266	946
5	424	699	399	28	382	1278
30	240	262	250	46	4657	12362
8	493	344	189	30	235	630
18	898	1205	620	114	2874	8274.5
23	992	900	416	38	681	1891
78	2006	3563	1523	164	13376	23715
34	708	758	422	79	120	262
	25	57	35			
12	252	310	427	97	2759	4791
29	504	591	480	84	831	1461
1	178	208	170	16	305	610
4	242	236	149	11	506	770
	136	154	12	1	190	
6	292	329	243	31	1024	2636
5	239	237	116	18	520	2380
	75	45	30	7		
2	100	80	53	15		
5	353	438	220	26	268	9610

C-2-10续表1

地　区	年末床位数	#光荣间床位	年在院总人天数	年末在院人数	#女性	在院人员按性质分		
						优抚对象	“三无”对象	自费人员
全　国	**308996**	**14718**	**55444237**	**203198**	**74211**	**6822**	**114024**	**82352**
中央级								
北　京	3341		983646	2987	1493	5	754	2228
天　津	1613		438307	1373	503		615	758
河　北	7614	1822	1645475	5444	931	16	4850	578
山　西	3037		663595	2531	668	366	2054	111
内蒙古	7926	275	1165996	4988	854	117	2475	2396
辽　宁	10966	138	2624878	7849	2607	187	4069	3593
吉　林	5793	539	1241572	4656	1340	262	3388	1006
黑龙江	9380	278	1604953	7974	1910	348	4147	3479
上　海	8703		2004209	6200	3881	21	707	5472
江　苏	22989	478	3541273	11875	5257	298	5865	5712
浙　江	24854	881	3649404	12099	6262	136	2883	9080
安　徽	6857	483	1327019	4419	1743	127	3104	1188
福　建	7520	448	1093540	4223	1349	185	2673	1365
江　西	14801	1076	2778439	12209	2947	628	8379	3202
山　东	7162		1282977	4050	1380	118	2752	1180
河　南	8283	174	1602968	5588	1712	286	4916	386
湖　北	26097	2610	3791264	17973	6212	569	11605	5799
湖　南	14042	653	3093824	10647	4929	1103	6398	3146
广　东	34963	1257	7189165	24950	11722	401	8805	15744
广　西	8722	487	1811648	5883	2712	51	3105	2727
海　南	505	10	107256	354	27		354	
重　庆	9675	186	2012468	6318	2915	35	1977	4306
四　川	21715	1362	3597433	12203	4568	498	7163	4542
贵　州	3948	383	628860	2405	884	14	1962	429
云　南	8773	30	1027971	5632	1169	70	4702	860
西　藏	3617		603967	2537	714		2537	
陕　西	6678	546	1571120	4995	1212	542	4360	93
甘　肃	6476	53	526470	2927	623	82	2473	372
青　海	1492	31	148477	492	142	34	371	87
宁　夏	1368	90	188415	1000	219	15	745	240
新　疆	10086	428	1497648	6417	1326	308	3836	2273

单位：张、人天、人、人次、平方米

在院人员按年龄分			在院人员按类型分			康复和医疗门诊人次数	家庭寄养儿童数量	机构建筑面积
老人	青壮年	少年儿童	自理(完全自理)	介助(半自理)	介护(不能自理)			
145941	**22029**	**35228**	**106112**	**47095**	**49991**	**1744721**	**7902**	**8574893**
2168	610	209	1002	947	1038	68202	20	189813
951	414	8	379	303	691	33370		47795
3868	299	1277	3440	730	1274	13524	237	263403
429	331	1771	923	464	1144	2079	1107	80048
4062	466	460	3456	1014	518	4900	113	213897
5717	1521	611	4483	1684	1682	1516	141	351379
3201	976	479	3156	861	639	36588	90	75676
7279	639	56	6034	1089	851	24802		128251
5347	853		1007	1849	3344	11425		331993
7777	1501	2597	4483	2600	4792	79749	443	703825
9605	1262	1232	7107	2321	2671	81379	327	560058
2771	575	1073	2462	741	1216	12205	654	335153
2772	466	985	2054	1034	1135	91522	501	206802
7775	340	4094	8198	2878	1133	2220	1217	369569
3012	977	61	2339	1037	674	50682		227360
2297	604	2687	2363	1698	1527	53744	279	239290
15319	1726	928	11091	4347	2535	202047	231	628620
5043	1681	3923	4355	2890	3402	82525	669	301037
17112	1153	6685	8953	5856	10141	552722	610	1012433
3712	433	1738	1908	1459	2516	89268	443	281066
165	12	177	27	191	136		11	21000
5342	719	257	3348	1276	1694	79202	165	312062
10147	1015	1041	6618	3573	2012	124827	213	492027
1200	183	1022	1262	594	549	1794	131	151355
4667	300	665	3434	1304	894	7062	42	203447
2417	60	60	2266	268	3	15		122066
2760	1761	474	2741	1829	425	6413	160	244671
2138	317	472	1573	889	465	8433	31	107421
310	151	31	331	138	23	3233		26340
750	235	15	620	310	70	4566		64825
5828	449	140	4699	921	797	14707	67	282212

C-2-10续表2

地区	增加值合计	执行企业会计制度单位财务指标					执行行政	
		固定资产原价	营业收入	费用合计	营业利润	企业单位增加值	固定资产原价	上年结转和结余
全国	**270515.7**	**6934**	**114.2**	**198.3**	**20.8**	**169.7**	**896998.1**	**49361.6**
中央级								
北京	15419.9						43335	1546.4
天津	4507.8						7465.1	296.3
河北	4391.8						23145.2	489
山西	4210.2						8148.6	936
内蒙古	7017.7						13640.8	2258.5
辽宁	11846.4						37580.3	582.4
吉林	6229.7						13909.5	71
黑龙江	7743.2	10				0.1	25877.3	933.4
上海	17301.8						43312.6	3930
江苏	32843.2						96192.7	2385.3
浙江	20050.9	28	8	8			66876.3	1721.6
安徽	4534.7						14007.3	685.5
福建	8192.1	132	55.6			52	19848.8	3916.2
江西	5208.7						33513.7	1196.7
山东	8438.4						19101.8	
河南	3808.8						11449.4	838.8
湖北	11892.1						55151.2	97.1
湖南	11904.6						33838.1	236.2
广东	30786.2	4857		143.2			90303.2	13963
广西	9602.6	334	39.6	22.6	0.8	0.8	40863.6	2524.5
海南	1098.6						3663.8	184
重庆	7678.8	120	5	5			29606.5	189.7
四川	11791.6	6	1	1			52878.8	4046.5
贵州	4026.2						13128.9	648.9
云南	3643.2						19225.9	950.3
西藏	1048.5	725					19802.1	
陕西	5971.8						13695.2	2428.9
甘肃	2367.8	4					16992	627
青海	347.3						1646.6	
宁夏	2145.3	694					5750.1	1237.2
新疆	4465.8	24	5	18.5	20	116.8	23047.7	441.2

事业单位会计制度财务指标				执行民间非营利组织单位会计制度财务指标				
本年收入合计	本年支出合计	经营支出	行政事业单位增加值	固定资产原价	上年结余	本年收入合计	本年费用合计	民间非营利组织单位增加值
564355.6	**504338.6**	**1859.8**	**269504.5**	**18654.5**	**107.7**	**115674.8**	**1351.2**	**841.5**
25561.4	34125.7		15419.9					
7261.1	7232.7	922.9	4507.8					
8990.7	8226		4391.8					
8169	7431.1		4210.2					
18290.6	19587.3		7017.7					
20699.6	20651.9		11846.4					
10004.7	9827.6		6210.7	71		39	37.1	19
11030.3	11106.5		7736.1	200		3	8	7
86613	30997	27	17301.8					
50373.7	52131	659	32843.2					
30432.9	28637.6	64	19886	1753	6.7	380.4	351	164.9
6820	6757.4		4534.7					
14282.2	13531.2		8137.1	160		14	3	3
9204.7	9642		5198.5	11		6	20.2	10.2
16974.2	16974.2		8438.4					
8749.5	8638.9		3808	6.5		1	1	0.8
44183.3	44183.5	94	11892.1					
26558.4	23761.4		11899.6	860		185	10	5
57191.4	52830		30408.2	7777		579.5	546	378
16209.6	14630.3		9570.8	550			31	31
1701.9	1561		1092.6			10	10	6
12677.9	12184.9		7649.5	2737		80.9	75.9	29.3
25056.9	24763.6	-43.4	11704.1	1548	1	102	136.9	87.5
7670.3	6155.1		3938	633	100	114253	98.9	88.2
7105	6099.4	87	3636.8	380			12.2	6.4
1301.9	1301.9		1048.5	298				
11462	12192.3		5971.8					
6373.2	6278.6		2367.8					
495.5	495.5		346.1	1653		3	5	1.2
4625.4	4517.5		2145.3					
8285.3	7885.5	49.3	4345	17		18	5	4

C-2-11 光荣

地区	单位数	年末职工人数		受教育程度		职业资格水平		年龄	
			#女性	大学专科人数	大学本科及以上人数	助理社会工作师人数	社会工作师人数	35岁及以下人数	36岁至45岁人数
全　国	**1399**	**11767**	**5775**	**2865**	**1091**	**138**	**115**	**3415**	**5317**
中央级									
北　京	10	223	116	79	56	4		41	98
天　津	7	242	121	94	54	5	13	58	89
河　北	146	1737	943	330	89	28	6	632	768
山　西	89	834	360	275	94	4	10	255	372
内蒙古	29	415	169	148	72		3	63	220
辽　宁	22	431	213	154	96	7	4	170	155
吉　林	13	152	83	36	19		10	48	74
黑龙江	26	286	150	34	24	7	9	95	111
上　海									
江　苏	14	174	97	40	39			30	69
浙　江	26	111	54	35	14	3	2	29	52
安　徽	49	374	174	77	25	5	1	73	202
福　建	57	380	211	78	40	3	3	72	194
江　西	221	1239	420	88	31	24	26	249	565
山　东	60	553	277	185	62	2	2	177	251
河　南	97	661	324	145	20	5	1	272	274
湖　北	91	1012	538	334	99	14	4	300	501
湖　南	165	1201	570	295	86	3	4	349	548
广　东	67	499	272	74	31	16	11	154	205
广　西	71	303	185	69	19	3	2	76	147
海　南	9	76	37	13	2			14	31
重　庆	8	40	17	17	11			11	16
四　川	43	278	146	89	70	4	4	83	135
贵　州	22	135	66	55	9	1		47	63
云　南	3	21	12	6	5			7	2
西　藏									
陕　西	21	154	85	52	1			61	60
甘　肃	4	29	10	7	9			2	15
青　海									
宁　夏	2	2	1						2
新　疆	27	205	124	56	14			47	98

院

单位:个、人、人次、时、张、人天

结构		志愿服务		年末床位数		年在院总人天数	年末在院人数	
46岁至55岁人数	56岁及以上人数	志愿者服务人次数	志愿服务时间		光荣间床位			女性
2666	**369**	**20099**	**52075.5**	**83529**	**36747**	**14870554**	**52765**	**9189**
68	16	19	23	798	655	73984	213	51
87	8	4745	9300	978	471	213600	538	249
315	22	937	6130	12706	5397	1936926	5797	558
180	27	679	1247	3091	1915	501412	1716	58
123	9			2109	912	433933	1337	190
88	18	5	20	2442	1351	408960	1395	153
30		14	125	1457	642	308930	1113	494
78	2			1992	717	307482	1389	145
58	17	155	645	943	601	113481	586	148
29	1	1600	2800	868	561	112459	312	31
90	9	431	770	3104	1811	438806	1350	89
109	5	420	850	1717	779	321688	988	127
338	87	200	600	11120	4070	3085632	10334	2709
106	19	6939	18812	5696		1102060	3463	445
106	9	62	248	5815	2629	799454	4270	264
194	17	298	562	7725	4037	1252139	5132	1123
282	22	1507	5257	8326	4985	1674295	5695	1018
112	28	116	192	2586	1126	296510	1205	191
74	6	90	200	2404	1104	358425	1053	100
21	10	70		279	129	36745	125	32
9	4	416	1311.5	431	147	76143	279	31
50	10	118	449	3162	1499	446321	2337	527
20	5	1113	1699	1255	475	213944	648	169
12				152	20	8140	34	
32	1	65	350	712	414	81901	487	16
12				158	31	5450	17	1
				50	30	8215	23	1
43	17	100	485	1453	239	253519	929	269

C–2–11续表

地 区	在院人员按性质分			在院人员按年龄分			在院人员按类型分		
	优抚对象	“三无”对象	自费人员	老人	青壮年	少年儿童	自理（完全自理）	介助（半自理）	介护（不能自理）
全 国	**33908**	**13893**	**4964**	**51126**	**785**	**854**	**40135**	**9302**	**3328**
中央级									
北 京	157	25	31	211	2		93	91	29
天 津	155		383	538			368	100	70
河 北	4042	1432	323	5646	111	40	3892	1614	291
山 西	1449	193	74	1688	10	18	1371	294	51
内蒙古	1284	10	43	1327	2	8	1005	279	53
辽 宁	1027	234	134	1348	20	27	1017	261	117
吉 林	394	398	321	1100	13		671	251	191
黑龙江	578	550	261	1347	42		1123	98	168
上 海									
江 苏	433	124	29	570	16		456	88	42
浙 江	198	4	110	312			207	82	23
安 徽	1084	228	38	1344	6		1116	193	41
福 建	686	204	98	985		3	766	188	34
江 西	5125	4348	861	9835	237	262	8390	1777	167
山 东	3463			3451	12		3060	301	102
河 南	2170	1989	111	4182	46	42	3680	380	210
湖 北	3196	1282	654	5010	58	64	3886	912	334
湖 南	4240	1072	383	5505	87	103	4378	1015	302
广 东	646	290	269	1109	60	36	683	258	264
广 西	800	106	147	1046	7		663	300	90
海 南	88	29	8	112		13	71	30	24
重 庆	216	41	22	278	1		212	43	24
四 川	1589	619	129	2284		53	1554	299	484
贵 州	139	427	82	515	10	123	469	136	43
云 南	14	20		34			5	8	21
西 藏									
陕 西	366	105	16	427	1	59	309	140	38
甘 肃	17			17			10	1	6
青 海									
宁 夏	16	4	3	23			5	16	2
新 疆	336	159	434	882	44	3	675	147	107

单位：人、人次、平方米、万元

康复和医疗门诊人次数	机构建筑面积	增加值合计	执行行政事业单位会计制度财务指标					
			固定资产原价	上年结转和结余	本年收入合计	本年支出合计	经营支出	行政事业单位增加值
218613	**3160445**	**47460.1**	**221958.9**	**5075.1**	**84229.8**	**82507.6**	**541.3**	**47460.1**
15716	40954	2479.8	7379.7	373.9	3998.1	4108.4		2479.8
6944	40671	2325.4	6948.7	9	3617.8	3678.8	503.3	2325.4
18990	465589	6856.9	30000.2	35.5	11224.9	11416.4		6856.9
5356	185016	2701.9	8821	791.6	7791.1	7442.9		2701.9
	73210	2196.7	4709.1	652.9	4406	4110.5		2196.7
14268	90762	2800.5	8055.7	445.1	7839.5	6619.7		2800.5
1892	33361	850.3	2005.3	34	1449.2	1503.2		850.3
23279	31517	646.3	6320	266	1306.4	1310.6		646.3
17013	25450	946.4	4799.7		1185.1	1173.2		946.4
1771	27932	899.7	2327.6	81.9	1165.8	1261.3		899.7
4075	101075	1599.3	8979.7	182.7	2817.4	2519.4		1599.3
1364	91158	1261	5105.1	157.6	2692.9	2589.8		1261
2544	315763	1944.9	13556.2	841.5	3412.1	3419		1944.9
8592	203952	3046.2	14983.4		4388.9	4388.9		3046.2
18485	226502	1065.7	8636.4	1.7	2133.4	2133.1		1065.7
39744	361545	4281.2	25709.7	86.6	6752.9	6703.6		4281.2
9354	258216	5027.4	23826.4	218	7733.5	7785.7		5027.4
4815	221676	1409.9	7194.8	179.4	2118.1	2169.4		1409.9
793	87578	808.6	7180.5	197.9	895.1	910.6		808.6
870	15156	149.8	1522	180.1	347.2	386.6		149.8
9088	15670	472.8	1037	5	855	855		472.8
12605	79446	2003.6	10480.2	60.9	2723.5	2663.5		2003.6
72	42117	303	2845	273.8	759.5	645.7		303
65	2314	43.2	380		28	28		43.2
525	33380	597.9	2364.9		847.3	843.7		597.9
32	5350	79.5	912.2		221	221		79.5
	3170	14.3	66.5		11.6	11.6		14.3
361	81916	647.7	5811.9		1508.5	1608	38	647.7

C-2-12 荣誉军人

地区	单位数	年末职工人数		受教育程度		职业资格水平		年龄	
			#女性	大学专科人数	大学本科及以上人数	助理社会工作师人数	社会工作师人数	35岁及以下人数	36岁至45岁人数
全　国	**43**	**5310**	**2802**	**1624**	**1490**	**54**	**66**	**1898**	**1699**
中央级									
北　京									
天　津									
河　北	1	212	111	70	90	5		87	47
山　西	6	235	104	52	55	2	5	62	77
内蒙古	1	74	39	18	27	1	2	16	25
辽　宁	1	162	82	33	30		4	45	55
吉　林	2	387	162					99	220
黑龙江	1	126	28					43	47
上　海	1	42	23	17	16		4	18	14
江　苏	1	173	118	48	61		3	85	31
浙　江	1	389	267	134	136	1		283	64
安　徽	1	140	52	48	36			27	38
福　建	1	59	28	21	19	2	1	25	9
江　西	1	309	192	90	131			103	78
山　东	2	579	294	218	235	6	13	222	190
河　南	3	468	267	150	124			103	193
湖　北	1	360	193	88	150	3	2	113	129
湖　南	1	150	88	55	47			69	53
广　东	2	242	134	68	75	10	10	84	85
广　西	2	79	44	21	12	6	1	28	30
海　南									
重　庆	3	153	84	93	18	1	2	72	26
四　川	4	471	268	168	132	7	15	184	116
贵　州	3	124	56	75	25	8	3	47	28
云　南	1	101	48	35	24	1		34	32
西　藏									
陕　西	1	185	78	92	20			31	87
甘　肃	1	53	21	12	17	1	1	14	14
青　海									
宁　夏									
新　疆	1	37	21	18	10			4	11

康复医院

单位:个、人、人次、时、张、人天

结构		志愿服务		年末床位数		年在院总人天数	年末在院人数	
46岁至55岁人数	56岁及以上人数	志愿者服务人次数	志愿服务时间		光荣间床位			女性
1404	**309**	**418**	**2217**	**8434**	**1516**	**1537111**	**5627**	**1402**
63	15			500		42340	116	1
72	24			550	79	51925	321	
20	13			100	26	9490	26	
50	12			322	72	60155	148	35
53	15			420	420	4200	420	
36				56		2130	54	
10				50	50	5475	15	
44	13			140	40	35573	106	
40	2	413	2205	417		161871	439	230
68	7			200		73000	191	52
21	4			250	100	54750	133	35
116	12			750	20	235201	687	78
130	37			700		209385	609	176
149	23			558	45	14935	270	17
88	30			465	30	63000	201	120
23	5			175		59498	160	117
65	8			325	36	107684	285	101
13	8			260	20	6410	226	130
38	17	5	12	408	130	84738	263	67
135	36			960	130	95299	504	125
46	3			298	10	74120	231	65
33	2			100	58	16790	46	
53	14			300	200	58192	146	53
19	6			50		7665	21	
19	3			80	50	3285	9	

C-2-12续表

地区	在院人员按性质分			在院人员按年龄分			在院人员按类型分		
	优抚对象	“三无”对象	自费人员	老人	青壮年	少年儿童	自理（完全自理）	介助（半自理）	介护（不能自理）
全　国	**3057**	**326**	**2244**	**3794**	**1724**	**109**	**2863**	**1479**	**1285**
中央级									
北　京									
天　津									
河　北	116			67	49		100	4	12
山　西	274	31	16	300	21		201	68	52
内蒙古	26			17	9			9	17
辽　宁	72		76	88	60			46	102
吉　林	420			420			300	90	30
黑龙江	54			54			54		
上　海	15			14	1				15
江　苏	28		78	96	10			20	86
浙　江	28	5	406	266	173		208	231	
安　徽	60	131		60	131			191	
福　建	19		114	133			10	50	73
江　西	444		243	259	422	6	376	253	58
山　东	482		127	477	132		480	93	36
河　南	188	5	77	200	49	21	224	34	12
湖　北	55	19	127	89	102	10	180	15	6
湖　南	26		134	96	44	20	102	36	22
广　东	34	20	231	225	60		27	16	242
广　西	42		184	226			16	6	204
海　南									
重　庆	126	20	117	169	94		132	58	73
四　川	348	81	75	356	126	22	241	90	173
贵　州	44	14	173	69	158	4	123	84	24
云　南	46			46			5	34	7
西　藏									
陕　西	80		66	62	58	26	84	25	37
甘　肃	21			2	19			19	2
青　海									
宁　夏									
新　疆	9			3	6			7	2

单位：人、人次、平方米、万元

康复和医疗门诊人次数	机构建筑面积	增加值合计	执行行政事业单位会计制度财务指标					
			固定资产原价	上年结转和结余	本年收入合计	本年支出合计	经营支出	行政事业单位增加值
819978	**621119**	**60722.2**	**108298.4**	**23932.5**	**129039.1**	**119733.5**	**9499.2**	**60722.2**
	9576	1896.8	4345	14	2827	2840		1896.8
14718	44177	1898.9	3538.9	630.2	2878.1	3270.5		1898.9
379	12949	828	1999.3	1161	1209.9	1247.7	2.2	828
12970	69325	1723	6542	511.2	2863	2890		1723
	60000	2402.8	2540.9		2722.7	2722.7		2402.8
1035	1300	130	3250		575	575		130
	3556	595.7	826.8	74.9	945.5	1026.3		595.7
85955	47726	2233	9062.6	2048.6	3183.1	5065.7		2233
133971	25355	1653.6	5834	6651	15720	11960	9497	1653.6
24789	10000	1244.3	2925.9	523	5154.5	2728.5		1244.3
2531	12498	580.4	2074		544	544		580.4
	40043	2588.1	2394.9	6524.4	2544.4	3189.8		2588.1
34259	81099	6296.4	11396.3	1476.9	13921	15315.8		6296.4
54339	3400	5615	6164	45.5	6934.8	6980.3		5615
111115	35000	4355.1	10373.5		14493.7	11202		4355.1
29920	30000	7275	2091	185	9054	8504.6		7275
69514	31500	6452.9	9048.5	735	10427.5	10314.1		6452.9
19011	1200	128.1	3201.3					128.1
14970	25567	1197.2	2705.9	12	2737.8	2829.7		1197.2
169689	9060	5310.4	5832.9	19.6	13506.5	13355.2		5310.4
2383	7300	1970	1189.6		3181.4	1911.4		1970
	20933	1183.8	1868.4	2696.6	4565.8	1717.5		1183.8
32157	32000	2091.6	6416		7583.4	7608.2		2091.6
2555	500	498.4	1187.3	319.6	642.3	912.1		498.4
3718	7055	573.8	1489.4	304	823.7	1022.4		573.8

C-2-13 复员军人

地区	单位数	年末职工人数	#女性	受教育程度：大学专科人数	受教育程度：大学本科及以上人数	职业资格水平：助理社会工作师人数	职业资格水平：社会工作师人数	年龄：35岁及以下人数	年龄：36岁至45岁人数
全　国	**41**	**2773**	**1506**	**855**	**1099**	**29**	**26**	**945**	**918**
中央级									
北　京									
天　津	1	30	15	6	8			11	5
河　北	7	886	485	281	329	5	3	271	273
山　西	1	254	169	89	113			100	83
内蒙古	2	45	14	10	2			4	23
辽　宁									
吉　林	1	40	6	9	3			10	10
黑龙江									
上　海									
江　苏	4	93	43	34	13		2	18	36
浙　江	1	77	49	25	40			50	22
安　徽									
福　建									
江　西	2	24	4	3	1			5	18
山　东	7	711	425	187	385	16	14	239	193
河　南	2	82	39	20	11			44	12
湖　北	1	4	1	2		1			4
湖　南	2	112	13	69	35			53	46
广　东	2	185	106	52	60	4	5	60	94
广　西									
海　南									
重　庆									
四　川	3	47	30	31	8			21	16
贵　州									
云　南									
西　藏									
陕　西	5	183	107	37	91	3	2	59	83
甘　肃									
青　海									
宁　夏									
新　疆									

疗养院

单位：个、人、人次、时、张、人天

结构		志愿服务						
46岁至55岁人数	56岁及以上人数	志愿者服务人次数	志愿服务时间	年末床位数	#光荣间床位	年在院总人天数	年末在院人数	#女性
743	**167**	**1009**	**2058**	**7074**	**1568**	**1208745**	**4248**	**496**
12	2			150	150	8520	132	15
281	61			1662	308	230213	872	24
67	4			480		175121	431	18
18				240	15	8825	40	1
20				310	310	68625	302	2
23	16	356	160	420	193	136341	246	13
5				90	20	32850	90	40
1		132	528	165		7052	150	35
198	81	489	1160	1405		266019	759	89
24	2			660	100	37830	103	33
				80	30	1900	10	
13				138	12	8250	98	41
30	1			376	100	98707	325	62
10		32	210	380	50	31744	346	115
41				518	280	96748	344	8

C-2-13续表

地区	在院人员按性质分			在院人员按年龄分			在院人员按类型分		
	优抚对象	“三无”对象	自费人员	老人	青壮年	少年儿童	自理(完全自理)	介助(半自理)	介护(不能自理)
全　国	**3085**	**280**	**883**	**3389**	**804**	**55**	**3302**	**623**	**323**
中央级									
北　京									
天　津	132			132			132		
河　北	513	2	357	740	123	9	587	149	136
山　西	349		82	396	30	5	408		23
内蒙古	30		10	40			27	13	
辽　宁									
吉　林	302			160	142		212	60	30
黑龙江									
上　海									
江　苏	192	21	33	224	11	11	234	9	3
浙　江	40	50		60	30		90		
安　徽									
福　建									
江　西	65	85		140	10		65	75	10
山　东	711		48	660	99		616	118	25
河　南	103			83	20		40	20	43
湖　北	10			10					10
湖　南	13	33	52	59	31	8	54	42	2
广　东	117		208	100	225		325		
广　西									
海　南									
重　庆									
四　川	200	81	65	246	78	22	292	49	5
贵　州									
云　南									
西　藏									
陕　西	308	8	28	339	5		220	88	36
甘　肃									
青　海									
宁　夏									
新　疆									

单位：人、人次、平方米、万元

康复和医疗门诊人次数	机构建筑面积	增加值合计	执行行政事业单位会计制度财务指标					
			固定资产原价	上年结转和结余	本年收入合计	本年支出合计	经营支出	行政事业单位增加值
295484	**318733**	**24194.9**	**61696.7**	**6631.6**	**46893.6**	**44975.2**	**1545.5**	**24194.9**
1019	2730	364.9	3275		4096	3924	596	364.9
87193	56052	5178.8	20233.9		7196.9	7199.4	414.5	5178.8
20951	46259	2799.9	5497	1606	4643	5485		2799.9
	7170	64.3	729.8		425	425		64.3
	22746	242.1	797		385	385		242.1
109347	18401	1046.8	3321.6	23.8	1256.9	1256.9		1046.8
	5150	0.5	13.6		5	5		0.5
	4100	58	341.6	66.3	334.3	233.4		58
47081	85317	8074.1	15308.2	4918	12061.6	11319.6		8074.1
	2600	509.3	1396.2	17.5	1093.9	1069.3		509.3
	3164	19.4	255.1		134.1	134.2	125	19.4
4720	9350	955.5	1025		930	930		955.5
	17164	3056	6649.6		6058.4	5876.4	410	3056
17873	2850	212.8	312.9		242.3	220.9		212.8
7300	35680	1612.5	2540.2		8031.2	6511.1		1612.5

C-2-14 军

地区	单位数	年末职工人数		受教育程度		职业资
			#女性	大学专科人数	大学本科及以上人数	助理社会工作师人数
全国	**1851**	**17262**	**7468**	**6435**	**5634**	**289**
中央级						
北京	133	1795	966	671	842	74
天津	16	203	85	64	90	4
河北	149	1322	578	331	211	14
山西	70	556	233	206	184	3
内蒙古	21	253	81	121	62	1
辽宁	64	1072	470	432	433	11
吉林	37	534	210	288	173	19
黑龙江	60	399	142	188	156	3
上海	15	245	113	85	115	11
江苏	134	1133	508	410	399	25
浙江	62	350	140	92	159	3
安徽	52	372	133	125	102	7
福建	59	411	167	133	109	10
江西	19	139	39	50	17	
山东	161	1885	734	715	714	19
河南	115	939	405	367	204	5
湖北	103	849	361	360	219	2
湖南	108	858	357	332	254	14
广东	82	755	387	268	285	23
广西	36	246	100	92	52	3
海南	9	119	43	37	21	6
重庆	35	251	102	108	118	2
四川	119	651	296	283	155	12
贵州	14	109	54	47	29	1
云南	53	473	207	148	108	4
西藏						
陕西	74	728	299	264	169	4
甘肃	24	300	128	94	137	9
青海	3	62	26	16	30	
宁夏	7	58	22	14	30	
新疆	17	195	82	94	57	

休所

单位:个、人

格水平	年龄结构				志愿服务	
社会工作师人数	35岁及以下人数	36岁至45岁人数	46岁至55岁人数	56岁及以上人数	志愿者服务人次数	志愿服务时间
276	**5153**	**6070**	**4682**	**1357**	**12841**	**33278**
46	597	679	463	56	19	40
12	41	44	100	18	2030	2700
11	495	464	313	50	829	4168
17	159	194	160	43	78	218
2	53	77	93	30		
10	314	299	309	150		
3	128	276	86	44		
3	116	129	128	26	12	66
15	87	59	83	16	40	96
39	286	375	361	111	298	1105
4	90	107	121	32	1275	2714
13	88	124	111	49	258	480
8	133	129	111	38		
3	38	67	27	7	245	842
28	485	709	553	138	5873	15224
4	358	355	175	51		
6	207	298	266	78	52	42
14	291	345	158	64	490	1937
13	220	296	178	61	20	50
5	73	66	90	17		
1	42	37	33	7		
	66	100	62	23	309	805
10	204	235	160	52	17	113
1	25	32	40	12	74	216
2	105	159	145	64		
4	210	242	195	81	822	2022
	147	70	59	24	100	440
	28	18	12	4		
	15	23	15	5		
2	52	62	75	6		

C-2-14续表

地 区	增加值合计	执行行政事业单位会计制度财务指标				
		固定资产原价	上年结余	收入合计	支出合计	经营支出
全 国	**1496925.8**	**363876.9**	**78333.6**	**2018131.8**	**1976441.3**	**144.8**
中央级						
北 京	297788	13339.2	26673.5	339611.8	330014.2	
天 津	39581.9	10529.5	128.7	44940.9	43908.3	
河 北	56840.8	21011.8	4602.5	127451.7	117696.1	121.5
山 西	34151.6	12522.8	1417.3	42501.5	41921.6	
内蒙古	13269.2	6304.3	1492	23483.3	22937.7	
辽 宁	109803.6	39707.4	1291.8	207208.4	203587.1	
吉 林	12757.8	6698.7	327.7	33640.2	33758.1	
黑龙江	21882.4	15048.8	1884.1	32560.1	28904.4	
上 海	10283.4	4282.8	953.6	59598.8	58678.9	
江 苏	109411.7	22308.6	2119.4	132357	128650.9	
浙 江	38258	6734.7	1398.2	47379.6	46591	
安 徽	32126.3	8337.6	1773.4	39683.7	40653.5	
福 建	32506	7789.1	2494.4	44755.7	42708.3	10.5
江 西	13344.6	2444.7	152.4	15056.7	14671.9	
山 东	175342.3	37618.5		211430.7	211430.7	
河 南	33317.4	13747.2	3197.4	52680.8	50146	
湖 北	67618.9	13737.7	90.6	75888.4	75072.6	
湖 南	43916	19456	1632.8	54618	61095.9	
广 东	90489.7	15508.4	8561.6	108260.5	105512.4	
广 西	21215.2	5017.2	1209.5	23313.8	23094.4	
海 南	7063.4	3727.3	2817.8	11233.6	11710.3	
重 庆	22195.5	3758.9	781.4	26705.9	27025.4	
四 川	38641.2	12995.3	2069.3	48259.6	47252	
贵 州	11169.8	2717.4	533.9	12457.6	11543.7	
云 南	22274.3	19939.8	3273.9	30026.4	29248.1	
西 藏						
陕 西	91175.3	20669.2	898.3	112947	109008.9	12.8
甘 肃	21459.2	9713	631.8	26915.4	27516.1	
青 海	4737	745.8		6164.6	5719.1	
宁 夏	5670.7	707.1	2200.7	7224.7	6324.4	
新 疆	18634.8	6758.1	3725.6	19775.4	20059.3	

单位：万元、户、人

	军队离退休干部休养所				
行政事业单位增加值	休养所可提供修养的户数	#分散休养户数	年末修养（含分散修养）人数	#分散休养人数	本年代发离退休金
1496925.8	**166786**	**14110**	**185483**	**20786**	**3112106.5**
297788	36938	2298	38361	2361	113131.9
39581.9	2455		4484		8497.5
56840.8	6430	1052	8416	1244	44555.4
34151.6	2916	710	3670	959	29254.5
13269.2	1071	266	1860	823	17784.2
109803.6	20115	338	20120	317	100147
12757.8	2388	34	2922	34	10076.5
21882.4	2779	5	2890	276	29799
10283.4	3096	570	4989	1153	46241
109411.7	11156	1568	12154	1820	76356.4
38258	2838	91	3206	567	27160.1
32126.3	2996	197	3338	179	25458.5
32506	2761	516	3477	858	1999010.1
13344.6	1735	19	1864	4	7630.2
175342.3	21388	2021	20351	2021	175050
33317.4	5373	52	5470	455	28347.4
67618.9	6727	54	7796	110	15186.1
43916	5012		4892	522	37122.8
90489.7	6010	1577	7683	1290	45150.5
21215.2	1742	636	1721	712	17398.9
7063.4	821	726	915	732	3768.6
22195.5	1738	58	2617	62	25472.4
38641.2	4685	109	4733	158	20210.6
11169.8	930	181	1001	181	10943.9
22274.3	4757	205	5003	187	148380.4
91175.3	4145	333	7481	3474	19878.1
21459.2	2087	59	1981	59	9860.9
4737	253	223	472		4849.7
5670.7	288	8	418		4289.9
18634.8	1156	204	1198	228	11094

C−2−15 智障与精神疾病

地区	单位数	年末职工人数	#女性	受教育程度		职业资格水平		年龄	
				大学专科人数	大学本科及以上人数	助理社会工作师人数	社会工作师人数	35岁及以下人数	36岁至45岁人数
全　国	**257**	**23430**	**13169**	**8255**	**6349**	**211**	**144**	**8441**	**8239**
中央级									
北　京	2	343	239	79	103			137	115
天　津	2	377	169	141	95	3		111	76
河　北	2	506	333	88	238	1	2	122	178
山　西	8	828	427	309	256	4	5	236	339
内蒙古	5	476	253	200	117	2	3	132	121
辽　宁	5	634	337	246	160	4	5	98	280
吉　林	8	725	339	182	317	1		136	324
黑龙江	6	988	329	210	232		2	328	371
上　海	3	573	325	208	112	15	11	241	111
江　苏	12	1882	1113	623	610	38	23	657	638
浙　江	2	89	54	19	24			17	55
安　徽	5	531	295	224	111		1	221	176
福　建	17	945	535	271	129	10	3	411	296
江　西	4	162	94	52	55	5	7	44	69
山　东	15	1733	1055	582	820	11	12	704	529
河　南	8	864	492	307	237	15	22	285	345
湖　北	12	1739	1006	499	512	3		513	610
湖　南	17	1893	1163	743	365	3	3	580	907
广　东	14	1399	838	412	389	40	15	650	473
广　西	8	1205	742	381	300	6	8	634	291
海　南									
重　庆	12	464	232	180	87	4	2	121	152
四　川	27	2136	1102	1067	482	15	13	1027	687
贵　州	33	924	488	464	125	4		268	414
云　南	6	331	196	117	94	2		131	97
西　藏									
陕　西	4	429	183	137	77	5	3	114	127
甘　肃	6	263	146	94	56	1	1	79	118
青　海	1	197	137	103	46			107	42
宁　夏	1	68	52	20	48	8	2	30	30
新　疆	12	726	495	297	152	11	1	307	268

服务机构总表

单位:个、人、人次、时、张、人天

结构		志愿服务		年末床位数		年在院总人天数	年末在院人数	
46岁至55岁人数	56岁及以上人数	志愿者服务人次数	志愿服务时间		#光荣间床位			#女性
5612	**1138**	**6466**	**15744**	**67174**	**3251**	**15929391**	**57248**	**16248**
70	21			564		176165	482	182
137	53			922		278738	799	228
176	30			880		86887	798	105
215	38			1410	335	407532	1172	231
200	23			1360	61	337155	902	241
240	16	285	145	1515	15	450399	1345	212
236	29			3499	454	614175	2879	739
289				3283	425	180588	1724	581
138	83	840	1680	1802		633990	1753	487
485	102	915	5295	6825	13	1499116	6284	1946
17		342	1001	560		86100	560	162
85	49			778		237846	677	105
205	33			3662	98	1037407	3500	941
46	3	132	528	396		93645	372	35
441	59	3116	6518	3446		858273	2606	452
179	55			1565	3	575080	1706	513
455	161			3650	280	1024690	3276	1235
342	64			4733	347	777376	3239	1083
226	50	50	120	4448	110	1047590	3804	1061
242	38			2718	154	690202	2603	905
159	32	451	250	1944	2	609043	1771	452
352	70			7875	131	1953911	7323	2284
234	8			3178	245	797958	2337	585
90	13			1104		401657	1142	333
119	69	50	150	1137	370	348485	954	219
53	13			940	110	113473	397	124
32	16			260	38	56460	238	86
8				120		36000	120	50
141	10	285	57	2600	60	519450	2485	671

C-2-15续表

地区	在院人员按性质分			在院人员按年龄分			在院人员按类型分		
	优抚对象	“三无”对象	自费人员	老人	青壮年	少年儿童	自理（完全自理）	介助（半自理）	介护（不能自理）
全　国	**11268**	**16977**	**29003**	**20154**	**35963**	**1131**	**32521**	**18478**	**6249**
中央级									
北　京	5	13	464	112	354	16	364	59	59
天　津	157	263	379	193	606		774	10	15
河　北	481	33	284	294	495	9	331	444	23
山　西	650	207	315	395	741	36	750	326	96
内蒙古	101	524	277	201	658	43	523	297	82
辽　宁	353	311	681	347	953	45	1177	105	63
吉　林	590	1736	553	1446	1428	5	1858	849	172
黑龙江	164	1275	285	597	1126	1	829	883	12
上　海		172	1581	517	1236		777	976	
江　苏	1449	1819	3016	2324	3788	172	3671	1919	694
浙　江	64	94	402	175	372	13	230	100	230
安　徽	325	79	273	159	512	6	42	591	44
福　建	370	1245	1885	1097	2313	90	2199	999	302
江　西	25	199	148	139	233		225	121	26
山　东	1706	424	476	1020	1586		1878	573	155
河　南	387	273	1046	195	1461	50	1475	186	45
湖　北	639	735	1902	920	2306	50	1986	1060	230
湖　南	1049	842	1348	1488	1617	134	1053	964	1222
广　东	776	482	2546	1288	2364	152	2457	1082	265
广　西	286	406	1911	858	1704	41	1104	1158	341
海　南									
重　庆	106	750	915	763	1008		1220	444	107
四　川	619	1847	4857	3191	4033	99	3081	2565	1677
贵　州	132	725	1480	828	1433	76	1328	875	134
云　南	207	679	256	314	811	17	394	644	104
西　藏									
陕　西	523	362	69	354	570	30	772	152	30
甘　肃	73	220	104	139	258		195	158	44
青　海	3	8	227	52	186		236	2	
宁　夏			120	80	40		90	30	
新　疆	28	1254	1203	668	1771	46	1502	906	77

单位：人、人次、平方米、万元

康复和医疗门诊人次数	机构建筑面积	增加值合计	执行行政事业单位会计制度财务指标					
			固定资产原价	上年结转和结余	本年收入合计	本年支出合计	经营支出	行政事业单位增加值
2467912	**2753283**	**225006.7**	**353548.1**	**56554.5**	**423694**	**406134.1**	**956.2**	**225006.7**
24822	12096	3597.5	4975.8	1011.7	13082.4	11873.8		3597.5
45496	23128	6014.8	6110	10	8147	8069		6014.8
43715	511736	4499.1	9976	109	9265	10137		4499.1
122281	81296	6201.1	13092.9	3261.3	9653.6	12626.2		6201.1
15645	34904	6871.5	2586.3	2034.5	11983	11837		6871.5
6065	65798	5580	9469.7	1077.7	11596.9	10803.3		5580
102920	44151	5748	9622.2	12.1	10658.7	10901.7		5748
215260	37100	2534.6	13301	1303	8868	9121		2534.6
4583	81738	8817.5	16278.1	2152.1	11750.9	12552.9		8817.5
101487	200639	31931.5	45680.9	4623.3	52428.5	48304.4		31931.5
	43000	3073	2854.7	366.1	5678.4	5421.6		3073
64084	30161	3828.2	3253	-298.2	8403.6	6317.1		3828.2
316229	96997	9112.7	10118	1174.8	20497	19698.4	457	9112.7
	8862	1255.1	692.8		1605.1	1679.2		1255.1
115692	172760	14311.3	27549.2		29633.9	29633.9		14311.3
200376	55917	8950.4	10532.5	1032	18607.2	16693.6		8950.4
91822	250577	13049.4	33780.3	41	26738	24940.4		13049.4
282259	173190	14618.3	16566.2	91.5	26472.3	25381.6		14618.3
78861	64070	18943.5	39567.6	18912.7	27117.5	26527		18943.5
127633	133502	8694	12076.2	2114.5	21299.6	18744.1		8694
59861	82150	5956.1	6547.6	8	10089.4	10048.5	473	5956.1
198552	220610	19861.1	22318.8	4189.4	31618.4	30476.9		19861.1
54424	61843	6798.2	8133.7	465.2	13578.8	12699.8		6798.2
23633	78762	3124.7	5808	2629.1	7188.2	6825.3		3124.7
20460	59835	2961.9	5154.1	4967.7	5129.9	4595		2961.9
93987	16159	1510.8	4555.3	2733.8	5737.3	4102.6	26.2	1510.8
	18000	972.3	2311	759.9	3262.3	2716		972.3
	9802	61.1	247.6	466.4	1083.1	730.1		61.1
57765	84500	6129.1	10388.6	1305.9	12520	12676.7		6129.1

C–2–16 福利类

地区	单位数	年末职工人数		受教育程度		职业资格水平		年龄	
			#女性	大学专科人数	大学本科及以上人数	助理社会工作师人数	社会工作师人数	35岁及以下人数	36岁至45岁人数
全　国	**156**	**12983**	**7147**	**4770**	**3274**	**100**	**80**	**4830**	**4579**
中央级									
北　京	2	343	239	79	103			137	115
天　津	1	257	109	115	64	3		72	69
河　北									
山　西	1	99	46	37	29	1	1	27	30
内蒙古	3	308	158	128	57	2	2	84	77
辽　宁	1	75	52	25	26	1	4	20	35
吉　林	5	483	191	137	184			57	228
黑龙江	5	942	308	196	207		2	312	357
上　海									
江　苏	11	1583	938	544	460	38	20	541	555
浙　江	1	32	14	8	14			17	4
安　徽	4	235	160	98	43		1	125	50
福　建	15	857	475	260	127	7	3	363	268
江　西	3	159	93	52	55	5	7	44	69
山　东	2	244	121	122	82		3	75	81
河　南	7	543	301	171	155	3	10	197	214
湖　北	3	339	188	110	48			70	151
湖　南	9	1019	586	383	198			312	530
广　东	4	744	484	241	317	3	3	374	264
广　西	4	664	411	240	196	3	3	329	157
海　南									
重　庆	12	464	232	180	87	4	2	121	152
四　川	20	1628	866	821	419	12	12	835	457
贵　州	25	613	327	292	70	2		182	262
云　南	4	223	135	81	77	1		69	70
西　藏									
陕　西	1	149	58	44	30	5	3	70	27
甘　肃	3	155	90	51	22	1	1	31	85
青　海	1	197	137	103	46			107	42
宁　夏	1	68	52	20	48	8	2	30	30
新　疆	8	560	376	232	110	1	1	229	200

精神病院和医院

单位:个、人、人次、时、张、人天

结构		志愿服务		年末床位数	#光荣间床位	年在院总人天数	年末在院人数	#女性
46岁至55岁人数	56岁及以上人数	志愿者服务人次数	志愿服务时间					
3018	**556**	**3013**	**8593**	**40913**	**1602**	**9587510**	**35653**	**11123**
70	21			564		176165	482	182
81	35			622		214133	622	218
38	4			150		52799	150	45
129	18			858	10	217155	629	181
14	6	285	145	235		70000	225	67
175	23			2240	300	457160	1926	406
273				3083	425	179336	1615	575
400	87	915	5295	5920	13	1210217	5379	1668
11				360		13100	360	136
27	33			278		58440	177	58
193	33			3332	98	967052	3185	849
43	3	132	528	371		85025	347	30
83	5	1130	2105	430		128627	354	68
105	27			965	3	282400	893	511
90	28			571		108589	405	116
144	33			2009	301	326310	1459	539
84	22	50	120	2034		623477	1783	602
154	24			1558		390177	1519	603
159	32	451	250	1944	2	609043	1771	452
280	56			6915	12	1728560	6497	2151
163	6			2173	200	588848	1740	416
72	12			804		303110	884	279
38	14	50	150	500	200	155125	425	120
29	10			300		64641	246	92
32	16			260	38	56460	238	86
8				120		36000	120	50
123	8			2317		485561	2222	623

C-2-16续表

地　区	在院人员按性质分			在院人员按年龄分			在院人员按类型分		
	优抚对象	“三无”对象	自费人员	老人	青壮年	少年儿童	自理（完全自理）	介助（半自理）	介护（不能自理）
全　国	**3002**	**13869**	**18782**	**13166**	**21719**	**768**	**21456**	**10264**	**3933**
中央级									
北　京	5	13	464	112	354	16	364	59	59
天　津		263	359	147	475		622		
河　北									
山　西	4	95	51	22	124	4	99	43	8
内蒙古	55	489	85	161	468		254	294	81
辽　宁		146	79	20	160	45	158	47	20
吉　林	372	1414	140	958	968		1535	349	42
黑龙江	75	1255	285	488	1126	1	720	883	12
上　海									
江　苏	1150	1776	2453	2111	3102	166	3564	1282	533
浙　江		94	266	122	231	7	54	80	226
安　徽		54	123	81	94	2	42	91	44
福　建	302	1110	1773	904	2191	90	2079	995	111
江　西		199	148	114	233		200	121	26
山　东		185	169	123	231		167	141	46
河　南	26	273	594	118	725	50	662	186	45
湖　北		98	307	375	30		340	39	26
湖　南	274	518	667	755	621	83	769	365	325
广　东	45	144	1594	708	1027	48	1582	95	106
广　西	7	273	1239	508	993	18	769	498	252
海　南									
重　庆	106	750	915	763	1008		1220	444	107
四　川	280	1701	4516	2837	3571	89	2603	2298	1596
贵　州	74	641	1025	678	991	71	941	706	93
云　南	140	623	121	287	583	14	394	386	104
西　藏									
陕　西	71	354		78	329	18	400	25	
甘　肃	13	139	94	27	219		159	62	25
青　海	3	8	227	52	186		236	2	
宁　夏			120	80	40		90	30	
新　疆		1254	968	537	1639	46	1433	743	46

单位：人、人次、平方米、万元

康复和医疗门诊人次数	机构建筑面积	增加值合计	执行行政事业单位会计制度财务指标					
			固定资产原价	上年结转和结余	本年收入合计	本年支出合计	经营支出	行政事业单位增加值
1448094	**1074982**	**130117.5**	**156001.7**	**18381.8**	**240890**	**227930**	**956.2**	**130117.5**
24822	12096	3597.5	4975.8	1011.7	13082.4	11873.8		3597.5
20296	13451	4454.1	1898		6101	6033		4454.1
312	8262	1168.4	379		1557	1557		1168.4
14799	19400	2475.1	1483.3	2034.5	4964	4818		2475.1
359	12000	643.4	1644.6		1342.1	952.1		643.4
94580	23300	3824.5	7572.2		6204.7	6447.7		3824.5
215260	35900	2440.6	10951	1303	8371	8624		2440.6
63746	162898	26300.1	26421.4	1525.1	45162.3	39683.1		26300.1
	21500	1963.7	2009.3		3747.1	3747.1		1963.7
26115	17161	1919.8	1074.5	-298.2	3424.1	3244.4		1919.8
316229	92905	8332.8	9902.8	1174.8	19268.7	18478.8	457	8332.8
	8362	1254.4	676.2		1599.6	1673.7		1254.4
4531	23538	2170.3	2674		3105.3	3105.3		2170.3
175356	52917	5071.8	5928	641	9526	9064.5		5071.8
29547	5750	1048.4	1311	41	2732	2781		1048.4
92993	37390	6316.8	9150.9	91.5	10912.9	10711.6		6316.8
41487	3709	11672.7	11899.8	214	16492.7	16649.1		11672.7
2220	57205	5636.1	7301.6	1700.5	12295.1	10531.6		5636.1
59861	82150	5956.1	6547.6	8	10089.4	10048.5	473	5956.1
144404	183483	17524.6	18639.8	4189.4	27754.9	26613.4		17524.6
33470	38861	4510.9	4813.8	287	8326.7	8058.7		4510.9
19263	22282	2418	3398	162.4	5389.7	4544.9		2418
	24759	1512.6	1665.1	1406.3	1898.1	1823.8		1512.6
16714	9501	918	1253.4	357.6	1296.4	1360.7	26.2	918
	18000	972.3	2311	759.9	3262.3	2716		972.3
	9802	61.1	247.6	466.4	1083.1	730.1		61.1
51730	78400	5953.4	9872	1305.9	11901.4	12058.1		5953.4

C-2-17 复退军人

地区	单位数	年末职工人数		受教育程度		职业资格水平		年龄	
			#女性	大学专科人数	大学本科及以上人数	助理社会工作师人数	社会工作师人数	35岁及以下人数	36岁至45岁人数
全　国	**101**	**10447**	**6022**	**3485**	**3075**	**111**	**64**	**3611**	**3660**
中央级									
北　京									
天　津	1	120	60	26	31			39	7
河　北	2	506	333	88	238	1	2	122	178
山　西	7	729	381	272	227	3	4	209	309
内蒙古	2	168	95	72	60		1	48	44
辽　宁	4	559	285	221	134	3	1	78	245
吉　林	3	242	148	45	133	1		79	96
黑龙江	1	46	21	14	25			16	14
上　海	3	573	325	208	112	15	11	241	111
江　苏	1	299	175	79	150		3	116	83
浙　江	1	57	40	11	10				51
安　徽	1	296	135	126	68			96	126
福　建	2	88	60	11	2	3		48	28
江　西	1	3	1						
山　东	13	1489	934	460	738	11	9	629	448
河　南	1	321	191	136	82	12	12	88	131
湖　北	9	1400	818	389	464	3		443	459
湖　南	8	874	577	360	167	3	3	268	377
广　东	10	655	354	171	72	37	12	276	209
广　西	4	541	331	141	104	3	5	305	134
海　南									
重　庆									
四　川	7	508	236	246	63	3	1	192	230
贵　州	8	311	161	172	55	2		86	152
云　南	2	108	61	36	17	1		62	27
西　藏									
陕　西	3	280	125	93	47			44	100
甘　肃	3	108	56	43	34			48	33
青　海									
宁　夏									
新　疆	4	166	119	65	42	10		78	68

精神病院

单位:个、人、人次、时、张、人天

结构		志愿服务		年末床位数		年在院总人天数	年末在院人数	
46岁至55岁人数	56岁及以上人数	志愿者服务人次数	志愿服务时间		#光荣间床位			#女性
2594	**582**	**3453**	**7151**	**26261**	**1649**	**6341881**	**21595**	**5125**
56	18			300		64605	177	10
176	30			880		86887	798	105
177	34			1260	335	354733	1022	186
71	5			502	51	120000	273	60
226	10			1280	15	380399	1120	145
61	6			1259	154	157015	953	333
16				200		1252	109	6
138	83	840	1680	1802		633990	1753	487
85	15			905		288899	905	278
6		342	1001	200		73000	200	26
58	16			500		179406	500	47
12				330		70355	315	92
3				25		8620	25	5
358	54	1986	4413	3016		729646	2252	384
74	28			600		292680	813	2
365	133			3079	280	916101	2871	1119
198	31			2724	46	451066	1780	544
142	28			2414	110	424113	2021	459
88	14			1160	154	300025	1084	302
72	14			960	119	225351	826	133
71	2			1005	45	209110	597	169
18	1			300		98547	258	54
81	55			637	170	193360	529	99
24	3			640	110	48832	151	32
18	2	285	57	283	60	33889	263	48

C-2-17续表

地　区	在院人员按性质分			在院人员按年龄分			在院人员按类型分		
	优抚对象	“三无”对象	自费人员	老人	青壮年	少年儿童	自理（完全自理）	介助（半自理）	介护（不能自理）
全　国	**8266**	**3108**	**10221**	**6988**	**14244**	**363**	**11065**	**8214**	**2316**
中央级									
北　京									
天　津	157		20	46	131		152	10	15
河　北	481	33	284	294	495	9	331	444	23
山　西	646	112	264	373	617	32	651	283	88
内蒙古	46	35	192	40	190	43	269	3	1
辽　宁	353	165	602	327	793		1019	58	43
吉　林	218	322	413	488	460	5	323	500	130
黑龙江	89	20		109			109		
上　海		172	1581	517	1236		777	976	
江　苏	299	43	563	213	686	6	107	637	161
浙　江	64		136	53	141	6	176	20	4
安　徽	325	25	150	78	418	4		500	
福　建	68	135	112	193	122		120	4	191
江　西	25			25			25		
山　东	1706	239	307	897	1355		1711	432	109
河　南	361		452	77	736		813		
湖　北	639	637	1595	545	2276	50	1646	1021	204
湖　南	775	324	681	733	996	51	284	599	897
广　东	731	338	952	580	1337	104	875	987	159
广　西	279	133	672	350	711	23	335	660	89
海　南									
重　庆									
四　川	339	146	341	354	462	10	478	267	81
贵　州	58	84	455	150	442	5	387	169	41
云　南	67	56	135	27	228	3		258	
西　藏									
陕　西	452	8	69	276	241	12	372	127	30
甘　肃	60	81	10	112	39		36	96	19
青　海									
宁　夏									
新　疆	28		235	131	132		69	163	31

单位：人、人次、平方米、万元

康复和医疗门诊人次数	机构建筑面积	增加值合计	执行行政事业单位会计制度财务指标					
			固定资产原价	上年结转和结余	本年收入合计	本年支出合计	经营支出	行政事业单位增加值
1019818	**1678301**	**94889.2**	**197546.4**	**38172.7**	**182804**	**178204.1**		**94889.2**
25200	9677	1560.7	4212	10	2046	2036		1560.7
43715	511736	4499.1	9976	109	9265	10137		4499.1
121969	73034	5032.7	12713.9	3261.3	8096.6	11069.2		5032.7
846	15504	4396.4	1103		7019	7019		4396.4
5706	53798	4936.6	7825.1	1077.7	10254.8	9851.2		4936.6
8340	20851	1923.5	2050	12.1	4454	4454		1923.5
	1200	94	2350		497	497		94
4583	81738	8817.5	16278.1	2152.1	11750.9	12552.9		8817.5
37741	37741	5631.4	19259.5	3098.2	7266.2	8621.3		5631.4
	21500	1109.3	845.4	366.1	1931.3	1674.5		1109.3
37969	13000	1908.4	2178.5		4979.5	3072.7		1908.4
	4092	779.9	215.2		1228.3	1219.6		779.9
	500	0.7	16.6		5.5	5.5		0.7
111161	149222	12141	24875.2		26528.6	26528.6		12141
25020	3000	3878.6	4604.5	391	9081.2	7629.1		3878.6
62275	244827	12001	32469.3		24006	22159.4		12001
189266	135800	8301.5	7415.3		15559.4	14670		8301.5
37374	60361	7270.8	27667.8	18698.7	10624.8	9877.9		7270.8
125413	76297	3057.9	4774.6	414	9004.5	8212.5		3057.9
54148	37127	2336.5	3679		3863.5	3863.5		2336.5
20954	22982	2287.3	3319.9	178.2	5252.1	4641.1		2287.3
4370	56480	706.7	2410	2466.7	1798.5	2280.4		706.7
20460	35076	1449.3	3489	3561.4	3231.8	2771.2		1449.3
77273	6658	592.8	3301.9	2376.2	4440.9	2741.9		592.8
6035	6100	175.7	516.6		618.6	618.6		175.7

C-2-18 儿童

地区	单位数	年末职工人数	#女性	受教育程度		职业资格水平		年龄	
				大学专科人数	大学本科及以上人数	助理社会工作师人数	社会工作师人数	35岁及以下人数	36岁至45岁人数
全　国	**463**	**11049**	**7720**	**3277**	**2629**	**250**	**236**	**4609**	**3883**
中央级									
北　京	12	509	399	138	209	9	7	187	215
天　津	2	126	83	33	60	5	10	55	35
河　北	9	78	42	6	9			40	30
山　西	8	117	57	22	18	2	5	31	45
内蒙古	7	241	141	109	58	8	11	116	65
辽　宁	8	365	227	107	182	6	4	122	118
吉　林	11	261	151	20	46	1		81	131
黑龙江	13	427	283	166	95	2	2	203	145
上　海	6	516	436	109	122	30	27	222	96
江　苏	14	500	369	219	123	20	23	123	184
浙　江	14	331	264	97	143	6	9	123	118
安　徽	35	823	537	187	119	5	12	286	288
福　建	10	139	93	47	45	5	2	45	65
江　西	3	72	50	11	9		1	25	21
山　东	18	503	355	171	208	13	8	252	141
河　南	12	365	277	51	63	3	13	188	103
湖　北	51	1318	960	449	156	5	14	569	481
湖　南	20	335	234	106	46	10	5	122	142
广　东	34	838	652	162	52	39	14	303	358
广　西	7	435	348	117	153	6	3	210	148
海　南	2	22	10	4	1			8	7
重　庆	6	295	221	109	156	11	4	211	50
四　川	22	405	277	137	110	30	11	165	145
贵　州	16	190	120	78	39	2	2	67	79
云　南	23	253	162	50	84	2	12	123	85
西　藏	13	106	57	31	5	2		55	51
陕　西	10	233	139	79	64	5	3	103	76
甘　肃	18	290	135	72	55	1	3	124	107
青　海	5	132	115	59	14	4		72	46
宁　夏	6	208	163	45	77	3	8	98	78
新　疆	48	616	363	286	108	15	23	280	230

收养机构

单位：个、人、人次、时、张、人天

结构		志愿服务		年末床位数	#光荣间床位	年在院总人天数	年末在院人数	#女性
46岁至55岁人数	56岁及以上人数	志愿者服务人次数	志愿服务时间					
2224	**333**	**16204**	**39642.2**	**77137**	**965**	**14443736**	**52072**	**19393**
86	21	57	140	1444		420410	1121	439
31	5	4175	2087.5	823		262054	568	276
8				595	34	94903	389	46
38	3	6	12	1660		411010	1483	73
51	9			1501		289362	923	347
115	10			3134		841185	2360	885
46	3			1907	25	221334	1266	155
79				2339		391997	1638	490
160	38			2455		805397	2289	966
168	25	1432	6007	2468	4	566486	1665	680
85	5	170	908	2210		491223	1981	655
189	60	958	3890	5134		1011389	2973	1159
23	6			1448		303670	833	350
23	3	132	528	900		64367	651	91
100	10	6056	17183	6916		930876	2969	1202
73	1			2273		748095	2205	921
202	66	1204	3942	5005	145	724903	2707	1478
68	3	120	500	3538	527	731411	2873	1685
168	9	75	180	4259		604303	2183	813
69	8	200	300	972		237085	734	241
7				135		12495	84	45
32	2	1290	2565	2640		302295	1420	707
81	14			2999	1	678607	2145	899
43	1	10	20	1883	151	348639	1138	659
42	3	56	150	2793		401672	1768	356
		59	617.7	1439		365962	1423	626
52	2	204	612	2520		670950	2200	746
48	11			2634	3	189908	2301	557
12	2			1539		234923	799	398
25	7			1103		71870	341	22
100	6			6471	75	1014955	4642	1426

C-2-18续表

地　区	在院人员按性质分			在院人员按年龄分			在院人员按类型分		
	优抚对象	“三无”对象	自费人员	老人	青壮年	少年儿童	自理（完全自理）	介助（半自理）	介护（不能自理）
全　国	**2197**	**47834**	**2041**	**1252**	**1728**	**49092**	**20808**	**11933**	**19331**
中央级									
北　京		1104	17	1	118	1002	424	161	536
天　津		568				568	128	74	366
河　北		389			31	358	332	34	23
山　西		1409	74			1483	266	47	1170
内蒙古		923			10	913	345	157	421
辽　宁	1541	808	11		157	2203	1634	646	80
吉　林	8	1188	70	117	14	1135	902	56	308
黑龙江	140	1390	108	129	31	1478	1218	278	142
上　海		2085	204			2289	288	408	1593
江　苏	4	1615	46	86	265	1314	453	279	933
浙　江		1555	426	81	77	1823	728	378	875
安　徽	27	2816	130	246	290	2437	628	900	1445
福　建		833			24	809	230	418	185
江　西		651			200	451	537		114
山　东		2969				2969	484	848	1637
河　南		2205		6	2	2197	948	728	529
湖　北		2538	169	15	21	2671	906	648	1153
湖　南	26	2675	172	18	18	2837	767	659	1447
广　东	3	1861	319	85	10	2088	671	369	1143
广　西		734			131	603	108	283	343
海　南		84				84	30	11	43
重　庆		1416	4			1420	354	348	718
四　川		2132	13	144	6	1995	555	554	1036
贵　州		1137	1	50	25	1063	625	338	175
云　南	360	1408		121	156	1491	446	999	323
西　藏	86	1337				1423	1391	32	
陕　西		2200			39	2161	221	1157	822
甘　肃	2	2256	43	16		2285	883	618	800
青　海		799				799	616	183	
宁　夏		341				341	107	2	232
新　疆		4408	234	137	103	4402	3583	320	739

单位：人、人次、平方米、万元

康复和医疗门诊人次数	家庭寄养儿童数量	机构建筑面积	增加值合计	执行行政事业单位会计制度财务指标					
				固定资产原价	上年结转和结余	本年收入合计	本年支出合计	经营支出	行政事业单位增加值
468473	**19848**	**2100653**	**93644.9**	**288491.1**	**28486.6**	**186134.6**	**179587.4**		**93644.9**
9623	784	60684	7121.1	16475.2	988.9	14210.1	13697.2		7121.1
	270	20251	2115.8	1243	1290.6	4069.2	4125.8		2115.8
	98	9553	285.2	657.2		452.1	452.1		285.2
690	1057	33854	2160.7	5012.8	376	3266	2822.9		2160.7
	20	43701	2304.5	4205.4	351.4	6900.5	5887.2		2304.5
23235	231	103344	3771.5	8615.5	2034.8	8893.9	9172.4		3771.5
963	11	17036	1488.1	7575.3	12.1	3527.8	3529.8		1488.1
475	196	87510	3721.5	20547.9	234	13342.5	7297.3		3721.5
	1476	38176	4263	17897.5	1309.5	11771.5	11719.5		4263
18179	261	75579	7668.6	8778.9	3909	12453.1	11887.6		7668.6
33984	378	62183	6637.2	13683.1	845.7	9766.5	9577.7		6637.2
13526	421	197441	4907.6	17365.7	273.2	8285.7	7078.8		4907.6
105	715	24179	1806.9	2218.7	555.2	3905.1	3333		1806.9
	2	15750	408.5	1558.8		559.7	560.3		408.5
60196	177	214046	5560.2	20630.4		13287.5	13287.5		5560.2
1183	517	72732	1431.7	4179.4	286	2986.2	3143.2		1431.7
22733	948	90232	4661.5	10626.7	36.1	7701.6	7709.8		4661.5
4470	1558	56852	3604	6713.1		4779.1	4577.8		3604
109292	124	123048	2970.1	11257.3	1622.2	7245.9	7588.2		2970.1
3233	87	48504	1535	3303.7		2816	3087.3		1535
84	6	9892	422.2	1256.3	104	605	681.7		422.2
34460	33	118550	3547.9	5827.8	182.1	8089.8	7737.8		3547.9
19439	479	98261	5927.8	15878.9	5516.6	9346.4	13637.1		5927.8
602	262	25718	1735.9	3339.6	1504.8	5173.6	3242		1735.9
2595	1722	86507	1794.5	11155.9	683.1	3599	3599		1794.5
		91829	524.2	8322		626.4	626.4		524.2
66	358	52424	2526.9	5104.4	2265.4	5906.4	5595.7		2526.9
18504	43	64709	1789.9	12119.3	625.8	3247.6	2770.4		1789.9
		14925	144.4	3530		331	331		144.4
102	96	24824	1155.5	6754.3	1080.9	190.6	1980.3		1155.5
90734	7518	118359	5653	32657	2399.2	8798.8	8850.6		5653

C–2–19 流浪儿童

地　区	单位数	年末职工人数	#女性	受教育程度		职业资
				大学专科人数	大学本科及以上人数	助理社会工作师人数
全　国	**261**	**2030**	**759**	**684**	**424**	**41**
中央级						
北　京	2	51	22	19	31	5
天　津						
河　北	2	38	7	3	6	
山　西	3	18	7	5	3	
内蒙古						
辽　宁	2	23	6	14	7	
吉　林						
黑龙江	1	5	5		5	
上　海	1	65	57	24	6	1
江　苏	18	32	13	8	9	
浙　江	1	23	6	5	11	
安　徽	6	35	5	15	1	
福　建						
江　西	12	110	37	58	21	6
山　东	5	23	11	10	8	
河　南	4	33	10	19	5	
湖　北	78	547	210	119	127	3
湖　南	40	462	165	159	59	2
广　东	4	118	39	42	11	10
广　西	7	72	27	21	29	1
海　南						
重　庆	5	24	7	10	8	
四　川	37	142	55	66	35	6
贵　州	5	38	14	20	7	
云　南	5	11	8	5	1	
西　藏	1	16	5	2	3	
陕　西						
甘　肃	10	82	28	29	14	7
青　海						
宁　夏	5	32	4	17	9	
新　疆	7	30	11	14	8	

救助保护中心

单位:个、人、人次、时

格水平	年龄结构				志愿服务	
社会工作师人数	35岁及以下人数	36岁至45岁人数	46岁至55岁人数	56岁及以上人数	志愿者服务人次数	志愿服务时间
39	**781**	**703**	**387**	**159**	**605**	**1676.7**
2	20	15	14	2		
	3	7	27	1		
	5	4	9			
	5	7	8	3		
	3	2				
3	38	14	13		48	96
1	14	13	5		5	120
	8	4	8	3		
	5	19	10	1		
	48	37	20	5		
	14	9			192	438.7
1	22	10	1			
8	228	173	104	42	137	62
15	178	198	67	19	123	460
4	33	14	14	57		
1	19	25	24	4		
	8	13	3			
4	54	60	17	11		
	11	14	10	3		
	8	3				
	8	6	2			
	23	33	18	8	100	500
	10	16	6			
	16	7	7			

C-2-19续表1

地区	本年在站救助人次数	从其他站转入的	儿童	老年人	残疾人	女性
全国	**65316**	**6556**	**41112**	**2540**	**2822**	**9695**
中央级						
北京	636		636			37
天津						
河北	104		104			4
山西	22					
内蒙古						
辽宁	28		28			3
吉林						
黑龙江	89		89			43
上海	189		189			67
江苏	1575	250	1129			97
浙江	501		501		10	135
安徽	1385	55	1196		106	67
福建						
江西	7675	756	1394	1377	399	714
山东	440	50	440		33	72
河南	1332		820	25	50	30
湖北	9379	1429	8103	5	42	2829
湖南	17614	1761	8716	280	1813	2924
广东	757	377	757		2	119
广西	7103	343	6891		61	576
海南						
重庆	1336	380	1286		42	356
四川	6268	901	5818	186	38	664
贵州	1007	126	995	12	66	56
云南	128	30	28	6	1	13
西藏	289	12	289		7	91
陕西						
甘肃	1689	46	1088	102	4	8
青海						
宁夏	4560	40	424	310	92	613
新疆	1210		191	237	56	177

单位：人次、张

救治的危重病人、精神病人	自主返乡	跨省接送	床位数	成年人床位数	儿童床位数
840	**2838**	**5139**	**10038**	**1882**	**8156**
		198	468		468
		3	230	150	80
		1	60		60
1			70		70
			100	80	20
			100		100
8	20	22	634	5	629
51	250		250		250
36		63	554	50	504
32	204	461	499	160	339
21		22	292		292
150	100		235	130	105
45	80	2523	1506	155	1351
130	599	198	1489	400	1089
12	346	164	335	60	275
20	20	143	340	20	320
43	160	155	209	14	195
108	583	345	986	90	896
15			353	216	137
	80		142	24	118
		10	60	60	
49	221	18	643	90	553
88	47	813	268	128	140
31	128		215	50	165

C-2-19续表2

地区	年末在站人数			本年在站人天数	本年不在站救助人次数	增加值合计
		女性	儿童			
全国	**1778**	**432**	**1132**	**249359**	**22305**	**13268.1**
中央级						
北京	42	42		23763		945.1
天津						
河北	14		1	1465	246	15.8
山西						22.2
内蒙古					320	
辽宁				464		322
吉林						
黑龙江	14		14	400		182.7
上海	62		62	18591		374.4
江苏	30	4	20	3587	23	88.8
浙江	12	6	12	9220		455.6
安徽	20		20	3870	200	41
福建					683	
江西	127			7226	59	332.1
山东	23	5	23	3058	332	114.1
河南	31	25	31	6820	6527	21.2
湖北	292	120	180	46391	5642	2681.2
湖南	290	71	174	42610	3330	1992.6
广东	144		144	3431		3656
广西	35		15	4907	320	334.5
海南						
重庆	19		19	15235		178.8
四川	69		52	28158	3219	169.4
贵州	135		1	18345		453.7
云南	3	2	3	442	553	28.3
西藏						99.6
陕西					2	
甘肃	382	154	359	6376	248	358
青海						
宁夏	22	2	2	1408	95	241.7
新疆	12	1		3592	506	158.6

单位：万元、人天、人次、人

执行行政事业单位会计制度财务指标					
固定资产原价	上年结转和结余	本年收入合计	本年支出合计	经营支出	行政事业单位增加值
26972.2	**1250.3**	**21628.6**	**20384.6**		**13268.1**
578	342.3	1966.9	1891.1		945.1
45		26	26		15.8
555		170.2	55.2		22.2
283.9		461.9	444.4		322
111	96.5	252.8	260		182.7
351.1	189.2	1054.8	847.2		374.4
54.9	1.7	242.2	241.4		88.8
816		621.3	621.3		455.6
360		58.4	58.4		41
3582.2		455.5	466.3		332.1
1364.9		305.1	305.1		114.1
381	350.9	505	501		21.2
6630.5		6414.6	6414.6		2681.2
3176.8	11.7	2467.5	2625.9		1992.6
3238.4		2673.2	2672.8		3656
593.6		880.5	531.6		334.5
445.3		214.3	214.3		178.8
641.8		315.4	335.4		169.4
236.5	62.9	973.9	480.3		453.7
217		63.2	28.5		28.3
340		90	90		99.6
1687	105.1	701.6	669.8		358
495	90	469.3	363.3		241.7
787.3		245	240.7		158.6

C-2-20 生活无着人员

地区	单位数	年末职工人数		受教育程度		职业资
			#女性	大学专科人数	大学本科及以上人数	助理社会工作师人数
全国	**1770**	**16866**	**5743**	**6011**	**3967**	**313**
中央级						
北京	21	610	260	135	221	15
天津	12	199	61	55	38	2
河北	70	478	133	111	78	2
山西	78	580	205	210	105	4
内蒙古	36	401	101	139	105	2
辽宁	59	822	261	360	247	7
吉林	49	648	252	168	161	2
黑龙江	81	773	242	303	165	5
上海	19	356	96	140	95	12
江苏	68	678	256	212	240	31
浙江	78	551	180	183	197	5
安徽	39	338	97	111	102	10
福建	62	351	105	95	85	3
江西	87	593	197	190	100	12
山东	49	426	139	165	149	12
河南	74	960	328	386	158	11
湖北	87	805	294	273	145	5
湖南	105	980	308	412	130	14
广东	77	1726	576	620	355	79
广西	39	369	124	98	112	15
海南	8	91	36	26	26	2
重庆	38	304	106	132	116	7
四川	142	1094	406	431	252	30
贵州	66	333	121	136	77	2
云南	88	484	173	206	138	3
西藏	6	47	14	8	8	
陕西	89	899	336	298	109	8
甘肃	43	381	141	148	84	5
青海	10	59	17	37	11	1
宁夏	11	77	19	30	20	4
新疆	79	453	159	193	138	3

救助管理站

单位：个、人、人次、时

格水平	年龄结构				志愿服务	
社会工作师人数	35岁及以下人数	36岁至45岁人数	46岁至55岁人数	56岁及以上人数	志愿者服务人次数	志愿服务时间
320	**5583**	**6070**	**4213**	**1000**	**17412**	**60674**
8	263	175	141	31		
4	66	50	64	19	2006	4400
6	141	167	141	29	823	6503
6	228	173	147	32	216	433
7	87	128	154	32	31	180
13	254	252	255	61	120	400
	170	286	160	32	120	200
4	228	298	211	36	22	98
24	99	82	120	55		
36	212	233	183	50	1761	11843
10	187	219	116	29	3762	10113
8	85	108	121	24	191	754
18	125	108	98	20	27	162
2	180	248	127	38	132	528
15	150	145	104	27	4265	9923
21	387	333	205	35	83	69
8	267	330	159	49	349	305
15	381	417	143	39	1553	6086
42	534	600	483	109	85	1962
15	94	117	105	53	200	1600
2	26	32	31	2		
3	72	113	95	24	734	1355
27	393	410	238	53	191	500
1	109	112	94	18	111	239
7	144	211	112	17		
	26	14	7			
11	353	322	177	47	99	871
2	133	129	95	24	520	2150
1	15	26	15	3		
	15	42	19	1	1	
4	159	190	93	11	10	

C-2-20续表1

地区	本年在站救助人次数	从其他站转入的	儿童	老年人	残疾人	女性
全国	**2215228**	**147528**	**110958**	**287818**	**183242**	**373567**
中央级						
北京	250219	7731	3850	18473	6746	74521
天津	18145	227	408	1506	832	1411
河北	67146	3407	2582	9436	4912	9015
山西	61784	1593	3032	12829	7255	6060
内蒙古	50978	2093	1301	9044	4737	8107
辽宁	47971	2540	2316	8442	4189	8807
吉林	54403	2899	2616	7451	5080	9509
黑龙江	29472	1712	1802	5837	3929	5749
上海	35329	200	3008	3297	2786	7390
江苏	61575	4505	2645	5796	3160	11543
浙江	52062	1451	2633	5617	2265	8261
安徽	82143	6806	3296	12542	7900	10925
福建	70238	3791	2574	8045	3321	5896
江西	99959	7573	5998	18332	10589	8635
山东	76751	5847	6123	9505	7462	13048
河南	116557	11309	7594	13456	11512	19846
湖北	151358	13063	231	17363	11787	24864
湖南	188371	12184	10544	35881	28735	33768
广东	132961	9203	6136	17172	6587	17252
广西	42682	7398	2520	2467	1394	5442
海南	9568	183	590	601	751	907
重庆	52575	3621	1638	6945	4164	9584
四川	199305	20837	15909	23513	16342	28501
贵州	63986	6160	6304	8152	5455	6639
云南	47559	3627	3759	5924	6674	7054
西藏	13244	43	904	606	939	5067
陕西	69398	3921	3385	9828	6934	15127
甘肃	27152	2488	1438	5124	1916	4995
青海	17639	139	3477	717	3594	2143
宁夏	7379	45	441	766	231	727
新疆	17319	932	1904	3151	1064	2774

单位：人次、张

救治的危重病人、精神病人	自主返乡	跨省接送	床位数	成年人床位数	儿童床位数
140765	**934862**	**118140**	**89863**	**73434**	**16429**
5479	9998	4791	6758	6578	180
1596	12804	409	1134	1063	71
3836	42658	3985	2771	2163	608
2373	20587	2190	2192	1444	748
5387	14583	3172	1954	1509	445
3533	20372	2148	4452	3355	1097
3844	16253	3427	2894	2340	554
1460	10779	1513	2470	1889	581
1214	17567	793	1318	1084	234
6374	35379	6712	3755	3168	587
5892	32054	1591	3336	2972	364
5248	44196	8218	3226	2212	1014
1766	39756	1265	2191	1729	462
4421	37564	5445	3491	2672	819
2837	32884	10039	3188	2521	667
8405	55858	4367	5448	4377	1071
10885	88898	10872	3822	2945	877
19333	85499	10916	4395	4070	325
6236	64370	4564	7399	6032	1367
4380	17315	808	1869	1394	475
1808	6188	240	322	246	76
3094	36261	906	1287	1117	170
13104	81219	16199	6935	5641	1294
2226	26581	2653	2376	1616	760
2586	20604	1169	1806	1625	181
31	2497	36	577	577	
4028	44219	3422	4303	3926	377
1824	12282	2994	1370	1167	203
5257	1447	20	273	214	59
295	891	1001	338	219	119
2013	3299	2275	2213	1569	644

C-2-20续表2

地　区	年末在站人数	#女性	#儿童	本年在站人天数	本年不在站救助人次数	增加值合计
全　国	**20730**	**2660**	**2861**	**5505015**	**462912**	**141164.7**
中央级						
北　京	2616	104	626	948918	209	6947.9
天　津	449	87	62	74801	286	2842
河　北	702	46	45	245370	22429	3169.1
山　西	304	35	14	83190	16871	3168.2
内蒙古	147	37	20	97275	14135	2908
辽　宁	840	40	137	123083	4756	6190.2
吉　林	914	7	421	56063	652	3874.4
黑龙江	430	24	27	48732	1828	3547
上　海	509	137	54	182263	673	4869.5
江　苏	883	204	34	310413	3744	8744.1
浙　江	693	109	37	135950	3772	6762.7
安　徽	577	156	12	232295	75445	3504.8
福　建	278	41	52	104037	13273	3095.5
江　西	379	5	18	186974	14260	2443.9
山　东	652	38	51	310117	44683	5764.9
河　南	947	200	166	309799	19450	4563.5
湖　北	1324	416	112	457551	43149	4623.7
湖　南	1125	91	118	275833	43876	5877.9
广　东	2328	434	156	411238	21248	25916.2
广　西	251	16	28	65705	6650	2294.4
海　南	99	25	9	19878	5349	1394.3
重　庆	188	32	5	113822	6742	4045.8
四　川	1257	117	248	337288	35785	8220.4
贵　州	445	58	56	88828	26419	2429.4
云　南	202	29	7	32115	10502	3258.6
西　藏	41			64		116.9
陕　西	1353	92	118	117109	15385	5350.3
甘　肃	349	13	95	52611	1582	1972.1
青　海	1			265	5807	269.4
宁　夏	37	4	2	23308	1028	494.7
新　疆	410	63	131	60120	2924	2505.1

单位：万元、人天、人次、人

执行行政事业单位会计制度财务指标					
固定资产原价	上年结转和结余	本年收入合计	本年支出合计	经营支出	行政事业单位增加值
253189.4	**24269.8**	**283809.4**	**262543.1**	**1**	**141164.7**
5458.2	4629.3	23281.5	22548.8		6947.9
1550.3	1723	5208.1	4131		2842
4583.6	394	9078.2	7324.8		3169.1
3327.6	695	5761.6	4789.4		3168.2
4826.3	480.9	6648.1	6537.9		2908
11581.5	197.9	11179.4	11036.7		6190.2
4596.4	13.9	5745	5869.3		3874.4
8204	278.4	4777.6	4776.4		3547
16973.6	2117.2	16969.1	12255.3		4869.5
22421.6	731.8	15432.6	16153.5		8744.1
9549.6	1337	13898.9	13846.1		6762.7
5707.1	290.8	8517.5	6948.4		3504.8
3917.1	878.2	6242.2	5246.2		3095.5
4348.7	398.9	6088.1	5063.5		2443.9
11914.2		10232.7	10037.8		5764.9
6813.7	867.8	10450.8	8800.4	1	4563.5
7074.6		10556.5	10260.1		4623.7
7788.1	845.9	13465.2	13852.1		5877.9
44911.2	1416.2	36735.5	36138.1		25916.2
4869.5	781.8	6085.7	5313.5		2294.4
2205	182	2666.3	1887.4		1394.3
5511.3	169.1	6430.9	6379		4045.8
23621.7	2476.5	15190.6	14585.5		8220.4
2603.2	827.4	6138.1	4622.4		2429.4
5254.6	687.7	5450.1	5558.4		3258.6
2644.5		441.7	440.1		116.9
7664.4	15	8383.4	8309.7		5350.3
4275.4	264.4	3482	2822.8		1972.1
444.2		869.9	869.9		269.4
728.5	140	898.5	838		494.7
7819.7	1429.7	7503.6	5300.6		2505.1

C-2-21 军

地区	单位数	年末职工人数	#女性	受教育程度 大学专科人数	大学本科及以上人数	职业资 助理社会工作师人数
全国	**328**	**5808**	**2442**	**1843**	**1031**	**45**
中央级						
北京	1	48	14	5	25	
天津	1	24	3	1	6	
河北	9	100	26	27	29	
山西	6	129	51	58	22	1
内蒙古	5	106	30	48	25	3
辽宁	12	214	71	76	50	3
吉林	11	228	90	89	40	3
黑龙江	11	174	67	77	46	2
上海	1	52	12	14	6	2
江苏	16	282	131	118	53	1
浙江	11	167	80	41	25	5
安徽	36	650	360	131	26	4
福建	12	148	84	26	18	
江西	13	296	112	92	20	
山东	19	299	112	121	79	8
河南	25	592	254	183	131	
湖北	9	247	86	82	42	
湖南	12	288	140	103	38	1
广东	14	263	123	87	75	5
广西	12	293	130	86	74	3
海南	2	37	15	5	5	
重庆	4	65	22	24	29	
四川	15	220	75	85	32	1
贵州	9	93	36	24	17	1
云南	24	336	168	88	43	
西藏	1	4		2	1	
陕西	10	149	62	54	15	
甘肃	9	151	44	33	32	2
青海	4	37	10	12	8	
宁夏	1	9	1	6	3	
新疆	13	107	33	45	16	

供站

单位:个、人、人次、时

格水平	年龄结构				志愿服务	
社会工作师人数	35岁及以下人数	36岁至45岁人数	46岁至55岁人数	56岁及以上人数	志愿者服务人次数	志愿服务时间
33	**1227**	**2198**	**1892**	**491**	**1840**	**7999**
	6	19	13	10		
			8	16		
1	21	20	44	15	10	60
1	23	54	42	10		
1	31	37	30	8		
2	38	74	78	24		
3	32	123	61	12		
4	52	67	47	8		
	4	9	27	12		
5	16	58	158	50	152	608
3	16	50	84	17		
1	109	295	190	56	382	818
	23	72	44	9		
1	58	123	86	29	132	528
2	68	106	102	23	1057	2579
3	191	230	136	35		
2	73	84	73	17	1	2880
	60	121	89	18		
1	73	89	80	21	6	26
2	51	124	97	21		
	5	21	8	3		
	29	16	17	3		
	39	66	99	16		
1	36	26	30	1		
	49	165	96	26		
	2	2				
	39	52	47	11		
	35	54	52	10	100	500
	13	10	12	2		
	1	3	5			
	34	28	37	8		

C-2-21续表

地区	增加值合计	执行企业会计制度单位财务指标					
		固定资产原价	营业收入	费用合计	营业利润	企业单位增加值	固定资产原价
全　国	**46513.7**	**7172.3**	**1474.9**	**2302.5**	**-233.5**	**1194.5**	**120611.5**
中央级							
北　京	924.1						2076
天　津	233.6						336
河　北	1049.7						2588.6
山　西	599.9						706.9
内蒙古	979.9						2004.7
辽　宁	1051.3		142	142			4794.8
吉　林	1218						1734.8
黑龙江	1239.9						5971.1
上　海	892						2680.3
江　苏	2258.7	2493.4	782.9	1363	-242.5	310.2	4210.2
浙　江	3763.1	123	46	45	-1	21.5	12718.6
安　徽	2990.8	3326	249	284.3	6	656.7	8366.8
福　建	1165.3	289					2926.7
江　西	1162.3						6339.7
山　东	2152.5						4190.8
河　南	3515.9	940.9	255	468.2	4	206.1	8974.3
湖　北	1615.7						2093.9
湖　南	1454.8						3154.1
广　东	4329.3						11640.2
广　西	2581						6352.7
海　南	271.8						816.4
重　庆	665.2						1225.4
四　川	2145.7						4435
贵　州	969.5						954.5
云　南	2415.2						8850.7
西　藏							
陕　西	799.1						1509.8
甘　肃	1544.2						1973.8
青　海	108.8						487.6
宁　夏	157.5						665
新　疆	2259						5832.1

单位：万元、张、人次

执行行政事业单位会计制度财务指标					床位数	接待人次数	
上年结转和结余	本年收入合计	本年支出合计	经营支出	行政事业单位增加值			#接待军队人次数
7289.7	**68959**	**72054.4**	**486.9**	**45319.2**	**38240**	**7354190**	**3578718**
	1924	3129		924.1	349	140000	140000
2166	1778	2302		233.6	200	20000	20000
421.9	1643.9	1730.6		1049.7	451	156521	116380
12	791.3	925.6		599.9	318	55166	21199
148	1409	1544		979.9	483	80735	80735
	2019.9	2020		1051.3	1401	57590	31942
	2254.4	2218.4		1218	966	114427	61105
198.5	1864	1922.8		1239.9	1259	129034	30910
221.5	1123.5	1259.6		892	179	46793	14469
-6.1	2834	2931	140	1948.5	1769	219692	115271
-574.8	6750.2	7001.6		3741.6	1490	2339913	169992
10.5	1944.4	1944.7	3.7	2334.1	2365	296152	175123
60.5	1643.4	1610.3		1165.3	1197	122795	114329
344.6	1570.9	1699.1	194.5	1162.3	1259	221094	153509
	3276.9	3276.9		2152.5	2275	299066	283332
290	4890	5051.1		3309.8	3259	573479	291478
-60.4	2512.4	2461		1615.7	1840	90808	77404
0.4	2261.2	2263.9		1454.8	1413	237468	180046
775.8	5638.6	5073		4329.3	4514	404413	252468
214.6	3825.6	3550.4	20.1	2581	1598	116999	102819
109.3	706.9	644	108.2	271.8	89	31295	18600
	1491.7	1491.7		665.2	76	157280	157280
58.9	2644	2702.7		2145.7	3467	310965	285660
-172.2	1699.9	1643.7		969.5	476	168265	132435
1425.6	3507.6	4717.4	20.4	2415.2	2609	509469	217676
	74.6	74.6					
	1065.9	1100.7		799.1	441	95859	90609
1522.9	2808.7	2699.7		1544.2	1038	86274	76774
4.4	456	460.4		108.8	156	120000	120000
	247.3	298.7		157.5		3550	
117.8	2300.8	2305.8		2259	1303	149088	47173

C-2-22 其他提供

地区	单位数	年末职工人数		受教育程度		职业资
			#女性	大学专科人数	大学本科及以上人数	助理社会工作师人数
全　国	**695**	**7186**	**4470**	**1296**	**679**	**37**
中央级						
北　京	5	186	113	42	16	2
天　津						
河　北	291	1107	637	298	224	
山　西	13	63	34	1		
内蒙古	3	42	18	16	7	
辽　宁	52	490	367	104	30	
吉　林	11	93	36	8	7	1
黑龙江	15	528	372	14	5	2
上　海						
江　苏	24	233	169	28	9	
浙　江	3	95	68	3	2	
安　徽	8	71	38	8	4	4
福　建	97	1153	707	15	9	
江　西						
山　东						
河　南	9	97	55	12	5	3
湖　北	1	20	12			
湖　南	5	9	3	1	1	
广　东	71	849	471	302	120	11
广　西	3	17	15	1		2
海　南	2	5	2	1		
重　庆						
四　川	46	1831	1208	376	198	4
贵　州	16	129	88	42	13	4
云　南	10	116	45	23	23	4
西　藏						
陕　西						
甘　肃	2	7	3		6	
青　海	3	30				
宁　夏						
新　疆	5	15	9	1		

住宿机构

单位:个、人、人次、时

格水平	年龄结构				志愿服务	
社会工作师人数	35岁及以下人数	36岁至45岁人数	46岁至55岁人数	56岁及以上人数	志愿者服务人次数	志愿服务时间
22	**2211**	**2122**	**1613**	**1240**	**1410**	**7676**
	45	63	49	29	209	868
	461	265	129	252	936	5480
	47	9	4	3		
	7	16	17	2		
1	108	151	186	45		
	37	40	16			
	258	18	18	234		
	49	122	53	9	45	90
	56	28	11		58	168
	26	21	14	10	100	210
	279	409	333	132		
	21	34	27	15		
	3	12	5			
	1	8				
15	360	261	201	27		
	3	3	8	3		
	1	2	2			
2	348	543	469	471	20	20
	39	60	30		42	840
4	42	31	35	8		
		6	1			
	20	10				
		10	5			

C-2-22续表1

地　区	年末床位数	#光荣间床位	年在院总人天数	年末在院人数	#女性	在院人员按性质分		
						优抚对象	“三无”对象	自费人员
全　国	**46300**	**1913**	**5059201**	**25787**	**6925**	**664**	**6746**	**18377**
中央级								
北　京	1540		123179	341	200		5	336
天　津								
河　北	8931	1756	730858	5850	166	50	236	5564
山　西	568		60320	97	22		75	22
内蒙古	530	5	81905	254	51	2	143	109
辽　宁	4238		596942	2801	988	20	376	2405
吉　林	1573	34	266792	769	228	182	272	315
黑龙江	1831	20	157457	1617	288	20	1296	301
上　海								
江　苏	3197	28	145199	706	181	28		678
浙　江	402		7166	164		8		156
安　徽	1211		90121	247	34		98	149
福　建	3727		181040	1400	700			1400
江　西								
山　东								
河　南	816	20	117950	400	190	22	22	356
湖　北	80		4700	47			11	36
湖　南	177	17	4877	171			171	
广　东	5796		308763	2305	988	43	1289	973
广　西	112		28625	89	54		45	44
海　南	40		8500	25			20	5
重　庆								
四　川	9013	31	1671191	6505	2442	282	1208	5015
贵　州	781	2	138260	459	149		101	358
云　南	1060		249452	925	177	5	884	36
西　藏	335		10961	331	32		331	
陕　西								
甘　肃	88		270	56	1	1		55
青　海	164		59204	164		1	163	
宁　夏								
新　疆	90		15469	64	34			64

单位：张、人天、人、人次、平方米

在院人员按年龄分			在院人员按类型分			康复和医疗门诊人次数	机构建筑面积
老人	青壮年	少年儿童	自理（完全自理）	介助（半自理）	介护（不能自理）		
22668	**1639**	**1480**	**15778**	**6125**	**3884**	**112791**	**1604310**
341			163	54	124	11693	68964
5741	61	48	4173	894	783	128	181511
57	3	37	89	2	6		663364
69	180	5	141	103	10	110	9600
2711	67	23	1380	1067	354	1872	92524
705	59	5	656	89	24	520	28000
1588	11	18	1477	76	64	2140	67140
706			438	196	72		129216
152	12		156	2	6	439	2000
239	8		103	60	84	1150	8160
1400			1400				50500
318		82	175	69	156	700	14500
47			40	6	1		850
171			46	120	5	150	3100
1033	110	1162	1395	433	477	76852	65242
89			42	18	29		2020
25			25				1200
5707	790	8	2415	2484	1606	17015	158455
445	8	6	280	164	15		21400
689	202	34	615	262	48	22	28165
279		52	327	4			
56			36	6	14		3700
36	128		164				1500
64			42	16	6		3200

C-2-22续表2

地 区	增加值合计	执行企业会计制度单位财务指标					执行行政	
		固定资产原价	营业收入	费用合计	营业利润	企业单位增加值	固定资产原价	上年结转和结余
全 国	**12323.3**	**6383.6**	**795.5**	**330.5**	**49.4**	**78.1**	**58702.9**	**1454.1**
中央级								
北 京	848.7						4657.7	19.2
天 津								
河 北	1863.8	2461					4609	
山 西	126.2						3079	465
内蒙古	268.1						310.4	35.4
辽 宁	1507.7	9					8302	80
吉 林	67.4						688.9	12.1
黑龙江	237.1						4502	0.2
上 海								
江 苏	417.4						2962	
浙 江	80						2000	
安 徽	636.7	100	72	21	1		1388.3	10
福 建	240	12					6000	
江 西								
山 东								
河 南	406.9						1459.5	
湖 北	26						650	
湖 南	25						474	
广 东	2712.5	1.4	285.3	31.5	23.5		11915.7	200
广 西	3						75	
海 南	2.2	30					30	20
重 庆								
四 川	1871.2	235					2985.1	610.9
贵 州	138.5	2893.2	373.2	272	24.9	26.1	124.1	0.3
云 南	804.2						2119.2	1
西 藏								
陕 西								
甘 肃	23.1						78	
青 海	1.2						30	
宁 夏								
新 疆	16.5	642	65	6		52	263	

单位：万元

事业单位会计制度财务指标				执行民间非营利组织单位会计制度财务指标				
本年收入合计	本年支出合计	经营支出	行政事业单位增加值	固定资产原价	上年结余	本年收入合计	本年费用合计	民间非营利组织单位增加值
22304.9	**20526.2**	**10**	**12323.3**	**102585**	**4230.6**	**16601.9**	**18525.1**	**20**
1405.2	1378.2		848.7	1360.2			0.2	
3527.6	2651.9		1863.8	31405		583.7		
5.5	5.5		126.2					
580.5	550.5		268.1					
2283.3	2239.7		1507.7	53220.3		12103	12103.3	17
128.6	128.6		67.4	2			0.1	
2354	2398		237.1					
459	465.8		417.4	467		499.3	399.3	3
			80	560	15	156	145	
445.4	605		636.7					
10	10		240					
401	221		406.9					
			26					
66.8	66.8		25					
3334.6	2567.4		2712.5	524.6	1	974.9	849.9	
			3	153.2	3.6	33.3	50.6	
20	20	10	2.2					
5900.3	5846.6		1871.2	14786.6	4211	2251.7	4932.1	
201.4	208.4		138.5	86			44.5	
1111.5	1111.5		804.2					
				20				
59.2	40		23.1	0.1			0.1	
5	5		1.2					
6	6.3		16.5					

C-2-23 不提供住宿的

地 区	单位数	年末职工人数		受教育程度		职业资
			#女性	大学专科人数	大学本科及以上人数	助理社会工作师人数
全 国	**133393**	**2038973**	**717603**	**243344**	**112837**	**9046**
中央级	31	1661	817	247	1228	7
北 京	7096	65530	27615	11039	8782	1538
天 津	1301	25737	8628	2865	1513	261
河 北	4574	65730	22083	5122	1916	157
山 西	2613	46860	12580	3974	1574	44
内蒙古	1794	19999	7319	5069	2328	94
辽 宁	5707	129199	50493	12813	8450	558
吉 林	1414	24701	9204	3821	1075	379
黑龙江	2726	32019	11327	6202	2094	237
上 海	4467	117605	40663	6821	2739	573
江 苏	17716	364861	130227	37065	16077	1540
浙 江	14075	293838	103767	20673	11604	854
安 徽	3830	36116	13655	5689	1875	159
福 建	2639	31644	11168	2441	1278	239
江 西	2305	39302	12715	2302	795	101
山 东	12114	154595	50177	29713	14009	221
河 南	2872	77055	25607	9426	4217	195
湖 北	5433	60444	22589	9453	3292	270
湖 南	3699	52418	17029	7552	2331	210
广 东	10849	60404	20071	10027	6020	561
广 西	980	15498	4556	2257	937	111
海 南	112	1516	474	175	91	11
重 庆	3087	78095	27344	8289	3664	151
四 川	4830	76237	29986	15682	4763	260
贵 州	5793	29066	7955	5786	2744	36
云 南	1754	58130	16170	2739	1509	29
西 藏	54	405	153	59	7	
陕 西	2999	28632	10771	5918	1726	127
甘 肃	3222	13307	5132	2751	1279	21
青 海	253	2703	1138	171	65	34
宁 夏	677	9375	3885	944	318	6
新 疆	2377	26291	12305	6259	2537	62

社会服务机构总表

单位：个、人、人次、时

格水平	年龄结构				志愿服务	
社会工作师人数	35岁及以下人数	36岁至45岁人数	46岁至55岁人数	56岁及以上人数	志愿者服务人次数	志愿服务时间
3930	**709895**	**813249**	**413478**	**102351**	**8825380**	**23289290.9**
18	813	388	351	109		
516	18332	25655	17330	4213	6517078	12872479.2
60	9800	9057	5499	1381	141716	255504
83	25378	26154	12289	1909	4902	32341
38	15563	17049	11425	2823	17	35
42	5806	8218	4764	1211	4282	7974
117	40407	52669	28943	7180	8508	2057
245	7958	12136	4142	465	773	2263
84	11904	13929	5327	859	8226	605
375	36684	40206	30415	10300	13072	50297
474	107713	149010	84616	23522	246238	541415
423	99045	113724	62924	18145	509183	753618.5
84	11932	16625	6585	974	27393	115193
182	9548	14932	5862	1302	27170	86508
45	16603	16064	5912	723	1566	4611.7
206	63724	58237	26324	6310	398895	887595
149	35661	29377	10184	1833	1290	2456
54	21294	24794	11684	2672	3761	4951
136	14027	26659	9881	1851	13823	40155
162	23076	23561	11544	2223	586512	1533650
76	7026	5108	2565	799	371	827
5	813	402	249	52	530	
85	28487	31739	14780	3089	248280	707381
146	31484	31516	10875	2362	32147	386224.5
13	10693	11023	5598	1752	5500	4874521
17	25951	21645	9120	1414	258	745
	151	205	39	10		
36	10515	10812	6081	1224	15474	100351
13	4759	5509	2292	747	86	101
5	770	1533	334	66		
3	3125	5231	831	188	60	120
38	10853	10082	4713	643	8269	25312

C-2-23续表

地区	增加值合计	执行企业会计制度单位财务指标					执行行政	
		固定资产原价	营业收入	费用合计	营业利润	企业单位增加值	固定资产原价	上年结转和结余
全　国	**8436653.6**	**18252177.2**	**51894620.3**	**6464586.8**	**1420416.2**	**6948214.6**	**2630490.7**	**441452.5**
中央级	54371.8	32019.9	20153.5	12771.8	-2689	4835.3	170820.6	37710
北　京	328834.1	318944.1	673166.6	70668.2	1026	116416.7	212161.2	85677.4
天　津	145780.3	252522.5	876098.8	474285.7	21654.8	129137.8	54459.8	606.2
河　北	199497.6	663313.7	1463098.5	139599.8	45214.1	170646.7	71971.6	12025.6
山　西	81331.3	354012.9	521731.3	32991.5	-2382.9	68395.3	38935.7	2132.5
内蒙古	48169.4	79664.1	155067.4	46807.1	5971.2	24039.2	42410.9	9442.2
辽　宁	469369.1	844376.8	2302921.2	355064.5	73611.1	421556.5	67045.3	2942.5
吉　林	84503.3	201100.7	346381.4	48958	12944.7	73484.5	33293	13929.3
黑龙江	66607.3	141385.1	208603.6	54957.7	8613	53841.4	46574.9	23542
上　海	767329.9	949825.5	2716918.7	240670.7	110909.3	714927.2	148243.8	10543.1
江　苏	1399611.2	3755933.1	12502627.4	1601831.9	320928.4	1255963.6	254510	6401.4
浙　江	2042332.8	5947926.6	17247868.6	1851986.1	521496.5	1928522.1	160846.5	33940.6
安　徽	92857.6	136423.7	933566.5	62972	10904.4	59616.2	96011.3	5247.3
福　建	48006.2	199852.5	383945.1	42650.6	3996.1	36915.9	31012.3	3294.1
江　西	26383.3	96855.3	2507523.7	21022.4	2727.5	15980.2	37617.5	4143.8
山　东	726886.6	1033977.4	1592631.7	395586.3	134874.1	585374.4	112359.9	3852.7
河　南	150884	319928.8	657786	132909.1	17166.6	122414.9	81028.6	5974.5
湖　北	176734.3	281571.3	565468.9	110311.3	20021.8	122890	125268.2	14512
湖　南	127765.9	275941.2	584448.6	79988.2	2766.1	81949.8	64435.2	2551.3
广　东	121488.9	154992.5	359162.7	30104.1	2219.1	31677.1	169409.1	18006.2
广　西	30395.6	60749.8	357777.5	10460	-3211.8	20848.2	38080.1	582.2
海　南	7442.3	15523.8	48792.2	5300.4	838	3820.8	3601.1	7612.8
重　庆	518837.5	578999.8	1816799.1	205606.4	25359.4	488499.7	54554.1	16286.5
四　川	262724.5	424111.2	1234137.3	129053.2	33893.5	196100.3	188384.6	28436
贵　州	41572.9	35469.5	34941.3	2804.5	1380	3065	47355.6	6621.3
云　南	201508.1	609098.1	1010144.4	189530.6	14017.1	95921.3	70711.1	29056.1
西　藏	1183.1	3395	284	164.8	14	56	21664.2	
陕　西	100617.5	152944.7	379693.8	61933.7	21484.9	62682.5	81494.2	38977.2
甘　肃	14815.3	30493.9	13748.6	4747.6	245.8	2788.1	22782.7	260.8
青　海	4126.9	6572.1	11888.6	3199.9	191.3	2590.3	13571.1	21.8
宁　夏	23341.7	115820.7	101481.7	11100.8	7801.3	20486.5	19709.2	3419.1
新　疆	71346	178430.9	265761.6	34547.9	6429.8	32771.4	50167.3	13704

单位：万元

事业单位会计制度财务指标				执行民间非营利组织单位会计制度财务指标				
本年收入合计	本年支出合计	经营支出	行政事业单位增加值	固定资产原价	上年结余	本年收入合计	本年费用合计	民间非营利组织单位增加值
3600146.6	**3370473.1**	**13858.5**	**1309744.8**	**749639.9**	**2777.4**	**275867.9**	**293652.7**	**178694.2**
344871.4	352309.3	802.2	49536.5					
414243.1	369684.3	1749.8	212417.4					
42860.9	38960.2	1359.4	14633.3	2463.7	108	2975	3717.8	2009.2
113408.6	134149.9	154.5	28319.8	6058.2	71.5	205.9	1276.9	531.1
40688.5	39958.6		12272.6	729.2		887	1396.8	663.4
61853.5	55503.7		23831.7	1494.3		590.1	590.5	298.5
103847.6	88424.5	66.5	43047.8	5334.2		9031.2	9451.4	4764.8
47476.5	39637.9		10733.8	166		602.7	545.9	285
21694.5	21574.2	1	12337.1	2205.2	1000	747.4	559.4	428.8
206461.9	195995.5	2545.2	47809.5	3526.9	154.6	8713.2	8040.2	4593.2
200600.9	236468.7	2216.8	114394.2	98931	111.6	60469.5	55997.6	29253.4
244947.1	213754.3	414	105613.4	61588.8	103	14392.9	20512.1	8197.3
75233.9	74299.9	128.3	30924.3	12416.1		3883.4	4099.2	2317.1
50348.5	27987.3	10	9720.7	5366.2	11.1	2637.4	3896.8	1369.6
50365.3	48243.3	363.2	7999.9	4782.9	1	2693.8	3625.9	2403.2
235051.4	232236.8		44269.3	193995.8	23.8	136237.5	136421.2	97242.9
97648.7	98291.1	12.5	27571.3	5613.8	1	550.6	1151.5	897.8
156004.7	147454.9	2074.8	51630.7	7023.5		4079.5	3056.1	2213.6
138344.2	123714.3	187.5	44238	3114.9		5721.2	5691	1578.1
207343.9	208440.6	518	85528.2	28242.9	833.3	3479.8	9249.6	4283.6
25940.8	19638.7		9430.8	1858.3		102.5	179.7	116.6
22515.9	22152		3604.5	6		45	45	17
80199.3	75056.8	85	28215.4	21521		4329.9	4412.3	2122.4
163228.6	134177.9	529.8	63813.9	7064.3	5.6	4660	4981.6	2810.3
73007.8	56688.8	56.9	31204.2	51499.9	308.6	4708.7	9686.3	7303.7
126829.7	108392.9	299.8	104831.3	211593.8	3.2	928.5	1884.1	755.5
3982.6	4149.3		1127.1					
100905.8	66534.1	214.7	37907.2	1007		4	36.4	27.8
31702.6	30353		10286.2	4792.3	39.1	896.2	2423.1	1741
12059.1	9130.7		1512.7	5237	2	156.7	163.3	23.9
15956.1	12351.4		2731	428.7		141.3	228	124.2
90523.2	84758.2	68.6	38253.4	1578		1997	333	321.2

C-2-24 老龄

地区	单位数	年末职工人数	#女性	受教育程度		职业资
				大学专科人数	大学本科及以上人数	助理社会工作师人数
全国	**2583**	**10751**	**4730**	**3940**	**3223**	**90**
中央级						
北京	17	172	76	39	128	1
天津	18	70	40	22	46	1
河北	70	216	101	77	68	3
山西	118	531	217	230	64	2
内蒙古	39	131	68	58	49	
辽宁	63	237	108	92	107	2
吉林	35	141	80	37	29	2
黑龙江	114	389	187	144	110	10
上海	18	148	83	37	88	3
江苏	79	274	117	79	99	3
浙江	88	312	140	100	114	3
安徽	105	250	88	83	110	
福建	63	177	67	64	52	
江西	113	420	168	182	55	
山东	155	1032	319	410	419	2
河南	95	342	157	129	74	6
湖北	85	372	138	150	92	1
湖南	131	464	217	162	68	3
广东	122	357	164	118	126	7
广西	71	198	89	92	53	3
海南	6	22	12	8	9	
重庆	36	125	55	59	49	
四川	225	1041	523	340	250	25
贵州	96	356	159	162	132	2
云南	134	831	373	292	207	1
西藏	2	3			1	
陕西	104	646	278	213	172	
甘肃	101	483	193	111	76	
青海	17	30	16	9	3	
宁夏	27	104	50	53	38	
新疆	236	877	447	388	335	10

事业情况

单位：个、人、人次、时

格水平	年龄结构				志愿服务	
社会工作师人数	35岁及以下人数	36岁至45岁人数	46岁至55岁人数	56岁及以上人数	志愿者服务人次数	志愿服务时间
99	**2677**	**4303**	**3096**	**675**	**203918**	**285187**
8	47	59	59	7	30219	72952
2	19	29	17	5	1080	3000
3	73	100	39	4	5	
1	150	218	136	27		
4	22	52	44	13		
1	80	76	60	21		
	41	62	33	5	198	396
2	88	140	122	39	8170	547
4	48	53	41	6	40	96
3	56	93	97	28	467	1658
3	67	127	97	21	89077	46680
4	48	104	80	18	939	3158
	23	66	76	12	21399	53739
7	121	176	104	19		
14	262	391	311	68	31888	57796
5	161	128	52	1	400	36
2	60	149	105	58	2504	3373
2	114	213	127	10	469	1528
7	111	130	101	15	617	534
3	32	74	72	20	316	632
1	4	11	7			
	17	42	51	15	3061	7108
7	257	385	278	121	1885	3933
1	55	136	147	18	364	2513
1	157	408	234	32	6	40
	2	1				
	210	244	173	19	8495	17521
	108	198	153	24		
	3	12	14	1		
1	24	39	35	6		
13	217	387	231	42	2319	7947

C-2-24续表1

地　区	增加值合计	执行	
		固定资产原价	上年结转和结余
全　国	**62388.1**	**90090.3**	**5504**
中央级			
北　京	3431.7	873.7	1071.9
天　津	1232.9	268	334.2
河　北	411.4	274.9	20
山　西	1118.2	756.6	202.8
内蒙古	1114	617.8	120.4
辽　宁	1429.5	423.9	21.3
吉　林	908.4	5620	20
黑龙江	1336.7	3727.9	100.2
上　海	2978.7	5151.9	167.8
江　苏	3042.8	14307.1	7.5
浙　江	2851.1	3074.2	255.9
安　徽	700.4	608.2	35.9
福　建	984.9	952.7	401.8
江　西	882.6	4745.6	8.7
山　东	5356.8	4282	11.6
河　南	365.7	362	1
湖　北	1738	1864.2	
湖　南	1987.4	7289.1	2.6
广　东	6062	8229.2	318.2
广　西	937.1	386.1	4.4
海　南	178.4	33.2	248.3
重　庆	807.2	1283.4	9.4
四　川	3762.5	10296.3	120.2
贵　州	1798.1	1388.2	724.1
云　南	2840.4	5375.7	656.2
西　藏	0.3	8	
陕　西	9625.1	2707	258.9
甘　肃	1276.9	1919.4	57.8
青　海	75.8	163.5	4
宁　夏	461.5	241	229.4
新　疆	2691.2	2859.5	89.5

单位：万元

行政事业单位会计制度财务指标

本年收入合计	本年支出合计	经营支出	行政事业单位增加值
154117	**143899.8**		**62388.1**
18121.8	15494		3431.7
2305.1	2326.9		1232.9
829.7	827.1		411.4
2045.6	2110.6		1118.2
2909.2	2496.4		1114
2609.8	2619.1		1429.5
892	892.7		908.4
3734.7	3569.4		1336.7
11088	10457.2		2978.7
5108.5	5104		3042.8
13671.2	13226.4		2851.1
1761.1	1749.9		700.4
3659.9	3547.8		984.9
1526.4	1461.7		882.6
8014.8	8069.8		5356.8
989.4	918.6		365.7
3332	3331.9		1738
2734.6	2785.6		1987.4
15957	10973.4		6062
1594.3	1636.5		937.1
1340.2	1319.7		178.4
2691.6	2684.5		807.2
7055.4	7125.2		3762.5
4298.6	3748.3		1798.1
7109.9	6448.7		2840.4
15.9			0.3
20064.6	19731.6		9625.1
2145.4	2295		1276.9
1123	1127		75.8
915.6	1132.7		461.5
4471.7	4688.1		2691.2

C-2-24续表2

地区	老龄人口情况							老年维权
	60岁以上老年人口数	65岁以上老年人口数	80岁以上老年人口数	100岁以上老年人口数	纯老年人家庭人口数	老龄系统接待来信来访次数	老年法律援助中心	涉老案件数
全国	**177363374**	**119802222**	**26174826**	**55740**	**28815253**	**426155**	**22336**	**60280**
中央级								
北京	2399517	1677769	361325	480	461388	31464	16	209
天津	1877599	1276474	311602	307	440460	2382	114	6409
河北	8223297	7071860	1129511	1715	763945	5590	413	649
山西	3612909	2519952	447106	1495	758546	4905	672	853
内蒙古	1642056	1494688	306288	230	502298	1192	107	179
辽宁	7102778	4246702	928588	1367	1853756	17316	668	1947
吉林	599403	420347	78880	142	126450	1148	45	131
黑龙江	3915894	2352402	470099	833	1082574	5631	669	1885
上海	3641087	2462132	640604	1711	771460	46312	56	5912
江苏	13632812	9481064	2107693	4261	2516881	31506	2719	4698
浙江	8471159	5647513	1296023	1602	2196987	39172	298	3316
安徽	9814478	6091660	1350557	2980	1462237	17561	603	1233
福建	5656728	2945955	799625	1662	650719	13863	1128	2185
江西	5252795	3360487	749849	1082	301032	3852	556	675
山东	14722780	9910719	2235019	5095	4287877	8739	1945	2863
河南	10395963	7918331	2107472	4513	1037199	9230	1071	1259
湖北	7631253	4958410	950200	1757	748249	11717	528	1022
湖南	9217968	6042603	1687071	2248	1321458	32040	1217	2491
广东	10302238	7364242	1720842	5697	556543	26160	705	1057
广西	6605093	4510648	1178084	4283	515255	14388	357	1049
海南	1085362	760863	195888	1738	70660	1207	51	827
重庆	5779492	3852521	816536	1136	1706885	13028	577	3277
四川	13635427	8880387	1903878	4384	1901331	23525	3859	5327
贵州	4938213	3157926	544617	930	452936	5914	822	941
云南	4932126	3351896	680555	1236	731759	10150	1453	5635
西藏	166344	79419	27360	79	3150	568	2	2
陕西	5100664	3380730	531338	603	653771	13342	507	1033
甘肃	3409695	2238051	275020	469	319630	7962	549	705
青海	563614	369506	46671	90	1604		3	10
宁夏	475540	305453	50197	90	83931	13037	113	452
新疆	2559090	1671512	246328	1525	534282	13254	513	2049

单位：个、次、件、张、人

老龄事业发展情况									
	老年活动设施			享受高龄补贴的老年人数	老年医疗护理机构				
维权协调组织数	老年活动站/中心/室数	老年人参与人数	年末活动人次数		老年医院数	床位数	老年临终关怀医院数	床位数	年底在院人数
78323	**345914**	**44871711**	**207289763**	**12576832**	**3344**	**123192**	**807**	**33151**	**14517**
3917	6465	716684	3649179	338922	17	3055	5	408	278
2297	2918	714836	837175	26031	33	1766	1	30	29
1732	8513	892018	35083903	134820	144	2646	20	346	29
4357	14897	1176794	3009226	234596	84	2392	75	5739	1016
377	1122	257995	1434791	252386	2	150			
3407	7064	1166121	3180030	71306	82	5906	5	630	196
253	1408	88771	96187	14078	87	1287	1	10	10
1293	3878	507746	1192242	113076	244	3147	121	3193	1636
1861	6110	327405	3733778	66523	9	2257	5	72	37
6481	17028	4280999	63987892	1926607	410	21581	73	6128	3453
3861	33374	8689550	49422694	1055620	28	3086	6	662	637
2907	6774	1180939	2590510	394961	69	7618	12	695	365
2557	15223	1751861	2488150	227714	45	2800	31	1653	856
2127	10879	1378868	1530335	248114	57	2862	14	322	224
4128	51836	3215261	4226672	1107679	128	10340	53	1689	810
3235	39783	1227017	1637519	157484	297	5264	23	453	239
3154	8738	1628822	5424243	235398	121	5428	20	466	209
5096	17335	2123793	2661137	159428	166	7686	90	2526	989
2248	14741	2370742	3720830	1887850	122	8036	24	666	344
1411	6778	1070056	1817791	100360	26	2872	4	266	208
198	1057	182486	200887	38474					
2444	8402	1601071	2180889	220885	59	1590	47	961	533
8024	19735	3337986	4735944	408830	597	11455	118	3338	832
2478	4070	499008	1146609	104855	104	1164	12	140	116
2654	14936	2364410	3855759	704069	41	3275	16	1017	841
3	32	28757	28767	27360					
2524	5837	757289	935677	1789505	158	3221	11	931	200
1757	4326	520140	905614	62432	62	552	17	730	428
	633	83684	120692	217771					
1044	1052	129609	229829	30966	144	704	2	40	
498	10970	600993	1224812	218732	8	1052	1	40	2

C-2-24续表3

地　区	老年人协会个数	村、居老年人协会	乡、街道老年人协会	县、市老年人协会	老龄事业 老年人协会参加人数	村、居老年人协会
全　国	**399725**	**331247**	**29269**	**5938**	**44271584**	**30787345**
中央级						
北　京	6095	6044	48	3	418022	395083
天　津	3909	3618	213	8	541606	435405
河　北	11657	9519	946	243	691092	346649
山　西	14920	13054	751	197	759712	578439
内蒙古	1343	964	192	75	169490	45309
辽　宁	10532	7908	1428	268	898515	494056
吉　林	1830	1301	322	39	118821	60827
黑龙江	5510	3783	1234	118	489001	289290
上　海	1642	1443	173	7	211143	147371
江　苏	19276	17413	1336	143	3941196	3222219
浙　江	33129	31991	666	69	6444232	5794276
安　徽	12310	10603	1027	160	1282487	956572
福　建	13805	11666	680	102	2178193	1544831
江　西	12492	10162	1087	340	1583224	791136
山　东	63997	56253	2830	522	2209262	1482037
河　南	22479	16816	1293	398	1530661	1098076
湖　北	8505	6927	884	293	1712880	860986
湖　南	30796	20643	2207	778	2577785	1659243
广　东	16657	14594	1298	153	2608025	2178132
广　西	10914	8872	1070	180	1676582	1056650
海　南	837	688	111	32	134092	82170
重　庆	8742	7000	1269	174	1876195	1275777
四　川	20196	15876	3115	391	3999472	2136719
贵　州	17680	15122	1431	427	1445230	770082
云　南	17883	10231	1254	503	2438885	1552060
西　藏	7			6	1079	
陕　西	15917	14108	1111	101	1194160	711794
甘　肃	9188	8203	520	50	724850	589329
青　海	734	685	35	7	29597	13431
宁　夏	1824	1634	138	31	81248	55299
新　疆	4919	4126	600	120	304847	164097

单位：个、人、万元

发展情况							
乡、街道老年人协会	县、市老年人协会	老年基金会	事业投入经费	其他老年社团组织	参加人数	老年学校	
						老年学校个数	#在校人数
6423668	**2231960**	**3182**	**70119**	**37659**	**4263724**	**49560**	**6252990**
17845	5094	3	39	5359	603814	2909	284243
66418	2136	2	942	1414	162149	484	219871
65525	119575	3	27	167	133974	396	38418
103291	41635	13	21	528	35734	1173	250739
38390	31954			33	5423	61	9262
240696	50309	1		1552	91374	543	133288
32966	7972	1	6	68	19997	389	32604
142485	16187	4	6	133	33542	473	28595
59195	4577	12	2566	53	31461	1312	448758
357672	97489	13	7815	11136	813274	3706	578819
230889	36033	110	2807	940	126647	8697	844921
171249	58725	7	23	658	65513	2441	219967
139868	25868	343	6236	1394	274382	9787	721622
262758	157109	13	99	1754	106919	959	204289
328659	223268	9	315	2200	94921	2480	293220
134120	44558	11	25	266	26514	2762	171306
415376	165502	22	168	801	198811	933	195228
485750	180333	44	363	784	197718	948	156482
290371	56081	829	7682	1598	119393	736	137042
304325	56754	397	84	1108	152308	887	79123
32799	17035	187		17	7369	9	2553
345962	229731	5	38	1082	145939	1345	265358
1397576	322288	1077	169	1276	492824	1976	406407
177803	45350	15	48	1031	37985	892	88326
251798	122676	53	40470	1059	133039	1993	269693
	955						
141508	34849	6	170	541	94835	365	87399
93019	11284	2	1	261	35358	119	13638
12568	1858					6	1530
13566	6086			83	3076	46	4286
69221	58689			363	19431	733	66003

C-2-25 孤儿和

地 区	孤儿情况			收养登记合计	中国公民收养登记
	孤儿数	集中供养孤儿	社会散居孤儿		
全 国	**570075**	**95251**	**474824**	**27278**	**23157**
中央级					
北 京	2488	2093	395	168	123
天 津	904	576	328	177	145
河 北	15979	1973	14006	453	390
山 西	15569	3782	11787	302	116
内蒙古	6902	1796	5106	237	165
辽 宁	8192	2934	5258	240	215
吉 林	5905	1677	4228	59	26
黑龙江	8722	1566	7156	78	53
上 海	2224	2086	138	503	382
江 苏	19563	3875	15688	2876	2660
浙 江	5872	2980	2892	4092	4006
安 徽	27947	3790	24157	1189	1013
福 建	6711	2001	4710	1075	1010
江 西	28668	5998	22670	2517	1997
山 东	18460	3223	15237	2176	2071
河 南	47912	5344	42568	780	262
湖 北	29912	4459	25453	795	695
湖 南	51689	7958	43731	999	864
广 东	44375	9808	34567	2553	1753
广 西	20755	2484	18271	1549	1339
海 南	3067	318	2749	188	186
重 庆	19575	1814	17761	368	306
四 川	30213	4221	25992	1160	1104
贵 州	21445	2514	18931	432	360
云 南	33965	2794	31171	1144	1040
西 藏	5576	988	4588	14	14
陕 西	13973	2907	11066	453	291
甘 肃	22959	3198	19761	138	59
青 海	16351	863	15488	85	74
宁 夏	7136	602	6534	49	40
新 疆	27066	4629	22437	429	398

收养

单位:人、件

香港居民	澳门居民	台湾居民	华侨	外国人收养登记	协议解除收养关系登记	#中国公民
149	**17**	**26**	**27**	**4121**	**368**	**359**
1		1	1	45	6	5
1				32	2	1
1				63	28	28
		1		186		
				72	5	5
		2	2	25	2	2
				33		
		1		25	11	11
1				121	6	6
				216	5	5
2		3	15	86	40	39
1				176	2	2
12	2	5	3	65		
				520	39	39
				105	65	65
1		1		518		
2				100	10	10
2		2		135	6	5
88	14	3	4	800	26	23
9		6		210	2	2
6				2	1	1
5			1	62	11	11
1	1	1		56	75	75
2				72	6	6
2				104	2	1
					1	1
1				162	4	4
				79		
			1	11		
				9		
11				31	13	12

C-2-26 被收

地 区	被收				
	合计	#女性	残疾儿童	社会福利机构抚养的孤儿	#被外国人收养
全 国	**27310**	**19658**	**3016**	**1760**	**308**
中央级					
北 京	168	101	38		
天 津	177	106	4	8	
河 北	461	256	89	20	
山 西	307	61	26	7	
内蒙古	237	99	7		
辽 宁	240	108	18	9	4
吉 林	62	15	4	37	33
黑龙江	78	32	25	2	
上 海	504	406	121	1	
江 苏	2880	2218	178	161	
浙 江	4092	3497	48	237	
安 徽	1187	928	140	227	176
福 建	1075	817	78	92	14
江 西	2517	1738	75	327	
山 东	2176	1392	242	108	
河 南	780	396	515	28	5
湖 北	795	534	9	20	
湖 南	999	746	120	38	
广 东	2557	1986	627	120	
广 西	1551	1323	148	128	11
海 南	188	132	7	7	
重 庆	368	262	46	4	
四 川	1161	698	27	86	56
贵 州	435	364	57	62	
云 南	1143	824	76	2	
西 藏	9	5			
陕 西	453	221	205		
甘 肃	139	93	31	1	
青 海	83	41	8		
宁 夏	53	32	11	12	9
新 疆	435	227	36	16	

养人情况

单位：人

养人					
社会福利机构抚养的弃婴	#被外国人收养	社会弃婴	父母无力抚养的儿童	#被外国人收养	其他
12202	**3771**	**10398**	**677**	**42**	**2273**
142	45	8	1		17
22		112	33	32	2
147	63	242	17		35
218	185	23	4	1	55
77	72	122	33		5
99	19	88	18	2	26
7		10	2		6
28	25	4	26		18
148	121	340			15
871	215	1281	31	1	536
2350	86	1371	22		112
250		571	23		116
287	51	585	4		107
1991	520	159	2		38
671	105	1157	11		229
572	509	75	16	4	89
293	100	279	43		160
378	135	459	54		70
1770	800	535	21		111
504	199	852	40		27
38	1	121	8	1	14
178	62	117	17		52
382		442	85		166
161	72	190	10		12
183	103	857	53	1	48
		3	6		
209	162	103	19		122
104	79	28	3		3
14	11	24	27		18
		35			6
108	31	205	48		58

C-2-27 社会福利

地 区	单位数	年末职工人数	#女 性	#残疾职工	#女残疾职工	残疾职工工资总额	残疾职工养老保险总额
全 国	**20232**	**1500315**	**483916**	**597076**	**183694**	**1691067.4**	**234336.9**
中央级							
北 京	664	31260	10457	12078	3937	22004.1	5656.6
天 津	248	19560	4879	7604	2165	13110.2	4133.9
河 北	924	49894	14762	21103	5637	30545.4	7154.9
山 西	459	37990	8853	17416	4583	15778.7	3411.4
内蒙古	171	10996	2668	5544	2220	6444	1475.8
辽 宁	2075	106289	36140	46737	13627	64205.5	20364.7
吉 林	534	19765	6518	8378	2842	180623.1	475.7
黑龙江	639	20929	6014	10627	3430	369450.8	1959.2
上 海	1223	95886	28301	32884	9964	58049.3	30038.9
江 苏	3027	292905	101610	106716	37080	165167.8	36788
浙 江	2574	256389	89173	97779	33394	219351.1	71757.4
安 徽	367	19372	6383	7718	2323	11060.9	2394
福 建	327	20358	6241	9921	2059	9493.3	666.5
江 西	348	30651	8598	12845	2961	13778.2	381.7
山 东	1385	99122	27645	38312	10720	63786.8	17133.2
河 南	1063	65481	20613	29018	8577	27742.9	1182.5
湖 北	706	40633	13578	17383	6129	21523.5	3196.4
湖 南	605	36115	9942	19230	4832	25780.7	3935.5
广 东	157	14004	4205	5618	1700	7260.4	620.6
广 西	137	9095	1817	3413	998	100108.4	502
海 南	12	1221	354	949	317	687.9	57.2
重 庆	762	67377	22647	26489	7534	49715.1	11919
四 川	775	59025	22408	24778	7524	73157.8	3970.7
贵 州	59	3343	868	1365	497	31974.3	369.8
云 南	343	50719	13624	17167	3427	85909.2	2230.9
西 藏	4	237	90	124	45	166.8	60
陕 西	251	15101	4782	5335	2014	8896	1164.4
甘 肃	97	4199	1350	1368	414	1182.3	
青 海	15	1809	782	595	202	1291.2	37.4
宁 夏	86	6484	1868	2735	385	4488.5	182.5
新 疆	195	14106	6746	5847	2157	8333.2	1116.1

企业总表

单位:个、人、万元

残疾职工补贴	纳税总额	增值税总额	营业税总额	所得税总额	应减免税金总额	实际减免税金总额	盈利总额
32699.8	**1714446.3**	**1244678.5**	**86659.7**	**228992.3**	**1059302.5**	**898922.3**	**1183851.4**
1936.8	29206	23402.8	1702.3	1661.5	31688.7	24156.8	5957.3
200.9	18187.7	16110.6	398.8	1350.8	15976.9	15068.8	15443.8
572.4	54584.6	35628.7	2301.4	8794.1	44626.9	23114.2	22473.5
476.9	36414.2	26454	5720.6	642.7	19213.6	11723.6	4610
145.4	17776.1	14329.4	2172.6	1503.1	14982	14497.8	4327.3
241.4	87598.5	78471	4423.3	12780.9	70294.7	56918.5	62063.6
77.5	2097.3	1986	111.3		423	423	-1
647.7		18.6					
1000.6	134020.9	86188.5	22079.1	48634.8	89803.9	93415	166265.5
4600.5	427505.8	328409.5	8900.6	50108	259851.1	209997.4	261455.2
2277	480917.2	385749.7	22591.5	63898.4	250673.6	242813.8	423767
281	15161.9	13421	143.6	1360.8	8783.4	8311.6	9435.7
300.2	8601.9	3256.5	81	18.8	4545.6	4501.1	25806.4
60.1	45608.5	3170.9	496.1	1733.2	12499.5	12484.4	6132.8
5931.7	119246.8	66185.6	7300.8	22804.2	71314.6	63760.7	88487.1
125.5	22866	16856.2	402.8	1678.5	13425.5	11229.6	4508.9
361.5	26698.6	13238.4	612.6	1945.7	14925.5	13725.9	7278.9
1891.3	9603.1	1203.7	1488.5	163.1	7834.1	7282.3	1025.4
48	27799.1	2144.7	25.6	157.1	5186.3	3523.8	3309.8
22.6	3011.2	2503.5	109.8	9.1	1191.4	1052.2	62.7
0.8	1037.7	922.7	7.2	38.2	598.7	598.7	67
9900.8	103336.4	77095.2	779.4	8137.9	97047.1	56133.9	54834.3
677	4045.8	3246.9	550.8	67.7	6125.2	6635.2	6384.4
90.6	100	79	8	6.6	74	74	64.6
634.3	23342.5	19356.7	1995.4	309.3	9319.4	10449.7	-12733.6
131.3	9623.7	21345.7	1421.7	1069.6	3038.9	2163.8	18661.1
20.9	1180.2	1205	167.6	1.2	854	895	3012
6	610.4	2.4	588		1570.4	1550	292
39.1	4264.2	2695.6	79.3	117	3434.5	2421.5	859.7

C-2-27续表1

地　区	单位数	年末职工人数	受教育程度		职业资
			大学专科人数	大学本科及以上人数	助理社会工作师人数
全　国	**20232**	**1500315**	**104011**	**41697**	**2181**
中央级					
北　京	664	31260	2171	884	47
天　津	248	19560	1053	361	58
河　北	924	49894	2125	908	57
山　西	459	37990	1582	458	13
内蒙古	171	10996	1893	487	2
辽　宁	2075	106289	6183	3551	381
吉　林	534	19765	1339	499	339
黑龙江	639	20929	2092	264	42
上　海	1223	95886	3245	477	83
江　苏	3027	292905	21484	9717	310
浙　江	2574	256389	12700	7299	103
安　徽	367	19372	1196	299	23
福　建	327	20358	453	258	7
江　西	348	30651	820	228	9
山　东	1385	99122	10746	4849	78
河　南	1063	65481	6211	2682	74
湖　北	706	40633	4169	1261	94
湖　南	605	36115	2097	407	78
广　东	157	14004	1016	246	69
广　西	137	9095	695	106	5
海　南	12	1221	93	40	9
重　庆	762	67377	4555	2039	61
四　川	775	59025	10676	2621	127
贵　州	59	3343	296	36	
云　南	343	50719	1090	427	16
西　藏	4	237	1		
陕　西	251	15101	1848	697	84
甘　肃	97	4199	139	38	1
青　海	15	1809	9	1	10
宁　夏	86	6484	425	104	
新　疆	195	14106	1609	453	1

单位:个、人、人次、时

格水平	年龄结构				志愿服务	
社会工作师人数	35岁及以下人数	36岁至45岁人数	46岁至55岁人数	56岁及以上人数	志愿者服务人次数	志愿服务时间
710	**529838**	**596257**	**299677**	**74543**	**43888**	**165033**
21	8394	13263	7692	1911	1096	1103
18	7914	6742	3988	916	1130	4000
26	19402	20999	8114	1379	1400	15058
10	12812	13422	9553	2203		
1	2224	4346	3327	1099		
26	31219	43605	25025	6440	84	656
82	6744	9078	3590	353		
14	7741	8930	3654	604		
55	33036	31076	23560	8214	100	200
97	88603	117734	67495	19073	6602	14962
70	85831	100540	54638	15380	16094	38276
7	6506	8873	3471	522	289	51454
4	6043	10090	3529	696	10	9
2	13383	12305	4462	501		
43	40820	37255	17469	3578		
30	30756	25139	8269	1317	100	60
10	15247	16232	7666	1488	72	238
17	8549	19993	6234	1339	5144	15166
30	6510	5020	2001	473	1428	502
5	4793	2723	1276	303		
2	741	261	177	42		
60	24644	27308	12739	2686	10053	21929
46	25523	24258	7682	1562		
	1163	1260	739	181	162	288
9	23631	18334	7620	1134		
	47	142	38	10		
16	6471	5483	2687	460	124	1132
1	1304	2036	618	241		
3	557	1077	113	62		
	2222	3632	484	146		
5	7008	5101	1767	230		

C-2-27续表2

地区	增加值合计	执行企业会计制度单位财务指标				
		固定资产原价	营业收入	费用合计	营业利润	企业单位增加值
全国	**7037366.3**	**18117919**	**51843056.9**	**6445131.6**	**1423654.8**	**6939963**
中央级						
北京	116242.4	318232.9	671796	70293.6	1126.4	116242.4
天津	129137.2	251897	876088.6	474284.1	21654.8	129136.5
河北	174665.8	662628.3	1462638	139395.7	45214.1	170358.3
山西	68391.7	353595.1	521731.3	32991.5	-2382.9	68391.3
内蒙古	24033.1	79108.3	154739.4	46687.9	5971.2	24033.1
辽宁	421549.3	840840	2278186.2	354759.5	73611.1	421549.3
吉林	74818.6	201100.7	346367.4	48938.2	12944.7	73459.7
黑龙江	53013.1	141050	208435.5	53194.1	8613	52935.2
上海	714927.2	949674.5	2716768.7	240550.7	110909.3	714927.2
江苏	1256947.1	3755819.1	12501965.2	1601530.7	320792.7	1255717.6
浙江	1928192.4	5928249.4	17246699.3	1850056.1	522131.5	1928192.4
安徽	61251.6	135668.4	933216	62835.5	10900.4	59466.9
福建	37769.5	199793.5	383531.5	42240.1	3980.8	36871.2
江西	15893.2	92425.3	2507398	20929.1	2727.5	15881.3
山东	585374.4	1033977.4	1592631.7	395586.3	134874.1	585374.4
河南	124831.4	319657.1	657438	132692.9	17157.1	122169
湖北	125988.7	280284.3	565130.9	110045.8	20012.1	122748.2
湖南	82813.3	275855.2	584376.6	79966.7	2756.1	81803.2
广东	32441.5	118344.1	359159.2	30104.1	2219.1	31666
广西	21016.4	60452.8	357754.5	10460	-3211.8	20823
海南	3829.8	15495.8	48792.2	5300.4	838	3816.2
重庆	488499.7	553896.1	1816788.1	205595.4	25359.4	488499.7
四川	210045.2	423590.4	1234012.8	128964.7	33891.9	196047.8
贵州	7861.2	34020.2	34445.3	2651	1380	2845.2
云南	155464.6	608578.2	1010144.4	189530.6	14017.1	95921.3
西藏	56	3263	284	164.8	14	56
陕西	62941.5	152808.7	379693.8	61933.7	21484.9	62682.5
甘肃	3258.8	29896.5	13743.6	4742.6	245.8	2787.1
青海	2590.3	6552.1	11888.6	3199.9	191.3	2590.3
宁夏	20610.8	115494.7	101479.7	11098.8	7801.3	20482
新疆	32910.8	175669.9	265732.4	34407.1	6429.8	32489

单位：万元

执行行政事业单位会计制度财务指标					
固定资产原价	上年结转和结余	本年收入合计	本年支出合计	经营支出	行政事业单位增加值
32838	**119404.2**	**113664.8**	**105319.6**	**4594.3**	**97403.3**
	1315				
55.5		116.9	224.6	112.2	0.7
160.6	8170.7	8093.7	34535.6		4307.5
10		1	1		0.4
1471	12275.1	1542	1568.8		1358.9
22.1	16059.2	52.1	52		77.9
3741	439.8	3499.6	3499.4	2212.8	1229.5
296.4	3165.1	1318.4	1650.9		1784.7
1507.4	534.2	1906.9	1839.2	10	898.3
298		9	9		11.9
1031.1	510.4	1271.4	2272.9		2662.4
2090.5	536.8	5353.1	5111.1	1832	3240.5
1737.2		894.5	871.5		1010.1
167.4	3400.2	1634	851.9	93.2	775.5
110	4.2	6015.6	196.5		193.4
16	4412	14	14		13.6
2263.3	7350.6	16130.1	3825.9		13997.4
3082.8	263.1	7106.8	6790.9	56.9	5016
9084.7	22850.8	55211.9	39782	62.5	59543.3
1024.1	37895	575.5	564.4	214.7	259
50	20	182	418		471.7
3195.9		126	3		128.8
1423	202	2610.3	1237		421.8

C-2-28 在工商部门登记的

地区	单位数	年末职工人数	#女性	#残疾职工	#女残疾职工	残疾职工工资总额	残疾职工养老保险总额
全国	**20137**	**1496103**	**482594**	**595588**	**183299**	**1643097**	**234244.8**
中央级							
北京	663	31181	10431	12071	3935	21952.8	5641.2
天津	247	19545	4873	7603	2165	13110.1	4133.9
河北	922	49851	14752	21097	5636	30526.4	7154.9
山西	453	37669	8746	17307	4549	15693	3407.9
内蒙古	171	10996	2668	5544	2220	6444	1475.8
辽宁	2074	106279	36140	46727	13627	64193.5	20364.7
吉林	534	19765	6518	8378	2842	180623.1	475.7
黑龙江	638	20924	6012	10626	3430	369450.3	1959.2
上海	1223	95886	28301	32884	9964	58049.3	30038.9
江苏	3025	292753	101582	106675	37053	165077.3	36788
浙江	2565	255794	89151	97610	33394	219330.8	71757.4
安徽	365	19344	6375	7711	2322	11058	2394
福建	323	20300	6223	9917	2059	9487.3	666.5
江西	347	30578	8598	12772	2961	13748.2	381.7
山东	1385	99122	27645	38312	10720	63786.8	17133.2
河南	1062	65396	20594	29016	8577	27738.4	1182.5
湖北	704	40473	13526	17380	6128	21515	3196.2
湖南	601	35805	9810	19132	4778	25638.7	3911.6
广东	145	13596	4080	5470	1665	6955.6	594.1
广西	134	9035	1805	3406	998	100097.3	502
海南	12	1221	354	949	317	687.9	57.2
重庆	762	67377	22647	26489	7534	49715.1	11919
四川	768	58671	22243	24635	7476	71026.7	3970.7
贵州	54	3075	775	1340	487	31902.9	362.4
云南	326	50191	13402	16819	3393	42515	2223.9
西藏	4	237	90	124	45	166.8	60
陕西	246	14875	4622	5261	1974	8777.5	1163.1
甘肃	96	4149	1342	1353	414	1179.3	
青海	15	1809	782	595	202	1291.2	37.4
宁夏	79	6134	1780	2540	279	3030.5	176.5
新疆	194	14072	6727	5845	2155	8328.2	1115.2

社会福利企业

单位：个、人、万元

残疾职工补贴	纳税总额	增值税总额	营业税总额	所得税总额	应减免税金总额	实际减免税金总额	盈利总额
32639.8	**1713675.2**	**1244625.4**	**86031.9**	**228985.7**	**1056902.2**	**896522**	**1183152.7**
1895.3	29128.6	23400.2	1690.8	1661.5	31473.1	23941.2	6087.4
200.9	18187.7	16110.6	398.8	1350.8	15976.9	15068.8	15443.8
572.4	54584.6	35628.7	2301.4	8794.1	44626.9	23114.2	22473.5
474.8	36414.2	26454	5720.6	642.7	19213.6	11723.6	4610
145.4	17776.1	14329.4	2172.6	1503.1	14982	14497.8	4327.3
241.4	87598.5	78471	4423.3	12780.9	70294.7	56918.5	62063.6
77.5	2097.3	1986	111.3		423	423	-1
647.7		18.6					
1000.6	134020.9	86188.5	22079.1	48634.8	89803.9	93415	166265.5
4600.5	427505.8	328409.5	8900.6	50108	259851.1	209997.4	261455.2
2277	480917.2	385749.7	22591.5	63898.4	250673.6	242813.8	423767
281	15161.9	13421	143.6	1360.8	8783.4	8311.6	9435.7
300.2	8601.9	3256.5	81	18.8	4545.6	4501.1	25806.4
60.1	45608.5	3170.9	496.1	1733.2	12499.5	12484.4	6132.8
5931.7	119246.8	66185.6	7300.8	22804.2	71314.6	63760.7	88487.1
125.5	22866	16856.2	402.8	1678.5	13425.5	11229.6	4508.9
361.4	26698.6	13238.4	612.6	1945.7	14925.5	13725.9	7278.9
1881.6	9602.6	1203.7	1488	163.1	7704.1	7152.3	675.4
48	27791.2	2144.7	17.7	157.1	5178.4	3515.9	3304.9
22.6	3011.2	2503.5	109.8	9.1	1191.4	1052.2	62.7
0.8	1037.7	922.7	7.2	38.2	598.7	598.7	67
9900.8	103336.4	77095.2	779.4	8137.9	97047.1	56133.9	54834.3
677	4038.1	3243.7	546.3	67.7	5769.8	6279.8	6384.4
90.6	34	34			54	54	4.6
634.3	23338.8	19354.4	1992.4	309.3	9198	10328.3	-12807.5
130.7	9623.7	21345.7	1421.7	1069.6	3038.9	2163.8	18661.1
20.9	1180.2	1205	167.6	1.2	854	895	3012
	22.4	2.4			20.4		-48
39.1	4244.3	2695.6	74.9	117	3434.5	2421.5	859.7

C-2-28续表1

地区	单位数	年末职工人数	受教育程度		职业资
			大学专科人数	大学本科及以上人数	助理社会工作师人数
全　国	**20137**	**1496103**	**103471**	**41195**	**2102**
中央级					
北　京	663	31181	2150	870	47
天　津	247	19545	1051	353	58
河　北	922	49851	2114	903	57
山　西	453	37669	1555	430	13
内蒙古	171	10996	1893	487	2
辽　宁	2074	106279	6183	3551	381
吉　林	534	19765	1339	499	339
黑龙江	638	20924	2087	264	42
上　海	1223	95886	3245	477	83
江　苏	3025	292753	21446	9704	309
浙　江	2565	255794	12700	7299	103
安　徽	365	19344	1192	299	23
福　建	323	20300	441	249	7
江　西	347	30578	820	228	9
山　东	1385	99122	10746	4849	78
河　南	1062	65396	6150	2658	71
湖　北	704	40473	4135	1242	93
湖　南	601	35805	2058	380	76
广　东	145	13596	970	201	55
广　西	134	9035	689	91	5
海　南	12	1221	93	40	9
重　庆	762	67377	4555	2039	61
四　川	768	58671	10558	2596	71
贵　州	54	3075	244	20	
云　南	326	50191	1044	178	14
西　藏	4	237	1		
陕　西	246	14875	1841	696	84
甘　肃	96	4149	139	38	1
青　海	15	1809	9	1	10
宁　夏	79	6134	421	104	
新　疆	194	14072	1602	449	1

单位：个、人、人次、时

格水平	年龄结构				志愿服务	
社会工作师人数	35岁及以下人数	36岁至45岁人数	46岁至55岁人数	56岁及以上人数	志愿者服务人次数	志愿服务时间
674	**528908**	**594332**	**298527**	**74336**	**43878**	**165024**
21	8373	13242	7669	1897	1096	1103
18	7904	6740	3986	915	1130	4000
26	19393	20984	8100	1374	1400	15058
8	12755	13287	9440	2187		
1	2224	4346	3327	1099		
26	31217	43597	25025	6440	84	656
82	6744	9078	3590	353		
14	7740	8930	3650	604		
55	33036	31076	23560	8214	100	200
96	88583	117690	67437	19043	6602	14962
70	85612	100272	54530	15380	16094	38276
7	6505	8860	3460	519	289	51454
4	6037	10071	3502	690		
2	13376	12295	4406	501		
43	40820	37255	17469	3578		
25	30727	25120	8248	1301	100	60
9	15217	16192	7599	1465	72	238
16	8508	19841	6128	1328	5144	15166
25	6452	4857	1852	435	1428	502
5	4779	2705	1255	296		
2	741	261	177	42		
60	24644	27308	12739	2686	10053	21929
27	25427	24121	7584	1539		
	1131	1114	655	175	162	288
7	23524	18016	7519	1132		
	47	142	38	10		
16	6365	5422	2630	458	124	1132
1	1272	2025	611	241		
3	557	1077	113	62		
	2197	3322	469	146		
5	7001	5086	1759	226		

C-2-28续表2

地　区	增加值合计	执行企业会计制度单位财务指标				
		固定资产原价	营业收入	费用合计	营业利润	企业单位增加值
全　国	**7018002.4**	**18064943.9**	**51800678.7**	**6430269.4**	**1424224.6**	**6930237**
中央级						
北　京	115854.7	316643.9	669840	69640.6	1464.4	115854.7
天　津	129136.5	251897	876088.6	474284.1	21654.8	129136.5
河　北	174458.3	662628.3	1462638	139395.7	45214.1	170389.1
山　西	66636.9	347709.1	520388.8	32611	-2273.3	66636.9
内蒙古	24033.1	79108.3	154739.4	46687.9	5971.2	24033.1
辽　宁	421537.3	840740	2278186.2	354744.5	73611.1	421537.3
吉　林	74818.6	201100.7	346367.4	48938.2	12944.7	73459.7
黑龙江	53013.1	141047	208435.5	53194.1	8613	52935.2
上　海	714927.2	949674.5	2716768.7	240550.7	110909.3	714927.2
江　苏	1255472.8	3755819.1	12500259.1	1601436.2	320825.9	1255399.4
浙　江	1928192.4	5925539.4	17246699.3	1850056.1	522131.5	1928192.4
安　徽	61223.7	135448.4	933204	62824.5	10900.4	59466.9
福　建	37025.4	199793.5	383531.5	42240.1	3980.8	36871.2
江　西	15426.9	92393.3	2507366	20890	2727.5	15415
山　东	585374.4	1033977.4	1592631.7	395586.3	134874.1	585374.4
河　南	124265.7	315916.4	655376.3	132040.9	17157.1	121603.3
湖　北	125331.4	280284.3	565130.9	110045.8	20012.1	122748.2
湖　南	81896.2	274275.7	582091	79205.8	2576.4	80953.6
广　东	31057.8	115418.5	354538.9	27358.3	2713.6	30471.9
广　西	20816.5	59850.8	357713.5	10453	-3211.8	20790.5
海　南	3829.8	15495.8	48792.2	5300.4	838	3816.2
重　庆	488499.7	553896.1	1816788.1	205595.4	25359.4	488499.7
四　川	209070	421839.4	1227606.8	128604.9	34056.5	195789.9
贵　州	4671.9	34001.8	34385.2	2590.2	1380.9	2819
云　南	153019.1	588311	1009174.7	188842.1	14030.8	95609.7
西　藏	56	3263	284	164.8	14	56
陕　西	62382.8	150755	377708.6	61554.4	21449.9	62149.5
甘　肃	3258.8	29886.5	13743.6	4742.6	245.8	2787.1
青　海	2590.3	6552.1	11888.6	3199.9	191.3	2590.3
宁　夏	17563.1	106007.7	82579.7	3083.8	7431.3	17434.3
新　疆	32562.1	175669.9	265732.4	34407.1	6429.8	32489

单位：万元

执行行政事业单位会计制度财务指标					
固定资产原价	上年结转和结余	本年收入合计	本年支出合计	经营支出	行政事业单位增加值
18630.1	**118962.8**	**95000.9**	**86490**	**214.7**	**87765.4**
	1315				
	8170.7	7726.1	34190		4069.2
1471	12275.1	1542	1568.8		1358.9
22.1	16059.2	52.1	52		77.9
	439.2				73.4
270	3165.1	1281.1	1612.1		1756.8
204.9	71.9	915	920.7		154.2
298		9	9		11.9
1031.1	510.4	1271.4	2272.9		2662.4
256	536.8	2582.2	2304.2		2583.2
1587.2		843	820		942.6
30	3381.7	1353	575.8		585.9
	0.4	5843.6	26		26
16	4412	14	14		13.6
46.9	7350.6	13989	1615.7		13280.1
1238	325	2018	1700		1852.9
7326	22832.7	53063.6	37689.4		57409.4
982	37895	531.5	520.4	214.7	233.3
50	20	182	418		471.7
3195.9		126	3		128.8
605	202	1658.3	178		73.1

C-2-29 在编制部门登记的

地区	单位数	年末职工人数	#女性	#残疾职工	#女残疾职工	残疾职工工资总额	残疾职工养老保险总额
全国	**95**	**4212**	**1322**	**1488**	**395**	**47970.4**	**92.1**
中央级							
北京	1	79	26	7	2	51.3	15.4
天津	1	15	6	1		0.1	
河北	2	43	10	6	1	19	
山西	6	321	107	109	34	85.7	3.5
内蒙古							
辽宁	1	10		10		12	
吉林							
黑龙江	1	5	2	1		0.5	
上海							
江苏	2	152	28	41	27	90.5	
浙江	9	595	22	169		20.3	
安徽	2	28	8	7	1	2.9	
福建	4	58	18	4		6	
江西	1	73		73		30	
山东							
河南	1	85	19	2		4.5	
湖北	2	160	52	3	1	8.5	0.2
湖南	4	310	132	98	54	142	23.9
广东	12	408	125	148	35	304.8	26.5
广西	3	60	12	7		11.1	
海南							
重庆							
四川	7	354	165	143	48	2131.1	
贵州	5	268	93	25	10	71.4	7.4
云南	17	528	222	348	34	43394.2	7
西藏							
陕西	5	226	160	74	40	118.5	1.3
甘肃	1	50	8	15		3	
青海							
宁夏	7	350	88	195	106	1458	6
新疆	1	34	19	2	2	5	0.9

社会福利企业

单位:个、人、万元

残疾职工补贴	纳税总额	增值税总额	营业税总额	所得税总额	应减免税金总额	实际减免税金总额	盈利总额
60	**771.1**	**53.1**	**627.8**	**6.6**	**2400.3**	**2400.3**	**698.7**
41.5	77.4	2.6	11.5		215.6	215.6	-130.1
2.1							
0.1							
9.7	0.5		0.5		130	130	350
	7.9		7.9		7.9	7.9	4.9
	7.7	3.2	4.5		355.4	355.4	
	66	45	8	6.6	20	20	60
	3.7	2.3	3		121.4	121.4	73.9
0.6							
6	588		588		1550	1550	340
	19.9		4.4				

C-2-29续表1

地　区	单位数	年末职工人数	受教育程度		职业资
			大学专科人数	大学本科及以上人数	助理社会工作师人数
全　国	**95**	**4212**	**540**	**502**	**79**
中央级					
北　京	1	79	21	14	
天　津	1	15	2	8	
河　北	2	43	11	5	
山　西	6	321	27	28	
内蒙古					
辽　宁	1	10			
吉　林					
黑龙江	1	5	5		
上　海					
江　苏	2	152	38	13	1
浙　江	9	595			
安　徽	2	28	4		
福　建	4	58	12	9	
江　西	1	73			
山　东					
河　南	1	85	61	24	3
湖　北	2	160	34	19	1
湖　南	4	310	39	27	2
广　东	12	408	46	45	14
广　西	3	60	6	15	
海　南					
重　庆					
四　川	7	354	118	25	56
贵　州	5	268	52	16	
云　南	17	528	46	249	2
西　藏					
陕　西	5	226	7	1	
甘　肃	1	50			
青　海					
宁　夏	7	350	4		
新　疆	1	34	7	4	

格水平	年龄结构				志愿服务	
社会工作师人数	35岁及以下人数	36岁至45岁人数	46岁至55岁人数	56岁及以上人数	志愿者服务人次数	志愿服务时间
36	**930**	**1925**	**1150**	**207**	**10**	**9**
	21	21	23	14		
	10	2	2	1		
	9	15	14	5		
2	57	135	113	16		
	2	8				
	1		4			
1	20	44	58	30		
	219	268	108			
	1	13	11	3		
	6	19	27	6	10	9
	7	10	56			
5	29	19	21	16		
1	30	40	67	23		
1	41	152	106	11		
5	58	163	149	38		
	14	18	21	7		
19	96	137	98	23		
	32	146	84	6		
2	107	318	101	2		
	106	61	57	2		
	32	11	7			
	25	310	15			
	7	15	8	4		

C-2-29续表2

地　区	增加值合计	执行企业会计制度单位财务指标				
		固定资产原价	营业收入	费用合计	营业利润	企业单位增加值
全　国	**19363.9**	**52975.1**	**42378.2**	**14862.2**	**-569.8**	**9726**
中央级						
北　京	387.7	1589	1956	653	-338	387.7
天　津	0.7					
河　北	207.5					-30.8
山　西	1754.8	5886	1342.5	380.5	-109.6	1754.4
内蒙古						
辽　宁	12	100		15		12
吉　林						
黑龙江		3				
上　海						
江　苏	1474.3		1706.1	94.5	-33.2	318.2
浙　江		2710				
安　徽	27.9	220	12	11		
福　建	744.1					
江　西	466.3	32	32	39.1		466.3
山　东						
河　南	565.7	3740.7	2061.7	652		565.7
湖　北	657.3					
湖　南	917.1	1579.5	2285.6	760.9	179.7	849.6
广　东	1383.7	2925.6	4620.3	2745.8	-494.5	1194.1
广　西	199.9	602	41	7		32.5
海　南						
重　庆						
四　川	975.2	1751	6406	359.8	-164.6	257.9
贵　州	3189.3	18.4	60.1	60.8	-0.9	26.2
云　南	2445.5	20267.2	969.7	688.5	-13.7	311.6
西　藏						
陕　西	558.7	2053.7	1985.2	379.3	35	533
甘　肃		10				
青　海						
宁　夏	3047.7	9487	18900	8015	370	3047.7
新　疆	348.7					

单位：万元

执行行政事业单位会计制度财务指标					
固定资产原价	上年结转和结余	本年收入合计	本年支出合计	经营支出	行政事业单位增加值
14207.9	**441.4**	**18663.9**	**18829.6**	**4379.6**	**9637.9**
55.5		116.9	224.6	112.2	0.7
160.6		367.6	345.6		238.3
10		1	1		0.4
3741	0.6	3499.6	3499.4	2212.8	1156.1
26.4		37.3	38.8		27.9
1302.5	462.3	991.9	918.5	10	744.1
1834.5		2770.9	2806.9	1832	657.3
150		51.5	51.5		67.5
137.4	18.5	281	276.1	93.2	189.6
110	3.8	172	170.5		167.4
2216.4		2141.1	2210.2		717.3
1844.8	-61.9	5088.8	5090.9	56.9	3163.1
1758.7	18.1	2148.3	2092.6	62.5	2133.9
42.1		44	44		25.7
818		952	1059		348.7

C-2-30 福利

地　区	单位数	年末职工人数	#女　性	#残疾职工	#女残疾职工	残疾职工工资总额	残疾职工养老保险总额
全　国	**15874**	**1197744**	**387779**	**472745**	**148313**	**1198213.3**	**201072.2**
中央级							
北　京	639	29824	9817	11644	3827	21390.2	5498
天　津	247	19545	4873	7603	2165	13110.1	4133.9
河　北	607	34393	9833	14643	3868	20332	4529.3
山　西	272	27918	6517	11967	3515	9678.3	2583.3
内蒙古	94	5532	1411	3000	1278	3170.5	789.9
辽　宁	1792	87132	28659	40499	11451	56581.1	17144.7
吉　林	353	13749	4629	6305	2105	6125.5	147.7
黑龙江	563	17844	4976	8786	2896	331171.9	1802.9
上　海	1216	95526	28185	32812	9949	57765.2	29906
江　苏	2962	289269	100138	105300	36475	163129.6	36461.4
浙　江	2197	227343	80390	86045	29381	193687.3	63943.5
安　徽	264	15088	4963	6071	1930	8910.7	1687.3
福　建	181	11116	3371	5403	620	4292.7	381.5
江　西	273	21447	6341	9233	2904	9676.7	381.4
山　东	1207	88821	25075	34431	9458	57375.9	15633.7
河　南	856	49661	15826	22404	6524	19383.3	937
湖　北	284	17167	5398	8063	2789	9359.6	1074.3
湖　南	385	23052	6491	11299	3099	14763.2	2679
广　东	116	10141	3124	4237	1304	5415.5	580.6
广　西	30	1452	444	543	103	41021.2	77.9
海　南	4	210	96	81	28	20.1	15.2
重　庆	412	33379	9993	13004	3334	23025.1	5749.7
四　川	369	30058	11937	11716	4178	30233.7	1877.1
贵　州	15	764	216	321	58	30301.8	51
云　南	116	15842	3310	5717	1237	50219.2	909.4
西　藏	1	24	8	24	8	2.8	
陕　西	204	12668	3997	4404	1596	7103.8	1010.2
甘　肃	59	3115	1123	1027	363	850.2	
青　海	4	85	52	10		12	
宁　夏	25	4248	863	1604	160	3009.1	6
新　疆	127	11331	5723	4549	1710	7095	1080.3

工厂

单位：个、人、万元

残疾职工补贴	纳税总额	增值税总额	营业税总额	所得税总额	应减免税金总额	实际减免税金总额	盈利总额
20268	**1535081.3**	**1091513.8**	**79158.8**	**212830**	**921268.9**	**785733.6**	**1063037.3**
1839.3	27416	23340.9	471.6	1451.7	29870.4	22513.2	5373.4
200.9	18187.7	16110.6	398.8	1350.8	15976.9	15068.8	15443.8
389	37114	23899.4	1628.7	7270.2	20755.1	16084.8	19773
441.7	26119.6	18958.7	5698.6	637.7	11103.3	6917.2	2421.5
50	8682.5	7470.8	1312	820.3	8741	8328.8	2604
221.5	75362.7	65625.7	4184.5	11890.5	57172.1	47033.5	51434.4
27.5	1607.3	1506	101.3				
571		18.6					
988.6	133969.7	86158.3	22064.1	48624.8	89785.9	93397	165867.5
4599.5	427319.8	328227.5	8896.6	50108	259686.3	209847.9	261427.6
2277	467708.5	338454.9	22523.8	60094.8	232081.6	219992.8	366903.8
214.2	13661.4	12805.3	139.4	1289.7	8278.6	7811.4	10368.6
189.2	4590.5	2585		18.8	4039.5	4262.1	23469.5
59.9	45608.5	3170.9	491.5	1733.2	12496.6	12481.5	6131.4
5643.6	107976.6	59654.6	6778.6	21102.4	62435.1	56921.2	81740.9
117.2	21098.3	15416.9	385.3	1650.3	12719.4	10877.4	4174.6
149.9	10695.8	7144.6	59.7	1176.4	3762.5	3622.9	5324.8
999.5	5548.5	1093.6	731	70	4892.6	4361.6	572
48	25442.7	2144.7	15.6	157.1	3919.4	3128.4	3119.3
7	390.9	311.5	17	9.1	227.4	217.7	197.5
0.8	27.7	27.7	0.2	0.2	27.7	27.7	-13
282.1	56767.6	49881.6	187.8	2771.6	68451.7	30040.7	27671.5
188.8	1157.3	656.2	126	16	860.1	359.1	3517
22.4	82	79			54	54	64.6
579.4	11125.7	9209.2	1402.1	68.8	7271	7210.6	-11916.4
121.7	2627.7	15513	888.7	504.6	2184.2	1220.8	16201.3
6	588		588		1550	1550	340
32.3	4204.3	2048.6	67.9	13	2926.5	2402.5	824.7

C-2-30续表1

地区	单位数	年末职工人数	受教育程度		职业资
			大学专科人数	大学本科及以上人数	助理社会工作师人数
全　国	**15874**	**1197744**	**81047**	**33161**	**1677**
中央级					
北　京	639	29824	2082	827	45
天　津	247	19545	1051	353	58
河　北	607	34393	1213	669	22
山　西	272	27918	1427	404	3
内蒙古	94	5532	480	96	2
辽　宁	1792	87132	5236	3064	373
吉　林	353	13749	948	254	268
黑龙江	563	17844	2016	258	35
上　海	1216	95526	3227	469	83
江　苏	2962	289269	21265	9645	305
浙　江	2197	227343	11349	6707	100
安　徽	264	15088	894	192	14
福　建	181	11116	145	51	6
江　西	273	21447	800	214	5
山　东	1207	88821	9907	4437	73
河　南	856	49661	3285	1082	26
湖　北	284	17167	2483	526	38
湖　南	385	23052	1328	285	31
广　东	116	10141	615	171	43
广　西	30	1452	104	34	1
海　南	4	210	2		
重　庆	412	33379	2152	1159	35
四　川	369	30058	4811	997	26
贵　州	15	764	50	13	
云　南	116	15842	587	94	1
西　藏	1	24			
陕　西	204	12668	1607	650	77
甘　肃	59	3115	94	28	1
青　海	4	85			5
宁　夏	25	4248	366	79	
新　疆	127	11331	1523	403	1

单位:个、人、人次、时

格水平	年龄结构				志愿服务	
社会工作师人数	35岁及以下人数	36岁至45岁人数	46岁至55岁人数	56岁及以上人数	志愿者服务人次数	志愿服务时间
482	**412718**	**476276**	**245155**	**63595**	**25092**	**113532**
16	7850	12885	7244	1845	1096	1103
18	7904	6740	3986	915	1130	4000
2	13722	14180	5700	791	1299	5217
	9645	9621	7131	1521		
1	1048	2102	1572	810		
16	26418	35876	20139	4699	84	656
21	4764	6190	2551	244		
5	6813	7444	3008	579		
55	33016	30900	23462	8148	100	200
89	87319	116374	66779	18797	5960	14118
70	76775	90076	46436	14056	13031	33255
3	4952	7164	2640	332	127	51178
4	3446	5545	1641	484		
2	9196	9109	2776	366		
39	37754	32630	15145	3292		
25	23941	17875	6921	924	100	60
4	7520	5725	3315	607	10	200
11	4499	13823	3815	915	563	1321
22	4618	3890	1324	309	1380	410
	553	512	316	71		
	21	50	111	28		
44	9545	14455	7814	1565	88	682
16	11884	13526	3621	1027		
	255	343	140	26		
1	5441	6611	3470	320		
		16	8			
12	5604	4681	2023	360	124	1132
1	924	1487	473	231		
	10	40	12	23		
	1440	2434	276	98		
5	5841	3972	1306	212		

C-2-30续表2

地　区	增加值合计	执行企业会计制度单位财务指标				
		固定资产原价	营业收入	费用合计	营业利润	企业单位增加值
全　国	**5722340.8**	**15433970**	**43980727.3**	**5407383.6**	**1187028.1**	**5719418.1**
中央级						
北　京	107776.1	280331.1	639641.2	62666.5	624.1	107776.1
天　津	129136.5	251897	876088.6	474284.1	21654.8	129136.5
河　北	106755.8	505118.5	947736.4	87090.6	21398	106755.8
山　西	51323.8	268677.5	409728.3	26137.7	-4779.4	51323.8
内蒙古	15728.6	53734.5	102509.4	35482.9	3364.3	15728.6
辽　宁	369980	773216.5	1947098.7	276192.8	63390.4	369980
吉　林	31448.1	87817.2	189186.4	15349.3	7562	31439.8
黑龙江	45183	124259.9	171570.2	41764.8	7686.7	45183
上　海	713141	946175.7	2707120.2	236721.8	110416.2	713141
江　苏	1244665.6	3728932.6	12415467.7	1592506.4	319049.5	1244665.6
浙　江	1713027	5532160.2	14918045.9	1656061.3	448096.3	1713027
安　徽	42952.5	96836.3	753159.7	45252.3	2818.5	42952.5
福　建	22795.3	128712.2	228479	12361.2	1635.4	22647.1
江　西	15300	87837.7	2451468.8	20495.1	2727.5	15288.1
山　东	537998.3	928529.9	1450869.8	359240.7	123708.3	537998.3
河　南	100915.3	267384.8	490094.7	110595.7	8539.1	99414.5
湖　北	40116.2	79688.3	183520.5	54866.1	6086.7	40108.7
湖　南	38682.9	88377.9	390042	38094.2	-618.9	38493.5
广　东	22595.6	97261.2	284531.6	18605.3	1880.9	22584.4
广　西	2590.1	19231.1	70325.6	5959.7	-2163.9	2590.1
海　南	175.9	1200.8	218.2	91.4	-13	162.3
重　庆	122162.1	276599.2	697618.4	70043.6	10054.9	122162.1
四　川	127671.3	219982.7	577184.8	57839.8	20254.2	127669.4
贵　州	2609.3	4238.9	17788.1	1538	1281.4	2100.9
云　南	19016.5	259342.4	463192.8	26179.7	-20489.8	18778.3
西　藏		50				
陕　西	51808.5	105753	261690	46812.7	18903.8	51549.5
甘　肃	724.9	7594.3	3396.1	446.1	-37.2	724.9
青　海		500				
宁　夏	17580.7	50629.4	82780.5	8104.5	7870	17580.7
新　疆	28479.9	161899.2	250173.7	26599.3	6127.3	28455.7

单位：万元

执行行政事业单位会计制度财务指标					
固定资产原价	上年结转和结余	本年收入合计	本年支出合计	经营支出	行政事业单位增加值
4585.1	**6**	**4024.3**	**4091**	**277.2**	**2922.7**
7		8	8		8.3
0.1		0.1			
204.9		905	910.7		148.2
298		9	9		11.9
998		1069.6	1067.6		1500.8
76		7.2	7.2		7.5
475.8		115.5	113.5		189.4
30		20	31.8		11.2
16		14	14		13.6
46.9					1.9
524.9		879.8	908		508.4
278.4		294.6	330.8	62.5	238.2
1024.1	6	575.5	564.4	214.7	259
605		126	126		24.2

C-2-31 假肢

地区	单位数	年末职工人数	#女性	#残疾职工	#女残疾职工	残疾职工工资总额	残疾职工养老保险总额
全国	**27**	**1639**	**539**	**152**	**41**	**2633.1**	**53.2**
中央级							
北京	1	79	26	7	2	51.3	15.4
天津							
河北	1	20	5	1	1	3	
山西	1	79	28	2		5.4	
内蒙古	1	41	13	25	16	61.2	12.6
辽宁							
吉林	2	99	41	1		2200	
黑龙江	2	28	8	9	2	8.5	4
上海	1	111	33	2		13.5	5.6
江苏	1	71	28	2		10	
浙江							
安徽	1	10	10	2	1	4	1
福建	1	27	5	3		10.8	
江西	1	70	9	14		16.8	0.3
山东	1	129	35	4		6	2.8
河南	2	128	35	12	2	14.5	
湖北	3	167	56	5	1	10.8	0.2
湖南	1	99	34	3	1	8.5	2.2
广东	2	97	25	11	4	24.9	
广西							
海南							
重庆							
四川	1	115	51	28	4	112	
贵州	1	64	20	2		2	0.2
云南	1	74	33	5	1	29.9	
西藏							
陕西	1	97	25	12	4	35	8
甘肃							
青海							
宁夏							
新疆	1	34	19	2	2	5	0.9

厂

单位:个、人、万元

残疾职工补贴	纳税总额	增值税总额	营业税总额	所得税总额	应减免税金总额	实际减免税金总额	盈利总额
49.7	**797.7**	**689.8**	**31.1**	**203.8**	**1515.3**	**1715.3**	**1322.3**
41.5	77.4	2.6	11.5		215.6	215.6	-130.1
3.9	15	10	2.6	1.8	14	14	-25
2							
							209
0.2			4.6		2.9	2.9	1.4
1.2	676	474		202	676	676	807
0.1							
	0.5		0.5		130	130	350
	7.7	3.2	4.5		355.4	355.4	
0.8							
	1.2		3		121.4	121.4	110
		200				200	
	19.9		4.4				

C-2-31续表1

地区	单位数	年末职工人数	受教育程度		职业资
			大学专科人数	大学本科及以上人数	助理社会工作师人数
全国	**27**	**1639**	**410**	**272**	**78**
中央级					
北京	1	79	21	14	
天津					
河北	1	20	4	5	
山西	1	79	17	25	
内蒙古	1	41	9	1	
辽宁					
吉林	2	99			
黑龙江	2	28	10		
上海	1	111	13	7	
江苏	1	71	38	13	1
浙江					
安徽	1	10	2		
福建	1	27	5	4	
江西	1	70	9	4	1
山东	1	129	27	22	
河南	2	128	61	24	3
湖北	3	167	34	20	1
湖南	1	99	23	21	
广东	2	97	20	42	14
广西					
海南					
重庆					
四川	1	115	38	23	55
贵州	1	64	12	16	
云南	1	74	33	9	1
西藏					
陕西	1	97	27	18	2
甘肃					
青海					
宁夏					
新疆	1	34	7	4	

单位:个、人、人次、时

格水平	年龄结构				志愿服务	
社会工作师人数	35岁及以下人数	36岁至45岁人数	46岁至55岁人数	56岁及以上人数	志愿者服务人次数	志愿服务时间
35	**385**	**470**	**572**	**212**		
	21	21	23	14		
	6	3	8	3		
2	18	36	23	2		
	2	12	23	4		
	42	40	15	2		
	14	5	8	1		
	5	35	42	29		
1	16	11	22	22		
1	2	4	4			
	4		20	3		
	9	7	16	38		
	12	34	70	13		
5	60	25	27	16		
1	31	44	67	25		
	28	25	37	9		
5	26	37	27	7		
19	41	26	39	9		
	4	28	29	3		
1	29	9	34	2		
	8	53	30	6		
	7	15	8	4		

C-2-31续表2

地区	增加值合计	执行企业会计制度单位财务指标				
		固定资产原价	营业收入	费用合计	营业利润	企业单位增加值
全国	**14091**	**23116.5**	**18234.2**	**8876.9**	**-738**	**6685.9**
中央级						
北京	387.7	1589	1956	653	-338	387.7
天津						
河北	151.2					
山西	1608	4903	1147	204	-87	1608
内蒙古	81	205	125	142	-24	81
辽宁						
吉林	707.5					
黑龙江	104.3	188.3	164.3	39.5	9.5	104.3
上海	631.2	2427.2	1825.3	1147.2	147.7	631.2
江苏	1147.3					
浙江						
安徽	-3.7	474	979	394	-166	-3.7
福建	776.3	952	1221	445.8	60	776.3
江西	95.7	512	446	394		95.7
山东	603.5	3261	2179	1364	-48	603.5
河南	575.7	4020.7	2247.7	838		575.7
湖北	670.4	24	28	22.2		10.1
湖南	671.5	1058	2014	454.9	163	671.5
广东	325.5	1550.3	2499.9	2257.3	-557.2	325.5
广西						
海南						
重庆						
四川	660.4					
贵州	1847.9					
云南	1881.9					
西藏						
陕西	819.3	1952	1402	521	102	819.3
甘肃						
青海						
宁夏						
新疆	348.7					

单位：万元

执行行政事业单位会计制度财务指标					
固定资产原价	上年结转和结余	本年收入合计	本年支出合计	经营支出	行政事业单位增加值
11960.9	**352.7**	**14554.9**	**14303**	**4044.8**	**7405.1**
80		272	250		151.2
1162		1064	1090.8		707.5
3521.8	0.6	3499.6	3499.4	2212.8	1147.3
1834.5	11	2770.9	2817.9	1832	660.3
2171.6		2124.7	2129.1		660.4
1238	323	2018	1695		1847.9
1135	18.1	1853.7	1761.8		1881.9
818		952	1059		348.7

C-2-32 安置

地区	单位数	年末职工人数	#女性	#残疾职工	#女残疾职工	残疾职工工资总额	残疾职工养老保险总额
全国	**27**	**801**	**180**	**115**	**42**	**209.5**	**0.4**
中央级							
北京							
天津	1	15	6	1		0.1	
河北	1	23	5	5		16	
山西	1	1		1		1	
内蒙古							
辽宁							
吉林							
黑龙江							
上海							
江苏	1	81		39	27	80.5	
浙江	2	54	15	2		9	
安徽	2	54	16	2		3.9	
福建	4	58	18	4		6	
江西							
山东							
河南	1	21	1	3		2	
湖北							
湖南	4	96	21	20	1	27.7	0.2
广东	3	59	10	17	3	46.1	
广西	1	41	3	1		2.3	
海南							
重庆							
四川	1	48	13	8	7	4	
贵州	3	203	60	7	3	3.9	0.2
云南							
西藏							
陕西	1	34	10	1		3	
甘肃	1	13	2	4	1	4	
青海							
宁夏							
新疆							

农场

单位:个、人、万元

残疾职工补贴	纳税总额				应减免税金总额	实际减免税金总额	盈利总额
		增值税总额	营业税总额	所得税总额			
0.2	**25.9**		**15.9**	**6.6**	**7.9**	**7.9**	**4.9**
0.2							
	7.9		7.9		7.9	7.9	4.9
	18		8	6.6			

C-2-32续表1

地区	单位数	年末职工人数	受教育程度		职业资
			大学专科人数	大学本科及以上人数	助理社会工作师人数
全国	**27**	**801**	**121**	**53**	**1**
中央级					
北京					
天津	1	15	2	8	
河北	1	23	7		
山西	1	1	1		
内蒙古					
辽宁					
吉林					
黑龙江					
上海					
江苏	1	81			
浙江	2	54	11	4	
安徽	2	54	2		
福建	4	58	12	9	
江西					
山东					
河南	1	21			
湖北					
湖南	4	96	22	2	
广东	3	59	15	6	
广西	1	41	6	15	
海南					
重庆					
四川	1	48	4	2	1
贵州	3	203	39	7	
云南					
西藏					
陕西	1	34			
甘肃	1	13			
青海					
宁夏					
新疆					

单位：个、人、人次、时

格水平	年龄结构				志愿服务	
社会工作师人数	35岁及以下人数	36岁至45岁人数	46岁至55岁人数	56岁及以上人数	志愿者服务人次数	志愿服务时间
	105	**349**	**257**	**90**	**10**	**9**
	10	2	2	1		
	3	12	6	2		
			1			
	4	33	36	8		
		15	20	19		
	5	16	31	2		
	6	19	27	6	10	9
		3	7	11		
	24	43	9	20		
	9	34	11	5		
	9	9	16	7		
	3	18	24	3		
	28	113	56	6		
	2	27	5			
	2	5	6			

C−2−32续表2

地　区	增加值合计	执行企业会计制度单位财务指标				
		固定资产原价	营业收入	费用合计	营业利润	企业单位增加值
全　国	**5127.9**	**1910.4**	**3015.7**	**1532.3**	**-810**	**865.1**
中央级						
北　京						
天　津	0.7					
河　北	56.3					-30.8
山　西	0.4					
内蒙古						
辽　宁						
吉　林						
黑龙江						
上　海						
江　苏	327		1706.1	94.5	-33.2	318.2
浙　江	-315.7	319	455	849.4	-696	-315.7
安　徽	50.8	189.1	42.4	65.7	-23.3	22.9
福　建	744.1					
江　西						
山　东						
河　南	96.1					
湖　北						
湖　南	267.4	62.2	162	5.6		40.8
广　东	917.7	1034	580	374	16	727.6
广　西	167.4					
海　南						
重　庆						
四　川	56.9					
贵　州	2654.7					
云　南						
西　藏						
陕　西	102.1	306.1	70.2	143.1	-73.5	102.1
甘　肃	2					
青　海						
宁　夏						
新　疆						

单位：万元

执行行政事业单位会计制度财务指标					
固定资产原价	上年结转和结余	本年收入合计	本年支出合计	经营支出	行政事业单位增加值
4500.8	**1455.7**	**6821.8**	**6862.8**	**272.3**	**4262.8**
55.5		116.9	224.6	112.2	0.7
80.6		95.6	95.6		87.1
10		1	1		0.4
219.2					8.8
26.4		37.3	38.8		27.9
1302.5	462.3	991.9	918.5	10	744.1
33.1		94.8	94.8		96.1
1111.4		242.1	251.1		226.6
137.4	1051.5	844.8	803.9	93.2	190.1
110	3.8	172	170.5		167.4
44.8		16.4	81.1		56.9
1319.9	-61.9	4209	4182.9	56.9	2654.7
50					2

C-2-33 其他社会

地　区	单位数	年末职工人数	#女　性	#残疾职工	#女残疾职工	残疾职工工资总额	残疾职工养老保险总额
全　国	**4304**	**300131**	**95418**	**124064**	**35298**	**490011.5**	**33211.1**
中央级							
北　京	24	1357	614	427	108	562.6	143.2
天　津							
河　北	315	15458	4919	6454	1768	10194.4	2625.6
山　西	185	9992	2308	5446	1068	6094	828.1
内蒙古	76	5423	1244	2519	926	3212.3	673.3
辽　宁	283	19157	7481	6238	2176	7624.4	3220
吉　林	179	5917	1848	2072	737	172297.6	328
黑龙江	74	3057	1030	1832	532	38270.4	152.3
上　海	6	249	83	70	15	270.6	127.3
江　苏	63	3484	1444	1375	578	1947.7	326.6
浙　江	375	28992	8768	11732	4013	25654.8	7813.9
安　徽	100	4220	1394	1643	392	2142.3	705.7
福　建	141	9157	2847	4511	1439	5183.8	285
江　西	74	9134	2248	3598	57	4084.7	
山　东	177	10172	2535	3877	1262	6404.9	1496.7
河　南	204	15671	4751	6599	2051	8343.1	245.5
湖　北	419	23299	8124	9315	3339	12153.1	2121.9
湖　南	215	12868	3396	7908	1731	10981.3	1254.1
广　东	36	3707	1046	1353	389	1773.9	40
广　西	106	7602	1370	2869	895	59084.9	424.1
海　南	8	1011	258	868	289	667.8	42
重　庆	350	33998	12654	13485	4200	26690	6169.3
四　川	404	28804	10407	13026	3335	42808.1	2093.6
贵　州	40	2312	572	1035	436	1666.6	318.4
云　南	226	34803	10281	11445	2189	35660.1	1321.5
西　藏	3	213	82	100	37	164	60
陕　西	45	2302	750	918	414	1754.2	146.2
甘　肃	37	1071	225	337	50	328.1	
青　海	11	1724	730	585	202	1279.2	37.4
宁　夏	61	2236	1005	1131	225	1479.4	176.5
新　疆	67	2741	1004	1296	445	1233.2	34.9

福利企业

单位:个、人、万元

残疾职工补贴	纳税总额	增值税总额	营业税总额	所得税总额	应减免税金总额	实际减免税金总额	盈利总额
12381.9	**178541.4**	**152474.9**	**7453.9**	**15951.9**	**136510.4**	**111465.5**	**119486.9**
56	1712.6	59.3	1219.2	209.8	1602.7	1428	714
183.4	17470.6	11729.3	672.7	1523.9	23871.8	7029.4	2700.5
35.2	10294.6	7495.3	22	5	8110.3	4806.4	2188.5
91.5	9078.6	6848.6	858	681	6227	6155	1748.3
19.9	12235.8	12845.3	238.8	890.4	13122.6	9885	10629.2
50	490	480	10		423	423	-1
74.7							
12	51.2	30.2	15	10	18	18	189
1	186	182	4		164.8	149.5	27.6
	13208.7	47294.8	67.7	3803.6	18592	22821	56863.2
66.8	1500.5	615.7	4.2	71.1	504.8	500.2	-932.9
111	4011.4	671.5	81		506.1	239	2336.9
286.9	10594.2	6057	522.2	1499.8	8203.5	6163.5	5939.2
8.3	1767.7	1439.3	17.5	28.2	706.1	352.2	334.3
211.5	16002.8	6093.8	552.9	769.3	11163	10103	1954.1
891.6	4054.1	110.1	757	93.1	2811.5	2790.7	103.4
	2348.5		2.1		1259	387.5	185.6
15.6	2620.3	2192	92.8		964	834.5	-134.8
	1010	895	7	38	571	571	80
9618.7	46568.8	27213.6	591.6	5366.3	28595.4	26093.2	27162.8
488.2	2880.8	2587.5	420.3	51.7	4909.7	5920.7	2867.4
67.4					20	20	
54.9	12215.6	10147.5	590.3	240.5	1927	3117.7	-927.2
9.6	6996	5632.7	533	565	854.7	743	2459.8
20.9	1180.2	1205	167.6	1.2	854	895	3012
	22.4	2.4			20.4		-48
6.8	40	647	7	104	508	19	35

C-2-33续表1

地　区	单位数	年末职工人数	受教育程度		职业资
			大学专科人数	大学本科及以上人数	助理社会工作师人数
全　国	**4304**	**300131**	**22433**	**8211**	**425**
中央级					
北　京	24	1357	68	43	2
天　津					
河　北	315	15458	901	234	35
山　西	185	9992	137	29	10
内蒙古	76	5423	1404	390	
辽　宁	283	19157	947	487	8
吉　林	179	5917	391	245	71
黑龙江	74	3057	66	6	7
上　海	6	249	5	1	
江　苏	63	3484	181	59	4
浙　江	375	28992	1340	588	3
安　徽	100	4220	298	107	9
福　建	141	9157	291	194	1
江　西	74	9134	11	10	3
山　东	177	10172	812	390	5
河　南	204	15671	2865	1576	45
湖　北	419	23299	1652	715	55
湖　南	215	12868	724	99	47
广　东	36	3707	366	27	12
广　西	106	7602	585	57	4
海　南	8	1011	91	40	9
重　庆	350	33998	2403	880	26
四　川	404	28804	5823	1599	45
贵　州	40	2312	195		
云　南	226	34803	470	324	14
西　藏	3	213	1		
陕　西	45	2302	214	29	5
甘　肃	37	1071	45	10	
青　海	11	1724	9	1	5
宁　夏	61	2236	59	25	
新　疆	67	2741	79	46	

单位：个、人、人次、时

格水平	年龄结构				志愿服务	
社会工作师人数	35岁及以下人数	36岁至45岁人数	46岁至55岁人数	56岁及以上人数	志愿者服务人次数	志愿服务时间
193	**116630**	**119162**	**53693**	**10646**	**18786**	**51492**
5	523	357	425	52		
24	5671	6804	2400	583	101	9841
8	3149	3765	2398	680		
	1174	2232	1732	285		
10	4801	7729	4886	1741		
61	1938	2848	1024	107		
9	914	1481	638	24		
	15	141	56	37		
7	1264	1316	658	246	642	844
	9056	10449	8182	1305	3063	5021
3	1547	1689	796	188	162	276
	2587	4526	1841	203		
	4178	3189	1670	97		
4	3054	4591	2254	273		
	6755	7236	1314	366		
5	7696	10463	4284	856	62	38
6	3998	6102	2373	395	4581	13845
3	1857	1059	639	152	48	92
5	4231	2202	944	225		
2	720	211	66	14		
16	15099	12853	4925	1121	9965	21247
11	13595	10688	3998	523		
	876	776	514	146	162	288
7	18161	11714	4116	812		
	47	126	30	10		
4	857	722	629	94		
	378	544	139	10		
3	547	1037	101	39		
	782	1198	208	48		
	1160	1114	453	14		

C-2-33续表2

地区	增加值合计	执行企业会计制度单位财务指标				
		固定资产原价	营业收入	费用合计	营业利润	企业单位增加值
全国	**1295806.6**	**2658922.1**	**7841079.7**	**1027338.8**	**238174.7**	**1212993.9**
中央级						
北京	8078.6	36312.8	30198.8	6974.1	840.3	8078.6
天津						
河北	67702.5	157509.8	514901.6	52305.1	23816.1	63633.3
山西	15459.5	80014.6	110856	6649.8	2483.5	15459.5
内蒙古	8223.5	25168.8	52105	11063	2630.9	8223.5
辽宁	51569.3	67623.5	331087.5	78566.7	10220.7	51569.3
吉林	42663	113283.5	157181	33588.9	5382.7	42019.9
黑龙江	7725.8	16601.8	36701	11389.8	916.8	7647.9
上海	1155	1071.6	7823.2	2681.7	345.4	1155
江苏	10807.2	26886.5	84791.4	8929.8	1776.4	10733.8
浙江	215481.1	395770.2	2328198.4	193145.4	74731.2	215481.1
安徽	18252	38169	179034.9	17123.5	8271.2	16495.2
福建	13453.8	70129.3	153831.5	29433.1	2285.4	13447.8
江西	497.5	4075.6	55483.2	40		497.5
山东	46772.6	102186.5	139582.9	34981.6	11213.8	46772.6
河南	23244.3	48251.6	165095.6	21259.2	8618	22178.8
湖北	85202.1	200572	381582.4	55157.5	13925.4	82629.4
湖南	43191.5	186357.1	192158.6	41412	3212	42597.4
广东	8602.7	18498.6	71547.7	8867.5	879.4	8028.5
广西	18258.9	41221.7	287428.9	4500.3	-1047.9	18232.9
海南	3653.9	14295	48574	5209	851	3653.9
重庆	366337.6	277296.9	1119169.7	135551.8	15304.5	366337.6
四川	81656.6	203607.7	656828	71124.9	13637.7	68378.4
贵州	749.3	29781.3	16657.2	1113	98.6	744.3
云南	134566.2	349235.8	546951.6	163350.9	34506.9	77143
西藏	56	3213	284	164.8	14	56
陕西	10211.6	44797.6	116531.6	14456.9	2552.6	10211.6
甘肃	2531.9	22302.2	10347.5	4296.5	283	2062.2
青海	2590.3	6052.1	11888.6	3199.9	191.3	2590.3
宁夏	3030.1	64865.3	18699.2	2994.3	-68.7	2901.3
新疆	4082.2	13770.7	15558.7	7807.8	302.5	4033.3

单位：万元

执行行政事业单位会计制度财务指标					
固定资产原价	上年结转和结余	本年收入合计	本年支出合计	经营支出	行政事业单位增加值
11791.2	**117589.8**	**88263.8**	**80062.8**		**82812.7**
	1315				
	8170.7	7726.1	34190		4069.2
302	12275.1	470	470		643.1
22	16059.2	52	52		77.9
	439.2				73.4
270	3165.1	1281.1	1612.1		1756.8
	71.9	10	10		6
	510.4	107	1110.5		1065.5
180	525.8	2575	2286		2572.7
150		536.9	506.9		594.1
	2348.7	769.2	16.2		574.2
	0.4	5843.6	26		26
	4412				
	7350.6	13989	1615.7		13278.2
	2		5		5
7671.3	22832.7	53063.6	37689.4		57423.2
	37889				
	20	182	418		469.7
3195.9		126	3		128.8
	202	1532.3	52		48.9

C-2-34 残疾人

地　区	职业培训基地数（个）	本年度城镇职业培训人数（人次）	残疾人就业服务机构（个）
合　计	**5271**	**298618**	**2777**
中央级			
北　京	45	4111	17
天　津	24	1780	20
河　北	524	17274	186
山　西	300	7258	126
内蒙古	65	11637	85
辽　宁	133	15586	116
吉　林	172	17058	72
黑龙江	73	10806	127
上　海	93	7846	18
江　苏	184	17636	117
浙　江	294	13251	97
安　徽	114	7647	76
福　建	378	6989	93
江　西	206	3992	82
山　东	716	18319	138
河　南	203	26010	151
湖　北	253	4811	103
湖　南	172	5605	138
广　东	111	14247	136
广　西	63	5384	118
海　南	7	567	21
重　庆	26	3184	38
四　川	441	26075	127
贵　州	115	4163	62
云　南	63	5771	126
西　藏	1	56	3
陕　西	64	12210	121
甘　肃	38	17827	91
青　海	81	2816	35
宁　夏	28	2874	20
新　疆	282	4793	92
兵团	2	1035	23
黑龙江农垦			2

指标解释：
职业培训基地数：指承担着残疾人就业前培训，在职培训、下岗失业人员转岗转业培训、农村务工人员培训等项职能的实体的个数。
本年度城镇职业培训人数：指本年度城镇残疾人中在各类职业培训机构（基地）接受培训（含统计时正在接受培训）的实际人次数。
残疾人就业服务机构：指截止到本年度12月31日，省（自治区、直辖市）、地（州、盟）、市（地市级市、县级市）、县（旗）、市辖区各级残联所建的残疾人就业服务机构数。
残疾人就业人数：包括城镇就业残疾人和农村在业残疾人，其中城镇就业残疾人指截止到本年度12月31日城镇（非农业户口）残疾人集中就业、分散按比例就业（包括实施按比例就业前已在社会各单位就业的残疾人）、辅助性就业、公益性岗位就业、个体及其他形式就业的人数，农村在业残疾人指截止到本年度12月31日农村残疾人（农业户口）从事各种生产劳动，包括种植业、养殖业、家庭手工业及在各种类型企事业、服务业、商业及个体从业的实际人数。
未入学学龄残疾儿童少年总人数：指截止到本年度12月31日，在省级人民政府依照《义务教育法》规定的入学年龄段内的，因各种原因未能入学的各类参加儿童少年人数。

教育就业情况

残疾人就业人数（万人）	未入学残疾儿童、少年（人）	省市县乡残联实有人员（人）
2215.1	**90960**	**119731**
11.8	419	1432
10.2	477	893
106.9	1561	5488
53.0	2435	5196
39.8	1471	3244
71.8	3016	4177
46.3	2710	3109
37.4	927	2758
9.5	45	1224
100.4	1498	5127
50.9	918	5348
126.9	3431	3386
48.8	1433	2609
70.6	5229	4020
160.2	3972	6740
216.6	8345	8743
113.1	2488	3768
119.3	6401	5354
84.5	4631	7436
72.0	5750	3277
7.5	671	852
64.3	1523	1983
202.3	5017	11374
85.0	6912	3393
110.8	5441	3543
3.1	450	200
82.8	4874	5301
59.9	3329	3818
4.4	794	1333
13.1	942	1021
28.6	3692	3071
1.6	0	300
1.6	158	213

C-2-35 救助、低保

地区	单位数	年末职工人数		受教育程度		职业资
			#女性	大学专科人数	大学本科及以上人数	助理社会工作师人数
全 国	**843**	**5897**	**2787**	**2243**	**2076**	**76**
中央级						
北 京	17	111	62	35	69	5
天 津						
河 北	2	8	6	4	4	
山 西	98	703	350	298	182	17
内蒙古	25	255	128	93	128	
辽 宁	12	119	83	60	48	
吉 林	45	372	184	135	127	2
黑龙江	37	326	160	138	112	6
上 海	6	65	43	7	44	8
江 苏	9	32	16	12	15	
浙 江	12	72	41	15	51	1
安 徽	24	90	36	35	43	2
福 建	17	62	30	30	18	
江 西	54	337	152	103	73	7
山 东	10	53	21	18	26	1
河 南	39	261	124	83	37	2
湖 北	53	483	213	215	160	2
湖 南	88	718	320	283	185	6
广 东	1	12	5	2	10	1
广 西	57	255	126	97	105	2
海 南	1	3	3		3	
重 庆	34	207	112	73	124	1
四 川	42	212	104	93	57	4
贵 州	52	592	247	207	273	4
云 南	27	87	32	30	18	1
西 藏						
陕 西	25	196	90	85	49	2
甘 肃	20	135	45	35	58	
青 海	1	2	1	2		
宁 夏	9	59	37	12	44	1
新 疆	26	70	16	43	13	1

服务机构

单位:个、人、人次、时

格水平	年龄结构				志愿服务	
社会工作师人数	35岁及以下人数	36岁至45岁人数	46岁至55岁人数	56岁及以上人数	志愿者服务人次数	志愿服务时间
77	**2758**	**2498**	**566**	**75**	**1153**	**3778**
6	44	44	20	3	26	52
	4	4				
6	353	274	72	4	5	10
2	107	126	21	1	43	150
	74	38	7			
2	157	183	28	4	20	50
3	121	159	41	5	51	18
6	34	22	7	2		
1	11	9	9	3	1	5
14	39	25	5	3	30	68
1	21	53	14	2	98	80
	22	35	5			
4	142	159	27	9		
2	30	17	6			
1	146	84	26	5		
6	183	247	47	6	82	44
11	330	307	68	13	569	2323
	3	7	1	1		
3	90	118	46	1		
		3				
	100	79	26	2	203	660
5	106	85	16	5		
2	373	202	17		20	88
	23	47	17			
1	109	67	16	4	5	230
1	84	40	10	1		
	1		1			
	11	39	9			
	40	25	4	1		

C-2-35续表

地区	增加值合计	执行企业会计制度单位财务指标				
		固定资产原价	营业收入	费用合计	营业利润	企业单位增加值
全国	**33896.3**	**61**				
中央级						
北京	1527.1					
天津						
河北	18.9					
山西	928.2	15				
内蒙古	853.4					
辽宁	741.9					
吉林	1170.9					
黑龙江	518	2				
上海	1116.1					
江苏	203.8					
浙江	872.2					
安徽	292.6	12				
福建	186.4					
江西	604.9					
山东	193.7					
河南	570.2					
湖北	9005.2	25				
湖南	9589.4					
广东	2.5					
广西	1706.4					
海南	17.1					
重庆	942.2					
四川	804.4					
贵州	1101.2					
云南	160.2	7				
西藏						
陕西	619.5					
甘肃	103.8					
青海						
宁夏	30.3					
新疆	15.9					

单位：万元

执行行政事业单位会计制度财务指标					
固定资产原价	上年结转和结余	本年收入合计	本年支出合计	经营支出	行政事业单位增加值
11381.1	**4688.5**	**100340.3**	**93485.8**		**33896.3**
160.9	225.7	4833.9	4833		1527.1
23.5		32	32		18.9
989.4	4.1	4171.3	4293		928.2
588		1493	1523		853.4
58.2	3.3	907.7	902.4		741.9
544.3		8989.9	9137.6		1170.9
648.1	0.6	645	666.7		518
726.9	1038.4	10873.9	10864.8		1116.1
56		236.8	236.8		203.8
531.8	70.6	2792.5	2900.3		872.2
311.9		512.5	543.9		292.6
44.6		278.9	278		186.4
691	6	1274	1290.1		604.9
62.3		244.7	244.7		193.7
789.6		829.3	841.2		570.2
1104.3	5.3	12013.4	11992.3		9005.2
1544	1258.6	25915.6	24603		9589.4
61.6		132	132		2.5
452.3	236.1	6368.1	6153.3		1706.4
		1704	1704		17.1
511.7	1.1	2280.3	2272.6		942.2
320.2		2108.2	2107.6		804.4
430.6		7589.3	1344.7		1101.2
22.3	1838.7	3057.8	3521.3		160.2
255.3		876.1	877.7		619.5
310.5		122.5	138		103.8
		2.6	2.6		
81		28	28		30.3
60.8		27	21.2		15.9

C-2-36 城市居民最低生活

地 区	城市居民最低生活保障人数	按人员性质分类				成	
		#女 性	#残疾人	#三无人员	老年人	在职人员	灵活就业
全 国	**21435260**	**8898980**	**1745278**	**649414**	**3392967**	**495968**	**4592752**
中央级							
北 京	109743	49712	20657	2363	13523	7418	14132
天 津	166440	81530	21957	899	18214	5313	16174
河 北	772703	321255	48862	19602	120512	17722	198562
山 西	890367	383389	60715	21118	96447	31007	261207
内蒙古	808032	390283	64939		113531	4901	179707
辽 宁	1069574	458453	134670	17793	147961	18122	200427
吉 林	905401	432837	81873	15946	150739	7298	465630
黑龙江	1524283	611227	137830	32435	175360	16850	276962
上 海	223024	82882	28436	549	3538	21016	2079
江 苏	370084	154808	40964	6461	85593	9824	53050
浙 江	78485	30431	15340	4928	17575	2442	10901
安 徽	818502	338943	77150	41849	231083	9663	136441
福 建	168517	58146	22345	7607	37339	2920	30395
江 西	979546	417240	159443	59287	183276	26967	228276
山 东	530065	209694	36307	17293	76464	31425	89653
河 南	1334416	517677	83658	65313	218494	19533	249131
湖 北	1295292	588986	86909	44670	235966	79597	357941
湖 南	1456300	563158	92211	53912	291406	23510	204514
广 东	371609	147433	41330	15826	75186	11879	72947
广 西	515317	185836	41150	38861	127252	15660	126752
海 南	157065	75172	14892	6539	26060	3438	36698
重 庆	515147	237101	62120	3735	96693	1266	112713
四 川	1863842	738194	112116	52189	301762	15552	415662
贵 州	530247	210581	31925	14404	82544	5646	99462
云 南	935728	359673	52246	31113	138071	29311	177110
西 藏	47713	23155	3491	8668	8447	5259	11578
陕 西	747367	316819	32800	12258	58730	11982	148949
甘 肃	883106	321025	39931	14266	89716	21797	175747
青 海	230399	110359	8419	3079	19903	6084	40428
宁 夏	181788	67652	16450	7817	36055	5707	31364
新 疆	955158	415329	74142	28634	115527	26859	168160

保障及其他社会救济

单位：人、户、万元、人次

年人		未成年人		城市居民最低生活保障家庭数	城市低保资金全年计划支出	城市“三无”救助人数
登记失业	未登记失业	在校生	其　他			
4004414	**4221252**	**3182899**	**1545008**	**11149235**	**4553376.4**	**99472**
28974	18443	17963	9290	60954	62180.7	192
46507	35477	28551	16204	87919	72101.7	102
143626	130320	119081	42880	405768	179395.8	1166
102333	144864	191868	62641	435186	149111.9	2099
140182	216399	98352	54960	444432	293685.7	13783
253067	197721	187731	64545	556385	288305.5	2675
61383	87449	104735	28167	549282	60175.2	941
355351	417355	192747	89658	761318	203550.7	1995
76911	66038	50807	2635	143489	130503.3	
64300	90330	47217	19770	190972	116116.8	1747
10020	15164	15355	7028	48800	24204.7	827
112938	165734	109695	52948	472245	230652.4	3398
31598	39331	17474	9460	84703	39977.5	880
182935	130277	132172	95643	452454	174496.1	8350
159909	82838	64872	24904	254382	167381.2	1290
305851	252545	177423	111439	704496	215185.6	9
243873	211896	107159	58860	666010	297976.7	9242
366680	263328	176161	130701	798011	298821.8	2421
47777	68171	72242	23407	165089	70968.6	8488
69105	75207	68814	32527	267113	108379.9	1626
16608	39200	23067	11994	65324	33190.9	429
79615	112268	88575	24017	297342	168687.2	14741
293913	437018	252129	147806	1032332	240244.7	9463
65912	142265	99531	34887	272010	143638.3	1154
195463	176602	141090	78081	565945	125784.8	47
6483	7220	5693	3033	25072	18093.6	3096
170335	111895	160038	85438	350554	229148.6	2367
192264	181094	158742	63746	373598	130520.9	1713
24945	61284	49904	27851	106171	30588.8	1073
30876	31547	29450	16789	86372	10876.6	204
124680	211972	194261	113699	425507	239430.2	3954

C-2-37 农村最低

地 区	农村居民最低生活保障人数	女 性	老年人
全 国	**53445402**	**18145320**	**20165417**
中央级			
北 京	62979	26606	23772
天 津	101469	40152	26950
河 北	2079912	646210	1214969
山 西	1505517	516018	820447
内蒙古	1235133	526691	625878
辽 宁	918877	311852	390827
吉 林	769927	320602	399296
黑龙江	1194387	413736	494784
上 海	33765	17021	10752
江 苏	1380681	482399	505428
浙 江	567424	191312	209947
安 徽	2146135	758526	817036
福 建	735322	229415	204802
江 西	1502693	617434	443226
山 东	2507064	815505	1399171
河 南	3729697	1135693	1792492
湖 北	2307350	950257	870836
湖 南	2774483	759855	1010873
广 东	1778371	595538	521784
广 西	3328459	1001179	1274825
海 南	247375	102733	66577
重 庆	743423	324061	225747
四 川	4344818	1217453	1825940
贵 州	5129596	1863187	1679266
云 南	4375101	1474182	1256596
西 藏	329000	129939	115480
陕 西	2054066	773612	622871
甘 肃	3440439	1128138	728259
青 海	399663	123743	69596
宁 夏	363935	113474	130081
新 疆	1358341	538797	386909

生活保障

单位：人、户、万元

未成年人	残疾人	农村居民最低生活保障家庭数	农村低保资金全年计划支出
6409594	**4618573**	**28149170**	**4980747.3**
8234	18662	36291	26165.1
16594	17087	44303	24652.5
127156	179314	1479174	206340.9
87515	172644	1163933	143929.3
53784	107042	917795	216984.6
80127	125308	532708	105388.1
31008	136892	559126	16202.9
90017	91719	610362	81208.3
2283	10683	25243	12340.9
148335	143396	736817	252569.2
68809	108947	349230	98021.5
213321	241104	1128101	227074
83569	91048	337021	99394.9
289543	338351	620024	98523.6
169156	208842	1646975	378883.7
335631	295796	2541167	274107.9
175640	243079	1374971	181446.8
321717	205467	1391679	213267
321593	168182	784847	168904
538726	207717	1335727	292187.1
40477	19081	96778	27938
118449	88622	406115	130220.3
463760	361101	2360143	236974.5
852444	284605	2301586	469999.5
536682	261025	2381313	321894.2
76223	12761	86774	24332
216133	135384	863281	251461.3
557793	174520	1110922	202342.5
65776	24641	134491	35516.6
31143	64724	246425	16840.6
287956	80829	545848	145635.5

C-2-38 医疗救助及

地 区	传统救济	临时救助户次	临时救助按户籍性质分类		临时救助按属地分类		临时救助按救
			城市家庭户次	农村家庭户次	当地常住人口户次	非当地常住人口户次	支出型临时救助户次
全 国	**795885**	**6397919**	**2566181**	**3831738**	**6176863**	**221056**	**5181173**
中央级							
北 京	148	162913	74345	88568	162913		162162
天 津	215	47527	41307	6220	47504	23	44034
河 北	7148	48257	13082	35175	44874	3383	33791
山 西	9130	85906	11121	74785	76060	9846	67172
内蒙古	31980	91978	42590	49388	84857	7121	70763
辽 宁	8186	286845	164512	122333	284305	2540	210941
吉 林	2107	35869	17975	17894	35117	752	31961
黑龙江	14032	38185	20879	17306	32823	5362	28012
上 海	51	913538	831016	82522	898578	14960	871784
江 苏	128632	353341	125094	228247	346113	7228	291854
浙 江	10587	157164	30404	126760	154279	2885	128721
安 徽	50752	162528	47498	115030	145331	17197	67627
福 建	4648	47060	14277	32783	43985	3075	40014
江 西	27970	40063	20748	19315	35301	4762	27355
山 东	892	142916	36451	106465	141139	1777	125783
河 南	24012	185552	31973	153579	172366	13186	98503
湖 北	68839	288289	123490	164799	273223	15066	236251
湖 南	102471	584057	199347	384710	536770	47287	387050
广 东	8198	515220	211337	303883	506155	9065	466593
广 西	109216	308824	16135	292689	306924	1900	262070
海 南	370	111076	11343	99733	108601	2475	55625
重 庆	13006	206705	79804	126901	196736	9969	171186
四 川	61791	368625	125796	242829	354551	14074	310432
贵 州	17415	65830	15300	50530	56773	9057	46146
云 南	43981	410182	41666	368516	402892	7290	267400
西 藏		6925	1928	4997	6723	202	4421
陕 西	27748	109360	31065	78295	103398	5962	87106
甘 肃	21805	59472	20947	38525	56231	3241	37425
青 海	3	13643	3801	9842	13190	453	11995
宁 夏	50	499901	126287	373614	499281	620	497647
新 疆	502	50168	34663	15505	49870	298	39349

其他农村救济

单位：人、户次、人次

助类型分类	城市医疗救助情况				农村医疗救助情况			
应急型临时救助户次	民政部门城市医疗救助人次数	住院救助	门诊救助	民政部门资助参保医疗人数	民政部门农村医疗救助人次数	住院救助	门诊救助	民政部门资助参加合作医疗人数
1216746	**6898816**	**2940239**	**3958577**	**13871473**	**14837582**	**8473287**	**6364295**	**44904129**
751	80534	11653	68881	48986	32391	6468	25923	55165
3493	119196	60913	58283	304095				
14466	101884	75311	26573	178918	345205	293593	51612	1709658
18734	147487	34913	112574	661825	133555	107955	25600	950410
21215	160813	82087	78726	790305	228314	125744	102570	1290634
75904	102051	41609	60442	218180	176824	99335	77489	462515
3908	292340	83049	209291	610990	242727	104018	138709	586848
10173	532906	123698	409208	1387465	278241	145353	132888	1250916
41754	67735	63680	4055	41853	19646	18055	1591	7492
61487	684485	82698	601787	330668	963975	227619	736356	1156189
28443	149921	27826	122095	26134	763438	165745	597693	488647
94901	129444	108137	21307	260316	639842	476040	163802	1859963
7046	96326	20589	75737	97139	199209	114593	84616	855185
12708	285866	192548	93318	556260	517422	381573	135849	1215272
17133	72686	52054	20632	218715	251090	166928	84162	1977391
87049	233967	201873	32094	657862	1089834	883635	206199	2988924
52038	189139	126658	62481	1203473	601199	404584	196615	2517906
197007	388953	246441	142512	739087	871045	518277	352768	1916859
48627	335486	93241	242245	361134	301371	133048	168323	1946362
46754	81710	30499	51211	227612	469185	234665	234520	2260543
55451	55064	15417	39647	151471	99802	43179	56623	308643
35519	621567	155039	466528	729860	924184	328060	596124	1202879
58193	781584	450882	330702	942869	2498460	1548679	949781	4030027
19684	55530	39224	16306	489529	386433	247696	138737	5041998
142782	173510	116796	56714	1011056	690657	539937	150720	4928880
2504	2773	2743	30	330	34149	34022	127	7170
22254	62941	41861	21080	90618	365613	186813	178800	796861
22047	190123	74787	115336	207848	547240	283841	263399	905124
1648	244236	25123	219113	209309	464934	84795	380139	409577
2254	122060	68205	53855	147598	237148	183316	53832	262256
10819	336499	190685	145814	969968	464449	385721	78728	1513835

C-2-39 农村五保

地区	农村集中五保供养人数	#女性	#老年人	#未成年人	#残疾人	农村集中五保供养户数	农村集中五保供养资金全年计划支出
全国	**1852642**	**360515**	**1647009**	**65115**	**303209**	**1815300**	**500321.3**
中央级							
北京	2097	219	1504	21	1084	2036	1724.7
天津	1497	191	1373	6	299	1497	1054.3
河北	93293	10319	82535	1998	17878	92090	21962.5
山西	28694	2361	23188	639	6839	28563	8586.9
内蒙古	23736	2135	19745	301	5794	23645	12111.2
辽宁	36606	4409	31121	1039	7635	36125	13439.7
吉林	35081	8589	31252	2079	10898	31729	951.6
黑龙江	68394	13494	55579	2267	16876	65809	26498.3
上海	1368	298	1256	4	241	1368	820.5
江苏	128603	23372	120077	2096	17219	128105	59983.5
浙江	38652	6711	36184	452	5876	37957	14063.4
安徽	162870	25348	150905	3183	20023	161629	35368.4
福建	8755	1250	7493	440	1588	7958	2031.6
江西	119798	43824	100610	11825	17231	114601	23460.9
山东	172506	39407	165220	2505	17239	169664	62902.3
河南	199445	42829	179523	7046	28988	195539	36117.4
湖北	119834	30329	109399	2963	19517	118974	22677.6
湖南	105426	22540	92388	5104	16275	102466	33559.1
广东	33657	8666	31607	987	2947	33598	13996.0
广西	21627	4015	20022	606	3089	20931	6111.0
海南	1674	551	1599	56	90	1617	469.2
重庆	58297	6179	49539	764	10945	58064	22328.2
四川	257064	33891	226402	8050	44539	253866	43544.3
贵州	18998	4036	15198	2535	2805	17726	4852.7
云南	35298	8413	29806	1801	8158	34311	5388.1
西藏	2517	1157	759	1755	380	2517	805.2
陕西	43801	7084	36216	1190	11607	42663	16800.5
甘肃	10736	1855	8704	960	2140	10201	2479.0
青海	2936	1136	2192	443	738	2613	372.7
宁夏	3867	806	3303	249	915	3536	835.2
新疆	15515	5101	12310	1751	3356	13902	5025.3

供养情况

单位：人、户、万元

农村分散五保供养人数	#女性	#老年人	#未成年人	#残疾人	农村分散五保供养户数	农村分散五保供养全年计划计划支出
3603349	**732928**	**3057969**	**205920**	**632868**	**3477197**	**627265.6**
2006	184	1528	16	979	1920	1479.8
11332	1028	9776	83	2600	11330	6589.8
142912	16295	125058	4460	24505	139310	24170.5
139371	16613	101307	7755	41553	137812	20861.0
65447	5372	55193	1354	14892	64634	17019.4
104723	14404	87479	3377	22805	102973	21848.5
94219	21454	82489	4619	28875	85990	1303.9
77134	16335	57461	2805	23379	72154	12472.2
1816	286	1468	21	537	1811	911.8
75325	14801	69753	1943	9036	74909	30907.2
1020	187	877	31	225	971	354.4
288332	53659	266318	6804	34363	284425	38123.1
82225	13374	65779	4836	18288	78858	17325.2
108930	38707	88268	12383	18596	100541	14724.0
60177	14426	57254	1121	6281	58744	14307.2
276753	59138	247769	9918	38116	270983	30432.5
161212	37444	150029	4476	21284	160040	22181.3
406597	82092	348834	22990	61952	395850	66682.9
217673	56457	199637	12791	23779	215733	53974.5
283768	53100	247093	18576	38002	279545	59864.3
31224	11464	28731	1385	1911	30406	9202.3
97020	11211	80857	2720	17933	96585	35736.9
253017	38908	220777	9537	42904	250987	34780.8
110022	25453	78172	22319	17258	96188	14870.8
183914	44956	128684	20831	49336	175887	16413.9
12730	6197	11871	732	1414	12680	2975.8
83057	13317	63677	4950	22119	78931	26147.3
112400	23363	91552	7597	23569	99364	14294.2
19726	6378	14713	3252	3794	17463	2514.7
10970	3217	7259	1447	3635	9417	735.9
88297	33108	68306	10791	18948	70756	14059.5

C-2-40 救灾储备

地区	单位数	年末职工人数		受教育程度		职业资
			#女性	大学专科人数	大学本科及以上人数	助理社会工作师人数
全国	**665**	**2030**	**635**	**642**	**545**	**15**
中央级						
北京	15	57	16	14	20	
天津	2	24	9	7	16	
河北	11	60	15	10	14	
山西	55	163	46	67	32	
内蒙古	16	43	7	18	8	
辽宁	22	123	45	50	48	
吉林	4	48	11	18	20	
黑龙江	8	29	6	10	10	
上海						
江苏	7	18	5	8	8	
浙江	27	84	30	11	13	
安徽	12	28	9	12	2	
福建	28	98	48	7	19	1
江西	17	39	14	10		
山东	4	21	5	9	12	
河南	13	75	18	13	38	1
湖北	44	132	48	58	37	1
湖南	12	34	11	16	9	
广东	60	199	81	54	53	4
广西	18	50	16	21	14	
海南	1	3	1		3	
重庆	32	54	16	12	21	1
四川	73	212	71	90	54	3
贵州	7	16	5	7	6	
云南	30	95	33	39	39	4
西藏	5	9	2			
陕西	17	50	12	19	12	
甘肃	32	89	25	19	8	
青海	67	85	14	8	7	
宁夏	7	31	8	11	1	
新疆	19	61	8	24	21	

机构总表

单位:个、人、人次、时

格水平	年龄结构				志愿服务	
社会工作师人数	35岁及以下人数	36岁至45岁人数	46岁至55岁人数	56岁及以上人数	志愿者服务人次数	志愿服务时间
20	**688**	**813**	**423**	**106**	**572**	**1142**
	17	24	12	4		
	18	3	1	2		
	17	20	18	5		
1	53	77	29	4		
	12	15	15	1		
	43	41	28	11		
	15	8	12	13		
	9	11	8	1	5	40
2	8	3	5	2		
2	38	26	16	4	10	10
1	8	8	11	1		
2	43	40	13	2		
	12	12	13	2		
	3	9	8	1	100	270
	25	28	17	5		
1	41	65	20	6	120	206
	17	14	2	1	20	65
3	75	85	35	4		
	11	22	14	3		
	1	2				
	14	24	10	6	311	321
1	70	89	51	2		
	4	6	4	2		
3	44	35	14	2		
	6	3				
1	16	26	5	3	4	224
	16	38	23	12		
	17	53	14	1		
	16	8	5	2		
3	19	18	20	4	2	6

C-2-40续表

地　区	增加值合计	执行行政事业单位会计制度财务指标				
		固定资产原价	上年结转和结余	本年收入合计	本年支出合计	经营支出
全　国	**11206**	**97491.7**	**6400.6**	**65146.1**	**48858.9**	**35.4**
中央级						
北　京	496	1742.8	150	17454.8	18483.9	
天　津	428	2147.7	109.2	728.6	480.9	
河　北	140.2	465.6	3	366.8	373.7	
山　西	698.6	1136.9	452.3	1830.2	1732.6	
内蒙古	257.9	1985.7	50.7	614.8	369.1	
辽　宁	677	3343.6	633.4	4751.9	4295.6	
吉　林	139.9	854.1		101.5	106.6	
黑龙江	257.9	620.4	59.4	686.9	418.9	
上　海						
江　苏	99.1	1038.9		5578.1	1120.3	
浙　江	365.1	3537		837.6	821.5	
安　徽	146.8	725.2	164.4	426.4	266.2	
福　建	83.2	640.9	2	192	264.7	
江　西	86.1	887		87	93.8	
山　东	171	1098.9	4.8	415.4	353.5	
河　南	578.7	2610.8	568	1295.8	961.7	0.4
湖　北	404.8	2735	1.7	1243.5	1220.4	
湖　南	96.6	282.8		440	437	
广　东	1242.5	6586.3	240.9	3163.2	3054	30
广　西	142.4	1883.8	100	167	177.2	
海　南	67.1	835.9			71	
重　庆	188.8	2517.6		1650.1	1650.1	
四　川	1290.2	16744.9	9.5	12463.4	6180.4	1
贵　州	114.5	2650		22.8	12.1	
云　南	804.2	4805.7	1204	2685.2	2200.4	
西　藏	242.6	6006.8			20	
陕　西	451.9	8720.3		916.5	465.4	
甘　肃	241.6	5178.3	1	262.2	221.6	
青　海	459.6	9087.8	17.8	159.3	191.9	
宁　夏	206.4	3110.5	2303.4	2917.1	137.9	
新　疆	627.4	3510.5	325.1	3688	2676.5	4

单位：万元、平方米、顶

行政事业单位增加值	库房建筑面积	仓储面积	#租用仓储面积	#空余仓储面积	仓储物资种类			
					单帐篷	#中央储备	棉帐篷	#中央储备
11206	**853212.6**	**700438.7**	**90843**	**64677**	**375818**	**173091**	**164902**	**70006**
496	57946	53510	40790	1450	22797	4106	10330	
428	10460	9420		60	7510	7510	4916	4916
140.2	23883.8	7395	778	440	908		166	106
698.6	32062.9	29366.7	8400	2554	10473	384	8818	506
257.9	36344.2	31889.8		800	874		563	
677	36798	34213	420	2437	16492	9739	12613	12302
139.9	2916.2	2916.2					100	100
257.9	12300	8730	4950	485	230			
99.1	10730	8570	750		1991		310	
365.1	6339.3	5100		1000	340	50	50	
146.8	11384	9970	1000	1270	29173	25500	2477	1000
83.2	32655	26895	8100	290	28610	14873	6100	
86.1	12599	10151		1500	2700		690	
171	7565	7200	600		6680	3690	2440	200
578.7	16917	13383		750	6996		7	
404.8	51175	37402	13527	8420	20356	15795	1692	1485
96.6	22320	18160		815	20768	19700	2800	1000
1242.5	47966.7	39966.2	4688	7082	11616	112		
142.4	8972	7580	165	800	12239	11082	347	
67.1	2590	2310	90		4060	100		
188.8	14981	13066	2115	610	11351			
1290.2	163594.8	119029	2210	26471	50891	5000	18603	6003
114.5	4255	3530		315	800		6435	
804.2	51839.8	39092.6	200	4018	19889	4739	2156	
242.6	28519.9	26193		127	4375	900	11203	2942
451.9	50183.7	50085	1180	610	60263	49061	22790	20852
241.6	12015.7	10446.1		712	7549	150	3775	
459.6	46993.5	42779		411	440		28300	12940
206.4	14830.1	14690.1		200	10361		7327	1894
627.4	22075	17400	880	1050	5086	600	9894	3760

C-2-41 在编制部门登记的

地区	单位数	年末职工人数		受教育程度		职业资
			#女性	大学专科人数	大学本科及以上人数	助理社会工作师人数
全国	**198**	**1089**	**361**	**370**	**442**	**14**
中央级						
北京	2	31	12	7	19	
天津	2	24	9	7	16	
河北	4	45	9	4	10	
山西	13	82	26	38	24	
内蒙古	3	20	5	5	7	
辽宁	17	113	42	50	48	
吉林	2	27	6	8	19	
黑龙江	4	23	4	6	9	
上海						
江苏	3	12	3	5	7	
浙江	3	10	6	1	5	
安徽	3	13	7	7	2	
福建	1	16	8	2	14	1
江西	6	12	4	4		
山东	3	18	4	7	11	
河南	6	61	15	10	37	1
湖北	36	118	46	49	36	1
湖南	2	8	3	1	4	
广东	27	143	60	46	49	3
广西	4	28	9	13	10	
海南	1	3	1		3	
重庆	1	7	1	1	4	1
四川	25	118	41	51	45	3
贵州						
云南	8	52	20	10	35	4
西藏	1	2				
陕西	5	26	4	10	9	
甘肃	5	10	2	5	3	
青海	3	11	6	1	5	
宁夏	4	25	6	10	1	
新疆	4	31	2	12	10	

救灾储备机构

单位:个、人、人次、时

格水平	年龄结构				志愿服务	
社会工作师人数	35岁及以下人数	36岁至45岁人数	46岁至55岁人数	56岁及以上人数	志愿者服务人次数	志愿服务时间
17	**415**	**371**	**242**	**61**	**140**	**246**
	10	11	7	3		
	18	3	1	2		
	13	12	16	4		
1	27	31	22	2		
	8	6	6			
	43	33	27	10		
	2	5	9	11		
	7	8	7	1		
2	6	3	1	2		
1	6	1	3			
1	4	3	5	1		
	14	1	1			
	3	7	2			
	3	6	8	1	20	40
	20	25	11	5		
1	38	56	18	6	120	206
	4	3		1		
3	61	52	26	4		
	8	10	8	2		
	1	2				
	3	2	1	1		
1	44	36	36	2		
3	31	14	7			
	1	1				
1	10	12	3	1		
	4	5	1			
	3	3	4	1		
	15	8	2			
3	8	12	10	1		

C-2-41续表

地　区	增加值合计	执行行政事业单位会计制度财务指标				
		固定资产原价	上年结转和结余	本年收入合计	本年支出合计	经营支出
全　国	**8390.7**	**59146.1**	**6143.5**	**61227.4**	**44909.5**	
中央级						
北　京	467.8	1650.1		17292.1	18269.7	
天　津	428	2147.7	109.2	728.6	480.9	
河　北	134.2	391.6		230.5	235.4	
山　西	620.5	731.1	452.3	1695.7	1579.6	
内蒙古	155.1	467.1	50.7	452.8	202.1	
辽　宁	662.7	3111.6	633.4	4743.9	4287.6	
吉　林	54.3	679.1		53.1	49.2	
黑龙江	250.2	585.4	59.4	677.8	409.8	
上　海						
江　苏	62.9	432.9		5564.1	1106.3	
浙　江	88.4	1049.9		46.8	61.7	
安　徽	125.2	483.2	164.4	406.4	244.2	
福　建	50.6	15.5			81.2	
江　西	7.8	26		15.1	19.9	
山　东	153	798.9	4.8	315.4	253.5	
河　南	556	2285.8	568	1257.2	923.2	
湖　北	392.9	2575	1.7	1154	1130.9	
湖　南	57	24.8		381	373	
广　东	1197.8	5376.9	239.9	2896.2	2818.4	
广　西	110.2	1219.7		80	80.2	
海　南	67.1	835.9			71	
重　庆	72.3	792.4		1100	1100	
四　川	971	11697.3	9.5	12339.7	6036.8	
贵　州						
云　南	268	3258.9	1204	2221.5	1721.3	
西　藏	75.6	1832.5			20	
陕　西	358.4	7649.3		851.4	400.3	
甘　肃	130.3	3227		17	4.9	
青　海	102	440	17.8	129	164	
宁　夏	189.3	2741.5	2303.4	2913.1	133.9	
新　疆	582	2619	325	3665	2650.5	

单位：万元、平方米、顶

行政事业单位增加值	库房建筑面积	仓储面积	#租用仓储面积	#空余仓储面积	仓储物资种类			
					单帐篷	#中央储备	棉帐篷	#中央储备
8390.7	**491140.4**	**424050.3**	**64815**	**43362.2**	**305716**	**168350**	**125148**	**65500**
467.8	37600	37300	35000		19851	4106	9600	
428	10460	9420		60	7510	7510	4916	4916
134.2	7100.8	4134		390	548			
620.5	16447.9	17535.7	7400	1200	9061	131	7946	216
155.1	5593.2	4579.8		600	524		206	
662.7	34661	32376		1600	16392	9739	12613	12302
54.3								
250.2	10580	6980	4500		100			
62.9	2900	2250	750		650			
88.4	1809.3	1070			30		50	
125.2	9154	8400		1200	28131	25500	1972	1000
50.6	15000	12000			23833	13579		
7.8	1300	870						
153	5565	5500			6680	3690	2140	
556	13290	10652		50	6201			
392.9	48920	35697	13527	8420	20236	15795	1692	1485
57	5600	4000			20700	19700	1000	1000
1197.8	29882.4	26005.4	3638	5320	10019	100		
110.2	4980	4100		800	11374	11000	240	
67.1	2500	2220			3890			
72.3	2796	2796			3096			
971	89693.3	76431.8		19975.2	25670	3000	9908	4303
268	39524.9	30554.5		3000	16376	4739	2000	
75.6	6259.5	4333		127	3805	900	9073	2942
358.4	45900	45285		460	57648	48861	22740	20802
130.3	3788	3676		160			60	
102	11660	11504					25275	12740
189.3	13100.1	13030.1			9805		6533	1894
582	15075	11350			3586		7184	1900

C-2-42 未登记的

地　区	单位数	年末职工人数	#女性	受教育程度 大学专科人数	大学本科及以上人数	职业资 助理社会工作师人数
全　国	**467**	**941**	**274**	**272**	**103**	**1**
中央级						
北　京	13	26	4	7	1	
天　津						
河　北	7	15	6	6	4	
山　西	42	81	20	29	8	
内蒙古	13	23	2	13	1	
辽　宁	5	10	3			
吉　林	2	21	5	10	1	
黑龙江	4	6	2	4	1	
上　海						
江　苏	4	6	2	3	1	
浙　江	24	74	24	10	8	
安　徽	9	15	2	5		
福　建	27	82	40	5	5	
江　西	11	27	10	6		
山　东	1	3	1	2	1	
河　南	7	14	3	3	1	
湖　北	8	14	2	9	1	
湖　南	10	26	8	15	5	
广　东	33	56	21	8	4	1
广　西	14	22	7	8	4	
海　南						
重　庆	31	47	15	11	17	
四　川	48	94	30	39	9	
贵　州	7	16	5	7	6	
云　南	22	43	13	29	4	
西　藏	4	7	2			
陕　西	12	24	8	9	3	
甘　肃	27	79	23	14	5	
青　海	64	74	8	7	2	
宁　夏	3	6	2	1		
新　疆	15	30	6	12	11	

救灾储备机构

单位:个、人、人次、时

格水平	年龄结构				志愿服务	
社会工作师人数	35岁及以下人数	36岁至45岁人数	46岁至55岁人数	56岁及以上人数	志愿者服务人次数	志愿服务时间
3	**273**	**442**	**181**	**45**	**432**	**896**
	7	13	5	1		
	4	8	2	1		
	26	46	7	2		
	4	9	9	1		
		8	1	1		
	13	3	3	2		
	2	3	1		5	40
	2		4			
1	32	25	13	4	10	10
	4	5	6			
2	29	39	12	2		
	9	5	11	2		
		3			80	230
	5	3	6			
	3	9	2			
	13	11	2		20	65
	14	33	9			
	3	12	6	1		
	11	22	9	5	311	321
	26	53	15			
	4	6	4	2		
	13	21	7	2		
	5	2				
	6	14	2	2	4	224
	12	33	22	12		
	14	50	10			
	1		3	2		
	11	6	10	3	2	6

C-2-42续表

地区	增加值合计	执行行政事业单位会计制度财务指标				
		固定资产原价	上年结转和结余	本年收入合计	本年支出合计	经营支出
全国	**2815.3**	**38345.6**	**257.1**	**3918.7**	**3949.4**	**35.4**
中央级						
北京	28.2	92.7	150	162.7	214.2	
天津						
河北	6	74	3	136.3	138.3	
山西	78.1	405.8		134.5	153	
内蒙古	102.8	1518.6		162	167	
辽宁	14.3	232		8	8	
吉林	85.6	175		48.4	57.4	
黑龙江	7.7	35		9.1	9.1	
上海						
江苏	36.2	606		14	14	
浙江	276.7	2487.1		790.8	759.8	
安徽	21.6	242		20	22	
福建	32.6	625.4	2	192	183.5	
江西	78.3	861		71.9	73.9	
山东	18	300		100	100	
河南	22.7	325		38.6	38.5	0.4
湖北	11.9	160		89.5	89.5	
湖南	39.6	258		59	64	
广东	44.7	1209.4	1	267	235.6	30
广西	32.2	664.1	100	87	97	
海南						
重庆	116.5	1725.2		550.1	550.1	
四川	319.2	5047.6		123.7	143.6	1
贵州	114.5	2650		22.8	12.1	
云南	536.2	1546.8		463.7	479.1	
西藏	167	4174.3				
陕西	93.5	1071		65.1	65.1	
甘肃	111.3	1951.3	1	245.2	216.7	
青海	357.6	8647.8		30.3	27.9	
宁夏	17.1	369		4	4	
新疆	45.4	891.5	0.1	23	26	4

单位：万元、平方米、顶

行政事业单位增加值	库房建筑面积	仓储面积	#租用仓储面积	#空余仓储面积	仓储物资种类			
					单帐篷	#中央储备	棉帐篷	#中央储备
2815.3	**362072.2**	**276388.4**	**26028**	**21315**	**70102**	**4741**	**39754**	**4506**
28.2	20346	16210	5790	1450	2946		730	
6	16783	3261	778	50	360		166	106
78.1	15615	11831	1000	1354	1412	253	872	290
102.8	30751	27310		200	350		357	
14.3	2137	1837	420	837	100			
85.6	2916.2	2916.2					100	100
7.7	1720	1750	450	485	130			
36.2	7830	6320			1341		310	
276.7	4530	4030		1000	310	50		
21.6	2230	1570	1000	70	1042		505	
32.6	17655	14895	8100	290	4777	1294	6100	
78.3	11299	9281		1500	2700		690	
18	2000	1700	600				300	200
22.7	3627	2731		700	795		7	
11.9	2255	1705			120			
39.6	16720	14160		815	68		1800	
44.7	18084.3	13960.8	1050	1762	1597	12		
32.2	3992	3480	165		865	82	107	
	90	90	90		170	100		
116.5	12185	10270	2115	610	8255			
319.2	73901.5	42597.2	2210	6496	25221	2000	8695	1700
114.5	4255	3530		315	800		6435	
536.2	12314.9	8538.1	200	1018	3513		156	
167	22260.4	21860			570		2130	
93.5	4283.7	4800	1180	150	2615	200	50	50
111.3	8227.7	6770.1		552	7549	150	3715	
357.6	35333.5	31275		411	440		3025	200
17.1	1730	1660		200	556		794	
45.4	7000	6050	880	1050	1500	600	2710	1860

C-2-43 民政部门

地　区	直接接收捐赠情况				间接接收
	捐赠款数额	捐赠衣被合计	#棉衣被	捐赠其他物资价值	捐赠款数额
全　国	**1016640.2**	**12538.2**	**1570.8**	**63242.9**	**50328.8**
中央级	1053.2				
北　京	111429.6	115.8	62.5	5608.7	
天　津	5170	1.2	1	0.3	670.5
河　北	24756.1	750.5	565.4	1241.5	
山　西	3795.3	1.6	0.6	5	11355.2
内蒙古	1264.4	6.6	3.5	4675.5	139
辽　宁	55837.8	37.2	3.1	77.8	226.1
吉　林	23455.6	1292.9	310.4	362.2	1333.3
黑龙江	2277	359.1	1.7		
上　海	19220.9	11.7	0.9		
江　苏	132372.6	25.5	17.5	1584.6	3163
浙　江	108023	8.1		375.6	641.8
安　徽	6021.2	2.1	1	14.8	146.4
福　建	41928.4	1079	179	4163.1	3948
江　西	17868.6	149.8	1	13744.5	619.7
山　东	91859.7			600.1	659.2
河　南	3448.9	167.4	117.6	0.1	174.9
湖　北	9118.9	4	1.4	2523.4	200
湖　南	24519	24	1.6	10740.3	1960.5
广　东	183215	205.5	39.4	1891.1	14344.1
广　西	3405.9	6.7		11970.6	
海　南	98.6	0.2	0.1	3.1	13
重　庆	51243.7	6.9	0.3	869.7	1665.3
四　川	20873.8	222.2	7.3	661.2	5683
贵　州	17513.5	55.4	3.5	1025.6	65.5
云　南	35653.9	7735.6	0.3	478.8	2696.5
西　藏	6176.6	0.2	0.1	0.8	315.8
陕　西	593.5	168	168	30	
甘　肃	1111	13.1	5.6	502	
青　海	386.2				
宁　夏	9851.1	0.1	0.1		6
新　疆	3097.2	87.8	77.9	92.5	302

接收的社会捐赠

单位：万元、万件、人次、个

捐赠情况			受益人次数	社会捐赠接收工作站、点数		
捐赠衣被合计	#棉衣被	捐赠其他物资价值			#社会捐赠接收工作站数	#慈善超市数
485.6	**49**	**54836**	**13250353**	**30920**	**15355**	**9053**
			1902520	1731	17	223
4.8	4.8		34257	1147	92	72
			32087	639	492	47
			49127	1368	694	170
		75.5	29067	449	12	150
1	1	28017.2	1219009	1842	1261	379
			193690	511	400	112
			15426	1342	948	326
			96787	342	288	54
		1	1292340	3605	1069	2317
0.5		40	967268	882	504	305
0.1	0.1		107651	361	264	92
		14400.6	105073	804	321	467
0.6		1.3	756688	565	237	57
		10000	999224	1952	987	786
21	20.4		116847	689	407	44
0.1	0.1	4	469368	652	452	206
0.3	0.3	502.5	433241	1793	1060	656
257	11	525.9	1781825	1904	798	117
52.1	1.9		125005	1151	711	204
			2785	40	20	8
		1145.1	843564	1647	946	543
2.1	2	120	441912	2469	1212	1223
0.6	0.5	2.9	450521	1207	783	242
21.8	3.3		675265	164	160	4
			45	81	80	1
0.6	0.6		13873	399	175	36
			16289	253	209	41
			19644	37	30	
3	3		28989	285	223	59
120			30966	609	503	112

C-2-44 福利

地 区	单位数	年末职工人数	#女性	受教育程度		职业资
				大学专科人数	大学本科及以上人数	助理社会工作师人数
全 国	**955**	**9395**	**3828**	**3210**	**2901**	**114**
中央级	1	126	47	11	115	
北 京	18	176	82	58	83	2
天 津	11	102	39	21	56	
河 北	17	227	85	74	74	3
山 西	12	208	95	75	69	1
内蒙古	16	222	87	129	52	
辽 宁	18	487	184	174	168	
吉 林	56	322	131	74	98	4
黑龙江	24	207	87	62	79	2
上 海	17	127	46	25	54	
江 苏	81	663	266	204	239	21
浙 江	72	428	202	149	118	
安 徽	38	461	222	213	148	5
福 建	15	336	141	93	73	
江 西	52	193	69	54	17	5
山 东	19	617	250	201	241	12
河 南	74	527	231	156	114	6
湖 北	54	488	216	216	112	4
湖 南	108	618	263	238	154	2
广 东	70	700	299	231	230	23
广 西	36	494	185	200	99	12
海 南	3	49	23	29	9	2
重 庆	1	126	31	52	58	1
四 川	11	109	48	62	29	
贵 州	15	181	81	56	88	
云 南	21	99	41	41	28	3
西 藏	1	34	14	12	5	
陕 西	42	485	113	121	110	2
甘 肃	17	190	81	49	56	3
青 海	2	41	20	6	20	
宁 夏	6	119	61	40	40	
新 疆	27	233	88	84	65	1

彩票

单位：个、人、人次、时

格水平	年龄结构				志愿服务	
社会工作师人数	35岁及以下人数	36岁至45岁人数	46岁至55岁人数	56岁及以上人数	志愿者服务人次数	志愿服务时间
115	**4762**	**3001**	**1360**	**272**	**2183**	**6949.7**
	71	17	29	9		
3	80	49	36	11	10	51
1	45	20	32	5		
4	128	63	28	8		
	96	68	37	7		
	125	51	36	10		
	301	104	68	14	10	20
1	138	133	50	1	200	600
7	96	82	28	1		
2	42	34	37	14	40	96
18	290	235	116	22	753	2180
3	234	136	44	14	237	479
3	287	119	51	4	185	497
	129	117	80	10		
1	57	94	31	11	111	422.7
12	319	199	85	14	320	885
14	258	206	60	3		
2	271	147	64	6	79	561
6	351	205	55	7	43	295
9	357	239	86	18		
20	286	147	54	7		
1	19	14	16			
	62	48	14	2		
1	53	34	19	3		
4	116	46	15	4		
	47	28	21	3		
	24	9	1			
3	203	146	86	50	189	862
	86	68	26	10	6	1
	23	14	4			
	72	37	10			
	96	92	41	4		

C-2-44续表

地 区	增加值合计	执行企业会计制度单位财务指标				
		固定资产原价	营业收入	费用合计	营业利润	企业单位增加值
全 国	**193253.5**	**485.6**	**24894**	**361.3**		**150.2**
中央级	17181.9					
北 京	3375.8					
天 津	1935.3					
河 北	3132.8					
山 西	1552.4					
内蒙古	4361.8					
辽 宁	5553.6		24735	305		
吉 林	3844.2		1	9		8.8
黑龙江	2048.6	186	153	43		75.1
上 海	1877.5					
江 苏	11226.9					
浙 江	5519.5					
安 徽	4017.1					
福 建	1789.8					
江 西	1926.2	110.2	5			
山 东	19360.9					
河 南	5611					
湖 北	3272.2					
湖 南	6645.1					
广 东	28567.1	141.6				1
广 西	3015.7					
海 南	917					
重 庆	6025.7					
四 川	3771.2					
贵 州	1905.8	47.8		4.3		65.3
云 南	34580.1					
西 藏	284.8					
陕 西	2668.9					
甘 肃	1566.4					
青 海	617					
宁 夏	854.8					
新 疆	4246.3					

单位：万元

执行行政事业单位会计制度财务指标					
固定资产原价	上年结转和结余	本年收入合计	本年支出合计	经营支出	行政事业单位增加值
623760.1	**91154**	**1509802.1**	**1334226.1**	**1034.2**	**193103.3**
39926.2	15623	150177.5	159219.9		17181.9
27776.8	704.4	73316.6	63515.2		3375.8
13893.9	60.2	28380	24060		1935.3
31065.4	743.7	56564	51400	0.5	3132.8
10399.9	909.2	19057.1	19094.1		1552.4
24181	5617.3	34607	28392.2		4361.8
20920.2	1223.1	46763.3	31558.4		5553.6
16383.8	1150.9	29483.4	21916		3835.4
16939.3	3937.7	4895	4294.2		1973.5
34878	224.6	54860.4	51637.2	235.3	1877.5
47342.6	1215.3	53493.4	50726.6		11226.9
33688	5686.8	54570.8	32390.4		5519.5
12267	1544.8	40288	39828.9	100.3	4017.1
992.8	1556.9	30766.9	3026		1789.8
10722.3	2153.4	38065.7	35798.4		1926.2
44757.9	3613.7	176446.9	173352.6		19360.9
20193.1	3693.2	59775.4	56195		5611
17478.7	3021.3	80557.4	72587.4	241.8	3272.2
19758.3	103.8	67863.5	55310.7		6645.1
40514.5	5095.2	87863	98545	393.7	28566.1
20459.7	-96.7	6714.8	6430.6		3015.7
298.3	368.8	15704	14807.5		917
11013.2	15448.7	49488.9	44551.7		6025.7
53682.6	12157.1	47955.2	37664.7		3771.2
11180	1869.1	26370.2	20147.5		1840.5
8577.9	36.9	52271.7	48737.8		34580.1
732.4		3966.7	4126.3		284.8
14246.9	108.4	41413.2	13444.7		2668.9
6360.5	115.4	19857.4	18786.1		1566.4
1887.1		10146.9	7181.9		617
3275.4	783.1	10719.5	9719.7		854.8
7966.4	2692.3	37398.3	35779.4	62.6	4246.3

C-2-45 优抚对象享受

地区	抚恤、补助优抚对象总人数	#在院集中供养人数	定期抚恤人数合计	烈属	城市
全国	**9444470**	**103739**	**411711**	**277712**	**51960**
中央级					
北京	42556	225	1829	559	222
天津	45474	222	867	412	178
河北	588380	4987	28008	19809	2430
山西	176405	2987	11250	8270	558
内蒙古	68661	1354	3255	1983	921
辽宁	222909	3255	8582	3790	1040
吉林	117419	3164	9246	6668	2476
黑龙江	151695	4899	8349	6056	2379
上海	39252	201	5888	4613	4055
江苏	523227	6876	23544	16166	1385
浙江	210096	1349	5419	2906	424
安徽	501159	3481	15418	9546	2273
福建	193621	943	12607	10093	868
江西	340807	7153	32694	29522	4048
山东	1055872	13713	52344	36425	5313
河南	776418	14289	25363	14225	2217
湖北	523044	8019	38847	28331	3483
湖南	885205	10105	29018	19214	4661
广东	419740	2039	9918	7044	2376
广西	298281	1016	5281	3594	484
海南	28201	146	3315	2993	554
重庆	291281	1575	6450	3597	694
四川	843559	6833	34663	19655	4456
贵州	263615	607	4853	2819	562
云南	378376	603	8832	5446	929
西藏	5238	22	2820	1723	499
陕西	280703	2162	16041	9128	1244
甘肃	114732	557	3260	1201	279
青海	13619	98	1129	562	227
宁夏	9137	174	607	273	96
新疆	35788	685	2014	1089	629

定期抚恤、补助情况

单位：人

农　村	因公牺牲军人家属	城　市	农　村	病故军人家属	城　市	农　村
225752	**59478**	**14853**	**44625**	**74521**	**22135**	**52386**
337	146	62	84	1124	691	433
234	127	53	74	328	212	116
17379	3442	680	2762	4757	985	3772
7712	1032	254	778	1948	460	1488
1062	584	247	337	688	307	381
2750	1841	634	1207	2951	974	1977
4192	973	373	600	1605	699	906
3677	1009	529	480	1284	651	633
558	152	129	23	1123	958	165
14781	2546	639	1907	4832	1284	3548
2482	952	228	724	1561	448	1113
7273	2683	685	1998	3189	964	2225
9225	1324	196	1128	1190	332	858
25474	1482	454	1028	1690	519	1171
31112	8314	1792	6522	7605	1834	5771
12008	5428	1046	4382	5710	1381	4329
24848	5970	1172	4798	4546	1355	3191
14553	4311	1475	2836	5493	1878	3615
4668	962	448	514	1912	831	1081
3110	583	121	462	1104	253	851
2439	139	56	83	183	81	102
2903	1166	299	867	1687	454	1233
15199	7191	1598	5593	7817	2132	5685
2257	800	195	605	1234	268	966
4517	1170	245	925	2216	553	1663
1224	563	106	457	534	81	453
7884	2878	550	2328	4035	815	3220
922	835	162	673	1224	270	954
335	202	70	132	365	88	277
177	134	41	93	200	134	66
460	539	314	225	386	243	143

C-2-45续表

地 区	定期补助人数合计	在乡红军老战士	在乡西路红军	红军失散人员
全 国	**8183693**	**757**	**164**	**25961**
中央级				
北 京	29816	1		
天 津	37102			
河 北	498063	4		
山 西	137277	11		2
内蒙古	50697	5		2
辽 宁	182071			
吉 林	82566	1	1	12
黑龙江	119466	13	1	20
上 海	26278			
江 苏	445204			2
浙 江	182445			96
安 徽	449535	3		3749
福 建	168838	2		558
江 西	282575	27	2	11101
山 东	874917	5		39
河 南	683268	19		1056
湖 北	447693	2	1	2093
湖 南	806149	3		3543
广 东	385816			167
广 西	281704			642
海 南	22770			58
重 庆	263318		1	1
四 川	748581	13	80	992
贵 州	242586	2		28
云 南	350482			3
西 藏	1165			
陕 西	240976	604		1673
甘 肃	100672	33	66	122
青 海	9023		2	
宁 夏	6303	1	3	1
新 疆	26337	8	7	1

单位：人

在乡复员军人		在乡退伍军人	60岁以上农村籍退伍军人	参战退役人员	参试退役人员	部分60周岁以上烈士（含错杀被平反）人员子女	其 他
	#抗 日						
1474790	**72079**	**1324325**	**3210986**	**1538805**	**194987**	**173174**	**239744**
4796	430	1754	17744	3053	723	1532	213
3237	192	10898	12107	7575	887	656	1742
85540	13888	49756	262788	54727	21888	21625	1735
35965	4135	28297	46484	9608	6063	6011	4836
23959	557	11848	12590	1673	98	216	306
36654	586	15648	90008	7117	3510	1550	27584
36915	847	11822	26227	4481	2009	306	792
60040	1557	13958	38653	5354	219	872	336
2862	33	574	20224	2413	204		1
76591	9035	55843	221119	32087	4132	12190	43240
27418	212	26224	97835	25108	2321	654	2789
60651	2507	153070	167049	43863	10341	3333	7476
24540	57	12047	91089	34099	425	3936	2142
41008	115	52472	83570	46121	1920	41316	5038
178630	20235	104800	448978	83754	18003	40708	
101036	5498	93871	339014	106367	27509	11073	3323
71410	5570	113783	164909	79153	8603	6234	1505
139419	861	169880	303146	173282	6109	6774	3993
29473	460	32247	124260	151446	7747	2398	38078
42184	110	4417	74238	89456	2658	2716	65393
6409	667	1861	5803	7901	137	61	540
37246	75	72913	71584	74075	5769	614	1115
151424	732	190844	228762	139315	20773	6803	9575
55431	80	21065	73610	89890	355	78	2127
47065	142	26715	85256	183989	83	247	7124
259		213		116			577
60851	1713	32869	50752	59058	30410	945	3814
18191	578	6184	47813	19265	5667	206	3125
2719	2	1311	1812	1267	1780	48	84
2648	33	1045	1117	1060	262	25	141
10219	1172	6096	2445	2132	4382	47	1000

C-2-46 伤残人员

地　区	伤残人员合计	按伤残				
		一　级	因　战	因　公	因　病	二　级
全　国	**849066**	**3412**	**838**	**2332**	**242**	**1737**
中央级						
北　京	10911	49	1	44	4	34
天　津	7505	33		31	2	13
河　北	62309	240	34	184	22	76
山　西	27878	83	30	48	5	35
内蒙古	14709	80	28	45	7	16
辽　宁	32256	102	23	70	9	64
吉　林	25607	173	49	121	3	45
黑龙江	23880	62	15	45	2	38
上　海	7086	33	3	27	3	17
江　苏	54479	197	64	122	11	123
浙　江	22232	77	11	64	2	98
安　徽	36206	147	34	110	3	51
福　建	12176	42	5	36	1	24
江　西	25538	173	32	62	79	197
山　东	128611	334	111	214	9	246
河　南	67787	310	67	220	23	126
湖　北	36504	138	23	105	10	48
湖　南	50038	231	63	159	9	109
广　东	24006	99	24	66	9	38
广　西	11296	40	16	23	1	23
海　南	2116	7		6	1	3
重　庆	21513	117	38	72	7	31
四　川	60315	192	58	127	7	106
贵　州	16176	108	41	67		24
云　南	19062	116	27	81	8	66
西　藏	1253	19		19		8
陕　西	23686	82	15	66	1	31
甘　肃	10800	61	11	48	2	16
青　海	3467	25	10	15		5
宁　夏	2227	5		5		8
新　疆	7437	37	5	30	2	18

享受抚恤情况

单位：人

等级分类						
			三 级			
因 战	因 公	因 病		因 战	因 公	因 病
277	**991**	**469**	**20663**	**6910**	**11285**	**2468**
3	23	8	206	43	128	35
1	10	2	137	33	83	21
9	43	24	1081	450	486	145
14	16	5	622	288	264	70
3	8	5	235	64	144	27
13	39	12	720	242	423	55
16	27	2	1096	501	519	76
12	22	4	385	142	206	37
2	15		162	40	105	17
28	79	16	1677	826	721	130
1	52	45	447	51	241	155
22	20	9	885	316	497	72
4	16	4	173	19	128	26
11	18	168	680	143	257	280
13	206	27	4138	1517	2352	269
24	70	32	1325	453	603	269
8	30	10	864	241	495	128
25	76	8	1294	392	752	150
5	13	20	443	119	263	61
8	12	3	213	78	110	25
1	2		47	12	30	5
4	17	10	493	121	314	58
12	82	12	1210	299	777	134
12	11	1	293	108	165	20
11	20	35	817	169	512	136
	8		62	1	61	
13	16	2	455	137	290	28
1	13	2	227	52	145	30
1	4		66	20	43	3
	6	2	58	18	38	2
	17	1	152	15	133	4

C-2-46续表1

地区	按伤残					
	四级	因战	因公	因病	五级	因战
全国	**8984**	**1094**	**4761**	**3129**	**66554**	**26738**
中央级						
北京	113	27	58	28	494	128
天津	72	12	48	12	584	111
河北	443	60	195	188	4934	2431
山西	215	53	71	91	2073	1123
内蒙古	78	9	45	24	952	322
辽宁	229	73	100	56	2202	878
吉林	196	36	101	59	3308	1622
黑龙江	85	6	47	32	1844	1043
上海	57	8	36	13	390	120
江苏	738	108	420	210	4548	2075
浙江	358	26	107	225	1338	263
安徽	208	43	128	37	2548	1011
福建	110	10	49	51	1277	157
江西	713	27	110	576	2169	636
山东	1735	88	1496	151	11590	6317
河南	1486	171	494	821	5401	1748
湖北	313	40	194	79	2806	817
湖南	351	57	228	66	4117	1404
广东	226	54	113	59	1544	448
广西	53	15	28	10	772	318
海南	20	4	12	4	146	55
重庆	242	42	145	55	1374	478
四川	463	71	294	98	4377	1398
贵州	56	6	43	7	927	397
云南	161	18	44	99	1195	540
西藏	20		20		88	1
陕西	85	10	27	48	1838	552
甘肃	60	7	31	22	711	161
青海	8	1	6	1	260	49
宁夏	21	6	15		132	28
新疆	69	6	56	7	615	107

单位：人

等级分类					
因公	因病	六级	因战	因公	因病
28268	**11548**	**195767**	**65823**	**94036**	**35908**
308	58	1885	441	1205	239
247	226	1599	343	933	323
1459	1044	14956	6243	5473	3240
647	303	5870	2748	2309	813
547	83	3885	847	2630	408
1123	201	7040	2618	3717	705
1570	116	7563	3498	3699	366
647	154	4794	2569	1642	583
223	47	1215	309	673	233
1519	954	14148	5385	6262	2501
564	511	4408	649	2016	1743
1168	369	8777	2712	4227	1838
446	674	3583	431	1417	1735
930	603	5217	1818	2322	1077
4482	791	33477	13990	15542	3945
1909	1744	16812	5202	7921	3689
1499	490	8068	2055	4210	1803
2077	636	11208	3157	5853	2198
651	445	4726	1265	2470	991
381	73	2147	766	987	394
78	13	410	190	152	68
708	188	4120	1118	2256	746
2083	896	13120	3133	6907	3080
445	85	2841	946	1449	446
493	162	3293	1096	1602	595
87		210		210	
783	503	5430	1339	2648	1443
449	101	2176	423	1294	459
203	8	598	152	403	43
79	25	536	104	362	70
463	45	1655	276	1245	134

C-2-46续表2

地区	按伤残							
	七级	因战	因公	八级	因战	因公	九级	因战
全国	**265003**	**91638**	**173365**	**256170**	**95639**	**160531**	**19933**	**1204**
中央级								
北京	3632	872	2760	3863	902	2961	488	13
天津	2270	453	1817	2455	528	1927	250	6
河北	20324	9725	10599	18683	8677	10006	1109	120
山西	9397	4470	4927	8361	3866	4495	518	61
内蒙古	4737	1221	3516	4172	1490	2682	335	12
辽宁	10170	3735	6435	10559	4502	6057	844	74
吉林	6811	3336	3475	5787	2967	2820	315	13
黑龙江	8241	5048	3193	8238	5461	2777	157	6
上海	2116	498	1618	2733	678	2055	292	8
江苏	15008	5740	9268	16442	6651	9791	1122	84
浙江	5906	959	4947	8755	1289	7466	686	9
安徽	10995	3108	7887	10961	3491	7470	1114	43
福建	3055	636	2419	3390	804	2586	430	10
江西	6736	2122	4614	8012	2962	5050	266	16
山东	41836	18759	23077	32469	15913	16556	2078	71
河南	20532	6328	14204	17877	5741	12136	2055	124
湖北	11903	2903	9000	11269	2980	8289	823	35
湖南	14812	4153	10659	15712	5232	10480	1593	204
广东	6970	1860	5110	8760	2830	5930	947	72
广西	3543	1261	2282	3919	1584	2335	445	27
海南	642	265	377	662	271	391	126	7
重庆	7557	1856	5701	6836	2218	4618	497	27
四川	19705	4760	14945	18817	5555	13262	1443	69
贵州	5603	1827	3776	5799	2305	3494	369	10
云南	6131	2123	4008	6648	2760	3888	423	26
西藏	438		438	386		386	22	
陕西	7836	2077	5759	7482	2210	5272	324	20
甘肃	3729	587	3142	3465	712	2753	257	6
青海	1387	316	1071	983	333	650	99	6
宁夏	638	130	508	692	141	551	107	4
新疆	2343	510	1833	1983	586	1397	399	21

单位：人

等级分类				按人员种类分类				优抚对象享受医疗保障人数
因 公	十 级	因 战	因 公	革命伤残军人	伤残国家机关人员	伤残人民警察	伤残民兵民工	
18729	**10843**	**1560**	**9283**	**796942**	**31675**	**15021**	**5428**	**4045136**
475	147	5	142	9929	413	521	48	18160
244	92	2	90	6959	127	373	46	25071
989	463	59	404	59968	1495	575	271	229929
457	704	27	677	26437	1120	191	130	85526
323	219	3	216	11597	2185	736	191	39911
770	326	22	304	29121	1554	1368	213	80992
302	313	5	308	22511	2028	971	97	33069
151	36	4	32	22989	432	361	98	63831
284	71	9	62	6650	120	298	18	9907
1038	476	34	442	52654	938	571	316	264991
677	159	9	150	21203	717	170	142	79978
1071	520	13	507	33204	2177	602	223	216396
420	92	1	91	11571	350	185	70	97949
250	1375	971	404	23327	1382	557	272	67168
2007	708	29	679	125552	1716	814	529	603427
1931	1863	69	1794	64603	2001	852	331	338968
788	272	16	256	35062	923	412	107	335013
1389	611	67	544	45988	2687	1286	77	349768
875	253	38	215	23471	212	268	55	162279
418	141	19	122	10225	317	157	597	104085
119	53	36	17	2002	61	37	16	8382
470	246	17	229	20481	604	345	83	257112
1374	882	41	841	56542	2315	1062	396	213010
359	156	19	137	14917	814	377	68	187983
397	212	21	191	17115	846	529	572	79735
22				472	622	95	64	2154
304	123	8	115	22524	860	185	117	62402
251	98	8	90	10051	459	202	88	10658
93	36	1	35	2671	566	166	64	1398
103	30	1	29	1861	211	94	61	3575
378	166	6	160	5285	1423	661	68	12309

C-2-47 优待、烈士褒扬和

地区	优待				烈士
	优待优抚对象户数(户)	#优待军属户数	优待总金额(万元)	#固定优待军属总额	本年批准烈士人数(人)
全　国	**3471611**	**1008477**	**1121135.2**	**520520.2**	**172**
中央级					
北　京	27881	6774	20276.1	14076.5	5
天　津	8225	4890	7611.4	5934.1	5
河　北	162551	60242	43616.3	23714	4
山　西	68264	24568	18725.4	11838.4	1
内蒙古	28328	13945	13811.2	6680	1
辽　宁	107958	30382	38846.3	15237.2	3
吉　林	33273	15442	9328.9	4546.5	6
黑龙江	61477	10969	10502.2	3417.8	1
上　海	19892	8445	24431.7	15512.4	3
江　苏	299873	53850	105636.8	40094.5	2
浙　江	149574	43433	83510.8	47898.9	10
安　徽	145278	50099	163029.2	24970.9	8
福　建	108294	21717	29885.1	13080.8	
江　西	74157	35299	21776.5	11023.7	3
山　东	675585	98478	164022.8	86811.1	15
河　南	288483	86556	82617.4	54113.4	3
湖　北	217581	86878	39969.9	17897.2	9
湖　南	218434	61380	39798	20143.8	11
广　东	92405	41604	49319.5	22491.1	22
广　西	144807	34361	23958.7	8119.6	1
海　南	12706	5745	3835.8	1325.3	2
重　庆	138568	24178	27604.9	13588.5	2
四　川	155751	81778	32384.8	17485.3	6
贵　州	55898	28239	14993.5	13528.6	8
云　南	63597	23871	10152	4780.2	8
西　藏	1610	491	1290.7	354.4	
陕　西	45595	24850	21091.8	12758.1	17
甘　肃	26108	15851	6933.9	4244.2	5
青　海	980	776	440	329.8	3
宁　夏	6405	2124	1935	620	1
新　疆	32073	11262	9798.6	3903.9	7

义务兵、士官安置

单位：户、万元、人、处

褒扬	安置退役士兵、复员干部(人)				
零散烈士纪念建筑物数(处)	总人数	退伍义务兵	#城　镇	转业、复员士官	复员干部
13151	**393339**	**321142**	**170465**	**71308**	**889**
214	4013	3113	2550	869	31
8	2989	2433	1641	556	
1076	18682	15515	8595	3136	31
1404	8670	8041	6112	628	1
170	6422	5894	4777	500	28
404	14663	12428	7582	1906	329
739	6155	4697	3612	1446	12
257	9435	8683	6270	748	4
5	3435	2793	2479	620	22
885	29078	24262	11909	4815	1
384	19879	18752	4724	1120	7
511	18775	15548	6843	3226	1
241	14151	11943	3522	2195	13
185	9712	7932	5771	1770	10
503	22592	17355	17355	5224	13
654	42120	36255	18141	5852	13
1351	28076	18005	8996	10041	30
223	21047	17968	10691	3059	20
1271	16610	13562	5620	3031	17
825	10064	8753	2522	1302	9
26	2259	1875	778	324	60
291	11762	9596	5129	2162	4
522	41129	30077	10779	11003	49
172	5872	5458	3094	407	7
181	11375	8301	2596	3041	33
12	526	492	388	34	
152	3913	3159	1950	691	63
313	3008	2281	1243	726	1
37	1317	1185	1148	132	
21	1283	1236	901	46	1
114	4327	3550	2747	698	79

C-2-48 离退休、

地区	本年接收人员合计	军队离退休干部	#离休	地方离退休干部	#离休	军队退休士官
全国	**18570**	**14341**	**416**	**335**	**45**	**1047**
中央级						
北京	4031	3950	8			81
天津	618	401	55	2	2	30
河北	1761	1011	1	43	4	162
山西	127	60	1	2		62
内蒙古	154	137				7
辽宁	1818	1599	50	72	10	60
吉林	266	210	15			40
黑龙江	312	298	9			3
上海	606	369		24	3	1
江苏	629	574	2	2	1	51
浙江	242	209	5	11		20
安徽	278	120	23	8	2	37
福建	187	155	7	25		4
江西	77	53		1	1	23
山东	2111	1279				171
河南	805	673	124	44	21	87
湖北	351	293		7		48
湖南	137	110	4			21
广东	388	345	24			11
广西	136	119	1	3		3
海南	15	9				6
重庆	295	112	1			7
四川	675	499	36	66		36
贵州	186	69	1			
云南	753	167	24	19		7
西藏	48	48				
陕西	707	685	5	1	1	15
甘肃	444	410	19	5		29
青海	49	48				1
宁夏	56	45				2
新疆	308	284	1			22

退职人员

单位：人

军队无军籍职工	本年实有人数合计	军队离退休干部	#离　休	地方离退休干部	#离　休	军队退休士官	军队无军籍职工
2847	**329799**	**206482**	**26213**	**35460**	**1576**	**6698**	**81159**
	60624	38455	2126	7595	3	580	13994
185	7901	4895	617	1260	28	84	1662
545	18725	11293	1713	2049	122	1027	4356
3	6113	3531	618	548	51	253	1781
10	3697	2521	271	295	20	66	815
87	32483	22605	2861	2024	200	701	7153
16	7313	4526	559	563	58	245	1979
11	4645	2855	438	27	3	72	1691
212	8875	6419	607	187	10	3	2266
2	19385	11998	1572	2993	231	226	4168
2	6669	3565	651	1712	38	55	1337
113	5031	3038	710	598	139	153	1242
3	7762	3499	540	3696	14	62	505
	3978	1335	431	1632	49	46	965
661	25144	18447	4093	1053	40	1109	4535
1	10936	6882	1092	1420	162	440	2194
3	13437	7880	1285	2239	141	163	3155
6	10386	5135	693	2153	95	156	2942
32	11981	7828	925	403	15	43	3707
11	2790	1913	194	66	2	18	793
	568	272	36	1		5	290
176	5258	3571	197	183	8	105	1399
74	14371	9050	898	1253	21	443	3625
117	2270	1296	201	279	13	12	683
560	11944	6897	1072	335	9	67	4645
	1085	189	4			1	895
6	12793	9425	1130	419	62	174	2775
	5458	2836	353	319	28	231	2072
	1714	634	77	31	4	10	1039
9	857	537	65	59	6	70	191
2	5606	3155	184	68	4	78	2305

C-2-49 军队离退休

地区	单位数	年末职工人数		受教育程度		职业资
			#女性	大学专科人数	大学本科及以上人数	助理社会工作师人数
全国	**121**	**1657**	**733**	**543**	**848**	**23**
中央级						
北京	26	294	146	93	174	6
天津	3	55	29	16	33	1
河北	11	160	73	54	75	3
山西	2	14	9	4	3	
内蒙古	1	8	2	5	3	
辽宁	8	358	116	63	236	
吉林	2	3	2	2	1	
黑龙江						
上海	6	79	44	33	29	2
江苏	1	2	1	1	1	
浙江	7	32	14	9	20	
安徽	2	8	2	5	2	1
福建						
江西						
山东	3	71	30	21	41	
河南	4	71	29	34	26	
湖北	2	25	7	8	17	
湖南	5	28	15	18	9	
广东	3	51	25	14	33	8
广西	2	15	7	4	11	1
海南	1	5	2	2		
重庆	6	75	33	54	14	
四川	13	137	68	49	38	
贵州	2	3		1	2	
云南	7	87	46	27	42	
西藏						
陕西	2	18	9	2	15	
甘肃						
青海						
宁夏	1	1	1			
新疆	1	57	23	24	23	1

人员管理中心

单位:个、人、人次、时

格水平	年龄结构				志愿服务	
社会工作师人数	35岁及以下人数	36岁至45岁人数	46岁至55岁人数	56岁及以上人数	志愿者服务人次数	志愿服务时间
39	**588**	**541**	**417**	**111**	**612**	**1110**
14	94	104	87	9		
1	28	12	12	3		
1	95	41	20	4	90	540
	4	8	2			
	2	3	3			
2	110	99	98	51	252	
		1	2			
	25	20	24	10		
		1	1			
2	9	10	12	1	5	15
	3	4	1			
7	30	19	17	5	145	475
4	13	35	16	7		
	5	8	10	2		
1	6	21	1			
6	34	12	5			
1	4	9	1	1		
	1	2	2			
	22	36	16	1	120	80
	35	39	48	15		
	2	1				
	37	31	18	1		
	2	11	5			
		1				
	27	13	16	1		

C-2-49续表

地　区	增加值合计	执行行政事业单位会计制度财务指标		
		固定资产原价	上年结余	收入合计
全　国	**284304.2**	**123756.8**	**63069.2**	**406668**
中央级				
北　京	144260.8	69475.3	42676.7	192002.9
天　津	2879.9	1656.2		3217.2
河　北	7826.5	1618.7	1395	21444
山　西	1087.9	668	88	1802
内蒙古	7057.4	102.2		7228.5
辽　宁	23593.3	11950.3		26030.9
吉　林	102			157
黑龙江				
上　海	12721.5	3998.3	-0.4	15984.5
江　苏	18.5	100		22.3
浙　江	4731.3	882.2		7907.8
安　徽	457.6	257.9		592.7
福　建				
江　西				
山　东	1293.5	4111.3		12468.2
河　南	1360.4	1689.5		3853.5
湖　北	4190	10508.5	7740	5061.7
湖　南	337.9	1061		730.8
广　东	7502.8	4879	254	8381.4
广　西	1104.7	500.2	14.5	1128.3
海　南	2.7	67		
重　庆	9384.2	1054.5	42	10705.9
四　川	19160.6	3757.5	2681.3	45169.9
贵　州	13	1.7		12.8
云　南	1087.3	1991	1344	1624.8
西　藏				
陕　西	13274.7	180.7		18291
甘　肃				
青　海				
宁　夏	8.8			
新　疆	20846.9	3245.8	6834.1	22849.9

单位：人、万元

支出合计	经营支出	行政事业单位增加值	年末休养人数	分散休养人数	本年代发离退休金
358106.3		**284304.2**	**17030**	**11863**	**3323308**
152556.5		144260.8	44		21973
2982.2		2879.9	517	387	3168599
19711		7826.5	1865	961	11593
1188		1087.9	124		876
7242.3		7057.4	589	589	6521
26030.9		23593.3	2675	755	15627
157		102			
15241.5		12721.5	1155	963	11273
22.3		18.5			
7867.7		4731.3	528	493	2454
554.8		457.6	28	28	183
12468.2		1293.5	1141	1141	12276
3621.4		1360.4	216	163	1952
5699.1		4190			
748.2		337.9	58	34	35
8306.4		7502.8	549	548	1301
1187.8		1104.7	62	62	887
		2.7			
10700.9		9384.2	979	931	9137
44824.8		19160.6	3483	3210	36195
13.9		13			
2061.7		1087.3	87	35	4375
13625		13274.7	1367		
8.8		8.8	1	1	
21285.9		20846.9	1562	1562	18053

C-2-50 军队离退休

地区	单位数	年末职工人数	#女性	受教育程度		职业资
				大学专科人数	大学本科及以上人数	助理社会工作师人数
全　国	**25**	**651**	**284**	**153**	**157**	**5**
中央级						
北　京	12	501	215	107	103	2
天　津	1	12	4			
河　北	1	3		1		
山　西						
内蒙古						
辽　宁	2	11	5	3	7	
吉　林						
黑龙江						
上　海	2	53	23	21	22	2
江　苏	3	16	7	4	9	
浙　江						
安　徽						
福　建						
江　西	1	23	15		3	
山　东						
河　南						
湖　北	1	8	4	2	6	
湖　南						
广　东						
广　西						
海　南	1	17	8	14	3	
重　庆						
四　川	1	7	3	1	4	1
贵　州						
云　南						
西　藏						
陕　西						
甘　肃						
青　海						
宁　夏						
新　疆						

人员活动中心

单位:个、人、人次、时

格水平	年龄结构				志愿服务	
社会工作师人数	35岁及以下人数	36岁至45岁人数	46岁至55岁人数	56岁及以上人数	志愿者服务人次数	志愿服务时间
5	**261**	**192**	**160**	**38**	**60**	**180**
3	221	144	110	26		
	4	1	5	2		
	1	2				
	4	3	4			
1	17	18	15	3	60	180
1	2	4	9	1		
	2	7	12	2		
	4	4				
	6	7	2	2		
		2	3	2		

C-2-50续表

地区	增加值合计	执行	
		固定资产原价	上年结转和结余
全国	**13428.4**	**66747.9**	**6675.5**
中央级			
北京	8227.4	30221.5	3932.2
天津	903.4	18535	
河北	25.6	639	
山西			
内蒙古			
辽宁	905.4	7024	
吉林			
黑龙江			
上海	707.4	5403.6	30.2
江苏	389	2157.2	
浙江			
安徽			
福建			
江西	-83	242.4	29.5
山东			
河南			
湖北	220.7	2189.8	1596.6
湖南			
广东			
广西			
海南	2096.6	207	1087
重庆			
四川	36	128.4	
贵州			
云南			
西藏			
陕西			
甘肃			
青海			
宁夏			
新疆			

单位：万元

行政事业单位会计制度财务指标			
本年收入合计	本年支出合计	经营支出	行政事业单位增加值
17172	**18361.8**	**1430.1**	**13428.4**
8094.7	8987.4		8227.4
1624	1608	1173	903.4
			25.6
1191.8	1191.8		905.4
2332.3	2242.4		707.4
423.7	435.2		389
200.6	257.1	257.1	-83
1286.3	1159		220.7
1960	2423		2096.6
58.6	57.9		36

C-2-51 烈士纪念

地区	单位数	年末职工人数	#女性	受教育程度		职业资
				大学专科人数	大学本科及以上人数	助理社会工作师人数
全 国	**1306**	**9618**	**3934**	**2990**	**1686**	**112**
中央级						
北 京	5	78	35	23	19	2
天 津	10	153	61	49	51	1
河 北	93	889	355	197	195	7
山 西	56	407	166	104	34	2
内蒙古	9	109	37	44	30	1
辽 宁	37	292	143	104	99	
吉 林	30	269	102	119	61	12
黑龙江	21	151	65	69	51	2
上 海	11	251	94	109	53	
江 苏	80	727	281	171	170	18
浙 江	32	167	73	31	63	2
安 徽	51	387	161	132	57	5
福 建	52	168	59	27	16	3
江 西	52	281	119	70	41	2
山 东	92	810	311	341	241	7
河 南	95	1356	653	431	140	11
湖 北	52	670	275	244	60	8
湖 南	36	373	155	80	30	2
广 东	64	311	108	67	53	4
广 西	20	218	89	60	29	9
海 南	5	18	3	1	1	
重 庆	17	57	22	32	17	
四 川	162	456	183	178	58	8
贵 州	38	109	30	45	9	
云 南	62	165	28	51	13	1
西 藏	4	11	3	4	1	
陕 西	37	355	192	119	35	
甘 肃	52	244	81	52	27	4
青 海	8	21	8	7	6	
宁 夏	10	33	11	9	4	
新 疆	13	82	31	20	22	1

建筑物管理机构

单位:个、人、人次、时

格水平	年龄结构				志愿服务	
社会工作师人数	35岁及以下人数	36岁至45岁人数	46岁至55岁人数	56岁及以上人数	志愿者服务人次数	志愿服务时间
141	**2921**	**3792**	**2344**	**561**	**32393**	**50630**
2	29	23	15	11	3	24
	51	50	44	8	13560	3569
14	272	319	250	48	760	3280
8	104	160	119	24		
1	23	43	30	13		
1	94	104	65	29	30	120
7	73	138	53	5	145	817
	30	66	49	6		
2	43	60	111	37	40	96
29	160	308	210	49	1413	4541
5	54	59	47	7	186	650
7	86	174	115	12	1077	2270
1	20	72	59	17		
	78	115	79	9	132	528
15	308	298	169	35	12544	30394
32	573	493	261	29		
4	184	281	135	70	292	280
	126	168	74	5	65	250
3	82	121	93	15	50	150
2	50	74	45	49		
	6	6	4	2		
	20	26	9	2	636	669
3	130	212	84	30	115	105
	28	52	23	6	1200	2400
	38	73	46	8		
	6	5				
3	149	148	50	8	115	387
1	70	86	68	20	30	100
	5	6	9	1		
	4	21	5	3		
1	25	31	23	3		

C-2-51续表

地　区	增加值合计	执行行政事业单位会计制度财务指标				
		固定资产原价	上年结转和结余	本年收入合计	本年支出合计	经营支出
全　国	**76289.4**	**422703.4**	**14408.5**	**135558.1**	**134338.3**	**134**
中央级						
北　京	4547.5	7554.7	132.6	5081.2	4119.2	
天　津	2226.9	11268.8		1489.9	2183	
河　北	6116.7	19598.5	1632.2	16290	16872.8	114
山　西	2748.3	9221.7	272.1	6064.7	5455.9	
内蒙古	955	1610.4	85.8	1852.4	1739.3	
辽　宁	1981.6	7966.1	471.9	3612.6	3690.2	
吉　林	1222.1	5762.2	172.3	2653.8	2628.5	
黑龙江	878.9	5428.9	3327.8	1387.6	1457.1	1
上　海	5595.6	65148.4	1038.5	6537.2	6352.2	
江　苏	7625.3	29847.5	213.1	11101.9	11927.7	4
浙　江	2134.4	7783.7	946.9	7234.8	7692.1	
安　徽	3218.6	24051.3	16.3	4283.2	3909.7	
福　建	1045.6	3858.7	412.4	1940.7	1595.5	
江　西	1224.7	8740.9	314.8	3150.1	2990.1	
山　东	7810.5	49204.4	4	24031.1	24031.1	
河　南	3806.8	23274.7	404.5	6757.7	6451.4	
湖　北	3608.1	17687.2	-462	4992	5005.4	
湖　南	2596.4	8505	104.7	3606.1	3513.5	
广　东	5324.6	19209.5	711.2	8359.8	6747.5	
广　西	516.4	9354.1	110.4	159.9	169	
海　南	87.3	1980		63.7	63.9	
重　庆	374	3562.9	35.3	741.8	683.2	
四　川	2948.6	43737.9	2084.3	2821.5	3021.9	
贵　州	689.2	7050.2	2.3	434	455.8	
云　南	568.2	8713.1		880.5	841	15
西　藏	46.7	1100			3	
陕　西	1946.7	13579.1	109.4	2483.7	2734.5	
甘　肃	3706.3	3943.6	6.8	4537.3	4391.1	
青　海	35.4	647.6		318	318	
宁　夏	96.8	1151	5	186.5	188	
新　疆	606.7	2161.3	2255.9	2504.4	3106.7	

单位：万元、平方米、个、人次

行政事业单位增加值	管理单位占地面积	#烈士纪念建筑物面积	烈士纪念建筑物数	#纪念馆（陈列馆）个数	藏品数	参观人次数
76289.4	**39660429**	**4497459.5**	**12584**	**1209**	**227385**	**68370596**
4547.5	63559	22845	39	5	956	240635
2226.9	430405.3	46793.3	39	15	1466	324276
6116.7	3068656.6	219142.4	1205	87	37941	4974537
2748.3	1506362	294051.8	147	54	3080	1524241
955	533813.8	27490	30	12	231	290110
1981.6	1010850.4	245090	186	28	14309	1895783
1222.1	3442247	108989	1875	24	7261	756001
878.9	440285.1	99607.8	427	14	9761	2703984
5595.6	356426	39205.7	60	16	3451	1846526
7625.3	2683761.4	437011.4	548	103	19575	7360837
2134.4	1044681.8	73042.4	124	39	6715	1640486
3218.6	4710600.8	278448	984	195	7187	3640059
1045.6	694372.6	52178.6	180	21	1576	3237706
1224.7	654301.8	164522	173	22	4288	929592
7810.5	4741566.3	381285	429	135	24197	13641806
3806.8	2337275.6	222072	486	98	10804	3479489
3608.1	1639045.7	152006.5	434	60	16645	3260700
2596.4	1022362.7	84294	83	18	3671	1394479
5324.6	1565553.4	228659.7	2178	13	2784	3092762
516.4	1789119.6	116335.1	57	8	1204	835104
87.3	662378	174620	482	19	3176	618252
374	194871	66932	46	17	2392	1955812
2948.6	1268359.8	358416.8	1353	84	8805	3655618
689.2	724796.6	57423	166	10	296	981392
568.2	797733.3	194622.2	168	22	3827	743168
46.7	57500	14734	10	3	5702	12356
1946.7	495730	86892	416	36	6072	1550613
3706.3	536650.6	84075	193	29	7595	816642
35.4	78496.8	36540	25	6	10800	75000
96.8	303939	110034.6	11	6	996	85130
606.7	804727	20100.2	30	10	619	807500

C-2-52 社区服务

地区	单位数	农村社区服务机构	年末职工人数	#女性	受教育程度		职业资
					大学专科人数	大学本科及以上人数	助理社会工作师人数
全国	**104237**	**38213**	**476971**	**206847**	**119761**	**53167**	**6150**
中央级							
北京	6244	3396	31921	16005	8299	6758	1452
天津	983	165	5560	3486	1612	855	198
河北	3396	1619	13703	6320	2486	492	80
山西	1742	282	6326	2610	1456	595	8
内蒙古	1489	39	7880	4185	2717	1496	89
辽宁	3343	51	20409	13331	5817	3911	175
吉林	589	131	3085	1880	1797	149	7
黑龙江	1825	94	9352	4482	3581	1313	166
上海	3144	390	20245	11627	3183	1703	463
江苏	14347	7915	69607	27658	14897	5616	1176
浙江	11032	8013	35294	13606	7420	3520	714
安徽	3194	905	15341	6688	3964	1174	119
福建	2056	191	10098	4401	1687	734	225
江西	1450	109	5906	3006	827	182	60
山东	10395	3486	52451	21406	17793	8057	113
河南	1285	101	5949	2509	1493	365	44
湖北	4330	345	16586	7633	4021	1306	150
湖南	2534	291	12818	5500	4294	1204	110
广东	10332	3854	44059	14838	8339	5030	441
广西	576	30	4346	1879	906	394	76
海南	70		133	46	8	3	
重庆	2176	232	9963	4381	3414	1310	87
四川	3336	639	13655	6001	3746	1220	56
贵州	5444	4177	23825	6302	4810	2065	24
云南	1075	222	5801	1890	1077	672	1
西藏	38		111	44	42		
陕西	2472	401	11198	5009	3346	529	38
甘肃	2865	1085	7690	3263	2286	944	10
青海	130		650	267	115	11	22
宁夏	521	36	2467	1821	370	65	5
新疆	1824	14	10542	4773	3958	1494	41

机构总表

单位：个、人、人次、时

格水平	年龄结构				志愿服务	
社会工作师人数	35岁及以下人数	36岁至45岁人数	46岁至55岁人数	56岁及以上人数	志愿者 服务人次数	志愿服务时间
2398	**157418**	**194167**	**100825**	**24561**	**8532340**	**22753338.2**
430	9099	11634	9043	2145	6485724	12798297.2
37	1658	2136	1344	422	125446	243935
33	5068	4424	3761	450	1926	10338
6	1861	2608	1349	508	12	25
31	3134	3465	1219	62	4239	7824
85	8200	8219	3422	568	8132	1261
143	508	2240	284	53	210	400
44	3610	4333	1236	173		
260	3159	8684	6438	1964	12792	49629
299	18364	30417	16516	4310	236238	516209
294	12376	12453	7814	2651	400250	660843.5
57	4946	7220	2772	403	24669	57450
163	3130	4394	2026	548	5761	32760
19	2245	2549	971	141	582	949
107	21797	19908	8155	2591	352852	794280
42	2415	2325	898	311	790	2360
17	4906	7241	3433	1006	519	204
88	4062	5279	3067	410	7201	19228
89	15651	17733	9029	1646	584402	1532419
32	1586	1692	911	157	55	195
	17	80	31	5	530	
25	3578	4131	1881	373	233896	676614
57	4891	5856	2376	532	29517	380736.5
6	8764	9090	4512	1459	3749	4869222
2	1890	2594	1099	218	252	705
	66	45				
9	3150	4439	2940	669	6538	79975
8	3034	2920	1310	426	50	
	144	344	162			
1	765	1421	264	17	60	120
14	3344	4293	2562	343	5948	17359

C-2-52续表1

地区	机构数	农村机构数	提供便民办事	提供活动场所
全　国	**104237**	**38213**	**72832**	**35741**
中央级				
北　京	6244	3396	5458	3145
天　津	983	165	822	466
河　北	3396	1619	1151	1540
山　西	1742	282	1392	255
内蒙古	1489	39	949	495
辽　宁	3343	51	2827	925
吉　林	589	131	305	167
黑龙江	1825	94	1357	362
上　海	3144	390	2369	1601
江　苏	14347	7915	9544	4434
浙　江	11032	8013	8512	3307
安　徽	3194	905	2572	597
福　建	2056	191	1005	610
江　西	1450	109	804	647
山　东	10395	3486	7144	4436
河　南	1285	101	678	483
湖　北	4330	345	2939	1568
湖　南	2534	291	1566	626
广　东	10332	3854	7022	3779
广　西	576	30	237	217
海　南	70		19	51
重　庆	2176	232	1415	1405
四　川	3336	639	2679	741
贵　州	5444	4177	4868	783
云　南	1075	222	872	252
西　藏	38		19	19
陕　西	2472	401	1343	874
甘　肃	2865	1085	1378	892
青　海	130		76	54
宁　夏	521	36	309	205
新　疆	1824	14	1201	805

单位:个、张

提供养老服务	提供便民信息	床位数合计	日间照料床位数	住宿收养床位数
14938	**28479**	**197947**	**163390**	**34557**
738	3644	5653	4528	1125
54	435	3446	3099	347
892	289	16834	9755	7079
59	273	1258	1222	36
89	180	4227	3878	349
380	514	2731	2262	469
61	142	3752	3191	561
68	183	1548	1421	127
72	1598	3142	2678	464
5666	4044	55853	52125	3728
992	3728	10996	9924	1072
136	593	4105	3428	677
545	233	2235	2017	218
202	248	1805	1769	36
2652	4145	28995	25008	3987
46	225	1569	927	642
219	584	3398	2489	909
338	273	5595	4259	1336
206	2896	3942	1262	2680
107	379	606	417	189
382	1167	5068	3724	1344
126	589	7234	4105	3129
26	734	1620	1261	359
26	174	2666	2106	560
78	194	2303	1646	657
609	642	14541	12660	1881
		565	565	
115	82	791	791	
54	291	1469	873	596

C-2-52续表2

地　区	年末收养人数合计	日间照料人数	住宿收养人数	本年收养照料人天数	老年人活动人次数
全　国	**35559**	**31252**	**4307**	**2769358**	**7121000**
中央级					
北　京	2233	1573	660	355879	2241668
天　津	1711	1469	242	2920	103
河　北	136	90	46	123	39142
山　西	41	41		6176	230
内蒙古	1233	1133	100	163236	313780
辽　宁	289	275	14	19760	56
吉　林	866	470	396	716	390
黑龙江	90	90		2270	3127
上　海	1288	1277	11	193216	240342
江　苏	12201	11659	542	722154	1462108
浙　江	1371	1062	309	137998	536864
安　徽	1352	1352		161765	196076
福　建	284	284		15641	6130
江　西	409	409		36500	254
山　东	6677	6245	432	770220	1341904
河　南	275	93	182		1738
湖　北	21	2	19	892	20167
湖　南	474	474			4970
广　东	9	5	4	2190	136500
广　西	4	4			1170
海　南					
重　庆	1508	1330	178	144952	249267
四　川	186	186		900	276602
贵　州	249	183	66	29200	2016
云　南	154	113	41		1550
西　藏					
陕　西	461	326	135		37365
甘　肃	1584	669	915		
青　海	82	82		120	4
宁　夏	304	304			1381
新　疆	67	52	15	2530	6096

单位：人、人次、个、平方米

社区服务志愿者组织数	其他社区服务机构	#农村其他社区服务机构	城镇便民、利民服务网点数	机构建筑面积
93254	**95925**	**15784**	**397222**	**26071201**
9751	4023	924	11169	1413286
3200	338	30	11789	274750
1252	2108	1223	3232	445824
964	279		6358	243573
1182	439	43	9627	367981
1506	725	17	11632	714861
			276	116906
7286	340		8830	451369
7416	322	3	14717	804906
12306	6791	1131	72424	4877238
8550	13792	1286	101794	3121705
840	1911	140	7028	749434
785	135	5	4965	326404
1412	1756	27	3660	283718
13705	12733	3137	42784	3838477
201	1787	103	2116	603950
5003	3330	72	5580	1187560
1383	5892	292	15695	614674
589	27067	3649	4629	1378870
1855	444	12	1609	300492
				8160
4896	1648	3	8623	778001
5459	1495	4	3360	686050
1346	6083	2071	20845	716757
15	5	1	82	273001
				6023
514	334	60	2524	560077
1211	1180	988	9071	388518
8				41693
125	709	562	9065	136848
494	259	1	3738	360095

C-2-52续表3

地　区	增加值合计	执行企业会计制度单位财务指标					执行行政	
		固定资产原价	营业收入	费用合计	营业利润	企业单位增加值	固定资产原价	上年结转和结余
全　国	**537639.8**	**92040.1**	**2922.2**	**3601.3**	**45.4**	**2353.5**	**733633.9**	**42266.6**
中央级								
北　京	21419.6			17.5	-15.8	-4.2	38541	2992.2
天　津	5645.6						5950.8	36
河　北	5866.8	685.4	460.5	204.1		288.4	13421.6	58
山　西	2116.6	397.8				4	13332	138
内蒙古	7959.1	555.8	328	119.2		6.1	12093.6	
辽　宁	7640.3	3536.8				7.2	5845.8	
吉　林	893		13	10.8		16	2017	238
黑龙江	5265.3	147.1	15.1	1720.6		831.1	7680.8	2.3
上　海	20259.3	151	150	120			17449.7	1119.1
江　苏	111289.5	67	25.2	13.2	12.7	52.7	146334.4	2317.9
浙　江	79394	12438.8	174.1	135.4	-1.6	92.8	94008.7	23328.1
安　徽	22024	533.3	261.5	84.5	4	97	56760	382.3
福　建	3950.4	59	413.6	410.5	15.3	44.7	16246.2	17.8
江　西	3598.8	4122	14	4.7		20.6	3880.3	6
山　东	103753.6						6647.7	
河　南	3279.6	271.7	348	216.2	9.5	245.9	6275.3	150
湖　北	23251	1017	336	263.5	9.7	141.8	56047.9	307
湖　南	12680.7	86	72	21.5	10	146.6	9688.7	1304.8
广　东	29036.2	36506.8	3.5			10.1	37227.6	2002.7
广　西	477.7	229	23			5.7	2062.6	126
海　南	66	28				4.6	25	
重　庆	11809.3	25103.7	11	11			32750.6	538.4
四　川	10789.1	520.8	124.5	88.5	1.6	52.5	20253.7	2377.3
贵　州	21570.4	1219.5	113	12.3		2	16480.3	3634.2
云　南	4789.2	493.2					31039.1	908
西　藏	552.7	132					13817	
陕　西	6797.5	136					37000.5	39
甘　肃	3479.8	597.4	5	5		1	3849.6	50
青　海	29.9	20					151	
宁　夏	804	224	2	2		4.5	8034.2	
新　疆	7153.1	2761	29.2	140.8		282.4	18721.2	193.5

单位：万元

事业单位会计制度财务指标				执行民间非营利组织单位会计制度财务指标				
本年收入合计	本年支出合计	经营支出	行政事业单位增加值	固定资产原价	上年结余	本年收入合计	本年费用合计	民间非营利组织单位增加值
566061.7	**591464.3**	**661.7**	**356592.1**	**749639.9**	**2777.4**	**275867.9**	**293652.7**	**178694.2**
28959.8	31986.9	179.8	21423.8					
3508.7	3497.6	45	3636.4	2463.7	108	2975	3717.8	2009.2
6541.1	7132.6		5047.3	6058.2	71.5	205.9	1276.9	531.1
2009.3	2222		1449.2	729.2		887	1396.8	663.4
9921.5	9930.7		7654.5	1494.3		590.1	590.5	298.5
7590	7939.2		2868.3	5334.2		9031.2	9451.4	4764.8
925.4	1130.1		592	166		602.7	545.9	285
4283.1	5299		4005.4	2205.2	1000	747.4	559.4	428.8
61076.8	53557.6		15666.1	3526.9	154.6	8713.2	8040.2	4593.2
90459.3	133323.5		81983.4	98931	111.6	60469.5	55997.6	29253.4
126663.1	118282.5	354	71103.9	61588.8	103	14392.9	20512.1	8197.3
25047.1	24761.6	28	19609.9	12416.1		3883.4	4099.2	2317.1
6726.4	6026.2		2536.1	5366.2	11.1	2637.4	3896.8	1369.6
2205	1945.9		1175	4782.9	1	2693.8	3625.9	2403.2
8254	8239		6510.7	193995.8	23.8	136237.5	136421.2	97242.9
4681.7	5152.2		2135.9	5613.8	1	550.6	1151.5	897.8
27565.5	27081.6	1	20895.6	7023.5		4079.5	3056.1	2213.6
18694.8	17353.3		10956	3114.9		5721.2	5691	1578.1
62815.4	61281.5	1.1	24742.5	28242.9	833.3	3479.8	9249.6	4283.6
397.7	340.2		355.4	1858.3		102.5	179.7	116.6
92.2	91.2		44.4	6		45	45	17
11350.8	11173.9		9686.9	21521		4329.9	4412.3	2122.4
13062	12067.6	50.8	7926.3	7064.3	5.6	4660	4981.6	2810.3
16592.6	14693.4		14264.7	51499.9	308.6	4708.7	9686.3	7303.7
2545.9	3489.3		4033.7	211593.8	3.2	928.5	1884.1	755.5
			552.7					
8756.6	9081.7		6769.7	1007		4	36.4	27.8
2656.3	2209		1737.8	4792.3	39.1	896.2	2423.1	1741
			6	5237	2	156.7	163.3	23.9
617.6	621		675.3	428.7		141.3	228	124.2
12062	11554	2	6549.5	1578		1997	333	321.2

C-2-53 在工商部门登记的

地 区	单位数	农村社区服务机构	年末职工人数	#女性	受教育程度		职业资
					大学专科人数	大学本科及以上人数	助理社会工作师人数
全 国	**233**	**20**	**1805**	**1030**	**378**	**110**	**13**
中央级							
北 京							
天 津							
河 北	2		15	10	1		
山 西	2		21	6			
内蒙古	13		340	259	110	21	
辽 宁							
吉 林	1		8	5	1		
黑龙江	5		17	10	11		
上 海	19		330	240	6	7	4
江 苏	3		22	8	8		
浙 江	5		16	16	7	2	
安 徽	3		28	17	6		
福 建	1		5	4	2		
江 西							
山 东							
河 南	11	1	33	15	19		
湖 北	47	7	259	115	79	17	4
湖 南	17		114	58	26	16	
广 东	57	9	337	96	47		
广 西	1		7	3			
海 南							
重 庆							
四 川	5		15	11	11		
贵 州	3	1	17	6		3	
云 南	1		32	27	1	6	
西 藏							
陕 西							
甘 肃	36	2	181	120	41	34	5
青 海							
宁 夏							
新 疆	1		8	4	2	4	

社区服务机构

单位:个、人、人次、时

格水平	年龄结构				志愿服务	
社会工作师人数	35岁及以下人数	36岁至45岁人数	46岁至55岁人数	56岁及以上人数	志愿者服务人次数	志愿服务时间
8	**578**	**920**	**240**	**67**	**40**	**50**
	9	4	2			
	5	5	9	2		
	135	155	50			
	2	5	1			
	6	8	2	1		
4	3	316	5	6		
	8	10	4			
2		13	3			
	12	12	4		40	50
	1	1	2	1		
	25	8				
2	129	103	20	7		
	38	42	19	15		
	101	142	92	2		
		4	3			
	7	4		4		
	16	1				
	5			27		
	75	81	23	2		
	1	6	1			

C-2-53续表1

地区	机构数	农村机构数	提供便民办事	提供活动场所
全　国	**233**	**20**	**123**	**63**
中央级				
北　京				
天　津				
河　北	2		2	
山　西	2		2	
内蒙古	13			12
辽　宁				
吉　林	1		1	
黑龙江	5		2	
上　海	19		19	1
江　苏	3		3	2
浙　江	5		5	5
安　徽	3		1	2
福　建	1			1
江　西				
山　东				
河　南	11	1	10	1
湖　北	47	7	18	7
湖　南	17		11	4
广　东	57	9	30	15
广　西	1			
海　南				
重　庆				
四　川	5		4	
贵　州	3	1	2	1
云　南	1			
西　藏				
陕　西				
甘　肃	36	2	13	11
青　海				
宁　夏				
新　疆	1			1

单位:个、张

		床位数合计		
提供养老服务	提供便民信息		日间照料床位数	住宿收养床位数
6	**93**	**447**	**357**	**90**
		1	1	
	1			
		65	65	
	3			
	12			
1	2	13	13	
	5			
		1	1	
1	44	66	66	
	2			
3	9	72	36	36
	1			
	2	20	20	
		14	14	
1		108	54	54
	12	87	87	

C-2-53续表2

地　区	年末收养人数合计	日间照料人数	住宿收养人数	本年收养照料人天数	老年人活动人次数
全　国	**38**	**38**			**11585**
中央级					
北　京					
天　津					
河　北					
山　西					
内蒙古					2585
辽　宁					
吉　林					
黑龙江					
上　海					
江　苏					
浙　江					
安　徽					
福　建					
江　西					
山　东					
河　南	1	1			
湖　北					9000
湖　南					
广　东					
广　西					
海　南					
重　庆					
四　川	10	10			
贵　州					
云　南					
西　藏					
陕　西					
甘　肃	27	27			
青　海					
宁　夏					
新　疆					

单位：人、人次、个、平方米

社区服务志愿者组织数	其他社区服务机构	#农村其他社区服务机构	城镇便民、利民服务网点数	机构建筑面积
212	**1762**	**201**	**664**	**69005**
				500
	39			205
				3800
				300
			2	770
	2			5015
			50	4900
3	820			1500
30				2510
				100
	5			2000
175	13	12	59	24152
	528	43	440	6170
	151	146		6875
				650
4	54		60	620
	148		12	2238
				1200
	2		41	5000
				500

C-2-53续表3

地区	增加值合计	执行企业会计制度单位财务指标					执行行政	
		固定资产原价	营业收入	费用合计	营业利润	企业单位增加值	固定资产原价	上年结转和结余
全国	**974**	**1726.2**	**820.9**	**465.5**	**37**	**326.7**	**1352.8**	
中央级								
北京								
天津								
河北	2.4		42	44.1		2.4	0.8	
山西								
内蒙古	12.6		59	29.2		0.5	25	
辽宁								
吉林	6					6		
黑龙江	2.9						10	
上海	189.4							
江苏	92.1		25.2	13.2	12.7	52.7	35	
浙江	20.6	74	38.1	9.2		20.6		
安徽	63.4	320	241.5	70.5		59.7		
福建	32.1	26	23	18.1	13	32.1		
江西								
山东								
河南	33.9						113	
湖北	309	830	316	243.5	9.7	136.8	5	
湖南	41							
广东	59						1150	
广西	0.3							
海南								
重庆								
四川	14.6	3	39.1	29.2	1.6	4.8	1	
贵州	10.3	51	32	3.5		10.1		
云南	71.2							
西藏								
陕西								
甘肃	3.5	422.2	5	5		1	13	
青海								
宁夏								
新疆	9.5							

单位：万元

事业单位会计制度财务指标				执行民间非营利组织单位会计制度财务指标				
本年收入合计	本年支出合计	经营支出	行政事业单位增加值	固定资产原价	上年结余	本年收入合计	本年费用合计	民间非营利组织单位增加值
9384.5	**9313.3**		**268.9**	**1769.1**	**0.3**	**473.7**	**548.2**	**378.4**
3.0	3.0							
12.0	12.0							
13.0	13.0		12.1					
5.0	5.0		2.9					
9165.6	9165.6		21.0	58.6		144.6	207.8	168.4
40.0	40.0		39.4					
						7.1	6.2	3.7
20.2	20.2		33.9					
25.0	25.0		14.2	1107.0		180.0	186.0	158.0
8.0	8.0		5.0			120.0	120.0	36.0
7.5	7.5		58.0	1.0			9.0	1.0
				3.5		2.6	0.3	0.3
1.0	1.0		1.0	35.0		9.4	9.4	8.8
				559.0	0.3		5.5	0.2
71.2			71.2					
3.0	3.0		0.5	5.0		10.0	4.0	2.0
10.0	10.0		9.5					

C-2-54 在编制部门登记的

地区	单位数	农村社区服务机构	年末职工人数	#女性	受教育程度 大学专科人数	大学本科及以上人数	职业资 助理社会工作师人数
全国	**2267**	**242**	**21654**	**10909**	**7585**	**5807**	**570**
中央级							
北京	212	15	3059	1733	706	983	112
天津	4		37	19	8	20	
河北	10		108	44	31	14	1
山西	28	1	173	96	62	33	
内蒙古	42		749	399	254	467	83
辽宁	116		906	695	422	172	
吉林	17	1	92	42	52	14	4
黑龙江	86	15	791	363	289	98	6
上海	185	10	1461	863	493	381	37
江苏	18		121	74	56	39	4
浙江	23		153	79	57	47	5
安徽	56		734	342	313	181	9
福建	71		2050	894	833	519	177
江西	9		90	42	17	5	
山东	159		1694	874	755	724	13
河南	19		301	124	62	56	3
湖北	48	1	385	216	92	42	
湖南	41	18	196	90	77	38	1
广东	374	10	2577	1225	652	538	88
广西	5		21	11	4	3	
海南	1		5	2	2	3	
重庆	16		166	94	77	51	3
四川	49		207	80	67	25	1
贵州	243	119	3254	1220	1181	981	3
云南	44		398	197	107	104	1
西藏							
陕西	20		216	88	93	34	2
甘肃	121	52	254	126	131	29	1
青海							
宁夏							
新疆	250		1456	877	692	206	16

社区服务机构

单位:个、人、人次、时

格水平	年龄结构				志愿服务	
社会工作师人数	35岁及以下人数	36岁至45岁人数	46岁至55岁人数	56岁及以上人数	志愿者服务人次数	志愿服务时间
310	**7664**	**8646**	**4360**	**984**	**4317927**	**8679775**
60	820	1149	893	197	4071636	7969513
	9	12	14	2		
	49	47	12		8	59
1	84	74	13	2		
31	301	298	143	7		
	494	195	150	67		
2	17	56	19			
2	185	437	164	5		
46	575	516	309	61	2944	4638
4	55	38	28		44	200
1	65	55	24	9	5626	13245
6	266	322	121	25	110	500
123	873	809	358	10		
	28	35	27			
5	799	622	199	74	119284	237878
2	139	155	5	2	650	1950
1	133	172	73	7		
	81	67	40	8	335	1395
14	902	1261	339	75	104070	410239
	7	11	3			
		5				
	60	71	34	1	8630	31060
	39	139	25	4	3004	6008
5	965	1217	707	365		
2	148	168	65	17		
	81	91	37	7	218	1090
2	181	55	13	5	50	
3	308	569	545	34	1318	2000

C-2-54续表1

地　区	机构数	农村机构数	提供便民办事	提供活动场所
全　国	**2267**	**242**	**1584**	**787**
中央级				
北　京	212	15	136	123
天　津	4		3	1
河　北	10		7	1
山　西	28	1	24	2
内蒙古	42		40	2
辽　宁	116		36	71
吉　林	17	1	12	9
黑龙江	86	15	48	38
上　海	185	10	123	6
江　苏	18		14	6
浙　江	23		18	10
安　徽	56		49	5
福　建	71		69	
江　西	9		4	3
山　东	159		145	39
河　南	19		15	
湖　北	48	1	45	5
湖　南	41	18	33	5
广　东	374	10	242	151
广　西	5		3	1
海　南	1		1	
重　庆	16		16	5
四　川	49		12	5
贵　州	243	119	243	118
云　南	44		28	10
西　藏				
陕　西	20		10	6
甘　肃	121	52	59	33
青　海				
宁　夏				
新　疆	250		149	132

单位:个、张

提供养老服务	提供便民信息	床位数合计	日间照料床位数	住宿收养床位数
133	**590**	**8930**	**5758**	**3172**
26	109	2529	1435	1094
		16	16	
1	1	15	15	
1	1	25		25
14	2	398	192	206
	8	630	620	10
3	3	205	125	80
2	66	22	21	1
1	6	22	22	
3	11	800	400	400
4	6	60	55	5
	3			
2		15	15	
37	36	1083	837	246
1	3	342	39	303
2	2	140	140	
5	3	162	110	52
3	57	153	65	88
	1			
1	12	156	106	50
	32	639	359	280
	117	201	201	
10	25	613	363	250
2	2	270	270	
15	40	396	324	72
	44	38	28	10

C-2-54续表2

地　区	年末收养人数合计	日间照料人数	住宿收养人数	本年收养照料人天数	老年人活动人次数
全　国	**1615**	**692**	**923**	**260246**	**396850**
中央级					
北　京	878	218	660	207951	203432
天　津					
河　北					1200
山　西					
内蒙古					1007
辽　宁					
吉　林					
黑龙江				2270	96
上　海	17	17		6200	18320
江　苏	5	5		1825	625
浙　江	100		100		
安　徽					120
福　建					
江　西					
山　东	244	103	141	42000	69481
河　南					
湖　北					
湖　南					
广　东					100000
广　西					
海　南					
重　庆	30	30			122
四　川	164	164			
贵　州					
云　南					
西　藏					
陕　西	70	70			877
甘　肃	107	85	22		
青　海					
宁　夏					
新　疆					1570

单位:人、人次、个、平方米

社区服务志愿者组织数	其他社区服务机构	#农村其他社区服务机构	城镇便民、利民服务网点数	机构建筑面积
11186	**1217**	**196**	**21211**	**1267539**
6792	51	19	4935	360635
			1	1725
			360	13483
449	63		500	4325
			1	24508
17				12600
				6300
8			7	36159
700			2728	65690
172			1700	65499
101			903	56469
1	160		1088	26620
66	32		1597	9818
			5	3020
1068	5		4967	139139
	39		150	6122
222	79	3	103	112234
33	190	139	99	20410
555	184	20	1281	80003
				4826
				100
168			23	11520
			2	13804
755	327	14	704	63159
4				8546
4			24	23183
	1	1	5	14240
71	86		28	83402

C-2-54续表3

地　区	增加值合计	执行企业会计制度单位财务指标					执行行政	
		固定资产原价	营业收入	费用合计	营业利润	企业单位增加值	固定资产原价	上年结转和结余
全　国	**58772.3**	**3346.6**	**13.2**	**80.9**		**113**	**95948.1**	**7907.9**
中央级								
北　京	19609.1						36035.5	2942.8
天　津	318.6						102.9	-22
河　北	90.8						669.2	
山　西	349.7	1					2136	
内蒙古	2464.7						1312	
辽　宁	27.3	8.5					457	
吉　林	293.4		6	6		6	1906	228
黑龙江	603.5	4	2			2	424	
上　海	3213.8						6382.9	253.9
江　苏	1684.2						672.7	220.7
浙　江	1899.8						3442.7	104.6
安　徽	3684.5						1330.4	51.2
福　建	311.8	10					907.1	
江　西	33.1	2	3	3.1			27	
山　东	6510.7						6647.7	
河　南	332.8						4397.5	
湖　北	1030.7						8039.5	
湖　南	372.7						1249.6	
广　东	2381	1631					5420.3	340.2
广　西	75.7						236.6	
海　南	4.6	10				4.6		
重　庆	247.6						731	1.5
四　川	260.9						383.4	71.4
贵　州	10596.7	860.1					7077.2	3623.1
云　南	180.2						645.9	
西　藏								
陕　西	730.7						1616.6	
甘　肃	288.4						227.8	2
青　海								
宁　夏								
新　疆	1175.3	820	2.2	71.8		100.4	3469.6	90.5

单位：万元

事业单位会计制度财务指标				执行民间非营利组织单位会计制度财务指标				
本年收入合计	本年支出合计	经营支出	行政事业单位增加值	固定资产原价	上年结余	本年收入合计	本年费用合计	民间非营利组织单位增加值
88236.9	**90472.8**	**277.6**	**58332.3**	**357.3**	**2**	**499.6**	**612.2**	**327**
27640.8	30037.7	179.8	19609.1					
426	422.6	45	318.6					
146.2	147.3		90.5				0.8	0.3
292	292		349.7					
2702	2702		2464.7					
16	6		24.3	2		5	5	3
305.1	419.6		287.4					
1030.4	1087.3		581.5	93		8	29	20
7455.3	6711		3023.1	1.5		424.6	415.6	190.7
2224.2	2315.8		1684.2					
3002.9	2764.6		1899.8					
3696.7	4906.1		3684.5					
2989.9	3005.1		310.1			5.5	3	1.7
55.5	55.5		33.1	10				
8254	8239		6510.7					
2020.5	2301.6		332.8					
2550	2507.4		1030.7					
551	554.1		372.1	13		8	7.1	0.6
7065.5	6964		2367.6	11	2	1	16.4	13.4
48	43.4		75.7					
50	50							
230.3	230.3		247.6					
355.5	432.5	50.8	256.9				4	4
12957.1	11488.2		10557.2	126.8		47.5	67.5	39.5
198.7	198.7		175.4	80			4.8	4.8
462.6	1064		730.7					
626	547.3		288.4					
884.7	979.7	2	1025.9	20			59	49

C-2-55 在民政部门登记的

地 区	单位数	#农村社区服务机构	年末职工人数	#女性	受教育程度		职业资
					大学专科人数	大学本科及以上人数	助理社会工作师人数
全 国	**33479**	**12534**	**154900**	**65241**	**40536**	**15672**	**1480**
中央级							
北 京							
天 津	543	165	2645	1518	835	328	24
河 北	2403	1183	9475	4447	1944	339	78
山 西	157	4	790	274	219	84	6
内蒙古	239	11	837	409	293	82	
辽 宁	967	22	4305	2863	1492	1003	84
吉 林	376	130	2054	1306	1146	104	2
黑龙江	1154	46	5932	2887	2250	984	130
上 海	738	147	7619	4868	523	364	105
江 苏	4779	3023	23850	8301	5599	1867	347
浙 江	1803	1072	6644	2840	1822	911	214
安 徽	992	502	4393	1844	761	225	49
福 建	256	27	1068	474	123	40	2
江 西	1291	96	5464	2796	679	163	36
山 东	3878	2188	18432	5736	6183	3510	24
河 南	597	42	2695	1133	780	225	16
湖 北	3028	291	10877	5265	2682	1038	138
湖 南	1510	212	8199	3190	3265	906	94
广 东	2219	1251	9241	3195	2309	1359	38
广 西	28	7	83	40	7	3	3
海 南	51		127	44	6		
重 庆	463	39	2006	586	319	115	34
四 川	999	11	4684	1704	908	274	3
贵 州	1776	1139	9097	2944	2166	709	19
云 南	358	118	1900	663	372	108	
西 藏	38		111	44	42		
陕 西	667	313	2413	739	634	53	
甘 肃	947	466	2464	1242	773	403	
青 海	130		650	267	115	11	22
宁 夏	442	28	1937	1317	360	64	5
新 疆	650	1	4908	2305	1929	400	7

社区服务机构

单位:个、人、人次、时

格水平	年龄结构				志愿服务	
社会工作师人数	35岁及以下人数	36岁至45岁人数	46岁至55岁人数	56岁及以上人数	志愿者服务人次数	志愿服务时间
634	**52121**	**63643**	**31023**	**8113**	**410160**	**5821494**
					2027	6081
16	578	1292	680	95	89989	214823
31	3810	2587	2672	406	1596	5296
	169	336	230	55		
	407	363	63	4		
16	2224	1433	538	110		
138	253	1633	133	35	210	400
37	1913	2940	930	149		
90	763	3970	2281	605	9594	44219
85	7416	9482	5376	1576	127502	223776
46	1965	2116	1189	1374	44560	84385
12	1324	2122	824	123	4888	18394
20	306	582	154	26	1	
15	2084	2334	915	131	582	949
19	8811	7056	1872	693	97810	244143
31	1264	1017	320	94		
10	3466	4755	2048	608	369	144
38	2772	2949	2236	242	1670	4804
5	3016	3171	2687	367		
	22	25	30	6		
	16	75	31	5	530	
2	417	956	496	137	21250	75507
9	1280	2363	828	213	144	542
1	3015	3828	1644	610	3244	4864508
	547	914	386	53	150	600
	66	45				
	545	816	783	269	830	24346
3	1214	937	229	84		
	144	344	162			
1	737	924	259	17	60	120
9	1577	2278	1027	26	3154	8457

C-2-55续表1

地　区	机构数	农村机构数	提供便民办事	提供活动场所
全　国	**33479**	**12534**	**22215**	**12621**
中央级				
北　京				
天　津	543	165	452	213
河　北	2403	1183	879	1282
山　西	157	4	119	30
内蒙古	239	11	91	116
辽　宁	967	22	785	532
吉　林	376	130	252	57
黑龙江	1154	46	853	182
上　海	738	147	476	594
江　苏	4779	3023	2820	1837
浙　江	1803	1072	1634	472
安　徽	992	502	712	214
福　建	256	27	130	128
江　西	1291	96	691	584
山　东	3878	2188	2720	1725
河　南	597	42	301	168
湖　北	3028	291	2131	1083
湖　南	1510	212	998	332
广　东	2219	1251	1574	1154
广　西	28	7	10	16
海　南	51		18	33
重　庆	463	39	283	292
四　川	999	11	831	167
贵　州	1776	1139	1603	178
云　南	358	118	283	76
西　藏	38		19	19
陕　西	667	313	359	248
甘　肃	947	466	431	328
青　海	130		76	54
宁　夏	442	28	268	185
新　疆	650	1	416	322

单位:个、张

		床位数合计		
提供养老服务	提供便民信息		日间照料床位数	住宿收养床位数
4043	**7456**	**80171**	**64009**	**16162**
12	127	2657	2310	347
498	186	11733	6877	4856
6	12	109	103	6
9	44	1312	1142	170
207	363	829	739	90
49	72	2258	1707	551
38	139	1193	1160	33
37	435	1628	1363	265
1417	1579	11981	11376	605
429	482	3194	2958	236
31	156	1985	1700	285
64	48	734	580	154
187	201	1647	1611	36
396	1329	14622	12015	2607
31	123	690	623	67
102	334	1597	1457	140
217	161	3305	2477	828
19	868	955	457	498
4	8	51	40	11
34	181	1250	974	276
15	148	3914	2268	1646
14	113	1326	1013	313
	74	605	427	178
14	46	799	540	259
131	82	8203	6751	1452
		565	565	
75	75	653	653	
7	70	376	123	253

C-2-55续表2

地　区	年末收养人数合计	日间照料人数	住宿收养人数	本年收养照料人天数	老年人活动人次数
全　国	**13767**	**11572**	**2195**	**976328**	**1149896**
中央级					
北　京					
天　津	1543	1301	242	2920	103
河　北	111	65	46		23160
山　西	4	4			
内蒙古	411	368	43	98786	66048
辽　宁	50	36	14	16600	
吉　林	866	470	396	716	390
黑龙江	90	90			3031
上　海	682	671	11	183482	161176
江　苏	2882	2736	146	209441	500836
浙　江	303	280	23	36620	201561
安　徽	1038	1038		46920	18490
福　建					
江　西	369	369		36500	254
山　东	2001	1833	168	304263	57911
河　南	48	48			112
湖　北					10361
湖　南	362	362			532
广　东					10000
广　西					
海　南					
重　庆	410	398	12	11655	52226
四　川					3280
贵　州	224	178	46	28275	2016
云　南	120	111	9		50
西　藏					
陕　西	391	256	135		33448
甘　肃	1430	538	892		
青　海	82	82		120	4
宁　夏	304	304			1381
新　疆	46	34	12	30	3526

单位：人、人次、个、平方米

社区服务志愿者组织数	其他社区服务机构	#农村其他社区服务机构	城镇便民、利民服务网点数	机构建筑面积
31025	**27363**	**8466**	**171556**	**8280533**
1893	152	30	7349	221001
910	969	531	2681	304943
51	9		36	37463
7	117		51	49020
821	468	17	7281	208182
			261	75308
6980	34		5358	317847
1167	240	3	10734	140861
5403	2128	691	32140	1489264
2964	5037	694	41292	626198
135	132	28	3393	169618
35	29		67	62833
1105	1718	27	3630	261103
3696	4604	2456	17853	1469294
129	1284	7	1577	177497
3412	1087	40	4514	624489
855	1986	98	5244	351017
10	2913	1724	1858	316925
	13	7	4	3713
				6260
242	675		377	196187
220	134	4	434	200391
473	1582	508	13379	258976
10	1	1	27	79738
				6023
62	150	60	343	165689
	1069	985	353	157298
8				41693
125	700	554	9061	120138
312	132	1	2259	141564

C-2-55续表3

地 区	增加值合计	执行企业会计制度单位财务指标					执行行政	
		固定资产原价	营业收入	费用合计	营业利润	企业单位增加值	固定资产原价	上年结转和结余
全 国	**154613.2**	**15066.9**	**673.6**	**2041.8**	**19.5**	**1353.4**	**213069**	**2988.4**
中央级								
北 京								
天 津	3993						5826.9	58
河 北	5369.2	556.1	418.5	160		286	9445	58
山 西	367	6				2	7812	86
内蒙古	358.9						2795.3	
辽 宁	859.9	86.1				7	2847.6	
吉 林	484.7		4	1.8		4	107	10
黑龙江	2436	138.1	13.1	1719		829.1	1877.2	
上 海	6539.1						1246	49.3
江 苏	23491.1	67					16569.5	9
浙 江	20136	10371.8	25.9	28	-2.3	7	7714	604.3
安 徽	9139.8	100				1	37324.8	201.3
福 建	606.7	7	5.6	7.4	2.3	12.6	2553.5	
江 西	3253.6	520	11	1.6		20.6	3600.7	6
山 东	30367.6							
河 南	1840.4	24	91	75.5	9.5	33.8	1170.8	10.5
湖 北	12737.6	187	20	20		5	30288.1	217
湖 南	9361.3	71	72	11.5	10	16.6	6392.1	1304.8
广 东	5179.5	1402.7	0.5			2.1	11100.2	4.2
广 西	50.1		10				19.4	32
海 南	61.4						25	
重 庆	2146.2						3386.1	
四 川	3242	52					3771.5	45
贵 州	3676.2	66				0.1	5318.5	10
云 南	1041.1	20					8308	165
西 藏	552.7	132					13817	
陕 西	1987.6	10					13346.4	
甘 肃	1023.1	0.1					2718.6	48
青 海	29.9	20					151	
宁 夏	741.7	144	2	2		4.5	6955.2	
新 疆	3544.2	1086		15		122	6581.6	70

单位：万元

事业单位会计制度财务指标				执行民间非营利组织单位会计制度财务指标				
本年收入合计	本年支出合计	经营支出	行政事业单位增加值	固定资产原价	上年结余	本年收入合计	本年费用合计	民间非营利组织单位增加值
142113.4	**133355.7**	**29.1**	**90346.9**	**413721.9**	**1539.6**	**99105.4**	**106842.3**	**62912.9**
3070.7	3063		3305	1244.9	108	905.2	1547.1	688
5529	6161.9		4691.2	4991.2	71.5	81.6	1007.2	392
397.5	400.3		347.9	165		17	18	17.1
373.5	376.7		353.8	152		12	12	5.1
2217.4	2157.2		796.3	184		360.7	514.7	56.6
378.1	468.3		207.3	36		523.4	477.9	273.4
2084.6	2164.4		1421.6	1294.5	1000	283.4	295.7	185.3
9734.1	5898.2		2983.2	1448.1	154.6	6978.7	5496.2	3555.9
13719.2	12940.5		9976	31382.3	9	19627.4	21508.1	13515.1
44177	41215.5		18543.8	2555.4	103	8044.5	10741.2	1585.2
8337.6	8164.2	28	8753.2	6352.9		1021.1	935.6	385.6
480	458.2		299	752	11	307	997.1	295.1
1782.2	1530.1		967.3	4616.9	1	2564.7	3413.8	2265.7
				99851.7	23.8	41691.1	41601	30367.6
1379.1	1482.3		1118.4	5181.1	1	218	777.8	688.2
14316.7	13877.9	1	11069	4393.5		2297.6	2368.2	1663.6
14235.8	12916.1		8118.8	2617.5		4887.7	4729.9	1225.9
3928	6224.1	0.1	4326.4	14409	4	177.4	1084.9	851
3	3		2.3	190.8		31.4	100.3	47.8
42.2	41.2		44.4	6		45	45	17
967.5	964.5		953.2	12077.6		2397.4	2294.1	1193
2469.3	1552.2		1117.2	2648.5	1.6	4035	4119.6	2124.8
2588.3	2392.7		2720	8576.6	49	2164.9	1820.3	956.1
752.5	850.6		888.1	200043		4.5	226	153
			552.7					
1673.1	1657.1		1960.4	1007			34.4	27.2
1360.2	1036.6		818.8	455.7	0.1	130.7	259.7	204.3
			6	5237	2	156.7	163.3	23.9
551.5	554.9		613	408.7		141.3	228	124.2
5565.3	4804		3397	1443			25.2	25.2

C-2-56 未登记的

地 区	单位数	农村社区服务机构	年末职工人数	#女性	受教育程度		职业资
					大学专科人数	大学本科及以上人数	助理社会工作师人数
全 国	**68258**	**25417**	**298612**	**129667**	**71262**	**31578**	**4087**
中央级							
北 京	6032	3381	28862	14272	7593	5775	1340
天 津	436		2878	1949	769	507	174
河 北	981	436	4105	1819	510	139	1
山 西	1555	277	5342	2234	1175	478	2
内蒙古	1195	28	5954	3118	2060	926	6
辽 宁	2260	29	15198	9773	3903	2736	91
吉 林	195		931	527	598	31	1
黑龙江	580	33	2612	1222	1031	231	30
上 海	2202	233	10835	5656	2161	951	317
江 苏	9547	4892	45614	19275	9234	3710	825
浙 江	9201	6941	28481	10671	5534	2560	495
安 徽	2143	403	10186	4485	2884	768	61
福 建	1728	164	6975	3029	729	175	46
江 西	150	13	352	168	131	14	24
山 东	6358	1298	32325	14796	10855	3823	76
河 南	658	58	2920	1237	632	84	25
湖 北	1207	46	5065	2037	1168	209	8
湖 南	966	61	4309	2162	926	244	15
广 东	7682	2584	31904	10322	5331	3133	315
广 西	542	23	4235	1825	895	388	73
海 南	18		1				
重 庆	1697	193	7791	3701	3018	1144	50
四 川	2283	628	8749	4206	2760	921	52
贵 州	3422	2918	11457	2132	1463	372	2
云 南	672	104	3471	1003	597	454	
西 藏							
陕 西	1785	88	8569	4182	2619	442	36
甘 肃	1761	565	4791	1775	1341	478	4
青 海							
宁 夏	79	8	530	504	10	1	
新 疆	923	13	4170	1587	1335	884	18

社区服务机构

单位：个、人、人次、时

格水平	年龄结构				志愿服务	
社会工作师人数	35岁及以下人数	36岁至45岁人数	46岁至55岁人数	56岁及以上人数	志愿者服务人次数	志愿服务时间
1446	**97055**	**120958**	**65202**	**15397**	**3804213**	**8252019.2**
370	8279	10485	8150	1948	2412061	4822703.2
21	1071	832	650	325	35457	29112
2	1200	1786	1075	44	322	4983
5	1603	2193	1097	449	12	25
	2291	2649	963	51	4239	7824
69	5482	6591	2734	391	8132	1261
3	236	546	131	18		
5	1506	948	140	18		
120	1818	3882	3843	1292	254	772
210	10885	20887	11108	2734	108692	292233
245	10346	10269	6598	1268	350064	563213.5
39	3344	4764	1823	255	19631	38506
20	1950	3002	1512	511	5760	32760
4	133	180	29	10		
83	12187	12230	6084	1824	135758	312259
9	987	1145	573	215	140	410
4	1178	2211	1292	384	150	60
50	1171	2221	772	145	5196	13029
70	11632	13159	5911	1202	480332	1122180
32	1557	1652	875	151	55	195
	1					
23	3101	3104	1351	235	204016	570047
48	3565	3350	1523	311	26369	374186.5
	4768	4044	2161	484	505	4714
	1190	1512	648	121	102	105
9	2524	3532	2120	393	5490	54539
3	1564	1847	1045	335		
	28	497	5			
2	1458	1440	989	283	1476	6902

C-2-56续表1

地区	机构数	农村机构数	提供便民办事	提供活动场所
全　国	**68258**	**25417**	**48910**	**22270**
中央级				
北　京	6032	3381	5322	3022
天　津	436		367	252
河　北	981	436	263	257
山　西	1555	277	1247	223
内蒙古	1195	28	818	365
辽　宁	2260	29	2006	322
吉　林	195		40	101
黑龙江	580	33	454	142
上　海	2202	233	1751	1000
江　苏	9547	4892	6707	2589
浙　江	9201	6941	6855	2820
安　徽	2143	403	1810	376
福　建	1728	164	806	481
江　西	150	13	109	60
山　东	6358	1298	4279	2672
河　南	658	58	352	314
湖　北	1207	46	745	473
湖　南	966	61	524	285
广　东	7682	2584	5176	2459
广　西	542	23	224	200
海　南	18			18
重　庆	1697	193	1116	1108
四　川	2283	628	1832	569
贵　州	3422	2918	3020	486
云　南	672	104	561	166
西　藏				
陕　西	1785	88	974	620
甘　肃	1761	565	875	520
青　海				
宁　夏	79	8	41	20
新　疆	923	13	636	350

单位:个、张

提供养老服务	提供便民信息	床位数合计	日间照料床位数	住宿收养床位数
10756	**20340**	**108399**	**93266**	**15133**
712	3535	3124	3093	31
42	308	773	773	
393	102	5086	2863	2223
52	260	1123	1118	5
80	135	2915	2736	179
159	149	1504	1331	173
12	62	799	799	
27	38	150	136	14
33	1085	1492	1294	198
4247	2457	43837	40714	3123
560	3230	7002	6566	436
101	431	2060	1673	387
481	182	1501	1437	64
13	47	143	143	
2219	2780	13290	12156	1134
14	99	536	264	272
114	204	1595	826	769
116	107	2128	1672	456
181	1962	2762	704	2058
103	369	555	377	178
347	974	3662	2644	1018
111	407	2661	1458	1203
12	504	79	33	46
15	75	1340	1262	78
62	146	1234	836	398
463	508	5855	5498	357
40	7	138	138	
47	177	1055	722	333

C-2-56续表2

地区	年末收养人数合计	日间照料人数	住宿收养人数	本年收养照料人天数	老年人活动人次数
全国	**20139**	**18950**	**1189**	**1532784**	**5562669**
中央级					
北京	1355	1355		147928	2038236
天津	168	168			
河北	25	25		123	14782
山西	37	37		6176	230
内蒙古	822	765	57	64450	244140
辽宁	239	239		3160	56
吉林					
黑龙江					
上海	589	589		3534	60846
江苏	9314	8918	396	510888	960647
浙江	968	782	186	101378	335303
安徽	314	314		114845	177466
福建	284	284		15641	6130
江西	40	40			
山东	4432	4309	123	423957	1214512
河南	226	44	182		1626
湖北	21	2	19	892	806
湖南	112	112			4438
广东	9	5	4	2190	26500
广西	4	4			1170
海南					
重庆	1068	902	166	133297	196919
四川	12	12		900	273322
贵州	25	5	20	925	
云南	34	2	32		1500
西藏					
陕西					3040
甘肃	20	19	1		
青海					
宁夏					
新疆	21	18	3	2500	1000

单位:人、人次、个、平方米

社区服务志愿者组织数	其他社区服务机构	#农村其他社区服务机构	城镇便民、利民服务网点数	机构建筑面积
50831	**65583**	**6921**	**203791**	**16454124**
2959	3972	905	6234	1052651
1307	186		4439	52024
342	1139	692	191	126898
464	168		5822	201580
1175	322	43	9575	290653
668	257		4351	494079
			15	34998
298	306		3463	96593
5549	80		1255	593340
6731	4663	440	38534	3317575
5482	7935	592	59599	2437538
674	1619	112	2547	550686
684	74	5	3301	253653
307	38		25	19595
8941	8124	681	19964	2230044
72	459	96	389	418331
1194	2151	17	904	426685
495	3188	12	9912	237077
24	23819	1759	1490	975067
1855	431	5	1605	291303
				1800
4486	973	3	8223	570294
5235	1307		2864	471235
118	4026	1549	6750	392384
1	4		55	183517
448	184		2157	371205
1211	108	2	8672	211980
	9	8	4	16710
111	41		1451	134629

C-2-56续表3

地区	增加值合计	执行企业会计制度单位财务指标					执行行政	
		固定资产原价	营业收入	费用合计	营业利润	企业单位增加值	固定资产原价	上年结转和结余
全　国	**323280.3**	**71900.4**	**1414.5**	**1013.1**	**-11.1**	**560.4**	**423264**	**31370.3**
中央级								
北　京	1810.5			17.5	-15.8	-4.2	2505.5	49.4
天　津	1334						21	
河　北	404.4	129.3					3306.6	
山　西	1399.9	390.8				2	3384	52
内蒙古	5122.9	555.8	269	90		5.6	7961.3	
辽　宁	6753.1	3442.2				0.2	2541.2	
吉　林	108.9		3	3			4	
黑龙江	2222.9	5		1.6			5369.6	2.3
上　海	10317	151	150	120			9820.8	815.9
江　苏	86022.1						129057.2	2088.2
浙　江	57337.6	1993	110.1	98.2	0.7	65.2	82852	22619.2
安　徽	9136.3	113.3	20	14	4	36.3	18104.8	129.8
福　建	2999.8	16	385	385			12785.6	17.8
江　西	312.1	3600					252.6	
山　东	66875.3							
河　南	1072.5	247.7	257	140.7		212.1	594	139.5
湖　北	9173.7						17715.3	90
湖　南	2905.7	15		10		130	2047	
广　东	21416.7	33473.1	3			8	19557.1	1658.3
广　西	351.6	229	13			5.7	1806.6	94
海　南		18						
重　庆	9415.5	25103.7	11	11			28633.5	536.9
四　川	7271.6	465.8	85.4	59.3		47.7	16097.8	2260.9
贵　州	7287.2	242.4	81	8.8		-8.2	4084.6	1.1
云　南	3496.7	473.2					22085.2	743
西　藏								
陕　西	4079.2	126					22037.5	39
甘　肃	2164.8	175.1					890.2	
青　海								
宁　夏	62.3	80					1079	
新　疆	2424.1	855	27	54		60	8670	33

单位：万元

事业单位会计制度财务指标				执行民间非营利组织单位会计制度财务指标				
本年收入合计	本年支出合计	经营支出	行政事业单位增加值	固定资产原价	上年结余	本年收入合计	本年费用合计	民间非营利组织单位增加值
326326.9	**358322.5**	**355**	**207644**	**333791.6**	**1235.5**	**175789.2**	**185650**	**115075.9**
1319	1949.2		1814.7					
12	12		12.8	1218.8		2069.8	2170.7	1321.2
862.9	820.4		265.6	1067		124.3	268.9	138.8
1307.8	1517.7		751.6	564.2		870	1378.8	646.3
6833	6839		4823.9	1342.3		578.1	578.5	293.4
5356.6	5776		2047.7	5148.2		8665.5	8931.7	4705.2
242.2	242.2		97.3	130		79.3	68	11.6
1163.1	2042.3		1999.4	817.7		456	234.7	223.5
34721.8	31782.8		9638.8	2018.7		1165.3	1920.6	678.2
74475.9	118027.2		70283.8	67548.7	102.6	40842.1	34489.5	15738.3
79483.2	74302.4	354	50660.3	59033.4		6348.4	9770.9	6612.1
13012.8	11691.3		7172.2	6063.2		2855.2	3157.4	1927.8
3256.5	2562.9		1927	4614.2	0.1	2324.9	2896.7	1072.8
367.3	360.3		174.6	156		129.1	212.1	137.5
				94144.1		94546.4	94820.2	66875.3
1261.9	1348.1		650.8	432.7		332.6	373.7	209.6
10673.8	10671.3		8781.7	1523		1601.9	501.9	392
3900	3875.1		2460.1	484.4		705.5	834	315.6
51814.4	48085.9	1	17990.5	13821.9	827.3	3301.4	8139.3	3418.2
346.7	293.8		277.4	1664		68.5	79.1	68.5
10153	9979.1		8486.1	9443.4		1932.5	2118.2	929.4
10236.2	10081.9		6551.2	4380.8	4	615.6	848.6	672.7
1047.2	812.5		987.5	42237.5	259.3	2496.3	7793	6307.9
1523.5	2440		2899	11470.8	3.2	924	1653.3	597.7
6620.9	6360.6		4078.6			4	2	0.6
667.1	622.1		630.1	4331.6	39	755.5	2159.4	1534.7
66.1	66.1		62.3	20				
5602	5760.3		2117.1	115		1997	248.8	247

C-2-57 社区服务

地区	单位数	农村社区服务机构	年末职工人数	#女性	受教育程度		职业资
					大学专科人数	大学本科及以上人数	助理社会工作师人数
全　国	**809**	**36**	**7135**	**3522**	**2223**	**1636**	**313**
中央级							
北　京	18		602	369	160	207	80
天　津	10		106	47	27	40	5
河　北	28	2	253	120	54	14	1
山　西	14		74	36	10	4	2
内蒙古	3		35	6	29	5	
辽　宁	20	2	101	48	19	40	2
吉　林	26	3	133	78	45	19	1
黑龙江	35		276	136	103	105	6
上　海	8		99	53	43	46	4
江　苏	56	1	607	259	145	136	146
浙　江	24	3	268	163	88	76	13
安　徽	34	1	285	124	46	29	4
福　建	26		131	73	19	22	
江　西	38	2	271	133	44	27	
山　东	112		1497	732	679	508	11
河　南	41	3	253	116	97	26	3
湖　北	28	1	302	158	70	40	
湖　南	62	2	458	201	152	62	15
广　东	31	8	190	90	45	69	9
广　西	18	2	56	23	12	12	3
海　南							
重　庆	10		27	14	7	12	1
四　川	57		419	243	119	75	1
贵　州	14	1	74	26	18	4	
云　南	9		73	15	4	6	
西　藏							
陕　西	49	1	302	121	124	16	6
甘　肃	19	4	65	37	17	2	
青　海							
宁　夏	2		6	2			
新　疆	17		172	99	47	34	

指导中心

单位:个、人、人次、时

格水平	年龄结构				志愿服务	
社会工作师人数	35岁及以下人数	36岁至45岁人数	46岁至55岁人数	56岁及以上人数	志愿者服务人次数	志愿服务时间
119	**2972**	**2877**	**1119**	**167**	**2396079**	**4902895**
30	243	228	116	15	2231824	4354804
1	34	40	26	6	12081	27300
1	103	103	42	5	45	129
2	36	21	14	3		
	18	15	2			
2	25	57	19		368	299
1	47	69	17		100	200
9	118	117	39	2		
4	49	26	18	6		
36	313	182	84	28	2678	5415
4	129	98	35	6	8905	19933
7	113	142	30		2050	4190
	35	70	21	5		
	70	145	48	8		
7	777	542	156	22	31828	68174
1	144	90	15	4	650	1950
1	98	147	50	7		
2	176	194	76	12	313	1202
6	68	79	38	5	104070	410239
	12	29	15		55	195
	8	14	5			
	129	219	70	1	144	542
	28	27	18	1	75	272
	11	11	45	6		
4	95	110	76	21	883	8001
	35	22	7	1		
	1	5				
1	57	75	37	3	10	50

C-2-57续表1

地　区	机构数	农村机构数	提供便民办事	提供活动场所
全　国	**809**	**36**	**561**	**231**
中央级				
北　京	18		11	9
天　津	10		7	4
河　北	28	2	16	11
山　西	14		7	5
内蒙古	3		2	
辽　宁	20	2	13	4
吉　林	26	3	17	7
黑龙江	35		20	9
上　海	8		6	2
江　苏	56	1	46	18
浙　江	24	3	18	8
安　徽	34	1	25	4
福　建	26		14	10
江　西	38	2	24	12
山　东	112		96	42
河　南	41	3	34	3
湖　北	28	1	26	4
湖　南	62	2	41	17
广　东	31	8	28	3
广　西	18	2	8	10
海　南				
重　庆	10		6	5
四　川	57		36	10
贵　州	14	1	12	3
云　南	9		7	
西　藏				
陕　西	49	1	24	16
甘　肃	19	4	7	8
青　海				
宁　夏	2		2	
新　疆	17		8	7

单位:个、张

提供养老服务	提供便民信息	床位数合计	日间照料床位数	住宿收养床位数
60	**184**	**10486**	**7772**	**2714**
5	12	1163	117	1046
	1	56	56	
2	3	48	38	10
	4	20	20	
	2	290	290	
2	5	341	337	4
1	4	1445	1425	20
3	3	82	71	11
	6			
5	19	154	129	25
3	11	1276	855	421
3	9	191	191	
1	5	12	12	
2	4	309	304	5
10	47	2479	2002	477
3	4	234	204	30
2	2	122	122	
4	8	409	253	156
2	4	25	13	12
1	1	31	16	15
	3	101	51	50
6	9	773	443	330
		177	126	51
	4			
3	7	375	330	45
2	2	373	367	6
	5			

C-2-57续表2

地　区	年末收养人数合计	日间照料人数	住宿收养人数	本年收养照料人天数	老年人活动人次数
全　国	**1550**	**573**	**977**	**331119**	**217710**
中央级					
北　京	660		660	198000	86400
天　津	40	40			
河　北					14200
山　西	4	4		4920	230
内蒙古					
辽　宁	196	196		3160	56
吉　林					
黑龙江					
上　海					
江　苏	17	17		6125	3284
浙　江	100		100		
安　徽	50	50		18250	5320
福　建					6130
江　西	5	5		2752	
山　东	372	167	205	97912	95396
河　南	1	1			
湖　北					
湖　南					
广　东					
广　西					
海　南					
重　庆					
四　川					1828
贵　州					
云　南					
西　藏					
陕　西	97	85	12		4866
甘　肃	8	8			
青　海					
宁　夏					
新　疆					

单位：人、人次、个、平方米

社区服务志愿者组织数	其他社区服务机构	#农村其他社区服务机构	城镇便民、利民服务网点数	机构建筑面积
5204	**467**	**9**	**18174**	**980216**
2353	2		44	137148
20			1	8725
720	35			29078
			21	3340
1				560
	16	4	16	20920
			1	10090
				19179
680			220	6589
258			1929	128219
345			3470	87374
6			30	19102
66	3		1651	14126
5	29		41	16210
542			6953	167020
				43692
4	4	3	1262	90884
9			179	48037
9	336	2	567	15436
				10926
29	1		47	12850
103	1		447	19830
13			1192	4940
4				1526
20			96	52534
			4	6631
	1		2	258
17	39		1	4992

C-2-57续表3

地区	增加值合计	执行企业会计制度单位财务指标					执行行政	
		固定资产原价	营业收入	费用合计	营业利润	企业单位增加值	固定资产原价	上年结转和结余
全　国	**22154.9**	**659.2**	**461.8**	**262.1**	**29.6**	**192.3**	**68947.5**	**2266.1**
中央级								
北　京	6651.8						24929.6	1439
天　津	748.2						1464.8	-22
河　北	248.7	10	42	44.1		2.4	1831.7	
山　西	38.9	23				2	30	
内蒙古	7.1	12					2	
辽　宁	239.4						9	
吉　林	248.5		9	12		12	1000	
黑龙江	151.4	5.1	0.1	2		0.1	290.1	
上　海	1021.4						5072.4	238.7
江　苏	2451		25.2	13.2	12.7	52.7	3232	220.7
浙　江	987.3		52	67.6			2483.5	192.1
安　徽	553.6	400	220	62		59.5	3116.4	-0.8
福　建	207.9	26	28.6	18.7	15.3	44.7	38	
江　西	188.3		9	0.1			298.8	
山　东	3360.7						4032.9	
河　南	392						198.5	
湖　北	921.4	1					5990.3	1
湖　南	717.7						2622.6	
广　东	1429.8	34					4450	73
广　西	105.1	5	2				542.1	3
海　南								
重　庆	233.5						1339	
四　川	345.3	40	41.9	38.9	1.6	8.8	702.6	111.4
贵　州	55.7	51	32	3.5		10.1	25	10
云　南	6.5	22					42	
西　藏								
陕　西	663.9						4473.7	
甘　肃	46.7	0.1					140.5	
青　海								
宁　夏	0.4							
新　疆	132.7	30					590	

单位：万元

事业单位会计制度财务指标				执行民间非营利组织单位会计制度财务指标				
本年收入合计	本年支出合计	经营支出	行政事业单位增加值	固定资产原价	上年结余	本年收入合计	本年费用合计	民间非营利组织单位增加值
32842.3	**32522.9**	**129.5**	**19612.7**	**17034**	**1016.6**	**3959.9**	**4414.4**	**2349.9**
13147.4	13613.2	31.7	6651.8					
552	548.6	45	474.1	56.9		78	673	274.1
289.7	300.8		246				0.8	0.3
43.6	44.6		24.8	10.2		22	22.1	12.1
1	6		5.1	1		3	3	2
34	24		13.4	396		263	275	226
284.3	276.8		233.9	1		3.5	3.7	2.6
277.6	274.8		141.1	1005	1000	11	26.6	10.2
2237.4	2134.5		1012.8	0.1		10.1	10.1	8.6
2703.4	2622.9		2153.2	335.4		570.6	600.1	245.1
2027.6	1600.1		899.8	280	2	266.2	130.1	87.5
469.7	392.5		448.5	1023		63	58.6	45.6
228.1	156.3		127.2	32	11	52.4	48.8	36
180.4	178.4		87.4	341		109.5	122.8	100.9
3612.8	3611.8		2346.4	10715.7		1979.1	1857.8	1014.3
335.2	332.3		361.3	169.1	1	28.9	46.1	30.7
2308.7	2266.1		891.4	109.5		146.3	146.3	30
868.1	852.7		634.7	425.5		187	174.2	83
1742.3	1774.9		1429	6.5		1	2	0.8
74.2	59.9		95.4	28.4		22	22	9.7
213.6	213.6		226	150		5	7.5	7.5
386.1	436.2	50.8	271.9	413.5	1.6	102.7	106.3	64.6
7.5	8.2		7.8	141	1	20.9	54.6	37.8
			1.7	80			4.8	4.8
647.8	606.5		663.3			3	2	0.6
62.4	62.4		32			11.1	15.7	14.7
				1.2		0.6	0.4	0.4
107.4	124.8	2	132.7	1312				

C−2−58 社区服

地区	单位数		年末职工人数		受教育程度		职业资
		农村社区服务机构		#女性	大学专科人数	大学本科及以上人数	助理社会工作师人数
全　国	**15497**	**3448**	**97402**	**44681**	**29126**	**14870**	**1517**
中央级							
北　京	186	13	2453	1357	544	779	32
天　津	212	25	1565	964	455	204	17
河　北	302	32	1669	900	446	82	4
山　西	334	17	2421	985	546	166	1
内蒙古	873	22	5289	2861	1978	1010	89
辽　宁	561	2	3857	2345	1386	1062	43
吉　林	326	78	1588	761	763	112	6
黑龙江	474	50	3765	1650	1716	628	37
上　海	193	15	4298	2294	1471	1039	257
江　苏	1048	353	8253	3540	2245	978	198
浙　江	1352	702	8540	3561	2490	1337	158
安　徽	983	468	5433	2337	1262	526	50
福　建	269	27	1467	565	284	122	138
江　西	335	43	1552	874	333	73	22
山　东	1009		7753	3169	2941	1958	10
河　南	488	49	2592	1165	754	243	25
湖　北	468	13	2345	1149	637	225	46
湖　南	485	72	3291	1519	1018	321	15
广　东	1528	325	7488	3259	1631	1202	302
广　西	91	16	728	394	119	93	1
海　南	1		5	2	2	3	
重　庆	277	18	1772	798	478	217	13
四　川	805	78	3651	1684	1121	434	24
贵　州	860	334	5923	2072	1725	1153	5
云　南	107	25	658	226	142	85	
西　藏	5		9				
陕　西	413	142	2059	685	455	108	4
甘　肃	837	524	1924	1061	672	213	2
青　海	13		86	32	1	2	
宁　夏	57	2	694	590	37	19	1
新　疆	605	3	4274	1882	1474	476	17

务中心

单位：个、人、人次、时

格水平	年龄结构				志愿服务	
社会工作师人数	35岁及以下人数	36岁至45岁人数	46岁至55岁人数	56岁及以上人数	志愿者服务人次数	志愿服务时间
808	**34512**	**40125**	**18716**	**4049**	**2482421**	**5256259.8**
31	588	915	767	183	1877783	3808715.8
13	330	806	374	55	55756	140586
1	692	666	270	41	233	1852
3	720	1020	526	155	10	25
31	2104	2307	834	44	1329	3846
18	1530	1431	708	188	640	960
93	397	971	183	37	110	200
7	1322	1572	811	60		
178	1579	1279	1010	430	5508	21879
72	2794	3274	1697	488	17918	68016
78	3152	3354	1736	298	107440	201492
15	1628	2526	1105	174	4720	18178
96	410	667	346	44		
1	551	683	293	25	21	60
3	3753	3027	796	177	131777	278458
35	1132	1119	299	42		
5	899	890	484	72	500	150
6	1117	1478	623	73	3101	6907
54	2561	3031	1600	296	237930	549060
4	338	202	138	50		
		5				
14	512	852	360	48	27273	110060
26	1452	1628	435	136	3752	8306
4	1919	2205	1275	524	158	3946
2	192	259	142	65	100	100
	9					
	607	712	488	252	1059	17184
7	851	726	299	48		
	8	49	29			
	160	480	53	1		
11	1205	1991	1035	43	5303	16279

C-2-58续表1

地 区	机构数	农村机构数	提供便民办事	提供活动场所
全 国	**15497**	**3448**	**11428**	**5263**
中央级				
北 京	186	13	126	105
天 津	212	25	195	65
河 北	302	32	183	102
山 西	334	17	290	122
内蒙古	873	22	595	306
辽 宁	561	2	438	170
吉 林	326	78	196	65
黑龙江	474	50	348	92
上 海	193	15	170	65
江 苏	1048	353	881	435
浙 江	1352	702	1219	709
安 徽	983	468	768	255
福 建	269	27	122	78
江 西	335	43	185	168
山 东	1009		797	443
河 南	488	49	242	170
湖 北	468	13	393	109
湖 南	485	72	361	125
广 东	1528	325	1051	497
广 西	91	16	38	48
海 南	1		1	
重 庆	277	18	227	134
四 川	805	78	727	137
贵 州	860	334	807	67
云 南	107	25	72	30
西 藏	5			5
陕 西	413	142	198	148
甘 肃	837	524	393	282
青 海	13		13	
宁 夏	57	2	42	15
新 疆	605	3	350	316

单位：个、张

提供养老服务	提供便民信息	床位数合计	日间照料床位数	住宿收养床位数
1402	**3707**	**48999**	**39374**	**9625**
21	87	1366	1318	48
21	41	1927	1637	290
23	68	2830	1534	1296
9	124	579	554	25
51	100	3293	3050	243
32	91	595	430	165
34	70	1785	1307	478
19	55	475	378	97
24	105	2371	2263	108
254	383	6299	6083	216
166	698	3563	3268	295
64	233	2386	2067	319
50	36	204	184	20
40	44	742	742	
201	334	3915	3420	495
11	129	980	430	550
15	96	1042	675	367
20	57	1367	999	368
111	352	902	520	382
11	43	98	54	44
18	97	1479	979	500
43	97	2365	1371	994
10	48	694	520	174
11	25	823	511	312
16	51	787	520	267
120	144	5286	3977	1309
		109	109	
	2	113	113	
7	97	624	361	263

C-2-58续表2

地 区	年末收养人数合计	日间照料人数	住宿收养人数	本年收养照料人天数	老年人活动人次数
全 国	**11801**	**9449**	**2352**	**732345**	**1555567**
中央级					
北 京	218	218		9951	121332
天 津	1581	1339	242		
河 北	105	59	46	123	9522
山 西	37	37		1256	
内蒙古	939	869	70	122192	234865
辽 宁	59	45	14	16600	
吉 林	866	470	396	716	390
黑龙江	90	90		2270	3127
上 海	1189	1188	1	184220	196020
江 苏	846	786	60	60861	115748
浙 江	504	318	186	37946	349850
安 徽	1038	1038		85245	58470
福 建	24	24			
江 西	194	194		23310	254
山 东	1462	1318	144	177131	283025
河 南	274	92	182		1594
湖 北	9	2	7	436	7187
湖 南	132	132			3090
广 东	9	5	4	2190	33500
广 西	2	2			
海 南					
重 庆	274	227	47	4568	13671
四 川	174	174			117776
贵 州	10	5	5	800	
云 南					50
西 藏					
陕 西	250	160	90		
甘 肃	1469	623	846		
青 海					
宁 夏					
新 疆	46	34	12	2530	6096

单位：人、人次、个、平方米

社区服务志愿者组织数	其他社区服务机构	#农村其他社区服务机构	城镇便民、利民服务网点数	机构建筑面积
40447	**92900**	**15576**	**229383**	**6162156**
4439	4021	924	4930	210737
2335	338	30	7939	127436
309	1926	1223	3080	72187
793	253		4284	59470
1114	439	43	8027	259049
461	687	13	7108	158280
			275	70996
6537	340		4879	131506
6530	322	3	13995	139328
1375	6785	1131	13509	962736
4093	13792	1286	90555	946879
222	1911	140	3257	277968
685	132	5	2728	62234
829	1727	27	2171	91520
3354	12733	3137	16562	689617
155	1787	103	1891	208890
3230	3092	61	2635	209985
123	5892	292	2235	177471
557	24627	3468	2614	278781
5	444	12	42	35483
				100
1336	1647	3	2429	159884
430	1494	4	2674	207859
1094	6083	2071	15000	146515
10	5	1	1	36058
				1208
80	334	60	443	129228
6	1180	988	6199	116437
				4695
5	695	550	7669	16916
340	214	1	2252	172703

C-2-58续表3

地区	增加值合计	执行企业会计制度单位财务指标					执行行政	
		固定资产原价	营业收入	费用合计	营业利润	企业单位增加值	固定资产原价	上年结转和结余
全国	**166120.1**	**21440.3**	**1281.1**	**1160**	**17.6**	**1460.3**	**230504.1**	**18588.7**
中央级								
北京	12981.7						11258.4	1503.8
天津	1606.7						1489.8	19
河北	1619.7	349.6	245.4	224		159.4	4420.2	
山西	1070.4	303					3255	8
内蒙古	5058.3	543.8	264	160.2		4.8	7775.5	
辽宁	1304.5	47.2				2.2	4024.3	
吉林	429.8		4	3.6		4	1005	228
黑龙江	2952.1	72	15	57.6		831	5809.4	2
上海	6082.1	1					3096.3	295
江苏	21442.5						38591.1	318.8
浙江	25501.2	12190	81.1	33.7	-1.6	35	26205.4	8441.9
安徽	10548.3	30.3	21.5	8.5		1.2	31136.2	52
福建	478	15	80	112			3870.5	
江西	1030.1	477	3	3			2590.1	6
山东	20972.1						2614.8	
河南	1561.3	71.3	167.6	128.6	9.5	85.5	4913.5	150
湖北	3107.6	776	240	237.5	9.7	93.3	6885.4	125
湖南	4568.1	21	2	10		16.6	2655.6	1303.8
广东	16668	1478	0.5			10.1	9213.8	1862.8
广西	93.2	220	21			5.7	948.9	123
海南	4.6	10				4.6		
重庆	3175.4	1795	11	15			10483.3	11.7
四川	3704.8	468.8	29.4	33.3		17.1	4063.4	402.9
贵州	12309.4	915.1	62	11.1		-11.9	8797.5	3561
云南	719.2						3161.9	10
西藏	184.7	132					4617.9	
陕西	1690.1	10					12084.2	
甘肃	1002.3	76.2	5	5		1	2024.5	48
青海	0.6	20						
宁夏	292	12					1114	
新疆	3960.6	1406	28.6	116.9		200.7	12398.2	116

单位：万元

事业单位会计制度财务指标				执行民间非营利组织单位会计制度财务指标				
本年收入合计	本年支出合计	经营支出	行政事业单位增加值	固定资产原价	上年结余	本年收入合计	本年费用合计	民间非营利组织单位增加值
199491.4	**188127.1**	**532.1**	**129950.3**	**118007.9**	**368.7**	**51256.8**	**55517.2**	**34709.5**
14517.8	16448.9	148.1	12981.7					
1075.7	1068		1182.1	862.3	108	761	801.2	424.6
2280.2	2297.9		1359.8	1689.8	62.5	114.7	201.7	100.5
1055.5	1086.8		538.5	542		707	1015	531.9
6402.6	6408.6		4934.3	1381.3		335.1	335.5	119.2
2318.5	2503.3		1062.7	617		529	689.3	239.6
476.9	641.1		250.8	10		341.1	318.9	175
2345.1	2565.5		1991.7	219		209	229	129.4
33417.7	28069		5682.2	450.9	40.6	848.2	716.9	399.9
18170	16792.4		16011.7	14314.3		9341.6	9217.2	5430.8
29049.6	25368.8	354	23186.2	11023	51	6287.3	6575.9	2280
10179.5	10910	28	9792.6	7186.1		1569.3	1607.5	754.5
2576.1	2297.3		401.7	126.6		245.9	331.8	76.3
1072.5	916.3		642.3	2075	1	587.7	1085.1	387.8
4641.2	4627.2		4164.3	39272.7	5.8	21030.6	21071.6	16807.8
2584.2	2871.4		775.9	5415.4		320.1	872.3	699.9
3436.4	3468.6	1	2453.2	2181		674.5	769.1	561.1
8816.4	8256.7		4212.7	1015.2		1044.7	971.4	338.8
23953	22003.2	1	14244.4	9671.1	27	3251	4221.9	2413.5
121.2	79.2		75	512.5		6.4	16.4	12.5
50	50							
4231.7	4220.9		2932.4	6397.5		628.6	662.1	243
2896.4	3634.1		2561.6	3479.5	1	1401.2	1823.1	1126.1
14215.4	12483.5		11539.9	6982.3	65.7	765.1	1089.2	781.4
647.5	577.9		604.3	320			174.9	114.9
			184.7					
1487.9	2144.7		1678.6	286		1	15	11.5
1085.4	882		568.6	742.9	6.1	148.7	566	432.7
				811		22	22	0.6
392	400.4		292	178.5				
5995	5053.4		3643.7	245		86	117.2	116.2

C-2-59 社区服

地 区	单位数	农村社区服务机构	年末职工人数	#女性	受教育程度		职业资
					大学专科人数	大学本科及以上人数	助理社会工作师人数
全 国	**87931**	**34729**	**372434**	**158644**	**88412**	**36661**	**4320**
中央级							
北 京	6040	3383	28866	14279	7595	5772	1340
天 津	761	140	3889	2475	1130	611	176
河 北	3066	1585	11781	5300	1986	396	75
山 西	1394	265	3831	1589	900	425	5
内蒙古	613	17	2556	1318	710	481	
辽 宁	2762	47	16451	10938	4412	2809	130
吉 林	237	50	1364	1041	989	18	
黑龙江	1316	44	5311	2696	1762	580	123
上 海	2943	375	15848	9280	1669	618	202
江 苏	13243	7561	60747	23859	12507	4502	832
浙 江	9656	7308	26486	9882	4842	2107	543
安 徽	2177	436	9623	4227	2656	619	65
福 建	1761	164	8500	3763	1384	590	87
江 西	1077	64	4083	1999	450	82	38
山 东	9274	3486	43201	17505	14173	5591	92
河 南	756	49	3104	1228	642	96	16
湖 北	3834	331	13939	6326	3314	1041	104
湖 南	1987	217	9069	3780	3124	821	80
广 东	8773	3521	36381	11489	6663	3759	130
广 西	467	12	3562	1462	775	289	72
海 南	69		128	44	6		
重 庆	1889	214	8164	3569	2929	1081	73
四 川	2474	561	9585	4074	2506	711	31
贵 州	4570	3842	17828	4204	3067	908	19
云 南	959	197	5070	1649	931	581	1
西 藏	33		102	44	42		
陕 西	2010	258	8837	4203	2767	405	28
甘 肃	2009	557	5701	2165	1597	729	8
青 海	117		564	235	114	9	22
宁 夏	462	34	1767	1229	333	46	4
新 疆	1202	11	6096	2792	2437	984	24

务站

单位:个、人、人次、时

格水平	年龄结构				志愿服务	
社会工作师人数	35岁及以下人数	36岁至45岁人数	46岁至55岁人数	56岁及以上人数	志愿者服务人次数	志愿服务时间
1471	**119934**	**151165**	**80990**	**20345**	**3653840**	**12594183.4**
369	8268	10491	8160	1947	2376117	4634777.4
23	1294	1290	944	361	57609	76049
31	4273	3655	3449	404	1648	8357
1	1105	1567	809	350	2	
	1012	1143	383	18	2910	3978
65	6645	6731	2695	380	7124	2
49	64	1200	84	16		
28	2170	2644	386	111		
78	1531	7379	5410	1528	7284	27750
191	15257	26961	14735	3794	215642	442778
212	9095	9001	6043	2347	283905	439418.5
35	3205	4552	1637	229	17899	35082
67	2685	3657	1659	499	5761	32760
18	1624	1721	630	108	561	889
97	17267	16339	7203	2392	189247	447648
6	1139	1116	584	265	140	410
11	3909	6204	2899	927	19	54
80	2769	3607	2368	325	3787	11119
29	13022	14623	7391	1345	242402	573120
28	1236	1461	758	107		
	17	75	31	5	530	
11	3058	3265	1516	325	206623	566554
31	3310	4009	1871	395	25621	371888.5
2	6817	6858	3219	934	3516	4865004
	1687	2324	912	147	152	605
	57	45				
5	2448	3617	2376	396	4596	54790
1	2148	2172	1004	377	50	
	136	295	133			
1	604	936	211	16	60	120
2	2082	2227	1490	297	635	1030

C-2-59续表1

地 区	机构数	农村机构数	提供便民办事	提供活动场所
全 国	**87931**	**34729**	**60843**	**30247**
中央级				
北 京	6040	3383	5321	3031
天 津	761	140	620	397
河 北	3066	1585	952	1427
山 西	1394	265	1095	128
内蒙古	613	17	352	189
辽 宁	2762	47	2376	751
吉 林	237	50	92	95
黑龙江	1316	44	989	261
上 海	2943	375	2193	1534
江 苏	13243	7561	8617	3981
浙 江	9656	7308	7275	2590
安 徽	2177	436	1779	338
福 建	1761	164	869	522
江 西	1077	64	595	467
山 东	9274	3486	6251	3951
河 南	756	49	402	310
湖 北	3834	331	2520	1455
湖 南	1987	217	1164	484
广 东	8773	3521	5943	3279
广 西	467	12	191	159
海 南	69		18	51
重 庆	1889	214	1182	1266
四 川	2474	561	1916	594
贵 州	4570	3842	4049	713
云 南	959	197	793	222
西 藏	33		19	14
陕 西	2010	258	1121	710
甘 肃	2009	557	978	602
青 海	117		63	54
宁 夏	462	34	265	190
新 疆	1202	11	843	482

单位：个、张

提供养老服务	提供便民信息	床位数合计	日间照料床位数	住宿收养床位数
13476	**24588**	**138462**	**116244**	**22218**
712	3545	3124	3093	31
33	393	1463	1406	57
867	218	13956	8183	5773
50	145	659	648	11
38	78	644	538	106
346	418	1795	1495	300
26	68	522	459	63
46	125	991	972	19
48	1487	771	415	356
5407	3642	49400	45913	3487
823	3019	6157	5801	356
69	351	1528	1170	358
494	192	2019	1821	198
160	200	754	723	31
2441	3764	22601	19586	3015
32	92	355	293	62
202	486	2234	1692	542
314	208	3819	3007	812
93	2540	3015	729	2286
95	335	477	347	130
364	1067	3488	2694	794
77	483	4096	2291	1805
16	686	749	615	134
15	145	1843	1595	248
59	136	1141	796	345
487	496	8882	8316	566
		456	456	
115	80	678	678	
47	189	845	512	333

C-2-59续表2

地　区	年末收养人数合计	日间照料人数	住宿收养人数	本年收养照料人天数	老年人活动人次数
全　国	**22208**	**21230**	**978**	**1705894**	**5347723**
中央级					
北　京	1355	1355		147928	2033936
天　津	90	90		2920	103
河　北	31	31			15420
山　西					
内蒙古	294	264	30	41044	78915
辽　宁	34	34			
吉　林					
黑龙江					
上　海	99	89	10	8996	44322
江　苏	11338	10856	482	655168	1343076
浙　江	767	744	23	100052	187014
安　徽	264	264		58270	132286
福　建	260	260		15641	
江　西	210	210		10438	
山　东	4843	4760	83	495177	963483
河　南					144
湖　北	12		12	456	12980
湖　南	342	342			1880
广　东					103000
广　西	2	2			1170
海　南					
重　庆	1234	1103	131	140384	235596
四　川	12	12		900	156998
贵　州	239	178	61	28400	2016
云　南	154	113	41		1500
西　藏					
陕　西	114	81	33		32499
甘　肃	107	38	69		
青　海	82	82		120	4
宁　夏	304	304			1381
新　疆	21	18	3		

单位：人、人次、个、平方米

社区服务志愿者组织数	其他社区服务机构	#农村其他社区服务机构	城镇便民、利民服务网点数	机构建筑面积
47603	**2558**	**199**	**149665**	**18928829**
2959			6195	1065401
845			3849	138589
223	147		152	344559
171	26		2053	180763
67			1600	108372
1045	22		4508	535661
				35820
749			3951	300684
206			502	658989
10673	6		56986	3786283
4112			7769	2087452
612			3741	452364
34			586	250044
578			1448	175988
9809			19269	2981840
46			225	351368
1769	234	8	1683	886691
1251			13281	389166
23	2104	179	1448	1084653
1850			1567	254083
				8060
3531			6147	605267
4926			239	458361
239			4653	565302
1			81	235417
				4815
414			1985	378315
1205			2868	265450
8				36998
120	13	12	1394	119674
137	6		1485	182400

C-2-59续表3

地区	增加值合计	执行企业会计制度单位财务指标					执行行政	
		固定资产原价	营业收入	费用合计	营业利润	企业单位增加值	固定资产原价	上年结转和结余
全　国	**349364.8**	**69940.6**	**1179.3**	**993.4**	**-1.8**	**700.9**	**434182.3**	**21411.8**
中央级								
北　京	1786.1			16.5	-15.8	-4.2	2353	49.4
天　津	3290.7						2996.2	39
河　北	3998.4	325.8	173.1	76		126.6	7169.7	58
山　西	1007.3	71.8				2	10047	130
内蒙古	2893.7		64	12		1.3	4316.1	
辽　宁	6096.4	3489.6				5	1812.5	
吉　林	214.7						12	10
黑龙江	2161.8	70					1581.3	0.3
上　海	13155.8	150	150	120			9281	585.4
江　苏	87396	67					104511.3	1778.4
浙　江	52905.5	248.8	41	37		57.8	65319.8	14694.1
安　徽	10922.1	103	20	18	4	36.3	22507.4	331.1
福　建	3264.5	18	305	448			12337.7	17.8
江　西	2380.4	3645	2			20.6	991.4	
山　东	79420.8							
河　南	1326.3	200.4	180.4	111.6		160.4	1163.3	
湖　北	19222	240	96	36		48.5	43172.2	181
湖　南	7394.9	65	70	10	10	130	4410.5	1
广　东	10938.4	34994.8	3				23563.8	66.9
广　西	279.4	4					571.6	
海　南	61.4	18					25	
重　庆	8400.4	23308.7					20928.3	526.7
四　川	6739	12	53.2	68.7		26.6	15487.7	1863
贵　州	9205.3	253.4	19	3.7		3.8	7657.8	63.2
云　南	4063.5	471.2					27835.2	898
西　藏	368						9199.1	
陕　西	4443.5	126					20442.6	39
甘　肃	2430.8	521.1					1684.6	2
青　海	29.3						151	
宁　夏	511.6	212	2			4.5	6920.2	
新　疆	3059.8	1325	0.6	35.9		81.7	5733	77.5

单位：万元

事业单位会计制度财务指标				执行民间非营利组织单位会计制度财务指标				
本年收入合计	本年支出合计	经营支出	行政事业单位增加值	固定资产原价	上年结余	本年收入合计	本年费用合计	民间非营利组织单位增加值
333728	**370814.3**	**0.1**	**207029.1**	**614598**	**1392.1**	**220651.2**	**233721.1**	**141634.8**
1294.6	1924.8		1790.3					
1881	1881		1980.2	1544.5		2136	2243.6	1310.5
3971.2	4533.9		3441.5	4368.4	9	91.2	1074.4	430.3
910.2	1090.6		885.9	177		158	359.7	119.4
3517.9	3516.1		2715.1	112		252	252	177.3
5237.5	5411.9		1792.2	4321.2		8239.2	8487.1	4299.2
164.2	212.2		107.3	155		258.1	223.3	107.4
1660.4	2458.7		1872.6	981.2		527.4	303.8	289.2
25421.7	23354.1		8971.1	3075.9	114	7854.9	7313.2	4184.7
69585.9	113908.2		63818.5	84281.3	111.6	50557.3	46180.3	23577.5
95585.9	91313.6		47017.9	50285.8	50	7839.4	13806.1	5829.8
14397.9	13459.1		9368.8	4207		2251.1	2433.1	1517
3922.2	3572.6		2007.2	5207.6	0.1	2339.1	3516.2	1257.3
952.1	851.2		445.3	2366.9		1996.6	2418	1914.5
				144007.4	18	113227.8	113491.8	79420.8
1762.3	1948.5		998.7	29.3		201.6	233.1	167.2
21820.4	21346.9		17551	4733		3258.7	2140.7	1622.5
9010.3	8243.9		6108.6	1674.2		4489.5	4545.4	1156.3
37120.1	37503.4	0.1	9069.1	18565.3	806.3	227.8	5025.7	1869.3
202.3	201.1		185	1317.4		74.1	141.3	94.4
42.2	41.2		44.4	6		45	45	17
6905.5	6739.4		6528.5	14973.5		3696.3	3742.7	1871.9
9779.5	7997.3		5092.8	3171.3	3	3156.1	3052.2	1619.6
2369.7	2201.7		2717	44376.6	241.9	3922.7	8542.5	6484.5
1898.4	2911.4		3427.7	211193.8	3.2	928.5	1704.4	635.8
			368					
6620.9	6330.5		4427.8	721			19.4	15.7
1508.5	1264.6		1137.2	4049.4	33	736.4	1841.4	1293.6
			6	4426	2	134.7	141.3	23.3
225.6	220.6		383.3	249		140.7	227.6	123.8
5959.6	6375.8		2773.1	21		1911	215.8	205

C-2-60 自然灾害损失

地 区	人口受灾情况				
	受灾人口	死亡人口	失踪人口	紧急转移安置人口	需救助人口
合 计	**29422**	**1338**	**192**	**1109.6**	**1885**
北 京	95.2	79		10.6	21
天 津	88.4			0.6	2.9
河 北	2112.1	57	15	51.6	74.7
山 西	546.7	38	4	14.7	45
内蒙古	668.9	63	1	8.5	122.3
辽 宁	569.1	10	9	42.1	2.7
吉 林	712.4	5		2	27.2
黑龙江	796.2			2.6	31.9
上 海	42	4		35	
江 苏	1492.9	8	2	30.6	29.8
浙 江	1126.8	10		205.1	13.7
安 徽	2206.3	26		23.8	9.8
福 建	225.7	4		48.6	4.4
江 西	775.9	41		56.4	60.3
山 东	1940.3	15	1	57.7	55.1
河 南	1232.1	13	1	2.9	8
湖 北	1703.6	57	7	28.5	266.5
湖 南	1622.8	52	10	65.8	94.8
广 东	499.5	47	5	64	28
广 西	844.1	43	1	34.8	57.3
海 南	197.6	1	6	25.5	15.8
重 庆	795.4	33	3	54.7	57
四 川	3655.1	163	59	131	263.6
贵 州	1194.8	50	1	30.7	72
云 南	1760	228	14	26.3	296.9
西 藏	49	23		2.2	1.6
陕 西	733.2	42	16	32.6	43.6
甘 肃	1185.2	101	25	5.9	84.9
青 海	172.7	11	2	0.3	2.8
宁 夏	144.6	12		0.7	69.3
新 疆	182.3	56	10	12	13.5
兵 团	51.1			1.8	8.6

注：死亡人口（含失踪）和直接经济损失含森林、海洋等灾害死亡人口（含失踪）46人和森林、海洋等灾害直接经济损失652.1亿元。

情况总表

单位:万人次、人、千公顷、万间、亿元

农作物受灾情况		损失情况			
受灾面积	绝收面积	倒塌房屋	严重损坏房屋	一般损坏房屋	直接经济损失
24962	**1826.3**	**90.6**	**145.5**	**282.4**	**4185.5**
71.2	6	0.8	3.6	13.1	171.1
133.6	13.9	0.1	0.3	2.9	32.5
1329	123	5	16.1	19.8	397.2
931	70.1	2.2	2.6	6.8	64.9
2060.7	378	1.7	4.4	8.9	152.8
355.4	27	1.7	3.4	3.1	206.6
632.8	15.8	0.1	0.8	1.1	52.1
2429.4	134.9	0.3	1.6	3.9	69.9
14.7	1.9		0.2	0.3	5.2
697.5	43.4	0.6	1.4	4.7	107.8
554.2	42	0.7	0.7	4.1	464.4
1152.5	59.2	1.4	1.9	2.4	87.2
159.3	11.4	0.4	1	3	58.3
673.5	47.5	3.2	2.3	5.6	113.3
1822.6	89.8	6.9	9	19.1	244.8
1388.8	22.6	1.1	1.1	1.3	26.8
1718.7	112.3	3.1	3.8	4.9	131.7
1233.9	65.6	5.7	6.9	17.1	149.1
417.2	22.1	1.2	0.8	4.8	157.3
575	22.6	2.9	2	4	45.6
60.5	12	0.1	0.1	0.2	420.5
405.4	45.4	1.8	1.9	4.9	56
943.9	47.5	24.7	24.7	37.9	402.4
542.1	42.6	1.5	5.1	22.3	65.8
1578.3	142.4	10	20.9	41.9	164.2
14.4	2.5			0.5	2.9
508.9	39.9	6.1	6.9	12.4	86.4
1016.5	69.9	3.6	6.5	9.7	134
154.9	7.8	0.4	0.4	0.6	15.1
260.3	10.1	0.2	0.5	2.3	8.3
688.3	68.5	2.9	12.9	12.5	62.1
437.5	28.6	0.2	1.7	6.3	29.2

C-2-61 旱灾

地区	人口受灾情况		
	受灾人口	需救助人口	饮水困难人口
全国	**7084.3**	**879.6**	**1356.3**
北京			
天津			
河北	299.5	20.3	35.5
山西	87.8	1.5	4.4
内蒙古	146.6	44.8	43.1
辽宁			
吉林	62.6	4.4	0.2
黑龙江	166.6	12	20.6
上海			
江苏	310.2		
浙江			
安徽	1414.2	0.2	35.1
福建			
江西			
山东	558.6	18	44.4
河南	603.5	0.7	8.4
湖北	791.2	244	240
湖南	1		0.1
广东			
广西	77.2	7.4	18.4
海南	23.9	5.2	
重庆	110.7	7.3	34.5
四川	545.1	116	209.6
贵州	195.9	6.1	24.6
云南	923.9	268.1	518
西藏	9.8	0.7	0.5
陕西	217.9	5.8	2.2
甘肃	402.9	48.6	61.3
青海	15		0.4
宁夏	85.8	64.9	48.7
新疆	28.3	3.2	5.4
兵团	6.1	0.4	0.9

损失情况

单位：万人次、千公顷、亿元

农作物受灾情况		损失情况	
受灾面积	绝收面积	饮水困难大牲畜	直接经济损失
9339.8	**374**	**737.4**	**244.3**
430.3	25	13.7	16
403.9	5.4	1.3	3.5
453.6	10.5	158.2	5.3
303.8	9.3	0.1	5
1200	63.2	0.3	12.3
366.7	9.3		6.3
616.1	21.5	2.7	27.9
673.3	7.4	17.6	13.3
1001.5	2.7	1.8	9.4
939.2	39.5	47.6	42.5
77.1	2.5	8.3	1.7
			0.8
61.9	1	11.5	1.7
222	16.7	110.6	28.5
132.5	1.7	5.7	5
1072.7	106.7	248.5	43.9
		14	0.2
227.6	6.5		4.9
498.1	15.6	27	5.2
33.3	1.1		0.7
104		25.4	1.7
432.1	26.9	26.2	4.6
90.1	1.5	16.9	3.9

C-2-62 风雹灾害

地 区	人口受灾情况				
	受灾人口	死亡人口	失踪人口	紧急转移安置人口	需救助人口
合 计	**3507.8**	**191**	**11**	**45.5**	**129.1**
北 京	14.6			1	
天 津	25.5				0.3
河 北	538.9	6		1.1	9.5
山 西	133.7	7			3.7
内蒙古	63.3	15		0.4	8.3
辽 宁	21				
吉 林	58.7	3		0.1	0.7
黑龙江	50				1.4
上 海		2			
江 苏	240.2	6	2	2.9	1.3
浙 江	7.1	7		0.1	
安 徽	60.9	20		0.1	
福 建	29.9	2		1.6	0.9
江 西	116.8	23		3.2	8.6
山 东	231.7				2
河 南	30.5	8		0.2	0.3
湖 北	52.9	1		0.2	1.6
湖 南	817	18	7	20.5	42.3
广 东	59.4	6	2	3	1.1
广 西	13.9	6		0.7	3
海 南	16.5			0.3	2
重 庆	29.4	3		0.4	1.2
四 川	126.2	6		0.4	6.4
贵 州	181.6	7		7.6	14.1
云 南	99.9	9			3
西 藏	9.7	12		0.2	0.8
陕 西	144.7	10		0.4	5.7
甘 肃	195.7	4		0.2	3.2
青 海	40.4	2			
宁 夏	14	1			0.3
新 疆	58.1	7		0.9	2.4
兵 团	25.6				5

损失情况

单位：万人次、人、千公顷、万间、亿元

农作物受灾情况		损失情况			
受灾面积	绝收面积	倒塌房屋	严重损坏房屋	一般损坏房屋	直接经济损失
2780.8	**213.4**	**6.2**	**14.6**	**46.5**	**343.5**
13.4	1.2			0.3	2.5
16.1				0.1	2.8
268.7	11.5	0.4	1.5	0.8	46.5
123.4	11.7	0.1		0.6	13.7
243.5	20.7		0.1	0.3	11.3
32.1				0.1	1.4
51.7	3.6		0.2	0.6	6.6
186.5	38.4		0.2	0.5	9.7
34.2		0.2	0.5	1.6	22.7
0.6	0.1			0.4	0.7
21.9	1		0.1	0.2	1.7
17.1	0.1	0.1	0.7	1.9	10.6
84.1	2.2	1.1	1.1	3.3	17.7
215.1	7.1		0.1	0.1	18.3
20.2	0.5	0.1	0.2		1.2
38.2	5.1	0.1	0.1	0.5	2.3
335.9	9.3	2.8	3.7	10.9	61.7
29.3	0.3	0.1	0.3	4	8.9
7.4	0.7	0.1	0.2	1.2	0.8
12.9				0.1	1.9
14.5	1.4			0.5	0.8
47.1	6.1	0.2	1.4	2.2	8.4
88.2	9.7	0.1	2.7	10.9	11.2
72.5	7.8	0.1	0.4	2.4	6.3
6.8	1.4			0.2	0.6
62.7	4.5	0.2	0.3	0.4	15.4
220.3	17	0.2	0.5	0.6	22.5
49.4	4.6				2
35.5	5.1			0.5	2
140	27.6	0.3	0.2	1.3	16.2
291.5	14.7		0.1		15.1

C-2-63 台风灾害

地区	人口受灾情况				
	受灾人口	死亡人口	失踪人口	紧急转移安置人口	需救助人口
合 计	**4763.7**	**74**	**22**	**569.6**	**159.6**
北 京					
天 津					
河 北	453.9	3		24.3	20.9
山 西					
内蒙古					
辽 宁	411.8	10	9	41.3	1.8
吉 林	338.5			0.9	19.2
黑龙江	298			0.5	2.7
上 海	42	2		35	
江 苏	180.1	1		26.5	7.9
浙 江	891.2			200.9	5.9
安 徽	284.9	3		23.1	8.7
福 建	120.1			41.6	1.2
江 西	153.3			27.6	25.3
山 东	561.4	7	1	34.6	22
河 南	10.8			0.1	
湖 北	131.7	30	6	14.3	4.9
湖 南	5.2			0.1	0.1
广 东	310.2	11		51.2	23.2
广 西	398.3	4		22.5	6.9
海 南	150.7	1	6	25.1	6.8
重 庆					
四 川					
贵 州					
云 南	21.6	2			2.1
西 藏					
陕 西					
甘 肃					
青 海					
宁 夏					
新 疆					
兵 团					

损失情况

单位:万人次、人、千公顷、万间、亿元

农作物受灾情况		损失情况			
受灾面积	绝收面积	倒塌房屋	严重损坏房屋	一般损坏房屋	直接经济损失
3490.8	**206.3**	**13**	**24.8**	**42.6**	**1048.2**
17.3		2.4	9.2	13.7	143.8
304.9	26.1	1.7	3.2	2.6	188.4
200		0.1	0.3	0.3	16.9
693.1		0.1	0.5	0.7	11.3
14.7	1.9		0.2	0.3	5.2
139.6	6.3	0.2	0.5	2.1	34.4
378.4	32.4	0.5	0.5	2.6	275.5
223.2	20.1	1.1	1.5	1.7	43.4
59.3	3.5	0.1	0.1	0.4	17.1
105.7	3.9	0.3	0.2	0.2	35.7
591.8	75.3	3.4	5.1	12.8	148.4
8.4		0.1	0.1	0.2	0.6
36	0.2	1.5	1.9	2	41.1
1.5					0.3
314.6	18.7	0.4	0.3	0.6	44.3
339.6	3.5	1	1	1.9	27.3
46.2	11.6	0.1	0.1	0.1	12.6
16.5	2.8		0.1	0.4	1.9

C-2-64 地震灾害

地 区	人口受灾情况				
	受灾人口	死亡人口	失踪人口	紧急转移安置人口	需救助人口
合 计	**177.9**	**86**		**37.5**	**10.8**
北 京					
天 津					
河 北					
山 西					
内蒙古					
辽 宁	4.7				
吉 林					
黑龙江					
上 海					
江 苏	0.1	1		0.1	
浙 江					
安 徽					
福 建	3			0.2	
江 西					
山 东					
河 南					
湖 北					
湖 南					
广 东					
广 西					
海 南					
重 庆					
四 川	10.4	1		0.9	0.9
贵 州	7.4			2.8	2.1
云 南	100	84		22.5	1.6
西 藏	0.5			0.1	
陕 西					
甘 肃	0.2				
青 海	0.7				
宁 夏					
新 疆	39.8			9.4	4.2
兵 团	11.1			1.5	2

损失情况

单位：万人次、人、千公顷、万间、亿元

农作物受灾情况		损失情况			
受灾面积	绝收面积	倒塌房屋	严重损坏房屋	一般损坏房屋	直接经济损失
3.2	**0.7**	**10.4**	**31.5**	**54.2**	**92.2**
				0.1	0.1
					0.1
				0.1	
			0.8	1.7	4.2
			0.3	3.8	5.2
2.4	0.7	8.2	17.7	33.8	50.5
					0.3
				0.1	0.1
				0.3	
0.5		2	11.3	8	26.8
0.3		0.2	1.4	6.3	4.9

C−2−65 低温冷冻和

地 区	人口受灾情况				
	受灾人口	死亡人口	失踪人口	紧急转移安置人口	需救助人口
合 计	**641.2**	**15**	**4**	**3**	**32.6**
北 京	5.2				
天 津					
河 北	131.5				
山 西	68.7				16.3
内蒙古	102.1				2.6
辽 宁					
吉 林	3.7				
黑龙江	16.7				
上 海					
江 苏					
浙 江	23			0.7	0.5
安 徽	48.1				
福 建	1.2				
江 西					
山 东					
河 南					
湖 北	0.2				
湖 南	31.6			0.2	4.9
广 东	1.4				
广 西	20.2				
海 南					
重 庆					
四 川	17.6				0.9
贵 州	7.1				
云 南	1.7				
西 藏	19.5	5		1.8	
陕 西	11.8				2.4
甘 肃	58.2	10			1.9
青 海	52.2			0.2	2.2
宁 夏	5.7				
新 疆	7.6		4	0.1	
兵 团	6.2				0.9

雪灾损失情况

单位：万人次、人、千公顷、万间、亿元

农作物受灾情况		损失情况			
受灾面积	绝收面积	倒塌房屋	严重损坏房屋	一般损坏房屋	直接经济损失
1617.8	**142.9**		**0.1**	**3.8**	**61**
0.2					6.4
254.4	37.3				16.9
142.3	4.6				4.4
398.1	63.2			2.5	10.8
6.9	0.4				0.3
				0.6	0.8
30.1	0.5			0.3	2.6
1.3					0.3
0.7					0.1
141	8.2				
74.1	4.1			0.1	0.1
140.3	1.3				0.6
0.2					0.1
1					0.1
30.4	0.2				1
20.4					0.1
40.2	1				0.1
1.1				0.2	1.2
9.3	0.8				0.7
102.7	3.4				4
36.2					6.6
60.3	0.3				0.2
85.1	6.8		0.1	0.1	0.9
41.5	10.8				2.7

C–2–66 洪涝、滑坡和

地 区	人口受灾情况				
	受灾人口	死亡人口	失踪人口	紧急转移安置人口	需救助人口
合 计	**11392.4**	**918**	**155**	**453.8**	**642.5**
北 京	75.4	79		9.6	21
天 津	62.9			0.6	2.6
河 北	498.9	48	15	26.1	23.9
山 西	252	31	4	14.7	23.5
内蒙古	222.4	46	1	8	63.5
辽 宁	25.6			0.8	0.9
吉 林	34.9	2		1	1.4
黑龙江	176.5			2.1	15.8
上 海					
江 苏	133.8			1.1	2.3
浙 江	205.4	3		3.4	7.3
安 徽	356	3		0.6	0.9
福 建	71.4	2		5.2	2.3
江 西	505.8	18		25.6	26.4
山 东	587.4	8		23.1	13.1
河 南	499.5	5	1	2.6	7
湖 北	727.6	26	1	14	16
湖 南	767.6	34	3	45	47.5
广 东	128.4	30	3	9.8	3.7
广 西	334.5	33	1	11.6	40
海 南	6.4			0.1	1.8
重 庆	655.3	30	3	54.3	48.5
四 川	2955.4	156	59	129.7	139.4
贵 州	759	43	1	20.3	47
云 南	594.7	133	14	3.8	22.1
西 藏	9.1	6		0.1	0.1
陕 西	355.9	32	16	32.2	29.7
甘 肃	273.3	87	25	5.7	28.8
青 海	49.7	9	2	0.1	0.6
宁 夏	32.5	11		0.7	4.1
新 疆	33	43	6	1.6	1
兵 团	2.1			0.3	0.3

泥石流灾害损失情况

单位：万人次、人、千公顷、万间、亿元

农作物受灾情况		损失情况			
受灾面积	绝收面积	倒塌房屋	严重损坏房屋	一般损坏房屋	直接经济损失
7729.6	**889**	**61**	**74.3**	**135.1**	**1661.2**
57.6	4.8	0.8	3.6	12.8	162.2
117.5	13.9	0.1	0.3	2.8	29.7
358.3	49.2	2.2	5.4	5.3	171.4
261.4	48.4	2.1	2.6	6.2	41.7
965.5	283.6	1.7	4.2	6	117.3
18.4	0.9		0.2	0.3	4.1
70.4	2.5		0.3	0.2	7.6
349.8	33.3	0.2	0.9	2.1	30.2
157	27.8	0.2	0.4	1	27.5
145.1	9	0.2	0.2	0.8	31.1
290	16.6	0.3	0.3	0.5	12.4
82.2	7.8	0.2	0.2	0.6	19.5
342.7	33.2	1.8	1	2.1	59.9
342.4		3.5	3.8	6.2	64.5
358.7	19.4	0.9	0.8	1.1	13.9
631.2	63.4	1.5	1.8	2.3	45.7
756.2	55	2.9	3.2	6.2	86.5
73.1	3.1	0.7	0.2	0.2	22.4
149.9	15.9	1.8	0.8	0.9	15.7
1.4	0.4				0.2
329	43	1.8	1.9	4.4	53.5
644.4	24.5	24.5	22.5	34	360.3
301	31.2	1.4	2.1	7.6	43.3
374	23.4	1.7	2.7	5.3	60.8
6.5	1.1			0.1	0.5
209.3	28.1	5.9	6.6	12	65
195.4	33.9	3.4	6	9	92.1
36	2.1	0.4	0.4	0.3	5.2
60.5	4.7	0.2	0.5	1.8	4
30.6	7.2	0.6	1.2	3	10.4
14.1	1.6		0.2		2.6

C-2-67 其他灾害

地 区	人口受灾情况				
	受灾人口	死亡人口	失踪人口	紧急转移安置人口	需救助人口
合 计	**1854.7**	**54**		**0.2**	**30.8**
北 京					
天 津					
河 北	189.4			0.1	0.1
山 西	4.5				
内蒙古	134.5	2		0.1	3.1
辽 宁	106				
吉 林	214				1.5
黑龙江	88.4				
上 海					
江 苏	628.5				18.3
浙 江	0.1				
安 徽	42.2				
福 建	0.1				
江 西	0				
山 东	1.2				
河 南	87.8				
湖 北					
湖 南	0.4				
广 东	0.1				
广 西					
海 南	0.1				
重 庆					
四 川	0.4				
贵 州	43.8				2.7
云 南	18.2				
西 藏	0.4				
陕 西	2.9				
甘 肃	254.9				2.4
青 海	14.7				
宁 夏	6.6				
新 疆	15.5	6			2.7
兵 团					

注：死亡人口（含失踪）和直接经济损失含森林、海洋等灾害死亡人口（含失踪）46人和森林、海洋等灾害直接经济损失652.1亿元。

损失情况

单位：万人次、人、千公顷、万间、亿元

损失情况			
倒塌房屋	严重损坏房屋	一般损坏房屋	直接经济损失
	0.2	**0.2**	**735.1**
			2.6
			1.6
	0.1	0.1	8.1
			12.6
			15.7
			5.6
			16.8
			154.5
			1.5
			11
			0.3
			1.7
			81.6
			405
			1
			0.7
			0.1
			0.4
			10.1
			0.6
			0.4
	0.1	0.1	3.2

C-2-68 其他事业

地 区	单位数	年末职工人数		受教育程度		职业资
			#女性	大学专科人数	大学本科及以上人数	助理社会工作师人数
全 国	**2426**	**21688**	**9909**	**5851**	**6537**	**280**
中央级	30	1535	770	236	1113	7
北 京	78	960	521	200	544	21
天 津	25	201	81	85	95	2
河 北	49	570	366	94	86	4
山 西	71	518	234	158	137	1
内蒙古	28	355	137	112	75	2
辽 宁	127	874	338	267	275	
吉 林	119	696	296	300	91	13
黑龙江	58	636	326	106	155	9
上 海	40	751	402	161	269	12
江 苏	82	617	266	205	203	12
浙 江	231	1060	488	238	406	31
安 徽	37	179	66	49	40	4
福 建	81	347	181	80	108	3
江 西	218	1452	574	236	196	18
山 东	51	418	190	174	123	8
河 南	204	2993	1273	876	741	51
湖 北	106	1047	477	370	241	10
湖 南	180	1250	606	364	265	9
广 东	40	711	346	186	239	4
广 西	63	827	348	182	126	3
海 南	12	45	22	20	20	
重 庆	23	111	47	38	32	
四 川	192	1383	577	447	432	36
贵 州	80	641	263	202	133	6
云 南	55	246	103	92	63	2
西 藏						
陕 西	49	583	286	165	107	1
甘 肃	38	277	94	60	72	3
青 海	13	65	30	15	17	2
宁 夏	10	77	28	24	22	
新 疆	36	263	173	109	111	6

单位情况

单位:个、人、人次、时

格水平	年龄结构				志愿服务	
社会工作师人数	35岁及以下人数	36岁至45岁人数	46岁至55岁人数	56岁及以上人数	志愿者服务人次数	志愿服务时间
326	**7984**	**7685**	**4610**	**1409**	**8261**	**21943**
18	742	371	322	100		
29	307	311	256	86		
1	63	64	56	18	500	1000
2	318	182	59	11	721	3125
6	130	214	128	46		
3	157	117	69	12		
2	282	380	166	46		
10	282	293	90	31		
14	209	208	189	30		
45	280	239	182	50		
24	219	206	158	34	764	1860
30	397	348	251	64	3294	6597
4	27	70	70	12	136	284
12	138	118	74	17		
12	563	647	213	29	741	2712
6	155	141	104	18	1046	3495
21	1314	939	585	155		
12	393	420	204	30	93	45
11	472	459	253	66	312	1300
15	253	214	193	51	15	45
10	174	249	146	258		
1	18	16	10	1		
	30	45	34	2		
26	419	556	318	90	630	1450
	188	230	141	82	5	10
2	84	95	51	16		
3	205	248	119	11	4	20
2	57	123	84	13		
2	20	27	17	1		
1	11	33	19	14		
2	77	122	49	15		

C-2-68续表

地区	增加值合计	执行企业会计制度单位财务指标				
		固定资产原价	营业收入	费用合计	营业利润	企业单位增加值
全　国	**186881.6**	**41671.5**	**23747.2**	**15492.6**	**-3284**	**5747.9**
中央级	37189.9	32019.9	20153.5	12771.8	-2689	4835.3
北　京	25305.8	711.2	1370.6	357.1	-84.6	178.5
天　津	1391.1	625.5	10.2	1.6		1.3
河　北	1292.9					
山　西	2689.4	5				
内蒙古	1577.7					
辽　宁	5297.2					
吉　林	1404.2					
黑龙江	3288.8					
上　海	7146.6					
江　苏	8769.2	47	637	288	123	193.3
浙　江	18272.8	7238.4	995.2	1794.6	-633.4	236.9
安　徽	748.9	210	89	52		52.3
福　建	2196.4					
江　西	2249.8	197.8	106.7	88.6		78.3
山　东	3572.2					
河　南	10480.2					
湖　北	5055.6	245	2	2		
湖　南	11019.1					
广　东	11309.7					
广　西	1478.8	68				19.5
海　南	180.3					
重　庆	806.4					
四　川	10116.7					
贵　州	6519.5	182	383	136.9		152.5
云　南	1213.9	19.7				
西　藏						
陕　西	2291.7					
甘　肃	1181.7					
青　海	318.9					
宁　夏	268.3	102				
新　疆	2247.7					

单位：万元

执行行政事业单位会计制度财务指标					
固定资产原价	上年结转和结余	本年收入合计	本年支出合计	经营支出	行政事业单位增加值
428087.5	**87881.4**	**531616.5**	**542412.2**	**5968.8**	**181133.7**
130894.4	22087	194693.9	193089.4	802.2	32354.6
35814.5	32476.7	66377.4	69708.2	1570	25127.3
683.9	66.6	1490.5	1597	29.2	1389.8
4703.8	3	3247.3	3265.1	40	1292.9
2421.2	66	3707.3	3861.4		2689.4
1232.2	3568	3227.1	3810.7		1577.7
9513.2	589.5	10389.6	10196.9	66.5	5297.2
640.6	73	2731.5	2100.6		1404.2
11507.4	54.8	6010.1	5816.9		3288.8
15487	6924.9	43708.8	45642.6	2309.9	7146.6
9585.3	2207.8	30677.3	30072.9		8575.9
17340.9	3652.3	31269.3	30573.4	60	18035.9
733.4	-61.5	1004.5	1034		696.6
6769	369	4876.8	11409.9		2196.4
7410	1625.4	3847.5	4397.2	106.1	2171.5
2195.4	218.6	5176.3	5477.9		3572.2
24802.5	647.4	18194.5	21876.7	12.1	10480.2
13562.1	1765.3	14599.8	14266.7		5055.6
14569.1	-15.6	17464.3	18091.5	187.5	11019.1
52534	5983.8	19038.1	18548.9		11309.7
2871.3	83.3	3395.1	3347.6		1459.3
138.7	1496.7	1637.8	1657.7		180.3
1860.2	211.6	1289.9	1339.9	85	806.4
37199.8	1655.7	16404.3	17301.9	478	10116.7
5091.8	128.5	10580.7	9482.2		6367
1101.6	217.5	1442	1310.7	222.3	1213.9
3780.3	566.5	7528.6	6009.1		2291.7
1170.8	9.8	1939.5	1894.2		1181.7
1634.1		309.3	309.3		318.9
620.2	98.2	445.8	512.3		268.3
10218.8	1111.6	4911.6	4409.4		2247.7

C-3-1 成员组

地　区	单位数	年末职工人数	#女性	受教育程度		职业资
				大学专科人数	大学本科及以上人数	助理社会工作师人数
全　国	**1178896**	**8924291**	**2519537**	**1504420**	**886927**	**23513**
中央级	2125	25027	12198	370	20211	607
北　京	14749	144792	56927	36617	49818	3026
天　津	9364	64298	28921	19579	19349	1143
河　北	68684	415283	94377	56119	27629	614
山　西	41569	273015	68890	47892	21054	177
内蒙古	23259	145253	44071	33994	12785	3
辽　宁	36063	314330	90452	58639	32274	740
吉　林	19664	154028	32805	26058	6664	778
黑龙江	25049	223310	86653	42966	13805	412
上　海	16257	170889	46272	40884	16784	1230
江　苏	64629	495803	145138	106683	73286	3671
浙　江	64685	452801	145995	106950	51091	1362
安　徽	36881	353399	66601	49650	24207	697
福　建	34747	312025	67101	30917	25248	412
江　西	32350	258762	74798	27555	11244	762
山　东	118708	646144	165699	157366	89826	830
河　南	72333	396768	98698	68964	38039	622
湖　北	54480	342799	111419	79272	25513	173
湖　南	66129	383140	111353	60900	23638	360
广　东	60970	606067	224603	104349	71595	2248
广　西	30935	399499	78198	39120	24851	931
海　南	6755	40184	12547	5112	5001	20
重　庆	22872	173719	61330	34814	31418	525
四　川	85610	693109	241627	112615	94975	807
贵　州	27377	227717	47713	19306	7975	258
云　南	29451	376610	103894	42524	27237	502
西　藏	5895	32556	8031	1248	250	
陕　西	45066	355765	78136	30519	12836	108
甘　肃	27699	222040	47240	24198	9225	172
青　海	7541	37098	8360	2729	784	90
宁　夏	6812	54412	15145	10052	4374	80
新　疆	20188	133649	44345	26459	13941	153

织总表

单位：个、人、人次、时

格水平	年龄结构				志愿服务	
社会工作师人数	35岁及以下人数	36岁至45岁人数	46岁至55岁人数	56岁及以上人数	志愿者服务人次数	志愿服务时间
10056	**2633517**	**3511494**	**2002583**	**776697**	**3623501**	**11174189**
171	10081	7250	4988	2708		
1407	39683	49417	35395	20297	586942	1311311
209	16280	23467	17343	7208	125063	844585
261	111220	184285	96409	23369	44155	570868
85	83611	98553	63240	27611	5356	1967
34	44110	60015	31692	9436	10649	22892.8
352	72482	109432	77270	55146	149301	219573
1569	47548	65786	34949	5745		
110	91029	81816	41023	9442	1	
404	37735	77399	38695	17060	22747	32800
1017	145971	185463	120290	44079	242104	862276
578	147728	181444	97268	26361	363972	707281
194	84614	147996	83827	36962	70406	216454
92	66067	100464	88741	56753	87	
178	72773	124250	47917	13822	2770	4800
299	186748	272063	143794	43539	522024	1247946
172	124213	166251	80791	25513	750	266.7
76	100350	139137	82585	20727	196068	480600
199	114343	159099	80234	29464	130948	488896
1750	285251	163682	116856	40278	368941	595184.5
136	94610	151459	109980	43450	79171	153568
	11123	18971	6966	3124	307	2000
109	56049	62365	36254	19051	396487	1171494
144	224800	261131	126435	80743	43434	82850
24	57044	102491	48836	19346	204958	2029349
81	106948	155425	81671	32566	1546	3278
	5847	10938	10386	5385		
39	85325	130429	109496	30515	8882	52568
266	42176	125951	39522	14391	16270	31640
13	8779	15740	10134	2445	13498	
14	14354	26375	12005	1678	120	240
73	44625	52950	27591	8483	16544	39501

C-3-1续表

地区	增加值合计	执行企业会计制度单位财务指标					执行行政	
		固定资产原价	营业收入	费用合计	营业利润	企业单位增加值	固定资产原价	上年结转和结余
全国	**9006013.1**	**2562622.7**	**597027.1**	**47304.5**	**18789.9**	**172290**	**15702329.8**	**985508.5**
中央级	146331.7							
北京	487939.3	2139820.4	507581	43977.8	13429	135585.4	265690.7	125980.6
天津	93693.7						187678	12131.4
河北	204529.4	5981.3				10	596938.3	14595.9
山西	192591.7	892.1				2459	690597.3	205520.1
内蒙古	71421.6	1994.5	445.8	157.3		495.8	99936.5	3030.5
辽宁	244670.8	424.5	13			5	219894.9	17676.1
吉林	110185.5	2					18489.4	2996.1
黑龙江	163794.5	4882	32004	0.2		95.4	517173.4	32363
上海	547449.7	316747.3	55257.4	2465.6	5357.7	25686	751349.9	69700.1
江苏	1127803.6	2403	140	105			1884052	138962.4
浙江	893091.6	1855.3	14	6	0.2	4.4	3858571.6	94271.3
安徽	245247.2	224	9	588.6	2	44.1	349607.6	4084.3
福建	112808.8	4950.5	385				127049.5	4048.3
江西	211980.8	8911	637	3		314.2	91719.2	833.7
山东	1155923.6						1317699.5	11
河南	167042.4	6566	30				242815.5	3615.8
湖北	337147.5	2267					364834.9	2470.5
湖南	233555.7	212					238898.8	2708.9
广东	1192498.8	56638.4	465.9			7067.7	2445308.9	145019.3
广西	91555.1	657.5					161697.5	521.5
海南	24980	6					26801.5	730.2
重庆	155675.9						139996.8	7498
四川	297222.1	2146					227910.5	14681.9
贵州	90787.3						35818.6	3966.3
云南	178013.4	740	1				376253.6	69020.4
西藏	2043.9						27337.6	
陕西	88263.1	9					164639.3	1028.3
甘肃	61387.4	29.1					141964.7	3352.9
青海	7012						1724.1	
宁夏	17177.3	1275.5				21.8	30022.4	727.4
新疆	52188.1	2988.3	44	1	1	501.3	99857.3	3962.3

单位：万元

事业单位会计制度财务指标				执行民间非营利组织单位会计制度财务指标				
本年收入合计	本年支出合计	经营支出	行政事业单位增加值	固定资产原价	上年结余	本年收入合计	本年费用合计	民间非营利组织单位增加值
7004024.1	**6844656.7**	**50752.9**	**3336965.3**	**16511793**	**15753104.2**	**21853660.4**	**15546709.3**	**5496757.8**
				614422.8		3589071.3	2784876.5	146331.7
144061.7	186588.9		119592.8	963881.6	1216892.3	1218542.2	1084299.4	232761.1
158536.8	158885.1		52229.1	72562.8	15769.9	163788.2	112270.3	41464.6
192730.5	189341.2	667.5	93197.9	600788.8	1707.9	202643.1	218829.8	111321.5
105802	371644.8		68848.3	217063.8	9647.8	136566.5	155573.4	121284.4
56463.6	59360.5	289	34328.6	72016.1	512.6	75117.9	73823.5	36597.2
98422.9	81601.8	46.6	48581	890354.6	1638.9	427783	342992.3	196084.8
192643.7	113327.5		95256.9	51195.3	757	116920.5	104056.3	14928.6
44147.8	125241.1	206	49285.7	271142.1	1086.6	42726.1	234601.5	114413.4
498102.7	350406	328	110926.9	296958.2	1242189.1	2791996.2	1497385.5	410836.8
732599.1	787204.1	2174	416649.5	2410628.5	1106877.8	2420359	1902106.5	711154.1
1265093.8	1032870.2	851	502349.4	1558314.3	567474.5	1437066.3	1469393.8	390737.8
129672.4	125637	2039	77961.3	678273.3	9100.1	462905.6	381946.8	167241.8
113371.5	114730.4		24885.4	357556.6	75673.5	180116	182915.6	87923.4
52443.7	53808.4		28657.2	241199.8	982.9	248722	258773.5	183009.4
1118777.1	1115651.9		633703.9	527144.6	635.6	765812.2	733675.1	522219.7
150943.5	142329.8		67594.6	314827.6	9630.5	199873.4	211812.2	99447.8
185161.4	185198.9	460	98539.3	491722.2	8517.2	523888	497036.5	238608.2
229824.8	225998.9	518	127551.1	291745.8	64799.3	258156.9	241246.9	106004.6
972805	891877.1	43167.6	370296.9	2394516.3	213336.2	2011329.1	1391551.6	815134.2
47225.4	47011		43775.3	207555	99426.6	204554.2	70641.7	47779.8
18487.7	17763.3		9984.6	90559.5	60	20025.5	20675.9	14995.4
41352.3	46189.7		34377.7	483517.9	185785.9	332982.4	289639.7	121298.2
171300.2	188809		85645.9	598108.7	10688128.6	2182018.2	721476.4	211576.2
12560	12767.2		11258	316572.4	4721.7	94492.1	114297.7	79529.3
94680.5	89384.8		40627	734431.5	196919.7	217006.1	226559.5	137386.4
1075.8	1075.8		1093.5	2574.6	12292.4	2078.5	2073.5	950.4
69068.1	62762	2	46061	470810.4	3838.3	35450.3	70222.8	42202.1
66943.6	27124		21826.4	105004.1	10435.7	1382016.2	53602	39561
390	390		68.9	44851.9	586.1	30723.2	23689.8	6943.1
2370.2	3392.5		4145.5	84587.8	1081	26771.5	25567.6	13010
36966.3	36283.8	4.2	17666	56904.1	2598.5	52158.7	49095.7	34020.8

C-3-2 社会组

地　区	单位数	年末职工人数	#女性	受教育程度		职业资格水平	
				大学专科人数	大学本科及以上人数	助理社会工作师人数	社会工作师人数
全　国	**499268**	**6132774**	**1777824**	**1156966**	**779981**	**13000**	**6788**
中央级	2125	25027	12198	370	20211	607	171
北　京	7993	112571	40847	26908	42920	485	661
天　津	4235	44131	18928	14156	17165	782	160
河　北	16534	231258	62245	44824	25709	511	191
山　西	11429	162378	44389	34879	16277	102	34
内蒙古	9799	91725	26280	25473	10820	1	27
辽　宁	20637	246316	62117	38042	26300	146	152
吉　林	8531	108635	18868	18948	4702	578	1364
黑龙江	13316	169726	69334	31402	11735	161	80
上　海	10730	145281	32150	34847	14174	657	198
江　苏	43119	386851	114106	84267	65114	1940	623
浙　江	31880	324363	111601	88398	46661	391	205
安　徽	18727	276357	44657	40640	22345	345	113
福　建	18058	243448	48450	26902	24282	281	24
江　西	12274	182872	55221	24359	10889	618	168
山　东	40515	324955	73723	95299	62886	546	230
河　南	21088	183780	48448	38022	29712	430	83
湖　北	24873	225586	77436	68706	23572	75	32
湖　南	19318	216283	63485	44553	20022	231	152
广　东	35324	489633	190764	92365	67304	1378	1450
广　西	14799	322349	61565	32976	23762	814	103
海　南	3715	25243	9117	3818	4817		
重　庆	11891	119938	45038	25192	28924	271	63
四　川	32637	482924	191360	91948	89324	616	87
贵　州	7460	134210	30545	14685	7168	232	17
云　南	15295	309885	91115	38274	26120	431	66
西　藏	439	6227	2231	766	233		
陕　西	16251	248664	52117	28104	12280	95	22
甘　肃	10402	154991	34719	19887	7774	141	262
青　海	2921	18206	4528	1872	556	66	12
宁　夏	4127	42505	11353	8916	4242	5	3
新　疆	8826	76456	28889	17168	11981	64	35

织总表

单位:个、人、人次、时

年龄结构				建立党组织的社会组织	社会组织中中共党员人数	志愿服务	
35岁及以下人数	36岁至45岁人数	46岁至55岁人数	56岁及以上人数			志愿者服务人次数	志愿服务时间
2028191	**2276604**	**1242504**	**585475**	**81152**	**774453**	**621822**	**1644958.7**
10081	7250	4988	2708	1511	13708		
33032	37388	24721	17430	1156	27622	16	21
11226	17103	10970	4832	1940	9145	850	1700
77191	99517	42190	12360	5535	39948	5368	130007
58123	55282	31205	17768	808	13060	1617	1952
30393	36407	19137	5788	1699	14727	150	450
55266	82329	58379	50342	1882	14024	7098	166713
37203	42525	24404	4503	516	11825		
80064	51381	30189	8092	921	5511		
33054	69928	28824	13475	4307	34013	40	96
119744	140588	89047	37472	3665	58712	49358	131587
118572	123395	63271	19125	4730	44747	108436	212923
70380	109581	63549	32847	3316	27934	38304	110729
51993	66618	71037	53800	2181	16641		
56265	82024	33652	10931	1764	11377	1	
110935	131298	62385	20337	11716	84014	107926	266177
77337	72082	23924	10437	4179	28187	34	26.7
76444	84829	49305	15008	4320	27408	326	325
78972	77345	39241	20725	2767	30956	98299	378682
262251	122687	75448	29247	1420	24692	110878	19721
82812	122508	80448	36581	997	46437	72310	145500
8301	12103	2893	1946	214	7356	200	400
43791	39380	21309	15458	882	16469	11913	31401
180299	166995	72065	63565	5245	63820	2312	3002
33764	65228	23941	11277	1910	11905	785	13333
89426	125192	65888	29379	2093	21599	549	1098
2530	2606	967	124	6	97		
68284	84670	74867	20843	1449	17494	4680	28605
27709	91887	24644	10751	2017	13327		
4931	7293	4616	1366	1150	3831		
11132	20688	9247	1438	3272	20451	120	240
26686	28497	15753	5520	1584	13416	252	270

C−3−2续表1

地区	行政执法	行政处罚数	并处没收违法经营额/违法所得	并处罚款
全国	**1293**	**1270**		**5**
中央级	8	8		
北京	23	21		
天津				
河北	102	102		5
山西	17	16		
内蒙古	53	53		
辽宁	123	123		
吉林	1	1		
黑龙江				
上海	2	2		
江苏	58	58		
浙江	16	16		
安徽	4	4		
福建	21	21		
江西				
山东	99	99		
河南	8	8		
湖北	116	96		
湖南	4	4		
广东	203	203		
广西				
海南				
重庆	76	76		
四川	34	34		
贵州	91	91		
云南				
西藏	56	56		
陕西				
甘肃				
青海				
宁夏	87	87		
新疆	91	91		

单位：起

⑴ 警告	⑵ 限期（责令）停止活动	⑶ 撤销登记	取缔非法社会组织	#并处没收非法财产
122	**81**	**1067**	**23**	
6	1	1		
1		20	2	
	1	101		
4	1	11	1	
		53		
15	1	107		
		1		
		2		
4		54		
1		15		
		4		
		21		
2		97		
		8		
9	8	79	20	
		4		
41	10	152		
	8	68		
		34		
		91		
7	44	5		
32		55		
	7	84		

C-3-2续表2

地区	增加值合计	执行行政事业单位会计制度财务指标				
		固定资产原价	上年结转和结余	本年收入合计	本年支出合计	经营支出
全　国	**5255646.9**	**225515.6**	**19823.3**	**335934.3**	**382537.5**	**35**
中央级	146331.7					
北　京	232761.1					
天　津	41464.6					
河　北	109354.1	2230	42	2082.5	1538.3	
山　西	99533.2	3320.4	-1.3	203683.1	269584.4	
内蒙古	34935.6	3310.5	5	3024.7	2994.4	
辽　宁	191287.7	1371.7		1904.3	1566.3	
吉　林	14077	319.4	21	2339.1	1445.4	
黑龙江	110135.6	1189		721.4	497.7	
上　海	410821.4	0.2	1.1	12.3		
江　苏	681249.6	142067.5	18227.6	40426.3	35298.1	
浙　江	366504.8	692.5	7.7	9455.3	488.7	
安　徽	150138	4245.1		1129.5	1076.5	
福　建	73356.7	7505		2150.5	1736.2	
江　西	174385.1	3495.2		1166.5	1072	
山　东	522219.7					
河　南	81983.2	3887.9	7.6	2373.5	1632	
湖　北	210185.5					
湖　南	102400.5	2703.5		1689.9	2518	
广　东	830721.8	11464	359	44786.9	48222.7	35
广　西	46983.6	812.5		285.4	169.3	
海　南	15024.8	485		239	275	
重　庆	112528.2	8474.9	105	6431.5	4993.1	
四　川	186584.3	3685	20	2262	1267.4	
贵　州	45688.9	3336.2	14	1310.9	1471.7	
云　南	131096.8	7606.5	231.8	2176.4	1580.5	
西　藏	969.2	470.1				
陕　西	42234.6	175.5	7.2	348.2	228.4	
甘　肃	39705.5	7535.9	113.8	3314.5	1820.7	
青　海	4489.4	2				
宁　夏	12759.3	429	130	722.4	216.4	
新　疆	33735.2	4701.1	531.8	1898.2	844.3	

单位：万元

行政事业单位增加值	执行民间非营利组织单位会计制度财务指标 固定资产原价	上年结余	本年收入合计	本年费用合计	民间非营利组织单位增加值
92160.3	**14028087.9**	**15701044.9**	**19842972.2**	**14844816.1**	**5163486.6**
	614422.8		3589071.3	2784876.5	146331.7
	963881.6	1216892.3	1218542.2	1084299.4	232761.1
	72562.8	15769.9	163788.2	112270.3	41464.6
1170.4	524959	1506.9	200569	212533.7	108183.7
606.2	198497.9	9647.8	132718.5	128323.3	98927
1567.8	52313.7	328.6	68604.2	67023.9	33367.8
1431.3	418742.1	235	412046.1	328346.9	189856.4
592.2	22519.9	757	112965.9	100583.4	13484.8
622.1	261896.7	1081.2	28785.3	228806.1	109513.5
	296328.2	1242189.1	2791386.2	1497121.1	410821.4
30932.1	1796852.2	1102697.5	2201244.3	1728086.3	650317.5
61.1	1459864.7	564168.3	1384813.9	1403278.2	366443.7
760.2	545226.9	9100.1	433829.7	350334.7	149377.8
300.2	246336.3	52897.1	122313	135728.2	73056.5
503.3	225120.6	964.9	235413	244444.7	173881.8
	527144.6	635.6	765812.2	733675.1	522219.7
675.8	236701.2	9620.6	154444.1	161786.4	81307.4
	419845	7790.2	462940.2	441577.6	210185.5
2002.1	287968	64799.3	253403.2	234009.7	100398.4
38970.2	2217770.7	199088.9	1976420.2	1350754.9	791751.6
42	207096	99426.6	203905.6	69742.8	46941.6
29.4	90559.5	60	20025.5	20675.9	14995.4
5740.9	420288.4	185448.7	304881.6	261132.4	106787.3
1168.7	537961.9	10686915.6	2168766	675988.5	185415.6
756.5	221545.6	3028.5	51578.2	64645.7	44932.4
862.7	434068.4	195179.2	197782.7	210207.5	130234.1
18.8	2506.6	12292.4	2078.5	2073.5	950.4
32.5	470810.4	3838.3	35450.3	70222.8	42202.1
2093.7	94427.6	10435.7	45633.5	51634.8	37611.8
0.1	24443.1	570.1	25763.2	18819.4	4489.3
394	79959.8	1081	26425.7	24518	12365.3
825.8	55465.7	2598.5	51570.7	47294.4	32909.4

C-3-3 社会

地 区	单位数	年末职工人数		受教育程度		职业资
			#女性	大学专科人数	大学本科及以上人数	助理社会工作师人数
全 国	**271131**	**3469467**	**772608**	**493000**	**318338**	**5944**
中央级	1873	21573	10336		17707	607
北 京	3392	32205	9790	7314	17690	165
天 津	2018	8670	2822	2511	3070	738
河 北	9909	121963	17485	13820	7993	331
山 西	6613	99004	22534	19069	10625	15
内蒙古	6432	60983	14719	15975	5203	1
辽 宁	9865	150009	22823	18695	9585	77
吉 林	5557	80275	9843	13077	2926	385
黑龙江	5874	124809	55374	19053	8014	115
上 海	3693	33698	6127	4844	2703	293
江 苏	21843	154569	37320	41638	20617	620
浙 江	16452	130383	30645	37074	16114	206
安 徽	11023	184060	13901	15668	8808	81
福 建	12019	181483	23065	15883	7755	164
江 西	7420	101207	21811	13182	4329	20
山 东	17745	136871	26499	35713	26647	205
河 南	11022	77448	18239	12158	5816	136
湖 北	11127	102027	29021	24469	7383	3
湖 南	11194	122185	27769	17241	6499	94
广 东	15853	140809	33022	14959	13206	241
广 西	9810	266955	35117	19103	15497	534
海 南	2018	8221	1993	1543	865	
重 庆	6176	42437	7482	6423	5893	126
四 川	18069	318970	123133	47986	60822	349
贵 州	4927	105410	19413	7002	2601	162
云 南	10701	254243	66773	27725	13903	85
西 藏	409	5997	2165	609	189	
陕 西	9162	172048	27810	12470	3718	39
甘 肃	7768	130036	29378	11455	4303	67
青 海	1998	14280	3346	1400	393	36
宁 夏	3172	33454	6286	5474	1455	3
新 疆	5997	53185	16567	9467	6009	46

团体

单位:个、人、人次、时

格水平	年龄结构				志愿服务	
社会工作师人数	35岁及以下人数	36岁至45岁人数	46岁至55岁人数	56岁及以上人数	志愿者服务人次数	志愿服务时间
1850	**869346**	**1324894**	**829702**	**445525**	**373943**	**798578**
	8629	6472	4315	2157		
89	4726	9148	9487	8844	16	21
137	2149	3375	2069	1077	500	1000
37	36559	57344	20743	7317	2101	99011
7	24700	37488	22939	13877	1603	1906
21	17190	25806	14013	3974	150	450
46	22329	47787	37386	42507		
274	26831	30360	20727	2357		
34	65351	34971	19657	4830		
70	6290	16692	6374	4342	40	96
125	32094	53608	43823	25044	29149	79115
138	30401	54627	34292	11063	43428	77488
23	33471	76376	47562	26651	8547	28469
15	25368	48227	59105	48783		
21	28950	41238	23222	7797	1	
82	41231	54018	28975	12647	44680	114564
32	28601	31250	12087	5510	20	19
5	30028	35017	27863	9119	72	43
57	35203	44074	26910	15998	51675	195306
290	31491	42808	45470	21040	108582	17507
66	54729	105111	72462	34653	72160	144000
	2002	3541	1672	1006	200	400
22	8960	12523	11196	9758	4481	10097
46	103105	106748	51217	57900	2312	3002
3	19794	56106	19842	9668	213	2006
37	63011	105159	59611	26462	358	716
	2423	2516	942	116		
12	37257	55608	63470	15713	3585	23092
134	19445	83684	18313	8594		
8	3440	5729	4040	1071		
	7993	16640	7879	942	60	120
19	15595	20843	12039	4708	10	150

C-3-3续表1

地　区	社会组织负责人	#女性	按活动区域分		
			中央级社团	省级社团	地级社团
全　国	**615527**	**90571**	**1873**	**25817**	**69905**
中央级	17482		1873		
北　京	22983	4543		1284	
天　津	4090	944		886	
河　北	13609	1948		854	2615
山　西	8543	745		949	2072
内蒙古	11739	2856		714	1942
辽　宁	14243	2732		777	4110
吉　林	7965	954		630	1828
黑龙江	9650	1190		939	2257
上　海	20597	3756		1146	
江　苏	36232	5152		928	5303
浙　江	35882	7568		989	4093
安　徽	17010	1977		935	3307
福　建	20602	3130		987	2796
江　西	10758	1942		704	2194
山　东	54728	10875		984	5016
河　南	16712	3462		1002	4062
湖　北	55975	8209		864	3136
湖　南	23836	3368		823	3478
广　东	42490	3838		1190	6166
广　西	17786	2139		751	2123
海　南	3000	634		739	293
重　庆	21240	3542		883	
四　川	32320	4896		1055	3997
贵　州	30609	1424		623	1061
云　南	16816	2036		793	2373
西　藏	486	80		188	124
陕　西	15724	2478		826	1679
甘　肃	12142	1958		548	1462
青　海	2202	213		518	384
宁　夏	5524	333		570	575
新　疆	12552	1649		738	1459

单位：人、个

县级社团	建立党组织的社会组织	社会组织职工中中共党员人数	当年新增单位数	当年年检单位数	行业性社团
173536	**50540**	**488071**	**19424**	**120353**	**28252**
	1395	12306	38	1760	625
2108	571	16213	102	2160	261
1132	1231	4143	43	1496	208
6440	3776	26102	420	4358	1417
3592	503	8696	202	3541	657
3776	1187	11933	611	3575	1498
4978	1036	7625	1000	4747	1035
3099	444	10716	252	225	153
2678	621	3873	171	88	7
2547	1822	13687	128	3109	245
15612	2233	26885	2877	10034	2728
11370	2822	23629	1110	11665	1539
6781	2283	16083	875	6958	740
8236	1583	13848	1276	2829	250
4522	1367	7283	105	1737	128
11745	7168	46005	1332	15425	8334
5958	2871	16773	411	2148	13
7127	1553	11361	599	10380	
6893	2086	22171	647	3935	379
8497	502	10388	1611	4079	1033
6936	594	40647	1004	2250	728
986	185	6469	123	921	195
5293	382	7141	442	3345	1387
13017	3689	49653	1356	5819	1297
3243	1418	9081	524	2034	1504
7535	1046	16221	978	2941	187
97	6	97	7	257	202
6657	1093	12229	464	3389	339
5758	1660	10741	294	961	
1096	753	2547	77	812	116
2027	1334	13533	116	1102	300
3800	1326	9992	229	2273	747

C–3–3续表2

地区	社会组织					
	科技与研究	生态环境	教育	卫生	社会服务	文化
全国	**18486**	**6816**	**11654**	**10440**	**38381**	**25036**
中央级	259	18	106	55	107	176
北京	433	59	121	132	351	260
天津	151	25	151	132	223	161
河北	745	162	357	417	1278	741
山西	525	87	439	257	1123	762
内蒙古	486	204	351	188	1192	475
辽宁	616	117	412	566	1151	722
吉林	207	126	226	193	1209	549
黑龙江	385	99	314	256	962	734
上海	630	35	153	204	486	280
江苏	1480	441	945	812	3850	2079
浙江	1272	309	949	573	1784	1494
安徽	737	278	375	398	1385	1047
福建	899	258	578	411	1970	1352
江西	305	180	439	429	1044	705
山东	1484	406	546	582	2412	1773
河南	836	390	659	454	1366	1251
湖北	767	249	384	459	1548	973
湖南	732	401	545	437	2172	905
广东	1241	209	665	413	2928	1874
广西	684	113	211	217	1157	456
海南	275	22	61	60	87	304
重庆	433	153	246	162	650	513
四川	766	711	895	873	2760	1555
贵州	152	104	124	168	595	487
云南	349	243	308	422	1294	1034
西藏	19	9	9	20	84	68
陕西	560	146	261	220	981	1091
甘肃	244	971	199	307	994	580
青海	74	56	175	174	189	158
宁夏	170	85	273	219	306	139
新疆	570	150	177	230	743	338

单位：个

按行业分类							
体育	法律	工商业服务	宗教	农业及农村发展	职业及从业组织	国际及涉外组织	其他
15060	**3191**	**27056**	**4693**	**55383**	**18611**	**499**	**35825**
77	18	298	10	42	23	45	639
202	43	391	45	634	174	1	546
88	32	186	20	102	178	18	551
576	116	1056	195	2044	697	13	1512
529	100	477	96	675	331	5	1207
304	49	558	53	1615	175	5	777
529	140	1061	165	1597	636	15	2138
246	87	321	77	1140	343	17	816
327	85	475	78	1121	602	14	422
357	36	656	75	66	235	12	468
1597	306	2272	354	2921	1515	70	3201
1237	184	2614	332	1195	1877	20	2612
658	139	942	150	2952	791	17	1154
658	115	1052	256	1455	706	23	2286
528	134	645	163	1293	585	10	960
861	165	1840	233	5041	1261	34	1107
486	222	1260	275	1867	699	19	1238
623	130	1173	186	2073	742		1820
467	153	958	208	1683	1130	39	1364
1117	65	2563	263	930	930	33	2622
280	45	615	94	4623	442	16	857
135	12	294	17	463	117	5	166
352	43	555	86	1904	373	4	702
1087	207	1155	348	4313	1522	10	1867
286	51	432	110	1338	515	6	559
487	165	821	287	2947	602	23	1719
10	9	7	1	7	3		163
318	69	697	181	3797	362	5	474
176	82	404	157	2325	678	4	647
79	71	142	64	392	61	1	362
127	38	233	19	1092	71		400
256	80	903	95	1736	235	15	469

C-3-3续表3

地区	行政执法	行政处罚数	并处没收违法经营额/违法所得	并处罚款
全国	**836**	**834**		
中央级	8	8		
北京	21	19		
天津				
河北	87	87		
山西	11	11		
内蒙古	38	38		
辽宁	75	75		
吉林	1	1		
黑龙江				
上海	1	1		
江苏	29	29		
浙江	3	3		
安徽	1	1		
福建	21	21		
江西				
山东	72	72		
河南	7	7		
湖北	45	45		
湖南	4	4		
广东	67	67		
广西				
海南				
重庆	36	36		
四川	21	21		
贵州	81	81		
云南				
西藏	52	52		
陕西				
甘肃				
青海				
宁夏	68	68		
新疆	87	87		

单位：起

(1) 警告	(2) 限期（责令）停止活动	(3) 撤销登记	取缔非法社会组织	
				并处没收非法财产
84	**70**	**680**	**2**	
6	1	1		
		19	2	
	1	86		
3	1	7		
		38		
	1	74		
		1		
		1		
4		25		
		3		
		1		
		21		
2		70		
		7		
5	8	32		
		4		
25	3	39		
	6	30		
		21		
		81		
7	42	3		
32		36		
	7	80		

C−3−3续表4

地　区	增加值合计	执行行政事业单位会计制度财务指标				
		固定资产原价	上年结转和结余	本年收入合计	本年支出合计	经营支出
全　国	**1421085.9**	**225515.6**	**335934.3**	**19823.3**	**382537.5**	**35**
中央级	134350.1					
北　京	36797					
天　津	8607.5					
河　北	15818.3	2230	2082.5	42	1538.3	
山　西	43307.8	3320.4	203683.1	-1.3	269584.4	
内蒙古	11435	3310.5	3024.7	5	2994.4	
辽　宁	37436.1	1371.7	1904.3		1566.3	
吉　林	7496.6	319.4	2339.1	21	1445.4	
黑龙江	25964.2	1189	721.4		497.7	
上　海	67964.9	0.2	12.3	1.1		
江　苏	143779.2	142067.5	40426.3	18227.6	35298.1	
浙　江	100361.7	692.5	9455.3	7.7	488.7	
安　徽	38268	4245.1	1129.5		1076.5	
福　建	26574.2	7505	2150.5		1736.2	
江　西	32221.4	3495.2	1166.5		1072	
山　东	139119.6					
河　南	17107.4	3887.9	2373.5	7.6	1632	
湖　北	38455.8					
湖　南	33458.1	2703.5	1689.9		2518	
广　东	277796.8	11464	44786.9	359	48222.7	35
广　西	20041.1	812.5	285.4		169.3	
海　南	9180.8	485	239		275	
重　庆	14744.8	8474.9	6431.5	105	4993.1	
四　川	44822.6	3685	2262	20	1267.4	
贵　州	14236.3	3336.2	1310.9	14	1471.7	
云　南	27188.7	7606.5	2176.4	231.8	1580.5	
西　藏	79	470.1				
陕　西	15463.7	175.5	348.2	7.2	228.4	
甘　肃	25425.5	7535.9	3314.5	113.8	1820.7	
青　海	3400.6	2				
宁　夏	4335	429	722.4	130	216.4	
新　疆	5847.9	4701.1	1898.2	531.8	844.3	

单位：万元

	执行民间非营利组织单位会计制度财务指标				
行政事业单位增加值	固定资产原价	上年结余	本年收入合计	本年费用合计	民间非营利组织单位增加值
92160.3	**2874768.5**	**12129248.4**	**4485964.5**	**4043848**	**1328925.6**
	541496		1368982.8	1044200.1	134350.1
	170598.7	430909.1	202599.3	246162.7	36797
	12746.8	427.8	35642.1	19615.4	8607.5
1170.4	48243.5	438.2	38861.6	37343.8	14647.9
606.2	72518.2	2358.3	56933.1	56541.3	42701.6
1567.8	17483.9	301.4	22711.7	22954.6	9867.2
1431.3	70696.1	58	99228.4	86515.9	36004.8
592.2	15153.3	27	14422.5	18228.9	6904.4
622.1	197776	776.5	7948.3	39768.8	25342.1
	39886.3	439887.7	380070.1	339089.6	67964.9
30932.1	439464.5	9204.8	353358.6	322284	112847.1
61.1	144991.6	376201.1	384135.5	373737.3	100300.6
760.2	119577	2353.9	105563.8	63274.7	37507.8
300.2	20060.7	35730.8	43938.2	61637.2	26274
503.3	72249	491.1	30281.9	46332.5	31718.1
	118185.4	106	214392.1	208451.2	139119.6
675.8	39027.1	2160.2	32518.2	34847.9	16431.6
	69225.7	3472	121651	113813.7	38455.8
2002.1	51361.2	295.8	59568.8	52640.2	31456
38970.2	106947.9	81446.3	494769.8	425992.8	238826.6
42	73605.9	55260.7	26800	24589.5	19999.1
29.4	7719.6	19.4	10373.6	12742.8	9151.4
5740.9	38389.8	11589.9	67461.8	61766	9003.9
1168.7	101480.5	10655971.3	189406.4	178533.9	43653.9
756.5	91349.9	890.8	10778.1	22723.7	13479.8
862.7	56292.2	15367.4	28677.4	40540.9	26326
18.8	1770	124	27.7	69.4	60.2
32.5	40444.9	552.4	12888.9	25013.1	15431.2
2093.7	63152.6	48.5	31425.7	31990.6	23331.8
0.1	10110.8	377	22117.4	15532.5	3400.5
394	9205.2	20	7112	7074.2	3941
825.8	13558.2	2381	11317.7	9838.8	5022.1

C-3-4 基金

地　区	单位数	年末职工人数		受教育程度		职业资
			#女性	大学专科人数	大学本科及以上人数	助理社会工作师人数
全　国	**3029**	**18686**	**5740**	**4409**	**5511**	**140**
中央级	199	2403	1291	370	1623	
北　京	219	2006	894	307	1556	
天　津	53	327	146	105	210	
河　北	39	382	160	167	175	
山　西	48	127	38	79	46	
内蒙古	90	373	125	306	56	
辽　宁	70	536	142	245	126	25
吉　林	36	103	23			
黑龙江	53	159	3			
上　海	140	1071	159	750	196	
江　苏	415	1183	352			
浙　江	265	702	287	334		
安　徽	52	147	17	21	24	
福　建	137	924	115			9
江　西	34	184	35	101	51	
山　东	76	276	70	158	80	7
河　南	77	387	44	231	154	
湖　北	64	524	122	183	236	
湖　南	153	1176	158			
广　东	336	2148	752	53	141	
广　西	28	344	134	61	17	
海　南	40	165	18	71	82	
重　庆	39	396	128	139	220	3
四　川	88	875	253	318	95	62
贵　州	29	203	5	94	34	17
云　南	48	192	75	57	135	12
西　藏	11	36	11	26	8	
陕　西	71	445	21	16	33	
甘　肃	29	357	21	132	83	5
青　海	17	45	4	12	8	
宁　夏	42	229	92	63	82	
新　疆	31	261	45	10	40	

会

单位：个、人、人次、时

格水平	年龄结构				志愿服务	
社会工作师人数	35岁及以下人数	36岁至45岁人数	46岁至55岁人数	56岁及以上人数	志愿者服务人次数	志愿服务时间
232	**7046**	**4674**	**4228**	**2738**	**1206**	**8741**
171	1045	540	447	371		
21	658	418	451	479		
	111	104	71	41		
	206	53	81	42		
	9	21	34	63		
	135	92	59	87		
6	135	102	238	61		
	89	14				
			159			
23	302	308	259	202		
	451	180	414	138		
	322	256	90	34		
	8	30	33	76	116	231
	98	237	288	301		
	31	125	28			
2	156	120			35	70
	31	16	153	187		
	115	204	147	58		
	73	505	491	107		
	2002	99	47			
	65	118	134	27		
	124	26	10	5		
1	84	183	45	84	1055	8440
5	374	383	78	40		
	61	62	72	8		
3	42	66	53	31		
	14	17	5			
	109	116	108	112		
	74	107	101	75		
	15	24	6			
	57	68	59	45		
	50	80	67	64		

C-3-4续表1

地　区	社会组织负责人数	#女性	按性质分	
			公募基金会	非公募基金会
全　国	**6896**	**1167**	**1316**	**1694**
中央级	767	114	90	90
北　京	627	156	36	183
天　津	195	35	19	34
河　北	46	5	8	31
山　西	13		23	25
内蒙古	96	24	49	41
辽　宁	70	12	45	25
吉　林	56	12	21	15
黑龙江	53	15	29	24
上　海	570	159	51	89
江　苏	415	85	177	238
浙　江	265	42	124	141
安　徽	81		22	30
福　建	137		33	104
江　西	89	14	13	21
山　东	64	12	32	44
河　南	385	45	32	45
湖　北	398	95	20	44
湖　南	503		92	61
广　东	807	168	117	219
广　西	342	23	14	14
海　南	132	9	16	24
重　庆	144	18	22	17
四　川	86	12	52	36
贵　州	63	13	28	1
云　南	48	8	34	14
西　藏	18	2	9	2
陕　西	274	35	29	42
甘　肃	40	7	22	7
青　海	21	5	13	4
宁　夏	46	36	25	17
新　疆	45	6	19	12

单位:人、个

境外基金代表机构	建立党组织的社会组织	社会组织职工中中共党员人数	当年登记单位数	当年年检单位数
19	**969**	**7110**	**352**	**1438**
19	82	1109	18	154
	16	818		172
	53	159	9	42
	39	134	8	
	1	16		
	10	60		
	46	150		
	7	21		
	35	576	17	116
		837	39	415
	6	301	44	265
	32	101	14	4
	130	395	16	
	2	6	2	34
	31	132	12	64
	77	231	13	
	5	105	12	51
	3	484	16	
	286	870	69	
	22	69	5	22
		120	7	23
	2	7	6	39
		109	8	
		3	3	
	9	43	4	
				9
	15	45	6	
	14	60	5	
	45	135	15	26
	1	14	4	2

C−3−4续表2

地区	社会组织					
	科技与研究	生态环境	教育	卫生	社会服务	文化
全国	**86**	**61**	**827**	**122**	**926**	**182**
中央级	4	6	30	10	10	17
北京	21	6	46	15	77	38
天津	2		22	2	15	8
河北	1		7	1		
山西			18		24	6
内蒙古		2	25	46		3
辽宁			10	4	17	6
吉林		2	16	1	12	1
黑龙江	2	4	9	2	26	2
上海	8	6	42	9	50	13
江苏	4	1	117	3	100	6
浙江	7		124	5	90	11
安徽	3	3	11		13	5
福建	5	3	53	3	7	3
江西	2	1	16		9	2
山东	4	2	25	3	10	5
河南			16			6
湖北		3	32	1	16	5
湖南	6		65			14
广东	3	2	6	2	321	1
广西					28	
海南	1	2	19	2	5	3
重庆			16	2	14	2
四川	4		54	2	15	4
贵州			1		26	
云南		6	11	1	19	3
西藏		1	3		1	3
陕西	1		12	2	4	10
甘肃	2	3	9		9	2
青海			3			
宁夏	6	8	8	6	7	3
新疆			1		1	

单位：个

按行业分类							
体育	法律	工商业服务	宗教	农业及农村发展	职业及从业组织	国际及涉外组织	其他
40	**44**	**122**	**22**	**47**	**14**	**27**	**509**
	3	67		3		26	23
4	3			1			8
2							2
			3				27
							14
1		20					12
	3	1					
3	1	1	1	1	1		
1		8			2		1
4	4	2	5	26			143
3			2	8			15
	1	1			6		9
3	2	11	2	2	3		40
1	2		1				
	11			1			15
2							53
1	3			2			1
12		9					47
1							
	3	2	2				1
	1		2				2
1	2			1	1		4
1							1
	1					1	6
	2						1
	1		1	1			39
			1	1			2
							14
	1		2		1		
							29

C-3-4续表3

地　区	行政执法	行政处罚数	(1) 警告	(2) 限期（责令）停止活动	(3) 撤销登记
全　国	**7**	**7**	**2**	**2**	**3**
中央级					
北　京	2	2	1		1
天　津					
河　北					
山　西	1	1	1		
内蒙古					
辽　宁					
吉　林					
黑龙江					
上　海					
江　苏					
浙　江					
安　徽					
福　建					
江　西					
山　东					
河　南					
湖　北					
湖　南					
广　东					
广　西					
海　南					
重　庆					
四　川					
贵　州					
云　南					
西　藏	4	4		2	2
陕　西					
甘　肃					
青　海					
宁　夏					
新　疆					

单位：起、万元

增加值合计	执行民间非营利组织单位会计制度财务指标				
	固定资产原价	上年结余	本年收入合计	本年费用合计	民间非营利组织单位增加值
139962.2	**178598.2**	**1203844.5**	**3516677.5**	**2245644.8**	**139962.2**
886	50787.4		2191871.7	1712282.3	886
17947.1	5603.2	194219.5	147119.4	23858.8	17947.1
83.4	2624.3	9602.2	1453.3	580.6	83.4
165.7	371.3		4071.2	2295.1	165.7
250	800	4060	2100	350	250
5390.1	381		10521	8018	5390.1
7798.6	1110		25074.6	19995.2	7798.6
62	328.7			1007.9	62
397.5	260		260	583	397.5
48517.6			182397.9	75564.5	48517.6
13218		921586	459297	18878	13218
735.1	6151.5	55081	246865.8	206373	735.1
123.1	827	180	1080	260	123.1
20641	27358		28900	25549	20641
6202	511.8		9115.1	6899.6	6202
379.7	364.2		2855.1	2509.5	379.7
69.3	127		133.5	133.5	69.3
4650	492		46784.4	24623.7	4650
2522.1	8982		109232.6	77616.1	2522.1
81.8	86.7		51.8	81.8	81.8
245			213.5	245	245
3505.7	100.7	45.7	11386.3	11673.5	3505.7
26.4				26.4	26.4
200.7	361.2			365.9	200.7
1100			15910	13270	1100
781.7	579.8	11747.4	2050.8	1888.9	781.7
48.5	1218	22	1237	928	48.5
374.4	100.4	7300.7	1008.3	808.1	374.4
13.3	4250		1152	865	13.3
3535.4	60000		14515.2	8101.4	3535.4
11	4822		20	13	11

C-3-5 民办

地　区	单位数	年末职工人数		受教育程度		职业资
			#女性	大学专科人数	大学本科及以上人数	助理社会工作师人数
全　国	**225108**	**2644621**	**999476**	**659557**	**456132**	**6916**
中央级	53	1051	571		881	
北　京	4382	78360	30163	19287	23674	320
天　津	2164	35134	15960	11540	13885	44
河　北	6586	108913	44600	30837	17541	180
山　西	4768	63247	21817	15731	5606	87
内蒙古	3277	30369	11436	9192	5561	
辽　宁	10702	95771	39152	19102	16589	44
吉　林	2938	28257	9002	5871	1776	193
黑龙江	7389	44758	13957	12349	3721	46
上　海	6897	110512	25864	29253	11275	364
江　苏	20861	231099	76434	42629	44497	1320
浙　江	15163	193278	80669	50990	30547	185
安　徽	7652	92150	30739	24951	13513	264
福　建	5902	61041	25270	11019	16527	108
江　西	4820	81481	33375	11076	6509	598
山　东	22694	187808	47154	59428	36159	334
河　南	9989	105945	30165	25633	23742	294
湖　北	13682	123035	48293	44054	15953	72
湖　南	7971	92922	35558	27312	13523	137
广　东	19135	346676	156990	77353	53957	1137
广　西	4961	55050	26314	13812	8248	280
海　南	1657	16857	7106	2204	3870	
重　庆	5676	77105	37428	18630	22811	142
四　川	14480	163079	67974	43644	28407	205
贵　州	2504	28597	11127	7589	4533	53
云　南	4546	55450	24267	10492	12082	334
西　藏	19	194	55	131	36	
陕　西	7018	76171	24286	15618	8529	56
甘　肃	2605	24598	5320	8300	3388	69
青　海	906	3881	1178	460	155	30
宁　夏	913	8822	4975	3379	2705	2
新　疆	2798	23010	12277	7691	5932	18

非企业

单位:个、人、人次、时

格水平	年龄结构				志愿服务	
社会工作师人数	35岁及以下人数	36岁至45岁人数	46岁至55岁人数	56岁及以上人数	志愿者服务人次数	志愿服务时间
4706	**1151799**	**947036**	**408574**	**137212**	**246673**	**837639.7**
	407	238	226	180		
551	27648	27822	14783	8107		
23	8966	13624	8830	3714	350	700
154	40426	42120	21366	5001	3267	30996
27	33414	17773	8232	3828	14	46
6	13068	10509	5065	1727		
100	32802	34440	20755	7774	7098	166713
1090	10283	12151	3677	2146		
46	14713	16410	10373	3262		
105	26462	52928	22191	8931		
498	87199	86800	44810	12290	20209	52472
67	87849	68512	28889	8028	65008	135435
90	36901	33175	15954	6120	29641	82029
9	26527	18154	11644	4716		
147	27284	40661	10402	3134		
146	69548	77160	33410	7690	63211	151543
51	48705	40816	11684	4740	14	7.7
27	46301	49608	21295	5831	254	282
95	43696	32766	11840	4620	46624	183376
1160	228758	79780	29931	8207	2296	2214
37	28018	17279	7852	1901	150	1500
	6175	8536	1211	935		
40	34747	26674	10068	5616	6377	12864
36	76820	59864	20770	5625		
14	13909	9060	4027	1601	572	11327
26	26373	19967	6224	2886	191	382
	93	73	20	8		
10	30918	28946	11289	5018	1095	5513
128	8190	8096	6230	2082		
4	1476	1540	570	295		
3	3082	3980	1309	451	60	120
16	11041	7574	3647	748	242	120

C−3−5续表1

地　区	民间组织负责人	#女性	按性质分 法人	合伙
全　国	**358830**	**118625**	**167028**	**7105**
中央级	227		51	1
北　京	13021	5777	4238	17
天　津	3646	1647	2079	11
河　北	8100	1866	3775	382
山　西	5662	1148	4294	64
内蒙古	4498	1444	1982	245
辽　宁	11689	3407	7765	289
吉　林	3617	1546	1325	29
黑龙江	8500	2623	3710	187
上　海	17194	7641	6829	41
江　苏	29711	8944	15989	828
浙　江	21159	9264	11678	483
安　徽	10181	2913	5218	373
福　建	7957	2807	4754	210
江　西	7113	2649	2852	175
山　东	56019	15584	16163	604
河　南	13153	4248	6538	331
湖　北	27122	7213	11012	531
湖　南	13646	4576	4891	436
广　东	26549	9467	16868	176
广　西	8044	2022	3058	164
海　南	1680	495	1330	52
重　庆	13427	5003	4801	99
四　川	19133	7014	11066	506
贵　州	3302	1081	1215	173
云　南	5355	1766	3056	130
西　藏	20	6	18	1
陕　西	9668	3394	4731	212
甘　肃	3910	1142	1742	201
青　海	878	81	791	24
宁　夏	1593	628	531	87
新　疆	3056	1229	2678	43

单位：人、个

个体	建立党组织的社会组织	社会组织职工中中共党员人数	当年登记单位数	当年年检单位数
50975	**29643**	**279272**	**22037**	**106103**
1	34	293	7	42
127	569	10591	273	2574
74	656	4843	68	1017
2429	1720	13712	374	2891
410	304	4348	277	1891
1050	502	2734	241	2335
2648	800	6249	685	5511
1584	65	1088	179	303
3492	300	1638	271	433
27	2450	19750	566	5932
4044	1432	30990	3689	7675
3002	1902	20817	1466	10414
2061	1001	11750	1118	4449
938	468	2398	534	1457
1793	395	4088	81	705
5927	4517	37877	2077	20308
3120	1231	11183	971	2429
2139	2762	15942	1055	12716
2644	678	8301	1134	3444
2091	632	13434	2100	3490
1739	381	5721	656	989
275	29	767	142	550
776	498	9321	679	2790
2908	1556	14058	1614	6485
1116	492	2821	405	1095
1360	1038	5335	523	983
			3	11
2075	341	5220	379	1878
662	343	2526	183	175
91	397	1284	47	140
295	1893	6783	42	215
77	257	3410	198	776

C-3-5续表2

地区	社会组织					
	科技与研究	生态环境	教育	卫生	社会服务	文化
全国	**11126**	**1065**	**117015**	**20979**	**35956**	**10590**
中央级	6		2		6	3
北京	194	11	2571	278	741	182
天津	36	1	936	146	314	87
河北	472	8	2820	1581	669	225
山西	524	10	2417	246	601	262
内蒙古	290	15	1534	210	573	143
辽宁	258	8	5772	1543	1612	299
吉林	83		1611	82	723	95
黑龙江	590	6	3775	226	1965	165
上海	200	10	3090	126	2141	269
江苏	476	201	6506	1867	7026	962
浙江	951	342	9486	805	1572	818
安徽	325	43	4035	1518	820	254
福建	294	14	3950	263	496	283
江西	72	2	3146	480	495	265
山东	2441	46	7751	4514	3560	1511
河南	801	151	4850	824	1436	630
湖北	407	62	4181	570	2878	776
湖南	213	11	5327	605	751	396
广东	581	27	13735	424	2065	948
广西	114	8	3847	160	318	134
海南	55	9	971	243	116	99
重庆	70		3693	82	1110	97
四川	234	14	9431	1745	1678	384
贵州	62	3	1799	205	183	75
云南	88	8	3081	265	221	114
西藏	1		10		5	1
陕西	828	23	3365	1275	667	473
甘肃	281	15	1038	247	423	272
青海	14		544	41	45	94
宁夏	73	16	317	167	97	87
新疆	92	1	1424	241	649	187

单位：个

按行业分类							
体育	法律	工商业服务	宗教	农业及农村发展	职业及从业组织	国际及涉外组织	其他
8490	**667**	**2569**	**132**	**2238**	**3243**	**49**	**10989**
	1	30	2				3
270	37	4		15	4		75
211	4	7		1	345		76
244	16	55	2	64	161		269
219	21	70	6	27	79		286
112	4	23	6	13	7		347
298	20	87	5	116	297	2	385
128	4	20	1	8	15	1	167
323	13	17	1	16	189		103
377	30	114	10	58	89	36	347
1066	50	302	14	490	467		1434
576	33	51	1	53	116		359
186	9	63	6	52	71		270
226		124	26	15	63		148
203	3	19		27	13		95
1134	208	323	4	191	141		870
671	37	111	4	22	91		361
278	73	343	1	685	395		3033
115	8	310	8	51	49		127
525	8	124	5	15	134		544
210	1	47		6	35		81
37		16		1	39		71
211	2	40		92	85		194
223	22	106	2	107	127		407
89	10	12		16	25		25
159	4	18	8	26	49	1	504
	1						1
106	30	73	3	18	21	9	127
79	15	40	5	49	99		42
28		5			3		132
65	2	7	12	2	5		63
121	1	8		2	29		43

C-3-5续表3

地　区	行政执法	行政处罚数	并处罚款	(1) 警告	(2) 限期(责令)停止活动	(3) 撤销登记	取缔非法社会组织
全　国	**450**	**429**	**5**	**36**	**9**	**384**	**21**
中央级							
北　京							
天　津							
河　北	15	15	5			15	
山　西	5	4				4	1
内蒙古	15	15				15	
辽　宁	48	48		15		33	
吉　林							
黑龙江							
上　海	1	1				1	
江　苏	29	29				29	
浙　江	13	13		1		12	
安　徽	3	3				3	
福　建							
江　西							
山　东	27	27				27	
河　南	1	1				1	
湖　北	71	51		4		47	20
湖　南							
广　东	136	136		16	7	113	
广　西							
海　南							
重　庆	40	40			2	38	
四　川	13	13				13	
贵　州	10	10				10	
云　南							
西　藏							
陕　西							
甘　肃							
青　海							
宁　夏	19	19				19	
新　疆	4	4				4	

单位：起、万元

增加值合计	执行民间非营利组织单位会计制度财务指标				
	固定资产原价	上年结余	本年收入合计	本年费用合计	民间非营利组织单位增加值
3694598.8	**10974721.2**	**2367952**	**11840330.2**	**8555323.3**	**3694598.8**
11095.6	22139.4		28216.8	28394.1	11095.6
178017	787679.7	591763.7	868823.5	814277.9	178017
32773.7	57191.7	5739.9	126692.8	92074.3	32773.7
93370.1	476344.2	1068.7	157636.2	172894.8	93370.1
55975.4	125179.7	3229.5	73685.4	71432	55975.4
18110.5	34448.8	27.2	35371.5	36051.3	18110.5
146053	346936	177	287743.1	221835.8	146053
6518.4	7037.9	730	98543.4	81346.6	6518.4
83773.9	63860.7	304.7	20577	188454.3	83773.9
294338.9	256441.9	802301.4	2228918.2	1082467	294338.9
524252.4	1357387.7	171906.7	1388588.7	1386924.3	524252.4
265408	1308721.6	132886.2	753812.6	823167.9	265408
111746.9	424822.9	6566.2	327185.9	286800	111746.9
26141.5	198917.6	17166.3	49474.8	48542	26141.5
135961.7	152359.8	473.8	196016	191212.6	135961.7
382720.4	408595	529.6	548565	522714.4	382720.4
64806.5	197547.1	7460.4	121792.4	126805	64806.5
167079.7	350127.3	4318.2	294504.8	303140.2	167079.7
68942.4	236606.8	64503.5	193834.4	181369.5	68942.4
550402.9	2101840.8	117642.6	1372417.8	847146	550402.9
26860.7	133403.4	44165.9	177053.8	45071.5	26860.7
5599	82839.9	40.6	9438.4	7688.1	5599
94277.7	381797.9	173813.1	226033.5	187692.9	94277.7
141735.3	436481.4	30944.3	1979359.6	497428.2	141735.3
31251.9	129834.5	2137.7	40800.1	41556.1	31251.9
102808.1	377776.2	179811.8	153195.3	156396.6	102808.1
108.5	156.8	421		115.2	108.5
26722.4	429147.5	3263.9	21324.4	44281.7	26722.4
13905.6	31174.6	3086.5	13199.5	18836.1	13905.6
1075.5	10082.3	193.1	2493.8	2421.9	1075.5
4888.9	10754.6	1061	4798.5	9342.4	4888.9
27876.3	37085.5	217.5	40233	37442.6	27876.3

C-3-6 自治组

地区	单位数	居民1000户以下	居民1000户－3000户	居民3000户以上	社区居委会（村委会）成员	#中共党员
全国	**679628**	**485262**	**159678**	**34688**	**2791517**	**1593838**
中央级						
北京	6756	4187	2057	512	32221	17623
天津	5129	3795	1196	138	20167	9012
河北	52150	41900	8788	1462	184025	94789
山西	30140	24775	4538	827	110637	55291
内蒙古	13460	9442	3243	775	53528	28413
辽宁	15426	6644	7016	1766	68014	38411
吉林	11133	6308	3694	1131	45393	19362
黑龙江	11733	5850	4792	1091	53584	23788
上海	5527	2053	3241	233	25608	13403
江苏	21510	9752	9237	2521	108952	70114
浙江	32805	25098	7051	656	128438	57969
安徽	18154	8147	7504	2503	77042	51878
福建	16689	12284	3890	515	68577	26937
江西	20076	12179	7047	850	75890	31925
山东	78193	64609	11345	2239	321189	242878
河南	51245	34425	14275	2545	212988	116494
湖北	29607	20600	7434	1573	117213	77101
湖南	46811	35441	9145	2225	166857	108092
广东	25646	15775	7579	2292	116434	76980
广西	16136	10979	4384	773	77150	54344
海南	3040	2554	385	101	14941	11650
重庆	10981	6244	3883	854	53781	30279
四川	52973	38377	11370	3226	210185	109645
贵州	19917	16564	2584	769	93507	42501
云南	14156	9112	4248	796	66725	43080
西藏	5456	5446	10		26329	19081
陕西	28815	24297	3601	917	107101	50657
甘肃	17297	13579	3122	596	67049	28193
青海	4620	4022	315	283	18892	8033
宁夏	2685	2010	472	203	11907	7261
新疆	11362	8814	2232	316	57193	28654

织总表

单位：个、人

#女性	社区居委会（村委会）主任	#主任、书记“一肩挑”	#中共党员	#女性	受教育程度 大学专科人数
741713	**677810**	**243568**	**495930**	**106241**	**347454**
16080	6663	3843	5548	2174	9709
9993	5073	1848	3408	1301	5423
32132	52124	11557	31902	5702	11295
24501	30061	15869	21539	3181	13013
17791	13311	3150	8602	2735	8521
28335	15376	7179	10719	3901	20597
13937	11115	3070	7581	3124	7110
17319	11701	2487	6552	3242	11564
14122	5467	1130	3584	2443	6037
31032	21458	5944	17229	4946	22416
34394	32578	2547	17384	3718	18552
21944	18092	3771	13808	2629	9010
18651	16653	929	7709	1962	4015
19577	20002	3637	11451	3296	3196
91976	78193	59597	76628	7713	62067
50250	51143	22066	36234	10932	30942
33983	29498	18903	25476	4248	10566
47868	46792	22828	41264	7682	16347
33839	25584	14367	19438	3464	11984
16633	16115	5310	12993	1670	6144
3430	3038	2206	2673	218	1294
16292	10956	1000	9081	1831	9622
50267	52836	6118	36394	9532	20667
17168	19844	2294	11891	2449	4621
12779	14110	6544	10626	1520	4250
5800	5456	2862	4156	1271	482
26019	28679	1881	19204	3883	2415
12521	17283	1857	9965	2469	4311
3832	4619	1427	2901	647	857
3792	2668	1375	1817	429	1136
15456	11322	5972	8173	1929	9291

C-3-6续表1

地　区	受教育程度	职业资格水平		年龄结构			
	大学本科及以上人数	助理社会工作师人数	社会工作师人数	35岁及以下人数	36岁至45岁人数	46岁至55岁人数	56岁及以上人数
全　国	**106946**	**10513**	**3268**	**605326**	**1234890**	**760079**	**191222**
中央级							
北　京	6898	2541	746	6651	12029	10674	2867
天　津	2184	361	49	5054	6364	6373	2376
河　北	1920	103	70	34029	84768	54219	11009
山　西	4777	75	51	25488	43271	32035	9843
内蒙古	1965	2	7	13717	23608	12555	3648
辽　宁	5974	594	200	17216	27103	18891	4804
吉　林	1962	200	205	10345	23261	10545	1242
黑龙江	2070	251	30	10965	30435	10834	1350
上　海	2610	573	206	4681	7471	9871	3585
江　苏	8172	1731	394	26227	44875	31243	6607
浙　江	4430	971	373	29156	58049	33997	7236
安　徽	1862	352	81	14234	38415	20278	4115
福　建	966	131	68	14074	33846	17704	2953
江　西	355	144	10	16508	42226	14265	2891
山　东	26940	284	69	75813	140765	81409	23202
河　南	8327	192	89	46876	94169	56867	15076
湖　北	1941	98	44	23906	54308	33280	5719
湖　南	3616	129	47	35371	81754	40993	8739
广　东	4291	870	300	23000	40995	41408	11031
广　西	1089	117	33	11798	28951	29532	6869
海　南	184	20		2822	6868	4073	1178
重　庆	2494	254	46	12258	22985	14945	3593
四　川	5651	191	57	44501	94136	54370	17178
贵　州	807	26	7	23280	37263	24895	8069
云　南	1117	71	15	17522	30233	15783	3187
西　藏	17			3317	8332	9419	5261
陕　西	556	13	17	17041	45759	34629	9672
甘　肃	1451	31	4	14467	34064	14878	3640
青　海	228	24	1	3848	8447	5518	1079
宁　夏	132	75	11	3222	5687	2758	240
新　疆	1960	89	38	17939	24453	11838	2963

单位：个、人、人次、时

志愿服务		居民(村民)小组	当年完成选举的居(村)委会数	当年完成选举的居(村)选民登记总数			
志愿者服务人次数	志愿服务时间				本届登记选民数	参加投票人数	委托投票人数
3001679	**9529230.3**	**6028748**	**109367**	**155168037**	**132890029**	**111814666**	**6232494**
586926	1311290	81147	2435	5375150	4601496	970867	17352
124213	842885	97755	3582	4153404	3994141	3585284	135842
38787	440861	324301	29259	21867147	18788087	16388799	1139206
3739	15	122402	4125	3517853	2796149	2692579	107500
10499	22442.8	77096	12678	12130735	9959743	8190420	343326
142203	52860	192412	935	2157277	1848498	835499	64356
		83286	1956	2473749	1756149	1380410	15283
1		141415	1608	2867110	2563296	2175397	15713
22707	32704	219402	4900	10864755	10005081	9320803	574314
192746	730689	343292	2574	8045684	7447232	6832320	554674
255536	494358	317022	304	345430	291840	220718	222
32102	105725	271989	2649	6119139	5210671	4214220	135293
87		169989	10250	18394244	14892697	13200050	553843
2769	4800	173013	1203	1536941	987452	1136405	81501
414098	981769	517886					
716	240	392736	2648	4949027	4225228	3767201	80471
195742	480275	249411	2934	7624741	5805369	3621705	446042
32649	110214	488228	7132	11895418	10344213	8881433	367092
258063	575463.5	259248	3603	9581919	8663798	7618665	718354
6861	8068	279145	2363	3821370	3756848	3176050	321969
107	1600	28030	813	1018637	971981	805302	32233
384574	1140093	91415					
41122	79848	404330	3204	3062493	2671298	2593256	117705
204173	2016016	192928	254				
997	2180	170627	2498	6323397	5412523	5067688	129769
		16676					
4202	23963	146700	316	628056	569905	512554	20443
16270	31640	92679	2865	4228342	3482383	3366351	208799
13498		13880	772	509132	388055	296921	32450
		14858	570	448237	396666	224891	7788
16292	39231	55450	937	1228650	1059230	738878	10954

C-3-6续表2

地区	增加值合计	执行企业会计制度单位财务指标					执行行政	
		固定资产原价	营业收入	费用合计	营业利润	企业单位增加值	固定资产原价	上年结转和结余
全　国	**3750366.2**	**2562622.7**	**597027.1**	**347445**	**18789.9**	**172290**	**15476814.2**	**649574.2**
中央级								
北　京	255178.2	2139820.4	507581	274264.7	13429	135585.4	265690.7	125980.6
天　津	52229.1						187678	12131.4
河　北	95175.3	5981.3				10	594708.3	12513.4
山　西	93058.5	892.1		3138.8		2459	687276.9	1837
内蒙古	36486	1994.5	445.8	576.9		495.8	96626	5.8
辽　宁	53383.1	424.5	13	8		5	218523.2	15771.8
吉　林	96108.5	2					18170	657
黑龙江	53658.9	4882	32004	32151.6		95.4	515984.4	31641.6
上　海	136628.3	316747.3	55257.4	34557.9	5357.7	25686	751349.7	69687.8
江　苏	446554	2403	140	140			1741984.5	98536.1
浙　江	526586.8	1855.3	14	9.5	0.2	4.4	3857879.1	84816
安　徽	95109.2	224	9	1031.2	2	44.1	345362.5	2954.8
福　建	39452.1	4950.5	385	385			119544.5	1897.8
江　西	37595.7	8911	637	338		314.2	88224	-332.8
山　东	633703.9						1317699.5	11
河　南	85059.2	6566	30	30			238927.6	1242.3
湖　北	126962	2267					364834.9	2470.5
湖　南	131155.2	212					236195.3	1019
广　东	361777	56638.4	465.9	522		7067.7	2433844.9	100232.4
广　西	44571.5	657.5					160885	236.1
海　南	9955.2	6					26316.5	491.2
重　庆	43147.7						131521.9	1066.5
四　川	110637.8	2146					224225.5	12419.9
贵　州	45098.4						32482.4	2655.4
云　南	46916.6	740	1				368647.1	66844
西　藏	1074.7						26867.5	
陕　西	46028.5	9					164463.8	680.1
甘　肃	21681.9	29.1					134428.8	38.4
青　海	2522.6						1722.1	
宁　夏	4418	1275.5				21.8	29593.4	5
新　疆	18452.9	2988.3	44	291.4	1	501.3	95156.2	2064.1

单位：万元

事业单位会计制度财务指标				执行民间非营利组织单位会计制度财务指标				
本年收入合计	本年支出合计	经营支出	行政事业单位增加值	固定资产原价	上年结余	本年收入合计	本年费用合计	民间非营利组织单位增加值
6984200.8	**6462119.2**	**50717.9**	**3244805**	**2483705.1**	**52059.3**	**2010688.2**	**701893.2**	**333271.2**
144061.7	186588.9		119592.8					
158536.8	158885.1		52229.1					
192688.5	187802.9	667.5	92027.5	75829.8	201	2074.1	6296.1	3137.8
105803.3	102060.4		68242.1	18565.9		3848	27250.1	22357.4
56458.6	56366.1	289	32760.8	19702.4	184	6513.7	6799.6	3229.4
98422.9	80035.5	46.6	47149.7	471612.5	1403.9	15736.9	14645.4	6228.4
192622.7	111882.1		94664.7	28675.4		3954.6	3472.9	1443.8
44147.8	124743.4	206	48663.6	9245.4	5.4	13940.8	5795.4	4899.9
498101.6	350406	328	110926.9	630		610	264.4	15.4
714371.5	751906	2174	385717.4	613776.3	4180.3	219114.7	174020.2	60836.6
1265086.1	1032381.5	851	502288.3	98449.6	3306.2	52252.4	66115.6	24294.1
129672.4	124560.5	2039	77201.1	133046.4		29075.9	31612.1	17864
113371.5	112994.2		24585.2	111220.3	22776.4	57803	47187.4	14866.9
52443.7	52736.4		28153.9	16079.2	18	13309	14328.8	9127.6
1118777.1	1115651.9		633703.9					
150935.9	140697.8		66918.8	78126.4	9.9	45429.3	50025.8	18140.4
185161.4	185198.9	460	98539.3	71877.2	727	60947.8	55458.9	28422.7
229824.8	223480.9	518	125549	3777.8		4753.7	7237.2	5606.2
972446	843654.4	43132.6	331326.7	176745.6	14247.3	34908.9	40796.7	23382.6
47225.4	46841.7		43733.3	459		648.6	898.9	838.2
18487.7	17488.3		9955.2					
41247.3	41196.6		28636.8	63229.5	337.2	28100.8	28507.3	14510.9
171280.2	187541.6		84477.2	60146.8	1213	13252.2	45487.9	26160.6
12546	11295.5		10501.5	95026.8	1693.2	42913.9	49652	34596.9
94448.7	87804.3		39764.3	300363.1	1740.5	19223.4	16352	7152.3
1075.8	1075.8		1074.7	68				
69060.9	62533.6	2	46028.5					
66829.8	25303.3		19732.7	10576.5		1336382.7	1967.2	1949.2
390	390		68.8	20408.8	16	4960	4870.4	2453.8
2240.2	3176.1		3751.5	4628		345.8	1049.6	644.7
36434.5	35439.5	4.2	16840.2	1438.4		588	1801.3	1111.4

C–3–7 村民

地区	单位数	居民1000户以下	居民1000户–3000户	居民3000户以上	社区居委会（村委会）成员
全国	**588475**	**450182**	**117862**	**20431**	**2322731**
中央级					
北京	3940	3625	300	15	13523
天津	3782	3563	210	9	11003
河北	48721	40597	7041	1083	167059
山西	28127	24219	3292	616	101025
内蒙古	11296	8779	2074	443	42299
辽宁	11416	6033	4846	537	43330
吉林	9109	5792	2567	750	35714
黑龙江	8988	5145	3391	452	40465
上海	1613	988	581	44	5981
江苏	15173	7786	6009	1378	74264
浙江	28798	23268	5356	174	108918
安徽	15054	7250	5964	1840	60910
福建	14435	11279	2882	274	55775
江西	16961	10667	5679	615	64044
山东	71570	60647	9259	1664	288963
河南	47140	32548	12610	1982	192894
湖北	25575	19070	5689	816	97664
湖南	42018	33094	7303	1621	146131
广东	19180	13540	4684	956	81665
广西	14345	10325	3606	414	66921
海南	2568	2261	251	56	12286
重庆	8467	5469	2779	219	38615
四川	46604	35335	9133	2136	182426
贵州	18099	15544	1959	596	83130
云南	12292	8432	3501	359	56121
西藏	5259	5255	4		25001
陕西	26890	23501	2802	587	97914
甘肃	16053	13092	2518	443	60846
青海	4170	3759	158	253	16923
宁夏	2231	1887	323	21	9209
新疆	8601	7432	1091	78	41712

委员会

单位：个、人

#中共党员	#女性	社区居委会（村委会）主任	#主任、书记“一肩挑”	#中共党员	#女性
1340391	**512780**	**587073**	**205255**	**425415**	**68704**
9029	2723	3921	2270	3122	367
5220	2931	3735	767	2198	312
87159	23714	48695	10380	29568	4260
50367	19078	28055	14685	19965	2184
22757	10389	11170	2155	7053	1241
25613	10851	11377	4208	7424	1256
15555	8764	9093	2210	6064	2233
19225	8341	8959	1444	4774	1333
4495	1849	1591	443	1175	315
49609	16535	15149	3726	12295	2569
46194	24635	28622	1334	14599	2111
42372	14449	15000	2943	11479	1627
21521	12358	14410	620	6426	1074
27335	14542	16899	2834	9593	2268
220159	81922	71570	54930	70083	5506
107266	41490	47052	20503	33275	9292
64245	24718	25482	16356	21975	2844
94604	39329	42002	20185	36931	6076
54967	17444	19147	10530	14153	1313
48084	12052	14327	4744	11575	1048
9764	2521	2567	1828	2249	137
21729	9114	8456	470	6907	858
93909	40478	46498	5040	31654	7733
37838	12863	18028	1871	10614	1707
36806	9451	12250	5819	9224	1123
18004	5472	5259	2800	3987	1230
46252	21807	26769	1477	17738	3206
25904	9949	16039	1510	9151	1947
7081	2829	4169	1142	2520	456
5709	1791	2216	1000	1399	122
21619	8391	8566	5031	6245	956

C-3-7续表1

地 区	受教育程度		职业资格水平	
	大学专科人数	大学本科及以上人数	助理社会工作师人数	社会工作师人数
全 国	**217762**	**57271**	**1423**	**527**
中央级				
北 京	2554	864	166	28
天 津	2019	460	3	4
河 北	7269	610	19	40
山 西	9413	3817	2	3
内蒙古	4587	595		3
辽 宁	9556	1560	43	21
吉 林	4608	1302	116	89
黑龙江	6901	1030	185	6
上 海	1761	629	33	18
江 苏	12712	4097	383	111
浙 江	11564	1786	41	7
安 徽	5176	937	8	16
福 建	1500	196	2	4
江 西	1572	117		1
山 东	52841	20808	45	9
河 南	26183	7236	108	50
湖 北	4716	500	20	12
湖 南	11435	2253	27	21
广 东	2683	630	88	34
广 西	3410	229	12	5
海 南	463	12		
重 庆	4660	793	21	9
四 川	15214	4208	27	10
贵 州	3009	495	11	4
云 南	2318	511	19	3
西 藏	339	17		
陕 西	845	125	5	10
甘 肃	3180	883		2
青 海	313	86	17	1
宁 夏	210	20		
新 疆	4751	465	22	6

单位：人、人次、时

年龄结构				志愿服务	
35岁及以下人数	36岁至45岁人数	46岁至55岁人数	56岁及以上人数	志愿者服务人次数	志愿服务时间
470496	**1034777**	**650695**	**166763**	**950802**	**3520131**
1096	5751	5238	1438	6980	7470
1776	3766	3870	1591	12055	30463
28236	77806	50591	10426	32127	342714
22619	38717	30238	9451	235	14
9615	18622	10706	3356	5	8
8270	16775	13941	4344	2153	2540
7660	18608	8476	970		
6914	23468	8904	1179	1	
1365	1909	2265	442	16230	19234
16963	30403	22195	4703	122594	514184
23325	49207	29889	6497	69172	152578
9833	30935	16544	3598	14725	39394
10937	27862	14471	2505	84	
13223	35823	12365	2633	2	
67283	126611	73830	21239	357784	845928
40628	85006	53120	14140	716	240
18751	45937	27889	5087	26944	65530
29529	72269	36521	7812	18602	72551
13055	27042	32465	9103	7631	8888
9071	24968	26791	6091	75	80
2191	5636	3460	999	107	1600
7228	16947	11624	2816	115491	338866
37236	81656	47884	15650	11195	38074
20211	33270	22405	7244	124378	1018709
15030	25532	13214	2345	697	1570
3138	7923	8990	4950		
15074	41915	31913	9012	3397	19296
12768	30857	13774	3447	550	200
3243	7359	5325	996	6872	
2200	4317	2458	234		
12028	17880	9339	2465		

C-3-7续表2

地　区	当年完成选举的村委会数	当年完成选举的村选民登记数	本届登记选民数	参加投票人数	委托投票人数
全　国	**81469**	**88279294**	**76688850**	**70099796**	**3975530**
中央级					
北　京		18407	18407	12997	4721
天　津	2741	2558597	2527869	2241838	114656
河　北	28853	21086555	18047724	16146660	1113899
山　西	3930	3330763	2722108	2624143	102887
内蒙古	11139	9437207	7490224	6607008	271617
辽　宁	328	710979	688658	583471	30246
吉　林	1315	1228300	1062575	910155	14517
黑龙江	1486	2448427	2205567	1938287	12813
上　海	1389	3196965	3056406	2987031	158733
江　苏	1286	3358118	3323336	3171371	194664
浙　江	1	4115	4115	3398	9
安　徽	738	496907	453932	396888	1758
福　建	8628	15570263	12939668	11729011	539402
江　西	1011	1212930	823068	902667	392
山　东					
河　南					
湖　北					
湖　南	3126	1501243	1479476	1404200	14054
广　东	2908	6182699	5483240	5099676	591916
广　西	2123	3205626	3151835	2797988	308645
海　南	656	806048	804482	752842	26751
重　庆					
四　川	2815	1994001	1643626	1573790	104599
贵　州	243				
云　南	1961	4179273	3953347	3704297	112574
西　藏					
陕　西	290	573854	519715	466999	18742
甘　肃	2748	3892559	3160977	3081144	192850
青　海	658	369352	308883	261451	29945
宁　夏	452	288384	268163	208210	7785
新　疆	644	627722	551449	494274	7355

单位：个、人、次

经推举产生的村民代表数	#女性	当年召开村民会议次数	当年召开村民代表会议的次数	自然村	村委会小组数
7887789	**2144573**	**438250**	**704309**	**1929771**	**4693825**
21622	6050	1329	3327	4706	26431
77367	27504	867	5166	3528	39973
1006143	172391	41721	65011	62279	287177
106217	17961	6144	12479	46811	107534
1727752	800703	17786	22021	35050	55526
18399	2841	620	1421	43198	65738
13901	3131	626	556	12895	53760
553961	3165	409	551	17266	74109
105508	37366	806	1703	1417	28889
55667	12206	7029	17374	61608	218776
63739	21134	22736	23307	96110	250295
80488	23322	1503	3536	139047	232540
367639	80936	2361	5342	63839	142170
17752	4916	158	393	102735	158296
1578660	484361	187561	375472	91907	435672
				153637	358465
		2387	5184	98818	203522
685290	274302	3678	514	122143	435120
124296	19672	3193	3273	139915	205900
167040	34714	26727	27848	164869	247503
20239	3595	1089	1445	16592	24822
		1120	2841	6246	69753
270931	36043	11756	30786	98172	353123
5335	468	57350	54111	81890	171034
519599	31189	3332	1742	118964	152050
				14693	15763
90714	8525	33512	30093	62444	134415
95558	11004	936	5600	46657	86313
34353	10789			5795	12988
48896	13422	1210	2348	6372	12867
30723	2863	304	865	10168	33301

C-3-7续表3

地区	增加值合计	执行企业会计制度单位财务指标					执行行政	
		固定资产原价	营业收入	费用合计	营业利润	企业单位增加值	固定资产原价	上年结转和结余
全　国	**2716714.4**	**2535786.2**	**577080.4**	**326148.2**	**18786.7**	**169793.2**	**12159083.6**	**525230**
中央级								
北　京	167525.6	2139680.4	507581	274264.7	13429	135585.4	155631.9	114513.4
天　津	44713.2						171940.9	12089.3
河　北	83443.6	5036					547653.6	4212.3
山　西	88478.7	851.1		3123		2410.5	672222.7	1534
内蒙古	25236.6	599.5	302	303		209.8	71323.9	5.8
辽　宁	33498.1	133	5	5			191189.9	12422
吉　林	48387.7	2					13769	515
黑龙江	45463.1	526	13002	13010.6		1.4	470306	31472.9
上　海	102492.7	316744.3	55257.4	34557.9	5357.7	25686	649032.3	55656.4
江　苏	288139.6	1449	140	140			1154015.3	94251
浙　江	391472.8	1852	8			2	3375921.9	59618.5
安　徽	72633.8						267669.7	2249.4
福　建	31236.9	2997.5					88850.4	2276.9
江　西	29315	7893	597	318		285.2	74357.9	-439.3
山　东	537561.2						1080727.3	11
河　南	74918	6156	30	30			207330.6	1073.1
湖　北	95236.6	897					236562.9	188.7
湖　南	95654.2	212					179192.1	901.6
广　东	157122	46852.3	157	396		5600.4	1585099.9	65249
广　西	38056.1	136.5					136743.5	177.6
海　南	7045	6					21787	183.6
重　庆	25762						82591.1	474.6
四　川	88030.8	1975					169567.9	4345.2
贵　州	38796.2						29948.2	2213.9
云　南	32240.7	376	1				221861.8	59299.2
西　藏	596.2						14905	
陕　西	42513.6	9					147162.9	680.1
甘　肃	17175.3	29.1					65730.4	22.8
青　海	2110.7						1631.1	
宁　夏	2801.7	1132				7.5	19409.5	5
新　疆	9056.8	241.5				5	54947	27

单位：万元

事业单位会计制度财务指标				执行民间非营利组织单位会计制度财务指标				
本年收入合计	本年支出合计	经营支出	行政事业单位增加值	固定资产原价	上年结余	本年收入合计	本年费用合计	民间非营利组织单位增加值
5194266.4	**4676566.3**	**18418.3**	**11071.6**	**1420602.2**	**35753.5**	**1855349.2**	**544792.9**	**269121.8**
43909.7	79365.5							
147742.6	148916.6							
170719.2	165098.4	667.5	3	73973.8	199	1458.3	5547	2824
99261.1	95565.1		252.5	16478		3625	26742.3	22111.5
40851.8	40813.2	289		17357.1	110	5690.2	5900.2	2875.8
73560.4	53693.4			23638.3	1403.9	12122.9	11722.3	5167.4
143439.6	62822.9			27533.4		2827.6	2378.8	1024
31214.5	43022.8	206		8219		13086.2	5258.6	4573.6
358635	227456.2	158.2	254.3					
497940	541409.8	2127.7	7436.5	452942.4	329.6	152476.1	115158.2	43946.6
1064403.7	853709.2	209.4	929.8	81242.9	3306.2	39852.5	52999.1	18745.7
101785.8	96446.4	2028.5	7.6	93215.9		19500.6	23067.3	13258
95786	95300.9		10	80711.9	11336	44442.9	35730.4	11290.1
42417.7	42874.9		19	14611.3	18	11626	10507.7	6442.9
946467.4	943343							
132508.9	122898.6			73110.7	5.9	42977.1	47322.8	16934.9
140471.1	140859.1			58360.8	697	51535.9	48108.5	24567
167533.5	164034.6	74	16	2080.7		3723.1	6328.4	5050.7
477313.7	363852.6	12655.5	1894.9	145923.2	13815.4	32624.2	27904	15916.3
39738.5	39408.3			349		618	859.5	801.6
13131.7	11888.8							
22776.9	22728.7			47200.4	205	20548.5	20976.4	10893.1
138425.9	139121.4		211.6	49736.5	1084.8	9762.2	37523.9	23114.4
10520.5	9697.5		4.8	83518.9	1532.4	37497.2	41752.8	30338.2
78523.6	75467		31.6	37177	1710.3	8135.1	10847.6	3966.2
1075.8	1075.8			68				
63944.4	57730.6	2						
33533.1	22192.2			10213.9		1336370.2	1926.6	1909.2
390	390			17427.1		4097.4	4020.9	2045.5
1674.6	1805.4			4303		268	896.6	542.1
14569.7	13577.4	0.5		1209		484	1313	783

C-3-8 社区

地 区	单位数	居民1000户以下	居民1000户－3000户	居民3000户以上	社区居委会（村委会）成员
全 国	**91153**	**35080**	**41816**	**14257**	**468786**
中央级					
北 京	2816	562	1757	497	18698
天 津	1347	232	986	129	9164
河 北	3429	1303	1747	379	16966
山 西	2013	556	1246	211	9612
内蒙古	2164	663	1169	332	11229
辽 宁	4010	611	2170	1229	24684
吉 林	2024	516	1127	381	9679
黑龙江	2745	705	1401	639	13119
上 海	3914	1065	2660	189	19627
江 苏	6337	1966	3228	1143	34688
浙 江	4007	1830	1695	482	19520
安 徽	3100	897	1540	663	16132
福 建	2254	1005	1008	241	12802
江 西	3115	1512	1368	235	11846
山 东	6623	3962	2086	575	32226
河 南	4105	1877	1665	563	20094
湖 北	4032	1530	1745	757	19549
湖 南	4793	2347	1842	604	20726
广 东	6466	2235	2895	1336	34769
广 西	1791	654	778	359	10229
海 南	472	293	134	45	2655
重 庆	2514	775	1104	635	15166
四 川	6369	3042	2237	1090	27759
贵 州	1818	1020	625	173	10377
云 南	1864	680	747	437	10604
西 藏	197	191	6		1328
陕 西	1925	796	799	330	9187
甘 肃	1244	487	604	153	6203
青 海	450	263	157	30	1969
宁 夏	454	123	149	182	2698
新 疆	2761	1382	1141	238	15481

居委会

单位:个、人

		社区居委会（村委会）主任			
#中共党员	#女性		#主任、书记“一肩挑”	#中共党员	#女性
253447	**228933**	**90737**	**38313**	**70515**	**37537**
8594	13357	2742	1573	2426	1807
3792	7062	1338	1081	1210	989
7630	8418	3429	1177	2334	1442
4924	5423	2006	1184	1574	997
5656	7402	2141	995	1549	1494
12798	17484	3999	2971	3295	2645
3807	5173	2022	860	1517	891
4563	8978	2742	1043	1778	1909
8908	12273	3876	687	2409	2128
20505	14497	6309	2218	4934	2377
11775	9759	3956	1213	2785	1607
9506	7495	3092	828	2329	1002
5416	6293	2243	309	1283	888
4590	5035	3103	803	1858	1028
22719	10054	6623	4667	6545	2207
9228	8760	4091	1563	2959	1640
12856	9265	4016	2547	3501	1404
13488	8539	4790	2643	4333	1606
22013	16395	6437	3837	5285	2151
6260	4581	1788	566	1418	622
1886	909	471	378	424	81
8550	7178	2500	530	2174	973
15736	9789	6338	1078	4740	1799
4663	4305	1816	423	1277	742
6274	3328	1860	725	1402	397
1077	328	197	62	169	41
4405	4212	1910	404	1466	677
2289	2572	1244	347	814	522
952	1003	450	285	381	191
1552	2001	452	375	418	307
7035	7065	2756	941	1928	973

C-3-8续表1

地区	受教育程度		职业资格水平	
	大学专科人数	大学本科及以上人数	助理社会工作师人数	社会工作师人数
全　国	**129692**	**49675**	**9090**	**2741**
中央级				
北　京	7155	6034	2375	718
天　津	3404	1724	358	45
河　北	4026	1310	84	30
山　西	3600	960	73	48
内蒙古	3934	1370	2	4
辽　宁	11041	4414	551	179
吉　林	2502	660	84	116
黑龙江	4663	1040	66	24
上　海	4276	1981	540	188
江　苏	9704	4075	1348	283
浙　江	6988	2644	930	366
安　徽	3834	925	344	65
福　建	2515	770	129	64
江　西	1624	238	144	9
山　东	9226	6132	239	60
河　南	4759	1091	84	39
湖　北	5850	1441	78	32
湖　南	4912	1363	102	26
广　东	9301	3661	782	266
广　西	2734	860	105	28
海　南	831	172	20	
重　庆	4962	1701	233	37
四　川	5453	1443	164	47
贵　州	1612	312	15	3
云　南	1932	606	52	12
西　藏	143			
陕　西	1570	431	8	7
甘　肃	1131	568	31	2
青　海	544	142	7	
宁　夏	926	112	75	11
新　疆	4540	1495	67	32

单位：人、人次、时

年龄结构				志愿服务	
35岁及以下人数	36岁至45岁人数	46岁至55岁人数	56岁及以上人数	志愿者服务人次数	志愿服务时间
134830	**200113**	**109384**	**24459**	**2050877**	**6009099.3**
5555	6278	5436	1429	579946	1303820
3278	2598	2503	785	112158	812422
5793	6962	3628	583	6660	98147
2869	4554	1797	392	3504	1
4102	4986	1849	292	10494	22434.8
8946	10328	4950	460	140050	50320
2685	4653	2069	272		
4051	6967	1930	171		
3316	5562	7606	3143	6477	13470
9264	14472	9048	1904	70152	216505
5831	8842	4108	739	186364	341780
4401	7480	3734	517	17377	66331
3137	5984	3233	448	3	
3285	6403	1900	258	2767	4800
8530	14154	7579	1963	56314	135841
6248	9163	3747	936		
5155	8371	5391	632	168798	414745
5842	9485	4472	927	14047	37663
9945	13953	8943	1928	250432	566575.5
2727	3983	2741	778	6786	7988
631	1232	613	179		
5030	6038	3321	777	269083	801227
7265	12480	6486	1528	29927	41774
3069	3993	2490	825	79795	997307
2492	4701	2569	842	300	610
179	409	429	311		
1967	3844	2716	660	805	4667
1699	3207	1104	193	15720	31440
605	1088	193	83	6626	
1022	1370	300	6		
5911	6573	2499	498	16292	39231

C-3-8续表2

地　区	当年完成选举的居委会数	当年完成选举的居选民登记数	本届登记选民数
全　国	**27898**	**66888743**	**56201179**
中央级			
北　京	2435	5356743	4583089
天　津	841	1594807	1466272
河　北	406	780592	740363
山　西	195	187090	74041
内蒙古	1539	2693528	2469519
辽　宁	607	1446298	1159840
吉　林	641	1245449	693574
黑龙江	122	418683	357729
上　海	3511	7667790	6948675
江　苏	1288	4687566	4123896
浙　江	303	341315	287725
安　徽	1911	5622232	4756739
福　建	1622	2823981	1953029
江　西	192	324011	164384
山　东			
河　南	2648	4949027	4225228
湖　北	2934	7624741	5805369
湖　南	4006	10394175	8864737
广　东	695	3399220	3180558
广　西	240	615744	605013
海　南	157	212589	167499
重　庆			
四　川	389	1068492	1027672
贵　州	11		
云　南	537	2144124	1459176
西　藏			
陕　西	26	54202	50190
甘　肃	117	335783	321406
青　海	114	139780	79172
宁　夏	118	159853	128503
新　疆	293	600928	507781

单位：个、人

参加投票人数	委托投票人数	居委会小组数
41714870	**2256964**	**1334923**
957870	12631	54716
1343446	21186	57782
242139	25307	37124
68436	4613	14868
1583412	71709	21570
252028	34110	126674
470255	766	29526
237110	2900	67306
6333772	415581	190513
3660949	360010	124516
217320	213	66727
3817332	133535	39449
1471039	14441	27819
233738	81109	14717
		82214
3767201	80471	34271
3621705	446042	45889
7477233	353038	53108
2518989	126438	53348
378062	13324	31642
52460	5482	3208
		21662
1019466	13106	51207
		21894
1363391	17195	18577
		913
45555	1701	12285
285207	15949	6366
35470	2505	892
16681	3	1991
244604	3599	22149

C-3-8续表3

地　区	增加值合计	执行企业会计制度单位财务指标					执行行政	
		固定资产原价	营业收入	费用合计	营业利润	企业单位增加值	固定资产原价	上年结转和结余
全　国	**1033651.8**	**26836.5**	**19946.7**	**21296.8**	**3.2**	**2496.8**	**3317730.6**	**124344.2**
中央级								
北　京	87652.6	140					110058.8	11467.2
天　津	7515.9						15737.1	42.1
河　北	11731.7	945.3				10	47054.7	8301.1
山　西	4579.8	41		15.8		48.5	15054.2	303
内蒙古	11249.4	1395	143.8	273.9		286	25302.1	
辽　宁	19885	291.5	8	3		5	27333.3	3349.8
吉　林	47720.8						4401	142
黑龙江	8195.8	4356	19002	19141		94	45678.4	168.7
上　海	34135.6	3					102317.4	14031.4
江　苏	158414.4	954					587969.2	4285.1
浙　江	135114	3.3	6	9.5	0.2	2.4	481957.2	25197.5
安　徽	22475.4	224	9	1031.2	2	44.1	77692.8	705.4
福　建	8215.2	1953	385	385			30694.1	-379.1
江　西	8280.7	1018	40	20		29	13866.1	106.5
山　东	96142.7						236972.2	
河　南	10141.2	410					31597	169.2
湖　北	31725.4	1370					128272	2281.8
湖　南	35501						57003.2	117.4
广　东	204655	9786.1	308.9	126		1467.3	848745	34983.4
广　西	6515.4	521					24141.5	58.5
海　南	2910.2						4529.5	307.6
重　庆	17385.7						48930.8	591.9
四　川	22607	171					54657.6	8074.7
贵　州	6302.2						2534.2	441.5
云　南	14675.9	364					146785.3	7544.8
西　藏	478.5						11962.5	
陕　西	3514.9						17300.9	
甘　肃	4506.6						68698.4	15.6
青　海	411.9						91	
宁　夏	1616.3	143.5				14.3	10183.9	
新　疆	9396.1	2746.8	44	291.4	1	496.3	40209.2	2037.1

单位：万元

事业单位会计制度财务指标				执行民间非营利组织单位会计制度财务指标				
本年收入合计	本年支出合计	经营支出	行政事业单位增加值	固定资产原价	上年结余	本年收入合计	本年费用合计	民间非营利组织单位增加值
1789934.4	**1785552.9**	**32299.6**	**967005.6**	**1063102.9**	**16305.8**	**155339**	**157100.3**	**64149.4**
100152	107223.4		87652.6					
10794.2	9968.5		7515.9					
21969.3	22704.5		11407.9	1856	2	615.8	749.1	313.8
6542.2	6495.3		4285.4	2087.9		223	507.8	245.9
15606.8	15552.9		10609.8	2345.3	74	823.5	899.4	353.6
24862.5	26342.1	46.6	18819	447974.2		3614	2923.1	1061
49183.1	49059.2		47301	1142		1127	1094.1	419.8
12933.3	81720.6		7775.5	1026.4	5.4	854.6	536.8	326.3
139466.6	122949.8	169.8	34120.2	630		610	264.4	15.4
216431.5	210496.2	46.3	141524.4	160833.9	3850.7	66638.6	58862	16890
200682.4	178672.3	641.6	129563.2	17206.7		12399.9	13116.5	5548.4
27886.6	28114.1	10.5	17825.3	39830.5		9575.3	8544.8	4606
17585.5	17693.3		4638.4	30508.4	11440.4	13360.1	11457	3576.8
10026	9861.5		5567	1467.9		1683	3821.1	2684.7
172309.7	172308.9		96142.7					
18427	17799.2		8935.7	5015.7	4	2452.2	2703	1205.5
44690.3	44339.8	460	27869.7	13516.4	30	9411.9	7350.4	3855.7
62291.3	59446.3	444	34945.5	1697.1		1030.6	908.8	555.5
495132.3	479801.8	30477.1	195721.4	30822.4	431.9	2284.7	12892.7	7466.3
7486.9	7433.4		6478.8	110		30.6	39.4	36.6
5356	5599.5		2910.2					
18470.4	18467.9		13767.9	16029.1	132.2	7552.3	7530.9	3617.8
32854.3	48420.2		19560.8	10410.3	128.2	3490	7964	3046.2
2025.5	1598		2043.5	11507.9	160.8	5416.7	7899.2	4258.7
15925.1	12337.3		11489.8	263186.1	30.2	11088.3	5504.4	3186.1
			478.5					
5116.5	4803		3514.9					
33296.7	3111.1		4466.6	362.6		12.5	40.6	40
			3.6	2981.7	16	862.6	849.5	408.3
565.6	1370.7		1499.4	325		77.8	153	102.6
21864.8	21862.1	3.7	8571.4	229.4		104	488.3	328.4

C-3-9 其他社会

地区	单位数	年末职工人数	#女性	受教育程度		职业资
				大学专科人数	大学本科及以上人数	助理社会工作师人数
全国	**6283**	**86492**	**28028**	**23345**	**9376**	**645**
中央级						
北京	68	1958	646	382	462	56
天津	41	940	282	230	217	2
河北	247	3850	1112	838	248	34
山西	101	873	363	268	169	4
内蒙古	165	2127	615	624	226	11
辽宁	403	5709	1933	1879	926	38
吉林	144	2180	759	531	271	11
黑龙江	222	3547	1165	1174	462	19
上海	94	3170	1142	494	252	13
江苏	319	4596	1503	1198	553	64
浙江	303	4042	1061	1052	513	34
安徽	261	3371	1135	785	229	42
福建	204	2997	767	415	156	24
江西	207	2220	672	400	115	26
山东	275	4218	1327	1486	712	26
河南	282	6111	1849	1681	454	42
湖北	240	3989	1472	1427	361	19
湖南	332	3607	1223	1372	371	15
广东	471	7914	2169	1582	675	57
广西	129	1748	597	501	206	16
海南	17	330	66	58	19	1
重庆	151	2142	849	667	275	3
四川	370	4140	1447	1277	407	47
贵州	192	3107	1168	925	233	7
云南	237	1308	392	489	162	11
西藏	2	30	7	10	2	
陕西	172	2794	1000	522	268	12
甘肃	354	1316	521	350	150	1
青海	25	180	39	39	10	
宁夏	48	249	86	60	56	2
新疆	207	1729	661	629	216	8

服务总表

单位:个、人、人次、时

格水平	年龄结构				志愿服务	
社会工作师人数	35岁及以下人数	36岁至45岁人数	46岁至55岁人数	56岁及以上人数	志愿者服务人次数	志愿服务时间
443	**30527**	**33356**	**17702**	**4907**	**20270**	**89911.7**
33	652	583	530	193	161	667.5
7	283	245	289	123	150	300
35	1438	1536	696	180	295	2548
5	343	314	163	53	5	
3	672	755	585	115		
19	2116	1968	1324	301	1200	3000
9	717	880	482	101	120	21050
11	968	1467	894	218	54	18
10	1113	947	768	342	1408	4742
36	1323	1790	1142	341	2136	7473
14	1138	1481	946	477	4343	7649
38	1113	1407	692	159	2140	17826
18	937	1332	565	163	46	176
23	720	1042	379	79	349	1416.7
31	1546	1653	801	218	4340	12588
29	3078	2095	753	185		
7	1360	1656	809	164	336	1526
16	1504	1435	534	134	1159	4246
32	2856	3028	1609	421	262	789
11	580	736	345	87	36	110
	84	121	101	24		
4	709	891	418	124	1623	2644.5
21	1373	1761	805	201		
3	1061	1358	591	97	3	40
11	510	558	196	44		
	21	4	5			
7	977	996	610	211	49	817
	572	420	264	60		
	53	97	23	7		
4	68	109	67	5		
6	642	691	316	80	55	285

C-3-9续表

地区	增加值合计	执行企业会计制度单位财务指标					执行行政	
		固定资产原价	营业收入	费用合计	营业利润	企业单位增加值	固定资产原价	上年结转和结余
全　国	**842590.6**	**761162**	**649298.6**	**240468**	**101271.1**	**237881.5**	**1734053.9**	**80579.1**
中央级								
北　京	35830.9	23720.4	45227.1	18417.1	11558.9	19917.6	84596.1	1002.9
天　津	29945.9	5919.3	4116.9	2299.7	168.7	1097.6	28885.1	3644.5
河　北	18948.8	1984.2	2533	2407.1	-357.6	315.9	72886.7	1078.5
山　西	6684.1	881.6	364	250	-5	137.3	23028.3	1188.5
内蒙古	14784.2	2528	2050.6	915	33	517.2	22111.3	1071.5
辽　宁	50039.2	37803.9	32356.1	19044.4	1063	14568	89196.1	3416.5
吉　林	13420.5	1176.4	4507.3	7079.9	5.1	956.7	33717.5	-882.6
黑龙江	23802.8	18604.4	7084.4	5140	961.1	2925.1	67423.8	2341.8
上　海	108460.8	227795.7	286528.4	79627	59433.1	106434.7	2818.2	353.8
江　苏	65951.3	24558.4	23405.6	10012.4	4738.3	7743.3	160580.6	25706.5
浙　江	58074.2	26353	37966.9	9556.8	3007.1	7530.3	154602	7542.1
安　徽	28526.8	19032.9	12756.5	6284.4	67.4	3916.6	48639.6	598.4
福　建	22998.3	40107.7	25608.6	8630.5	2159.8	10077.5	43177.1	3908.6
江　西	11543.3	6896.1	1656	333.9	21	198.7	37932.3	217.2
山　东	40489.9	5525.7	3650.8	2079.5	187.1	1095.6	87728.8	16.9
河　南	18339	17309.8	7871.1	3658.3	414.7	2715.3	50984.4	347.8
湖　北	31348	3104.1	7103.4	2586.4	901.2	2550.4	82872.4	590.3
湖　南	24517.4	26117.6	7038.6	3985.8	475.4	2596.6	137379	1539.9
广　东	107377.7	37366.6	30332.4	10987.1	7517.7	17809.1	241627.6	12374.3
广　西	14357.1	7547.9	10953.8	3280.2	1185.2	2415	30281.7	7689.9
海　南	2757.8	17041.6	4288.2	2400.7	142	2255.8	603.5	190.9
重　庆	21789	23779.9	11715.7	6874.4	62.9	1386.5	45100.6	1626.9
四　川	35948.7	44151.4	17973.3	8892.7	456.8	6205	74222.3	1484.1
贵　州	16635.5	61163	28134.4	12355.6	2460.7	11734	19809.2	596.2
云　南	9274.8	40451.2	2535.4	1400	459.3	1183.7	30965.4	835.3
西　藏	197.5						1584.2	
陕　西	12778	15705.6	22157.3	8320.4	2216.2	5184.7	13271.9	702
甘　肃	7894.5	2569.2	4479.7	1023.9	1663.2	2310.1	13732.4	47
青　海	668.5	2487.5	1151.6	589.4		167	1820.1	
宁　夏	1204.3	4659	950	256	-6	189.6	1428.6	501.4
新　疆	8000.7	14819.9	2801.5	1779.4	280.8	1746.5	31047.1	848

单位：万元

事业单位会计制度财务指标				执行民间非营利组织单位会计制度财务指标				
本年收入合计	本年支出合计	经营支出	行政事业单位增加值	固定资产原价	上年结余	本年收入合计	本年费用合计	民间非营利组织单位增加值
1452829.6	**1372530.6**	**89088.3**	**601700.3**	**22842.7**	**2295.4**	**11549.6**	**9526.1**	**3008.8**
102427.9	102925.2	68527.8	15913.3					
46394.1	42924.5	6584.7	28802.5	17.4	9.9	85.8	78.7	45.8
35878.6	36012.9	244.8	18632.9					
164266.6	163799.7		6545.3		1.2	4.9	5.5	1.5
26030.1	25437.5	10.2	14226	74		86	89	41
74149.6	72586.8	4304.3	35462.3	607		55	23	8.9
21692.1	20737.5	314	12463.8					
42006.2	35250.3		20871	211		11.2	9.5	6.7
6239	6047.6		2026.1					
138413.7	115130.2	290.9	57498.1	3392.4		1803.2	1743.2	709.9
100979.7	92117.9	23.6	50377.8	404	1140	1027	821.1	166.1
41860.2	37495.6	447.7	24551.5	1049.5		297.3	149.1	58.7
35965.3	31132.7	605.9	12898.8	306		546.1	237.5	22
21173.1	17241	25	11338.6	15		18	10	6
69824.6	69756.3		39249.5	586.7		363.7	364.7	144.8
26178.6	25609.2	23.7	15608.5	642		260	110.2	15.2
62098	62158.3	30	28797.6					
118011.4	117551.4	94.2	21888.8	100		133	57	32
150712.5	140481.5	4308.8	89534.6	691		51.8	61.8	34
24406.1	22559.8		11419.3	749.9		4028.7	3758.5	522.8
1511.9	1304.1		502					
32580.5	31206	178.3	20402.5					
46746	43709.5	2399	28929.8	3930.8	926.3	2093.2	1338.4	813.9
4931.1	4957.3	1.5	4763.5	4476		376.4	289.3	138
11852.8	10154.4	355.4	8091.1					
419	419		197.5					
9841.5	8679.9	277.5	7592.3	150		10	7	1
10361.2	9689.8	9	5578.3	132		69.9	14.2	6.1
772.7	720.7		497.1	2327		29.4	26.4	4.4
4665.7	4260.2		943.7	1405	218	47	97	71
20439.8	20473.8	32	6095.2	1576		152	235	159

C-3-10 婚姻登记

地区	单位数	年末职工人数		受教育程度		职业资
			#女性	大学专科人数	大学本科及以上人数	助理社会工作师人数
全国	**1926**	**9238**	**6159**	**3655**	**2217**	**106**
中央级						
北京	15	133	95	24	107	5
天津	13	97	80	33	24	
河北	59	475	351	149	55	
山西	57	274	191	131	58	1
内蒙古	36	169	103	88	50	
辽宁	98	685	488	266	264	8
吉林	59	412	275	113	81	9
黑龙江	69	321	218	138	77	2
上海	16	134	99	47	59	5
江苏	78	501	376	195	143	11
浙江	52	245	192	95	102	16
安徽	73	391	238	139	72	8
福建	45	134	101	57	28	1
江西	69	246	183	59	27	2
山东	108	876	557	395	295	7
河南	30	217	138	69	30	4
湖北	93	549	406	242	112	9
湖南	100	535	353	255	91	1
广东	134	636	411	240	146	5
广西	58	235	162	121	47	4
海南	2	4			4	
重庆	37	185	127	93	80	2
四川	106	324	199	178	47	2
贵州	64	122	61	67	13	
云南	60	164	105	58	31	3
西藏						
陕西	71	391	257	149	69	1
甘肃	287	663	312	193	84	
青海						
宁夏	10	25	19	14	7	
新疆	27	95	62	47	14	

服务机构总表

单位:个、人、人次、时

格水平	年龄结构				志愿服务	
社会工作师人数	35岁及以下人数	36岁至45岁人数	46岁至55岁人数	56岁及以上人数	志愿者服务人次数	志愿服务时间
100	**4635**	**3487**	**1009**	**107**	**10159**	**26023.7**
2	80	40	13		7	7
1	60	23	13	1	50	100
9	243	193	37	2	49	560
2	153	99	21	1	5	
	61	78	29	1		
8	371	221	81	12		
3	183	157	64	8		
	172	127	20	2		
8	59	53	16	6	40	96
5	282	157	55	7	283	1372
3	133	87	23	2	3699	6192
6	170	168	50	3	415	930
2	58	66	9	1		
5	99	116	24	7	98	600.7
16	399	357	112	8	4210	12218
8	164	43	8	2		
1	250	239	59	1	70	762
3	307	177	51		444	1746
7	313	250	71	2	200	400
1	101	102	31	1		
	4					
4	85	75	21	4	563	654
	152	129	34	9		
	55	54	13			
4	57	99	8			
2	225	125	41		26	386
	357	190	89	27		
	7	13	5			
	35	49	11			

C-3-10续表

地区	增加值合计	执行企业会计制度单位财务指标					执行行政	
		固定资产原价	营业收入	费用合计	营业利润	企业单位增加值	固定资产原价	上年结转和结余
全国	**28759.6**	**412.9**	**731.3**	**496.6**	**63.6**	**350.4**	**84104.7**	**1027.1**
中央级								
北京	968.9						544.4	35.8
天津	374.1	113.1	406.1	377.8	50.9	190.9	41.2	49
河北	706.7						575.5	7.9
山西	320.3	10.1					142.7	2
内蒙古	568.5						262	3.5
辽宁	2401.8	5.9	7.5	1.5		4.5	2057.6	81
吉林	700						229.2	1
黑龙江	281.3	2	0.1			1	203.1	0.6
上海	1263.3						1210.1	167.2
江苏	2553.2	51.4	262.6	104.5	12.7	114.9	1037.2	34.9
浙江	1559.6						1394.8	93.1
安徽	759.4	3.3					860.9	-0.9
福建	277.6	3					335.4	30.1
江西	217.1	7.1	35	6.8		16.8	578.2	
山东	4912.8						4213.5	
河南	256.9						149.2	
湖北	1815.3						1160.1	-10
湖南	3659.7						61089.9	7.8
广东	1086.1	163					1878.5	381.4
广西	330.5	11					560.4	44.8
海南	22.5						27	10
重庆	937.7						1485.6	35.7
四川	829.9						1366.2	2.5
贵州	168.3						227.7	
云南	290.5	30	20	6		22.3	347	4
西藏								
陕西	1091.8						427.3	45.7
甘肃	215.1						1579.1	
青海								
宁夏	12.8	3					72.7	
新疆	177.6	10					48.2	

单位：万元

事业单位会计制度财务指标				执行民间非营利组织单位会计制度财务指标				
本年收入合计	本年支出合计	经营支出	行政事业单位增加值	固定资产原价	上年结余	本年收入合计	本年费用合计	民间非营利组织单位增加值
268284.8	**262520.2**	**27.7**	**28035.8**	**429.2**	**11.1**	**576.9**	**570.5**	**373.4**
1722.1	1930.7		968.9					
112.7	109.7		137.4	17.4	9.9	85.8	78.7	45.8
1028	1034.7		706.7					
144344.9	144414		318.8		1.2	4.9	5.5	1.5
791.6	809.6		568.5					
3163.2	3174.6		2397.3					
918.4	917.2		700					
5347	349.2		274.4	8		8.2	8.6	5.9
3626.2	3582.6		1263.3					
4158.7	3441.9		2311.5	41.3		160.7	199.9	126.8
3088.6	2539.6		1521	50		25	58	38.6
1139.1	1159.6		746.9	51.5		23.3	20	12.5
590.4	591.4		273.2	5		5.4	4.4	4.4
394.5	385.5		194.3	15		18	10	6
5843.8	5843.8		4912.8					
346.6	362.7		256.9					
2295.7	2324		1815.3					
81928.5	81902.4	4.2	3659.7					
1872.7	1941.2		1077.1	15		11.5	16.3	9
527.8	555.4		330.5					
52.2	53.4		22.5					
1893.9	1898.7		937.7					
907.1	952.9		746	208		137.1	122.1	83.9
158.6	159	1.5	132.3	9		30	36	36
271.7	279.5		268.2					
1313.1	1346.7		1091.8					
198.1	212.4		212.1	9		67	11	3
53.3	53.1		12.8					
196.3	194.7	22	177.6					

C-3-11 在编制部门登记的

地 区	单位数	年末职工人数		受教育程度		职业资
			#女性	大学专科人数	大学本科及以上人数	助理社会工作师人数
全 国	**1218**	**7117**	**4878**	**2900**	**1932**	**97**
中央级						
北 京	15	133	95	24	107	5
天 津	1	7	6	3	3	
河 北	47	389	288	131	48	
山 西	42	213	148	117	52	1
内蒙古	33	160	96	82	50	
辽 宁	86	617	445	238	244	6
吉 林	59	412	275	113	81	9
黑龙江	45	253	169	102	68	2
上 海	16	134	99	47	59	5
江 苏	57	320	238	112	110	11
浙 江	48	225	175	91	94	16
安 徽	53	307	185	100	64	3
福 建	32	98	75	46	26	1
江 西	42	172	129	39	17	2
山 东	108	876	557	395	295	7
河 南	25	186	117	59	30	4
湖 北	83	521	395	239	105	9
湖 南	92	504	331	234	88	1
广 东	75	444	298	166	118	3
广 西	46	201	133	104	37	4
海 南	2	4			4	
重 庆	34	175	123	87	76	2
四 川	47	212	131	136	40	2
贵 州	15	46	31	23	11	
云 南	21	75	48	37	19	3
西 藏						
陕 西	64	344	227	126	65	1
甘 肃	16	47	33	25	12	
青 海						
宁 夏						
新 疆	14	42	31	24	9	

婚姻登记服务机构

单位：个、人、人次、时

格水平	年龄结构				志愿服务	
社会工作师人数	35岁及以下人数	36岁至45岁人数	46岁至55岁人数	56岁及以上人数	志愿者服务人次数	志愿服务时间
89	**3545**	**2728**	**773**	**71**	**9975**	**25782**
2	80	40	13		7	7
1	4	2	1		50	100
6	189	166	33	1	25	541
2	126	72	14	1	5	
	59	73	27	1		
8	339	196	72	10		
3	183	157	64	8		
	132	101	18	2		
8	59	53	16	6	40	96
5	176	100	39	5	271	1360
3	123	79	21	2	3629	5982
3	129	137	39	2	415	930
2	43	51	4			
5	67	80	18	7	20	600
16	399	357	112	8	4210	12218
8	138	39	7	2		
1	237	225	58	1	70	762
3	289	166	49		444	1746
6	233	171	39	1	200	400
1	80	93	27	1		
	4					
4	78	72	21	4	563	654
	91	84	29	8		
	23	20	3			
	33	40	2			
2	194	111	39		26	386
	27	16	3	1		
	10	27	5			

C-3-11续表

地区	增加值合计	执行企业会计制度单位财务指标					执行行政	
		固定资产原价	营业收入	费用合计	营业利润	企业单位增加值	固定资产原价	上年结转和结余
全　国	**23828.2**	**226.6**	**24**	**10**		**23.3**	**20304.8**	**855.2**
中央级								
北　京	968.9						544.4	35.8
天　津	35.4							
河　北	645.2						482.9	7.9
山　西	294.4	10.1					122.7	2
内蒙古	536.1						253	3.5
辽　宁	2227.6	0.1					1610.5	41
吉　林	700						229.2	1
黑龙江	263.1	2				1	177.1	0.6
上　海	1263.3						1210.1	167.2
江　苏	1992.3						926.7	34.9
浙　江	1474.3						1388.6	93.1
安　徽	665.8	3.3					716.2	-2.9
福　建	262.9	1					274.1	4.1
江　西	172.1	7.1	4	4			458.2	
山　东	4912.8						4213.5	
河　南	208.4						68.3	
湖　北	1702.3						1111.9	-10
湖　南	1244.8						1030.3	7.8
广　东	985.2	163					1410.3	369
广　西	317.6	10					498	38.8
海　南	22.5						27	10
重　庆	823.2						1430.6	35.7
四　川	623.4						1269	
贵　州	87.3						77.7	
云　南	183.5	30	20	6		22.3	186	
西　藏								
陕　西	1019.8						368.5	15.7
甘　肃	48.6						196.8	
青　海								
宁　夏								
新　疆	146.9						23.2	

单位：万元

事业单位会计制度财务指标				执行民间非营利组织单位会计制度财务指标				
本年收入合计	本年支出合计	经营支出	行政事业单位增加值	固定资产原价	上年结余	本年收入合计	本年费用合计	民间非营利组织单位增加值
180302.2	**179502**	**27.7**	**23786.8**	**220**		**53.5**	**30.5**	**18.1**
1722.1	1930.7		968.9					
40	40		35.4					
922.2	928.9		645.2					
144306.3	144375.2		294.4					
742.6	760.6		536.1					
2973.9	2969.8		2227.6					
918.4	917.2		700					
297.3	299.5		262.1					
3626.2	3582.6		1263.3					
3335.5	2665.7		1992.3					
3030.7	2481.1		1474.3					
1026	1024.2		665.8					
564.9	565.9		262.9					
316.1	311.1		166.1	15		18	10	6
5843.8	5843.8		4912.8					
301.6	317.7		208.4					
2151.8	2180.1		1702.3					
1850.9	1826.3	4.2	1244.8					
1654.8	1685.4		985.1			0.5	0.5	0.1
490.4	514.5		317.6					
52.2	53.4		22.5					
1703.2	1708		823.2					
744.8	793.9		613.4	200		25	10	10
101.3	100.5	1.5	87.3					
165	172		161.2					
1220.8	1253.7		1019.8					
48.5	48.5		46.6	5		10	10	2
150.9	151.7	22	146.9					

C-3-12 在民政部门登记的

地区	单位数	年末职工人数	#女性	受教育程度		职业资
				大学专科人数	大学本科及以上人数	助理社会工作师人数
全国	**628**	**1792**	**1038**	**608**	**248**	**8**
中央级						
北京						
天津	12	90	74	30	21	
河北	6	41	26	11	5	
山西	13	52	37	12	5	
内蒙古	1	2	2			
辽宁	10	63	40	25	19	2
吉林						
黑龙江	23	64	49	32	9	
上海						
江苏	14	127	94	59	29	
浙江	2	14	11	4	5	
安徽	15	71	44	34	8	4
福建	8	23	17	7	1	
江西	27	74	54	20	10	
山东						
河南	3	24	15	5		
湖北	10	28	11	3	7	
湖南	8	31	22	21	3	
广东	46	146	79	54	17	2
广西	5	17	16	5	6	
海南						
重庆	3	10	4	6	4	
四川	55	93	49	27	5	
贵州	42	66	24	34	2	
云南	37	84	56	19	9	
西藏						
陕西	3	22	10	13	2	
甘肃	270	613	278	167	72	
青海						
宁夏	9	22	16	12	6	
新疆	6	15	10	8	3	

婚姻登记服务机构

单位:个、人、人次、时

格水平	年龄结构				志愿服务	
社会工作师人数	35岁及以下人数	36岁至45岁人数	46岁至55岁人数	56岁及以上人数	志愿者服务人次数	志愿服务时间
8	**938**	**619**	**200**	**35**	**78**	**0.7**
	56	21	12	1		
	29	9	2	1		
	25	21	6			
	1	1				
	30	24	7	2		
	36	26	2			
	81	35	9	2		
	8	4	2			
3	38	24	8	1		
	11	9	3			
	32	36	6		78	0.7
	20	3	1			
	13	14	1			
	18	11	2			
1	63	52	30	1		
	11	5	1			
	7	3				
	49	40	3	1		
	27	31	8			
4	24	54	6			
	18	4				
	329	173	85	26		
	6	12	4			
	6	7	2			

C−3−12续表

地区	增加值合计	执行企业会计制度单位财务指标					执行行政	
		固定资产原价	营业收入	费用合计	营业利润	企业单位增加值	固定资产原价	上年结转和结余
全　国	**4552.8**	**166.3**	**553.6**	**465.5**	**56.6**	**225.9**	**63555.5**	**161.9**
中央级								
北　京								
天　津	338.7	113.1	406.1	377.8	50.9	190.9	41.2	49
河　北	41.4						71.5	
山　西	25.5						10	
内蒙古								
辽　宁	174	5.8	7.5	1.5		4.5	443.1	40
吉　林								
黑龙江	18		0.1				21	
上　海								
江　苏	409.1	31.4	108.9	83.4	5.7	13.7	96.5	
浙　江	38.6							
安　徽	88.3						133.7	2
福　建	10.5	2					61.3	16
江　西	45		31	2.8		16.8	120	
山　东								
河　南	47.4						77.9	
湖　北	113						48.2	
湖　南	2414.9						60059.6	
广　东	97.2						461.3	12.4
广　西	2.2	1					30.9	6
海　南								
重　庆	114.5						55	
四　川	195.8						57	2.5
贵　州	49.1						108.5	
云　南	97						161	4
西　藏								
陕　西	34.5						37.8	30
甘　肃	166.5						1381.3	
青　海								
宁　夏	12.2	3					57.7	
新　疆	19.5	10					21	

单位：万元

事业单位会计制度财务指标				执行民间非营利组织单位会计制度财务指标				
本年收入合计	本年支出合计	经营支出	行政事业单位增加值	固定资产原价	上年结余	本年收入合计	本年费用合计	民间非营利组织单位增加值
87384.2	**82433.5**		**3994.8**	**202.2**	**11.1**	**485.4**	**505.3**	**332.1**
72.7	69.7		102	17.4	9.9	85.8	78.7	45.8
42	42		41.4					
33.6	33.8		24		1.2	4.9	5.5	1.5
15	15							
188.3	203.8		169.5					
5049.7	49.7		12.1	8		8.2	8.6	5.9
594.2	594.2		287.6	36.3		122.7	169.4	107.8
5.9	5.9			50		25	58	38.6
80.9	103.2		75.8	51.5		23.3	20	12.5
17	17		10.3	3		5.4	0.2	0.2
78.4	74.4		28.2					
37	37		47.4					
143.9	143.9		113					
80077.6	80076.1		2414.9					
209.5	247.4		88.3	15		11	15.8	8.9
28	24		2.2					
190.7	190.7		114.5					
148.7	126.9		121.9	8		112.1	112.1	73.9
27.1	28.3		13.1	9		30	36	36
104.7	97.5		97					
34.9	36.4		34.5					
149.6	163.9		165.5	4		57	1	1
33.4	33.2		12.2					
21.4	19.5		19.5					

C-3-13 未登记的

地区	单位数	年末职工人数	#女性	受教育程度		职业资
				大学专科人数	大学本科及以上人数	助理社会工作师人数
全国	**80**	**329**	**243**	**147**	**37**	**1**
中央级						
北京						
天津						
河北	6	45	37	7	2	
山西	2	9	6	2	1	
内蒙古	2	7	5	6		
辽宁	2	5	3	3	1	
吉林						
黑龙江	1	4		4		
上海						
江苏	7	54	44	24	4	
浙江	2	6	6		3	
安徽	5	13	9	5		1
福建	5	13	9	4	1	
江西						
山东						
河南	2	7	6	5		
湖北						
湖南						
广东	13	46	34	20	11	
广西	7	17	13	12	4	
海南						
重庆						
四川	4	19	19	15	2	
贵州	7	10	6	10		
云南	2	5	1	2	3	
西藏						
陕西	4	25	20	10	2	
甘肃	1	3	1	1		
青海						
宁夏	1	3	3	2	1	
新疆	7	38	21	15	2	

婚姻登记服务机构

单位:个、人、人次、时

格水平	年龄结构				志愿服务	
社会工作师人数	35岁及以下人数	36岁至45岁人数	46岁至55岁人数	56岁及以上人数	志愿者服务人次数	志愿服务时间
3	**152**	**140**	**36**	**1**	**106**	**241**
3	25	18	2		24	19
	2	6	1			
	1	4	2			
	2	1	2			
	4					
	25	22	7		12	12
	2	4			70	210
	3	7	3			
	4	6	2	1		
	6	1				
	17	27	2			
	10	4	3			
	12	5	2			
	5	3	2			
		5				
	13	10	2			
	1	1	1			
	1	1	1			
	19	15	4			

C-3-13续表

地区	增加值合计	执行企业会计制度单位财务指标					执行行政	
		固定资产原价	营业收入	费用合计	营业利润	企业单位增加值	固定资产原价	上年结转和结余
全国	**378.6**	**20**	**153.7**	**21.1**	**7**	**101.2**	**244.4**	**10**
中央级								
北京								
天津								
河北	20.1						21.1	
山西	0.4						10	
内蒙古	32.4						9	
辽宁	0.2						4	
吉林								
黑龙江	0.2						5	
上海								
江苏	151.8	20	153.7	21.1	7	101.2	14	
浙江	46.7						6.2	
安徽	5.3						11	
福建	4.2							10
江西								
山东								
河南	1.1						3	
湖北								
湖南								
广东	3.7						6.9	
广西	10.7						31.5	
海南								
重庆								
四川	10.7						40.2	
贵州	31.9						41.5	
云南	10							
西藏								
陕西	37.5						21	
甘肃							1	
青海								
宁夏	0.6						15	
新疆	11.2						4	

单位：万元

事业单位会计制度财务指标				执行民间非营利组织单位会计制度财务指标				
本年收入合计	本年支出合计	经营支出	行政事业单位增加值	固定资产原价	上年结余	本年收入合计	本年费用合计	民间非营利组织单位增加值
598.4	**584.7**		**254.2**	**7**		**38**	**34.7**	**23.2**
63.8	63.8		20.1					
5	5		0.4					
34	34		32.4					
1	1		0.2					
			0.2					
229	182		31.6	5		38	30.5	19
52	52.6		46.7					
32.2	32.2		5.3					
8.5	8.5			2			4.2	4.2
8	8		1.1					
8.4	8.4		3.7					
9.4	16.9		10.7					
13.6	32.1		10.7					
30.2	30.2		31.9					
2	10		10					
57.4	56.6		37.5					
19.9	19.9		0.6					
24	23.5		11.2					

C-3-14 结婚登

地区	登记结婚件数	登记结婚人数	按居住		
			内地居民登记结婚件数	内地居民登记结婚人数	涉外及华侨、港澳台居民登记结婚件数
全国	**13235949**	**26471898**	**13182663**	**26348011**	**53286**
中央级					
北京	174114	348228	172872	345744	1242
天津	101389	202778	101016	202032	373
河北	745336	1490672	744884	1489768	452
山西	362827	725654	362711	724084	116
内蒙古	207707	415414	207502	401004	205
辽宁	372862	745724	370432	740818	2430
吉林	229841	459682	228729	457458	1112
黑龙江	345617	691234	343269	686538	2348
上海	144223	288446	142028	284056	2195
江苏	887636	1775272	885935	1771826	1701
浙江	441984	883968	437817	875634	4167
安徽	764886	1529772	763990	1527980	896
福建	381887	763774	371041	741888	10846
江西	421144	842288	419594	838188	1550
山东	933262	1866524	932096	1864192	1166
河南	1191308	2382616	1190314	2380628	994
湖北	615861	1231722	614173	1228334	1688
湖南	643757	1287514	641556	1283112	2201
广东	870741	1741482	862183	1724368	8558
广西	491701	983402	489820	979640	1881
海南	99420	198840	98512	197014	908
重庆	298498	596996	297672	595340	826
四川	748296	1496592	746764	1493528	1532
贵州	417840	835680	417400	834800	440
云南	419468	838936	416895	833790	2573
西藏	13896	27792	13891	27782	5
陕西	373626	747252	373206	746412	420
甘肃	167518	335036	167386	334772	132
青海	45695	91390	45685	91365	10
宁夏	60745	121490	60707	121414	38
新疆	262864	525728	262583	524502	281

记服务

单位:对、人

地分类

内地居民	#女　性	香港居民	澳门居民	台湾居民	华　侨	外国人
51843	**32906**	**5049**	**1945**	**11505**	**7500**	**28730**
1160	854	67	10	128	51	1068
373	305	11	1	43	13	305
452	347	18	8	76	17	333
114	70	4	2	9	9	94
188	97	10		26	1	185
2428	1970	31	15	243	104	2039
1110	786	27	11	149	33	894
2346	1199	27	11	186	323	1803
2064	1591	131	20	341	1	1833
1686	1392	59	23	560	52	1022
3214	1923	54	11	332	3296	1427
896	698	37	7	326	33	493
10834	4887	836	94	2796	1448	5684
1550	716	68	25	398	43	1016
1144	909	31	5	182	32	938
922	751	82	51	439	45	449
1677	1421	188	41	661	56	753
2201	1937	220	71	1177	42	691
8519	5368	2405	1370	961	1693	2168
1872	1443	153	61	667	79	930
908	682	253	24	466	34	131
824	703	83	27	319	21	378
1529	1320	132	30	569	30	774
439	367	54	6	195	11	175
2513	451	29	2	40	1	2561
						10
419	365	26	12	143	17	223
132	107	5	3	53	3	68
10	4					10
38	27	3	1	5		29
281	216	5	3	15	12	246

C-3-14续表

地区	按婚姻状况分类			
	初婚人数	再婚人数	#女性	#恢复结婚件数
全国	**23611741**	**2860157**	**1457935**	**229607**
中央级				
北京	287436	60792	28368	5935
天津	174681	28097	13279	4360
河北	1303042	187630	98672	3510
山西	677046	48608	25763	4102
内蒙古	343877	71537	38181	7580
辽宁	669605	76119	36355	15546
吉林	426563	33119	16685	9070
黑龙江	591433	99801	50575	12750
上海	229645	58801	28624	6525
江苏	1590318	184954	93600	23030
浙江	770792	113176	59445	10229
安徽	1349499	180273	93280	15045
福建	690666	73108	36650	1039
江西	781537	60751	30701	5163
山东	1640652	225872	117047	4521
河南	2292571	90045	43242	11414
湖北	1155365	76357	37713	8867
湖南	1137713	149801	77382	8128
广东	1597762	143720	65123	13666
广西	904457	78945	42547	3623
海南	187045	11795	5236	817
重庆	432887	164109	85495	13092
四川	1211201	285391	151126	19836
贵州	780707	54973	29838	3641
云南	765454	73482	37765	3067
西藏	26910	882	280	96
陕西	656169	91083	48634	800
甘肃	318659	16377	8369	819
青海	78759	12631	4715	136
宁夏	108751	12739	5043	3675
新疆	430539	95189	48202	9525

单位:对、人

按年龄分类				
20～24岁	25～29岁	30～34岁	35～39岁	40岁及以上
9396366	**9040847**	**2889582**	**1589320**	**3555783**
49012	180175	66616	18712	33713
65885	83050	26702	11787	15354
781645	442860	107384	47245	111538
290978	232259	76507	49615	76295
135427	146215	51901	25324	56547
172665	280231	112991	51795	128042
136692	139921	59591	34502	88976
167810	183948	86700	59571	193205
38880	127776	53697	18731	49362
669157	543207	146560	92436	323912
207425	370154	107989	51626	146774
637916	443458	129815	91926	226657
256054	267050	76267	42097	122306
358462	273196	77046	48167	85417
823268	714404	143394	62434	123024
992675	736766	225960	120968	306247
401109	423144	134619	75080	197770
483992	450708	142004	68177	142633
546660	729934	244994	94461	125433
305027	396483	145777	61125	74990
50847	64211	31290	16453	36039
184985	188393	63913	53083	106622
490726	465474	157362	127938	255092
225501	219967	108265	84551	197396
269204	261876	113657	72342	121857
8541	11745	4227	2256	1023
271159	303103	71374	37913	63703
119271	123402	36269	15634	40460
17480	43603	14970	6515	8822
52544	36905	10201	8031	13809
185369	157229	61540	38825	82765

C-3-15 离婚办

地区	总计	民政部门合计	内地居民登记离婚	涉外及华侨、港澳台居民登记离婚	#外国人
全国	**3103837**	**2423393**	**2417232**	**6161**	**2833**
北京	48575	38243	38080	163	114
天津	36287	30414	30355	59	
河北	171208	118613	118566	47	37
山西	52808	35585	35576	9	9
内蒙古	70577	48867	48855	12	8
辽宁	141224	113198	112946	252	130
吉林	110961	92475	92368	107	66
黑龙江	156754	124138	123970	168	98
上海	52838	44158	43758	400	297
江苏	181157	141182	140965	217	115
浙江	122463	98082	97628	454	129
安徽	133651	102170	102097	73	30
福建	74901	56815	55467	1348	448
江西	75502	60006	59906	100	40
山东	196682	142951	142818	133	99
河南	159955	139638	139553	85	35
湖北	135560	109862	109676	186	65
湖南	155350	125638	125407	231	53
广东	155446	129733	128519	1214	685
广西	85888	67079	66877	202	90
海南	12067	8898	8791	107	14
重庆	125686	107648	107520	128	49
四川	250984	203209	203003	206	78
贵州	81230	59405	59352	53	11
云南	82119	62225	62154	71	61
西藏	1339	795	792	3	3
陕西	70952	55006	54928	78	25
甘肃	32908	16741	16729	12	4
青海	10675	6233	6231	2	2
宁夏	14994	10794	10789	5	5
新疆	103096	73592	73556	36	33

理服务

单位：件(对)

法院部门合计			离婚案件收案	判决不离	调解不离
	判决离婚	调解离婚			
680444	**161202**	**519242**	**1251234**	**153266**	**93062**
10332	2801	7531	20919	3553	440
5873	1735	4138	13112	2641	621
52595	3223	49372	101073	2503	9117
17223	4181	13042	33362	3163	4488
21710	5026	16684	38574	1360	2994
28026	7633	20393	52191	7068	2281
18486	5049	13437	33077	2770	1627
32616	4600	28016	46855	1070	1656
8680	2367	6313	18070	4115	679
39975	6382	33593	80550	12734	9722
24381	7079	17302	49639	12108	2004
31481	9206	22275	60221	10908	1814
18086	7187	10899	33849	6331	1098
15496	4791	10705	30257	4643	2234
53731	13071	40660	107686	15356	12938
20317	6300	14017	41944	4726	2257
25698	6665	19033	46141	7256	2384
29712	9089	20623	53489	8180	5122
25713	7869	17844	46093	6202	2888
18809	4288	14521	30744	3378	2641
3169	977	2192	5136	757	576
18038	5536	12502	35938	6550	1668
47775	12044	35731	86201	11773	5713
21825	4933	16892	34446	2536	1962
19894	5772	14122	33310	3074	2470
544	42	502	781	6	124
15946	3388	12558	30586	2394	3556
16167	3650	12517	29555	2943	3044
4442	990	3452	7888	468	792
4200	1136	3064	8109	1269	425
29504	4192	25312	41438	1431	3727

C-3-16 殡葬服务

地区	单位数	年末职工人数	#女性	受教育程度		职业资
				大学专科人数	大学本科及以上人数	助理社会工作师人数
全国	**4357**	**77254**	**21869**	**19690**	**7159**	**539**
中央级						
北京	53	1825	551	358	355	51
天津	28	843	202	197	193	2
河北	188	3375	761	689	193	34
山西	44	599	172	137	111	3
内蒙古	129	1958	512	536	176	11
辽宁	305	5024	1445	1613	662	30
吉林	85	1768	484	418	190	2
黑龙江	153	3226	947	1036	385	17
上海	78	3036	1043	447	193	8
江苏	241	4095	1127	1003	410	53
浙江	251	3797	869	957	411	18
安徽	188	2980	897	646	157	34
福建	159	2863	666	358	128	23
江西	138	1974	489	341	88	24
山东	167	3342	770	1091	417	19
河南	252	5894	1711	1612	424	38
湖北	147	3440	1066	1185	249	10
湖南	232	3072	870	1117	280	14
广东	337	7278	1758	1342	529	52
广西	71	1513	435	380	159	12
海南	15	326	66	58	15	1
重庆	114	1957	722	574	195	1
四川	264	3816	1248	1099	360	45
贵州	128	2985	1107	858	220	7
云南	177	1144	287	431	131	8
西藏	2	30	7	10	2	
陕西	101	2403	743	373	199	11
甘肃	67	653	209	157	66	1
青海	25	180	39	39	10	
宁夏	38	224	67	46	49	2
新疆	180	1634	599	582	202	8

机构总表

单位:个、人、人次、时

格水平	年龄结构				志愿服务	
社会工作师人数	35岁及以下人数	36岁至45岁人数	46岁至55岁人数	56岁及以上人数	志愿者服务人次数	志愿服务时间
343	**25892**	**29869**	**16693**	**4800**	**10111**	**63888**
31	572	543	517	193	154	660.5
6	223	222	276	122	100	200
26	1195	1343	659	178	246	1988
3	190	215	142	52		
3	611	677	556	114		
11	1745	1747	1243	289	1200	3000
6	534	723	418	93	120	21050
11	796	1340	874	216	54	18
2	1054	894	752	336	1368	4646
31	1041	1633	1087	334	1853	6101
11	1005	1394	923	475	644	1457
32	943	1239	642	156	1725	16896
16	879	1266	556	162	46	176
18	621	926	355	72	251	816
15	1147	1296	689	210	130	370
21	2914	2052	745	183		
6	1110	1417	750	163	266	764
13	1197	1258	483	134	715	2500
25	2543	2778	1538	419	62	389
10	479	634	314	86	36	110
	80	121	101	24		
	624	816	397	120	1060	1990.5
21	1221	1632	771	192		
3	1006	1304	578	97	3	40
7	453	459	188	44		
	21	4	5			
5	752	871	569	211	23	431
	215	230	175	33		
	53	97	23	7		
4	61	96	62	5		
6	607	642	305	80	55	285

C-3-16续表1

地　区	火化炉数	全年处理遗体数	国际运尸数	外国人
全　国	**5539**	**4777014**	**2213**	**160**
中央级				
北　京	83	87833	166	119
天　津	65	64762		
河　北	362	252851		
山　西	56	19359		
内蒙古	132	62549		
辽　宁	335	277480		
吉　林	139	114994		
黑龙江	251	172759		
上　海	93	121816	95	30
江　苏	492	495432		
浙　江	331	313965		
安　徽	222	273879		
福　建	201	187898	1742	
江　西	185	94763		
山　东	474	629825		
河　南	318	296568		
湖　北	300	220600	3	3
湖　南	141	73456		
广　东	406	456972	206	7
广　西	88	70044		
海　南	6	2296		
重　庆	111	71931	1	1
四　川	263	196584		
贵　州	101	64388		
云　南	148	48309		
西　藏	5	694		
陕　西	84	47205		
甘　肃	48	16810		
青　海	38	8139		
宁　夏	8	3989		
新　疆	53	28864		

单位:具、个、台

港澳台	侨民	穴位数	#本年销售穴位数	安葬数	#本年安葬数
1802	**187**	**12172893**	**598565**	**8195456**	**609178**
11	36	573605	22174	440023	23019
		192486	6279	214079	8061
		230676	9073	87618	11772
		29255	2370	22841	2555
		281509	14707	185714	15626
		582908	25638	451051	23528
		42047	3423	26008	7714
		202916	16212	172299	19243
1		1333001	75918	929605	58421
		1352047	97265	1100268	67386
		1069884	46800	767104	32242
		291489	23047	253335	38964
1604	138	195774	13958	125491	15843
		111856	18585	76610	21182
		256258	8538	183503	17098
		223506	9452	130514	11368
		708499	22205	523491	50480
		391642	20890	185324	21447
186	13	1099500	26199	555077	33759
		138549	8884	88555	5935
		65789	622	37016	1351
		448903	16083	282461	17037
		1035142	41177	528164	36912
		281937	14766	123972	12818
		491468	8396	115340	12125
		272296	15908	244788	14524
		53124	5632	48196	6402
		6127	1895	2115	405
		22601	3216	16581	2888
		188099	19253	278313	19073

C-3-16续表2

地区	增加值合计	执行企业会计制度单位财务指标					执行行政	
		固定资产原价	营业收入	费用合计	营业利润	企业单位增加值	固定资产原价	上年结转和结余
全　国	**813831**	**760749.1**	**648567.3**	**239971.4**	**101207.5**	**237531.1**	**1649949.2**	**79552**
中央级								
北　京	34862	23720.4	45227.1	18417.1	11558.9	19917.6	84051.7	967.1
天　津	29571.8	5806.2	3710.8	1921.9	117.8	906.7	28843.9	3595.5
河　北	18242.1	1984.2	2533	2407.1	-357.6	315.9	72311.2	1070.6
山　西	6363.8	871.5	364	250	-5	137.3	22885.6	1186.5
内蒙古	14215.7	2528	2050.6	915	33	517.2	21849.3	1068
辽　宁	47637.4	37798	32348.6	19042.9	1063	14563.5	87138.5	3335.5
吉　林	12720.5	1176.4	4507.3	7079.9	5.1	956.7	33488.3	-883.6
黑龙江	23521.5	18602.4	7084.3	5140	961.1	2924.1	67220.7	2341.2
上　海	107197.5	227795.7	286528.4	79627	59433.1	106434.7	1608.1	186.6
江　苏	63398.1	24507	23143	9907.9	4725.6	7628.4	159543.4	25671.6
浙　江	56514.6	26353	37966.9	9556.8	3007.1	7530.3	153207.2	7449
安　徽	27767.4	19029.6	12756.5	6284.4	67.4	3916.6	47778.7	599.3
福　建	22720.7	40104.7	25608.6	8630.5	2159.8	10077.5	42841.7	3878.5
江　西	11326.2	6889	1621	327.1	21	181.9	37354.1	217.2
山　东	35577.1	5525.7	3650.8	2079.5	187.1	1095.6	83515.3	16.9
河　南	18082.1	17309.8	7871.1	3658.3	414.7	2715.3	50835.2	347.8
湖　北	29532.7	3104.1	7103.4	2586.4	901.2	2550.4	81712.3	600.3
湖　南	20857.7	26117.6	7038.6	3985.8	475.4	2596.6	76289.1	1532.1
广　东	106291.6	37203.6	30332.4	10987.1	7517.7	17809.1	239749.1	11992.9
广　西	14026.6	7536.9	10953.8	3280.2	1185.2	2415	29721.3	7645.1
海　南	2735.3	17041.6	4288.2	2400.7	142	2255.8	576.5	180.9
重　庆	20851.3	23779.9	11715.7	6874.4	62.9	1386.5	43615	1591.2
四　川	35118.8	44151.4	17973.3	8892.7	456.8	6205	72856.1	1481.6
贵　州	16467.2	61163	28134.4	12355.6	2460.7	11734	19581.5	596.2
云　南	8984.3	40421.2	2515.4	1394	459.3	1161.4	30618.4	831.3
西　藏	197.5						1584.2	
陕　西	11686.2	15705.6	22157.3	8320.4	2216.2	5184.7	12844.6	656.3
甘　肃	7679.4	2569.2	4479.7	1023.9	1663.2	2310.1	12153.3	47
青　海	668.5	2487.5	1151.6	589.4		167	1820.1	
宁　夏	1191.5	4656	950	256	-6	189.6	1355.9	501.4
新　疆	7823.1	14809.9	2801.5	1779.4	280.8	1746.5	30998.9	848

殡葬服务机构

单位:个、人、人次、时

格水平	年龄结构				志愿服务	
社会工作师人数	35岁及以下人数	36岁至45岁人数	46岁至55岁人数	56岁及以上人数	志愿者服务人次数	志愿服务时间
23	**4454**	**5286**	**2993**	**1064**	**1964**	**8242**
	87	55	15	4		
	20	62	26	4		
	65	21	6	3		
	27	24	7			
	45	56	43	1		
	149	122	98	13		
	5	32	11	1		
	31	35	11			
2	910	722	586	263	820	3986
4	94	170	130	52	614	2383
1	157	262	286	200	9	16
	96	108	36	9	512	1647
	293	384	216	76		
	15	35	35	4		
	93	75	25	10		
3	255	330	116	78		
	22	107	54	3	1	
5	158	161	98	8		
	380	415	227	82		
	83	219	36	4		
	19	45	42	6		
	88	62	22	7		
5	372	360	188	39		
2	603	849	358	71		
	92	76	11	6		
1	214	432	282	116	8	210
	4	6	8	1		
	22	38	6			
	6	4	2			
	49	19	12	3		

C-3-17续表1

地 区	火化炉数	全年处理遗体数	国际运尸数	外国人
全 国	**331**	**273619**	**1773**	**30**
中央级				
北 京				
天 津				
河 北				
山 西				
内蒙古	10	3627		
辽 宁	10	7081		
吉 林	5	8317		
黑龙江	1	259		
上 海	38	48722	31	30
江 苏	21	23815		
浙 江	14	14572		
安 徽	3	1700		
福 建	52	57699	1742	
江 西	17	10912		
山 东	3	2480		
河 南	10	7260		
湖 北	2	376		
湖 南	22	5468		
广 东		1226		
广 西	7	1363		
海 南				
重 庆	5	1370		
四 川	38	34371		
贵 州	52	34513		
云 南	13	4596		
西 藏				
陕 西				
甘 肃				
青 海	4	2484		
宁 夏		152		
新 疆	4	1256		

单位:具、个、台

港澳台	侨民	穴位数	#本年销售穴位数	安葬数	#本年安葬数
1605	**138**	**4423335**	**198968**	**2884610**	**184024**
		43437	2910	35084	2847
		54403	1103	51429	1409
		11400	876	4304	819
		1565	313	512	192
		5035	1307	3312	984
		105464	4595	77747	4986
		2700	780	3870	1483
		9850	693	7541	556
1		1298843	74293	901063	57034
		181739	7341	157017	13299
		553032	20505	462921	17111
		73870	3745	52376	3816
1604	138	99532	5649	71883	6552
		3320	563	690	200
		30130	1933	20299	2399
		93480	3916	63473	3314
		2939	1108	2673	1288
		165636	4384	28626	4171
		565545	13733	312954	16687
		88993	6927	43702	3936
		49789	220	27444	1072
		66452	1251	17935	1487
		445322	15312	228484	15010
		191407	10539	86786	8901
		77846	1553	38172	2132
		187343	11517	174861	10888
		10001	601	7201	701
		1200	100	50	
		1250	381	1077	263
		1812	820	1124	487

C-3-17续表2

地　区	增加值合计	执行企业会计制度单位财务指标					执行行政	
		固定资产原价	营业收入	费用合计	营业利润	企业单位增加值	固定资产原价	上年结转和结余
全　国	**193299**	**494222.8**	**473015.8**	**166781.1**	**79994.3**	**180268**	**24809.5**	**1399.3**
中央级								
北　京	12222.9	13134.6	15784.1	5341.1	7368.6	12222.9		
天　津	906.7	5806.2	3710.8	1921.9	117.8	906.7		
河　北	299.4	420.2	489	1331.1	2.4	179.6	495	
山　西	137.3	811	364	250	-5	137.3		
内蒙古	423.4	1648	1247.6	506	20	214.2	673	
辽　宁	10244.2	18258.1	13217.7	6928.9	865.8	10186.2	1091	
吉　林	989.4	25.4	4054.5	6746.8		795.1	456	
黑龙江	419	1579	1301	1157.8	190	236.4	256	
上　海	91267.8	173690	247174.6	68813.7	52600	91267.8		
江　苏	5483.4	13754.4	15043.2	6080.6	2581.4	4619.8	610.2	
浙　江	8084	23062.7	37301	9380.3	2648.5	7120.1	454.1	150
安　徽	3446.2	13285	9068.9	4570.9	-64.7	2893	2164.4	
福　建	10001.4	30702.2	22114.1	6557.9	2046.3	8873.8	1843.2	
江　西	77.6	1205	790	206.1		77.6		
山　东	1095.6	5525.7	3650.8	2079.5	187.1	1095.6		
河　南	2639.6	11041	5197	2317.4	277.1	1974.1	686	
湖　北	1042.2	1176.3	1223.4	431.2	-6.3	538.2	1470.6	
湖　南	4125.7	16676.9	2721.2	1638	354	1152.9	5665.8	2
广　东	17089.6	30934.7	27187.7	9561.2	7294.7	16755.9	2111.7	
广　西	2712.8	5243.9	9476.8	2789.2	955	2190		
海　南	424.8	4222.6	1603.5	1212.7	140	424.8		
重　庆	596.7	6311.8	723.3	797.2	-73.5	279.3	285	
四　川	5161	20843.2	13296.7	6413.9	273.2	3848.7	2894.3	679.3
贵　州	7709.8	47187.9	19313.9	10101.6	1095.5	7593.3	1086.8	
云　南	388.8	33182.4	486	99.4	212.3	232.3	689.3	
西　藏								
陕　西	5110.5	9099.9	14531.3	7819.5	733.5	3294.2	1228	568
甘　肃	73.8	93.1	433.2	362.2	64.8	73.7	3	
青　海	71.3	761	251	251		71.3		
宁　夏	41.6	265	312	256	-6	26.6	1	
新　疆	1012.4	4275.6	947.5	858	121.8	986.6	645.1	

单位：万元

事业单位会计制度财务指标				执行民间非营利组织单位会计制度财务指标				
本年收入合计	本年支出合计	经营支出	行政事业单位增加值	固定资产原价	上年结余	本年收入合计	本年费用合计	民间非营利组织单位增加值
13275.1	**11941**	**421.8**	**12375.3**	**2111.8**	**256.4**	**4699.6**	**4040.9**	**655.7**
989	989		119.8					
401	401		209.2					
44.2	82.2	50	54.6	12			5	3.4
327	327		194.3					
143.6	143.6		182.6					
557	557		863.6					
1386	1151		963.9					
767.1	767.1	299.1	553.2					
929.4	829.4		1127.6					
53	53							
566.5	582.6		650.3	642		260	110.2	15.2
394	394		504					
2822.4	2534.6		2964.8	100		40	8	8
317.2	223.5	42.7	333.7					
				749.9		4028.7	3758.5	522.8
289	289		317.4					
885.2	874.8	30	1218	209.9	256.4	355.9	141.2	94.3
76.7	290.3		116.5					
130	130		156.5					
1684.3	809.3		1816.3					
3	3.1		0.1					
3	3		3	398		15	18	12
506.5	506.5		25.8					

C-3-18 在编制部门登记的

地区	单位数	年末职工人数	#女性	受教育程度		职业资
				大学专科人数	大学本科及以上人数	助理社会工作师人数
全国	**3012**	**55815**	**14855**	**15570**	**5935**	**469**
中央级						
北京	49	1664	502	345	349	51
天津	26	731	160	181	186	2
河北	170	3013	642	628	178	34
山西	42	541	154	124	100	3
内蒙古	93	1558	389	468	164	9
辽宁	166	3768	1087	1305	570	25
吉林	77	1584	396	383	173	2
黑龙江	140	3092	905	988	352	17
上海	24	555	150	151	72	1
江苏	162	3076	799	826	388	41
浙江	151	2634	590	730	316	18
安徽	132	2505	769	563	148	26
福建	114	1637	365	239	98	22
江西	118	1810	440	305	78	24
山东	150	3109	672	1025	396	19
河南	202	4775	1401	1430	391	38
湖北	129	3201	1017	1149	237	10
湖南	136	2019	526	886	223	7
广东	184	5540	1249	1093	474	43
广西	53	1136	306	311	130	12
海南	8	170	42	35	15	
重庆	59	794	245	311	118	
四川	195	2634	806	761	239	38
贵州	50	783	256	313	105	2
云南	120	865	221	343	105	8
西藏	2	30	7	10	2	
陕西	68	1321	382	257	170	7
甘肃	36	423	134	109	48	1
青海	4	19	3	9	1	
宁夏	24	105	29	42	48	2
新疆	128	723	211	250	61	7

殡葬服务机构

单位：个、人、人次、时

格水平	年龄结构				志愿服务	
社会工作师人数	35岁及以下人数	36岁至45岁人数	46岁至55岁人数	56岁及以上人数	志愿者服务人次数	志愿服务时间
309	**19041**	**21517**	**12041**	**3216**	**7193**	**48164**
31	485	488	502	189	154	660.5
6	203	160	250	118	100	200
26	992	1241	614	166	133	1532
3	163	191	135	52		
3	492	527	438	101		
9	1335	1343	845	245	1200	3000
6	483	633	387	81	120	21050
11	755	1275	848	214	54	18
	144	172	166	73	548	660
26	844	1208	798	226	1019	2558
10	798	1036	612	188	635	1441
28	793	1041	551	120	1142	10573
16	491	757	309	80	46	176
18	594	853	303	60	251	816
15	1035	1213	662	199	130	370
18	2499	1579	592	105		
6	1073	1298	678	152	265	764
8	837	817	274	91	650	2240
25	2017	2094	1144	285	62	389
10	377	400	277	82	36	110
	52	61	42	15		
	198	382	174	40	630	1345.5
16	804	1144	549	137		
1	289	337	135	22	3	40
7	332	339	160	34		
	21	4	5			
4	529	425	273	94	15	221
	143	141	119	20		
	9	7	3			
4	19	48	33	5		
2	235	303	163	22		

C-3-18续表1

地　区	火化炉数	全年处理遗体数	国际运尸数	外国人
全　国	**4898**	**4325089**	**393**	**123**
中央级				
北　京	83	87833	166	119
天　津	65	64762		
河　北	348	241556		
山　西	56	19359		
内蒙古	117	57295		
辽　宁	300	259821		
吉　林	123	99706		
黑龙江	244	171102		
上　海	55	73094	64	
江　苏	438	435863		
浙　江	311	293982		
安　徽	213	265148		
福　建	136	121308		
江　西	155	80141		
山　东	471	627345		
河　南	276	265711		
湖　北	290	214772	3	3
湖　南	114	67041		
广　东	387	440716	159	
广　西	68	54207		
海　南	6	2296		
重　庆	88	60751	1	1
四　川	207	159760		
贵　州	35	24568		
云　南	126	39920		
西　藏	5	694		
陕　西	80	47122		
甘　肃	45	16796		
青　海	8	3342		
宁　夏	6	3328		
新　疆	42	25750		

单位:具、个、台

港澳台	侨民	穴位数	#本年销售穴位数	安葬数	#本年安葬数
157	**49**	**5670836**	**253743**	**4076102**	**333340**
11	36	530168	19264	404939	20172
		138083	5176	162650	6652
		179848	5211	55958	5464
		27690	2057	22329	2363
		153674	11179	108735	11707
		295554	10953	275432	10631
		36947	2633	21895	6081
		187929	14611	160124	17779
		34158	1625	28542	1387
		613236	25184	448988	31819
		421461	12983	241691	11473
		164691	14102	163213	30232
		76776	6416	45833	7571
		106726	16579	74420	19492
		200856	6198	156636	14013
		116635	4758	57908	7566
		694627	20355	517098	48450
		165650	9175	131387	11615
146	13	231737	7817	198975	10448
		49556	1957	44853	1999
		12000	227	9076	214
		95647	2973	60110	3823
		481145	21871	248231	18083
		27042	1693	19075	1669
		372819	5345	64579	9314
		76640	4215	67931	3370
		13082	2800	18564	3043
		40	40	40	40
		17856	1678	12613	1407
		148563	14668	254277	15463

C-3-18续表2

地区	增加值合计	执行企业会计制度单位财务指标						执行行政	
		固定资产原价	营业收入	费用合计	营业利润	企业单位增加值		固定资产原价	上年结转和结余
全　国	**576964.5**	**197535.8**	**132536.7**	**53852.9**	**17571.3**	**45665.9**		**1472400.8**	**62241.6**
中央级									
北　京	22639.1	10585.8	29443	13076	4190.3	7694.7		84051.7	967.1
天　津	28665.1							28843.9	3595.5
河　北	17398.2	288	332	357	-98	140		69550.1	1066.3
山　西	6226.5	60.5						22885.6	1186.5
内蒙古	12878.6	100	78	20				20168.7	1068
辽　宁	35053.8	13237.2	12328.5	8794.9	131.2	2940		79387.6	3335.5
吉　林	11496.7	103	177.8	220.1	5.1	109.6		32669.3	-883.6
黑龙江	22927.1	17018.4	5783.3	3982.2	771.1	2687.7		66087.7	2341.2
上　海	15929.7	54105.7	39353.8	10813.3	6833.1	15166.9		1608.1	186.6
江　苏	49289.4	6406.6	1974.8	505.3	700.7	833.6		142058.6	11955.4
浙　江	45080.2	3288.8	649.9	166.5	358.6	409.9		94417.6	7299
安　徽	22683.6	3992.3	2321.2	1109	134	717.8		43175.2	429.3
福　建	12108.8	6468.7	2211.1	1550.1	-14.8	777.5		38218.5	3878.5
江　西	11094.1	4519	651	71	21	50.3		36482.1	217.2
山　东	34336.7							83515.3	16.9
河　南	14627.7	6268.8	2549.1	1298.9	137.6	732.2		44701.1	337.8
湖　北	28082.8	1927.8	5880	2155.2	907.5	2012.2		77379.7	600.3
湖　南	13304.3	7490.8	3301.7	1903.9	22.2	985.7		54788.8	266
广　东	86650.7	3190.5	2444.4	934.9	106	337.5		227294.6	11823
广　西	11206	709	1445	458	200	118.1		29698.8	7645.1
海　南	1885.5	10016	2144	988	2	1406		576.5	180.9
重　庆	12063.3							32739.7	1316.2
四　川	27781.6	23243.2	4419.6	2355.8	183.6	2295.3		63929.1	484.6
贵　州	7716	10102	5338	1324	1256	3392.8		16980.2	612.3
云　南	8270.3	5487.8	2016.7	1281.3	247	924.7		25499.8	831.3
西　藏	197.5							1584.2	
陕　西	6542.4	6519.1	7500.4	399.5	1478.1	1866.2		11578.5	88.3
甘　肃	3918.2	15						11367.3	47
青　海	458.4							1152.1	
宁　夏	926.3	6						1352.9	501.4
新　疆	5525.8	2385.8	193.4	88	-1	67.4		28657.5	848

单位：万元

事业单位会计制度财务指标				执行民间非营利组织单位会计制度财务指标				
本年收入合计	本年支出合计	经营支出	行政事业单位增加值	固定资产原价	上年结余	本年收入合计	本年费用合计	民间非营利组织单位增加值
1103938.3	**1049427.7**	**88490.5**	**531264.1**	**880.2**	**88.9**	**740.8**	**164.4**	**34.5**
100705.8	100994.5	68527.8	14944.4					
46281.4	42814.8	6584.7	28665.1					
32253.2	32409.3	244.8	17258.2					
19921.7	19385.7		6226.5					
23965.4	23354.8	10.2	12878.6					
69766.4	67568.5	4254.3	32113.8					
20396.7	19329	314	11387.1					
35917.6	34221.5		20239.4					
2612.8	2465		762.8					
100277.4	94630.3	290.9	48455.8					
93249.1	85410.6	23.6	44670.3					
38545.9	34473.9	148.6	21965.8					
33061.8	28379.8	605.9	11331.2	301		410	110	0.1
20589.2	16666.6	25	11043.8					
63980.8	63912.5		34336.7					
23400.3	23062.1	23.7	13895.5					
58706.3	58852.3	20	26070.6					
29803.6	29636.8	90	12316.6			48	2	2
143958.4	133924.8	4266.1	86313.2			2.3		
23878.3	22004.4		11087.9					
1459.7	1250.7		479.5					
21774.6	20792	40	12063.3					
43171.9	40396.8	2369	25481.9	217.2	88.9	255.5	8.4	4.4
4485.4	4281.9		4323.2					
11239.4	9595.9	355.4	7345.6					
419	419		197.5					
6836.2	6516	277.5	4676.2					
8848.3	8687.1	9	3918.2					
736.4	684.4		458.4					
4607.9	4202.6		926.3					
19087.4	19104.1	10	5430.4	362		25	44	28

C-3-19 在民政部门登记的

地区	单位数	年末职工人数		受教育程度		职业资
			#女性	大学专科人数	大学本科及以上人数	助理社会工作师人数
全国	**735**	**7191**	**2339**	**1501**	**428**	**26**
中央级						
北京						
天津						
河北	14	212	73	27	5	
山西						
内蒙古	24	244	73	52	8	2
辽宁	124	869	268	194	41	3
吉林	4	134	58	27	10	
黑龙江	7	50	15	22	10	
上海						
江苏	48	573	177	98	4	10
浙江	43	254	25	87	39	
安徽	38	199	62	31	5	3
福建	15	228	52			
江西	12	75	23	15	1	
山东	4	30	17	15	5	
河南	20	313	101	34	6	
湖北	7	53	6	14	4	
湖南	55	562	208	80	28	3
广东	100	528	102	68	12	1
广西	1	25	9	20	2	
海南	2	44	4	6		
重庆	45	984	392	213	59	1
四川	28	199	78	49	10	3
贵州	25	321	122	67	12	
云南	25	73	19	19	11	
西藏						
陕西	5	28	7	3		
甘肃	22	181	61	40	17	
青海	15	87	13	15	1	
宁夏	11	107	37	3	1	
新疆	41	818	337	302	137	

殡葬服务机构

单位:个、人、人次、时

格水平	年龄结构				志愿服务	
社会工作师人数	35岁及以下人数	36岁至45岁人数	46岁至55岁人数	56岁及以上人数	志愿者服务人次数	志愿服务时间
11	**2270**	**2885**	**1546**	**490**	**824**	**6422**
	107	75	27	3	113	456
	72	89	71	12		
2	261	282	295	31		
	46	58	19	11		
	10	23	15	2		
1	103	255	159	56	100	200
	50	96	23	85		
4	45	85	49	20	71	4676
	91	103	28	6		
	12	38	17	8		
	19	8	2	1		
	140	137	36			
	15	12	18	8		
	177	255	98	32	65	260
	133	221	126	48		
	19	5	1			
	9	15	17	3		
	338	372	201	73	430	645
	45	112	29	13		
	114	118	85	4		
	19	37	15	2		
	6	9	12	1		
	59	74	37	11		
	22	45	13	7		
	36	44	27			
4	322	317	126	53	45	185

C-3-19续表1

地　区	火化炉数	全年处理遗体数	国际运尸数	外国人
全　国	**280**	**154558**		
中央级				
北　京				
天　津				
河　北	14	11295		
山　西				
内蒙古	5	1604		
辽　宁	25	10578		
吉　林	11	6971		
黑龙江	6	1398		
上　海				
江　苏	33	35754		
浙　江	6	5411		
安　徽	3	2951		
福　建	10	7788		
江　西	13	3710		
山　东				
河　南	29	20517		
湖　北	8	5452		
湖　南	5	947		
广　东	14	11368		
广　西	4	3256		
海　南				
重　庆	18	9810		
四　川	18	2453		
贵　州	14	5307		
云　南	6	3300		
西　藏				
陕　西	1	5		
甘　肃	2	13		
青　海	26	2313		
宁　夏	2	499		
新　疆	7	1858		

单位:具、个、台

港澳台	侨民	穴位数	#本年销售穴位数	安葬数	#本年安葬数
		1960874	**140183**	**1179878**	**86575**
		26469	2320	15321	4638
		121158	2051	72885	2765
		181720	9920	97872	7911
				142	142
		4537	786	4210	786
		557072	64740	494263	22268
		80725	12965	52616	3311
		52728	5173	37746	4916
		13624	1093	2654	873
		1810	1443	1500	1490
		25272	407	6568	686
		13391	778	9133	488
		10933	742	3720	742
		47206	6807	23156	5215
		259461	3442	27704	5388
		4000	175	496	65
		286804	11859	204416	11727
		101675	3406	45385	3231
		63488	2534	18111	2248
		34634	1421	12098	602
		1329	176	1980	266
		29419	2223	22383	2650
		2200	800	25	25
		3495	1157	2891	1218
		37724	3765	22603	2924

C-3-19续表2

地 区	增加值合计	执行企业会计制度单位财务指标					执行行政	
		固定资产原价	营业收入	费用合计	营业利润	企业单位增加值	固定资产原价	上年结转和结余
全 国	**42426.4**	**65177.9**	**40931.8**	**18551.6**	**3900.5**	**11526.4**	**140335.7**	**15812.7**
中央级								
北 京								
天 津								
河 北	548.2	200					2266.1	4.3
山 西								
内蒙古	845.8	780	725	389	13	303	972.6	
辽 宁	2337.4	6302.7	6672.4	3319.1	66	1435.3	6659.9	
吉 林	202.9	1048	275	113		52		
黑龙江	129.2	5					656	
上 海								
江 苏	8625.3	4346	6125	3322	1443.5	2175	16874.6	13716.2
浙 江	3338.5	1.5	16	10		0.3	58120.5	
安 徽	1475.4	1752.3	1366.4	604.5	-1.9	305.8	1439.8	170
福 建	600.1	1791.2	1283.4	522.5	128.3	426.2	2743	
江 西	154.5	1165	180	50		54	872	
山 东	144.8							
河 南	784.8		125	42		9	5198.1	10
湖 北	407.7						2862	
湖 南	3126.2	1149.9	804.7	397.1	95.8	420.8	10164.5	1264.1
广 东	2469.4	3078.4	700.3	491	117	715.7	8306.8	166.9
广 西	106.9	1584	32	33	30.2	106.9		
海 南	425	2803	540.7	200		425		
重 庆	8191.3	17468.1	10992.4	6077.2	136.4	1107.2	10590.3	275
四 川	1954.3	65	257	123		61	5918.1	222.3
贵 州	1041.4	3873.1	3482.5	930	109.2	747.9	1514.5	-16.1
云 南	200.5	1751	12.7	13.3		4.4	2203.7	
西 藏								
陕 西	27.8	86.6	125.6	101.4	4.6	24.3	23	
甘 肃	3687	1767.1	4046.5	661.7	1598.4	2236.4	778	
青 海	138	1726.5	900.6	338.4		95.7	668	
宁 夏	223.6	4385	638			163	2	
新 疆	1240	8048.5	1630.6	813.4	160	657.2	1502.2	

单位：万元

事业单位会计制度财务指标				执行民间非营利组织单位会计制度财务指标				
本年收入合计	本年支出合计	经营支出	行政事业单位增加值	固定资产原价	上年结余	本年收入合计	本年费用合计	民间非营利组织单位增加值
63323.9	**44730.4**	**148.3**	**28958.1**	**18278.5**	**1939**	**5528.3**	**4743.8**	**1941.9**
1608.4	1579.9		548.2					
828.1	828.1		501.8	74		86	89	41
1175.8	1761.5		896.6	595		55	18	5.5
40	154.3		150.9					
494	494		128.4	203		3	0.9	0.8
33420.6	16501		5867.2	3351.1		1642.5	1543.3	583.1
3216.2	2976.9		3210.7	354	1140	1002	763.1	127.5
1030	716.9		1123.4	998		274	129.1	46.2
1311.9	1311.9		156.4			130.7	123.1	17.5
136.4	135.9		100.5					
				586.7		363.7	364.7	144.8
1845.2	1581.8		775.8					
702	588	10	407.7					
3370.9	3388.7		2683.4			45	47	22
1569.4	1400.2		1729.2	76		37	44	24.5
8623	8226.3	138.3	7084.1					
1559.2	1256		1264	2795.7	581	1344.7	1064.7	629.3
210.4	226.1		191.5	4467		346.4	253.3	102
184.8	112.8		196.1					
2	2		2.5	150		10	7	1
1311.6	787.1		1447.5	123		2.9	3.2	3.1
36.3	36.3		38.7	2284		26.4	23.4	3.6
1.5	1.5		1.6	1007	218	32	79	59
646.2	663.2		451.8	1214		127	191	131

C-3-20 未登记的

地　区	单位数	年末职工人数		受教育程度		职业资
			#女性	大学专科人数	大学本科及以上人数	助理社会工作师人数
全　国	**60**	**451**	**121**	**80**	**13**	
中央级						
北　京						
天　津						
河　北	1	55	23	4	1	
山　西						
内蒙古	3	11	5	2	3	
辽　宁	1	5				
吉　林	1	1				
黑龙江	1	7	2	1		
上　海						
江　苏						
浙　江	1	4				
安　徽	3	27	3	6	3	
福　建	5	29	7	13		
江　西						
山　东						
河　南	1	27	8	6	2	
湖　北						
湖　南	7	66	18	12		
广　东	6	106	32	17	1	
广　西	1	10				
海　南						
重　庆						
四　川	3	24	7	5	1	
贵　州						
云　南	9	21	1	7	1	
西　藏						
陕　西	3	10	4	4		
甘　肃	6	30	6	1	1	
青　海	3	8	3			
宁　夏						
新　疆	5	10	2	2		

殡葬服务机构

单位:个、人、人次、时

格水平	年龄结构				志愿服务	
社会工作师人数	35岁及以下人数	36岁至45岁人数	46岁至55岁人数	56岁及以上人数	志愿者服务人次数	志愿服务时间
	127	**181**	**113**	**30**	**130**	**1060**
	31	6	12	6		
	2	5	4			
			5			
			1			
		7				
					120	960
			2	2		
	9	5	6	7		
	4	22	3			
	20	6	1			
	25	25	13	3		
	13	48	41	4		
		10				
		16	5	3		
	10	7	2	2		
	3	5	2			
	9	9	11	1		
		7	1			
	1	3	4	2	10	100

C-3-20续表1

地　区	火化炉数	全年处理遗体数	国际运尸数	外国人
全　国	**30**	**23748**	**47**	**7**
中央级				
北　京				
天　津				
河　北				
山　西				
内蒙古		23		
辽　宁				
吉　林				
黑龙江				
上　海				
江　苏				
浙　江				
安　徽	3	4080		
福　建	3	1103		
江　西				
山　东				
河　南	3	3080		
湖　北				
湖　南				
广　东	5	3662	47	7
广　西	9	11218		
海　南				
重　庆				
四　川				
贵　州				
云　南	3	493		
西　藏				
陕　西	3	78		
甘　肃	1	1		
青　海				
宁　夏		10		
新　疆				

单位:具、个、台

港澳台	侨民	穴位数	#本年销售穴位数	安葬数	#本年安葬数
40		**117848**	**5671**	**54866**	**5239**
		12959	666	12035	851
		1642	170	782	170
		170	170		
		2400	10	101	8
		600	122	424	122
		14666	347	9876	347
		200	27		
		5842	800	5121	847
		13150	524	2155	446
40		42757	1207	15444	1236
		7000	588	6064	588
		6169	77	491	77
		6984		16	
		622	8	48	8
		2687	955	2000	340
				309	199

C-3-20续表2

地　区	增加值合计	执行企业会计制度单位财务指标					执行行政	
		固定资产原价	营业收入	费用合计	营业利润	企业单位增加值	固定资产原价	上年结转和结余
全　国	**1141.1**	**3812.6**	**2083**	**785.8**	**-258.6**	**70.8**	**12403.2**	**98.4**
中央级								
北　京								
天　津								
河　北	-3.7	1076	1712	719	-262	-3.7		
山　西								
内蒙古	67.9						35	
辽　宁	2		130			2		
吉　林	31.5						363	
黑龙江	46.2						221	
上　海								
江　苏								
浙　江	11.9						215	
安　徽	162.2						999.3	
福　建	10.4	1142.6					37	
江　西								
山　东								
河　南	30						250	
湖　北								
湖　南	301.5	800	211	46.8	3.4	37.2	5670	
广　东	81.9						2036	3
广　西	0.9						22.5	
海　南								
重　庆								
四　川	221.9						114.6	95.4
贵　州								
云　南	124.7						2225.6	
西　藏								
陕　西	5.5						15.1	
甘　肃	0.4	694					5	
青　海	0.8							
宁　夏								
新　疆	44.9	100	30	20		35.3	194.1	

单位：万元

事业单位会计制度财务指标				执行民间非营利组织单位会计制度财务指标				
本年收入合计	本年支出合计	经营支出	行政事业单位增加值	固定资产原价	上年结余	本年收入合计	本年费用合计	民间非营利组织单位增加值
4007.5	**3911.3**		**1067**	**1143**		**4**	**6.5**	**3.3**
44	44		67.9					
10	10		31.5					
104	42		46.2					
39.8	39.8		11.9					
378.1	378.1		162.2					
71.8	20.2		10.4					
20	20		30					
86	88.9		264.3					
2994.8	2991.8		81.4	600		1	1.5	0.5
			0.9					
222.6	229		219.9	500			2	2
26.9	36.2		124.7					
5.9	5.9		5.5					
0.2	0.1		0.4					
				43		3	3	0.8
3.4	5.3		9.6					

C-3-21 殡仪

地 区	单位数	年末职工人数	#女性	受教育程度		职业资
				大学专科人数	大学本科及以上人数	助理社会工作师人数
全 国	**1782**	**45062**	**11684**	**11564**	**3810**	**313**
中央级						
北 京	12	687	162	160	103	23
天 津	11	463	95	104	83	2
河 北	155	2815	579	572	137	34
山 西	25	417	112	75	72	3
内蒙古	61	1196	286	332	99	2
辽 宁	75	2763	778	859	256	17
吉 林	44	1318	357	298	145	1
黑龙江	101	2563	742	816	280	11
上 海	15	966	228	223	116	3
江 苏	96	2697	647	652	266	34
浙 江	76	2286	507	631	201	13
安 徽	71	1925	577	393	96	23
福 建	62	1726	368	174	40	15
江 西	89	1483	361	221	53	7
山 东	124	2771	563	925	347	17
河 南	115	3613	1018	995	216	18
湖 北	84	2575	843	872	210	9
湖 南	71	1396	375	539	146	1
广 东	91	4089	889	739	266	30
广 西	30	699	174	193	52	6
海 南	2	75	22	14	8	
重 庆	37	887	294	292	103	
四 川	88	1825	499	524	164	27
贵 州	39	1205	463	266	86	6
云 南	69	661	153	240	71	2
西 藏	2	30	7	10	2	
陕 西	39	1007	283	174	117	6
甘 肃	24	325	102	89	32	1
青 海	16	90	17	37	9	
宁 夏	8	57	25	15	11	
新 疆	50	452	158	130	23	2

馆

单位:个、人、人次、时

格水平	年龄结构				志愿服务	
社会工作师人数	35岁及以下人数	36岁至45岁人数	46岁至55岁人数	56岁及以上人数	志愿者服务人次数	志愿服务时间
184	**15225**	**17485**	**9657**	**2695**	**5064**	**24541**
13	174	195	232	86	84	282.5
1	122	94	161	86	50	100
24	958	1142	572	143	203	1812
3	108	152	109	48		
	391	416	318	71		
7	979	998	593	193		
4	368	558	308	84		
10	625	1036	712	190	54	18
2	347	251	247	121	1054	4220
16	749	999	734	215	1381	3990
9	633	958	526	169	314	713
20	640	778	406	101	455	8520
12	520	800	313	93	20	40
2	459	686	287	51	251	816
13	924	1085	580	182		
5	1880	1192	462	79		
4	845	1031	561	138	131	755
5	558	552	221	65	500	1940
13	1425	1588	860	216	22	69
4	236	245	163	55		
	24	26	17	8		
	268	391	179	49	530	1045.5
11	607	779	345	94		
1	397	575	206	27	3	40
2	255	257	123	26		
	21	4	5			
2	392	323	217	75	2	80
	114	105	89	17		
	34	42	14			
	11	34	11	1		
1	161	193	86	12	10	100

C-3-21续表1

地　区	火化炉数	全年处理遗体数	国际运尸数	外国人
全　国	**5539**	**4777014**	**2213**	**160**
中央级				
北　京	83	87833	166	119
天　津	65	64762		
河　北	362	252851		
山　西	56	19359		
内蒙古	132	62549		
辽　宁	335	277480		
吉　林	139	114994		
黑龙江	251	172759		
上　海	93	121816	95	30
江　苏	492	495432		
浙　江	331	313965		
安　徽	222	273879		
福　建	201	187898	1742	
江　西	185	94763		
山　东	474	629825		
河　南	318	296568		
湖　北	300	220600	3	3
湖　南	141	73456		
广　东	406	456972	206	7
广　西	88	70044		
海　南	6	2296		
重　庆	111	71931	1	1
四　川	263	196584		
贵　州	101	64388		
云　南	148	48309		
西　藏	5	694		
陕　西	84	47205		
甘　肃	48	16810		
青　海	38	8139		
宁　夏	8	3989		
新　疆	53	28864		

单位:具、个、台

港澳台	侨民	穴位数	#本年销售穴位数	安葬数	#本年安葬数
1802	**187**	**1645883**	**88886**	**1091224**	**174434**
11	36	7705	225	7499	213
		26742	1733	24450	1723
		50831	3748	31140	4516
		93743	8983	71230	8888
		11129	703	12816	672
		9905	1881	11118	5756
		111870	2838	104262	8636
1		117	30	112	30
		120391	4309	129830	12404
		89330	4541	53726	4368
		24266	1149	38629	21235
1604	138	72941	5438	56358	7345
		100797	17509	64548	19639
		60047	851	57911	8850
		32842	1225	17105	3563
		98492	8323	91766	33871
		148990	4896	92677	7516
186	13	76596	1873	28946	2014
		1602	44	7496	54
		80392	2281	53769	3142
		31869	2015	19095	2652
		18325	731	1522	843
		290166	3674	38547	6891
		55422	3109	48683	2306
		6702	2192	12088	1952
		40	40	40	40
		446	245	409	409
		24185	4300	15452	4906

C-3-21续表2

地区	增加值合计	执行企业会计制度单位财务指标					执行行政	
		固定资产原价	营业收入	费用合计	营业利润	企业单位增加值	固定资产原价	上年结转和结余
全国	**460990.2**	**275899.6**	**133947.4**	**53522.8**	**16034.1**	**56113.7**	**1138821.4**	**29999.6**
中央级								
北京	8189.4						42387.4	-62.9
天津	21658.4						19632.5	
河北	15118.3	288	332	357	-98	140	63417.1	1054.1
山西	4359.8	689.5	53	41	18	70	19296.7	1114.9
内蒙古	10431.5	1196	268.6	101	13	21	18647.4	766
辽宁	27664.4	12579.7	6433.5	3775.2	-209.7	2962.2	62490.2	436.7
吉林	10629.9	1048	4359.5	6905.8	5	870.7	28317.6	-883.6
黑龙江	17457.2	11241	1563.5	1497.5	93.1	781.8	54271.8	1359.8
上海	26543	84744.8	64705.3	18971.5	10511.9	26449.8	399	
江苏	39839	10778	4406.2	1265.7	833.2	1631.7	130866.1	11382.3
浙江	38088.2	4512.4	3376.7	1544.4	375.5	1646	83840.6	2747.3
安徽	15960	6167.3	2603.2	1316	134	866.9	30198.6	426.7
福建	13111.1	26140.8	12854	5786.1	600.4	5069.9	31446.1	713
江西	9372.7	6519	1601	322.1	21	181.9	22419.7	202.2
山东	31714.1	620	131.4	134.4		74.1	71324.7	16.9
河南	11637.5	4886.1	898.4	391.3	88.8	405.7	44878.9	184.9
湖北	21749.8	459.2	250	100			62881.8	600.3
湖南	10045.6	7635.5	1806	936.8	16.2	679.4	35891.4	143
广东	62372.6	3241.3	1608.3	534.7	145.8	645.6	154822.7	5867.9
广西	6732	2560	82	97	16.2	92.9	17956.4	1015.3
海南	894.8	5008	1072	494	1	703	399.7	91.3
重庆	9875.1	8857.8	2435.5	1303.2	3.2	430.6	29842.9	602.4
四川	18615	25454.8	5221	1700	188.2	3189.9	42523.5	856.4
贵州	8662.5	35101.3	9959.3	5050.3	1770.7	6412	9663	502.3
云南	6809.1	3630					25548.1	738.7
西藏	197.5						1584.2	
陕西	5078.3	5886.2	7206	184.6	1489.8	1863.6	8598.9	86.7
甘肃	3437.3	15					11435.4	37
青海	522.8	968	221	221		43.3	1725	
宁夏	535.8	80	15	3		7.4	20	
新疆	3687	5591.9	485	489.2	16.8	874.4	12094	

单位：万元

事业单位会计制度财务指标				执行民间非营利组织单位会计制度财务指标				
本年收入合计	本年支出合计	经营支出	行政事业单位增加值	固定资产原价	上年结余	本年收入合计	本年费用合计	民间非营利组织单位增加值
759821.8	**725509.9**	**26139**	**404694.6**	**7437.4**	**209.6**	**1141.6**	**470.7**	**181.9**
28634.3	29319.8	15199	8189.4					
24713.6	22897.6	424	21658.4					
26582.4	26705.7	244.8	14978.3					
15085.1	14776		4289.8					
18745.1	18284.8	0.2	10384.5	34		26	29	26
48147.5	47400.5	3715.2	24702.2			34		
15978.2	15329.7		9759.2					
28284.2	26190.9		16674.9	3		3	0.6	0.5
94.8	234.1		93.2					
78704.4	73943.6	115.9	38207.3					
72714.5	67446.1	23.6	36442.2					
26700.9	23318.5	30	15093.1					
17964	16490.7	177	8041.1	301		410	110	0.1
18206.3	14316.3	25	9190.8					
54359.5	54375.8		31640					
19025.6	18547.3		11216.6	642		260	110.2	15.2
41611.7	43710.7	20	21749.8					
23931.7	23737.1		9358.2	100		40	8	8
108123	100984.6	3622.2	61727			2.3		
13871.2	12752.8		6639.1	100				
401.3	362.5		191.8					
19138.8	18077.1	40	9444.5					
23208.6	22527.8	1875.6	15423.1	158.4	-8.4	122.3	4	2
2633.3	2635.6		2224	1540		110.6	37.5	26.5
10049.2	8708	344	6809.1					
419	419		197.5					
4504.2	4581.2	277.5	3213.7	150		10	7	1
7164.7	7130.1	5	3437.3					
743.5	691.5		475.9	2284		26.4	23.4	3.6
1847.3	1427.5		457.4	1405	218	47	97	71
8233.9	8187		2784.6	720		50	44	28

C-3-22 公

地区	单位数	年末职工人数		受教育程度		职业资
			#女性	大学专科人数	大学本科及以上人数	助理社会工作师人数
全国	**1597**	**23280**	**7846**	**5148**	**1921**	**130**
中央级						
北京	34	1038	353	185	188	26
天津	7	260	80	54	53	
河北	17	385	145	71	28	
山西	7	90	29	27	27	
内蒙古	32	461	142	91	29	3
辽宁	183	1857	573	582	289	6
吉林	12	155	50	36	21	1
黑龙江	37	480	146	149	59	6
上海	53	2020	797	199	65	4
江苏	103	1103	390	241	92	7
浙江	118	1153	291	195	103	
安徽	82	772	237	166	31	11
福建	31	409	127	34	15	1
江西	15	220	53	47	21	9
山东	36	523	193	151	55	2
河南	52	1123	337	255	73	4
湖北	49	669	160	227	24	1
湖南	105	1192	411	354	85	10
广东	154	1981	612	285	90	18
广西	18	402	143	66	41	
海南	8	177	28	28	1	1
重庆	52	923	380	203	51	1
四川	112	1587	616	418	165	14
贵州	52	1480	583	446	88	
云南	62	309	82	104	24	
西藏						
陕西	35	1154	388	132	30	4
甘肃	32	261	90	56	22	
青海	8	86	20	1	1	
宁夏	13	103	25	9	6	
新疆	78	907	365	336	144	1

墓

单位:个、人、人次、时

格水平	年龄结构				志愿服务	
社会工作师人数	35岁及以下人数	36岁至45岁人数	46岁至55岁人数	56岁及以上人数	志愿者服务人次数	志愿服务时间
93	**7444**	**8841**	**5262**	**1733**	**2486**	**11342**
15	361	320	264	93	47	213
1	71	91	74	24		
2	193	123	53	16	43	176
	52	24	13	1		
	133	138	159	31		
2	650	585	556	66		
2	74	39	38	4		
1	121	240	105	14		
	698	630	487	205	274	330
9	236	461	295	111	464	2103
1	220	319	322	292	276	553
7	236	335	163	38	478	6108
	113	173	87	36		
15	82	109	21	8		
2	207	190	100	26	30	130
9	400	479	156	88		
1	196	315	133	25	135	9
7	440	488	209	55	215	560
2	664	711	441	165		
1	100	244	52	6	36	110
	37	69	62	9		
	310	348	197	68	430	645
9	513	648	336	90		
2	470	625	329	56		
	129	131	39	10		
2	258	466	307	123	13	220
	80	101	68	12		
	17	53	9	7		
	33	39	29	2		
3	350	347	158	52	45	185

C-3-22续表1

地　区	增加值合计	执行企业会计制度单位财务指标				
		固定资产原价	营业收入	费用合计	营业利润	企业单位增加值
全　国	**295794.8**	**470325.6**	**510662.7**	**183964.9**	**84620.3**	**179618.1**
中央级						
北　京	25721.5	23720.4	45227.1	18417.1	11558.9	19917.6
天　津	5810.5	5806.2	3710.8	1921.9	117.8	906.7
河　北	2072.9	1696.2	2201	2050.1	-259.6	175.9
山　西	1367.6	182	311	209	-23	67.3
内蒙古	2461.3	1332	1782	814	20	496.2
辽　宁	17679.5	25173.3	25915.1	15267.7	1272.7	11601.3
吉　林	727.6	128.4	147.8	174.1	0.1	86
黑龙江	5035.5	6781.4	4770.8	2881.7	678	1931
上　海	80070.9	143050.9	221823.1	60655.5	48921.2	79984.9
江　苏	20370.1	13729	18736.8	8642.2	3892.4	5996.7
浙　江	14192.2	21787.6	34344.7	7988.4	2557.4	5803.2
安　徽	9951.2	12862.3	10153.3	4968.4	-66.6	3049.7
福　建	5133.5	13066	11524.7	2338.5	1264.5	4464.2
江　西	943.2	367	20	5		
山　东	3596	4905.7	3519.4	1945.1	187.1	1021.5
河　南	4556.8	12423.7	6972.7	3267	325.9	2309.6
湖　北	6669.7	2618.9	6853.4	2486.4	901.2	2550.4
湖　南	8998.8	11978.1	4875.6	2533	459.2	1840.2
广　东	32582.9	33908.3	28622.1	10334.4	7379.9	17090.5
广　西	3238.7	4976.9	10871.8	3183.2	1169	2322.1
海　南	1005.1	7025.6	2144.2	1412.7	140	849.8
重　庆	9796.2	14922.1	9280.2	5571.2	59.7	955.9
四　川	14125.9	18501.1	12702.4	7138.5	266.6	2954.5
贵　州	6320.9	26041.7	18175.1	7305.3	690	5320
云　南	1656.9	36791.2	2515.4	1394	459.3	1161.4
西　藏						
陕　西	5341.2	9479.4	14951.3	8135.8	726.4	3321.1
甘　肃	4046.2	2554.2	4459.7	1014.9	1663.2	2310.1
青　海	127.6	1519.5	930.6	368.4		123.7
宁　夏	355.5	4570	935	253	-6	182.2
新　疆	1838.8	8426.5	2185.6	1288.4	265	824.2

单位：万元

执行行政事业单位会计制度财务指标					
固定资产原价	上年结转和结余	本年收入合计	本年支出合计	经营支出	行政事业单位增加值
324469.1	**33540.1**	**298421.6**	**259990.7**	**48443.8**	**113725.9**
27194.6	1030	54471.4	54389.7	40440	5803.9
7639.6	3508.9	15255.6	12637.1	6160.7	4903.8
2986.8	4.3	5246.2	5154.2		1897
2809.4	63.9	4013.1	3769		1300.3
1233.4	209.6	3569.1	3393.9		1950.1
18961.7	690	16993.8	16470.5	589.1	6069.3
2057.2		2512	1703	314	641.6
8038.5	981.4	6327.6	6222.7		3104.2
362.3		22.3	344.9		86
25451.5	12665.6	51358.3	31607.6	175	13790.3
66518.5	4445	17257.3	14035.6		8261.5
13612.4	209.2	10389.6	9448.3		6855.3
756.1	2	2945.8	2813.7		651.8
12922.7		1063	1064		943.2
11381.2		9325.2	9240.6		2429.7
4603.4	84.3	4083.3	4033.6		2247.2
15370.5		17071.9	15007.9	10	4119.3
29369.8	1389.1	10088.7	9849.8	90	7136.6
23586.1	5318.4	17981.8	15390.9	42.7	15467.9
1490.2	148	2724.2	2791		393.8
82	87	978	805		155.3
11932.1	988.8	9565.2	9458.5	138.3	8840.3
19419.6	585.8	18095.8	15279.8	480	10443.6
4604.8		760.1	784		925.4
4644.5	68.8	719	487.6		495.5
1802.6	568	2587.9	1302.5		2020.1
515.7	10	2549.2	2025.1	4	1733
78		9.8	9.8		3.1
1010	482	2347.5	2356.5		173.3
4033.9		8108.9	8113.9		883.6

C-3-22续表2

地区	执行民间非营利组织单位会计制度财务指标			
	固定资产原价	上年结余	本年收入合计	本年费用合计
全国	**14975.6**	**2074.2**	**9777.1**	**8481.2**
中央级				
北京				
天津				
河北				
山西				
内蒙古	40		60	60
辽宁	607		21	23
吉林				
黑龙江	200			0.3
上海				
江苏	3351.1		1642.5	1543.3
浙江	354	1140	1002	763.1
安徽	998		274	129.1
福建			130.7	123.1
江西				
山东	586.7		363.7	364.7
河南				
湖北				
湖南			45	47
广东	676		37	44
广西	649.9		4028.7	3758.5
海南				
重庆				
四川	3563.9	934.2	1828.8	1212.1
贵州	2927		235.8	215.8
云南				
西藏				
陕西				
甘肃	123		2.9	3.2
青海	43		3	3
宁夏				
新疆	856		102	191

单位:万元、个

民间非营利组织单位增加值	穴位数	#本年销售穴位数	安葬数	#本年安葬数
2450.8	**10527010**	**509679**	**7104232**	**434744**
	565900	21949	432524	22806
	165744	4546	189629	6338
	179845	5325	56478	7256
	29255	2370	22841	2555
15	187766	5724	114484	6738
8.9	571779	24935	438235	22856
	32142	1542	14890	1958
0.3	91046	13374	68037	10607
	1332884	75888	929493	58391
583.1	1231656	92956	970438	54982
127.5	980554	42259	713378	27874
46.2	267223	21898	214706	17729
17.5	122833	8520	69133	8498
	11059	1076	12062	1543
144.8	196211	7687	125592	8248
	190664	8227	113409	7805
	610007	13882	431725	16609
22	242652	15994	92647	13931
24.5	1022904	24326	526131	31745
522.8	136947	8840	81059	5881
	65789	622	37016	1351
	368511	13802	228692	13895
727.8	1003273	39162	509069	34260
75.5	263612	14035	122450	11975
	201302	4722	76793	5234
	216874	12799	196105	12218
3.1	46422	3440	36108	4450
0.8	6087	1855	2075	365
	22155	2971	16172	2479
131	163914	14953	262861	14167

C-3-23 殡葬服务

地　区	单位数	年末职工人数		受教育程度		职业资
			#女性	大学专科人数	大学本科及以上人数	助理社会工作师人数
全　国	**978**	**8912**	**2339**	**2978**	**1428**	**96**
中央级						
北　京	7	100	36	13	64	2
天　津	10	120	27	39	57	
河　北	16	175	37	46	28	
山　西	12	92	31	35	12	
内蒙古	36	301	84	113	48	6
辽　宁	47	404	94	172	117	7
吉　林	29	295	77	84	24	
黑龙江	15	183	59	71	46	
上　海	10	50	18	25	12	1
江　苏	42	295	90	110	52	12
浙　江	57	358	71	131	107	5
安　徽	35	283	83	87	30	
福　建	66	728	171	150	73	7
江　西	34	271	75	73	14	8
山　东	7	48	14	15	15	
河　南	85	1158	356	362	135	16
湖　北	14	196	63	86	15	
湖　南	56	484	84	224	49	3
广　东	92	1208	257	318	173	4
广　西	23	412	118	121	66	6
海　南	5	74	16	16	6	
重　庆	25	147	48	79	41	
四　川	64	404	133	157	31	4
贵　州	37	300	61	146	46	1
云　南	46	174	52	87	36	6
西　藏						
陕　西	27	242	72	67	52	1
甘　肃	11	67	17	12	12	
青　海	1	4	2	1		
宁　夏	17	64	17	22	32	2
新　疆	52	275	76	116	35	5

管理机构

单位:个、人、人次、时

格水平	年龄结构				志愿服务	
社会工作师人数	35岁及以下人数	36岁至45岁人数	46岁至55岁人数	56岁及以上人数	志愿者服务人次数	志愿服务时间
66	**3223**	**3543**	**1774**	**372**	**2561**	**28005**
3	37	28	21	14	23	165
4	30	37	41	12	50	100
	44	78	34	19		
	30	39	20	3		
3	87	123	79	12		
2	116	164	94	30	1200	3000
	92	126	72	5	120	21050
	50	64	57	12		
	9	13	18	10	40	96
6	56	173	58	8	8	8
1	152	117	75	14	54	191
5	67	126	73	17	792	2268
4	246	293	156	33	26	136
1	80	131	47	13		
	16	21	9	2	100	240
7	634	381	127	16		
1	69	71	56			
1	199	218	53	14		
10	454	479	237	38	40	320
5	143	145	99	25		
	19	26	22	7		
	46	77	21	3	100	300
1	101	205	90	8		
	139	104	43	14		
5	69	71	26	8		
1	102	82	45	13	8	131
	21	24	18	4		
	2	2				
4	17	23	22	2		
2	96	102	61	16		

C-3-23续表

地区	增加值合计	执行企业会计制度单位财务指标					执行行政	
		固定资产原价	营业收入	费用合计	营业利润	企业单位增加值	固定资产原价	上年结转和结余
全　国	**57046**	**14523.9**	**3957.2**	**2483.7**	**553.1**	**1799.3**	**186658.7**	**16012.3**
中央级								
北　京	951.1						14469.7	
天　津	2102.9						1571.8	86.6
河　北	1050.9						5907.3	12.2
山　西	636.4						779.5	7.7
内蒙古	1322.9						1968.5	92.4
辽　宁	2293.5	45					5686.6	2208.8
吉　林	1363						3113.5	
黑龙江	1028.8	580	750	760.8	190	211.3	4910.4	
上　海	583.6						846.8	186.6
江　苏	3189						3225.8	1623.7
浙　江	4234.2	53	245.5	24	74.2	81.1	2848.1	256.7
安　徽	1856.2						3967.7	-36.6
福　建	4476.1	897.9	1229.9	505.9	294.9	543.4	10639.5	3163.5
江　西	1010.3	3					2011.7	15
山　东	267						809.4	
河　南	1887.8						1352.9	78.6
湖　北	1113.2	26					3460	
湖　南	1813.3	6504	357	516		77	11027.9	
广　东	11336.1	54	102	118	-8	73	61340.3	806.6
广　西	4055.9						10274.7	6481.8
海　南	835.4	5008	1072	494	1	703	94.8	2.6
重　庆	1180						1840	
四　川	2377.9	195.5	49.9	54.2	2	60.6	10913	39.4
贵　州	1483.8	20				2	5313.7	93.9
云　南	518.3						425.8	23.8
西　藏								
陕　西	1266.7	340					2443.1	1.6
甘　肃	195.9		20	9			202.2	
青　海	18.1						17.1	
宁　夏	300.2	6					325.9	19.4
新　疆	2297.3	791.5	130.9	1.8	-1	47.9	14871	848

单位：万元

事业单位会计制度财务指标				执行民间非营利组织单位会计制度财务指标				
本年收入合计	本年支出合计	经营支出	行政事业单位增加值	固定资产原价	上年结余	本年收入合计	本年费用合计	民间非营利组织单位增加值
126301.4	**124509.8**	**14477.8**	**55244**	**0.5**	**0.5**	**54**	**3.7**	**2.7**
17600.1	17285	12888.8	951.1					
6312.2	7280.1		2102.9					
3022	3118.3		1050.9					
823.5	840.7		636.4					
2924.3	2949.2	10	1322.9					
5845.1	5541.2		2293.5					
2283.5	2787.6		1363					
2047.4	2487.5		817.5					
2495.7	1886		583.6					
4192.3	6137.1		3189					
7919.3	8096.6		4153.1					
3630.6	3569.2	417.7	1856.2					
14465.1	11236.9	428.9	3932.7					
1509.3	1475.2		1010.3					
296.1	296.1		267					
2723.1	2665.6	23.7	1887.8					
1118.7	1115.7		1113.2					
2062.5	2062.1		1734.3			48	2	2
22735	22164.8	643.9	11262.6			1	1.5	0.5
7282.9	6460.6		4055.9					
80.4	83.2		132.4					
1982.6	1771.7		1180					
4534.5	4949	43.4	2317.1	0.5	0.5	5	0.2	0.2
1379.1	1378.7		1481.8					
812.9	679.3	11.4	518.3					
1436.3	1449.5		1266.7					
449.2	322.2		195.9					
19.4	19.4		18.1					
417.6	423.1		300.2					
3900.7	3978.2	10	2249.4					

附录

06

《中国民政统计年鉴-2012》勘误

一、92页：A-1-16 按支出形势分类的社会服务经费支出情况，应为“按支出形式分类的社会服务经费支出情况”。

二、142页：B-2-6 社会福利企业，2008年利润额119.2应为118.4。

三、176～177页：C-1-7社会工作师、助理社工师人员情况中社工师的当年报考人数、当年实考人数和助工师的当年报考人数、当年实考人数四个指标，数据颠倒，这四个指标现重庆数据属于四川数据，现四川数据属于贵州数据，现贵州数据属于云南数据，现云南数据属于西藏，现西藏数据属于重庆。

四、614页：公墓基金会和非公墓基金会指标名称有错字，应为公募基金会和非公募基金会。

五、150页：B-2-16定期补助优抚对象，2009年的其他类人数应为1905123，其他不变。

六、45～46页：图2-13 平均低保标准应为平均五保集中供养标准，图2-14 平均低保标准应为平均五保分散供养标准。

七、70页：A-1-3续表1 孤儿数（2011年）49.1应为50.9。